Erläuterungen und Beispiele (Auswahl)

OPERATOREN	ERLÄUTERUNGEN	BEISPIELE
Anforderungsbereich I (Reproduktion: wiederholen, wiedergeben usw.)		
nennen aufzählen feststellen	bestimmte Informationen zusammentragen, ohne sie zu erläutern	– *Stelle* fest, wie innenpolitische und außenpolitische Entwicklungen bei der Machtergreifung durch die Bolschewiki zusammenhingen (im Inneren: Konflikt mit Menschewiki und Sozialrevolutionären um den richtigen Weg; von außen: Druck durch den Krieg, Misserfolge der Provisorischen Regierung, Stärkung der leninschen Richtung, gewaltsamer Umsturz, Waffenstillstand und Friedensschluss).
beschreiben aufzeigen	historische Sachverhalte auf das Wichtigste reduzieren	– *Beschreibe* die neue Art der Arbeitsorganisation und Produktion bei Ford (Arbeit zu den Arbeitern schaffen, Einrichtung einer Montagebahn, Vervierfachung der Arbeitsleistung).
schildern skizzieren	geschichtliche Aussagen und Probleme erkennen und zutreffend formulieren	– *Schildere* deinen Eindruck vom Plakat über das Treffen faschistischer Studenten (aggressiv, kalt, kämpferisch). – *Skizziere* stichwortartig die neuen Kräfteverhältnisse nach dem Ersten Weltkrieg (UdSSR: Aufbau des Kommunismus, Weg in eine Parteidiktatur; USA: Aufstieg zur wirtschaftlichen Weltmacht, Faschismus in Europa).
zusammenfassen wiedergeben	das Erfragte aus geschichtlichen Aussagen in Quellen oder Darstellungen erkennen und nennen bzw. aufschreiben	– *Fasse* die Aussagen des Autors zum Völkerbund zusammen (Völkerbund bringt keinen dauerhaften Frieden, der nur auf der Grundlage nationaler Unabhängigkeit möglich ist, Gewaltherrschaft der Großmächte wird andauern).
Anforderungsbereich II (Reorganisation und Transfer: erschließen, einordnen, übertragen usw.)		
herausarbeiten erarbeiten	aus Materialien bestimmte Sachverhalte herausfinden, die nicht alle ausdrücklich genannt werden	– *Erarbeite* anhand der Quelle die Kritik an der Weimarer Demokratie (Parteien und Parlamentarismus sind „undeutsch", Volksbetrug; neuer Nationalismus mit dem Ziel eines neuen Reiches; Revolution durch das Proletariat gegen „die Reaktionäre". Kritik von zwei politisch extremen Seiten: rechts- und linksradikal).
analysieren untersuchen	Materialien nach bestimmten Methoden oder Kriterien (Merkmalen) erschließen	– *Analysiere* das Foto unter dem Gesichtspunkt der beabsichtigten Wirkung auf die Bevölkerung (Fackelzug als „Show", auch Abseitsstehende zu beeindrucken, Gegner und Oppositionelle einzuschüchtern; fünfstündiger Zug; Eindruck des Monumentalen, Machtvollen, Unbesiegbaren; Verbot von Gegendemonstrationen). – *Untersuche* die Doppelstrategie der Nationalsozialisten ab 1930 („Radau machen und mitregieren", Koalition Bürgerliche Einheitsliste mit NSDAP, Verletzung der rechtlichen Ordnung, Störungen, Krawalle, Diskriminierung des Parlaments, militante Bekämpfung der Sozialdemokraten).
erklären	geschichtliche Sachverhalte in einen Zusammenhang einordnen und ggf. begründen	– *Erkläre*, warum die Swing-Jugend von den Nationalsozialisten verfolgt wurde (Jugendliche wurden als oppositionell betrachtet, weil sie sich dem militärischen Drill entziehen wollten, gegen Marschmusik; „westliche Musik" galt als undeutsch).
erläutern	wie erklären (s. o.), aber durch zusätzliche Informationen und Beispiele verdeutlichen	– *Erläutere* anhand der Abfolge judenfeindlicher Maßnahmen die Folgen für die Betroffenen (geringe Schul- und Ausbildungschancen, Ausgrenzung, wirtschaftliche Nachteile, Berufsverbote, politische Entmündigung, Verfolgung und Verhaftung).

Europa heute

km
0 200 400 600 800 1000

Legende

ALB. = ALBANIEN
AND. = ANDORRA
Bos.-H. = BOSNIEN-HERZEGOWINA
Kos. = KOSOVO
(zzt. nur von 98 Staaten anerkannt)
Li. = LIECHTENSTEIN
Lux. = LUXEMBURG
MAZ. = MAZEDONIEN
Mo. = MONACO
MOLD. = MOLDAWIEN
MONT. = MONTENEGRO
SLOW. = SLOWENIEN
S. MA. = SAN MARINO

Atlantischer Ozean

Europäisches Nordmeer

Nordsee

Ostsee

Färöer-Inseln

ISLAND
Reykjavik

IRLAND
Dublin

GROSS-BRITANNIEN
London

NORWEGEN
Oslo

SCHWEDEN
Stockholm

FINNLAND
Helsinki

DÄNEMARK
Kopenhagen

NIEDER-LANDE
Amsterdam

BELGIEN
Brüssel
Lux.

DEUTSCH-LAND
Berlin

FRANKREICH
Paris

SCHWEIZ
Bern
Li.

Mo.

AND.

SPANIEN
Madrid

PORTUGAL
Lissabon

ITALIEN
Rom

Korsika

Sardinien

Balearen

ESTLAND
Tallinn

LETTLAND
Riga

LITAUEN
Wilna

WEISS-RUSSLAND
Minsk

POLEN
Warschau

zu Russland

TSCHECHIEN
Prag

SLOWAKEI
Bratislava

ÖSTERREICH
Wien
Slow.

UNGARN
Budapest

RUSSLAND
Moskau

UKRAINE
Kiew

MOLD.
Chişinău

RUMÄNIEN
Bukarest

SERBIEN
Belgrad

Bos.-H.
Sarajevo

KROATIEN

S. MA.

MONT.

Kos.

MAZ.

ALB.
Tirana

BULGARIEN
Sofia

GRIECHEN-LAND
Athen

Kreta

MALTA

TÜRKEI
Ankara

Nikosia
ZYPERN

SYRIEN

IRAK

IRAN

GEORGIEN
Tiflis

ARMENIEN

ASERBAI-DSCHAN

TURK-MENISTAN

KASACHSTAN

Kaspisches Meer

Schwarzes Meer

Mittel-meer

ALGERIEN

MAROKKO

TUNE-SIEN

Mo.

Franz-Josef-Land
(Russland)

NNLAND
STLAND
LAND
N
WEISS-
RUSSLAND
UKRAINE
MOL.
RUM.
BUL.
CHEN
AND
TÜRKEI
GEORGIEN
ARM. ASER.
ZYP. LIB.
SYR.
ISR.
JORD.
IRAK
KU.
BA.
K.
V.A.E.
ÄGYPTEN
SAUDI-
ARABIEN
OMAN
IRAN
AFGHANISTAN
PAKISTAN
KASACHSTAN
USBE-
KISTAN
TURK-
MENISTAN
KIRGISISTAN
TADSCHIKISTAN
MONGOLEI
CHINA
NORD-
KOREA
SÜD-
KOREA
JAPAN
RUSSLAND
NEPAL
BHUTAN
BANGLA-
DESCH
MYAN-
MAR
TAIWAN
INDIEN
LAOS
THAI-
LAND
VIETNAM
KAM-
BODSCHA
Pazifischer
Ozean
SUDAN
ERITREA
JEMEN
DSCHIBUTI
SÜD-
SUDAN
ÄTHIOPIEN
SOMALIA
SRI
LANKA
MALEDIVEN
PHILIPPINEN
MIKRONESIEN
PALAU
BRUNEI
MALAYSIA
RAL-
KAN.
BLIK
DEMO-
RATISCHE
PUBLIK
ONGO
UGANDA
RU.
BU.
KENIA
TANSANIA
SEYCHELLEN
KOMOREN
INDONESIEN
PAPUA-
NEUGUINEA
SALO-
MONEN
OST-
TIMOR
SAMBIA
MALAWI
SIM-
BABWE
BOTS-
WANA
MOSAM-
BIK
MADA-
GASKAR
MAURITIUS
Réunion
(Frankreich)
Indischer
Ozean
AUSTRALIEN
Neu-
kaledonien
(Frankreich)
SWASILAND
LESOTHO
ÜDAFRIKA

Kerguelen
(Frankreich)

NEUSEELAND

Abkürzungen in Europa:

A. = ALBANIEN
B. = BOSNIEN-HERZEGOWINA
BEL. = BELGIEN
BUL. = BULGARIEN
K. = KOSOVO
(zzt. nur von 98 Staaten anerkannt)
KRO. = KROATIEN
LUX. = LUXEMBURG
M. = MONTENEGRO
MA. = MAZEDONIEN
MOL. = MOLDAWIEN

NDL. = NIEDERLANDE
ÖST. = ÖSTERREICH
RUM. = RUMÄNIEN
S. = SCHWEIZ
SK. = SLOWAKEI
SL. = SLOWENIEN
SRB. = SERBIEN
TSCH. = TSCHECHIEN
UNG. = UNGARN
ZYP. = ZYPERN

Abkürzungen in Afrika:

Ä.GU. = ÄQUATORIAL GUINEA
BE. = BENIN
BU. = BURUNDI
RU. = RUANDA
TO. = TOGO

Abkürzungen in Amerika:

DOM. REP. = DOMINIKANISCHE
REPUBLIK

Abkürzungen in Asien:

ARM. = ARMENIEN
ASER. = ASERBAIDSCHAN
BA. = BAHRAIN
ISR. = ISRAEL
JORD. = JORDANIEN
K. = KATAR
KU. = KUWAIT
LIB. = LIBANON
SYR. = SYRIEN
V.A.E. = VEREINIGTE ARABISCHE EMIRATE

„Jahrhundertschritt", Bronzeplastik von Wolfgang Mattheuer (1927–2004),
1984, 250 × 150 × 230 cm.

Forum Geschichte 9/10

Thüringen

Vom Imperialismus
bis zur Gegenwart

Herausgegeben von
Hans-Otto Regenhardt

1. Imperialismus und Erster Weltkrieg

2. Neue weltpolitische Kräfteverhältnisse nach dem Ersten Weltkrieg

3. Die Weimarer Republik 1918–1933: Chancen und Belastungen

4. Das nationalsozialistische Deutschland 1933–1939: Leben in der Diktatur

5. Das nationalsozialistische Deutschland 1939–1945: Vernichtungskrieg und Völkermord

6. Herrschaftsformen in Europa im 19. und 20. Jahrhundert im Vergleich

7. Kalter Krieg und Ost-West-Konflikt: Internationale Politik 1945–1990

8. Konflikte und Konfliktlösungen: Europäische Friedensschlüsse im 19. und 20. Jahrhundert

9. Deutschland nach 1945: Eine Nation – zwei Staaten

10. Leben im geteilten Deutschland – Lernen an Stationen

11. Deutschland – geteilt und vereint

12. Die Welt seit 1990 – Herausforderungen und Chancen

13. Migration im 19. und 20. Jahrhundert – ein Längsschnitt

Anhang

Liebe Schülerin, lieber Schüler!

Vor dir liegt Band 9/10 von Forum Geschichte, mit dem du in der nächsten Zeit arbeiten wirst. Über den Aufbau des Buches kannst du dich auf dieser Doppelseite informieren.

Auftaktseiten

Jedes Kapitel beginnt mit ein oder zwei großen Bildern, auf denen es viel zu entdecken gibt. Du kannst Eindrücke sammeln und zusammentragen, was dir beim Betrachten der Bilder einfällt. Die Aufgaben helfen dir bei der Auswertung der Bilder.

Leitfragen geben dir einen Überblick über die Inhalte des Kapitels.

Worum geht es?

Auf dieser Doppelseite kannst du dir einen Überblick über das Kapitel verschaffen. Du erfährst, um welche thematischen Schwerpunkte es geht und was du am Ende wissen und können musst.

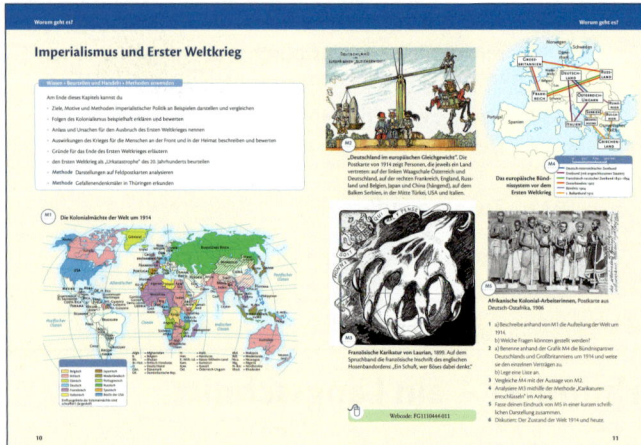

Themenseiten

Hier findest du einen Überblickstext und Materialien wie schriftliche Quellen, Abbildungen, Karten und Schaubilder, die du mithilfe von Arbeitsaufträgen befragen und auswerten kannst. Mit dem Webcode gelangst du im Internet zu weiteren Informationen, Filmen und Bildern. Unter www.cornelsen.de/forum-geschichte findest du ein Feld, in das du den Webcode eingeben kannst.

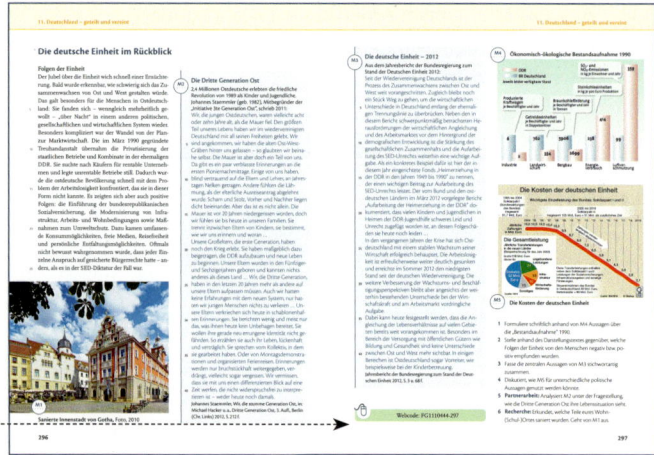

Webcode: FG1110444-297

Methoden- und Werkstattseiten

Auf den **Methodenseiten** helfen dir Arbeitsschritte, wichtige Erkenntnisse z. B. aus einem Bild, einer Karte oder einer schriftlichen Quelle zu gewinnen. Hier lernst du auch, wie du am besten einen erzählenden Text schreibst oder einen historischen Spielfilm analysierst. Auf den **Werkstattseiten** kannst du immer etwas selber machen.

Kann ich das? – Kompetenz-Check

Am Ende des Kapitels kannst du dein **Wissen und Können testen**. Wenn du mit einzelnen Aufgaben noch Schwierigkeiten hast, siehst du im Kapitel noch einmal nach. Die **Lösungen** findest du im Anhang.

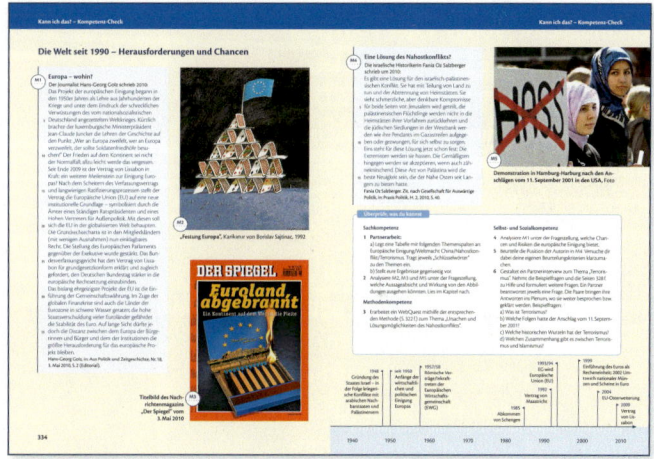

Zusammenfassung

Am Schluss der Themenseiten fasst ein gut gegliederter Text die wichtigsten Inhalte noch einmal zusammen.

Die **Kästen**, die mit einem blauen Balken gekennzeichnet sind, informieren dich über wichtige Begriffe, Daten und Personen.

Arbeitsaufträge, die ihr in Gruppen erarbeiten könnt, stehen in einem entsprechenden Kasten.

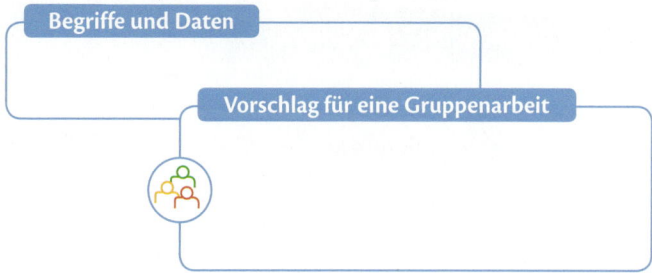

1. Imperialismus und Erster Weltkrieg

Die Zentrumspartei warnte auf der Rückseite der hier abgebildeten Postkarte: „Verzichtet Deutschland auf die Erweiterung seines Wirtschaftsgebietes, so heißt dies: Deutschland kann nicht nur als politisch maßgebendes Land abdanken, sondern es geht auch wirtschaftlich zurück." Die USA wie die europäischen Industriestaaten setzten sich jeweils zum Ziel, ein Weltreich (lat. imperium) zu errichten, und brachten deshalb Gebiete in Asien und Afrika unter ihre Herrschaft. Der Wettkampf um ein möglichst großes Stück vom „Kuchen" verschärfte sich seit dem letzten Viertel des 19. Jahrhunderts. Dass dieser Wettlauf um die Vorherrschaft und die traditionellen Spannungen in Europa in den Ersten Weltkrieg (1914–1918) münden würden, war vorher nicht erkennbar und auch nicht zwangsläufig. Rivalitäten und Misstrauen zwischen den großen Mächten wuchsen jedoch bis 1914 so stark an, dass ein Funke das „Pulverfass" zur Explosion bringen konnte. Genau das geschah im Sommer 1914.

Werbepostkarte der Zentrumspartei zur Reichstagswahl 1912. Die SPD-Politiker Liebknecht und Ledebour hindern Deutschland daran, an der „Aufteilung der Erde" teilzunehmen.

Folgende Fragen leiten dich durch das Kapitel:

- *Welche Motive und Ziele waren mit dem Imperialismus verbunden?*
- *Welche Folgen hatte die imperialistische Politik?*
- *Was bedeutete der Erste Weltkrieg für die Menschen und die Staaten?*

1 Beschreibe die Abbildungen und nenne mögliche Zusammenhänge.

Erster Weltkrieg, Schlacht um Verdun, Foto, 1916

Imperialismus und Erster Weltkrieg

Am Ende dieses Kapitels kannst du

- Ziele, Motive und Methoden imperialistischer Politik an Beispielen darstellen und vergleichen

- Folgen des Kolonialismus beispielhaft erklären und bewerten

- Anlass und Ursachen für den Ausbruch des Ersten Weltkrieges nennen

- Auswirkungen des Krieges für die Menschen an der Front und in der Heimat beschreiben und bewerten

- Gründe für das Ende des Ersten Weltkrieges erläutern

- den Ersten Weltkrieg als „Urkatastrophe" des 20. Jahrhunderts beurteilen

- **Methode** Darstellungen auf Feldpostkarten analysieren

- **Methode** Gefallenendenkmäler in Thüringen erkunden

M1 **Die Kolonialmächte der Welt um 1914**

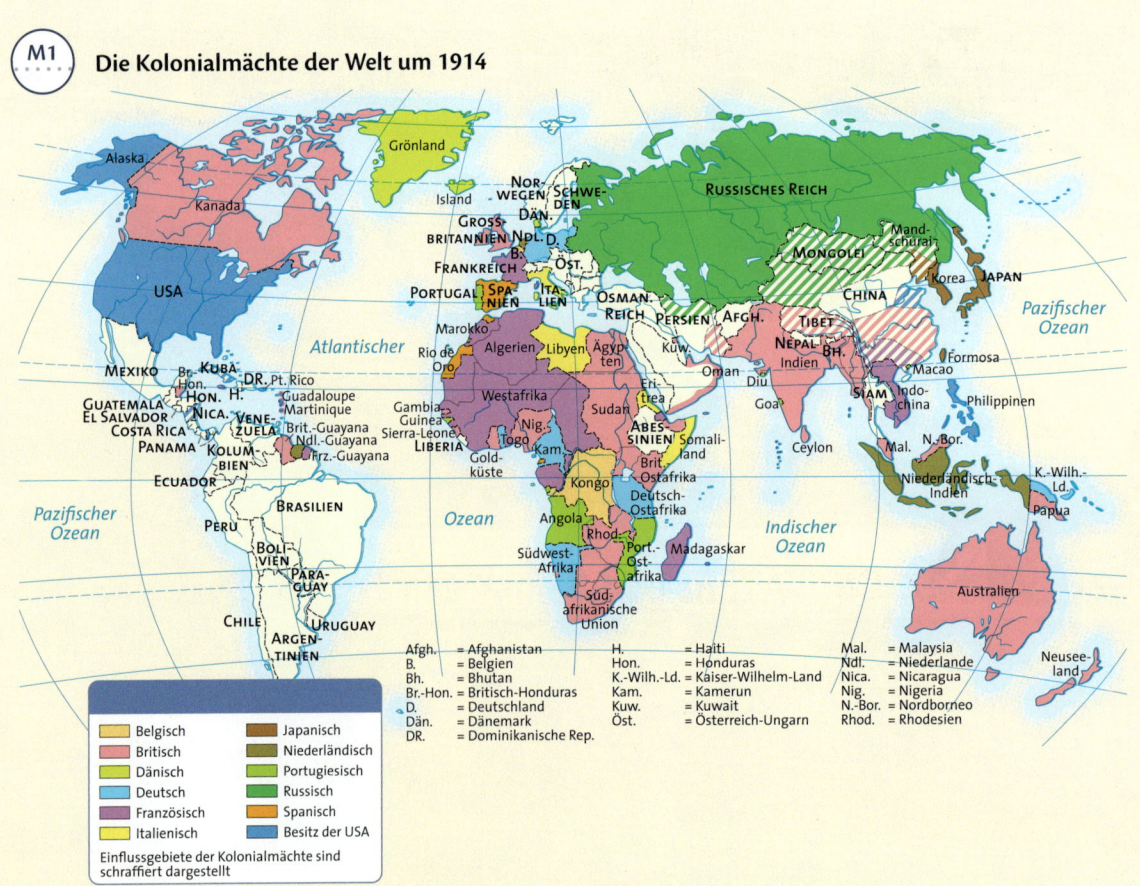

Afgh.	= Afghanistan	H.	= Haiti	Mal.	= Malaysia
B.	= Belgien	Hon.	= Honduras	Ndl.	= Niederlande
Bh.	= Bhutan	K.-Wilh.-Ld.	= Kaiser-Wilhelm-Land	Nica.	= Nicaragua
Br.-Hon.	= Britisch-Honduras	Kam.	= Kamerun	Nig.	= Nigeria
D.	= Deutschland	Kuw.	= Kuwait	N.-Bor.	= Nordborneo
Dän.	= Dänemark	Öst.	= Österreich-Ungarn	Rhod.	= Rhodesien
DR.	= Dominikanische Rep.				

▢ Belgisch	▢ Japanisch	
▢ Britisch	▢ Niederländisch	
▢ Dänisch	▢ Portugiesisch	
▢ Deutsch	▢ Russisch	
▢ Französisch	▢ Spanisch	
▢ Italienisch	▢ Besitz der USA	

Einflussgebiete der Kolonialmächte sind
schraffiert dargestellt

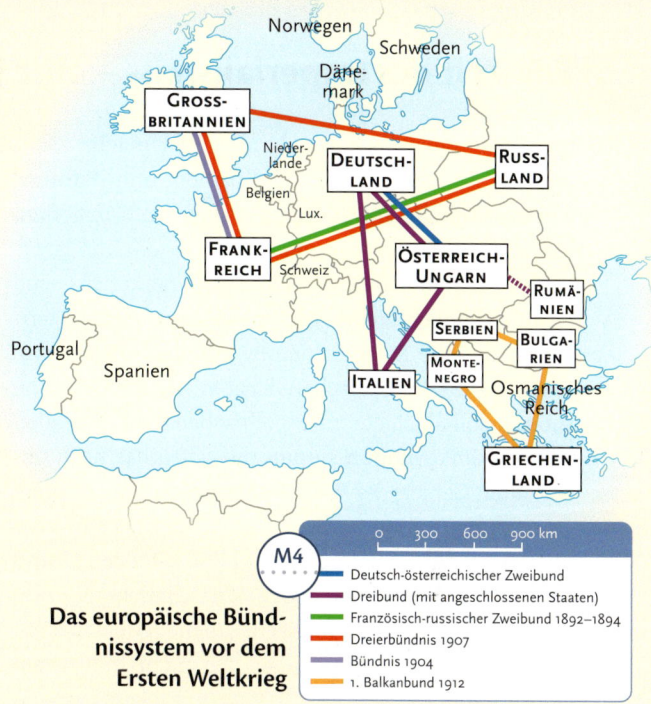

„Deutschland im europäischen Gleichgewicht". Die Postkarte von 1914 zeigt Personen, die jeweils ein Land vertreten: auf der linken Waagschale Österreich und Deutschland, auf der rechten Frankreich, England, Russland und Belgien, Japan und China (hängend), auf dem Balken Serbien, in der Mitte Türkei, USA und Italien.

Das europäische Bündnissystem vor dem Ersten Weltkrieg

— Deutsch-österreichischer Zweibund
— Dreibund (mit angeschlossenen Staaten)
— Französisch-russischer Zweibund 1892–1894
— Dreierbündnis 1907
— Bündnis 1904
— 1. Balkanbund 1912

Französische Karikatur von Laurian, 1899. Auf dem Spruchband die französische Inschrift des englischen Hosenbandordens: „Ein Schuft, wer Böses dabei denkt."

Afrikanische Kolonial-Arbeiterinnen, Postkarte aus Deutsch-Ostafrika, 1906

1 a) Beschreibe anhand von M1 die Aufteilung der Welt um 1914.
   b) Welche Fragen könnten gestellt werden?
2 a) Benenne anhand der Grafik M4 die Bündnispartner Deutschlands und Großbritanniens um 1914 und weise sie den einzelnen Verträgen zu.
   b) Lege eine Liste an.
3 Vergleiche M4 mit der Aussage von M2.
4 Analysiere M3 mithilfe der Methode „Karikaturen entschlüsseln" im Anhang.
5 Fasse deinen Eindruck von M5 in einer kurzen schriftlichen Darstellung zusammen.
6 Diskutiert: Der Zustand der Welt 1914 und heute.

Die Zeit des Imperialismus – eine Epoche multikausal erklären

Der Imperialismus hat mehr als eine Ursache

Die frühen Kolonialmächte Spanien und Portugal waren vorrangig auf die Ausbeutung von Rohstoffen, Agrarprodukten und Edelmetallen ausgerichtet gewesen. Die Kolonialreiche Hollands, Frankreichs und
5 Großbritanniens zielten zudem auf die politische Herrschaft über die Kolonien. Zu Beginn der 1880er Jahre erklärten die europäischen Staaten die Ausdehnung ihrer Kolonialgebiete zum politischen Ziel. Mit allen Mitteln konkurrierten sie um die scheinbar noch un-
10 verteilten Gebiete der Welt. Im Vergleich zum Kolonialismus* lag eine wesentliche Antriebskraft des Imperialismus in der Industrialisierung. Sie legte den Grund für eine dynamisch steigende Wirtschaftskraft sowie eine technische und militärische Überlegenheit der eu-
15 ropäischen Staaten gegenüber den nicht industrialisierten Ländern.

Die Formen imperialer Herrschaft waren vielfältig. Die Frage, warum es zur imperialistischen Herrschaft kam, ist nicht einfach zu beantworten. So wäre es z. B. zu
20 einseitig, den Imperialismus allein auf die Suche nach Rohstoffen oder Absatzmärkten für die wachsenden Industrien zurückzuführen. Auch die Erklärung, der Imperialismus sei ein Ventil für die Überbevölkerung in Europa gewesen, ist lediglich eine Ursache unter meh-
25 reren. In der Geschichtswissenschaft wird deshalb davon ausgegangen, dass Ereignisse, Entwicklungen und Sachverhalte nicht mit einer Ursache allein erklärt werden können. Dieses Prinzip wird auch als „Multikausalität" (lat. multi = viel; kausa = Ursache) bezeichnet.

Aufgaben

Seite 13: Ziele und Kritik des Imperialismus
– Erarbeitet, welche Ziele und Triebkräfte die imperialistische Politik hatte.
– Nennt und bewertet die Kritik am Imperialismus.

Seite 14: Britische Kolonialherrschaft
– Beschreibt die britische Kolonialherrschaft.
– Beurteilt das Vorgehen der britischen Regierung.

Seite 15: Französische Kolonialherrschaft
– Erklärt: Kolonialismus als „Zivilisierung".
– Untersucht die Rolle des „Konkurrenzprinzips".

Seite 16: Deutschland – Streben nach Weltmacht
– Nennt Gründe, warum das Deutsche Reich eine Weltmachtpolitik betrieb.
– Listet mögliche Probleme auf, die die Flottenrüstung nach sich ziehen konnte.
– Beurteilt die Ziele der Regierung mit Blick auf die anderen europäischen Kolonialmächte.

Seite 17: Deutscher Kolonialismus
– Beschreibt den Verlauf der Kolonialherrschaft in Deutsch-Südwestafrika.
– Stellt fest, worin nach den Aussagen des Herero-Zeugen Gründe für den Aufstand lagen.
– Untersucht, worin Übereinstimmungen und Unterschiede in der Zeugenaussage und dem Urteil des Historikers liegen.

Seite 18: Russische Kolonialherrschaft
– Skizziert das „Modell" russischer Kolonialherrschaft.
– Nennt die Gründe, die die russische Regierung für ihr Auftreten in Kleinasien angab.
– Beurteilt die Motive der Regierung.

Seite 19: Kolonialherrschaft der USA
– Erklärt das „Prinzip der offenen Tür".
– Formuliert mögliche Probleme, die sich aus dieser Politik ergeben konnten.

Vorschlag für eine Gruppenarbeit

1 Erarbeitet die Seiten 13 bis 19 in arbeitsteiliger Gruppenarbeit. Jede Gruppe übernimmt die Bearbeitung eines Teilthemas mithilfe der Aufgaben.

2 Bereitet die Ergebnisse so auf, dass eine Präsentation möglich ist (z. B. Mindmap, Tafelskizze, Kurzreferat, Streitgespräch, Wandzeitung, Schaubild, Computer-Präsentation) und stellt eure Ergebnisse in der Klasse vor.

Webcode: FG1110444-012

Ziele und Kritik imperialistischer Politik

Das „Imperium" als globales Ziel

Der Imperialismus im ausgehenden 19. und beginnenden 20. Jahrhundert unterschied sich vom „alten" Kolonialismus vor allem durch das Tempo seiner Ausdehnung und das aggressive Vorgehen. Der unerbittliche
5 Konkurrenzkampf um die „Aufteilung der Welt" wurde bald auf der ganzen Erde ausgetragen. Das „nationale Ansehen" zu steigern, war ein vorrangiges Ziel dieser Politik. Die Weltwirtschaft wurde als ein System gesehen, in dem es galt, die eigene nationale Wirtschaft ge-
10 genüber den anderen zu schützen und notfalls abzuschotten. Rohstoffquellen und Absatzmärkte spielten eine bedeutende Rolle.
Ein weiterer Antrieb imperialistischer Politik war das Argument, Siedlungsräume für die Ansiedlung eines
15 angeblichen Bevölkerungsüberschusses zu schaffen. Gegen diese imperialistische Politik gab es schon früh zeitgenössische Kritik.

Begriffe und Daten

Imperialismus

Die Epoche des Imperialismus umfasst den Zeitraum zwischen etwa 1880 und 1914 (auch 1918). Während dieser Zeit betrieben die Großmächte eine Politik des aggressiven Nationalismus* und der Expansion. Als Imperialismus wird die Herrschaft eines weiterentwickelten, industrialisierten Staates über weniger entwickelte Länder bezeichnet. Imperiale Herrschaft wurde „direkt" (Besetzung und Einrichtung einer Kolonialregierung) oder „indirekt" (Kontrolle über die eingesetzte einheimische Regierung) ausgeübt.

Sozialdarwinismus

Der britische Naturforscher Charles Darwin (1809 bis 1882) lehrte, dass die natürliche Auslese im „Kampf um das Dasein" die Entstehung und Entwicklung der Arten verursacht (Evolutionstheorie). Die vereinfachte Übertragung dieser Theorie auf die menschliche Gesellschaft nennt man Sozialdarwinismus. Er wird dazu benutzt, um soziale Ungleichheit und Rassismus* zu rechtfertigen. Aus dieser Theorie wird auch abgeleitet, dass ein Volk untergehen müsse, wenn es nicht in der Lage sei, erfolgreich Kriege zu führen.

M1 Standpunkt eines Zeitgenossen

August Bebel, Führer der Sozialdemokraten im Kaiserreich, sagte am 28. Januar 1889 im Reichstag:
Im Grunde genommen ist das Wesen aller Kolonialpolitik die Ausbeutung einer fremden Bevölkerung in der höchsten Potenz. Wo immer wir die Geschichte der Kolonialpolitik in den letzten drei
5 Jahrhunderten aufschlagen, überall begegnen wir Gewalttätigkeiten und der Unterdrückung der betreffenden Völkerschaften, die nicht selten schließlich mit deren vollständiger Ausrottung endet. Und das treibende Motiv ist immer, Gold,
10 Gold und wieder nur Gold zu erwerben. Und um die Ausbeutung der afrikanischen Bevölkerung im vollen Umfange und möglichst ungestört betreiben zu können, sollen aus den Taschen des Reichs, aus den Taschen der Steuerzahler Millionen ver-
15 wendet werden … Dass wir von unserm Standpunkt aus als Gegner jeder Unterdrückung nicht die Hand dazu bieten, werden Sie begreifen.
Zit. nach Horst Gründer, Der moderne Imperialismus, 5. Aufl., Düsseldorf (Cornelsen/Schwann-Girardet) 1990, S. 98.

M2 Triebkräfte der imperialistischen Expansion

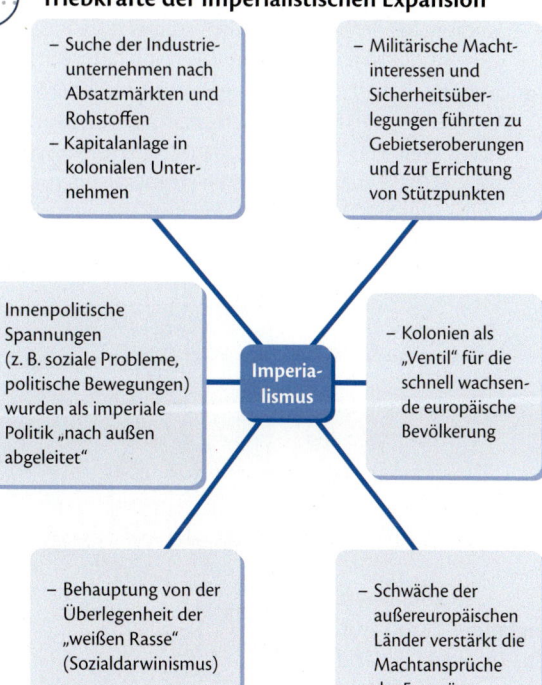

– Suche der Industrieunternehmen nach Absatzmärkten und Rohstoffen
– Kapitalanlage in kolonialen Unternehmen

– Militärische Machtinteressen und Sicherheitsüberlegungen führten zu Gebietseroberungen und zur Errichtung von Stützpunkten

– Innenpolitische Spannungen (z. B. soziale Probleme, politische Bewegungen) wurden als imperiale Politik „nach außen abgeleitet"

Imperialismus

– Kolonien als „Ventil" für die schnell wachsende europäische Bevölkerung

– Behauptung von der Überlegenheit der „weißen Rasse" (Sozialdarwinismus)

– Schwäche der außereuropäischen Länder verstärkt die Machtansprüche der Europäer

Großbritannien – Handel und indirekte Herrschaft

M1 Gründe für eine Kolonialpolitik Großbritanniens

Der konservative Politiker Benjamin Disraeli (britischer Premierminister 1874–1880) in einer Rede in London (1872):

1A Wenn ich „konservativ" sage, so gebrauche ich das Wort in seinem reinsten und erhabensten Sinn. Ich will damit sagen, dass das englische Volk und besonders die arbeitenden Schichten Englands stolz … sind, zu einem
5 Imperium zu gehören, und entschlossen sind, ihr Imperium, wenn sie können, aufrechtzuerhalten – dass sie überhaupt glauben, dass die Größe und das Weltreich Englands den altehrwürdigen Institutionen des Landes zuzuschreiben sind.
10 Wenn es das erste Ziel ist, die Institutionen des Landes aufrechtzuerhalten, so ist es meiner Meinung nach das zweite, das englische Empire zu stützen. Wenn Sie auf die Geschichte dieses Landes seit dem Aufstieg des Liberalismus – vor vierzig Jahren – blicken, so werden
15 Sie finden, dass keine Bemühung … von so viel Energie unterstützt und mit so viel Fähigkeit und Scharfsinn vorangetrieben worden ist, wie die Versuche des Liberalismus, die Desintegration [Auflösung] des englischen Empire zu erreichen …
20 Nun, was war das Ergebnis dieses Versuchs …? Er ist gänzlich gescheitert. Aber warum ist er gescheitert? Dank der Sympathien der Kolonien mit dem Mutterland. Sie haben entschieden, dass das Empire nicht zerstört werden soll, und meiner Meinung nach wird kein
25 Minister in diesem Land seine Pflicht tun, der eine Gelegenheit versäumt, so weit wie möglich unser koloniales Weltreich wieder aufzubauen und jenen Sympathiebekundungen aus der Ferne zu entsprechen, die die Quelle unschätzbarer Stärke und Beglückung für dieses
30 Land werden können.

Der britische Außenminister Lord Robert Salisbury wies den Generalkonsul von Ägypten folgendermaßen an (1879):

1B Das Hauptziel unserer ägyptischen Politik ist die Erhaltung der Neutralität dieses Landes, d. h. die Erhaltung einer Situation, in der dort keine Großmacht mächtiger sein kann als Großbritannien … Wir haben
5 … keinen Anlass, eine formelle Änderung des Status und der politischen Institutionen Ägyptens zu wünschen … Unsere Repräsentanten in Ägypten sollen deshalb alles in ihrer Macht Stehende tun, um die einheimische Regierung … zu unterstützen … Es hat sich
10 bereits zur Genüge gezeigt, dass die Muselmanen nicht bereit sind, einer Regierung zu gehorchen, die nominell europäisch ist bzw. deren maßgebende und herausragende Elemente europäisch sind … Es ist deshalb von besonderer Bedeutung, der einheimischen Regierung
15 zum Erfolg zu verhelfen. Aus diesem Grund sollte sie in ihrem eigenen Interesse weitgehend Europäer beschäftigen bzw. dazu gezwungen werden, wenn sie in dieser Beziehung ihre eigenen Interessen verkennt. Allerdings sollten die Europäer so weit wie möglich im Hinter-
20 grund bleiben … Um die Stellungen, die den größten Einfluss ausüben und den geringsten Neid erwecken, sollten sich die Europäer bemühen.

M1A und M1B zit. nach Wolfgang Mommsen, Imperialismus, Hamburg (Hoffmann und Campe) 1977, S. 47 ff.

M2

„So kolonisiert der Engländer", Karikatur von Th. Th. Heine in der deutschen satirischen Zeitschrift „Simplicissimus", 1905

Frankreich – Kolonialismus als „Zivilisierung"

M1 Die Bedeutung von Kolonien für Frankreich

Jules Ferry (Ministerpräsident Frankreichs 1883–1885) äußerte sich 1882 folgendermaßen:

1A Wenn die Republik nicht darauf verzichten kann, in Europa, im Orient und im Mittelmeerraum politisch wirksam zu werden, dann bedarf sie auch … einer Kolonialpolitik: Das bedeutet, dass man in dieser Hinsicht
5 weder vergesslich noch unaufmerksam sein darf, sei es aus Geringschätzung oder aus Trägheit; man muss wachsam, aktiv und dazu bereit sein, alle notwendigen Opfer für die Bewahrung alter und neuer Besitzungen zu bringen, welche in unterschiedlichem Maße und in
10 den verschiedenen Teilen der Erde dazu beitragen, den Namen Frankreichs in der Welt zu verbreiten … Die Konkurrenz zwischen den europäischen Nationen wird immer heftiger im Streit um diese weit entfernten Absatzmärkte, diese Niederlassungen an den Toren zur
15 Barbarei, welche ein sicherer Instinkt dem alten Europa als Brückenköpfe der Zivilisation und als Wege in die Zukunft anweist. Die Bedürfnisse einer ständig wachsenden industriellen Produktion, … die Suche nach unerschlossenen Märkten, … die durch das moderne Le-
20 ben so rasch entwickelten Tendenzen, die einzelne Völker veranlassen, ihren Blick über die Heimat hinauszurichten; die Wissenschaft, welche die äußersten Enden der Erde in wenige Stunden Entfernung von London, Berlin oder Paris rückt; die sichtbaren Fortschritte
25 der europäischen Gesellschaft und der Friedensidee; all dies drängt die zivilisierten Nationen dazu, ihre alten Rivalitäten auf das ausgedehntere und fruchtbare Feld weit entfernter Unternehmungen zu verlagern.
M1A und M1B zit. nach Wolfgang Mommsen, Imperialismus, Hamburg (Hoffmann und Campe) 1977, S. 84 ff.

Eugène Etienne, Vorsitzender der französischen „Kolonialpartei", auf einem Empfang der „Vereinigung französischer Industrieller in Indochina" in Rouen (1889):
1B Frankreich kann stolz darauf sein, dass es in der Vergangenheit seine Tore weit geöffnet hat, … dass es den Reichtum seiner Nachbarn geschaffen hat. Heute aber darf es nicht ignorieren, was in seinem Umkreis ge-
5 schieht … Amerika, das seine Industrie hinter sorgsam verschlossenen Toren aufgebaut hat, plant nunmehr die Errichtung eines „Zollvereins", der allein für amerikanische Erzeugnisse geöffnet ist. Heute also muss Frankreich darum besorgt sein, sich seinen eigenen Markt zu
10 bewahren … Es gibt ein Land, das wir als Erste erforscht und kolonisiert haben, nämlich Afrika. Alle europäischen Nationen stürzen sich auf dieses Land, sogar diejenigen, die sich noch vor kurzer Zeit verachtungsvoll gegen koloniale Unternehmungen aussprachen …
15 Frankreich muss nach Afrika und nach Indien gehen … Wir müssen von dort aus nach China vorstoßen und verhindern, dass uns ein Volk zuvorkommt, das niemals zögert und niemals pausiert, nämlich die Engländer, welche mit Siam und Burma über zwei Zugänge nach
20 China verfügen.

M2

Frankreich wird Marokko Kultur, Wohlstand und Frieden bringen können,
Titelseite der französischen Zeitschrift „Le Petit Journal", 19. November 1911

Deutschland – Streben nach Weltmacht

Deutschland betreibt Weltpolitik

Nach Rücktritt Bismarcks (1890) wurden die Forderungen lauter, das Deutsche Reich müsse Weltmacht werden und Kolonien haben. Wichtigster und engagiertester Förderer der Weltmachtidee war der Kaiser selbst:
5 Wilhelm II. (1888–1918). Das Deutsche Reich hatte seiner Meinung nach Anspruch auf einen „Platz an der Sonne" und damit das Recht bzw. die Pflicht, imperialistische Politik zu betreiben. Diese Auffassung fand in den Parolen des neu gegründeten „Alldeutschen Ver-
10 bandes" besonderen Ausdruck. Allerdings führte diese Politik zu erheblichen Spannungen mit den anderen Großmächten, vor allem mit Großbritannien. Zwischen beiden Staaten entwickelte sich ein erbitterter Rüstungswettlauf um die Vorherrschaft auf den Weltmeer-
15 ren. Bei der Mehrheit der Politiker und in der deutschen Bevölkerung fand diese Politik eine breite Zustimmung – bis auf wenige Ausnahmen, z. B. die Anhänger der Sozialdemokratischen Partei.

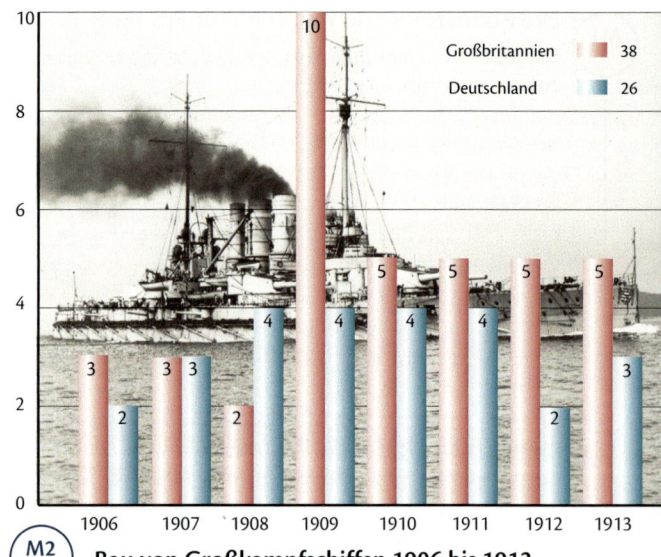

Großbritannien 38
Deutschland 26

M2 **Bau von Großkampfschiffen 1906 bis 1913**

M1

Aus einer Rede Wilhelms II.

Kaiser Wilhelm II. sagte anlässlich des Stapellaufs des Kriegsschiffes „Kaiser Karl der Große" in Hamburg am 18. Oktober 1899:
Es ist ein feierlicher Akt, dem wir soeben beigewohnt, als wir ein neues Stück schwimmender Wehrkraft des Vaterlandes seinem Element übergeben konnten … Blicken wir um uns her,
5 wie hat seit einigen Jahren die Welt ihr Antlitz verändert. Alte Weltreiche vergehen und neue sind im Entstehen begriffen. Nationen sind plötzlich im Gesichtskreis der Völker erschienen und treten in ihren Wettbewerb mit ein … Da-
10 durch sind die Aufgaben für unser Deutsches Reich und Volk in mächtigem Umfange gewachsen und erheischen für Mich und Meine Regierung ungewöhnliche und schwere Anstrengungen, die nur dann von Erfolg gekrönt sein
15 können, wenn einheitlich und fest, den Parteiungen entsagend, die Deutschen hinter uns stehen. Es muss dazu aber unser Volk sich entschließen, Opfer zu bringen.
Zit. nach Ernst Johann (Hg.), Reden des Kaisers, München (dtv) 1966, S. 82 ff.

M3

Die Stimme eines Diplomaten

Friedrich von Holstein, 1876–1906 Vortragender Rat im Auswärtigen Amt, schrieb an den ehemaligen Gesandten in Peking, Maximilian von Brandt (1906):
Ich glaube mich zu erinnern, dass wir in der Flottenfrage einer und derselben Ansicht waren, nämlich 1. je [mehr] wir zur See rüsten, desto fester drücken wir England an Frankreich heran; 2. wir können,
5 selbst wenn wir die Steuern verdreifachen, niemals eine Flotte herstellen, die der englisch-französischen, ja auch nur der englischen allein gewachsen ist; 3. in einem Krieg gegen Frankreich allein spielt, wie das Jahr 70 zeigt, die Flotte eine Nebenrolle;
10 4. es ist eine Bedrohung und Herausforderung Englands, dass der Flottenverein es seit Jahren bei jeder neuen Flottenforderung offen ausspricht, die Rüstungen seien gegen England gerichtet …
Die Gefahr wird dadurch vergrößert, dass beim
15 Schiffbau (Panzerplatten etc.) ungezählte Millionen zu verdienen sind, viel mehr als bei den Kolonien …
Die Flotte vermehrt die Zahl unserer Feinde, wird aber niemals stark genug sein, um sie zu besiegen.
Werner Frauendienst (Hg.), Friedrich von Holstein. Die geheimen Papiere, Bd. 4, Göttingen (Musterschmidt) 1961, S. 401.

Deutscher Kolonialismus – das Beispiel „Deutsch-Südwest"

 M1 Zeugenaussage eines Hereros

Ein Herero, der an Kämpfen 1904/05 beteiligt war, berichtete über die Gründe für den Krieg:

Der Krieg ist von ganz kleinen Dingen gekommen und hätte nicht [zu] kommen brauchen. Einmal waren es die Sturmann [Kaufleute] mit ihrem schrecklichen Wucher und eigenmächtigen, ge-
5 waltsamen Eintreiben. … Wer nicht zahlen wollte oder konnte, den verfolgten und plagten sie. Dann ist es der Branntwein gewesen, der die Leute schlecht und gewissenlos gemacht hat. Wenn jemand trinkt, dann ist es ihm gleich, was er tut.
10 Aber das schlimmste Übel ist, was viel böses Blut und Streit hervorgerufen hat, die Vergewaltigung unserer Frauen durch Weiße. Manche Männer sind totgeschossen [worden] wie Hunde, wenn sie sich weigerten, ihre Frauen und Töchter preis-
15 zugeben und drohten, sie mit der Waffe in der Hand zu verteidigen. Wären solche Dinge nicht geschehen, wäre kein Krieg gekommen, aber er ist bei solchen Vergewaltigungen ausgebrochen.

Horst Gründer, Geschichte der deutschen Kolonien, Paderborn u. a., 1991, S. 119. Zit. nach Friedemann Scriba, Wiedergutmachung für die Herero, in: Geschichte lernen, H. 134, 2010, S. 21

M2 Das Urteil eines Historikers

Der deutsche Historiker Jürgen Zimmerer schrieb 2004:

Spätestens seit Sommer 1904, nach der sogenannten Schlacht am Waterberg, führte die Schutztruppe einen genozidalen [Genozid: Völkermord] Vernichtungskrieg gegen die Herero, ermordete
5 bei ihren Verfolgungsritten Frauen und Kinder, Junge und Greise. Planmäßig trieben die Reiter die Herero in die Omaheke-Wüste, besetzten die Wasserstellen und versuchten jegliches Entkommen der Verdurstenden aus dem Trockengebiet
10 zu verhindern. [Oberbefehlshaber] Trotha wurde erst gestoppt, als der Völkermord bereits zum größten Teil geschehen war.

Jürgen Zimmerer, in: Süddeutsche Zeitung vom 10. Januar 2004. Zit. nach Friedemann Scriba, Wiedergutmachung für die Herero, in: Geschichte lernen, H. 134, 2010, S. 17.

M3

Gefangen genommene Hereros in Ketten, bewacht von einem Soldaten der Schutztruppe, Foto, 1904

Begriffe und Daten

Die Ereignisse in Deutsch-Südwestafrika

1883 Der Bremer Kaufmann Adolf Lüderitz landet in der Bucht Angra Pequena. Er erwirbt mit betrügerischen Verträgen Land von den afrikanischen Häuptlingen.

1884 Das Deutsche Reich erklärt auf Lüderitz' Antrag das Land zum „Schutzgebiet" unter dem Namen „Deutsch-Südwestafrika".

In der Folgezeit: Rekrutierung der Einheimischen (größte Volksgruppen: Herero mit 80 000 und Nama mit 20 000 Angehörigen) u. a. für die Plantagenwirtschaft; Zurückdrängen in ungünstige Gebiete; Landenteignungen und Eisenbahnbau schränkten den Lebensraum ein.

1904 Beginn des Aufstandes der Herero; Schlacht am Waterberg im Oktober 1904: Abdrängen der fliehenden Herero in die wasserlose Omaheke-Wüste; von den 80 000 Herero lebten 1905 noch etwa 15 000.

1904 bis 1907 Aufstand der Nama; nach 1907: Arbeitszwang für die Einheimischen.

1915 Im Ersten Weltkrieg (1914–1918) wird Deutsch-Südwestafrika unter südafrikanische bzw. britische Aufsicht gestellt.

1919 Mit dem Versailler Vertrag (siehe S. 66) verliert Deutschland seine Kolonien.

Russland – Kolonialismus als kontinentale Expansion

M1 ### Russlands Rolle in Zentralasien

Der Außenminister Russlands, Alexander M. Gortschakow (1798–1883), schrieb über die Motive russischer Expansionspolitik am 3. Dezember 1864 an die europäischen Großmächte:

1A Die Situation Russlands in Zentralasien ist die aller zivilisierten Staaten, welche sich in Kontakt mit nomadisierenden, halbwilden Völkerschaften ohne feste Organisation befinden. Die Sicherheit der Grenzen und
5 des Handels verlangt in solchem Falle, dass der zivilisierte Staat ein gewisses Übergewicht über seine Nachbarn ausübe. Zunächst sind ihre Einfälle und Plünderungen zurückzuweisen. Um denselben ein Ende zu machen, ist man genötigt, die Grenzbevölkerung zu einer mehr
10 oder minder direkten Unterwerfung zu zwingen. Ist dies Resultat erreicht, so nehmen die Grenzbewohner ruhigere und sesshaftere Gewohnheiten an, dafür werden sie nunmehr von ferner lebenden Stämmen beunruhigt. Der Staat ist verpflichtet, jene zu schüt
15 zen, diese zu züchtigen.

M1A und M1B zit. nach Peter Alter, Der Imperialismus, Stuttgart (Klett) 1989, S. 40 ff.

Motive russischer imperialer Politik

Der russische Politiker Sergej Witte (1849–1915), Finanzminister und Initiator der transsibirischen Eisenbahn, schrieb 1893 an Zar Alexander III. (1845 bis 1894):

1B Wenn Russland im Besitz der Länder zwischen den Ufern des Pazifik und des Himalaja ist, wird es nicht nur die Geschichte Asiens, sondern auch die Europas bestimmen. Russland steht am Rande dieser beiden so
5 verschiedenen Welten und verkörpert deshalb eine Welt für sich … Diese Entwicklung ist das Ergebnis der lebendigen gegenseitigen Beeinflussung und der harmonischen Verbindung von drei Elementen, die ihre volle schöpferische Kraft nur in Russland entfaltet ha
10 ben. Diese Elemente sind: erstens, die Rechtgläubigkeit, die den wahren Geist des Christentums rein erhält und die Grundlage aller Erziehung ist; zweitens, die Autokratie[1] als die Grundlage des staatlichen Lebens; drittens, das russische Nationalgefühl als Grundlage für
15 den inneren Zusammenhalt des Staates.

....

[1] Alleinherrschaft

Das russische Imperium **M2**

Legende:
- Russisches Reich bis 1855
- Russische Erwerbungen 1855–1905
- Grenze Russlands 1905
- Eisenbahn

0   400   800   1200 km

USA – Kolonialismus als Prinzip der „offenen Tür"

M1 Welthandelsmacht USA?

Der amerikanische Politikwissenschaftler Albert J. Beveridge (1899–1911 US-Senator) sprach im April 1889 bei einer politischen Veranstaltung in Boston über die Zukunft der USA:

1A Amerikanische Fabriken stellen mehr her, als für die Versorgung des amerikanischen Volkes notwendig ist. Die amerikanische Erde erzeugt mehr, als es verzehren kann. Das Schicksal hat uns unsere Politik vorge-
5 schrieben: Der Handel der Welt muss und wird unser sein. Und wir werden ihn bekommen, da unser Mutterland England uns den Weg dazu gewiesen hat. Wir werden in der ganzen Welt Handelsniederlassungen als Umschlagplätze für amerikanische Waren gründen.
10 Unsere Handelsflotte wird bald über den ganzen Ozean fahren. Wir werden eine Kriegsmarine aufbauen, die unserer Größe entspricht. Aus unseren Handelsniederlassungen werden Kolonien erwachsen, die sich selbst regieren, unsere Flagge führen und mit uns Handel
15 treiben … Und das amerikanische Recht, die amerikanische Ordnung, die amerikanische Zivilisation und die amerikanische Flagge werden an bis dahin blutigen und unkultivierten Ufern Fuß fassen, Ufern, die … von nun an schöner und zivilisierter werden … Im Pazifik liegt
20 das eigentliche Feld unserer nächsten Aufgaben.

Nach der Eroberung Kubas, Puerto Ricos und der Philippinen im spanisch-amerikanischen Krieg schrieb der amerikanische Präsident Wilhelm McKinley 1898 den Gesandten, die die USA bei den Friedensverhandlungen in Paris vertreten sollten:

1B Der Verzicht Spaniens auf die westliche Hemisphäre war eine unerlässliche Notwendigkeit. Indem wir diese Forderung aufstellten, erfüllten wir nur eine allgemein anerkannte Pflicht … Mit den Philippinen
5 verhält es sich jedoch anders … Wenn wir uns auch nach wie vor zu den Zielsetzungen bekennen, die unsere Bemühungen geleitet haben, … so dürfen wir dennoch nicht vergessen, dass der Krieg uns gegen unseren Wunsch und unsere Absichten neue Pflichten
10 und Verantwortlichkeiten auferlegt hat, denen wir uns stellen müssen, wie es einer großen Nation geziemt … Zudem eröffnet der Besitz der Philippinen uns neue wirtschaftliche Möglichkeiten … Es ist nur billig, jedes legitime Mittel zur Erweiterung des amerikanischen
15 Handels zu ergreifen; jedoch suchen wir im Fernen Osten keine Vorteile, die nicht allen Nationen gleichermaßen zugänglich sein sollen. Da wir für uns nur eine Politik der „offenen Tür" verlangen, sind wir auch bereit, diese anderen ebenfalls zuzugestehen.

M1A und M1B zit. nach Wolfgang Mommsen, Imperialismus, Hamburg (Hoffmann und Campe) 1977, S. 211 f.

M2 „Der Schutzmann der Welt", amerikanische Karikatur auf Theodor Roosevelts imperialistische Außenpolitik („Big-Stick-Policy"), 1905

Der Weg in den Weltkrieg

Der Balkan als „Pulverfass"

Nationalismus und Imperialismus in Europa führten auf dem Balkan zu großen Problemen: Erstens war in dieser Region eine einzigartige Vielzahl von Völkern anzutreffen. Zweitens herrschten hier drei Großmäch-
5 te: Österreich-Ungarn, Russland und das Osmanische Reich. Als „Schutzpatrone" kleinerer Völker verfolgten sie ihre Machtinteressen. Außerdem waren Österreich und Russland in verschiedene Bündnissysteme einge-bunden. Die Lage spitzte sich zu mit der Nationalbewe-
10 gung Serbiens, die seit dem 19. Jahrhundert unter dem Schlagwort „Großserbien" auftrat. Sie richtete sich auf der einen Seite gegen Österreich-Ungarn und das Os-manische Reich und wurde auf der anderen Seite von Russland unterstützt. Zwei Balkankriege, 1912/13 und
15 1913, zeigten deutlich die Gefahren in diesem Span-nungsfeld.

Der Anlass des Ersten Weltkrieges

Als am 28. Juni 1914 das österreichische Thronfolger-paar, Erzherzog Ferdinand und seine Frau, Sarajewo besuchten, wurden sie bei einem Anschlag ermordet. Österreich verdächtigte serbische Nationalisten als
5 Täter, da Sarajewo die Hauptstadt von Bosnien-Herzegowina war, das sich die Österreicher 1908 ge-waltsam angeeignet hatten. Der deutsche Kaiser Wil-helm II. schrieb an den Rand des ersten offiziellen Berichts aus Wien vom 30. Juni 1914: „Mit den Serben
10 muss aufgeräumt werden, und zwar bald."
Deutschland sicherte Österreich-Ungarn bedingungs-lose Unterstützung zu (siehe den Zweibund, S. 11), Russland dagegen stellte sich hinter Serbien, und Frankreich stand zu seinem Bündnispartner Russland
15 (siehe S. 11). Zwar erfüllte Serbien weitgehend die For-derungen Österreichs, sodass in Europa viele den Kriegsgrund als entfallen ansahen. Doch Österreich hielt an seiner kriegerischen Absicht fest und erklärte Serbien am 28. Juli 1914 den Krieg. Als Russland seine
20 Truppen mobil machte, griffen die Bündnisverpflich-tungen: Am 1. August erklärte Deutschland Russland den Krieg, am 3. August Frankreich. Großbritannien folgte am 4. August mit Kriegserklärungen an Deutsch-land und Österreich. Aus der Balkankrise wurde ein
25 europäischer Krieg und schließlich ein Weltkrieg.

M1

Attentat auf den österreichischen Erzherzog Franz Ferdinand, Lithografie vom Juni 1914, Collage mit Zei-tungsschlagzeilen. Täter waren serbische Nationalisten; die serbische Regierung wusste von den Plänen.

M2 ### Die Haltung Deutschlands

Graf von Szögyényi, 1892 bis 1914 österreichisch-ungarischer Gesandter in Berlin, telegrafierte am 5. Juli 1914 an seinen Außenminister über eine Unterredung mit Wilhelm II.:

Als ich nochmals den Ernst der Situation mit gro-ßem Nachdruck betonte, ermächtigte mich Seine Majestät, unserem Allergnädigsten Herrn zu melden, dass wir … auf die volle Unterstützung
5 Deutschlands rechnen können … Russlands Hal-tung werde jedenfalls feindselig sein, doch sei er hierauf schon seit Jahren vorbereitet, und sollte es sogar zu einem Krieg zwischen Österreich-Ungarn und Russland kommen, so könnten wir davon
10 überzeugt sein, dass Deutschland in gewohnter Bündnistreue an unserer Seite stehen werde. Russ-land sei übrigens … noch keineswegs kriegsbereit und werde sich noch sehr überlegen, an die Waf-fen zu appellieren. Doch werde es bei den anderen
15 Mächten der Triple Entente[1] gegen uns hetzen … Er begreife sehr gut, dass es Seiner Majestät bei seiner bekannten Friedensliebe schwerfallen wür-de, in Serbien einzumarschieren; wenn wir aber die Notwendigkeit einer kriegerischen Aktion ge-
20 gen Serbien erkannt hätten, so würde er es bedau-ern, wenn wir den jetzigen, für uns so günstigen Moment unbenützt ließen.
Zit. nach Asmut Brückmann, Die europäische Expansion, Stuttgart (Klett) 1993, S. 143.

[1] Großbritannien, Frankreich, Russland

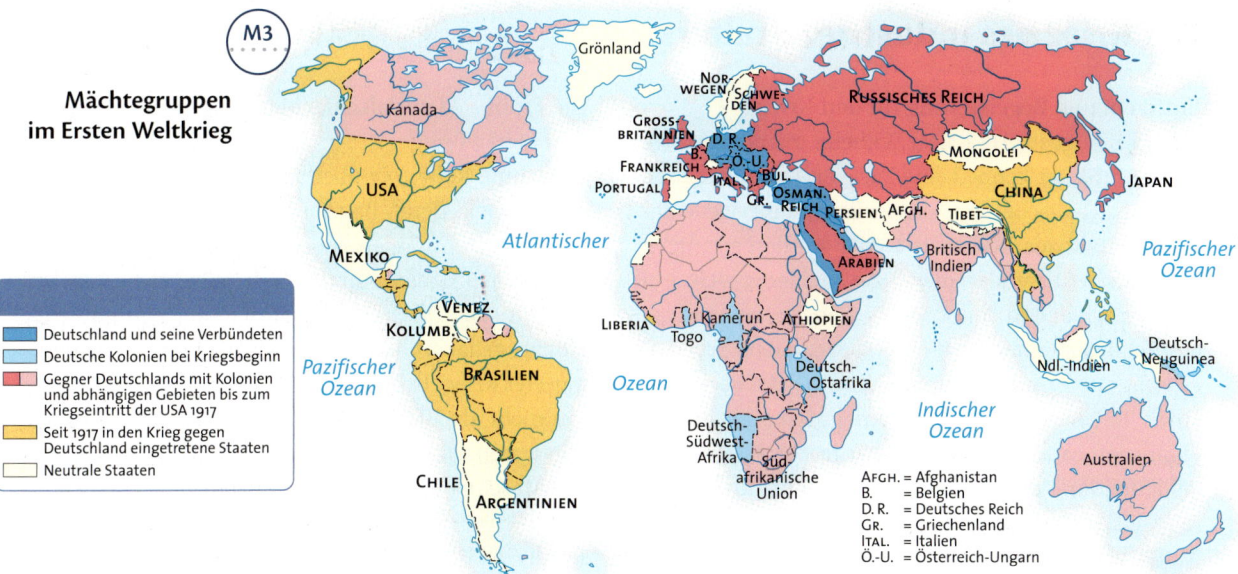

M3

**Mächtegruppen
im Ersten Weltkrieg**

Legende:
- Deutschland und seine Verbündeten
- Deutsche Kolonien bei Kriegsbeginn
- Gegner Deutschlands mit Kolonien und abhängigen Gebieten bis zum Kriegseintritt der USA 1917
- Seit 1917 in den Krieg gegen Deutschland eingetretene Staaten
- Neutrale Staaten

AFGH. = Afghanistan
B. = Belgien
D. R. = Deutsches Reich
GR. = Griechenland
ITAL. = Italien
Ö.-U. = Österreich-Ungarn

M4

Die Haltung Großbritanniens

Der britische Staatssekretär im Außenministerium, E. A. Crowe, schrieb im Juli 1914:

Worauf es ankommt, ist, ob Deutschland zu diesem Krieg jetzt absolut entschlossen ist oder nicht … Wenn Seiner Majestät Regierung in dem Augenblick, wo entweder Österreich oder Russ-
5 land zu mobilisieren beginnt, Befehl erteilt, unsere ganze Flotte unverzüglich auf Kriegsfuß zu setzen, so mag dies … Deutschland die Augen über den Ernst der Gefahr öffnen, der es ausgesetzt wäre, wenn England am Kriege teilnähme … Sollte
10 der Krieg ausbrechen und England unbeteiligt bleiben, dann muss sich Folgendes ergeben: a.) Entweder siegen Deutschland und Österreich, sie erdrücken Frankreich und demütigen Russland. b.) Oder Frankreich und Russland siegen. Wie
15 werden sie sich dann gegen England verhalten? … In diesem Kampf, der nicht um den Besitz Serbiens geht, sondern bei dem es sich um das Ziel Deutschlands, seine politische Vorherrschaft in Europa zu errichten, und um den Wunsch der
20 Mächte handelt, ihre individuelle Freiheit zu erhalten – in diesem Kampf sind unsere Interessen mit denen Frankreichs und Russlands verknüpft. Wenn wir dazu beitragen können, den Konflikt zu verhüten, … dann wäre es falsch, diesen Versuch
25 nicht zu machen.

Zit. nach Asmut Brückmann, Die europäische Expansion, Stuttgart (Klett) 1993, S. 147.

Begriffe und Daten

Kriegsziele (September 1914)

Deutschland
- Sicherung des Reiches nach Ost und West
- Schwächung Frankreichs durch Gebietsabtretungen
- Belgien wird Vasallenstaat (d. h. abhängig); militärische Nutzung von Hafenplätzen

Frankreich und Verbündete
- Herrschaft Deutschlands brechen
- territoriale Veränderungen nach Nationalitäten
- Gebietsabtretungen Polens an Russland, Entschädigung Polens mit deutschen Gebieten
- Elsass-Lothringen und eventuell weitere Teile des Reiches an Frankreich, Gebietszuwachs für Belgien
- Kriegsentschädigung von Deutschland und Österreich

---

1 Partnerarbeit: Erarbeitet anhand der Informationen auf dieser Doppelseite: a) Ursachen, Anlass und Folgen des Attentats von Sarajewo, b) die deutsche und die britische Position zur Krise, c) die Mächtegruppen und deren Kriegsziele am Beispiel Deutschlands und Großbritanniens, d) eine schriftliche Stellungnahme zur Frage, ob Ansätze für eine Konfliktlösung erkennbar sind und woran sie offensichtlich scheiterten.

Webcode: FG1110444-021

Der Krieg des Industriezeitalters

Eintracht und Begeisterung für den Krieg?

Als am 1. August 1914 Kaiser Wilhelm mit der Aussage zitiert wurde, er kenne keine Parteien mehr, er kenne nur noch Deutsche, löste das in Berlin eine Welle der Begeisterung aus. Nationale Lieder wurden gesungen
5 und hunderttausende Freiwilliger meldeten sich, um für Deutschland in den Krieg zu ziehen. Nationalflaggen schmückten die Straßen – sogar in den Arbeitervierteln. Am 4. August stimmte die SPD, die noch kurz zuvor in vielen Städten Antikriegsdemonstrationen
10 organisiert hatte, im Reichstag fast geschlossen der Bewilligung von Kriegskrediten zu. Deutschland erschien in jenen Augusttagen national geeint und die Idee der Nation verwirklicht.

Neuere Forschungen zeigen jedoch, dass der Jubel kei-
15 neswegs so ungeteilt war, wie die Propaganda für den Krieg und die nachträglichen Lobgesänge auf das „Augusterlebnis" glauben machen wollten. Während in großen Teilen des Bürgertums eine wahre Kriegseuphorie ausbrach, herrschten in der städtischen Lohnar-
20 beiterschaft ganz überwiegend Angst, Niedergeschlagenheit und Verzweiflung, wie z. B. die Polizeiberichte in den Berliner Arbeitervierteln festhielten. Ähnliches zeigen auch die Untersuchungen über die Stimmung in der bäuerlichen Bevölkerung.

Die Front – Materialschlachten prägen den Krieg

„Ein merkwürdiger Krieg: ... Flieger, Autos spielen eine ungeahnte Rolle, wie überhaupt die Technik, Brücken und Tunnels, deren Bau sonst Jahre gedauert hat, werden in vierzehn Tagen hergestellt." Diese Beobachtun-
5 gen schrieb Großadmiral von Tirpitz am 11. Oktober 1914 in sein Tagebuch. Der Krieg, der erst gut zwei Monate gedauert hatte, war ein ganz neuer, so nicht erwarteter Krieg. Im 19. Jahrhundert hatten selten Heere von mehr als 500 000 Mann gegeneinander gekämpft,
10 nun waren es mehrere Millionen. Mit modernen Waffen, Maschinengewehren, Hand- und Giftgasgranaten, Flammenwerfern, Minen, Panzern und Flugzeugen setzte eine beispiellose Materialschlacht ein. Sie wurde möglich durch die Industrie, die nahezu ununterbro-
15 chen Waffen produzierte.

Die „Hölle von Verdun" wurde zum Inbegriff dieses Materialkrieges. Bei der französischen Festung Verdun in Lothringen sollte nach den Plänen der deutschen Obersten Heeresleitung die Hauptmacht des französi-
schen Heeres vernichtet werden. Die Schlacht wurde 20 mit gewaltigen Opfern bezahlt: 275 000 Franzosen und 240 000 Deutsche sind vom Februar bis Juni 1916 hier gefallen, wurden verwundet oder blieben vermisst. Der Krieg wurde mit dieser Schlacht nicht entschieden.

M1 **Aufbruch zur Front,** Foto, August 1914

„Es war furchtbar!"

Der 23-jährige Student Alfred Buchalski schrieb aus Dixmuiden am 28. Oktober 1914, etwa zwei Wochen vor seinem Tod:

Mit welcher Freude, welcher Lust bin ich hinausgezogen in den Kampf, der mir als die schönste Gelegenheit erschien, Lebensdrang und Lebenslust sich austoben zu lassen. Mit welcher Enttäu-
5 schung sitze ich hier, das Grauen im Herzen … Ich möchte Dir in einem dieses ganze große Erlebnis, die Schlacht, berichten, und doch sind es wieder nur Einzelheiten, die sich in den Vordergrund drängen. – Es war furchtbar! Nicht das vergossene
10 Blut, nicht auch der Umstand, dass es vergeblich vergossen war, auch nicht, dass in dunkler Nacht die eigenen Kameraden auf uns schossen – nein, die ganze Kampfesweise ist es, die abstößt. Kämpfen wollen und sich nicht wehren können! Der
15 Angriff, der mich so schön dünkte, was ist er anderes als der Drang: hin zur nächsten Deckung da vorn gegen diesen Hagel tückischer Geschosse. Und der Feind, der sie entsendet, nicht zu sehen! Freilich, noch habe ich Hoffnung, dass man auch
20 an diese Kampfesweise sich gewöhnen werde, und dass sich der Drang: Vorwärts, ran an den Feind! – wird betätigen lassen. Erst etwas leisten, dann schmerzt auch die Kugel gewiss nicht so sehr.

Philipp Witkop (Hg.), Kriegsbriefe gefallener Studenten, München, 1928, S. 16. Zit. nach Wolfgang Kruse, Der Erste Weltkrieg, Darmstadt (WBG) 2009, S. 59.

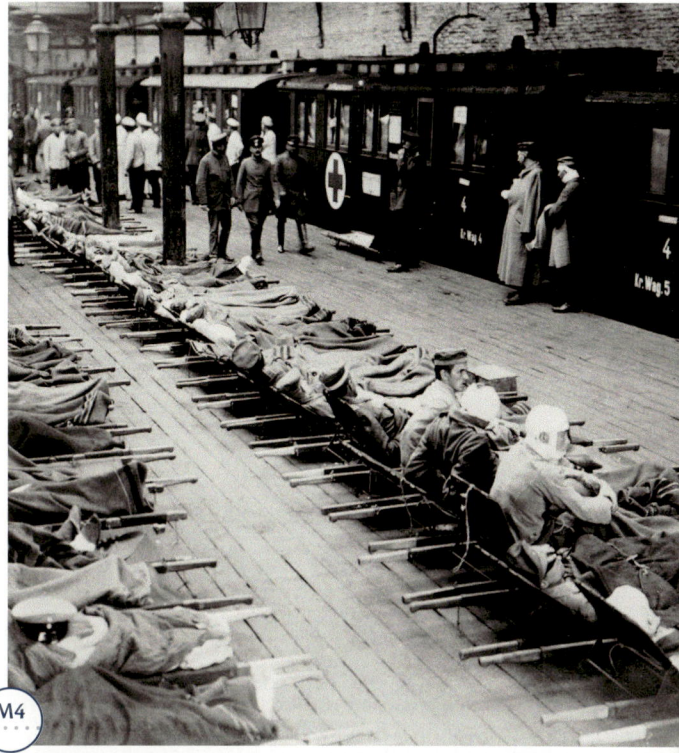

Soldaten warten auf dem Bahnhof der französischen Stadt Cambrai auf ihren Abtransport mit einem bereitstehenden Lazarettzug, Foto, 1917. Zur erschütternden Bilanz des Krieges gehören Millionen von Verwundeten und Kriegsversehrten, deren Verletzungen meist durch Granatsplitter verursacht wurden.

Das Maschinengewehr, Gemälde von Christopher R. W. Nevinson, Öl auf Leinwand, 1915

1 a) Analysiere M1, indem du besonders auf die erkennbaren Einstellungen der Soldaten und ihre Stimmungslage eingehst.
   b) Prüfe, welche weiteren Informationen der Darstellungstext linke Spalte anbietet.

2 **Wähle eine Aufgabe aus:**
   a) Prüfe anhand des Darstellungstextes rechte Spalte und M3 die These vom „Krieg des Industriezeitalters".
   b) Zeige mithilfe von M4 das unmenschliche Gesicht des Krieges.

3 Untersuche anhand von M2 den Stimmungswandel des jungen Soldaten und nimm dazu Stellung.

4 Erörtert in einer Gesprächsrunde die folgende These: Über Sieg und Niederlage entschieden nicht mehr die Generäle, sondern allein moderne Waffentechnik und neue Produktionsmethoden.

 Webcode: FG1110444-023

Darstellungen auf Feldpostkarten analysieren

Post im Krieg

Historiker schätzen, dass mehr als 28 Milliarden Postsendungen aller Art in den Jahren 1914 bis 1918 zwischen Front und Heimat befördert
5 wurden. Durch die Feldpost hielten Angehörige Kontakt zu den kämpfenden Soldaten. Kaiserliche Regierung und Oberste Heeresleitung (OHL) waren sich der Bedeutung
10 der Feldpost bewusst. Zensur, Kontrolle (Postüberwachungsstellen) wurden – nicht immer erfolgreich – eingesetzt, um die Informationen über die Lage an der Front zu filtern.
15 Für die „mediale Kriegsführung" waren Bilder von nicht zu unterschätzender Bedeutung: Wer über das Kriegsbild bestimmte, beeinflusste auch die Deutungshoheit
20 über den Krieg.

Arbeitsschritte

1. Schritt: Einzelheiten erfassen

– Welche Personen, Gegenstände sind dargestellt? In welcher räumlichen Beziehung stehen sie zueinander?
– Welcher Hintergrund wurde gewählt (Landschaft, Innenraum, „Kulisse" usw.)?
– Welche Bildelemente verweisen auf das Thema „Krieg"?
– Welche Aussagen werden schriftlich vermittelt?

2. Schritt: Bildelemente in einen Zusammenhang bringen

– Lassen sich die Einzelheiten in einen Zusammenhang bringen?
– Welche Aussage – über das Bildmotiv und das Thema Krieg – ergibt sich vorläufig?
– Welche Fragen sind noch offen?

3. Schritt: Zusätzliche Informationen nutzen

– Welche Informationen enthält die Bildunterschrift?
– Gibt es Hinweise auf Adressat und Zielsetzung der Abbildung?

4. Schritt: Aussage und Absicht des Bildes erschließen und kritisch werten

– Wie lassen sich die Ergebnisse in einer Aussage formulieren?
– Welche Botschaften soll die Darstellung dem Betrachter vermitteln? Achte auf Einzelheiten.
– Welche Absicht ist mit der Darstellung und dem Medium Feldpostkarte verbunden?
– Ist eine geschlechtsspezifische Rollenverteilung zu erkennen?
– Meinst du, dass die Botschaft bei den Adressaten ankam? Begründe.

Artillerie in Beobachtung des Feindes, Feldpostkarte, 1916

„Als mich mein Kaiser rief!", Feldpostkarte, o. J.

Vorschlag für eine Gruppenarbeit:

1 a) Analysiert M1 bis M7 arbeitsteilig mithilfe der Arbeitsschritte.
   b) Berichtet in der Klasse.
2 Vergleicht in einer gemeinsamen Gesprächsrunde die Feldpostkarten. Stellt Übereinstimmungen und Unterschiede in Bezug auf Aussage und Absicht der Darstellungen fest.
3 Entwerft in Gruppen – ausgehend von euren Kenntnissen aus dem Kapitel – „Anti-Feldpostkarten" und stellt eure Ergebnisse vor.
4 „Feldpostkarten zeigten die Welt, wie sie gesehen werden sollte." Diskutiert diese These in der Klasse. Zieht eure Kenntnisse über Kriegsberichterstattung in der Gegenwart heran.

„Innere Stärke und einheitlicher nationaler Wille", Feldpostkarte, 1915

„Ein treuer deutscher Gruß", Feldpostkarte, 1916

„Die Fahne ruft!", Feldpostkarte, 1915

„Sie sollen ihn nicht haben", Feldpostkarte, 1915. Text: patriotisches Lied von 1840

„Seifenblasen", Feldpostkarte, 1916

Webcode: FG1110444-025

Geschichte der Gefühle: Soldatische Angst im Krieg

Angst als Gegenstand der Geschichtsforschung

Die tatsächlichen Erfahrungen mit dem Grauen des „neuen" Krieges spiegeln sich in vielfältigen Überlieferungen wider: Fotos, Feldpostkarten, Feldpostbriefe, Tagebücher und Romane beschreiben die „Gesichter"
5 des Krieges. Sie alle sind Teil einer „Geschichte der Gefühle" von Menschen, die den Ersten Weltkrieg erlebt haben. Die Geschichtsforschung untersucht zum Beispiel, wie Menschen Angst empfunden haben und wie sie und andere damit umgegangen sind.

M2 **Feldpostkarte,** 1915

1 Beschreibe anhand von M2 und M4, wie die Abbildungen auf dich wirken.

2 Untersuche, wie Dominik Richert den Krieg erlebte (M1).

3 Vergleiche die Darstellungen des Krieges in M3A und M3B.

4 Erarbeite anhand von M5, wie mit „Angst im Krieg" von den Kriegspsychiatern umgegangen wurde.

M1 **Der Tod des besten Kameraden**

Aus den Erinnerungen des Soldaten Dominik Richert (1893–1977), die er in den ersten Jahren nach dem Krieg verfasste:

Nur noch zahlreiche Schrapnells [Artilleriegeschosse] kleiner Kaliber kamen hier und da angeflogen. Da sagte der Student: „Ich muss mal austreten" und ging hinter einen in der Nähe ste-
5 henden Busch. Da kam ein Schrapnell, platzte über ihm. Eine Kugel drang ihm an der Schläfe in den Kopf. Er war sofort tot. Ich holte ihn mithilfe meiner Kameraden und legte ihn in das Granatloch, das die große Granate geschlagen hatte. …
10 Nun hatte ich den letzten meiner besten Kameraden verloren. Es war mir so verleidet, dass ich mir bald nicht mehr zu helfen wusste. … „Den Heldentod fürs Vaterland gefallen!" Heldentod! Welche Lüge ist doch dieses Wort. Ich habe so viel er-
15 lebt und durchgemacht. Aber ich habe unter 1000 kaum einen Helden entdecken können.

Dominik Richert, Beste Gelegenheit zum Sterben. Meine Erlebnisse im Kriege 1914–1918, hg. v. Angelika Tramitz u. Bernd Ulrich, München, 1989, S. 175 f. Zit. nach Meint Agena, „Habe unter Tausend kaum einen Helden entdecken können", in: Geschichte lernen, H. 108, 2005, S. 31.

M3 **Literarische Verarbeitung des Krieges**

3A Aus dem Tagebuch eines Stoßtruppführers (1920):

Mein erstes Opfer war ein Engländer, den ich auf 150 Meter zwischen zwei Deutschen herausschoss. Er klappte wie ein Messer zusammen und blieb liegen. … Der Erfolg hatte Angriffsgeist und
5 Draufgängertum jedes Einzelnen zur Weißglut entfacht. Von der Führung einheitlicher Verbände war keine Rede mehr. Trotzdem kannte jeder Mann nur noch eine Parole: „Vor!" Jeder rannte geradeaus los … Der Kämpfer, dem während des
10 Anlaufs ein blutiger Schleier vor den Augen wallte, kann seine Gefühle nicht mehr umstellen. Er will nicht gefangennehmen; er will töten. Er hat jedes Ziel aus den Augen verloren und steht im Banne gewaltiger Urtriebe. Erst, wenn Blut geflossen ist,
15 weichen die Nebel aus seinem Hirn; er sieht sich um wie aus schwerem Traum erwachend. Erst dann ist er wieder moderner Soldat, imstande, eine neue taktische Aufgabe zu lösen.

Ernst Jünger, In Stahlgewittern, historisch-kritische Ausgabe, hg. v. Helmuth Kiesel, Stuttgart (Klett-Cotta) 2013, S. 528 u. 236.

M4

Schwerstverwundeter des Ersten Weltkrieges, zeitgenössisches Foto

M5

Angst im Krieg

Die Historikerin Susanne Michl und der Historiker Jan Plamper schrieben 2009:

Der Erste Weltkrieg versehrte [verletzte] nicht nur die Körper der Soldaten, sondern auch jene Dimension des Selbst, die damals mit Begriffen wie „Seele", „Psyche", „Nerven" und „Geist" um-
5 schrieben wurden. Bereits kurz nach Kriegsbeginn wurden in die Lazarette Soldaten eingeliefert, die permanent zitterten, stotterten oder weinten, die (taub-)stumm geworden waren und die Essens-aufnahme verweigerten, deren Gliedmaßen ge-
10 lähmt waren, die Selbstgespräche führten oder unter Halluzinationen litten … Insgesamt kann von 800 000 bis zu mehr als einer Million Soldaten in den kriegführenden Nationen ausgegangen werden, bei denen eine Trauma-Diagnose gestellt
15 wurde. Diese psychisch Versehrten wurden von Militärpsychiatern behandelt sowie von Psychia-tern, die für den Kriegseinsatz mobilisiert worden waren … Für deutsche Kriegspsychiater waren Angst und männliche Tapferkeit nicht miteinan-
20 der vereinbar. Im Gegenteil: Soldaten mit Angst-störungen wurden als Schwächlinge, Feiglinge und moralisch verwerfliche Individuen stigmatisiert. Außerdem wurden sie verdächtigt, dem Krieg ab-lehnend gegenüberzustehen und unpatriotisch zu
25 sein. Angst galt gemeinhin als unehrenhaft, als Kampfgeist, Kameradschaft und Disziplin zerset-zend. … In Frankreich hingegen wurden mit der „Kriegsangst" und den „Kriegsemotionen" Kon-zepte geschaffen, die es ermöglichten, Gefühle
30 von Angst und Feigheit in das Männlichkeitsbild zu integrieren. Männliche Tapferkeit, so die Argu-mentation, habe ihre Grenzen. Die „Invaliden der Tapferkeit" seien bis an die Grenzen ihres Muts ge-gangen, sodass ihnen, wie den körperlich Versehr-
35 ten, Respekt gebühre.

Susanne Michl/Jan Plamper, Soldatische Angst im Ersten Weltkrieg, in: Geschichte und Gesellschaft, 35. Jg., 2009, H. 2, S. 209, 213 u. 241 f.

M3

3B In dem Roman „Im Westen nichts Neues" schil-derte der Schriftsteller und Kriegsfreiwillige Erich Maria Remarque 1929 die Situation in den Schüt-zengräben:

Unsere Gesichter sind verkrustet, unser Denken ist verwüstet, wir sind todmüde: Wenn der Angriff kommt, müssen manche mit den Fäusten ge-schlagen werden, damit sie erwachen und mitge-
5 hen: Die Augen sind entzündet, die Hände zerris-sen, die Knie bluten, die Ellbogen sind zerschlagen. Vergehen Wochen – Monate – Jahre? Es sind nur Tage …

Haie Westhus wird mit abgerissenem Rücken fort-
10 geschleppt; bei jedem Atemzug pulst die Lunge durch die Wunde. Ich kann ihm noch die Hand drücken: „Is alle, Paul", stöhnt er und beißt sich vor Schmerz in die Arme. Wir sehen Menschen leben, denen der Schädel fehlt; wir sehen Soldaten lau-
15 fen, denen beide Füße weggefetzt sind; sie stol-pern auf den splitternden Stümpfen bis zum nächsten Loch.

Erich Maria Remarque, Im Westen nichts Neues, Berlin (Ullstein) 1972, S. 98 ff.

5 **Partnerarbeit/Recherche:** Informiert euch über psy-chische Folgen von Auslandseinsätzen der Bundes-wehrsoldaten/-soldatinnen, z. B. in Afghanistan, und berichtet.

Webcode: FG1110444-027

Die „Heimatfront"

Der Krieg bestimmt den Alltag

Während die deutsche Regierung noch die nationale Kriegsbegeisterung schürte, war ihr längst klar, dass in einem langen Krieg die Ernährung der Bevölkerung nicht gesichert war. Als die deutschen Truppen nach ersten Siegen in Belgien und Frankreich von der französischen und englischen Armee gestoppt wurden, kam es zu einem Stellungskrieg. Damit traten Versorgungsprobleme in zweifacher Hinsicht auf: Zum einen musste der Nachschub für die Truppen an den Fronten bewerkstelligt werden, zum anderen verschärfte die „Hungerblockade" (Blockade der Nordsee durch Großbritannien) die Notsituation der Zivilbevölkerung. Mit der propagandistischen Formel vom Aufbau einer „Heimatfront" konnte man dieses Problem nicht lösen. Seit 1915 beschränkte die Regierung den freien Lebensmittelverkauf und regelte vor allem die Brot- und Getreideversorgung über Lebensmittelkarten. Da die Mengenzuweisungen nicht ausreichten, versuchten die Menschen, sich selbst zu versorgen: Viele Städter legten sich Kleingärten oder „Fensterplantagen" zu, hielten Hühner, Kaninchen oder Schweine – sogar in Wohnungen!

Auch die Versorgung der Truppen mit Waffen bereitete zunehmend Schwierigkeiten, da in den Rüstungsbetrieben Arbeitskräfte fehlten. Um dieses Problem zu lösen, wurden Arbeiterinnen eingestellt. Viele Frauen waren auf solche Verdienstmöglichkeiten angewiesen. Sie mussten ihre Familien allein ernähren, da ihre Männer an der Front kämpften. Auch in anderen Männerberufen wie Straßenbahnenführen und Schornsteinfegen wurden Frauen eingesetzt. Rückblickend kann man annehmen, dass die Kriegsverhältnisse die Frauenemanzipation durchaus förderten. Heimkehrende Männer fanden ihre Frauen selbstbewusster und unabhängiger vor. Allerdings wurden nach dem Krieg viele Frauen wieder aus den erworbenen beruflichen Positionen verdrängt. Eine Emanzipation* auf Zeit?

Die Versorgungsprobleme wurden mit nationalen Durchhalteparolen überdeckt. Seit 1915 verschlechterte sich die Versorgungslage stetig: Im „Kohlrübenwinter" 1916/17 verhungerten in Deutschland Hunderttausende. 1917 betrug die Getreideernte nur noch 50 Prozent der Vorkriegsjahre. Soldaten sparten Teile ihrer Rationen ab und schickten Esspakete nach Hause.

M1 Schlange stehen vor einer Verteilungsstelle für Lebensmittel, Foto, um 1917

 Frauen stellen in einer Munitionsfabrik Granaten her, Foto, 1915

Männerarbeit – Frauenarbeit

M3 Nach dem „Notgesetz" vom August 1914 konnten z. B. Arbeitsschutzbestimmungen den jeweiligen Bedürfnissen der Kriegswirtschaft angepasst werden. Für die in Rüstungsbetrieben tätigen Frauen legte deshalb die Militärführung in Hannover im Dezember 1916 fest:

Durch übertriebene Vorsicht dürfen die dringenden Aufgaben der Kriegswirtschaft nicht gefährdet werden. Wo jeweils die richtige Grenze liegt zwischen den Bedürfnissen der Industrie einerseits
5 und guter Sitte andererseits, ist im Einzelfalle von der zuständigen Gewerbeaufsichtsbehörde zu prüfen … In besonderen Notfällen kann die Frauenarbeit, deren Verwendung möglichst zu fördern ist – auch vor dem Dampfkessel, im Fuhrbetrieb,
10 bei der Montage und Installation –, vorübergehend noch weiter [über elf Stunden hinaus] ausgedehnt werden. Ausreichende Sitzgelegenheit ist für Frauen besonders wichtig. Arbeit in Arbeitshose ist zu gestatten.

Zit. nach Amrei Stupperich, „Arbeit in Arbeitshose ist zu gestatten", in: Praxis Geschichte, H. 3, 1995, S. 40.

„Die Not wird schlimmer …"

M4 Obwohl Militär- und Zivilbehörden den „nationalen Geist" beschworen, konnten sie Briefe wie diesen, den eine Frau aus Sachsen am 5. 3. 1917 ihrem kriegsgefangenen Mann schickte, nicht verhindern:

Die Not wird immer schlimmer, weil es hier bei uns nichts mehr gibt … Schlecht stehts mit uns, da wir nichts mehr zu essen haben … Seit 14 Tagen habe ich das Mittagessen von der Volksküche
5 [zentrale Essenausgabe, die der Gemeindeverwaltung unterstand] und zwar zwei Portionen und da essen fünf Mann davon. Bei mir ist gerade wie wenn mir in Hals geschissen ist so hungert mich den ganzen Tag. Sollte nun der Mist nicht bald ein
10 Ende nehmen oder muss man selbst noch Waffe in der Hand nehmen, damit die Kinder wenigstens aus der Welt kommen, denn das Elend kann ich nicht mehr ertragen. Mich dauern blos die armen Kinder, die sehen mich nur egal an und kann
15 ihnen nicht helfen.

Zit. nach Ute Daniel, Arbeiterfrauen in der Kriegsgesellschaft, Göttingen (Vandenhoeck & Ruprecht) 1989, S. 149 f.

1 Überlege, welche gesellschaftlichen Gruppen unter den Auswirkungen des Krieges besonders schwer litten (Darstellungstext, M1, M4).

2 Partnerarbeit:
a) Erster Weltkrieg – „Schrittmacher der Frauenemanzipation"? Setzt euch kritisch mit dieser These auseinander. Zieht dafür den Darstellungstext, M2, M3 und M4 heran.
b) Notiert euer Fazit.

3 Wähle eine Aufgabe aus:
a) Untersuche, welche Bedingungen die „Siegpropaganda" von 1914 in den folgenden Kriegsjahren infrage stellten.
b) Vergleiche die Lebensbedingungen an der Front mit der Heimatfront.

 Webcode: FG1110444-029

Das Epochenjahr 1917 und das Ende des Krieges

Vom europäischen Krieg zum Weltkrieg

Der 1914 in Europa begonnene Krieg zeigte sich von Beginn an auch als See- und Kolonialkrieg zwischen Deutschland und seinen Verbündeten und den alliierten Gegnern. Mit dem Eintritt des Osmanischen Reiches in den Krieg (29. Oktober 1914) wurden die Kämpfe über die Grenzen Kontinentaleuropas hinausgetragen. Bald umfassten die Kampfzonen die Kaukasusregion und große Teile des Nahen Ostens wie den Sinai, Palästina, Syrien und den Libanon sowie das Zweistromland und die Arabische Halbinsel. Auch in den Kolonialgebieten Afrikas und Asiens kam es zu kriegerischen Auseinandersetzungen.

Kriegseintritt der USA

Die Vereinigten Staaten von Amerika hatten sich bei Kriegsbeginn für militärisch neutral erklärt. Sie lieferten jedoch kriegswichtige Güter an die Alliierten Großbritannien und Frankreich. Um den amerikanischen Nachschub zu unterbinden, setzte die deutsche Militärführung eine neuartige Waffe ein: U-Boote. Nach scharfem Protest der USA wurden die U-Boot-Angriffe 1916 aber beendet. Als der Landkrieg stagnierte und die Skagerrak-Schlacht fehlschlug, wurde am 1. Februar 1917 – durch Entscheidung der Obersten Heeresleitung (OHL) – der „uneingeschränkte" U-Boot-Krieg wieder aufgenommen. Die USA brachen daraufhin am 3. Februar ihre diplomatischen Beziehungen zum Deutschen Reich ab und erklärten am 6. April Deutschland den Krieg.

Die deutsche Militärführung (der Generalstab) unterschätzte die langfristigen Möglichkeiten der US-Amerikaner, große Mengen an Truppen und Material über den Atlantik zu schaffen. Trotz vieler Schwächen wie Unerfahrenheit der Soldaten und anfänglich mangelnder Ausrüstung unterstützten die US-Truppen die Alliierten erheblich. Vor allem stärkten sie die alliierte Kriegsmoral. Dazu kamen ihre Finanzkraft und große Mengen Lebensmittel und kriegswichtige Güter.

M1 · · · · **Die Beweggründe der USA**

Aus der Rede des US-Präsidenten Wilson vor dem Kongress am 2. April 1917:

Der gegenwärtige deutsche Unterseebootkrieg gegen den Handelsverkehr ist ein Krieg gegen die Menschheit. Er ist ein Krieg gegen alle Nationen … Unser Beweggrund soll nicht Rachsucht … sein, sondern allein die Vertretung des Menschenrechtes, für das wir nur ein einzelner Streiter sind … Unser Ziel ist, die Grundsätze des Friedens und der Gerechtigkeit im Leben der Welt gegen selbstsüchtige und autokratische Macht zu verteidigen … Wir haben keinen Streit mit dem deutschen Volke. Wir haben gegen dieses nur ein Gefühl der Sympathie und der Freundschaft. Seine Regierung hat nicht auf sein Betreiben gehandelt, als sie in den Krieg eintrat … [Wir werden kämpfen] … für Demokratie, für das Recht derer, die einer Obrigkeit untertan sind, … für die Rechte und Freiheiten der kleinen Nationen.

Zit. nach Geschichte in Quellen, Bd. 6, bearb. v. Günter Schönbrunn, München (bsv) 1961, S. 57 f.

M2

Allegorie* auf den gemeinsamen Kampf der Alliierten gegen Deutschland, Zeichnung von Achille Beltrame, 1917

Die „Ostfront" – Krieg gegen Russland

Die deutsche Regierung stellte den Krieg gegen Russland als Verteidigungskampf dar, sei doch der Krieg
gegen das Zarenreich auch deshalb gerechtfertigt, weil
es sich um das repressivste Reich Europas handele. Damit konnten auch Teile der pazifistischen bzw. kriegs-
kritischen Bevölkerung gewonnen werden. Trotz größerer Erfolge in den Jahren 1914 bis 1916 blieb der
entscheidende Sieg gegen Russland aus. Am meisten
litt die Bevölkerung in den eroberten Gebieten. Etwa
eineinhalb Millionen waren 1915 auf der Flucht, die
russische Armee betrieb eine „Politik der verbrannten
Erde". 1917 waren etwa sechs Millionen Flüchtlinge
unterwegs. Krankheitsepidemien, durch Malaria, Cho-
lera und Fleckfieber ausgelöst, forderten in der Bevölkerung und bei den Truppen aller Seiten große Opfer.

Ende der Zarenherrschaft – die „Februarrevolution"

Im Zarenreich verschärften sich die wirtschaftlichen
Probleme: Kleine Unternehmen machten Bankrott.
Die Produktion in Landwirtschaft und Industrie brach
schon in den ersten Kriegsjahren zusammen. 1916/17
konnten die Städte nicht mehr ausreichend mit Le-
bensmitteln versorgt werden. Die Preise stiegen und
die Löhne sanken infolge der Geldentwertung, die der
Krieg mit seinen hohen Kosten verursachte.
Anfang 1917 gingen tausende Bewohner der Haupt-
stadt Petrograd (bis 1914: St. Petersburg; 1924–1991:
Leningrad) für Brot, höhere Löhne und Frieden auf die
Straße. Sie forderten auch eine neue Regierung. Als
Zar Nikolaus II. den Truppen den Befehl gab, auf die
Demonstranten zu schießen, weigerten sich die Solda-
ten. Die Massen stürmten die Waffenarsenale, das
Staatsgefängnis und den Sitz der Geheimpolizei. Kurz
darauf dankte Nikolaus ab. Die Zarenherrschaft war
mit der sogenannten Februarrevolution 1917 beseitigt.

M3

Das gestürzte Denkmal Zar Alexanders III. in Moskau,
Foto, Februar 1918

Sowjets und Provisorische Regierung kämpfen um die Macht

Die von der Duma, der russischen Volksvertretung,
eingesetzte Provisorische Regierung sollte die Staats-
geschäfte führen, bis eine verfassunggebende Versammlung gewählt war. Sie verkündete eine Amnestie
politischer Gefangener, Rede-, Presse- und Versammlungsfreiheit. Schon während der Unruhen hatten sich
Arbeiter-, Bauern- und Soldatenräte, die Sowjets*, gebildet. Sie wollten Arbeiterinnen und Arbeiter direkt an
politischen Entscheidungen beteiligen und forderten
eine schnelle Beendigung des Krieges. Die Sowjets be-
rieten und beschlossen neue Gesetze und übernahmen
Regierungsfunktionen. Die Provisorische Regierung
lehnte das Räte-(Sowjet-)System* ab und wollte den
Krieg weiterführen. Die Februarrevolution 1917 hatte
also zu einer Doppelherrschaft geführt.

**Sitzverteilung im 1. und 2. Allrussischen Sowjet-
kongress.** Die Deputierten wurden aus den Räten
der Fabriken und Garnisonen entsandt. Die Bolschewiki erlangten im August und September die Mehrheit im Petrograder und im Moskauer Sowjet.

M4

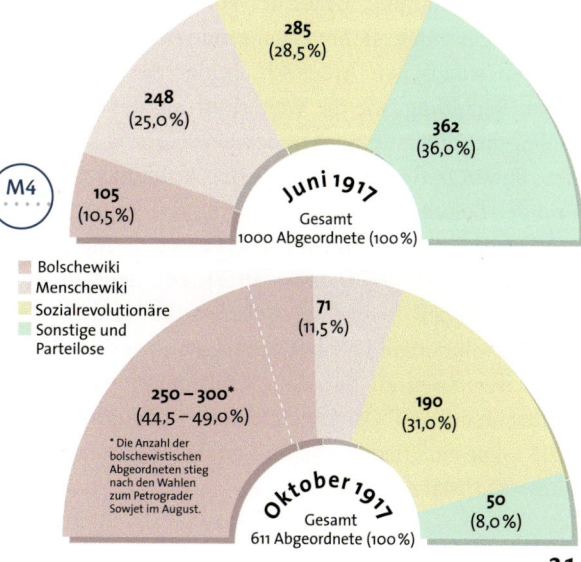

248
(25,0%)

285
(28,5%)

362
(36,0%)

105
(10,5%)

Juni 1917
Gesamt
1000 Abgeordnete (100%)

■ Bolschewiki
■ Menschewiki
■ Sozialrevolutionäre
■ Sonstige und
  Parteilose

250–300*
(44,5–49,0%)

71
(11,5%)

190
(31,0%)

50
(8,0%)

* Die Anzahl der
bolschewistischen
Abgeordneten stieg
nach den Wahlen
zum Petrograder
Sowjet im August.

Oktober 1917
Gesamt
611 Abgeordnete (100%)

M5

Lenins Aprilthesen

Nach seiner Rückkehr aus dem Exil trug Wladimir I. Lenin (1870–1924) seinen Genossen zehn Thesen zur Politik der Bolschewiki vor:

1. Kein Gewaltfrieden, Verzicht auf Annexionen, Bruch mit den Interessen des Kapitals. Propaganda unter den Fronttruppen, Verbrüderung.

2. Russland steht im Übergang von der ersten Etap-
5   pe der Revolution (ungenügend entwickeltes Klas-
senbewusstsein und ungenügende Organisiertheit des Proletariats*) zur zweiten Etappe (die Macht muss in die Hände des Proletariats und der ärmsten Schichten der Bauern gelegt werden).

10   3. Keinerlei Unterstützung der Provisorischen Regierung.

4. Anerkennung der Tatsache, dass unsere Partei in den meisten Sowjets der Arbeiterdeputierten in der Minderheit ist gegenüber dem Block aller klein-
15   bürgerlichen Elemente.

5. Keine parlamentarische Republik …, sondern eine Republik der Sowjets der Arbeiter-, Landarbeiter- und Bauerndeputierten im ganzen Lande, von unten bis oben.

Zit. nach Wladislaw Hedeler u. a. (Hg.), Die Russische Revolution 1917, Berlin (Dietz) 1996, S. 231 f. Bearb. d. Verf.

Die „Oktoberrevolution" – Kriegsende für Russland

Bolschewiki*, Menschewiki* und Sozialrevolutionäre, die stärkste Partei, stritten über die politische Zukunft. Die Menschewiki und die Sozialrevolutionäre stimmten für soziale Reformen. Sie verwiesen auf die Theorie
5   von Karl Marx, nach der ein rückständiges Land wie Russland zu einer sozialistischen Revolution nicht reif sei. Dagegen bestanden die Bolschewiki auf einer radikalen Umgestaltung. Unter der Führung Lenins und Trotzkis gewannen sie eine wachsende Anhängerschaft
10   bei den städtischen Arbeitern. Fehler der Provisori-
schen Regierung, wie die Weiterführung des Krieges, ließen die Unterstützung in der Bevölkerung schwin-
den. So war es für die disziplinierten Anhänger Lenins und der Bolschewiki nicht schwierig, das Regierungs-
15   gebäude zu stürmen und in einem Putsch die Macht zu übernehmen (25./26. Oktober 1917). Die neue Regierung, an der zunächst Bolschewiki und linke Sozialrevolutionäre beteiligt waren, stand vor der Aufgabe, den Krieg zu beenden. Lenin vereinbarte mit
20   Deutschland und Österreich einen Waffenstillstand. 1918 folgte ein Friedensabkommen (Frieden von Brest-
Litowsk, 3. März 1918).

M6

W. I. Lenin ruft die Sowjetmacht aus (25. Oktober 1917, Zweiter Allrussischer Sowjetkongress), Gemälde von Wladimir Serow, 1947

Die „Westfront" – alliierte Überlegenheit und Waffenstillstand

Nach anfänglichen militärischen Erfolgen im Frühjahr 1918 konnte die Westfront im Sommer nur noch mit Mühe gehalten werden. Erschöpfte Soldaten und fehlender Nachschub verschlechterten die Lage. Ange-
sichts des bevorstehenden militärischen Zusammen-   5
bruchs forderte die Oberste Heeresleitung am 29. September 1918 sofortige Waffenstillstandsverhandlungen. Die deutsche Regierung setzte große Hoffnungen in die Initiative Wilsons (siehe M7). Weitere Misserfolge an der Front und Forderungen des   10
US-Präsidenten nach einer demokratisch legitimierten Regierung führten im Oktober 1918 im Deutschen Reich zur Änderung der Verfassung. Auch die OHL befürwortete eine Regierung, die nicht dem Kaiser, sondern dem Parlament verantwortlich sein sollte. Der   15
Regierung gehörten der neue Reichskanzler Max von Baden und Vertreter mehrerer Parteien an.

Als am 11. November 1918 die Vertreter der deutschen Übergangsregierung in Nordfrankreich das Waffenstillstandsabkommen unterschrieben, wurden die har-   20
ten Bedingungen der Alliierten bereits erkennbar: sofortige Räumung der besetzten Gebiete, Abgabe des größten Teils der Kriegswaffen und der gesamten Hochseeflotte. Enttäuschung und Selbstzweifel bestimmten das Klima in Deutschland. Im Herbst 1918   25
war klar: Deutschland und seine Verbündeten hatten den Krieg verloren. Das Reich war am Ende.

Frieden nach dem Krieg?

M7

Aus dem 14-Punkte-Programm von US-Präsident Woodrow Wilson, 8. Januar 1918:

1. Offene, öffentlich abgeschlossene Friedensverträge. Danach sollen keinerlei geheime internationale Abmachungen mehr bestehen, sondern die Diplomatie soll immer aufrichtig und vor aller Welt

5 getrieben werden.

2. Uneingeschränkte Freiheit der Schifffahrt auf den Meeren, außerhalb der Territorialgewässer, im Frieden sowohl wie im Kriege …

3. Möglichste Beseitigung aller wirtschaftlichen

10 Schranken und Herstellung einer Gleichheit der Handelsbedingungen für alle Nationen …

4. Entsprechende gegenseitige Bürgschaften für die Beschränkung der Rüstungen der Nationen auf das niedrigste … Maß.

15 **6.** Räumung des ganzen russischen Gebietes und ein Einvernehmen über alle auf Russland bezüglichen Fragen, das das beste und freieste Zusammenwirken der anderen Völker sichert …

7. Belgien muss, die ganze Welt wird dem bei-

20 pflichten, geräumt und wiederhergestellt werden …

8. Das ganze französische Gebiet muss geräumt und die besetzten Teile wiederhergestellt werden. Das Unrecht, das Frankreich im Jahre 1871 in Beziehung auf Elsass-Lothringen durch Preußen angetan

25 worden ist und das den Weltfrieden während nahezu fünfzig Jahren beunruhigt hat, muss wieder gutgemacht werden …

10. Den Völkern Österreich-Ungarns, deren Platz unter den Nationen wir geschützt und gesichert zu

30 sehen wünschen, sollte die freieste Gelegenheit zu autonomer Entwicklung zugestanden werden.

11. Rumänien, Serbien und Montenegro sollten geräumt, die besetzten Gebiete zurückgegeben werden. Serbien sollte ein freier und sicherer Zu-

35 gang zur See gewährt werden …

12. Den türkischen Teilen des jetzigen osmanischen Reiches sollte eine unbedingte Selbstständigkeit gewährleistet werden …

13. Ein unabhängiger polnischer Staat sollte

40 errichtet werden …

14. Ein allgemeiner Verband der Nationen … muss gegründet werden.

http://www.dhm.de/lemo/html/dokumente/14punkte, Stand 25.03.2013.

M8

Der Moloch spuckt Kriegsmaterial aus,
Karikatur aus dem „Simplicissimus", 1917

Begriffe und Daten

Erster Weltkrieg 1914–1918

Der Erste Weltkrieg unterschied sich grundlegend von bisherigen Kriegen durch: die Zahl seiner Opfer (etwa zehn Millionen Tote, 20 Millionen Verwundete und Invaliden), das Ausmaß der Zerstörung, die militärisch-territoriale Ausdehnung, den Einsatz von Millionenheeren und einer gewaltigen Militärmaschinerie. Unmittelbarer Kriegsanlass war das Attentat von Sarajewo. Ursachen des Krieges liegen in machtpolitischen Gegensätzen und Interessenkonflikten im europäischen Staatensystem und Rivalitäten, die sich aus der imperialistischen Politik jener Zeit ergaben. Der Eintritt der USA in den Krieg (1917) veränderte die Kräfteverhältnisse zuungunsten Deutschlands.

Vorschlag für eine Gruppenarbeit

1 Erarbeitet die Seiten 30 bis 33 in arbeitsteiliger Gruppenarbeit. Jede Gruppe übernimmt die Bearbeitung eines Teilthemas und präsentiert die Ergebnisse in ausgewählter Form.

Themenvorschläge:

1. Verlauf und Ende des Ersten Weltkrieges
2. die Russische Revolution 1917
3. die Rolle der USA und ihres Präsidenten
4. allgemeine Ziele des 14-Punkte-Programms
5. das Epochenjahr 1917 als historische Zäsur.

Landesgeschichte: Gefallenendenkmäler in Thüringen erkunden

An Opfer erinnern

Ausdruck des ungeheuren Schocks, den der Erste Weltkrieg für alle Beteiligten bedeutete, ist die große Zahl
der Denkmäler, die in allen Ländern nach Kriegsende
errichtet wurden. Allein in Frankreich entstanden
5 30 000 Kriegerdenkmäler. Neben großen Gedenkstätten, wie z. B. in Verdun (siehe M1), sind es vor allem
kleinere dörfliche Erinnerungsstätten, die zumeist auf
Initiative der Gemeindevertretungen errichtet wurden.

1 Beschreibt in Gruppen arbeitsteilig M1 bis M4 und formuliert, welche Gesamtaussage mit dem Kriegerdenkmal verbunden sein könnte. Zieht die Arbeitsschritte
heran.

2 Findet heraus, ob es in eurer Heimatstadt oder in der
Nähe ein Kriegerdenkmal gibt und untersucht es mithilfe der Arbeitsschritte. Präsentiert eure Ergebnisse in
der Klasse.

M1 **Friedhof für 15 000 gefallene Soldaten von Verdun,** Foto, 2007. Die Totenhalle von Douaumont im Hintergrund ist in den Jahren 1920 bis 1932 errichtet worden, um die Gebeine von 130 000 nicht identifizierten Gefallenen aufzubewahren.

Arbeitsschritte

1. Schritt: Die Bedeutung klären und Einzelheiten beschreiben

– Stellt fest, warum das Denkmal errichtet wurde: zur Mahnung, als Aufforderung zur Nachahmung, zur Verherrlichung der „Kriegshelden"?

– Schreibt dazu die Inschriften auf dem Denkmal ab oder fotografiert sie. Beachtet, aus welchem Material das Denkmal ist und welche Symbole verwendet wur-

den (Adler, Stahlhelme, Waffen, Ölzweig, Taube etc.).

– Beachtet ferner, wie die Figuren dargestellt wurden: sterbend, in aufrechter Haltung usw.

– Klärt, ob das Denkmal nach seiner Aufstellung verändert wurde (Restaurierung, Umsetzung, Verunstaltung usw.).

– In welchem Zustand befindet sich das Denkmal? Wird die unmittelbare Umgebung gepflegt oder bepflanzt? Wenn ja, durch wen?

2. Schritt: Details festhalten

– Häufig findet sich auf diesen Denkmälern auch ein Verzeichnis aller Gefallenen dieses Ortes. Dann könnt ihr zusätzlich noch folgende Fragen beantworten:

– Wie viele Männer dieses Ortes starben als Soldaten im Krieg?

– Wie alt war der Jüngste, wie alt der Älteste?

– Wenn auf dem Denkmal angegeben ist, wo die Soldaten gefallen sind, fertigt eine Karte an und tragt die Orte ein.

Kriegsgefallenendenkmal in Mühlhausen (Thüringen), erbaut 1928, Foto

Denkmal zu Ehren der Opfer des Ersten Weltkrieges in Lehesten (Thüringen), Foto, 2010. Zur Erinnerung an die Gefallenen des Zweiten Weltkrieges ist eine Tafel angebracht.

Gefallenendenkmal im thüringischen Triptis, Foto, 1998

Ehrenmal im thüringischen Weißensee, Foto, 2012

Imperialismus und Erster Weltkrieg

Der Imperialismus des 19./20. Jahrhunderts

Die Epoche des **Imperialismus** (von lat. imperium: „Befehlsgewalt", Herrschaftsbereich, Weltreich) wird im engeren Sinne auf den Zeitraum zwischen etwa 1880 und 1914 (oder auch 1918) begrenzt. Von Imperien und imperialistischer Politik wird jedoch auch über frühere Epochen gesprochen, wie z. B. das römische Imperium in der Antike oder das Zeitalter Napoleons zu Beginn des 19. Jahrhunders.

Imperialistische Politik in der zweiten Hälfte des 19. Jahrhunderts war gekennzeichnet von einem **aggressiven Nationalismus und territorialer Expansion**. Imperialismus zeigte sich als **Herrschaft eines industrialisierten Staates über ein fremdes Land**, das politisch, ökonomisch oder kulturell beeinflusst und direkt oder indirekt beherrscht wurde.

Triebkräfte des Imperialismus

Der Imperialismus ist nicht aus einer Ursache heraus zu erklären. Als Antrieb imperialistischer Politik gelten folgende Faktoren:

– Industrieunternehmen suchten nach **Rohstoffen und Absatzmärkten**.
– Die Kolonien boten **Siedlungsraum** für die schnell wachsende Bevölkerung in Europa.
– **Militärische Interessen und Sicherheitsbedürfnisse** gegenüber den anderen Großmächten verstärkten den Eroberungsdrang.
– **Innenpolitische Spannungen** wurden in nationalistische und imperiale Ziele nach außen abgeleitet.
– Die **Behauptung von der Überlegenheit** der „weißen Rasse" verstärkte die Einstellung **der Europäer**, die „armen Wilden" religiös missionieren und von der „Höherwertigkeit" der Kultur der Europäer überzeugen zu müssen. Grundlage dieser Auffassung bildete der sogenannte **Sozialdarwinismus**.
– **Staatliche, militärische und wirtschaftliche Schwächen der außereuropäischen Länder** verstärkten die Herrschaftsansprüche der Europäer.

Herrschaft in den Kolonien

Die Grenzen der eroberten Gebiete wurden zumeist nicht mit den Einheimischen abgestimmt, sondern in Verhandlungen der Kolonialmächte untereinander festgelegt. Traditionelle Rechte, Besitzungen von Volksgruppen und Großfamilien sowie kulturelle Bindungen blieben unberücksichtigt. Aufstände, z. B. der Herero, wurden mit militärischer Gewalt niedergeschlagen.

Sowohl **Formen direkter** als auch **indirekter Herrschaft** zielten auf eine effektive Nutzung der Kolonien und ihrer Bewohner ab. Verwaltungsapparate wurden von Beamten der Kolonialmacht geleitet, zum Teil unterstützt von Einheimischen, die Achtung und Ansehen in der Bevölkerung genossen.

Die Formen kolonialer Politik der herrschenden Mächte waren unterschiedlich. So gab es Kolonien, die vorrangig als **Siedlungsgebiete der Europäer** dienten und andere Gebiete, in denen die **politische Beherrschung** vorrangig war. Auch die **kulturelle Beeinflussung** war unterschiedlich. Die Konflikte zwischen Kolonialmacht und Kolonie waren dann am größten, wenn es um wirtschaftliche Eingriffe in die Rechte der Einheimischen ging, wie z. B. um fruchtbare Ländereien und Rohstoffvorkommen.

Die **Folgen der massiven Eingriffe** in Gesellschaft, Kultur, Wirtschaft, Lebens- und Naturräume waren so **schwerwiegend**, dass sie die ehemaligen Kolonien teilweise noch heute prägen, z. B. durch Bürgerkriege infolge künstlicher Grenzziehungen.

Kritik an der imperialistischen Politik gab es z. B. im Deutschen Reich von Sozialdemokraten wie August Bebel. Er sprach von Unterdrückung und schließlicher Ausrottung fremder Völker und von wirtschaftlicher Ausbeutung der Kolonialgebiete.

Konfliktfeld Europa

Die **Rivalitäten** der imperialistischen Staaten um Gebiete in Afrika und Asien **verstärkten die Spannungen in Europa**. Vor allem Großbritannien und das Deutsche Reich sahen sich als direkte Konkurrenten und begannen einen erbitterten **Rüstungswettlauf**. Dazu kam das durch den Krieg von 1870/71 schwer belastete deutsch-französische Verhältnis. Die Politik Kaiser Wilhelms II. führte Deutschland immer mehr in die Isolation und die anderen Großmächte enger zusammen.

„Pulverfass" Balkan

Die Lage in Europa verschärfte sich außerdem durch die **Nationalitätenkonflikte auf dem Balkan.** Hier gab es eine Vielzahl von kleineren Staaten und Völkern, die über Jahrhunderte zusammenlebten. In der Zeit des **Nationalismus im 19. Jahrhundert** verschärften die **Schutzmächte Österreich-Ungarn, Russland und das Osmanische Reich** die Spannungen durch ihre unterschiedliche Interessenpolitik auf dem Balkan. Problematisch waren vor allem die Beziehungen zwischen Serbien und Österreich-Ungarn. Als im **Juni 1914** das **österreichisch-ungarische Thronfolgerehepaar in Sarajewo einem Attentat zum Opfer fiel,** erklärte Österreich Serbien am **28. Juli 1914 den Krieg.** Als Russland, Schutzmacht der Serben, seine Truppen mobil machte, **erklärte Deutschland am 1. August Russland den Krieg, am 3. August Frankreich.**

Großbritannien schloss sich **am 4. August** mit einer **Kriegserklärung an Deutschland und Österreich** an.

Aus der **Balkankrise** wurde ein **europäischer Krieg,** der sich bald zum **Ersten Weltkrieg** ausweitete.

Der industrielle Krieg

Entgegen anfänglicher Hoffnungen auf schnelle militärische Siege, zeichnete sich bald ab, dass der Krieg zu einer langwierigen, mörderischen **Materialschlacht** werden würde. Ein schneller Sieg rückte in weite Ferne. Riesige Heere standen sich gegenüber, ausgerüstet mit Waffen einer sich schnell entwickelnden Rüstungsindustrie: Maschinengewehre, Hand- und Giftgranaten, Flammenwerfer, Flugzeuge, Minen und Panzer. **Der Krieg wurde für die Soldaten an der Front zur „Hölle".**
Idyllische und harmonische Darstellungen auf Feldpostkarten zeichneten ein geschöntes Bild und verschleierten die hohen Verluste bei den Truppen und die grausamen Verletzungen der Soldaten.

Die verlustreichen Schlachten im Westen (1916) brachten kaum Geländegewinne und keine militärische Entscheidung. An der „Heimatfront" forderte die katastrophale Versorgungslage **große Opfer.** Immer mehr **Frauen mussten Männerarbeit übernehmen.** Ob diese neue Rollenverteilung der Emanzipation der Frauen langfristig half, ist umstritten.

Das Epochenjahr 1917

Der **Kriegseintritt der USA am 6. April und die Revolutionen in Russland** machten das Jahr 1917 zu einem Epochenjahr. Beide Ereignisse **veränderten die Kräfteverhältnisse in Europa und der Welt** grundlegend. Die USA, durch deren wirtschaftliche und militärische Überlegenheit der Krieg entschieden wurde, beanspruchten künftig bei politischen Entscheidungen in Europa mitzubestimmen.

Bereits im **Januar 1918 hatte der amerikanische Präsident Wilson in 14 Punkten ein Programm verkündet,** das nach Kriegsende verwirklicht werden sollte. Es sah einen **Verständigungsfrieden** auf der Basis des **Selbstbestimmungsrechts der Völker** vor.

An der **Ostfront** gelang der entscheidende Sieg gegen Russland nicht. Die **Bevölkerung** in den von deutschen Truppen besetzten Gebieten **litt unter wirtschaftlicher Not, Fluchtbewegungen und Krankheitsepidemien.** Das **Zarenreich brach zusammen,** als Anfang 1917 tausende Demonstranten in St. Petersburg höhere Löhne, Brot und Frieden forderten. Mit der **Februarrevolution 1917** war die Zarenherrschaft gebrochen. Der **bürgerlich-liberalen Provisorischen Regierung** unter dem Sozialrevolutionär Alexander Kerenski gelang es nicht, ihre Macht gegen die während der Unruhen entstandenen **Arbeiter- und Soldatenräte (die Sowjets)** zu behaupten. Im **Oktober 1917 ergriffen die Kommunisten (Bolschewiki) unter Lenins Führung gewaltsam die Macht.** Sie hatten u. a. versprochen, den Krieg schnell zu beenden. Im **März 1918** unterzeichneten sie unter dem militärischen Druck Deutschlands den für Russland verlustreichen **Friedensvertrag von Brest-Litowsk.**

Das Ende des Krieges

Angesichts der bevorstehenden militärischen Niederlage **forderte die Oberste Heeresleitung am 29. September 1918 sofortige Waffenstillstandsverhandlungen.** Die Macht des deutschen Kaisers wurde durch eine im **Oktober 1918 eingesetzte, dem Parlament verantwortliche Regierung** beendet. Am **11. November 1918 musste Deutschland die Kapitulationsurkunde unterschreiben.** Zwei Tage zuvor war im Zuge der Unruhen im Reich mit der „Novemberrevolution" die Republik ausgerufen worden.

Imperialismus und Erster Weltkrieg

M1

Europäische Kolonien und antikoloniale Aufstände in Afrika vor 1914

DEUTSCHES REICH

FRANK-REICH

PORTUGAL   SPANIEN   ITALIEN

Marokko
1912

Rio de Oro
1884

Algerien

Tunesien 1911

Libyen
1912 1912

Ägypten
1882 1906

Mauretanien
1903

Franz.-Westafrika

Eritrea
1889

Franz.-
Somaliland
1884

Brit.-
Somali-
land
1884

Gambia

Guinea

Sierra-Leone

LIBERIA

Togo
1884 1900

Gold-
küste

Nigeria
1884

1897–
1900

1897–1900

Franz.-
Äquatorial-
afrika
1910

Kamerun
1904

Sudan
1899

1881–1898

ÄTHIOPIEN
(ABESSINIEN)

1891–
1920

Ital.-Somaliland
1889

Rio Muni

zu
Franz.-
Äquatorial-
afrika

Kongo

Uganda
1890/94

Belg.-Kongo
1908

1891–1894

Brit.-Ostafrika
1885/95

1905/08

Deutsch-
Ostafrika
1885/90

1890

1913

Angola
1913

Rhodesien
1891/1911

1891

1886

1905–1907

Port.-
Ostafrika

Madagaskar
1885/96

1898–1904

1904–1906

Deutsch-
Südwestafrika
1884

Betschuana-
land
1885

1888/89

1896

Burenkrieg
1899–1902

Südafrikanische
Union
1910

Kolonialbesitz:
- Belgisch
- Britisch
- Deutsch
- Französisch
- Italienisch
- Portugiesisch
- Spanisch

1884 Jahr der Gebietserwerbung

— Kongo-Freihandelsgebiet

🔥 antikoloniale Unruhen
1911 und Aufstände

M2

Widerstand – ein Akt der Selbsterhaltung

Der Historiker Joseph Ki-Zerbo (geb. 1922 in Obervolta; seit 1984 Burkina Faso) schrieb über die Kolonisierung, 1979:

Unter der Asche des Kolonialismus schwelte eine Glut, die von Zeit zu Zeit hell aufloderte. Das Verhalten der Afrikaner war sehr unterschiedlich, als im 19. Jahrhundert die Europäer auf ihrem Kontinent eintrafen. Si-
5 cherlich waren seit Jahrhunderten Gerüchte bis in den letzten Winkel des Kontinents vorgedrungen, die davon erzählten, dass weiße Menschen … hin und wieder über das große Wasser kämen …
Doch sehr schnell, schon Ende des 19. Jahrhunderts,
10 wurde den Afrikanern bewusst, dass diese neuen weißen Fremden nicht wie die anderen waren. Das Bewusstwerden einer tödlichen Gefahr für die afrikanischen Gemeinschaften war der Ursprung des Widerstandes. Er entwickelte sich zunächst aus der Reaktion
15 der Häuptlinge oder von Minderheiten, die in dem

europäischen Eindringen eine Bedrohung ihrer Privilegien sahen. Es war gleichsam ein Akt der Selbsterhaltung. Später entstand angesichts des installierten Kolonialsystems mit seinen Schikanen und gelegentlichen Verbre-
20 chen ein allgemeiner Widerstand, der mehr aus dem Volk kam. … Überall verteidigten die Afrikaner ihr Land, nicht selten Meter für Meter. Sie kämpften Tausende von Schlachten, zu Tausenden brachten sie sich lieber mit ihren eigenen Händen um, als in Unfreiheit zu über-
25 leben. Die Zahl der Opfer stieg auf mehrere Hundert-tausend. In der Regel nannten die Schwarzen die Kolonialzeit „die Zeit der Gewalt". Denn dieses System etablierte sich tatsächlich mit Gewaltakten, Zwängen und Macht.

Joseph Ki-Zerbo, Die Geschichte Schwarz-Afrikas, Wuppertal, 1979, S. 453 f., S. 466. Zit. nach Peter Alter, Der Imperialismus, Stuttgart (Klett) 1985, S. 65 f.

Ein Brief aus der Heimat

M3

Aus einem Brief von Rosa Macholett aus Gießübel (Thüringen) an ihren Ehemann Hermann, 11. Oktober 1915:

Lieber Hermann!

Einsam und verlassen sitze ich einmal in meinem Stübchen und meine Gedanken fliegen weit, weit fort. Ach wie ich mich doch nach Dir sehne! […] Es
5 ist totenstill um mich her, unaufhaltsam rollen mir die Tränen über die Wangen. O wann wirst du wohl enden, du schreckliche Zeit und mir mein zerstörtes Glück wieder aufbauen? Dieser Krieg schlägt tiefe Wunden, ja solche, die manchmal nie wieder zu
10 heilen sind. Immer und immer wieder muss ich Deinen lieben Brief lesen, und es überkommen mich manchmal ganz unheimliche Gedanken dabei. Sollten wir doch für immer auf dieser Welt getrennt werden? Ich bete ja immer für Dich, dass Dir
15 der liebe Gott Dein Leben erhalten möge. … Es grüßt Dich tausendmal herzlich Deine Rosa.

Denis Bechmann/Heinz Mestrup (Hg.), „Wann wird das Morden ein Ende nehmen?" Feldpostbriefe und Tagebucheinträge zum Ersten Weltkrieg, Erfurt (Landeszentrale für politische Bildung Thüringen) 2008, Brief 150, S. 218 ff., Stand 10. 02. 2013.

M4

Wilhelm II. auf einer Postkarte des Jahres 1914

Überprüfe, was du kannst

Sachkompetenz

1 Kläre die folgenden Begriffe: Imperialismus (S. 13), Sozialdarwinismus (S. 13), Triebkräfte des Imperialismus (S. 13), Erster Weltkrieg (S. 20 f., 33), Kriegsziele (S. 21), Epochenjahr 1917 (S. 30), Balkankrise (S. 20), 14-Punkte-Plan (S. 33), Vertrag von Brest-Litowsk (S. 32), Revolutionen in Russland 1917 (S. 31 f.).

2 Unterscheide beispielhaft verschiedene Ziele und Methoden imperialistischer Politik (S. 13–19).

Methodenkompetenz

3 Untersuche M1 anhand der Methode „Mit Geschichtskarten arbeiten" im Anhang.

4 Analysiere M2 mithilfe der Methode „Einen Sachbuchtext erschließen" im Anhang.

Selbst- und Sozialkompetenz

5 Prüfe anhand von M3, inwiefern der Brief die Situation der Menschen im Krieg widerspiegelt.

6 a) Erschließe die Aussage von M4.
b) Beurteile sie in einer schriftlichen Stellungnahme. Ziehe deine Kenntnisse aus dem Kapitel heran.

**7 Partnerarbeit/Recherche/Präsentation:
Wählt eine Aufgabe aus:**

a) Zeichnet Karikaturen zum Thema „Imperialismus".
b) Stellt eine kleine Bilder-Ausstellung zum Thema „Menschen im Ersten Weltkrieg" zusammen.
c) Recherchiert zum Thema „Ende des Imperialismus". Entwerft dazu eine Schulbuchdoppelseite.
d) Schreibt einen Sachtext zum Thema „Der Erste Weltkrieg – Urkatastrophe des 20. Jahrhunderts".

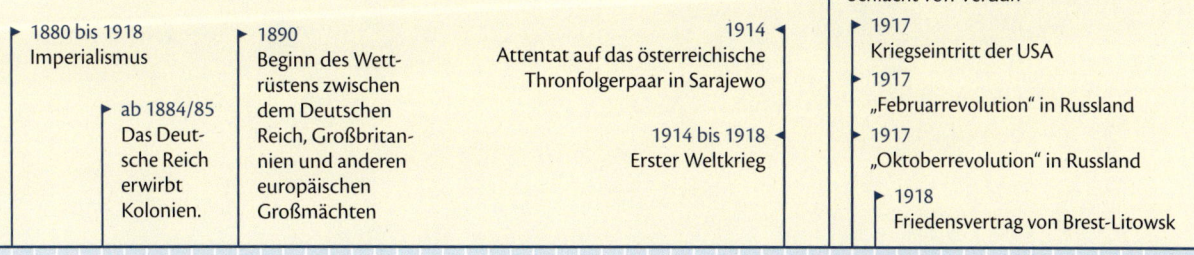

1916
Schlacht von Verdun

1880 bis 1918
Imperialismus

1890
Beginn des Wettrüstens zwischen dem Deutschen Reich, Großbritannien und anderen europäischen Großmächten

ab 1884/85
Das Deutsche Reich erwirbt Kolonien.

1914
Attentat auf das österreichische Thronfolgerpaar in Sarajewo

1914 bis 1918
Erster Weltkrieg

1917
Kriegseintritt der USA

1917
„Februarrevolution" in Russland

1917
„Oktoberrevolution" in Russland

1918
Friedensvertrag von Brest-Litowsk

1880   1890   1900   1910   1920   1930

2. Neue weltpolitische Kräfteverhält-

Im Ersten Weltkrieg wurden Millionen Menschen entwurzelt, traumatisiert, verstümmelt oder getötet. Die Wirtschaft aller europäischen Kriegsparteien war zerrüttet, und weite Landstriche waren zerstört. Die Unzufriedenheit mit der monarchischen Herrschaft und die zunehmenden Opfer des Krieges verschärften die Stimmung für radikale gesellschaftliche und politische Umwälzungen in Europa. So wurde in Russland 1917 die Zarenherrschaft in zwei revolutionären Schüben beseitigt, an deren Ende kommunistische Revolutionäre unter der Führung Lenins gewaltsam die Macht ergriffen. Ebenfalls 1917 waren die USA als aufstrebende Weltmacht in den Krieg eingetreten. Sie kämpften für demokratische und liberale Gesellschaftsordnungen. Damit hatten zwei neue Mächte die Bühne betreten, die im 20. Jahrhundert die Weltpolitik bestimmten. Und in Europa musste eine Ordnung gefunden werden, die den Frieden möglichst dauerhaft bewahren sollte.

„Prosperity", Plakat zur Präsidentschaftswahl, 1896. *Der Kandidat William McKinley steht auf einer Dollarmünze, die von Männern unterschiedlicher sozialer Herkunft getragen wird.*

Folgende Fragen leiten dich durch das Kapitel:

– **Warum kam es in Russland zur Diktatur der Sowjetmacht?**
– **Welche Rolle spielten die USA als neue Weltmacht für Europa?**
– **Wie wurde versucht, eine friedliche Nachkriegsordnung zu schaffen?**

1 Beschreibt die Abbildungen und vergleicht sie.
2 Tauscht eure Kenntnisse über die Weltmächte Sowjetunion und USA im 20. Jahrhundert aus.

„Unter der Führung des großen Stalin – vorwärts zum Kommunismus!", Lithografie von Boris F. Beresovski und Michail Solowjow, 1951

Neue weltpolitische Kräfteverhältnisse nach dem Ersten Weltkrieg

Am Ende dieses Kapitels kannst du

- die Durchsetzung der sowjetischen Herrschaft in Russland nach 1917 darstellen

- die Differenz zwischen Revolutionsanspruch und Wirklichkeit bewerten

- den Aufstieg der USA zur Weltwirtschaftsmacht in den 1920er Jahren erklären

- den Völkerbund als neues Instrument zur Friedenssicherung beurteilen

- **Methode** Fotos analysieren

M1 Europa 1914

Staatsgrenzen von 1914
wichtige Hauptstadt
Fsm. = Fürstentum
Grhzm. = Großherzogtum
Kgr. = Königreich
Rep. = Republik

1 Vergleiche mithilfe der Karten oben und auf der rechten Seite die Veränderungen der Staatsformen in Europa nach dem Ersten Weltkrieg.

2 Fasse anhand des Darstellungstextes (rechte Seite) zusammen:
a) die politischen Veränderungen in Europa,
b) die Rolle der USA als neue Weltmacht.

Umbrüche in Europa nach dem Ersten Weltkrieg

Revolutionäre Bewegungen in Mitteleuropa

Nach dem Sturz der Zarenherrschaft 1917 wurden auch die Monarchien in Österreich-Ungarn und Deutschland sowie das Kalifat des Osmanischen Reiches durch Revolutionen beendet. Ebenso erlebten die
5 mit diesen Großreichen verbündeten monarchischen mittel- und osteuropäischen Staaten politische Umstürze, die zu demokratisch organisierten Republiken führten. Parlamentarisch-demokratisch regierte Länder wie England und Frankreich wurden von diesen
10 Umbrüchen nicht erfasst. Sie konnten mit ihrer langen demokratischen Tradition die wirtschaftliche und soziale Krise gegen Ende des Krieges und in der Zeit danach besser bewältigen als die Monarchien, die sich politisch als reformunfähig erwiesen. In den Augen
15 ihrer Bevölkerung verloren sie im Laufe des Krieges immer mehr an Legitimation für ihren monarchischen Machtanspruch.

Die USA und Europa

Bis 1918 waren die USA zum größten Agrar- und Industriestaat der Erde aufgestiegen. Aus dem Ersten Weltkrieg gingen sie als stärkste Wirtschaftsmacht hervor. Die europäischen Staaten waren mit mehr als zehn Milliarden Dollar bei den USA verschuldet. Ungeachtet 5 der weltweiten Vorherrschaft gab es bei den Amerikanern eine deutliche Tendenz, sich nach dem Ende des Krieges aus Europa zurückzuziehen. Die Ziele des amerikanischen Präsidenten Woodrow Wilson, Frieden, Gerechtigkeit und nationale Selbstbestimmung 10 der Völker weltweit zu unterstützen (siehe S. 50 f.), fanden in Europa starken Widerhall. Die USA blieben Europa zwar wirtschaftlich und finanziell eng verbunden, doch reduzierten sie in den 1920er Jahren ihr Engagement für die Friedenspläne und richteten ihre Interessen 15 stärker auf den asiatisch-pazifischen Raum aus.

M1 Europa 1918 bis 1938

■ (grün)	Parlamentarische Demokratien
■ (rosa)	Sozialistische Diktatur
■ (braun)	Faschistische Diktaturen
■ (orange)	Autoritäre Regime und Militärdiktaturen
1934	Jahr der Errichtung einer Diktatur bzw. eines autoritären Regimes

Webcode: FG1110444-043

43

Von der sozialistischen Idee zur Diktatur der Sowjetmacht

Bürgerkrieg und Kriegskommunismus

Gegen die Machtübernahme der Bolschewiki im Oktober 1917 bildete sich eine breite politische Opposition. Ihr schlossen sich enteignete Großgrundbesitzer und ausländische Investoren an. Der Konflikt entwickelte
5 sich schnell zu einer militärischen Auseinandersetzung. Nicht russische Völker nutzten die Situation, um ihre Unabhängigkeit von Russland zu erkämpfen. Die westeuropäischen Verbündeten des Zaren, die USA und Japan unterstützten die von zaristischen Militärs
10 geführten Truppen („die Weißen"). Gegen sie bauten die Bolschewiki die „Rote Armee" auf, verstaatlichten alle Betriebe und zwangen die Bauern, fast die ganze Ernte abzuliefern. Die Verteilung der knapp werdenden Lebensmittel und Brennstoffe übertrugen sie staat-
15 lichen Stellen. Dieser sogenannte Kriegskommunismus hatte katastrophale Folgen: Viele Menschen flohen ins Ausland, Millionen verhungerten.

M1

Das Propagandafoto zeigt eine Parteiversammlung für Bäuerinnen in der Ukraine, die die Kollektivierung ihrer Höfe annehmen, 1929

Sozialismus durch Zwang?

Der Bürgerkrieg in Russland hinterließ ein wirtschaftlich ruiniertes Land und eine durch Gewaltaktionen der „Weißen" und „Roten" traumatisierte Bevölkerung. Bauernaufstände und Arbeiterstreiks waren die Folge.
5 Auch in der Kommunistischen Partei Russlands (Bolschewiki) wurde Kritik laut. Darauf reagierte die Regierung mit äußerster Härte: Kritiker wurden von der Ende 1917 gegründeten Geheimpolizei (Tscheka) verfolgt und oppositionelle Gruppierungen wie die Menschewi-
10 ki und die Sozialrevolutionäre verboten.
Nach dem Tod Lenins 1924 baute Josef W. Stalin (1878 bis 1953) systematisch seine Stellung als Generalsekretär der Partei zur Alleinherrschaft aus. Bis 1928/29 hatte er erreicht, dass in den Entscheidungsgremien von
15 Partei, Wirtschaft und Staat nur Personen saßen, die ihm ergeben waren. Millionen Menschen wurden seit Mitte der 1930er Jahre durch die Geheimpolizei verhaftet, in Arbeitslager verschleppt oder ermordet. Soziale Gruppen wie die Kulaken, das waren Mittel- und Groß-
20 bauern, wurden als „konterrevolutionäre Klassenfeinde" angeprangert, viele von ihnen nach Sibirien deportiert oder hingerichtet.

Fortschritt durch zentrale Planung?

Um die wirtschaftliche Rückständigkeit des Landes zu beseitigen, beschloss die KPdSU tief greifende Reformen: Seit dem Parteitag von 1927 wurden landwirtschaftliche Betriebe gezwungen, den Besitz in Kollektive zu überführen: entweder in große landwirt-
5 schaftliche Spezialbetriebe, die Sowchosen*, oder in Kolchosen*, bei denen Boden, Vieh und Geräte Gemeineigentum waren und der einzelne Bauer nur ein kleines Stück Land und wenig Vieh zur eigenen Bewirtschaftung behalten durfte.
10 In der Industrie wurde unter dem Motto „Maschinisierung, Motorisierung, Elektrifizierung" ab 1928 der erste Fünfjahresplan umgesetzt. Das ehrgeizige Ziel, die Industrieproduktion innerhalb weniger Jahre um ein Vielfaches zu steigern, erforderte hohe Investitionen
15 und Arbeitsleistungen. Zu diesem Zweck wurde ein System von Gewalt wie Zwangsarbeit von Gefangenen, Druck und Anreizen wie Auszeichnungen, z. B. „Held der Arbeit", entwickelt. Die Maßnahmen wurden mit großem Propagandaaufwand durchgesetzt. Trotz die-
20 ser Anstrengungen konnten die Ziele der Fünfjahrespläne bereits unter Stalin nicht erreicht werden.

Energie der Zukunft

M2

Lenin sagte am 22. Dezember 1920 vor dem VIII. Sowjetkongress, auf dem der erste langfristige Gesamt-
wirtschaftsplan vorgelegt wurde:

Kommunismus – das ist Sowjetmacht plus Elektrifizierung des ganzen Landes. … Erst dann, wenn das
Land elektrifiziert ist, wenn die Industrie, die Landwirtschaft und das Verkehrswesen eine moderne
5 großindustrielle technische Grundlage erhalten, erst
dann werden wir endgültig gesiegt haben … Man
muss jedoch wissen und darf nicht vergessen, dass
die Elektrifizierung nicht mit Analphabeten durchzu-
führen ist … Wir brauchen Menschen, die nicht nur
10 des Lesens und Schreibens kundig sind, sondern kulturell hochstehende, politisch bewusste, gebildete
Werktätige … Wenn Russland sich mit einem dichten
Netz von elektrischen Kraftwerken und mächtigen
technischen Anlagen bedeckt haben wird, dann wird
15 unser kommunistischer Wirtschaftsaufbau zum Vorbild für das kommende sozialistische Europa und
Asien werden.

Wladimir I. Lenin, Werke, Bd. 31, Berlin (Dietz) 1979, S. 513 ff.

Verraten die Bolschewiki die Revolution?

M3

Am 28. Februar 1921 revoltierten die Kronstädter
Matrosen, wichtige Unterstützer der Oktoberrevolution. In ihrem Programm erklärten sie die
Gründe ihres Aufstands, der von den Bolschewiki
blutig niedergeschlagen wurde:

Als die Arbeiterklasse die Oktoberrevolution machte, hoffte sie, ihre Befreiung zu erlangen. Das Resultat war aber eine noch größere Versklavung der
menschlichen Persönlichkeit … Nach langen Jahren
5 des Kampfes und der Leiden erhielten die Arbeiter
Sowjetrusslands nur freche Befehle, Bajonettstiche
und Kugeln der Tscheka-Kosaken[1] … Es … wird
jetzt offensichtlich, dass die Kommunistische Partei
nicht, wie sie vorgab, die Werktätigen verteidigt. Die
10 Interessen der Arbeiterklasse sind ihr fremd. Nachdem sie die Macht ergriffen hat, kennt sie nur eine
Sorge: sie wieder zu verlieren …
Hier in Kronstadt wurde der Grundstein zur dritten
Revolution gelegt, die die letzten Ketten des Arbei-
15 ters zerbrechen und ihm den neuen und breiten
Weg des sozialistischen Aufbaus eröffnen wird.

Zit. nach Hans-Joachim Lieber/Karl-Heinz Ruffmann (Hg.),
Der Sowjetkommunismus. Dokumente, Bd. 1, Köln (Kie-
penheuer & Witsch) 1963, S. 160 ff.

....

[1] im Dezember 1917 gegründete bolschewistische Geheimpolizei zur Bekämpfung der Konterrevolution

M4

**Wladimir
Iljitsch Le-
nin und Jo-
sef Stalin
1922 im
Garten
von Lenins
Datscha in
der Nähe
von Gorki,** zeitgenössi-
sches Foto

Begriffe und Daten

Russische Revolutionen 1917

Die Revolutionen vom Februar und Oktober 1917
stellen einen bedeutenden Einschnitt in der Geschichte des 20. Jahrhunderts dar. Sie führten zum Sturz des
Zaren, zu einer parlamentarischen Regierung sowie ab
Oktober 1917 und nach einem Bürgerkrieg (1918 bis
1921) zur bolschewistischen Einparteienherrschaft
mit der Gründung der Sowjetunion (Dezember 1922).

Stalin/Stalinismus

Das von Stalin (1878–1953) nach dem Tod Lenins
(1924) geprägte Herrschaftssystem der Sowjetunion
war eine Alleinherrschaft Stalins, die sich auf Partei und
Staatsapparat sowie auf Geheimdienst und Militär
stützte, abgesichert durch Personenkult und Terror
(Stalinismus: von Stalin entwickelte Herrschaftsform).

---

1 Erstelle eine Zeitleiste mit den Maßnahmen und
Methoden Stalins auf dem Weg in die Diktatur
(Darstellungstexte).

2 a) Stelle in einer Tabelle die Ziele Lenins und der Bolschewiki der tatsächlichen Entwicklung im Land gegenüber (Darstellungstexte, M1, M2, M3).
b) Vergleiche und formuliere dein Ergebnis.

3 **Wähle eine Aufgabe aus:**
a) Entwirf eine fiktive Gegenrede zu Stalins Politik nach
dem Tod Lenins.
b) Informiere dich über die Biografien von Lenin (S. 53),
Stalin und Trotzki (Lexika, Internet). Berichte in der Klasse.
c) Fertige eine Bildanalyse (siehe Anhang) zu M4 an.

Webcode: FG1110444-045

Fotos analysieren

Original, Fälschung, Bearbeitung? – Wenn Bilder lügen

Sind Fotos objektiv? Zeigen sie uns genau das, was zum Zeitpunkt der Aufnahme wirklich zu sehen war? Wer eine Fotografie als historische Quelle
5 nutzen will, muss sich vorher einige Fragen stellen: Wie ist etwas aufgenommen worden und unter welchen Umständen? Mit welcher Absicht ist das Foto gemacht worden? Hat man
10 die Fotografie manipuliert, also nachträglich bearbeitet?

Schon vor der digitalen Bildbearbeitung gab es Techniken wie Retuschieren und Montieren, um Fotos zu ver-
15 ändern. Aus der Geschichte von Diktaturen wie der Sowjetunion unter Stalin sind viele ideologisch begründete Fälschungen bekannt: Personen, die politisch in Ungnade gefallen waren,
20 „verschwanden" von öffentlich verbreiteten Bildern. Oft wurden Szenen retuschiert oder dadurch umgestaltet, dass man verschiedene Fotos zu einem neuen Foto montierte für einen be-
25 stimmten politischen Zweck.

Stalin pflegte bis in die frühen 1930er Jahre einen Personenkult um Lenin, den er dann durch einen Personenkult um seine eigene Person ersetzte. Des-
30 halb mussten bekannte Persönlichkeiten, wie zum Beispiel Trotzki, die diese Legendenbildung störten, von den Fotos und damit aus dem „öffentlichen Gedächtnis" verschwinden.

M1

Originalaufnahme und Fälschung, Fotos, 1920. Die Aufnahme entstand am 5. Mai 1920 in Moskau, als Lew Trotzki, Lew Kamenew (beide auf der Holztreppe) und Lenin Soldaten der Roten Armee verabschiedeten, die in den Bürgerkrieg zogen (oben das unbearbeitete Original). Der Fotograf ist nicht dokumentiert; wahrscheinlich hat G. P. Goldstein die Aufnahme gemacht. Das Foto erschien nach 1927 nur noch in der retuschierten Fassung (unten).

Arbeitsschritte

1. Schritt: Fragen zum Fotografen klären

– Lässt sich der Entstehungszeitpunkt bzw. der Entstehungszusammenhang des Fotos feststellen?

– Wer hat das Foto angefertigt?

– Lässt sich ein bestimmter Anlass, ein Motiv für die Aufnahme feststellen?

– In wessen Auftrag wurde fotografiert?

– Schritt: Fragen zum Foto

– Was ist auf dem Bild dargestellt?

– Welche Details (Lupe!) könnten wichtig sein?

– Lässt sich ein bestimmtes „Thema" erkennen?

– Welche Informationen gibt die Bildunterschrift (Hilfe, Beeinflussung, Lenkung)?

– Welche Bildtechnik ist zu erkennen (Figuren, Gegenstände, Perspektive, Brennweite, Komposition, Entfernung, Ausschnitt)?

– Wurde das Bild bearbeitet (Montage, Beschnitt, Retusche)?

– Welche zusätzlichen Informationen sind zur weiteren Analyse notwendig?

– Schritt: Aussage und Deutung

– Wie ist der erste Eindruck?

– Welche Gesamtaussage (Deutung) lässt sich formulieren?

– Welche Fragen bleiben offen?

M2

„In Stalins Armen", Foto, 1936. Das berühmt gewordene Foto zeigt Stalin mit der Tochter eines burjatisch-mongolischen Kommunisten, eines leitenden Parteifunktionärs, auf dem Arm. Es wurde noch verbreitet, nachdem Stalin den Vater des Mädchens als „Volksfeind" hatte erschießen lassen. Von der Propaganda wurde das Foto begeistert aufgegriffen – als Unterstützung des Mythos vom „guten Väterchen Stalin". Es fand sich millionenfach verbreitet in Geschäften, Krankenhäusern und Büros.

1 Untersuche M1 mithilfe der Arbeitsschritte.

2 Vergleiche jeweils Original und Fälschung hinsichtlich ihrer Aussage.

3 Analysiere M2 mithilfe der Arbeitsschritte .

4 **Wähle eine Aufgabe aus:**

a) Übersetze das Bild M2 mit Kenntnis der Informationen aus der Bildlegende in eine sprachliche Form.

b) Setze das Bild M2 ohne Kenntnis der Bildlegende in Sprache um.

Der Aufstieg der USA zur Weltwirtschaftsmacht

Günstige Voraussetzungen in den USA

Um 1900 stiegen die USA zu einer der führenden Industriestaaten der Welt auf. Die wirtschaftliche Entwicklung wurde begünstigt durch große Flächen unbe-
bauten Landes, ein geeignetes Klima für den Anbau
5 von Rohstoffen wie Baumwolle, große Vorkommen an
Bodenschätzen, z. B. Erze und Brennstoffe im Über-
fluss (Holz, Kohle). Dazu kam die Wasserkraft.
Die Industrialisierung der USA im Laufe des 19. Jahrhunderts hängt eng zusammen mit der Entwicklung
10 eines marktwirtschaftlichen Systems. Dessen Anfänge
liegen schon in der Kolonialzeit, als Farmer, Handwerker und Händler Absatzmöglichkeiten für ihre Produkte über den lokalen und regionalen Markt hinaus
suchten. Sie ergänzten die agrarische durch die frühin-
15 dustrielle Produktion. Daraus entwickelte sich die sogenannte „amerikanische Produktionsweise": die Herstellung standardisierter (Massen-)Artikel mit hoher
Maschinisierung und Arbeitsteilung. Kanal-, Dampf-
schiff- und Eisenbahnbau förderten die Entstehung
20 größerer Märkte. Mit dem Eintritt der USA in den Ersten Weltkrieg (1917) wurde das Land stärker in die politischen Probleme des alten Kontinents hineingezogen.
Es stand vor der Frage, sich stärker zu engagieren oder
sich wieder zurückzuziehen.

„Das Vierfache leisten"

Das Modell T (20 PS, 4 Zylinder, Höchstgeschwin-
digkeit 40 Meilen pro Stunde) wurde das erfolg-
reichste Auto des Autoproduzenten Henry Ford
(1863–1947). Über die Prinzipien seines Unterneh-
mens schrieb er in seinen Memoiren 1922:
Der Ford-Wagen besteht aus rund 5000 Teilen …
Bei den ersten Wagen, die wir zusammensetzten,
begannen wir, das Fahrzeug an einem beliebigen
Teil auf dem Fußboden zusammenzufügen, und
5 die Arbeiter schafften die dazu erforderlichen Teile
in der Reihenfolge zur Stelle, in der sie verlangt
wurden – ganz so, wie man ein Haus baut … Der
erste Fortschritt in der Produktion bestand darin,
dass wir die Arbeit zu den Arbeitern hinschafften,
10 statt umgekehrt … – einen Arbeiter wenn irgend
möglich niemals mehr als nur einen Schritt tun zu
lassen … Ungefähr am 1. April 1913 machten wir
unsern ersten Versuch mit einer Montagebahn …
Kurz ausgedrückt ist das Ergebnis Folgendes:
15 Mithilfe der Ergebnisse wissenschaftlicher Expe-
rimente ist ein Arbeiter heute imstande, das
Vierfache von dem zu leisten, was er vor noch
verhältnismäßig wenigen Jahren zu leisten ver-
mochte.

Henry Ford, Erfolg im Leben. Mein Leben und Werk,
München (List) 1963, S. 49 f.

Industrieproduktion 1880 bis 1938
(Großbritannien 1900 = 100)

Land	1880	1900	1913	1928	1938
Großbritannien	73	100	127	135	181
USA	47	128	298	533	528
Deutschland	27	71	138	156	214
Frankreich	25	37	57	82	71
Russland	25	48	77	72	152
Österreich-Ungarn	14	26	41	–	–
Italien	8	14	23	37	46
Japan	8	13	25	45	88

Webcode: FG1110444-048

1 Nenne anhand des Darstellungstextes Merkmale und Voraussetzungen der US-Wirtschaftskraft.

2 a) Beschreibe anhand von M2 die
neue Art der Produktion und
Arbeitsorganisation bei Ford.
b) Ziehe Rückschlüsse, welche
Folgen sich für die Arbeiter ergeben konnten.

3 a) Vergleiche anhand von M1 die
Industrieproduktion der USA
mit den wichtigsten Industrie-
mächten um 1900 und im weiteren Verlauf.
b) Formuliere Aussagen zu M1.

4 **Wahlaufgabe/Recherche:**
Kläre den Begriff „Fordismus".
Berichte in der Klasse (Lexika,
Internet).

Krise und Reform in der Zwischenkriegszeit

Wirtschaftskrise und New Deal

Nach dem Ersten Weltkrieg hatten die USA einerseits als größter Geldgeber der Welt vom Kapitalbedarf des kriegsgeschädigten Europas und seinen Zinszahlungen profitiert. Andererseits führte die nach dem Ersten
5 Weltkrieg vermehrte Produktion von Konsumgütern wie elektrischen Haushaltsgeräten und Autos bald zu einer Absatzkrise, weil der Bedarf gedeckt war. Hohe Kreditaufnahmen der privaten Haushalte und in der Wirtschaft verschärften die Lage. Verunsichernd wirk-
10 ten sich auch die Reparationszahlungen der Verlierermächte und die Schuldenlast der amerikanischen Alliierten in Europa aus. Am 25. Oktober 1929 kam es zum Zusammenbruch der New Yorker Börse. Die Aktienkurse fielen um bis zu 90 Prozent. In der Folge
15 schrumpfte die Industrieproduktion drastisch, Massenentlassungen waren die Folge. Die wirtschaftliche Krise („Great Depression") erschütterte das Land. Die Mehrzahl der Wähler glaubte nicht mehr an den Liberalismus, das „freie Spiel der Kräfte". Sie gab 1932 ihre
20 Stimme dem Präsidentschaftskandidaten der Demokraten, Franklin D. Roosevelt (1882–1945, Amtszeit 1933–1945). Er hatte seinen Wahlkampf mit einem Wirtschafts- und Sozialprogramm geführt, das den Namen New Deal (= Neuverteilung der Spielkarten) trug
25 und dem Staat die Verantwortung für die allgemeine öffentliche Wohlfahrt zuwies.

M1

„There's no way like the American Way" – Schwarze warten auf die Lebensmittelzuteilung, Foto, 1937

Begriffe und Daten

New Deal

Maßnahmen unter US-Präsident Roosevelt gegen die Wirtschaftskrise, u.a. staatliche Aufsicht über Banken und Börsen, Garantie kleiner Bankguthaben, Hilfe für die Landwirtschaft, Wettbewerbsregeln für die Industrie, Einrichtung einer Sozialversicherung und Arbeitsbeschaffungsprogramme wie das Tennessee-Valley-Authority-Programm (Bau von Staudämmen, Flussregulierungen, Aufforstung, Erzeugung elektrischer Energie).

---

1 Schreibe mithilfe der Informationen auf dieser Seite einen Sachtext: Der New Deal – eine Antwort auf die Wirtschaftskrise. Ziehe die Methode im Anhang heran.

M2 ### Die Freiheit erhalten, um Gleichheit zu wahren?

Der republikanische Präsidentschaftskandidat Herbert Hoover (1874–1964, Amtszeit 1929–1933) sagte am 22. Oktober 1928 während einer Wahlveranstaltung:

Selbst wenn ein Tätigwerden des Staates im wirtschaftlichen Bereich die Leistungsfähigkeit steigern könnte, so würde der grundlegende Einwand dagegen doch unverändert und unvermindert gelten. Es
5 würde die politische Gleichheit zerstören. Es würde Missbrauch und Korruption eher vergrößern als verkleinern. Es würde Unternehmungsgeist und Erfindungskraft ersticken … Es würde Gleichheit und Chancen vernichten. Es würde den Geist der Frei-
10 heit und des Fortschritts austrocknen …
Unser Land ist nicht nur wegen seines natürlichen und industriellen Reichtums zum Land der großen Möglichkeiten für jene geworden, die ohne Erbschaft geboren wurden, sondern eben wegen dieser
15 Freiheit der Initiative und des Unternehmertums … Durch die Einhaltung der Grundsätze der dezentralisierten Selbstverwaltung, der geordneten Freiheit, der Chancengleichheit und der Freiheit des Individuums hat unser amerikanisches Experiment auf
20 dem Gebiet der Wohlfahrt ein Maß an Wohlergehen erbracht, das auf der ganzen Welt ohne Beispiel ist. Es ist der Beseitigung der Armut, der Beseitigung der Furcht vor Not näher gekommen, als es der Menschheit jemals zuvor gelang.
Richard Hofstadter, Great Issues in American History, Bd. 2, New York, 1982, S. 111 f. Übers. d. Verf.

Der Völkerbund

Der Völkerbund – Instrument für den Frieden?

Zwei Maßnahmen sollten nach 1918 einen dauerhaften Frieden schaffen:

1. die Pariser Vorortverträge von 1919/20 (siehe S. 220 f.) zwischen den Siegern (Entente) und den Verlierern (Mittelmächte) des Ersten Weltkrieges, zu denen auch der Vertrag von Versailles gehörte, der Deutschland betraf; 2. die Gründung eines Völkerbundes auf Vorschlag des amerikanischen Präsidenten Wilson.

Der 1919 beschlossene Völkerbund trat 1920 in Genf erstmalig zusammen. Von Anfang an litt er jedoch unter der Schwäche, dass ihm wichtige Staaten nicht angehörten. Zu diesen Staaten zählten auch die USA. Das überrascht insofern, als Präsident Wilson der Initiator der Organisation gewesen war. Im amerikanischen Senat, der Vertretung der Einzelstaaten, herrschte inzwischen die Meinung, eine starke Einflussnahme auf Europa könne für die USA nicht von Vorteil sein. Deshalb plädierte man für einen Rückzug aus Europa (Isolationismus). Wilsons Friedensinstrument war damit gescheitert. Weil die Verlierer des Krieges zunächst ausgeschlossen waren, konnten sie den Völkerbund leicht als Instrument der Siegermächte bezeichnen.

M2 **„Wir sind Brüder"**

Präsident Wilson (1856–1924), der den Völkerbund unbedingt im Vertragswerk des Versailler Friedens verankert haben wollte, sagte auf der Friedenskonferenz am 14. Februar 1919:

Wir erkennen in feierlichster Weise an, dass wir gegenüber den hilflosen und unterentwickelten Völkern der Welt, gerade weil sie sich in diesem Zustand befinden, die Verpflichtung haben, in erster Linie ihre Interessen zu wahren, ehe wir sie unseren Interessen dienstbar machen, und dass von nun an in allen derartigen Fällen es die Pflicht des Bundes ist, darüber zu wachen, dass die als Vormünder und Ratgeber und Leiter dieser Menschen bestellten Nationen die Interessen und die Entwicklung der Schützlinge berücksichtigen, ehe die eigenen Interessen und materiellen Wünsche der beauftragten Nationen berücksichtigt werden … Die großen Nationen … sind übereingekommen, dass sie sich nun vereinigen in dem Bemühen, ihre gemeinsame Kraft und ihre gemeinsame Überlegung und Einsicht diesem großen und menschlichen Vorhaben zu leihen.

Zit. nach Reden, die die Welt bewegten, 10. Aufl., Stuttgart (Mundus) 1989, S. 252 ff.

Der Völkerbund 1920 bis 1939 **M1**

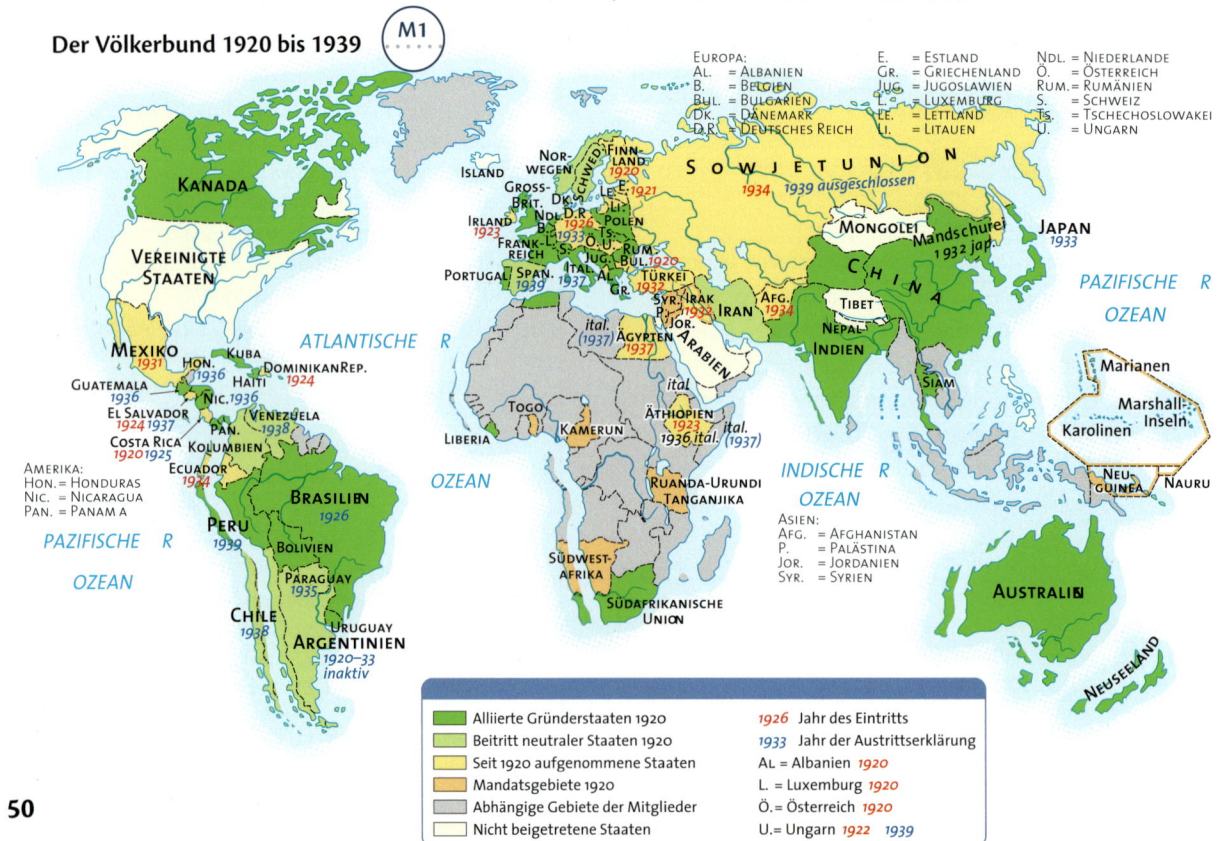

M3 Völkerbund – ein Machtinstrument der Großmächte?

Senator Borah (1865–1940), ein führender Vertreter der Isolationisten, äußerte sich zum Völkerbund am 19. November 1919 im Senat:

Sehen Sie sich die Situation an, wie sie sich jetzt darbietet. Schauen Sie sich die Aufgaben an, die wir übernehmen sollen, und dann betrachten Sie die Methode, mit der wir an sie herangehen sollen … Wenn dieser 5 Bund, diese Vereinigung geschlossen wird, werden vier Großmächte, die die maßgebenden Völker repräsentieren, über die Hälfte der Bewohner der Welt wie über unterworfene Völker herrschen – mit Gewalt herrschen, und wir werden an der Gewaltherrschaft 10 teilhaben. Es gibt keinen anderen Weg, auf dem Sie Völker in Untertänigkeit halten können. Sie müssen ihnen entweder Unabhängigkeit gewähren, ihr Recht anerkennen, als Nationen ihr eigenes Leben zu leben und ihre eigene Regierungsform einzurichten, oder Sie 15 müssen ihnen diese Dinge mit Gewalt verweigern … Der Grundsatz der Freiheit wird bald der Herrschaft von Blut und Eisen weichen … Man sagt uns, dieser Vertrag bedeute Frieden. Selbst wenn dem so wäre, würde ich den Preis nicht zahlen … Frieden auf irgend- 20 einer anderen Basis als nationaler Unabhängigkeit, Frieden, der um den Preis irgendeines Teils unserer nationalen Integrität erkauft wird, taugt allein für Sklaven, und selbst wenn er um solchen Preis erkauft wird, ist er Selbstbetrug, denn er kann nicht dauern.

Zit. nach Erich Angermann, Die Vereinigten Staaten von Amerika als Weltmacht, Stuttgart (Klett) 1987, S. 21 f.

Begriffe und Daten

Völkerbund

Staatenvereinigung von 1920 bis 1946 (Auflösung nach Gründung der UNO) zur Sicherung des Weltfriedens und zur wirtschaftlichen und kulturellen Zusammenarbeit. Erste Mitglieder: die Siegermächte des Ersten Weltkrieges (ohne USA) und 13 neutrale Staaten. Weitere Staaten wurden in den folgenden Jahren aufgenommen, u. a. Deutschland 1926 und die Sowjetunion 1934. Ein Austritt war zulässig. Zu den Aufgaben gehörte die Verwaltung der Mandatsgebiete. Das waren z. B. die ehemaligen deutschen Kolonien und die ehemaligen türkischen Gebiete in Vorderasien. Die politische Wirksamkeit des Völkerbundes wird allgemein als gering beurteilt.

Biografie

Thomas Woodrow Wilson (1856–1924)

Von 1913 bis 1921 Präsident der USA (Demokrat); Jurist und Volkswirt; Vertreter einer liberalen Wirtschafts- und Sozialpolitik. Außenpolitisch verfolgte er eine „Politik der offenen Tür". Bei Ausbruch des Ersten Weltkrieges vertrat er eine neutrale US-Politik, erklärte Deutschland jedoch den Krieg (16. 4. 1917), als das Kaiserreich einen uneingeschränkten U-Bootkrieg begann. Sein Friedensprogramm konnte er im Versailler Vertrag nur zum Teil, in den USA nicht durchsetzen.

M4

Der Friedenskuss, Karikatur von Thomas Theodor Heine, Titelbild des „Simplicissimus" vom 8. Juli 1919

1 Untersuche, woran Wilson scheiterte (Darstellungstext).
2 Prüfe die These: Der Völkerbund nahm seine friedenstiftende Aufgabe nur bedingt wahr, weil wichtige Staaten fehlten oder später wieder austraten (M1, Kasten).
3 Vergleiche M2 und M3 im Hinblick auf Argumentation und Wertung.
4 Erarbeite die Bildaussage von M4. Nimm die Methode „Karikaturen entschlüsseln" im Anhang zu Hilfe.
5 **Wahlaufgabe:** Recherchiert und vergleicht die Kompetenzen des Völkerbunds und der UNO.

Neue weltpolitische Kräfteverhältnisse nach dem Ersten Weltkrieg

Die Sowjetunion: Aufbau des Kommunismus

„Alle Macht den Räten!", hatten die **Bolschewiki** gefordert und brachten mit ihrer Losung „Frieden, Land und Brot" diejenigen hinter sich, die von der **Februarrevolution 1917** das Ende von Krieg und Hunger erhofft hatten. Diese Versprechen sollten durch die ersten Maßnahmen des „**Rats der Volkskommissare**" nach der **Oktoberrevolution 1917** eingelöst werden **(Friede von Brest-Litowsk, Dekret über Grund und Boden)**. Gegen die Machtübernahme der Bolschewiki bildete sich eine breite **Opposition** – sowohl aus den eigenen Reihen, wie bei den **Kronstädter Matrosen**, als auch im Lager der „Klassengegner", wie **Großgrundbesitzern und Fabrikanten**. Der Aufbau einer „**Roten Armee**" gegen die von Militärs geführten „Weißen" führte zusammen mit den Maßnahmen des **Kriegskommunismus**, wie Verstaatlichung von Betrieben, Abgabezwang für die Bauern, staatliche Verteilung von Lebensmitteln und Brennstoffen, zu einer Verschärfung der elenden Verhältnisse.

Der Weg in die Diktatur

Kritik und Widerstand gegen die **sozialistische Umgestaltung des Staates** und den **Aufbau der Sowjetmacht** ließen die Bolschewiki nicht zu: Davon zeugen der Kriegskommunismus, die unzähligen Opfer während des Bürgerkrieges und vor allem der **Ausbau der Parteidiktatur**. Die **Kommunistische Partei** bestimmte zunehmend das Leben in allen Bereichen. In Städten und Dörfern, Fabriken und Schulen besetzten Mitglieder der Partei die Entscheidungspositionen. Nach **Lenins Tod** (1924) bestimmte **Josef W. Stalin** als **Generalsekretär** der Partei die politische Linie und baute seine Stellung zur **Alleinherrschaft** aus. Er forcierte die wirtschaftliche Entwicklung des Landes durch **Kollektivierung der Landwirtschaft** und **zentral geplante Industrialisierung**. Drastischer als Lenin ging er gegen Kritiker vor: **Unzählige Menschen wurden in Arbeits- und Straflager verbannt oder ermordet. Millionen Menschen wurden in der Zeit seiner Herrschaft zu Opfern der stalinschen Terrorpolitik.**

Die USA: Aufstieg zur Weltwirtschaftsmacht

Die Industrialisierung und ein marktwirtschaftliches System führten in den USA zur „**amerikanischen**" Produktionsweise: der Herstellung **standardisierter Massenartikel** und der **Konzentration von Kapital und Wirtschaftsmacht in Großkonzernen**.

Das einflussreiche **Big Business** berief sich auf **liberale Werte und demokratische Freiheiten**, die im nationalen Selbstverständnis der USA verankert waren.

Mit diesen Werten hatte **Präsident Wilson** den Eintritt der USA in den Ersten Weltkrieg begründet. **Die Welt sollte sicher gemacht werden für die Demokratie.** Wilson setzte sich für die **Gründung eines Völkerbunds** ein, stieß aber mit dieser Vorstellung im eigenen Land auf große Widerstände, und die **USA traten dem Völkerbund selbst nicht bei**. In den folgenden Jahren beschränkte sich das Engagement der USA für und in Europa im Wesentlichen auf Exporte und Kredite. Die amerikanische Wirtschaft profitierte zugleich von Schutzzollbestimmungen und der großen Nachfrage nach Konsumgütern im Land. Die „**große Depression**" **ab 1929** erfasste das ganze Land. Erst der von **Präsident Roosevelt** initiierte **New Deal** führte aus der Krise. Die Maßnahmen umfassten **stärkere Eingriffe des Staates in das Banken- und Börsensystem, Hilfe für die Landwirtschaft, ein regulierter Wettbewerb in der Industrie, soziale Maßnahmen für die Bevölkerung und umfangreiche Arbeitsbeschaffungsprogramme**.

Der Völkerbund

Ein Völkerbund sollte zur **Befriedung der Staatenbeziehungen** beitragen. Tatsächlich jedoch waren an der Konferenz der Sieger in Versailles die Verlierer nicht direkt beteiligt. Deutschland und seine Verbündeten wurden zu alleinigen Urhebern des Krieges erklärt und zu hohen Reparationszahlungen verurteilt. Der Völkerbund trat 1920 erstmalig in Genf zusammen. Weil ihm einflussreiche Staaten wie die USA nicht angehörten, blieb er von Anfang an eine schwache internationale Organisation.

Neue weltpolitische Kräfteverhältnisse nach dem Ersten Weltkrieg

Biografie

Wladimir Iljitsch Lenin

Geboren am 22. April 1870 in Simbirsk als Kind eines Beamten; eigentlich: W. I. Uljanow. Lenin begeisterte sich früh für Karl Marx' Ideen und war politisch aktiv. Nach seinem Studium arbeitete er als Anwalt in St. Petersburg; dort war er Mitbegründer des „Kampfbundes zur Befreiung der Arbeiterklasse" und wurde 1896 nach Sibirien verbannt. Sein Bruder wurde hingerichtet. 1899 trat Lenin der Sozialdemokratischen Partei Russlands bei. 1900–1917 lebte er überwiegend im Ausland; er gewann die Überzeugung, dass nur eine Partei von Berufsrevolutionären den Sieg des Proletariats herbeiführen kann. 1917 kehrte er mithilfe der deutschen Regierung nach Russland zurück, stellte sich an die Spitze der Bolschewiki und der Oktoberrevolution: Als Vorsitzender des „Rats der Volkskommissare" und der 1918 in „Kommunistische Partei" umbenannten Bolschewiki bestimmte er die Regierungspolitik bis 1922. Als Lenin aus gesundheitlichen Gründen seine Ämter abgeben musste, wurde gegen seinen Willen Josef W. Stalin der Aufstieg zur Parteispitze ermöglicht. Am 21. Januar 1924 starb Lenin in der Nähe von Moskau.

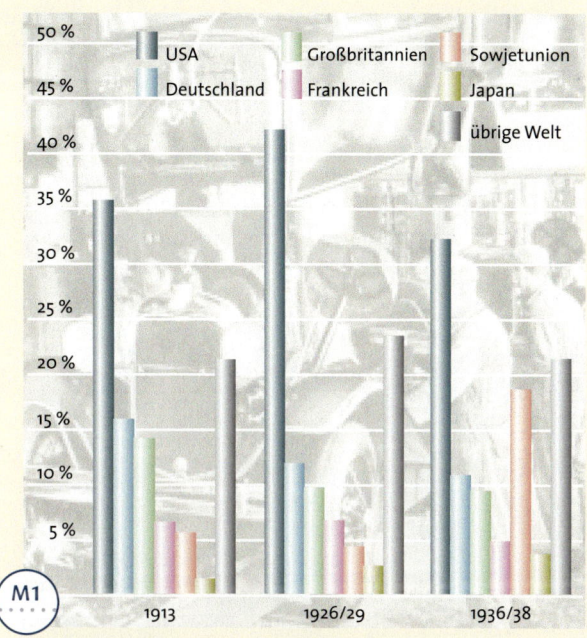

M1

Die Entwicklung der Industrieproduktion 1913 bis 1938
(Anteil an der Weltproduktion in Prozent)

Überprüfe, was du kannst

Sachkompetenz

1 Kläre die folgenden Begriffe: Kriegskommunismus (S. 44), Russische Revolutionen (S. 45), Stalinismus (S. 45), New Deal (S. 49), Völkerbund (S. 50 f.).

2 Prüfe mithilfe der Biografie Lenins, an welchen seiner Lebensdaten sich seine Opposition zur Zarenherrschaft erkennen lässt (Biografie-Kasten).

Selbst- und Sozialkompetenz

3 Erörtere, welche Aussagen M1 über die Kräfteverhältnisse der Großmächte 1913 bis 1938 zulässt.

4 **Wähle eine Aufgabe aus:**
a) Die Gründung der Türkei 1923 (Gründer, Staatsziele, Entwicklung)
b) Stalin und der Stalinismus 1924 bis 1953 (Ziele, Methoden, Staaten)
c) Die weltpolitische Rolle der USA 1917 bis 1945.

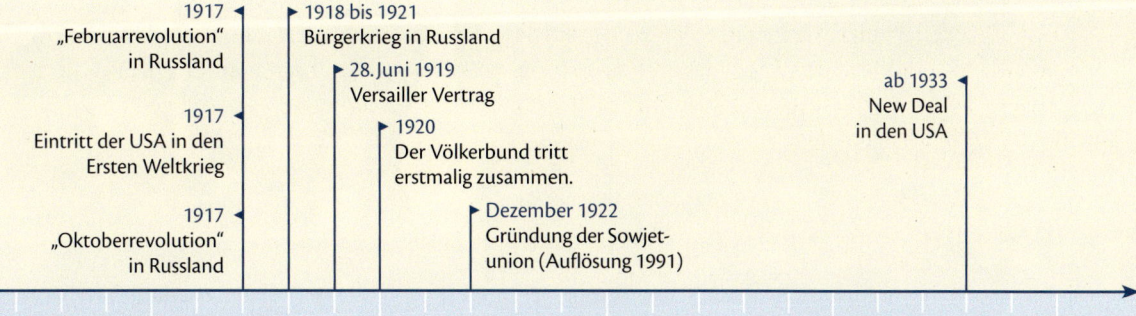

3. Die Weimarer Republik 1918–1933: Chancen und Belastungen

Als die „Urkatastrophe" des 20. Jahrhunderts bezeichnen Geschichtsforscher den Ersten Weltkrieg. Er war im Herbst 1918 für Deutschland und seine Verbündeten verloren. Damit war auch das Kaiserreich am Ende. Nicht nur in Berlin kam es zu Demonstrationen (siehe Foto). Auch an anderen Orten in Deutschland machte sich Unzufriedenheit breit: Vor allem heimkehrende Frontsoldaten gingen auf die Straße.

Obwohl die Oberste Heeresleitung von der aussichtslosen Lage wusste, waren die Soldaten noch mit Durchhalteparolen „gefüttert" worden. Immer mehr zweifelten sie am Sinn, den Krieg fortzusetzen, bei dem so viele ihrer Kameraden ums Leben gekommen waren.

Auch auf die Zivilbevölkerung in der Heimat wirkte die Niederlage wie ein Schock. Für eine ihr versprochene bessere Zukunft hatte sie ebenfalls große Opfer gebracht.

Folgende Fragen leiten dich durch das Kapitel:

– *Wie entstand die Weimarer Republik?*
– *Welche politischen Belastungen und welche Leistungen kennzeichneten die junge Demokratie?*
– *Welche Faktoren führten zum Scheitern der Weimarer Republik?*

---

1 Beschreibt die Abbildung. Wie lässt sich die Atmosphäre beschreiben? Beachtet die Zusammensetzung der Demonstranten.

Revolutionäre Demonstranten vor dem Brandenburger Tor in Berlin, Foto, 9. November 1918

Die Weimarer Republik 1918–1933: Chancen und Belastungen

Wissen • Beurteilen und Handeln • Methoden anwenden

Am Ende dieses Kapitels kannst du

- erklären, wie es 1918/19 zur Gründung der Weimarer Republik kam

- die wesentlichen Elemente der Weimarer Verfassung darstellen

- die politischen und wirtschaftlichen Belastungen und ihre Folgen für die Menschen beschreiben

- die Leistungen der ersten deutschen Demokratie darstellen und bewerten

- Grundzüge der Außenpolitik der Weimarer Republik erläutern

- die Weltwirtschaftskrise und die antidemokratischen Kräfte als Faktoren für die Zerstörung der Demokratie unterscheiden

- **Methode** Im Archiv recherchieren

- **Methode** Politische Plakate untersuchen

- **Methode** Historische Spielfilme analysieren und einordnen

M1 Deutschland zur Zeit der Weimarer Republik

2. Extraausgabe — Sonnabend, den 9. November 1918.

Vorwärts
Berliner Volksblatt.
Zentralorgan der sozialdemokratischen Partei Deutschlands.

Der Kaiser hat abgedankt!

Der Reichskanzler hat folgenden Erlaß herausgegeben:

Seine Majestät der Kaiser und König haben sich entschlossen, dem Throne zu entsagen.

Der Reichskanzler bleibt noch so lange im Amte, bis die mit der Abdankung Seiner Majestät, dem Thronverzichte Seiner Kaiserlichen und Königlichen Hoheit des Kronprinzen des Deutschen Reichs und von Preußen und der Einsetzung der Regentschaft verbundenen Fragen geregelt sind. Er beabsichtigt, dem Regenten die Ernennung des Abgeordneten Ebert zum Reichskanzler und die Vorlage eines Gesetzentwurfs wegen der Ausschreibung allgemeiner Wahlen für eine verfassunggebende deutsche Nationalversammlung vorzuschlagen, der es obliegen würde, die künftige Staatsform des deutschen Volks, einschließlich der Volksteile, die ihren Eintritt in die Reichsgrenzen wünschen sollten, endgültig festzustellen.

Berlin, den 9. November 1918. **Der Reichskanzler.**
Prinz Max von Baden.

Es wird nicht geschossen!

Der Reichskanzler hat angeordnet, daß seitens des Militärs von der Waffe kein Gebrauch gemacht werde.

Parteigenossen! Arbeiter! Soldaten!

Soeben sind das Alexanderregiment und die vierten Jäger geschlossen zum Volke übergegangen. Der sozialdemokratische Reichstagsabgeordnete Wels u. a. haben zu den Truppen gesprochen. Offiziere haben sich den Soldaten angeschlossen.

Der sozialdemokratische Arbeiter- und Soldatenrat.

M2

Aus dem Extrablatt der SPD vom 9. November 1918

M3

Begriffe und Daten

9. November 1918 Ausrufung der Republik

Der Sturz der Monarchie begann mit der Ausrufung der „deutschen Republik" durch den sozialdemokratischen Politiker Philipp Scheidemann, der Abdankung des Kaisers und der Bildung einer Übergangsregierung aus SPD und USPD („Rat der Volksbeauftragten"). Am selben Tag rief der Führer des Spartakusbundes, Karl Liebknecht, die „sozialistische Republik" aus. In der Frage der künftigen Verfassung setzten sich die Vertreter der parlamentarischen Demokratie durch (siehe S. 58 f.).

Wahlplakat der DNVP zu den Reichstagswahlen 1932, „Mehr Macht dem Reichspräsidenten!" Die große Figur stellt Paul von Hindenburg (1847–1934) dar, der 1925 zum Reichspräsidenten gewählt worden war und sich 1932 zur Wiederwahl stellte. Hindenburg hatte seit August 1916 als Chef des Generalstabs des Feldheeres die Machtstellung des Oberbefehlshabers des deutschen Heeres, zusammen mit General Erich Ludendorff (1865 bis 1937) als 1. Generalquartiermeister. Beide übten mit der Übernahme der Obersten Heeresleitung (OHL) auch militär- und innenpolitisch starken Einfluss aus. Sie waren durch militärische Erfolge (Sieg bei Tannenberg 1914) in der Bevölkerung populär geworden.

---

1 Partnerarbeit:
   a) Stellt fest, wie im November 1918 in M2 die künftige staatliche Ordnung Deutschlands gesehen wird.
   b) Vergleicht mit M3.

2 Vergleicht M1 mit dem Zustand des Deutschen Reiches 1914 (Geschichtsatlas).

3 Recherche: Stellt fest, wie sich der territoriale Zustand Thüringens zwischen 1918 und 1920 entwickelte.

Die Revolution 1918/19

Revolution und demokratische Staatsgründung

Der Erste Weltkrieg drohte für Deutschland im Sommer 1918 mit einer Niederlage zu enden. Die Autorität der Monarchie verfiel unter Kaiser Wilhelm II. (1859 bis 1941) zusehends. Die reformorientierten Bürgerlichen und die Sozialdemokraten erhöhten im Reichstag den Druck auf die Regierung: Diese sollte nicht mehr dem Kaiser, sondern dem Parlament verantwortlich sein. Angesichts der aussichtslosen militärischen und politischen Lage gab die Oberste Heeresleitung (OHL) Ende September 1918 einen ersten Anstoß zur Reform des monarchischen Systems. Damit wollte die OHL vor allem die politische Verantwortung für die Folgen einer Niederlage auf eine zivile Regierung und das Parlament abschieben. Am 2. Oktober 1918 ernannte Kaiser Wilhelm II. mit Max von Baden den ersten Reichskanzler, der dem Parlament verantwortlich war. Die Einführung der parlamentarischen Monarchie wurde am 28. Oktober 1918 im Nachhinein durch eine Verfassungsänderung legalisiert.

Mit den politischen Reformen verstärkten sich im Herbst 1918 in der Bevölkerung die Forderungen, den Krieg zu beenden. Als sich am 28. Oktober 1918 in Wilhelmshaven Soldaten der deutschen Kriegsflotte weigerten, zu weiteren Einsätzen auszulaufen, gaben sie damit das Signal für Matrosenaufstände und Streiks. Die Proteste breiteten sich in kürzester Zeit in ganz Deutschland aus und führten zur spontanen Bildung von Arbeiter- und Soldatenräten*. Sie forderten einen deutlichen Bruch mit der „alten Ordnung". Ein Teil dieser Massenbewegung wollte eine Räterepublik errichten: eine direkte Demokratie, in der die Räte über Regierung und Gesetzgebung bestimmen sollten. Auf der Reichsebene übertrug am 9. November 1918 Max von Baden das Amt des Reichskanzlers auf Friedrich Ebert, den Vorsitzenden der Sozialdemokraten. Ebert bildete als Übergangsregierung den „Rat der Volksbeauftragten". Er bestand aus je drei Politikern der (Mehrheits-)SPD und der USPD*, die sich Anfang 1917 von der SPD abgespalten hatte. Am selben Tag floh Kaiser Wilhelm II. in die neutralen Niederlande.

Biografie

Friedrich Ebert (1871–1925)

Stammte aus einer Schneidermeisterfamilie. Nach seiner Sattlerausbildung engagierte er sich in der SPD, wurde Redakteur der „Bremer Bürgerzeitung" und war seit 1912 Reichstagsabgeordneter, ab 1913 Parteivorsitzender. Ebert trat für die Gründung einer parlamentarischen Demokratie ein. Am 9. November 1918 wurde er Reichskanzler. Um den Weg zur parlamentarischen Republik zu sichern, verbündete er sich mit der Reichswehrführung (Ebert-Groener-Pakt*). Von Februar 1919 bis zu seinem Tode (28. Februar 1925) war er Reichspräsident. Seine Leistung lag vor allem darin, einen Ausgleich zwischen dem gemäßigten Teil der Arbeiterbewegung und bürgerlichen Kräften herbeigeführt zu haben. Kritiker werfen Ebert und seiner Partei vor, kaiserliche Heeresführung und Bürokratie sowie den Adel nicht entmachtet zu haben.

M1 Die Ausrufung der Republik vor dem Reichstag durch den Reichstagsabgeordneten Philipp Scheidemann (SPD),** Foto, 9. November 1918

Die Ausrufung der Republik

Am 9. November 1918 gegen 14.00 Uhr sprach der sozialdemokratische Politiker Philipp Scheidemann (1865–1939), Reichstagsabgeordneter und Staatssekretär in der Regierung von Baden, zu einer Menschenmenge vor dem Reichstag:

2A Arbeiter und Soldaten!
Furchtbar waren die vier Kriegsjahre, grauenhaft waren die Opfer, die das Volk an Gut und Blut hat bringen müssen. Der unglückselige Krieg ist zu Ende. Das
5 Morden ist vorbei … Der Kaiser hat abgedankt. Er und seine Freunde sind verschwunden. Über sie alle hat das Volk auf der ganzen Linie gesiegt! Der Prinz Max von Baden hat sein Reichskanzleramt dem Abgeordneten Ebert übergeben. Unser Freund wird eine Arbeiter-
10 regierung bilden, der alle sozialistischen Parteien angehören werden. Die neue Regierung darf nicht gestört werden in ihrer Arbeit für den Frieden, in der Sorge um Brot und Arbeit … Arbeiter und Soldaten! Seid euch der geschichtlichen Bedeutung dieses Tages
15 bewusst … Seid einig und pflichtbewusst! Das Alte und Morsche, die Monarchie, ist zusammengebrochen. Es lebe das Neue! Es lebe die deutsche Republik!

Am 9. November 1918 gegen 16.00 Uhr hielt Karl Liebknecht, der Führer des Spartakusbundes, bei einer Massenversammlung vor dem Berliner Schloss eine Rede:

2B Der Tag der Revolution ist gekommen. Wir haben den Frieden erzwungen. Der Friede ist in diesem Augenblick geschlossen. Das Alte ist nicht mehr. Die Herrschaft der Hohenzollern, die in diesem Schloss
5 jahrhundertelang gewohnt haben, ist vorüber … Parteigenossen, ich proklamiere die freie sozialistische Republik Deutschland, die alle Stämme umfassen soll, in der es keine Knechte mehr geben wird, in der jeder ehrliche Arbeiter den ehrlichen Lohn seiner Arbeit fin-
10 den wird … Wir müssen alle Kräfte anspannen, um die Regierung der Arbeiter und Soldaten aufzubauen und eine neue staatliche Ordnung des Proletariats zu schaffen, eine Ordnung des Friedens, des Glücks und der Freiheit unserer deutschen Brüder und unserer Brüder
15 in der ganzen Welt. Wir reichen ihnen die Hände und rufen sie zur Vollendung der Weltrevolution auf.
M2A und M2B zit. nach Geschichte in Quellen, Bd. 6, bearb. v. Günter Schönbrunn, 3. Aufl., München (bsv) 1979, S. 114 f.

Begriffe und Daten

Die revolutionären Ereignisse 1918/19

24. bis 28. Oktober Der Reichskanzler ist nicht mehr vom Kaiser, sondern vom Parlament abhängig.

28. Oktober Beginn des Aufstandes von Matrosen der deutschen Kriegsflotte.

9. November Zweimalige Ausrufung der Republik; Bildung des Rates der Volksbeauftragten (SPD/USPD).

15. November Gewerkschaften als Vertreter der Arbeitnehmer offiziell anerkannt.

16. bis 20. Dezember Der Reichsrätekongress entscheidet sich mit großer Mehrheit für die Wahl einer Verfassunggebenden Nationalversammlung und damit für eine parlamentarische Demokratie.

30. Dezember Gründung der Kommunistischen Partei (KPD) in der Nachfolge des Spartakusbundes.

5. bis 16. Januar Von der Reichsregierung* unter Befehl genommene Freikorptruppen schlagen einen bewaffneten Aufstand von KPD- und USPD-Anhängern in Berlin nieder. Die KPD-Führer Rosa Luxemburg und Karl Liebknecht werden von Freikorpsmitgliedern ermordet.

19. Januar Wahlen zur Nationalversammlung mit erstmaligem Wahlrecht für Frauen.

---

1 a) Beschreibe deinen Eindruck von der Situation vor dem Reichstag am 9. November 1918 (M1).
b) Formuliere Fragen zu diesem Ereignis.

2 a) Liste mithilfe des Darstellungstextes und des Kastens stichwortartig die wesentlichen Ereignisse vom Sommer 1918 bis zum Januar 1919 auf.
b) Fasse den Wandel in der Machtverschiebung zusammen.

3 Schreibe anhand von M2A und M3B einen Dialog zwischen Philipp Scheidemann und Karl Liebknecht zu ihren Vorstellungen von einer künftigen Republik.

4 Formuliere anhand der Informationen auf dieser Doppelseite, welche Grundauffassungen einer künftigen politischen Ordnung zwischen November 1918 und Januar 1919 sich gegenüberstanden. Verwende die Begriffe „parlamentarische Republik" und „sozialistische Republik".

5 **Recherche:** Bei den Reichstagswahlen am 19. Januar 1919 wurden 41 Frauen gewählt. Das waren etwa neun Prozent der Abgeordneten. Ermittle den Frauenanteil im gegenwärtigen Bundestag.

Webcode: FG1110444-059

Landesgeschichte: Im Archiv recherchieren

An sicherem Ort aufbewahren

Archiv ist von dem griechischen Wort „archeion" (= Regierungsgebäude in der griechischen Polis) abgeleitet, wo wichtige Schriftstücke aufbewahrt wurden. Auch in heutigen Archiven werden viele Dokumente verwahrt,
5 die für die Geschichtsforscher interessant sein können. Wer mit ihnen arbeiten will, muss sie auswählen (z. B. in einem Findbuch) und kann sie im Lesesaal des Archivs einsehen, aber nicht nach Hause entleihen. Es wird grundsätzlich zwischen privaten (z. B. Fami-
10 lienarchive) und öffentlichen Archiven (z. B. Staatsarchive, Kommunalarchive, kirchliche Archive, Wirtschaftsarchive, Literaturarchive, Medienarchive, Universitätsarchive) unterschieden. Während bei privaten Archiven eine besondere Erlaubnis für die Benutzung
15 notwendig ist, hat bei öffentlichen Archiven jeder Zutritt. Ein Archiv-Dokument kann mit den entsprechenden methodischen Arbeitsschritten analysiert und interpretiert werden. Für den Anfang ist es sinnvoll, unter An-
20 leitung eines Archivmitarbeiters beispielhaft ein Dokument zu analysieren. Weitere Anregungen findet ihr in den Arbeitsschritten. Bei lokalen und regionalgeschichtlichen Themen eignen sich für die ersten Archivarbeiten Zeitungsausgaben.

1 **Partnerarbeit:** Stellt mithilfe des Arbeitsschrittes 4 fest, welche Informationen der Quellenausschnitt M1 bietet.
2 Führt mithilfe der Arbeitsschritte eine Recherche im Stadtarchiv eures Wohn- oder Schulortes zum Thema „Die Revolution 1918/19" durch. Berichtet.

Arbeitsschritte

1. Schritt: Eingrenzung des Themas
– Thema festlegen; zeitlich und inhaltlich begrenzen.

2. Schritt: Archivbesuch vorbereiten
– Öffnungszeiten des Archivs erkunden.
– Erste Informationen über Material zum Thema einholen; eine Einführung anmelden; Findbücher benutzen; Schriftstücke in den Lesesaal bestellen.

3. Schritt: Archivalien sichten und auswählen
– Sorgsam mit den Archivalien umgehen; Informationen abschreiben, ggf. nach Kopiermöglichkeit fragen oder einen Kopierauftrag erteilen (evtl. Kosten beachten!).
– Immer die vollständige Quellenangabe und den Fundort notieren; ggf. Hilfe der Archivmitarbeiter erbitten.
– Offene Fragen zu Ereignissen und Personen notieren.

4. Schritt: Ergebnisse auswerten
– Ergebnisse eurer Archivrecherche zum gestellten Thema auswerten; die gefundenen Quellen vorstellen; dabei eingehen auf: Fundort, Quellenart (z. B. Brief, Urkunde), Autor, Adressat, Entstehungszeit, Inhalt.
– Aussagewert der Quelle, bezogen auf euer Thema bzw. eure Untersuchungsfragen, bewerten; auf Parteilichkeit achten, z. B. bei einer Zeitung.
– Berichten, was bei der Suche ergiebig war und wo Probleme lagen (z. B. Lesbarkeit von Quellen).

5. Schritt: Ergebnisse präsentieren
– Über die Form der Präsentation entscheiden, z. B. Wandzeitung, Ausstellungstafeln, Computerpräsentation, und Ergebnisse vorstellen.

Der Arbeiter- und Soldatenrat der Stadt Erfurt bekennt sich zu dem Grundsatz der sozialistischen Republik Deutschland.

Er fordert darum die sofortige Einberufung einer verfassunggebenden Nationalversammlung, gewählt von allen mündigen Frauen und Männern.

Für sein Wirken bis zu diesem Zeitpunkt stellt der Arbeiter- und Soldatenrat folgende Forderungen auf:

1. Freilassung sämtlicher wegen politischer und Disziplinarvergehen bestrafter und in Untersuchungshaft befindlicher Militär- und Civilpersonen.

2. Aufrechterhaltung und Unterstellung des Verwaltungsapparates und öffentlichen Sicherheitsdienstes unter Kontrolle des Arbeiter- und Soldatenrates.

3. Volles Versammlungs- und Demonstrationsrecht, sowie Pressefreiheit.

4. Die Civil- und militärische Kommandogewalt wird unter die Kontrolle des Arbeiter- und Soldatenrates gestellt.

5. Aufhebung der Brief- und Paketzensur.

M1 Archivalie zur Revolution 1918 in Erfurt

Landesgeschichte: Die Revolution 1918/19 – das Beispiel Erfurt

M1 Die Novemberrevolution in Erfurt

Die Historiker Steffen Raßloff und Bernd Könnig schrieben 2008:

Im November 1918 wurde Erfurt rasch von der revolutionären Welle erfasst … Keimzellen der Erhebung in Erfurt waren die Belegschaften der großen Metall- und Rüstungsbetriebe sowie die Garnison. Bis zuletzt blie-
5 ben die lokalen Spitzen von Gewerkschaften und Sozialdemokratie bemüht, den drohenden gewaltsamen Umsturz zu verhindern. Noch einen Tag vor Beginn des Aufstandes warnten sie in einer Versammlung vor dem „revolutionären Umschwung" und drangen auf einen
10 „legalen Weg" der Umgestaltung von Staat und Gesellschaft. Die Unzufriedenheit der Arbeiterschaft war aber nicht mehr zu kanalisieren und entlud sich nunmehr in offener Auflehnung. Am Nachmittag des 8. November begannen zuerst die Arbeiter der Maschinenfabrik Ha-
15 gans in Ilversgehofen und der Gewehrfabrik im Brühl in Anknüpfung an die Kieler Ereignisse den Ausstand. Von Arbeitern weiterer Betriebe begleitet, zogen sie durch die Stadt und sammelten sich am Abend im Tivoli. In der Nacht wurde ein Arbeiterrat gebildet. Von
20 der Erhebung wurde auch die Garnison mitgerissen. In der Nacht zum 9. November bildeten die Soldaten des Artillerie-Regimentes in der Rudolfstraße einen Soldatenrat, das Infanterie-Regiment auf dem Petersberg schloss sich an. Wenig später erfasste die Rebellion auch
25 die Jäger in Daberstedt. Am Morgen besetzte man schließlich die Kommandantur am Anger und entwaffnete alle Offiziere. Der Soldatenrat nahm Kontakt zum Arbeiterrat auf.

Viele Arbeiter sahen die Revolution auf einem guten
30 Wege, da nicht nur die Monarchie gestürzt worden war, sondern auch alte sozialistische Forderungen wie der Achtstundentag umgesetzt wurden. Sie vertrauten ihrem Rat, an dessen Spitze mit Paul Reißhaus die Vaterfigur der Erfurter Sozialdemokratie stand … Endgültig
35 in seiner Haltung bestätigt sah sich der ASR [Arbeiter und Soldatenrat] durch die Entscheidung des Berliner Reichsrätekongresses vom 19. Dezember 1918 für die Wahlen zur Nationalversammlung und damit für eine demokratische Republik. Gegen langsam sich regenden
40 Widerstand im linken Lager bekräftigte der ASR eine Woche vor den Wahlen am 12. Januar 1919 vor 10 000 Demonstranten auf dem Domplatz sein Bekenntnis zur Nationalversammlung und gegen jegliche „Gewaltherrschaft" … Doch die Entwicklung spitzt sich nach der
45 Novemberrevolution auch in Erfurt weiter zu. In der 130 000 Einwohner starken, unruhigen Industriegroßstadt werden die Spannungen zwischen Bürgertum und Arbeiterschaft immer größer. Während Teile des verunsicherten Bürgertums zunehmend für rechtes Gedan-
50 kengut aufgeschlossen werden, besitzt die Arbeiterschaft in der neu gegründeten KPD, deren Ortsverein bereits am 2. Januar 1919 ins Leben tritt, jetzt neben der republiktreuen SPD eine linksradikale Partei, die sich den Kampf um eine Diktatur des Proletariats auf die
55 Fahnen geschrieben hat.

Steffen Raßloff/Bernd Könnig, Die Novemberrevolution 1918 in Erfurt, in: Stadt und Geschichte, 39, 2008, S. 26 f.
Zit. nach www.erfurt-web.de/Novemberrevolution_Erfurt, Stand 18. 03. 2013.

M2

Arbeiter der Erfurter Gewehrfabrik im Brühl ziehen durch die Domstraße, Foto, 8. November 1918. Das Transparent trägt die Aufschrift: „Alle Macht den A. u. S. [Arbeiter- und Soldaten]Räten".

Vorschlag für eine Gruppenarbeit

Wählt ein Thema aus:
1. Quellenanalyse (M1)
2. Bildanalyse (M2)
3. M1 in ein Interview mit einem Soldaten- bzw. Arbeiterrat umschreiben
4. Vergleich Erfurt – Reichsebene 1918/19

Webcode: FG1110444-061

Die politische Ordnung der jungen Demokratie

Eine neue Verfassung

Im November 1918 hatte Reichskanzler Friedrich Ebert den liberalen Staatsrechtler Hugo Preuß beauftragt, eine Reichsverfassung zu entwerfen. Nach ausführlichen Beratungen nahm die Nationalversammlung am
5 31. Juli 1919 das Verfassungswerk an, und zwar mit 262 gegen 75 Stimmen aus USPD, DVP und DNVP (siehe Kasten S. 63). Mit der Unterschrift des Reichspräsidenten wurde Deutschland am 11. August 1919 zu einer parlamentarischen Republik. Sie wird Weimarer Repu-
10 blik* genannt. Die staatliche Gewalt wurde zwischen Exekutive, Legislative und Judikative aufgeteilt. Weil der Reichstag ein getreues Abbild des Volkswillens sein sollte, gab es keine Sperrklausel gegenüber den kleinen Parteien. So konnten auch Splittergruppen ins Parla-
15 ment einziehen. Nach der Auffassung der Verfassungsgeber galt dieses Verhältniswahlrecht* als besonders gerecht und demokratisch.

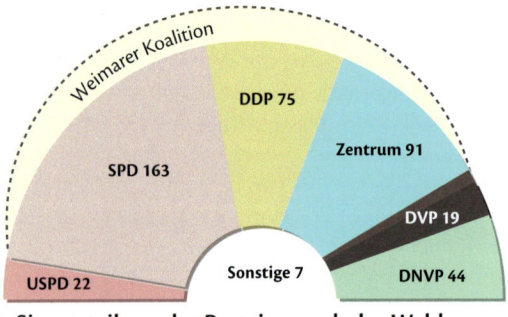

M1 Sitzverteilung der Parteien nach der Wahl zur Nationalversammlung am 19. Januar 1919

M2 ### Das deutsche Volk ist frei

Aus der Eröffnungsrede Friedrich Eberts am 6. Februar 1919 vor der Nationalversammlung, die wegen der unsicheren politischen Lage in Berlin in der thüringischen Stadt Weimar („Weimarer Republik") zum ersten Mal zusammentrat:

Die Reichsregierung begrüßt durch mich die Verfassunggebende Versammlung der deutschen Nation. Besonders herzlich begrüße ich die Frauen, die zum ersten Mal gleichberechtigt im Reichsparlament erscheinen.
5 Die provisorische Regierung verdankt ihr Mandat* der Revolution; sie wird es in die Hände der Nationalversammlung zurücklegen. (Bravo!) In der Revolution erhob sich das deutsche Volk gegen eine veraltete zusammenbrechende Gewaltherr-
10 schaft. (Zustimmung links. – Lebhafter Widerspruch rechts). Sobald das Selbstbestimmungsrecht des deutschen Volkes gesichert ist, kehrt es zurück auf den Weg der Gesetzmäßigkeit. Nur auf der breiten Heerstraße der parlamentarischen Beratung und Be-
15 schlussfassung lassen sich die unaufschiebbaren Veränderungen auch auf wirtschaftlichem und sozialem Gebiete vorwärtsbringen … Deshalb begrüßt die Reichsregierung in dieser Nationalversammlung den höchsten und einzigen Souverän in Deutschland.
20 Mit den alten Königen und Fürsten von Gottes Gnaden ist es für immer vorbei … Das deutsche Volk ist frei, bleibt frei und regiert in alle Zukunft sich selbst.
Verhandlungen der Verfassunggebenden Nationalversammlung, in: Stenographische Berichte, Berlin, 1919/20, Bd. 326, S. 1 ff.

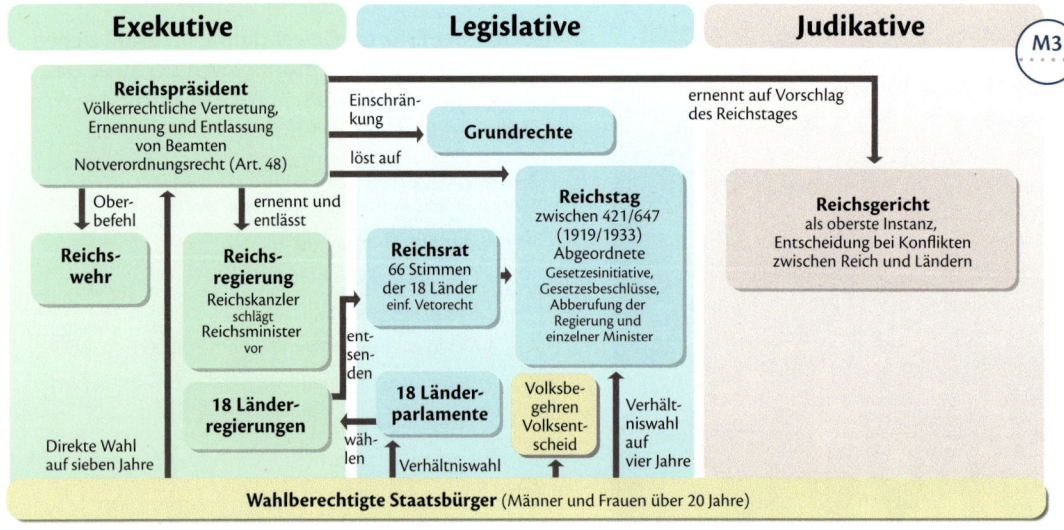

M3 Die Weimarer Verfassung von 1919

Die Parteien in der Weimarer Republik

Kernaussagen der Parteiprogramme und Erklärungen:

Sozialdemokratische Partei Deutschlands (SPD)

- Bekenntnis zur parlamentarischen Demokratie
- gegen den Einfluss monarchistischer und militaristischer Kreise
- Räte nur im wirtschaftlichen Bereich (Betriebsräte)
- Verstaatlichung von Grund und Boden
- für Schulen unter Staatsaufsicht

Unabhängige Sozialdemokratische Partei Deutschlands (USPD)

- 1917 als Abspaltung von der SPD entstanden; 1920 trat die Mehrheit der USPD der KPD bei, der Rest 1922 der SPD
- Spaltung in Befürworter einer Rätedemokratie und Befürworter einer parlamentarischen Demokratie

Kommunistische Partei Deutschlands (KPD)

- Ablehnung der parlamentarischen Demokratie
- für eine bolschewistische Rätediktatur
- Sturz der „Kapitalisten" und Großgrundbesitzer
- Aufbau des Sozialismus, Bündnis mit Sowjetunion

Zentrum

- Bekenntnis zur parlamentarischen Demokratie
- für eine starke Exekutive
- Schutz des Privateigentums
- für nach Konfessionen getrennte Schulen
- für die internationale Gleichberechtigung Deutschlands

Deutsche Demokratische Partei (DDP)

- Bekenntnis zur parlamentarischen Demokratie
- für Privatwirtschaft (gegen Verstaatlichung)
- für das Selbstbestimmungsrecht Deutschlands

Deutsche Volkspartei (DVP)

- Ablehnung der parlamentarischen Demokratie, aber verantwortliche Mitarbeit im Parlament
- für eine gesetzmäßig einzurichtende Monarchie

Deutschnationale Volkspartei (DNVP)

- Ablehnung der parlamentarischen Demokratie
- für eine Monarchie mit starker Exekutive
- für ein „starkes deutsches Volkstum"

Nationalsozialistische Deutsche Arbeiterpartei (NSDAP)

- gegen Demokratie; Aufbau eines „Führerstaates"
- Großbetriebe und -warenhäuser in Gemeineigentum überführen
- Juden soll Staatsbürgerschaft entzogen werden

M4 Die Weimarer Verfassung 1919

Auszüge aus dem Verfassungstext:

Art. 1 Das Deutsche Reich ist eine Republik. Die Staatsgewalt geht vom Volke aus …

Art. 20 Der Reichstag besteht aus den Abgeordneten des deutschen Volkes.

5 **Art. 21** Die Abgeordneten sind Vertreter des ganzen Volkes. Sie sind nur ihrem Gewissen unterworfen und an Aufträge nicht gebunden.

Art. 22 Die Abgeordneten werden in allgemeiner, gleicher, unmittelbarer und geheimer Wahl von 10 den über zwanzig Jahre alten Männern und Frauen nach den Grundsätzen der Verhältniswahl gewählt …

Art. 25 Der Reichspräsident kann den Reichstag auflösen, jedoch nur einmal aus dem gleichen Anlass. Die Neuwahl findet spätestens am sechzigs- 15 ten Tag nach der Auflösung statt …

Art. 41 Der Reichspräsident wird vom ganzen deutschen Volke gewählt …

Art. 48 Der Reichspräsident kann, wenn … die öf- 20 fentliche Sicherheit und Ordnung erheblich gestört oder gefährdet wird, … Maßnahmen treffen, erforderlichenfalls mithilfe der bewaffneten Macht einschreiten. Zu diesem Zwecke darf er vorübergehend die … Grundrechte … außer Kraft setzen …
25 Die Maßnahmen sind auf Verlangen des Reichspräsidenten oder des Reichstags außer Kraft zu setzen. Das Nähere bestimmt ein Reichsgesetz.

Art. 109 Alle Deutschen sind vor dem Gesetze gleich. Männer und Frauen haben grundsätzlich die- 30 selben staatsbürgerlichen Rechte und Pflichten …
[Weitere Artikel sichern u. a. die Freizügigkeit und Berufsfreiheit (111), die Freiheit der Person (114), die Unverletzlichkeit der Wohnung (115), das Briefgeheimnis (117) und die Meinungsfreiheit 35 (118) zu.]

Zit. nach Dieter Kakis (Hg.), Deutsche Verfassungen, München (Goldmann) 1965, S. 77 ff.

1 Beschreibe die Machtverteilung (M3, M4).

2 a) Erarbeite anhand von M2 die Demokratie-Auffassung Friedrich Eberts. b) Vergleiche mit M3 und M4.

3 Erörtere die These, die Politik Eberts sei zugleich eine „Politik der Kontinuität" und der „Revolution" gewesen.

4 a) Prüfe die Einstellungen der Parteien zur Weimarer Demokratie. b) Nenne Möglichkeiten einer Zusammenarbeit/Koalitionsbildung (Kasten).

Webcode: FG1110444-063

Politische Plakate untersuchen

Plakate – Mittel politischer Werbung

Ein Plakat ist ein Anschlag mit werbender Absicht. Die Gestaltung von Bild und Text ist so angelegt, dass die Botschaft ins Auge springt, schnell zu verstehen ist und möglichst lange in Erinnerung bleibt. Politische Plaka-
5 te werden auch von nicht demokratischen Regimen verwendet, um Propagandabotschaften zu verbreiten (siehe z. B. S. 107, 110, 112, 117 f.)

Mit der Verbreitung des Buchdrucks seit dem 16. Jahrhundert wurden öffentliche Anschläge als Mitteilun-
10 gen üblich. Neue Drucktechniken ermöglichten im 19. Jahrhundert eine vielfältige Verwendung. Die politische Plakatwerbung unterlag jedoch – anders als die kommerzielle – bis zum Ende des Ersten Weltkrieges Einschränkungen und Verboten (politische Zensur).
15 Die große Zeit der politischen Plakate begann in Deutschland in der Weimarer Republik, ermöglicht vor allem durch das Grundrecht auf Meinungsfreiheit und freie künstlerische Entfaltungsmöglichkeiten.

Die Wahlen zur Nationalversammlung 1919

Im Januar 1919 schien der Machtkampf um das politische System in Deutschland zugunsten einer parlamentarischen Demokratie entschieden. Die Wahl zur Konstituierenden (Verfassunggebenden) Versammlung
5 wurde auf den 19. Januar 1919 festgesetzt. Mit der Herabsetzung des Wahlalters von 25 auf 20 Jahre und der Einführung des Frauenwahlrechts erhöhte sich die Zahl der Wahlberechtigten von 13,8 Millionen (1912) auf 36,8 Millionen Deutsche (1919). Die Plakate auf die-
10 ser Doppelseite stammen aus diesem Wahlkampf.

M1

Wahlplakat der Regierung, Januar 1919

Arbeitsschritte

1. Schritt: Erste Eindrücke und Informationen festhalten
– Was fällt unmittelbar auf? Wer ist der „Autor" (Zeichner), wer der Auftraggeber?

2. Schritt: Einzelne Elemente analysieren
– Welche Details sind zu erkennen? Welche besonderen Merk-

male enthält die Darstellung (Farben, Größe, Proportionen, Statik, Dynamik)? Lassen sich Symbole, Stereotypen, bildhafte Vergleiche finden? In welchem Verhältnis stehen Bild und Text? Welcher Texttyp liegt vor, welche Schriftarten? Wie sind die Beziehungen der Elemente zueinander (z. B. Fotomontage, Collage)?

3. Schritt: Eine Gesamtaussage formulieren und bewerten
– Welcher Gesamteindruck ergibt sich? Wie lässt sich die Analyse zusammenfassen? Welche Wirkung soll erzielt werden (z. B. informierend, argumentierend, appellierend)? Wie lässt sich das Plakat in den historischen Zusammenhang einordnen?

M2 **Wahlplakat,** Januar 1919

M4 **Wahlplakat,** Januar 1919

M3 **Wahlplakat,** Januar 1919

M5 **Wahlplakat,** Januar 1919

1 Partnerarbeit:

    a) Erarbeitet M1 bis M5 mithilfe der Arbeitsschritte.

    b) Stellt eure Ergebnisse der Klasse vor.

2 Übe das Untersuchen von Plakaten an einem Beispiel aus unserer Gegenwart.
Bitte die Ortsverbände der Parteien um Hilfe.

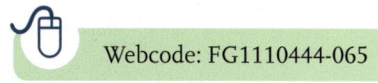 Webcode: FG1110444-065

Der Vertrag von Versailles 1919

Ein unbewältigter Friede?

Am 28. Juni 1919 unterzeichnete eine deutsche Delegation im Schloss von Versailles den Friedensvertrag. Seit Januar 1919 hatten die Siegermächte des Ersten Weltkrieges Friedenskonferenzen durchgeführt, um eine

5 neue politische Ordnung für Mittel- und Osteuropa zu schaffen (siehe S. 220 f.). Die unterlegenen Mächte waren an den Verhandlungen nicht direkt beteiligt, konnten aber ihre Gegenvorschläge schriftlich einbringen. Die Friedensbedingungen lösten in Deutschland Ent-

10 setzen aus: Neben seiner Großmachtstellung verlor Deutschland seine Kolonien und seine Flotte sowie ein Siebtel seines Staatsgebiets und damit ein Zehntel seiner Bevölkerung. Vor allem sorgte Artikel 231 des Friedensvertrages für Empörung: Deutschland und seine

15 Verbündeten sollten akzeptieren, dass sie „als Urheber für alle Verluste und Schäden verantwortlich" seien. Zur Wiedergutmachung sollten Reparationen gezahlt werden. Die Monarchie – mitverantwortlich für den Krieg – war zusammengebrochen. Die Verantwortung

20 lag jetzt bei den demokratischen Politikern. Für den Fall der Ablehnung des Friedensvertrages drohten die Siegermächte in einem Ultimatum mit der Wiederaufnahme des Krieges und der Besetzung Deutschlands.

(siehe S. 220 f.)

M2

Unterschreiben wir!

Reichskanzler Gustav Bauer (1870–1944), SPD, sagte am 23. Juni 1919 vor der Nationalversammlung:

Die Entente[1] … will uns das Schuldbekenntnis auf die Zungen zwingen, sie will uns zu Häschern unserer angeschuldigten Landsleute machen; es soll uns nichts, gar nichts erspart bleiben …

5 Jetzt … kann und muss die ganze Welt sehen: Hier wird ein besiegtes Volk an Leib und Seele vergewaltigt wie kein Volk zuvor … Unterschreiben wir! Das ist der Vorschlag, den ich Ihnen im Namen des gesamten Kabinetts machen muss.

10 Bedingungslos unterzeichnen! Ich will nichts beschönigen. Die Gründe, die uns zu diesem Vorschlag zwingen, sind dieselben wie gestern. Nur trennt uns jetzt eine Frist von knapp vier Stunden von der Wiederaufnahme der Feindseligkeiten. Ei-

15 nen neuen Krieg können wir nicht verantworten, selbst wenn wir Waffen hätten. Wir sind wehrlos. Wehrlos ist aber nicht ehrlos!

Verhandlungen der Verfassunggebenden Nationalversammlung. Stenographische Berichte, Berlin, 1919/20, Bd. 327, S. 1140 ff.

[1] (frz.) Einverständnis, Bündnis; hier: Siegermächte

M1

Deutschland nach dem Versailler Vertrag von 1919

Grenze des Deutschen Reiches 1914

Bestimmungen des Versailler Vertrages:

Unter Treuhandschaft des Völkerbundes (1920–1935)

Freie Stadt unter Schutz des Völkerbundes

Abstimmungsgebiete

20.3. 1921 Datum der Volksabstimmung über den Verbleib in Deutschland

Besetzte Gebiete

Entmilitarisierte Zone

Zone mit Verbot des Festungsbaus

Internationalisierte Flüsse und Kanäle

Alliierte Sanktionen 1920–1925 sowie französische und belgische Ruhrbesetzung 1923–1925

893 Bevölkerung in den abgetretenen Gebieten (in Tsd.)

„Die letzte Schmach"

M3 Leserbrief in Gedichtform in den „Düsseldorfer Nachrichten" vom 14. Februar 1920:

Die letzte Schmach

Das war ein Hieb, der saß! Fühlst du's, mein Junge?
Ahnst du den Hass, die ganze Niedertracht,
Mit der uns hier die welsche[1] Lästerzunge
Vor aller Welt verhöhnt und ehrlos macht? […]

5 Wohl sind wir wund und arm und ohne Waffen
Und nur auf uns gestellt; doch ehrlos? Nein!
Das ganze Volk wird sich zusammenraffen:
Wir lassen uns nicht frech ins Antlitz spei'n.

Und sollte dennoch sich ein Judas[2] melden
10 Um Silberlinge für den Feindesbund
Und seine Hand ausstrecken nach den Helden,
Dann schlagt ihn tot wie einen räudigen Hund!

Denn unsre Ehre soll uns niemand rauben,
Es ist das Letzte, was uns blieb im Leid:
15 Des Volkes Ehre und der Väter Glauben
Und unsre Sprache – bis in Ewigkeit!

Dokumentation zur Geschichte der Stadt Düsseldorf, Bd. 6, Düsseldorf (Pädagogisches Institut der Stadt Düsseldorf)1985, S. 15.

---

[1] urspr. keltisch, später für romanisch, französisch
[2] Verrätergestalt aus dem Neuen Testament

Deutschland aus französischer Sicht

M4 Der französische Marschall Foch schrieb am 10. Januar 1919 an die verbündeten Alliierten:
Deutschland bleibt noch für lange Zeit, bis zu einer völligen Wandlung seiner Politik und seiner Weltanschauung, eine furchtbare Drohung für die Zivilisation. Unter solchen Umständen gebietet
5 die elementarste Vorsicht den alliierten Nationen, die den ersten Ansatz zu einem Völkerbunde bilden, Deutschland gegenüber eine Gesamtheit von reinen Abwehrmaßnahmen und von grundlegenden Vorbereitungsmaßregeln zu ergreifen … Wol-
10 len wir den Unternehmungen Deutschlands gegen den Westen Einhalt tun …, so müssen wir, um die Entscheidung durch die Waffen mindestens aufzuschieben, von vornherein zu allen von der Natur gebotenen Mitteln greifen. Die Natur hat
15 nur eine Schranke über den Weg des einbrechenden Feindes gezogen: den Rhein.
Amtliches Gelbbuch des Französischen Ministeriums der Auswärtigen Angelegenheiten, Berlin, 1924, S. 1 ff.

Reparationen

Geldzahlungen oder Warenlieferungen, die der Besiegte an den (die) Sieger als Entschädigung für Kriegsaufwendungen und Kriegsschäden zahlen muss. Nach dem Ersten Weltkrieg wurden zwischen 1920 und 1929 unterschiedliche Beträge für den Verlierer Deutschland festgelegt, so nach dem Young-Plan (1929) 65 Milliarden Goldmark, zahlbar in 59 Jahresraten bis 1988. Angesichts der Weltwirtschaftskrise seit 1929 wurde 1932 in Lausanne eine einmalige Zahlung von drei Milliarden Goldmark festgesetzt, die aber nicht mehr gezahlt wurde.

M5

Plakat von NSDAP und DNVP, 1929. Anlass war das Volksbegehren gegen den Youngplan.

---

1. a) Analysiere M1.
   b) Erläutere mögliche Folgen für die Bevölkerung.
2. Untersuche anhand von M3 und M5, wie der Versailler Vertrag bewertet wurde und welche Absicht der Autor bzw. der Zeichner wohl verfolgte.
3. a) Beschreibe, in welcher Situation sich die Reichsregierung vor der Unterzeichnung des Vertrages von Versailles befand (M2).
   b) Erörtere ihren Handlungsspielraum (Darstellungstext, M2, Kasten).
4. a) Bewerte die Auffassung des Marschalls Foch (M4).
   b) Prüfe, ob sich seine Position in M1 wiederfinden lässt.
5. **Wahlaufgabe/Partnerarbeit:** Schreibt eine Bewertung des Versailler Vertrages aus eurer Sicht. Bedenkt dabei den weiteren Verlauf der deutschen Geschichte: Hitler erringt 1933 die Macht, entfesselt 1939 den Zweiten Weltkrieg, Niederlage 1945, Teilung Deutschlands.

Politische Belastungen

Politische Krisen

Auf die Revolutionsphase 1918/19 folgten weitere vier Krisenjahre. Am 13. März 1920 besetzte die Marinebrigade Ehrhardt das Regierungsviertel in Berlin auf Befehl des Generals von Lüttwitz. Ein hoher Beamter und
5 Politiker der äußersten Rechten, Wolfgang Kapp, ernannte sich selbst zum Reichskanzler und General von Lüttwitz zum Reichswehrminister. Daraufhin verließen die meisten Mitglieder der Regierung Berlin. Die Reichswehrführung unter General von Seeckt befürch-
10 tete eine Spaltung der Truppe und lehnte ein militärisches Vorgehen gegen die Putschisten ab. Damit hatte die Führung der Reichswehr der verfassungsgemäßen Regierung den Schutz verweigert. Der Putsch scheiterte nach einem von den Gewerkschaften ausgerufenen
15 Generalstreik* und wegen der passiven Haltung der Ministerialbürokratie. In Sachsen und Thüringen wurde ein kommunistischer Putschversuch im Oktober 1923 durch Reichswehrtruppen niedergeschlagen. In München misslang am 8./9. November 1923 ein von
20 dem NSDAP-Führer Adolf Hitler und dem General Ludendorff angeführter Putsch, der das Ziel einer diktatorischen Machtübernahme in Berlin hatte.

Die Besetzung des Ruhrgebiets

Zu blutigen Zusammenstößen kam es, als im Januar 1923 französische und belgische Truppen wegen ausstehender Reparationszahlungen das Ruhrgebiet besetzten. Der Widerstand gegen die Besetzung wurde
5 wegen der katastrophalen Wirtschaftslage im September 1923 abgebrochen.

M2

Proklamation
an das deutsche Volk!
Die Regierung der November-verbrecher in Berlin ist heute für abgesetzt erklärt worden.
Eine
provisorische deutsche Nationalregierung
ist gebildet worden, diese besteht aus
Gen. Ludendorff
Ad. Hitler, Gen. v. Lossow
Obst. v. Seisser

Die Proklamation der Putschisten vom 8./9. November 1923 in München. „Novemberverbrecher" war ein diffamierendes Schlagwort für die demokratischen Politiker der Weimarer Republik. Der Begriff wurde seit September 1922 von Hitler verwendet.

M3

„Generalstreik auf der ganzen Linie"
Aufruf der SPD am 13. März 1920:

Der Militärputsch ist da. Die Marinedivision Ehrhardt marschiert auf Berlin, um eine Umgestaltung der Reichsregierung zu erzwingen … Wir weigern uns, uns diesem militärischen Zwange zu
5 beugen. Wir haben die Revolution nicht gemacht, um das blutige Landsknechtsregiment heute wieder anzuerkennen … Arbeiter, Genossen! Wir müssten uns vor euch schämen, wenn wir anders handeln würden. Wir sagen: Nein und noch ein-
10 mal nein! Ihr müsst uns bestätigen, dass wir in eurem Sinne gehandelt haben. Wendet jedes Mittel an, um diese Wiederkehr der blutigen Reaktion zu vernichten.
Streikt, legt die Arbeit nieder und schneidet dieser
15 Militärdiktatur die Luft ab. Kämpft mit jedem Mittel um die Erhaltung der Republik. Lasst alle Spaltung beiseite. Es gibt nur ein Mittel gegen die Wiederkehr Wilhelms II.: … Generalstreik auf der ganzen Linie.
Wolfgang Michalka/Gottfried Niedhart, Die ungeliebte Republik, 3. Aufl., München (dtv dokumente) 1984, S. 79.

M1

Verkündung des Militärput-sches, 13. März 1920.

Kundgebung!

Die bisherige Reichsregierung hat aufgehört zu sein. Die gesamte Staatsgewalt ist auf den mitunterzeichnenden Generallandschaftsdirektor Kapp-Königsberg i. Pr. übergegangen. Zum militärischen Oberbefehlshaber und gleichzeitig als Reichswehrminister wird vom Reichskanzler der General der Infanterie Freiherr von Lüttwitz berufen. Eine neue Regierung der Ordnung, der Freiheit und der Tat wird gebildet.

Freiherr von Lüttwitz
General der Infanterie

Kapp
Generallandschaftsdirektor

Webcode: FG1110444-068

„… eine bewaffnete Horde"

Aus dem Aufruf der Reichsregierung vom
9. November 1923:

An das deutsche Volk!
In der Zeit größter außen- und innenpolitischer
Bedrängnis haben sich Verblendete ans Werk gemacht, um das Deutsche Reich zu zerschlagen. In
5 München hat eine bewaffnete Horde die bayerische Regierung gestürzt … und sich angemaßt,
eine Reichsregierung zu bilden … Es bedarf keines
Hinweises darauf, dass diese Putschbeschlüsse
null und nichtig sind. Wer diese Bewegung unter-
10 stützt, macht sich zum Hoch- und Landesverräter.
Statt unseren Brüdern im Rheinlande und an der
Ruhr zu helfen, die für Deutschland kämpfen,
stürzt man Deutschland ins Unglück, gefährdet die
Ernährung, bringt uns die Gefahr eines feindlichen
15 Einmarsches und zerrüttet alle Aussichten auf die
Anbahnung wirtschaftlicher Gesundung … In der
Schicksalsstunde des deutschen Volkes und Deutschen Reiches fordern wir alle Freunde des Vaterlandes auf, sich einzusetzen für die Bewahrung der
20 Reichseinheit, deutscher Ordnung und Freiheit.
Zit. nach Wolfgang Michalka/Gottfried Niedhart, Die ungeliebte Republik, 3. Aufl., München (dtv) 1984, S. 93 f.

„Die Tat … ist nicht misslungen"

Aus der Schlussrede Hitlers am 27. März 1924 vor
dem Münchner Volksgericht:

Deutschlands Schicksal liegt nicht in der Republik
oder in der Monarchie. Was ich bekämpfe, ist
nicht die Staatsform als solche, sondern der
schmähliche Inhalt. Wir wollen in Deutschland
5 die Voraussetzungen dafür schaffen, die allein es
möglich machen, dass die eiserne Faust unserer
Feinde von uns genommen wird … Und da frage
ich Sie: Ist das, was wir gewollt haben, Hochverrat?
Endlich: Wir wollten, dass unser Volk zum Auf-
10 bäumen gebracht werde gegen die drohende Versklavung … Wir sind der Strafe verfallen, weil das
Unternehmen misslungen ist. Die Tat des 8. November ist nicht misslungen. Sie wäre misslungen
dann, wenn eine Mutter gekommen wäre und ge-
15 sagt hätte: Herr Hitler, Sie haben auch mein Kind
am Gewissen. Aber das darf ich versichern, es ist
keine Mutter gekommen. Im Gegenteil. Tausende
anderer sind gekommen und haben sich in unsere
Reihen gestellt.
Zit. nach Fridolin Wimmer, Der Hitler-Ludendorff-Putsch,
in: Geschichte lernen, H. 77, 2000, S. 42.

„… von rein vaterländischem Geiste …"

Aus der Urteilsbegründung des Gerichts vom
1. April 1924:

Auch das Gericht ist zu der Überzeugung gelangt,
dass die Angeklagten bei ihrem Tun von rein
vaterländischem Geiste und dem edelsten Willen
geleitet waren. Alle Angeklagten, die in die Ver-
5 hältnisse genauen Einblick hatten – und die übrigen ließen sich von den Mitangeklagten als ihren
Führern und völkischen Vertrauensmännern leiten –, glaubten nach bestem Wissen und Gewissen, dass sie zur Rettung des Vaterlandes handeln
10 müssten und dass sie dasselbe täten, was kurz
zuvor noch die Absicht der leitenden bayerischen
Männer gewesen war. Das rechtfertigt ihr Vorhaben nicht, aber es gibt den Schlüssel zum Verständnis ihres Tuns.
Otto Gritschneder, Bewährungsfrist für den Terroristen
Adolf H. Der Hitler-Putsch und die bayerische Justiz,
München, 1990, S. 92. Zit. nach Praxis Geschichte, H. 2,
1992, S. 46.

Begriffe und Daten

1923 Hitlerputsch

Der Hitlerputsch vom 8./9. November 1923 stellte
eine starke Gefährdung der Weimarer Demokratie
dar. Der Putsch scheiterte am Widerstand der bayerischen Landespolizei. Das milde Urteil (für Kahr, Los-
sow und Ludendorff gab es keine strafrechtlichen
Konsequenzen, Hitler saß von fünf Jahren Festungs-
haft nicht einmal ein Jahr ab) zeugt von klarer Partei-
nahme des Gerichts zugunsten der Angeklagten.
Immerhin waren vier Polizisten erschossen, Banknoten
geraubt und Geiseln genommen worden.

---

1 Erarbeite mithilfe der Informationen auf dieser Doppel-
seite: Begründung, Verlauf und Ergebnis a) des Kapp-
Lüttwitz-Putsches 1920 und b) des Hitlerputsches 1923.
Lege eine Tabelle an.

2 Beurteile die Putschversuche von 1920 und 1923 aus
verfassungsrechtlicher Sicht (S. 62 f.).

3 a) Erarbeite anhand von M5 die Argumentation Hitlers.
b) Bewerte die Urteilsbegründung des Gerichts (M6).

4 **Wahlaufgabe:** In der Geschichtsforschung über die
Weimarer Republik wird von „politischer Justiz" gesprochen. Kläre diesen Ausdruck in einer Recherche und stelle Beispiele vor. Gehe von M6 und dem Kasten aus.

Wirtschaftliche Belastungen

Folgen des Weltkrieges

Die junge Republik stand auch finanziell und wirtschaftlich vor größten Schwierigkeiten: Die Finanzierung des Krieges hatte das Kaiserreich 164 Milliarden Mark gekostet. Diese Summe war vorwiegend durch
5 Kriegsanleihen aufgebracht worden, die nach Kriegsende den Bürgern verzinst wieder zurückgezahlt werden sollten. Die Steuereinnahmen deckten aber nur 14 Prozent der Reichsausgaben. Auf dem Arbeitsmarkt mussten innerhalb weniger Monate etwa sieben Millio-
10 nen Männer – ehemalige Soldaten – wieder in den Wirtschaftsprozess eingegliedert werden. Die Situation in den Jahren 1920 bis 1922 verschärfte sich dramatisch durch Schäden in der Infrastruktur, den Verlust von Industrie- und Rohstoffgebieten, mangelnde Finanzen
15 für die Umstellung von der Kriegs- auf die Friedensproduktion und die Reparationszahlungen. Die Geldmenge wurde ohne entsprechenden Gegenwert wie gesteigerte Produktion oder in Form von Goldreserven stark vermehrt. 1923 verfiel der Kurs der Mark rapide. Diese
20 hyperinflationäre Entwicklung wurde erst gestoppt, als am 15. November 1923 die Rentenmark eingeführt wurde, ein Jahr später die goldgedeckte Reichsmark.

M2

Unser tägliches Brot, Zeichnung von Erich Schilling aus dem „Simplicissimus", 1923. „Wird das Brot nicht endlich billiger?" – „Dann müsst' ich's schlechter machen – und das ist nicht möglich."

M1 Not und Elend überall

Aus einem Leserbrief der „Braunschweigischen Landeszeitung" (1923):
Aber nachgerade erstirbt auch hier das Großstadtleben … Schon zwischen 8 und 9 sieht man, wie das Licht eins nach dem anderen in den Häusern erlischt. Die Treppenhäuser der großen
5 Mietskasernen und die besseren Wohnhäuser sind unbeleuchtet, und in vielen Straßen kommt man schon in den frühesten Abendstunden vor verschlossene Haustüren, weil man sein Eigentum gegen Diebstahl auf jede mögliche Art und Weise
10 schützen muss … Not und Elend überall … Die Konzertsäle sind leer, die Kunst geht betteln und mit ihr der Mittelstand* … In den letzten Wochen sind schon wieder über 20 Selbstmorde vorgekommen, die ihre Ursache in Hunger, Kummer,
15 Not, Elend, Unzufriedenheit und Verzweiflung haben!
Braunschweigische Landeszeitung vom 27. Oktober 1923. Zit. nach Praxis Geschichte, H. 2, 1992, S. 29.

M3 Die Wirtschaft nach „Versailles"

Der Wirtschaftswissenschaftler John Maynard Keynes (1883–1938) schrieb 1919:
Der Friedensvertrag enthält keine Bestimmungen zur wirtschaftlichen Wiederherstellung Europas, nichts, um die geschlagenen Mittelmächte wieder zu guten Nachbarn zu machen, nichts, um die
5 neuen Staaten Europas zu festigen … Wiedergutmachung war ihr [der Siegermächte] Hauptinteresse auf wirtschaftlichem Gebiet, und sie behandelten sie als eine Frage der Theologie, der Politik, der Wahltaktik, kurz, von jedem anderen Ge-
10 sichtspunkt als dem der wirtschaftlichen Zukunft der Staaten, deren Schicksal in ihrer Hand lag … Die bezeichnenden Züge der gegenwärtigen Lage lassen sich in drei Gruppen zusammenfassen: 1. das vollständige Nachlassen der inneren Pro-
15 duktivität Europas, 2. der Zusammenbruch des Verkehrswesens und des Austausches …, 3. Europas Mangel an Kaufkraft zur Beschaffung der gewohnten Waren von Übersee.
John Maynard Keynes, Die wirtschaftlichen Folgen des Friedensvertrages, München/Leipzig (Duncker & Humblot) 1920, S. 184 ff.

Ein Laib Brot kostete:

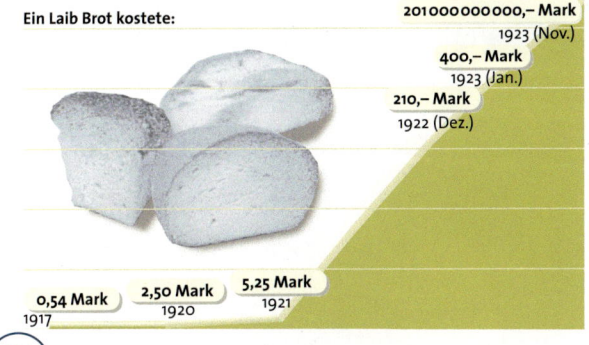

201 000 000 000,– Mark
1923 (Nov.)

400,– Mark
1923 (Jan.)

210,– Mark
1922 (Dez.)

5,25 Mark
1921

2,50 Mark
1920

0,54 Mark
1917

 M4   **Die Entwicklung des Brotpreises**

Begriffe und Daten

Die Krisenjahre 1920–1923

1. Kapp-Lüttwitz-Putsch 1920
Besetzung des Regierungsviertels in Berlin durch eine
Marinebrigade unter dem Befehl des Generals von
Lüttwitz und des Politikers Wolfgang Kapp (DNVP);
Putsch scheitert

2. Besetzung des Ruhrgebiets 1923
Einmarsch französischer und belgischer Truppen
wegen ausstehender Reparationszahlungen,
Abbruch des passiven Widerstands im September

3. Kommunistischer Putschversuch 1923
in Sachsen und Thüringen; Putsch scheitert

4. Hitlerputsch in München 1923
unter Führung Adolf Hitlers und des Generals
Ludendorff; Putsch scheitert

5. Hyperinflation 1923
durch Kriegsfolgen: Staatsverschuldung, Reparationszahlungen, Produktionsumstellungen, Verlust von
Industrie- und Rohstoffgebieten

Inflation

Inflation, lat. „Aufblähung", ist eine anhaltende Geldentwertung, die durch eine starke Vermehrung der
umlaufenden Geldmenge gegenüber dem Güter-
umlauf entsteht. Als Folge steigen die Preise, es setzt
eine Flucht in Sachwerte ein, wie z. B. in Gold und
Immobilien. Die Inflation wird am Anstieg des allgemeinen Preisniveaus gemessen. Bei über 50 Prozent
Preisanstieg in einem Jahr wird von „Hyperinflation"
gesprochen. Mit der Stabilisierung der Währung ab
November 1923 war eine Billion Papiermark nur noch
eine Goldmark wert.

 M5   ## Gewinner und Verlierer in der Inflation
Der Historiker Heinrich August Winkler schrieb
1993:

Die eigentlichen Opfer der Inflation waren … die
Sparer … Hart betroffen waren auch jene Akade-
mikerfamilien, die das Studium ihrer Kinder tradi-
tionell aus Ersparnissen zu finanzieren pflegten …
5 Haus- und Grundbesitzer wurden schuldenfrei …
Unter den Hausbesitzern befanden sich zahlreiche
selbstständige Handwerker, die Kerngruppe des ge-
werblichen Mittelstandes … Zu den Inflationsge-
winnern gehörten die meist hoch verschuldeten
10 Großgrundbesitzer … Dasselbe galt von den Besit-
zern großer industrieller Vermögen … Ein anderer
Gewinner der Inflation war der Staat … Für die Arbeiter begann die Stabilisierung im Zeichen eines
niedrigen Lohnniveaus und hoher Arbeitslosigkeit.
15 Zwar stiegen die durchschnittlichen Realwochen-
löhne von November bis Dezember 1923 von 53 %
auf knapp 70 % des Vorkriegsstandes, aber das war
noch immer erheblich weniger, als die Arbeiter im
März 1923 verdient hatten – nämlich rund 79 %
20 des Standes von 1913.

Heinrich August Winkler, Weimar 1918–1933, München
(C. H. Beck) 1993, S. 244 f.

1 a) Zeige an M1, M2 und M4 wirtschaftliche Krisen-
symptome der Republik.
b) Formuliere mögliche Folgen für die Menschen.

2 a) Fasse die Aussagen des Autors von M3 zusammen.
b) Stelle fest und begründe am Text, inwiefern Keynes
bereits 1919 den Versailler Vertrag kritisiert.

3 Prüfe, welche Überlegungen in M3 den Darstellungstext
ergänzen.

4 a) Kläre anhand des Darstellungstextes und des Kastens
den Begriff „Inflation".
b) Notiere eine kurze Definition mit deinen eigenen
Worten.

5 Liste anhand von M5 Gewinner und Verlierer der Inflation von 1923 auf.

6 **Wahlaufgabe:** Erörtert die folgende These: Die Krisen
von 1923 wären durch eine andere Politik vermeidbar
gewesen.

7 **Recherche:** Informiere dich über den augenblicklichen
Wert des Euros und beurteile, ob von einer inflationären
Entwicklung gesprochen werden kann.

Webcode: FG1110444-071

Gegner der Demokratie

Die gespaltene Gesellschaft

Der überraschende Tod des Reichspräsidenten Friedrich Ebert machte eine vorzeitige Neuwahl notwendig. Zum zweiten Reichspräsidenten der Weimarer Republik wurde am 26. April 1925 der kaiserliche Feldmarschall Paul von Hindenburg gewählt. Nominiert hatte ihn der „Reichsblock" aus DVP, DNVP und Bayerischer Volkspartei. Misstrauisch betrachteten die demokratische Mitte und die Linke die nationalkonservative Einstellung Hindenburgs und seine Nähe zur Kaiserfamilie der Hohenzollern. Schließlich hatte Hindenburg zu denen gehört, die die sogenannte Dolchstoßlegende verbreiteten. Dabei ging es um die Behauptung, das angeblich bis zuletzt siegreiche Heer sei im Ersten Weltkrieg durch die Revolution in der Heimat von hinten erdolcht worden. Zu Sündenböcken wurden die sogenannten Erfüllungspolitiker, die demokratischen Politiker, gemacht. Sie mussten nach der Niederlage des Kaiserreichs die politische Verantwortung übernehmen und den Versailler Vertrag unter dem Druck der Siegermächte unterzeichnen. Antidemokratische, nationalistische und antisemitische Kräfte und Strömungen machten sich zunehmend stärker bemerkbar.

„Stützen der Gesellschaft",
Gemälde von George Grosz, 1926

Synagogenschändungen

M1

Aus einer Erhebung des Centralvereins deutscher Staatsbürger jüdischen Glaubens von 1932:
Zwischen 1923 und 1932 (1. Halbjahr) gab es in Deutschland 125 Schändungen (Beschmutzungen, Verwüstungen) von Synagogen. 1930:
– Spandau bei Berlin: Mit ätzender Flüssigkeit eingebrannt: „Schlagt die Juden, wo ihr sie trefft!" und mehrere große Hakenkreuze.
– Berlin: In der Nacht vom 16. zum 17. Februar wurde die Synagoge Kottbuser Tor in einer Weise besudelt, wie dies bisher weder in Berlin noch im Reich der Fall war. 20 Hakenkreuze in Höhe von je einem Meter bedeckten die ganze Front des Gotteshauses und seine Türen. Über die ganze Breite der Fassade erstreckten sich die Worte „Juda, verrecke, Judas den Tod, die Rache naht."
Zit. nach Harry Pross (Hg.), Die Zerstörung der deutschen Politik, Frankfurt a. M. (Fischer) 1963, S. 261 f.

Völkische Demokratiekritik

M3

Der Schriftsteller Karl Nüse schrieb 1924:
Das Parteiwesen und der daraus resultierende Parlamentarismus sind durch und durch undeutsch und widervölkisch, weil sie nicht naturgesetzlich von unten heraufgewachsen sind, sondern gewaltsam nach fremden Vorbildern geschaffen wurden. Die Parteien zerreißen die Einigkeit der Volksgemeinschaft und lassen die Einheit von Volk und Staat nicht zu, weil jede nach Vorherrschaft und nach Besetzung von Ämtern strebt. Der auf dem Parteiwesen beruhende Parlamentarismus ist der verkörperte Volksbetrug, denn dem Volke wird vorgegaukelt, er verbürge die Volksherrschaft, während das Wesen des Parlamentarismus … Parteiherrschaft übelster Art ist.
Karl Nüse, Der völkische Neuaufbau Deutschlands, Leipzig (Weicher) 1924, S. 71.

Neuer Nationalismus

M4

Der Schriftsteller Arthur Moeller van den Bruck (1876–1925) schrieb 1923 in seinem Buch „Das Dritte Reich":

Der deutsche Nationalismus ist Streiter für das Endreich … Und es ist die besondere Verheißung des deutschen Volkes, die ihm alle anderen Völker streitig machen. Sie haben im Weltkrieg das Reich
5 um des Reiches willen bekämpft, um der Weltherrschaft willen, an der wir unseren materiellen Anteil haben wollten … Es gibt nur Ein Reich, wie es nur Eine Kirche gibt. Was sonst diesen Namen beansprucht, das ist Staat, oder das ist Gemeinde
10 oder Sekte … Der deutsche Nationalismus kämpft für das mögliche Reich … Der deutsche Nationalist … hat erfahren, dass im Umkreis der Zivilisation dieser Völker, die sich mit Selbstgefälligkeit die westliche nennt, … der Mensch nicht stieg, son-
15 dern sank. In dieser sinkenden Welt, die heute die siegreiche ist, sucht der Nationalist das Deutsche zu retten.

Zit. nach Harry Pross (Hg.), Die Zerstörung der deutschen Politik, Frankfurt a. M. (Fischer) 1963, S. 354 f.

Kommunistische Demokratiekritik

M5

Ernst Thälmann (1886–1944), Vorsitzender der KPD, 1933 verhaftet und 1944 im Konzentrationslager Buchenwald ermordet, schrieb 1925:

Arbeiter! Ausgebeutete!
Nicht mit der Bourgeoisie – nur im Kampf gegen ihre schwarz-rot-goldenen Agenten könnt ihr die stärkste Ausbeutung und Unterdrückung, die
5 Auslieferung als Kanonenfutter für neue Imperialistenkriege verhindern.
Nur das revolutionäre Proletariat, das die Monarchie im November 1918 zerschlagen, das den Kampf für die sozialistische Republik geführt hat
10 und von Ebert und Hindenburg blutig niedergeschlagen wurde, … kann die Schlacht gegen die reaktionäre Bourgeoisie schlagen. Diese Schlacht wird nicht mit dem Stimmzettel geschlagen …
Heraus zur Massendemonstration gegen die mon-
15 archistische Reaktion, gegen ihre Schrittmacher, die schwarz-rot-goldenen Reaktionäre! Für die rote Klassenfront des Proletariats!

Die Rote Fahne, 12. April 1925. Zit. nach Udo Margedant/ Friedhelm Meyer zu Natrup (Hg.), Die Weimarer Republik, Frankfurt a. M. (Cornelsen Hirschgraben) 1988, S. 44 f.

Webcode: FG1110444-073

Das „Dritte Reich" – ein Mythos

M6

Der Historiker und Politikwissenschaftler Kurt Sontheimer stellte 1962 fest:

Das Buch Moellers hat in zwei verschiedenen Richtungen gewirkt. Der Titel des Werkes kam durch die Verwendung der Parole vom Dritten Reich seitens der Nationalsozialisten zu einer be-
5 sonderen Wirkung … Die andere bleibende und nachhaltige Wirkung des Buches lag in der Verachtung der demokratischen und liberalen Institutionen … Diese war mit der Wirksamkeit eines geschickt gehandhabten Propagandaslogans zwar
10 nicht zu vergleichen, aber sie war von außerordentlicher Bedeutung für die politische Meinungsbildung eines großen Teiles der national eingestellten deutschen Intellektuellen[1], denn Moellers Drittes Reich war gleichsam die Bibel des
15 jungen Nationalismus. Die Reichsidee … gewann als Idee vom Dritten Reich eine mythische[2] Kraft …; sie wurde zum Banner einer immer mächtiger anschwellenden nationalen Bewegung.

Kurt Sontheimer, Antidemokratisches Denken in der Weimarer Republik, München (dtv) 1978, S. 239 ff.

[1] an geistigen Dingen interessierte Person, meist mit Universitätsausbildung
[2] (griech.) Mythos = Wort, Sage; eine nicht beweisbare Vorstellung mit dem Anspruch auf Wahrheit, z. B. Ursprungsgeschichten über Völker

1 a) Erkläre, was in der Überschrift des Darstellungstextes mit „gespaltene Gesellschaft" gemeint ist.
b) Bewerte die propagandistische Wirkung von Begriffen wie „Dolchstoß" und „Erfüllungspolitiker".

2 a) Erarbeite an M3 bis M5 die Kritik an der Weimarer Demokratie. Liste wesentliche Kritikpunkte auf.
b) Prüfe, wie der Autor von M6 die Kritik an der Demokratie beurteilt. Achte auf die Datierung des Textes.

3 a) Stelle fest, wie sich in der Weimarer Republik Antisemitismus zeigte (M1).
b) Recherchiere weitere Formen.

4 Wähle eine Aufgabe aus:
a) Notiere die in M2 zu erkennenden Gegenstände und kläre ihre Bedeutung.
b) Formuliere Sprechblasen zu den abgebildeten Figuren.
c) Stelle einen Zusammenhang zwischen M2 und der Überschrift dieser Doppelseite her.
d) Stelle zusammen, was heute an der parlamentarischen Demokratie kritisiert wird.

Deutsche Außenpolitik in den 1920er Jahren

Rückkehr in die Völkergemeinschaft

Nach dem verlorenen Ersten Weltkrieg wurde die deutsche Außenpolitik vor allem von den Folgen des Versailler Vertrages bestimmt. Dabei ging es um Fragen zu den Friedensbedingungen, die in Deutschland als zu
5 hart empfunden wurden: Wie ließen sich Heeresbeschränkungen, Reparationslasten und erhebliche Gebietsverluste mildern oder rückgängig machen? Begriffe wie Ausgleich, Verständigung und Revision (siehe Revisionismus*) spielten dabei eine wichtige
10 Rolle.

Entscheidend geprägt hat Außenminister Gustav Stresemann (1878–1929) die Außenpolitik der Weimarer Republik: Ihm gelang es, einige für Deutschland wichtige internationale Verträge zu schließen und die junge
15 Weimarer Demokratie in die Gemeinschaft des Völkerbundes zu führen. Stresemann war Mitglied der Deutschen Volkspartei und übte das Amt des Außenministers von 1923 bis zu seinem Tod 1929 aus.

M1

Der deutsche Außenminister Gustav Stresemann während seiner ersten Rede vor dem Völkerbund in Genf, Foto, 10. September 1926. Zusammen mit dem französischen Außenminister Aristide Briand (1862–1932) erhielt Stresemann 1926 den Friedensnobelpreis.

M2

Außenpolitische Ziele 1925

Aus der Reichstagsdebatte über den Vertrag von Locarno, 24. November 1925, die mit einer klaren Zustimmung zu den Verträgen endete:

Otto Wels (SPD): Die west- und mitteleuropäischen Staaten sind wirtschaftlich und politisch heute so eng miteinander verbunden, dass jede politische, jede wirtschaftliche Erschütterung in
5 einem derselben in ihren Folgewirkungen allgemein schwer empfunden wird … Was … in Europa fehlte, das Bedürfnis nach europäischer Solidarität, das ist heute ein sichtbares Bedürfnis aller europäischen Völker geworden.
10 *Kuno Graf von Westarp (DNVP):* Die Grundgedanken unseres Widerspruchs gegen … Locarno: Jeder Verzicht auf deutsches Land, jede erneute freiwillige Anerkenntnis des Versailler Diktats sollte durch … Verträge ausgeschlossen sein … Wir
15 müssen uns die Handlungsfreiheit nach Osten freihalten, auch im Hinblick auf die östlichen Grenzen Deutschlands.

Verhandlungen des Reichstags, in: Stenographische Berichte, Bd. 368, Berlin, 1925, S. 4485 ff.

Begriffe und Daten

Deutsche Außenpolitik 1922–1929

16. April 1922 Vertrag von Rapallo zwischen Deutschland und Sowjetrussland: außenpolitische und wirtschaftliche Annäherung; gegenseitiger Verzicht auf Ersatz von Kriegsschäden.

29. August 1924 Dawesplan (nach dem amerikanischen Bankier Dawes): Festlegung von Höhe und Laufzeit der deutschen Reparationen nach dem Ersten Weltkrieg.

5. bis 16. Oktober 1925 Konferenz von Locarno: Anerkennung der Grenzen zu Frankreich und Belgien durch Deutschland, wie in Versailles festgelegt; Verzicht auf Gewalt; keine außenpolitische Isolierung.

8. September 1926 Aufnahme Deutschlands in den Völkerbund.

21. August 1929 Youngplan (nach dem amerikanischen Unternehmer Young): Neuregelung der Reparationen; durch das Moratorium des US-Präsidenten Hoover (1931) und das Lausanner Abkommen (1932) werden die Zahlungen ausgesetzt.

Die Aufgaben der deutschen Außenpolitik

M3

Gustav Stresemann (1878–1929) schrieb im September 1925 dem ehemaligen deutschen Kronprinzen:

3A Die deutsche Außenpolitik hat nach meiner Auffassung für die nächste absehbare Zeit drei große Aufgaben:

Einmal die Lösung der Reparationsfrage in einem für

5 Deutschland erträglichen Sinne und die Sicherung des Friedens, die die Voraussetzung für eine Wiedererstarkung Deutschlands ist.

Zweitens rechne ich dazu den Schutz der Auslandsdeutschen, jener zehn bis zwölf Millionen Stammes-

10 genossen, die jetzt unter fremdem Joch in fremden Ländern leben.

Die dritte Aufgabe ist die Korrektur der Ostgrenzen: die Wiedergewinnung Danzigs, des polnischen Korridors und eine Korrektur der Grenze Oberschlesiens.

15 Im Hintergrund steht der Anschluss von Deutsch-Österreich, obwohl ich mir sehr klar darüber bin, dass dieser Anschluss nicht nur Vorteile für Deutschland bringt.

Aus der letzten Rede Stresemanns vor dem Völkerbund am 9. September 1929:

3B Was erscheint denn an Europa, an seiner Konstruktion vom wirtschaftlichen Gesichtpunkte aus so außerordentlich grotesk? Es erscheint mir grotesk, dass die Entwicklung Europas nicht vorwärts-, sondern rück-

5 wärtsgegangen zu sein scheint … Ist es nicht grotesk, dass Sie aufgrund neuer praktischer Errungenschaften die Entfernung von Süddeutschland nach Tokio um 20 Tage verkürzt haben, sich aber in Europa selbst stundenlang mit der Lokomotive irgendwo aufhalten lassen

10 müssen, weil eine neue Grenze kommt … Wo bleibt in Europa die europäische Münze, die europäische Briefmarke? … Wir … haben die nüchterne Aufgabe, die Völker einander näherzubringen, ihre Gegensätze zu überbrücken. Zweifeln wir nicht daran: … Es gibt Ge-

15 gensätze. Es handelt sich um harte Arbeit: vorwärtszukommen, diese Gegensätze zu vermindern und uns jenem Zustand zu nähern, den wir alle erhoffen.

M3A und M3B zit. nach Geschichte in Quellen, Bd. 5, München (bsv) 1961, S. 216, 225 f.

Polen – Kern des Ostproblems?

M4

General von Seeckt, Chef der Heeresleitung von 1920 bis 1926, äußerte am 11. September 1922 über die deutsche Ostpolitik:

Eine Verbindung Deutschlands mit Russland ist der erste und bisher fast einzige Machtzuwachs, den wir seit dem Friedensschluss erreichten … Mit Polen kommen wir nun zum Kern des Ostprob-

5 lems. Polens Existenz ist unerträglich … Es muss verschwinden … Polen ist für Russland noch unerträglicher als für uns … Mit Polen fällt eine der stärksten Stützen des Versailler Friedens, die Vormachtstellung Frankreichs.

Der Monat, Nr. 2, 1948/49, S. 44 ff. Zit. nach Geschichte in Quellen, Bd. 5, München (bsv) 1961, S. 180 f.

Friedensfördernde Wirkungen?

M5

Der Historiker Heinrich August Winkler urteilte 1993:

Die Westmächte hatten Deutschland Zugeständnisse gemacht, weil sie sich von seiner vertraglichen Einbindung mäßigende und friedensförderde Wirkungen versprachen. Die Mitgliedschaft im

5 Völkerbund erschien ihnen als ein besonders geeignetes Mittel, um den deutschen Revisionismus zu zügeln … Auch aus Stresemanns Sicht trug Locarno dazu bei, den Frieden sicherer zu machen. Aber zugleich waren die Verträge für ihn doch nur

10 eine Etappe auf dem Weg zu einer umfassenden Abkehr von der Nachkriegsordnung. Das Vertragswerk vom Oktober 1925 bedeutete für Stresemann die Erreichung eines Nahziels: den Handlungsspielraum Deutschlands durch Ver-

15 ständigung mit dem Westen so zu erweitern, dass es, trotz verbleibender Beschränkungen seiner Souveränität, wieder die Politik einer Großmacht betreiben konnte. Dazu gehörte auch eine härtere Gangart gegenüber Polen, das seine Forderung

20 nach einem „Ost-Locarno" nicht durchsetzen konnte.

Heinrich August Winkler, Weimar 1918–1933, München (C. H. Beck) 1993, S. 308.

1 a) Vergleiche die Positionen in M2.

b) Stelle fest, welche Haltungen zum Thema „Ostpolitik" in M2 und M4 deutlich werden.

2 Erarbeite die Aussagen von M3A/M3B und vergleiche. Wodurch unterscheiden sich die Äußerungen?

3 Erläutere, wie der Autor von M5 den Vertrag von Locarno für die deutsche Außenpolitik beurteilt.

4 **Wahlaufgabe:** Erörtere: War die Verleihung des Friedensnobelpreises an Stresemann berechtigt?

Soziale Reformen

Vorschlag für eine Gruppenarbeit

1 Erarbeitet die Informationen auf den Seiten 76 bis 79 als Gruppenpuzzle (vier arbeitsteilige Erarbeitungsgruppen – Wechsel in die Austauschgruppe mit den Teilthemen – Bericht des Einzelnen über sein Teilthema).

2 Bereitet eine Diskussion zu folgenden Fragestellungen vor und führt sie durch:

a) Ist es berechtigt, die Jahre von 1924 bis 1929 die „Goldenen Zwanziger" zu nennen?

b) Was erscheint euch heute an der „Moderne" der Weimarer Zeit noch „modern", was nicht?

c) Was hat sich inzwischen weiter verändert in den erarbeiteten Teilthemen?

M2

Die Hufeisensiedlung Berlin-Britz (erbaut 1925–1931), Foto, 2012. Die Wohnsiedlung Britz, entworfen von den Architekten Bruno Taut und Martin Wagner, galt als wegweisende Form des sozialen Wohnungsbaus.

M3

Wohnbedingungen 1923

Aus der Zeitschrift „Soziale Praxis", Berlin, 1923:

Familie M.: 2 Dachzimmer und Küche, 10 Personen. Die Wohnung ist eng und feucht, doch sauber gehalten. Ein Mädchen von 15 Jahren und ein Knabe von 11 Jahren teilen ein Bett. Je zwei Mäd-
5 chen und zwei Buben gleichfalls. Säugling und Kleinkind haben eigene Schlafgelegenheit. Mehrere Kinder sind wegen Tuberkulose in Behandlung bzw. vom Schulbesuch ausgeschlossen.

Zit. nach Torsten Palmér/Hendrik Neubauer, Die Weimarer Zeit in Pressefotos und Fotoreportagen, Köln (Könemann) 2000, S. 167.

M1

Sozialpolitik und Wirtschaft

Der Wirtschafts- und Sozialhistoriker Volker Hentschel schrieb 1988:

Die Erweiterung und Verdichtung des Netzes der sozialen Sicherung war wohltuend, aber auch teuer gewesen. Die Beiträge zu den drei überlieferten Sozialversicherungen stiegen von acht Prozent
5 des Bruttolohns in den letzten Vorkriegsjahren auf 12,5 Prozent im Jahr 1929. Dazu kamen drei Prozent Arbeitslosenversicherungsbeitrag. Überdies nahmen die Staatszuschüsse kräftig zu … Die gesamte soziale Sicherung kostete die Volkswirt-
10 schaft … über neun Milliarden Reichsmark. Das war real fünfmal so viel wie 1913 und entsprach knapp 13 statt gut zwei Prozent des Volkseinkommens. Dieser außerordentliche Anstieg hatte sich in einer Volkswirtschaft vollzogen, die unterdes-
15 sen nicht gewachsen war, sondern kaum das Volkseinkommensniveau des letzten Vorkriegsjahres wiedererlangt hatte … [Als erste Folge] brachte es die Unternehmer gegen die soziale Sicherung, das Tarif- und Schlichtungswesen und das
20 gesamte politische System auf. Und zweitens schwächte es die Erholungs- und Wachstumskräfte der erschütterten Wirtschaft.

Volker Hentschel, Die Sozialpolitik in der Weimarer Republik, in: Karl Dietrich Bracher u. a. (Hg.), Die Weimarer Republik, 2. Aufl., Bonn (Bundeszentrale für politische Bildung) 1988, S. 214 f.

Begriffe und Daten

Sozialpolitische Reformen 1918–1927

1918 Acht-Stunden-Arbeitstag wird eingeführt.

1919 Gewerkschaften werden als gleichberechtigte Tarifpartner der Arbeitgeberverbände anerkannt.

1920 Das Betriebsrätegesetz regelt die Mitsprache der Beschäftigten in Betrieben mit mehr als 20 Beschäftigten; das Grundschulgesetz führt die gemeinsame Schule in den Klassen 1 bis 4 ein.

1923 Mieterschutzgesetz schützt vor Kündigungen.

1924 Die staatliche Fürsorge ersetzt die Armenpflege der Städte und Gemeinden.

1927 Arbeits- und Kündigungsschutz für werdende und stillende Mütter; gesetzliche Arbeitslosenversicherung.

Webcode: FG1110444-076

Eine „Neue Frau"

 M1 **Erwerbstätige Frauen und ihre Tätigkeiten**

	1882	1907	1925	1933
Anteil der erwerbstätigen Frauen an der Gesamtzahl der Frauen	33,8	31,2	35,6	34,2
davon tätig als:				
mithelfende Familienangehörige	40,7	35,2	36,0	36,1
Dienstmädchen/Hausangestellte	17,9	16,1	11,4	10,5
Arbeiterinnen in Industrie und Handel	11,8	18,3	23,0	22,9
in der Landwirtschaft	15,5	14,5	9,2	7,5
Angestellte und Beamtinnen	1,7	6,5	12,6	14,8
Selbstständige	12,3	9,2	7,7	8,0

Zusammengestellt nach Ute Frevert, Frauen-Geschichte zwischen bürgerlicher Verbesserung und neuer Weiblichkeit, Frankfurt a. M. (Suhrkamp) 1986, S. 290.

M2 **Ein Mädchen im Knabengymnasium?**

Erika Fuchs, die deutsche Übersetzerin von „Donald Duck", erinnerte sich an ihre Schulzeit in Belgard (Hinterpommern; im heutigen Polen), wo sie 1927 Abitur machte:

Für Mädchen gab es nur die Töchterschule, die ein schlichtes Bildungsniveau hatte ... Eines Tages bekamen wir eine richtige Studienrätin, bei der wir Geschichte hatten. Dieser Unterricht war für uns
5 eine Offenbarung. Wirklich. Wir haben diese Lehrerin geliebt.
Und mir wurde zum ersten Mal klar, dass Frauen auch etwas werden können. Da beschloss ich, die Töchterschule nicht länger zu besuchen, sondern
10 aufs Knabengymnasium zu gehen, das gleich nebenan lag. Mein Bruder war dort, obwohl er zum Lernen keine Lust hatte. Mein Wunsch nach Schulwechsel wurde dann ein richtiges Politikum [Vorgang von politischer Bedeutung]. Zwar waren
15 meine Eltern auf meiner Seite, doch musste der Stadtrat zu dieser unerhörten Sache seine Einwilligung geben. Es war ein städtisches Gymnasium. Die deutschnationalen Freunde meines Vaters waren ganz dagegen. Sie malten sich die schlimmsten
20 Situationen aus. Ein Mädchen unter lauter Jungen. Die Sozialdemokraten, die in der Mehrheit waren, dachten fortschrittlicher. Sie erlaubten mir, obwohl ich die Tochter eines Bürgerlichen war, den Übertritt in das Knabengymnasium.

Zit. nach Asta Scheib, Die Dolmetscherin des schrägen Vogels, in: Süddeutsche Zeitung, 13./14. Dezember 1986.

 M3 **Emanzipation der Frauen?**

Die Historikerin Karen Hagemann schrieb 1990 über Arbeiterfrauen in der Weimarer Republik:

Teil des noch heute vorherrschenden Bildes von der Weimarer Republik ist die „Neue Frau" als Prototyp[1] der ... Emanzipation des weiblichen Geschlechts in der damaligen Zeit ... Die Analyse des
5 Frauenalltags ... in dieser Zeit zeigt, dass dieses Bild nur einen kleinen Ausschnitt der Realität trifft. Der Handlungsspielraum der Masse der Mädchen und Frauen aus der Arbeiterschaft blieb in der Weimarer Republik trotz aller rechtlichen
10 und sozialen Reformen außerordentlich beschränkt ... Insgesamt scheinen [aber] die Handlungsspielräume der jüngeren Frauengenerationen, die seit der Jahrhundertwende geboren worden waren, größer gewesen zu sein als die der
15 älteren Frauengenerationen ... [Ältere] Frauen stellten ... unverändert die größte Gruppe der Armen, die auf die öffentliche Fürsorge angewiesen waren.

Karen Hagemann, Frauenalltag und Männerpolitik, Bonn (Dietz) 1990, S. 639 ff.

[1] Muster, Inbegriff

 M4

Straßenszene in Berlin, Kurfürstendamm, Foto, um 1926. Fotos wie diese galten als Beleg für die „Neue Frau" in der Gesellschaft der Zwanzigerjahre.

Landesgeschichte: Das Staatliche Bauhaus in Weimar

„Haus am Horn" in Weimar, Foto, 2008. Das Musterhaus wurde anlässlich der Bauausstellung 1923 von Georg Muche mit Unterstützung des Architektenbüros von Walter Gropius errichtet. Die Raumorganisation orientiert sich am Prinzip des Wabenbaus mit einem großen Hauptraum und angrenzenden kleinen Räumen.

Küche im „Haus am Horn", Foto, 2000

Begriffe und Daten

Das Bauhaus – Symbol der Moderne

1919 gründete der Architekt Walter Gropius (1883 bis 1969) in Weimar das Staatliche Bauhaus – eine Schule für Architekten, Künstler und Designer. Maßgebende Vorarbeiten dazu leistete der belgische Jugendstil-Architekt und Designer Henry van de Velde (1863 bis 1957), Gründer der Großherzoglich Sächsischen Kunstgewerbeschule Weimar. Sie wurde zur Keimzelle der Architektur des Bauhauses. Bedeutende Bauten van de Veldes sind: die Kunstgewerbeschule in Weimar, das „Haus Hohe Pappeln" in Weimar (van de Veldes Wohnhaus), das Ernst-Abbe-Denkmal in Jena und „Haus Schulenburg" in Gera (Fabrikantenwohnhaus). 1925 wurde die Schule wegen Unstimmigkeiten mit der neuen konservativen Regierung in Thüringen u. a. über die Finanzierung der Einrichtung nach Dessau (Freistaat Anhalt) verlegt, wo die Stadt bessere Bedingungen bot. Vom Bauhaus gingen nachhaltige Wirkungen auf die moderne Architektur, Wohnraumgestaltung, Industrieformen und Kunstpädagogik aus. Hier konnten Künstler mit ihren Zukunftsvisionen experimentieren. Die Architektur ist geprägt von Klarheit, Helligkeit und Funktionalität. 1933 wurde das Bauhaus von den Nationalsozialisten zerschlagen.

Drei Kinderstühle mit Tisch, Marcel Breuer (1902–1981), amerikanischer Architekt und Designer, seit 1924 Meister am Bauhaus; konstruierte 1925 auch die ersten serienmäßigen Stahlrohrstühle; 1937 Emigration in die USA.

Neue Wege in Kunst und Literatur

 „Das ist jetzt Modefarbe"

Aus dem Roman „Das kunstseidene Mädchen"
(1932) der damals 22-jährigen Schriftstellerin Irmgard Keun:

Ich hatte einen angenehmen Tag, weil der Letzte
ist und Geldkriegen einem mit am meisten guttut,
trotzdem ich von 120 … 70 abgeben muss, was
mein Vater doch nur versäuft, weil er jetzt arbeits-
5 los ist und nichts anders zu tun hat. Aber von
meinen 50 Mark hatte ich mir gleich einen Hut
mit Feder gekauft – dunkelgrün – das ist jetzt
Modefarbe und steht mir herrlich zu meinem
erstklassigen rosa Teint. Und ist schief auf der Seite
10 zu tragen – kolossal fesch – und ich hatte mir
bereits einen dunkelgrünen Mantel machen lassen – streng auf Taille und mit Fuchsbesatz – ein
Geschenk von Käsemann, der mich durchaus
beinahe heiraten wollte. Aber ich nicht. Weil ich
15 doch auf die Dauer zu schade bin für kleine Dicke,
die noch dazu Käsemann heißen. Und nach dem
Fuchs hab ich Schluss gemacht … Und nu sitz ich
hier in einem Kaffee – Tasse Kaffee kann ich mir
heute auf eigne Faust leisten. Die Musik spielt, was
20 ich gern höre: Zigeunerbaron oder Aida – kommt
ja nich so drauf an.

Irmgard Keun, Das kunstseidene Mädchen, Bergisch Glad-
bach (Lübbe) 1980, S. 101 f.

**Großstadt (Ausschnitt), Triptychon (181 × 402 cm) von
Otto Dix (1891–1969), 1927/28,** bedeutender deutscher
Maler und Grafiker. Die bekanntesten Gemälde gehören
zur Stilrichtung Neue Sachlichkeit. Sein Geburtshaus in
Gera, Stadtteil Untermhaus, ist seit 1991 Museum.

M2 **„Rumm rumm haut die Dampframme …"**

Der Schriftsteller Alfred Döblin schrieb in seinem Roman „Berlin Alexanderplatz" 1929:

Rumm rumm wuchtet vor Aschinger[1] auf dem Alex die
Dampframme. Sie ist ein Stock hoch und die Schienen
haut sie wie nichts in den Boden.
Eisige Luft, Februar. Die Menschen gehen in Mänteln.
5 Wer einen Pelz trägt, trägt ihn, wer keinen hat, trägt
keinen. Die Weiber haben dünne Strümpfe und müssen frieren, aber es sieht hübsch aus. Die Penner haben
sich vor der Kälte verkrochen. Wenn es warm ist, stecken sie wieder ihre Nasen raus. Inzwischen süffeln sie
10 doppelte Ration Schnaps, aber was für welchen, man
möchte nicht als Leiche drin schwimmen.
Rumm rumm haut die Dampframme auf dem Alexanderplatz. Viele Menschen haben Zeit und gucken sich
an, wie die Ramme haut. Ein Mann oben zieht immer
15 eine Kette, dann pafft es oben und ratz hat die Stange
eins auf den Kopf … Wie die Bienen sind sie über den
Boden her. Die basteln und murksen zu Hunderten
rum den ganzen Tag und die Nacht. Ruller ruller fahren
die Elektrischen. Gelbe mit Anhängern, über den holz-
20 belegten Alexanderplatz, Abspringen ist gefährlich. Der
Bahnhof ist breit freigelegt, Einbahnstraße nach der
Königstraße an Wertheim vorbei … Über den Damm,
sie legen alles hin, die ganzen Häuser an der Stadtbahn
legen sie hin, woher sie das Geld haben, die Stadt Berlin
25 ist reich, und wir bezahlen die Steuern … Frühmorgens
kommen die Arbeiter angegondelt, von Reinickendorf,
Neukölln, Weißensee. Kalt oder nicht kalt, Wind oder
nicht Wind, Kaffeekanne her, pack die Stullen ein, wir
müssen schuften, oben sitzen die Drohnen, die schlafen
30 in ihren Federbetten und saugen uns aus.

Alfred Döblin, Berlin Alexanderplatz, 24. Aufl., München
(dtv, © Walter-Verlag, Olten) 1980, S. 144 f.

....

[1] Café und Restaurant auf dem Alexanderplatz

Jüdisches Leben in Deutschland vor und nach 1918

Enttäuschte Vaterlandsliebe im Ersten Weltkrieg

Der Erste Weltkrieg hatte auch in weiten Teilen der jüdischen Öffentlichkeit eine Welle nationaler Begeisterung und Zustimmung ausgelöst. Führende jüdische Organisationen riefen zu verstärktem Engagement „im
5 Dienste des Vaterlandes" auf. Trotzdem verstärkten sich die antisemitischen Tendenzen noch im Laufe des Krieges. Die Propaganda richtete sich besonders gegen prominente Juden in der Kriegswirtschaft, die z. B. die Lebensmittelversorgung organisierten. Unbewiesene
10 Vorwürfe, wie „Drückebergerei" vor dem Kriegsdienst und „Wucher" bei der Erzielung von Kriegsgewinnen, wurden in die Öffentlichkeit gebracht. Die Hoffnung der Juden auf eine einigende Wirkung des Krieges wurde zerstört, als im Oktober 1916 eine „Judenzählung"
15 im Heer angeordnet wurde. Sie sollte klären, ob eine unverhältnismäßig große Zahl jüdischer Wehrpflichtiger vom Kriegsdienst befreit sei und sich vor dem Einsatz an der Front „drücke". Von jüdischer Seite wurde dies als „Ohrfeige" empfunden, wie ein jüdischer Offi-
20 zier nach zwei Jahren „völliger Hingabe an unsere Heimat" formulierte. Die „Judenzählung" wurde jedoch nie veröffentlicht, weil sie keine „Drückebergerei" der Juden nachweisen konnte.

Zwischen Antisemitismus und kultureller Blüte

Die Revolution und die Gründung der Weimarer Republik räumten noch Hürden der Gleichberechtigung für die Juden beiseite, z. B. im Öffentlichen Dienst und an den Universitäten, verschärften jedoch auch den Anti-
5 semitismus: Die Organisation antisemitischer Verbände wurde vorangetrieben, und politisch motivierte Mordanschläge trafen auch herausragende jüdische Politiker: Sozialisten wie Rosa Luxemburg und Kurt Eisner, aber auch Liberale wie Walter Rathenau. Erfolg-
10 reiche Karrieren von jüdischen Männern und Frauen in Wissenschaft und Kultur in den „Goldenen Zwanzigern", die Deutschland international Anerkennung einbrachten, stellten den Antisemitismus dann zunächst in den Schatten. Doch mit der Weltwirtschafts-
15 krise und dem damit verbundenen Aufstieg der Nationalsozialisten seit Ende der 1920er Jahre trat er erneut und umso radikaler ins Licht. Damit waren die Erfolge eines über 100-jährigen Kampfes um die Emanzipation der Juden in Deutschland ernsthaft gefährdet.

M1 **Flugblatt des Reichsbundes jüdischer Frontsoldaten,** um 1920

M2 **Reichsbanknote aus der Inflation 1923 mit antijüdischem Überdruck**

Biografie

Walther Rathenau (1867–1922)

Walther Rathenau wurde 1867 in eine jüdische Industriellenfamilie hineingeboren, sein Vater war der Gründer der AEG. 1921 wurde er Wiederaufbauminister, 1922 deutscher Außenminister. Rathenau, der Mitglied der DDP war, verfasste auch einige Werke zur Wirtschaftspolitik und zu gesellschaftlichen Fragen. Am 24. Juni 1922 wurde er von zwei antisemitisch eingestellten ehemaligen Offizieren auf der Fahrt ins Auswärtige Amt erschossen.

M3

Von links nach rechts Porträts von wissenschaftlich und kulturell bedeutenden jüdischen Deutschen: Stefan Zweig (1881–1942), Kurt Tucholsky (1890–1935), Else Lasker-Schüler (1869–1945), Franz Kafka (1883–1924)

M4 „Keine Zeit ist weniger liberal gewesen …"

Aus einem Artikel des jüdischen Journalisten Ludwig Holländer in der „CV"-Zeitung (1926):
Wer sieht, wie sich zahlreiche Unternehmungen weigern, jüdische Angestellte einzustellen, wie wir aus lautem Judenhass in eine Periode leiser, aber verbissener Judengegnerschaft im Begriffe sind hin-
5 einzugehen, … wird als betrüblichste Erscheinung unserer Zeit feststellen, dass sich zwar in der Form demokratische Gedanken durchgesetzt haben, dass wir aber tatsächlich weit, weit entfernt von jeder Demokratie sind! Gewiss ist Liberalismus und De-
10 mokratie nicht dasselbe. Es gibt eine Form der Demokratie, die keineswegs liberal ist. Aber im Großen und Ganzen muss eine wahrhafte Demokratie in ihrer Gesinnung wahrhaft liberal sein. Keine Zeit ist weniger liberal gewesen als die unsere.
Zit. nach Andreas Reinke, Geschichte der Juden 1781 bis 1933, Darmstadt (WBG) 2007, S. 138.

M5 „Ich verliere meine Heimat"

Der bekannte Theaterregisseur Max Reinhardt (1873–1943) schrieb am 16. Juni 1933 an die „Nationalsozialistische Regierung Deutschlands":
Der Entschluss, mich endgültig vom Deutschen Theater zu lösen, fällt mir naturgemäß nicht leicht. Ich verliere mit diesem Besitz nicht nur die Frucht meiner siebenunddreißigjährigen Tätigkeit, ich
5 verliere vielmehr den Boden, den ich ein Leben lang bebaut habe und in dem ich selbst gewachsen bin. Ich verliere meine Heimat … Da jedoch der Wille des Staates eine Lage geschaffen hat, in der es unmöglich geworden ist, mein Lebenswerk
10 weiter zu betreuen, … so muss ich es als eine Selbstverständlichkeit erkennen, dieses Werk in seinem ganzen Umfang dem Staat zu überlassen … Es gehört zum Nationalvermögen Deutschlands. Die Genugtuung, dazu mit der besten Kraft
15 meines Lebens beigetragen zu haben, mildert die Bitterkeit meines Abschieds.
Zit. nach Deutsch-jüdische Geschichte. Quellen zur Geschichte und Politik, hg. vom Verband der Geschichtslehrer Deutschlands, Stuttgart/Leipzig, 2008, S. 85.

Biografie

Lise Meitner (1878–1968)

Lise Meitner wurde als Tochter assimilierter jüdischer Eltern protestantisch getauft. Sie studierte als eine der ersten Frauen Physik, fand 1907 Aufnahme in den Kreis von Max Planck und arbeitete mit Otto Hahn auf dem Gebiet der Radioaktivität. 1926 wurde sie Professorin. 1933 wurde ihr von der Hitler-Regierung die Lehrerlaubnis entzogen, 1938 emigrierte sie nach Stockholm. Obwohl sie an der Forschung zur Kernspaltung entscheidend beteiligt war, wurde sie bei der Verleihung des Chemie-Nobelpreises an Otto Hahn 1946 nicht berücksichtigt.

1 Analysiere M1. Formuliere die Kernaussage.
2 Bewerte Absicht und mögliche Wirkung von M2.
3 Stelle fest, wie der Autor von M4 die Situation der Juden in der Weimarer Republik sieht.
4 Beschreibe, wie sich die Machtübernahme der Nationalsozialisten im persönlichen Bereich auswirkte (M5).
5 **Gruppenarbeit/Recherche:** Informiert euch über die Biografien aus M3 sowie über Fritz Lang, Alfred Kerr, Max Reinhardt, Arnold Schönberg.
6 Diskutiert, warum sich die Lage der jüdischen Deutschen in der Weimarer Demokratie nicht wesentlich besserte (Darstellungstext, Kap. 3).

Die Weltwirtschaftskrise und ihre sozialen Folgen

Der „Schwarze Freitag" 1929

Als am Donnerstag, dem 24. Oktober 1929, an der New Yorker Börse die Kurse einbrachen, war das der Beginn des größten Crashs der Börsengeschichte. Als sich am folgenden Tag – in Deutschland „Schwarzer Freitag" genannt – der Kurssturz fortsetzte, löste das eine tiefe wirtschaftliche und politische Krise aus. Die spürbare Erholung der deutschen Wirtschaft seit der Hyperinflation von 1923 war plötzlich gefährdet. Ausländische, insbesondere amerikanische Kredite, mit kurzer Laufzeit waren langfristig angelegt worden. Amerikanische Banken forderten nun die Rückzahlung von kurzfristig gewährten Krediten und zogen Anleihen ab, um selber zahlungsfähig (liquide) zu bleiben. Um die Verbindlichkeiten begleichen zu können, blieb oft nur eine weitere Schuldenaufnahme.

Die „Große Depression" in Deutschland

Der Massenkonsum ging zurück, und die Überproduktion in vielen Gewerbebereichen führte zu Entlassungen. Bereits 1932 überstieg die Zahl der Arbeitslosen die Sechs-Millionen-Grenze. Die sinkenden Einkommen von Arbeitern, Angestellten und Beamten führten zu einem drastischen Rückgang des privaten Verbrauchs.

Betroffen waren zahlreiche Gewerbezweige, vor allem der gewerbliche Mittelstand, wie Möbelhändler, Bauunternehmer, Zeitungsverleger und Landwirte. Sie mussten einen starken Preisverfall ihrer Produkte hinnehmen und sich oft verschulden. So kam es zwischen 1930 und 1932 allein in der Landwirtschaft zur Versteigerung von 4700 Betrieben. Die Wirtschaftskrise verschärfte die sozialen Konflikte zwischen Unternehmen und Arbeitnehmerorganisationen. Die Bankenzusammenbrüche von 1931 vernichteten die Einlagen vieler Sparer und verschlechterten die wirtschaftliche Lage der Bevölkerung weiter.

Am schärfsten traf die Arbeitsmarktkrise die 18- bis 30-jährigen Erwerbstätigen. Wenn sie noch, wie viele, in ihren Familien lebten, erhielten sie keine Arbeitslosenunterstützung. Allenfalls bekamen sie für kurze Zeit Arbeitslosenhilfe bzw. eine verminderte „Krisenhilfe". Die entwürdigende Überprüfung und das degradierende Verfahren hinterließen bei vielen Antragstellern einen tiefen Groll und führten zu einem weiteren Ansehensverlust der Weimarer Demokratie. Die Krisenzeit um 1930 prägte sich als negative Generationserfahrung tief ein.

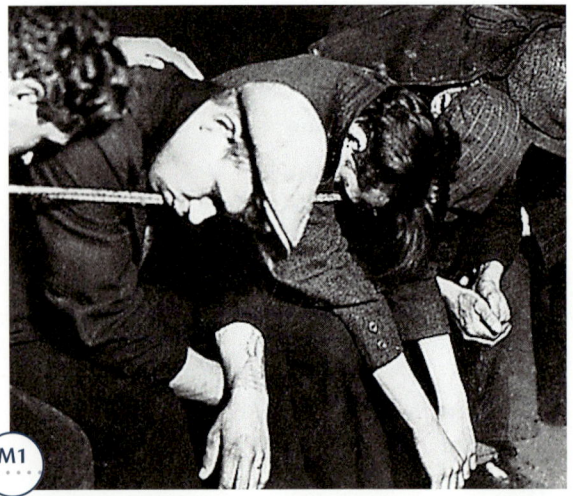

M1

Arbeitslose Jugendliche in Hamburg. Gegen Bezahlung haben sie einen Schlafplatz an der Leine erhalten, Foto, 1931

M2 **Welthandel 1930 bis 1932**
(in Mrd. Reichsmark)

	Einfuhr		Ausfuhr	
	1930	1932	1930	1932
Deutsches Reich	10,4	4,7	12,0	5,7
Frankreich	8,6	4,9	7,0	3,3
Großbritannien	21,3	10,4	11,6	5,4
USA	12,8	5,6	16,1	6,8
Welthandel insg.	120,0	57,8	108,7	52,0

M3 **Arbeitslose und Kurzarbeiter 1928 bis 1932**
(in Prozent der erfassten Mitglieder; Freie, Christliche und Hirsch-Dunckersche Gewerkschaften)

Jahresdurchschnitt	1928	1929	1930	1931	1932
Arbeitslose	8,4	13,1	22,2	33,7	43,7
Kurzarbeiter	5,6	7,5	13,4	19,7	22,6

M2 und M3 zusammengestellt nach Statistisches Jahrbuch für das Deutsche Reich, Bd. 52, Berlin, 1933, S. 107 ff.

Not durch Arbeitslosigkeit

In dem Gedicht „Das Riesenspielzeug" von 1932 thematisierte der Schriftsteller Erich Kästner (1899–1974) die Jugendarbeitslosigkeit:

Eins habt ihr leider nicht bedacht:
dass Kinderhaben auch verpflichtet.
Ihr wart auf uns nicht eingerichtet,
ihr habt uns nur zur Welt gebracht.

5 Ihr habt uns mancherlei gelehrt,
Latein und Griechisch bestenfalles,
nun sind wir groß, doch das ist alles.
Und was ihr lehrtet, ist nichts wert.

Ihr habt uns in die Welt gesetzt.
10 Wer hatte euch dazu ermächtigt?
Wir sind nicht existenzberechtigt
und fragen euch: Und was wird jetzt?

Schon sind wir eine Million!
Wir waren fleißig und gelehrig.
15 Und ihr? Ihr schickt uns, minderjährig,
fürs ganze Leben in Pension.

Wir leben wie im Krankenhaus
und lassen uns von euch verwalten.
Und werden von euch ausgehalten
20 und halten das nicht länger aus!

Sind wir denn da, um nichts zu tun?
Wir, die gebornen Arbeitslosen,
verlangen Arbeit statt Almosen.
Und fragen euch: Und was wird nun?

Die Weltbühne, 27. Jg., 1932, S. 791.

Die „Tragödie" einer Lokomotivfabrik

Aus einem Artikel des „Süddeutschen Sonntagsanzeigers" vom 6. Dezember 1930 über die 1838 gegründete Münchner Lokomotivfabrik Maffei:

Es ist eine schlimme Sache, wenn die weltberühmte alte Firma eines Tages ihre Tore schließen muss … Eine Fabrik, die mit der bayerischen Industrie verwurzelt war wie ein alter starker Baum
5 mit der Erde … Leider sind derartige Entwicklungen bei den derzeitigen wirtschaftlichen Verhältnissen keine allzu große Seltenheit. Aber es geht hier nicht nur um eine Fabrik, nicht nur um einen ehrwürdigen Namen – es geht um viel mehr: Es
10 handelt sich um die Existenz von zweieinhalbtausend Menschen, denen dieses Ende ihre Stellung kostet. Wenn man die Dinge von diesem Standpunkt aus betrachtet, so kann man die Umstellung der Firma Maffei wohl als eine Katastrophe
15 bezeichnen, wie sie München noch nicht erlebt hat. Wo einmal 3600 Menschen an Maschinen standen und in Werkstätten arbeiteten, da sind heute noch ein paar hundert, und auch diese erwarten alle Tage den schicksalsschweren blauen
20 Brief, der ihnen mitteilt, dass man sie nicht mehr braucht … Werkmeister Ziegler hat sich umgebracht. Sich und seine Familie. Vor Monaten. Das war der Anfang. Einer der ersten blauen Briefe. Wir haben über die grausige Familientragödie an
25 dieser Stelle damals ausführlich berichtet. Ein Mann, der ein halbes Menschenleben bei Maffei war … „Wo ich mich vorstelle", erzählt ein Werkmeister, „dieselbe Antwort: Sie sind zu alt! Es ist trostlos, wenn wir uns morgens auf dem Arbeits-
30 amt treffen. Das ganze Leben ist sinnlos geworden."

Süddeutscher Sonntagsanzeiger vom 6. Dezember 1930.

1929 Beginn der Weltwirtschaftskrise

Der Börsenkrach im Oktober 1929 in New York machte deutlich, dass sich die Weltwirtschaft in einer tiefen Krise befand. In einer Art Spekulationsrausch wollten viele mit Aktien das große Geld machen, obwohl sich der konjunkturelle Einbruch durch Überproduktion und Absatzschwierigkeiten abgezeichnet hatte. Die Folgen waren Konkurse und ein ungeahnter Anstieg der Arbeitslosigkeit, der viele Staaten in eine soziale und politische Krise stürzte.

1 a) Formuliere Aussagen zu M2 und M3 . Welche Entwicklungen werden deutlich?
 b) Stelle einen Bezug zu M1 her.
2 Vergleiche die Haltungen, die in M4 und M5 zum Ausdruck gebracht werden. Arbeite Gemeinsamkeiten und Unterschiede heraus. Beachte die Textarten.
3 Erarbeite anhand des Darstellungstextes Wirkungen der Weltwirtschaftskrise in Europa.
4 Diskutiert in einer Gesprächsrunde, welche Folgen Arbeitslosigkeit für den Einzelnen und für die Gesellschaft und den Staat haben kann.

Die Zerstörung der Demokratie

Die politische Krise

Auf die Wirtschaftskrise folgte eine politische Krise. Da die Sozialversicherung nicht mehr über ausreichende Geldmittel verfügte, konnte die stetig steigende Zahl der Arbeitslosen nicht mehr versorgt werden. In der
5 Regierung Hermann Müller (SPD) der Großen Koalition aus SPD, Zentrum, Bayerischer Volkspartei, DDP und DVP entbrannte ein Streit darum, die Beiträge zur Arbeitslosenversicherung zu erhöhen bzw. stattdessen einen Zuschuss aus Steuermitteln zu leisten. Dieser
10 eigentlich kleinliche Streit führte zum Bruch der Koalition. Am 27. März 1930 trat die Regierung zurück. Reichskanzler Müller prognostizierte: „Wir gehen schweren Zeiten entgegen!" Damit brachte er zum Ausdruck, dass das gesamte parlamentarische System
15 eine Niederlage erlitten hatte. Im Nachhinein kann im Bruch der Großen Koalition der Anfang vom Untergang der Weimarer Demokratie gesehen werden.

Der Weg in den autoritären Staat

Gewinner der Reichstagswahlen vom September 1930 waren die extremistischen Kräfte. Sie verhinderten demokratische Mehrheiten im Reichstag. Die folgenden Regierungen waren deshalb von der Unterstützung des
5 Reichspräsidenten Hindenburg abhängig. Er berief sich auf Artikel 48 der Verfassung, wonach er mit Notverordnungen ohne die Beteiligung des Parlaments regieren konnte, und auf Artikel 25: Dieser enthielt das Recht zur Auflösung des Reichstags durch den Präsi-
10 denten. Eine Regierung, die das Vertrauen des Reichspräsidenten verspielte, hatte keine Zukunft.

Biografie

Paul von Hindenburg (1847–1934)

Zuletzt Generalfeldmarschall im Ersten Weltkrieg; 1925 als Kandidat der Rechtsparteien zum Reichspräsidenten gewählt (Wiederwahl 1932 mit Unterstützung von SPD und Zentrum gegen Hitler). Als Anhänger der Monarchie stand er dem parlamentarisch-demokratischen System misstrauisch gegenüber. Nach dem Ende der Großen Koalition 1930 vollzog er den Übergang zu den „Präsidialkabinetten". Ernannte nach anfänglichem Zögern Hitler zum Reichskanzler (30. Januar 1933).

„Politik auf der Straße" – die Kampfverbände

Zu einem großen Gefahrenherd waren die Kampfverbände der Nationalsozialisten geworden: die SA und die SS. Diese rechtsradikalen Organisationen wandten sich gleichermaßen gegen die Republik wie gegen die monarchischen Kräfte. Im Oktober 1931 schlossen sich
5 die nationalen Kampfverbände der DNVP, der NSDAP und der Bund Stahlhelm bei einem Treffen in Bad Harzburg zur „Harzburger Front" zusammen. Den Führungsanspruch dieser Vereinigung erhoben die Nationalsozialisten.
10 Diesen rechtsradikalen Wehrverbänden stellten sich das republikanische Reichsbanner und der kommunistische Rotfrontkampferbund entgegen. In blutigen Straßenkämpfen verloren nicht nur zahlreiche Mitglieder dieser Kampfverbände ihr Leben, sondern auch
15 zahlreiche Polizisten und unbeteiligte Passanten. Eine Folge der Straßenkämpfe war die Verunsicherung der Bevölkerung und deren schwindendes Vertrauen in die Autorität des Staates. Dies entsprach der Strategie der Radikalen, die sich von einem allgemeinen politischen
20 Chaos Erfolge für die eigenen Ziele erhofften.

Der Aufstieg der NSDAP

Der Erfolg der Nationalsozialisten nach dem Hitlerputsch 1923 (siehe S. 69) ist vor allem zurückzuführen auf die neue Taktik Hitlers nach seiner Haft 1923/24, a) mit legalen politischen Mitteln die Macht zu erlangen, b) eine straffe Parteiorganisation zu schaffen und
5 c) die NSDAP als zentralistische Partei auf seine Person als „Führer" der Partei auszurichten, der durch geschickte Propaganda geradezu als „Erlöser" Deutschlands dargestellt wurde. In unzähligen Auftritten und unter aggressivem und gewalttätigem Schutz von SA*
10 und SS* wurden in steter Wiederholung Parolen verbreitet, die extrem nationalistisch, radikal antisemitisch und gegen das „System", die Weimarer Demokratie, gerichtet waren. Die NSDAP finanzierte sich hauptsächlich aus Mitgliedsbeiträgen, Versammlungs-
15 einnahmen und Spenden der Mitglieder. Für die Öffnung der Tür zur politischen Macht Anfang 1933 waren weniger Spenden von Industriellen als vielmehr die Unterstützung von Repräsentanten der deutschen Wirtschaft entscheidend, Hitler und die NSDAP als se-
20 riöse politische Kraft erscheinen zu lassen.

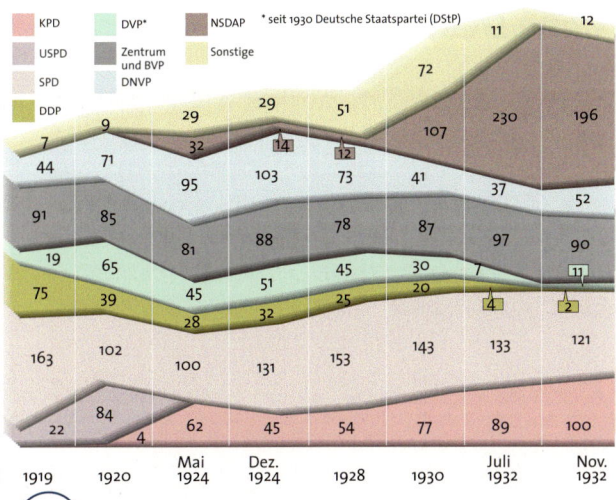

Legende:
- KPD
- USPD
- SPD
- DDP
- DVP*
- Zentrum und BVP
- DNVP
- NSDAP
- Sonstige

* seit 1930 Deutsche Staatspartei (DStP)

M1 **Sitzverteilung in der Nationalversammlung 1919 und im Deutschen Reichstag 1920 bis 1932**

Begriffe und Daten

Die Politik der Präsidialkabinette

Reichskanzler Heinrich Brüning (Zentrum), April 1930 bis Mai 1932:

Vom Reichspräsidenten eingesetzte Regierung mit einer Parlamentsmehrheit nur bei Tolerierung durch die SPD. Sparmaßnahmen in den öffentlichen Haushalten, Senkung der Beamtengehälter, Erhöhung von Steuern; Hinnahme einer Verschärfung der Wirtschaftskrise. Sturz durch Hindenburg nach politischen Intrigen von Interessenverbänden.

Reichskanzler Franz von Papen (Zentrum), Juni bis November 1932:

„Kabinett der Barone" (so genannt wegen zahlreicher adliger Minister); Aufhebung des SA-Verbots; dadurch Zunahme blutiger Straßenkämpfe; 20. Juli 1932 „Preußenschlag": Sturz der von der SPD geführten Koalitionsregierung in Preußen, einer starken Stütze der parlamentarischen Demokratie, durch Verordnung des Reichspräsidenten; Ernennung von Papens zum Reichskommissar für Preußen; Scheitern der Politik mit Notverordnungen; Entlassung Papens durch Hindenburg.

Reichskanzler General Kurt von Schleicher (parteilos), Dezember 1932 bis Januar 1933:

Ziel: Spaltung der NSDAP und Herstellung einer parlamentarischen Mehrheit durch die bürgerlichen Parteien und die SPD. Rücktritt nach Scheitern seiner Pläne. Hindenburg ernennt am 30. Januar 1933 Adolf Hitler zum Reichskanzler.

M2 **Am „Zangengriff" gescheitert?**

Der Historiker Hans-Ulrich Wehler schrieb 2003:

Die Zerfallsgeschichte der Weimarer Republik ist bisher geschildert worden, ohne dass die aggressivsten Zerstörungskräfte angemessen analysiert worden wären. Sie wurden durch den linkstotali-
5 tären[1] Kommunismus und den rechtstotalitären Nationalsozialismus verkörpert. Blickt man auf die strukturelle Kräftekonstellation, ist das Experiment der ersten deutschen Republik letztlich an ihrem Zangengriff gescheitert, wobei sich auf der Seite
10 der Hitler-Bewegung die ungleich größere Destruktionsmacht zusammenballte …
Ohne Hitler wäre der Nationalsozialismus aller Wahrscheinlichkeit nach eine ordinäre autoritärnationalistische Partei … geblieben … Hatte sich
15 die NSDAP bisher an erster Stelle darauf konzentriert, die städtischen Arbeiter den Linksparteien abspenstig zu machen, verlegte sie sich jetzt zielstrebig auf den Stimmengewinn in den städtischen Mittel- und bäuerlichen Besitzklassen;
20 sie öffnete sich aber überhaupt ohne jede Berührungsangst … neuen Sympathisanten, gleich welcher sozialen Herkunft … Ausschlaggebend blieb freilich, dass Hitler auf einen allgemeineren gesellschaftlichen Konsens traf, der nach einem „starken
25 Führertum" … verlangte.

Hans-Ulrich Wehler, Deutsche Gesellschaftsgeschichte 1914 bis 1949, München (C. H. Beck) 2003, S. 534, 551, 567.

[1] totalitär: Herrschaftsanspruch, z. B. einer Partei, in allen Bereichen des privaten und öffentlichen Lebens

1 Erkläre den Unterschied zwischen einer parlamentarischen Demokratie und einem Präsidialsystem (Darstellungstext, Kasten).

2 a) Analysiere die Wahlergebnisse zwischen 1930 und 1932 (M1).
b) Fasse zusammen, welche parteipolitischen Verschiebungen sich im Laufe der Weimarer Republik ergeben haben.

3 Informiert euch in Kurzvorträgen gegenseitig über die Ursachen für das Scheitern der Weimarer Republik.

4 **Wahlaufgabe/Partnerarbeit:** Erarbeitet Ursachen für das Scheitern der Weimarer Republik (M2 und S. 103, M2, M3).

Webcode: FG1110444-085

Geschichte kontrovers: „Demokratie ohne Demokraten"?

Niedergang des Bürgertums

M1 Der Schriftsteller und Publizist Harry Graf Kessler (1868–1937) notierte am Tag nach der Reichstagswahl vom 14. September 1930 in seinem Tagebuch:

Ein schwarzer Tag für Deutschland … Die Nazis haben ihre Mandatszahl fast verzehnfacht, sind von zwölf auf hundertsieben Mandate gekommen und so die zweitstärkste Partei des Reichstags geworden.
5 Der Eindruck im Ausland muss katastrophal sein, die Rückwirkung außenpolitisch und finanziell verheerend. Wir stehen damit (bei hundertsieben Nazis, einundvierzig Hugenbergern [Deutschnationale] und über siebzig Kommunisten, also etwa zweihun-
10 dertzwanzig Abgeordneten, die den heutigen deutschen Staat radikal verneinen und revolutionär beseitigen wollen) vor einer Staatskrise, die nur durch die straffe Zusammenfassung aller die Republik bejahenden oder wenigstens tolerierenden Kräfte
15 überwunden werden kann, wenn diese Kräfte außerdem noch das Talent aufbringen, die wirtschaftliche und finanzielle Lage bis zur nächsten Reichstagsauflösung zu sanieren. Allerdings wird das nächste Resultat wohl (falls kein Putsch kommt)
20 die Bildung einer ‚Großen Koalition' zwischen den jetzigen Regierungsparteien und den Sozialdemokraten sein müssen, da anders die Regierung überhaupt nicht fortgeführt werden kann. Ein beunruhigendes Detail ist der Misserfolg der Staatspartei, die
25 nur zwanzig Mandate, also weniger als die Demokraten im vorigen Reichstag, aufgebracht hat trotz des Zugangs des Jungdo. Das deutsche Bürgertum (in ‚Staatspartei' und Volkspartei verkörpert) scheint endgültig im Aussterben, politisch. Es wird
30 bald zwischen all den aufgeregten Leuten und den sozialdemokratischen Arbeitern überhaupt keine Rolle mehr spielen …
Der Nationalsozialismus ist eine Fiebererscheinung des sterbenden deutschen kleinen Mittelstandes;
35 dieser Giftstoff seiner Krankheit kann aber Deutschland und Europa auf Jahrzehnte hin verelenden. Zu retten ist diese Klasse nicht; sie kann aber ungeheures neues Elend über Europa bringen in ihrem Todeskampf.

Harry Graf Kessler, Tagebücher 1918–1937, Frankfurt a. M. 1982, S. 677 f. Zit. nach Reiner Marcowitz, Die Weimarer Republik 1929–1933, 4. Aufl., Darmstadt (WBG) 2012, S. 63.

M2 **Karikatur von Thomas Theodor Heine aus der Zeitschrift „Simplicissimus" von 1927.** Die Bildunterschrift lautet: „Sie tragen die Buchstaben der Firma – aber wer trägt den Geist?"

Die sozialistische Demokratie als Ziel

M3 Der SPD-Politiker, Sozialwissenschaftler und Schriftsteller Carlo Mierendorff (1897–1943) schrieb im Dezember 1932:

Die Weimarer Demokratie ist für uns nie das Ziel unseres staatspolitischen Kampfs gewesen. Sie war für uns immer nur ein zeitbedingter Kompromiss, ein Durchgangsstadium. Unser Ziel heißt sozialisti-
5 sche Demokratie. Die Weimarer Demokratie ist ein Produkt typisch liberalistischer Ideen. Diese liberale Vorstellungswelt, die sich den Staat nur als einen schwachen Staat denken kann, ist der Weimarer Demokratie zum Verhängnis geworden. Die Aufga-
10 be, die uns zuwächst, ist: das Bild einer demokratischen Staatsorganisation zu schaffen, die den Staat als einen starken Staat will und die Verfassung nicht als eine Organisation von Hemmungen zur Sicherung der Individualsphäre betrachtet, sondern als
15 die straffe Organisation des Kollektivwillens mit dem Ziel der Beherrschung und Lenkung der Wirtschaft durch die staatlichen Machtmittel.

Sozialistische Monatshefte, Dezember 1932. Zit. nach Reiner Marcowitz, Die Weimarer Republik 1929–1933, 4. Aufl., Darmstadt (WBG) 2012, S. 29.

 M4

„Nichts zum Anziehen, aber ständig in Sorge um die neue Hutmode," Karikatur von Karl Arnold aus der deutschen Satirezeitschrift „Simplicissimus", 1932

M6

Ein neuer Rütlischwur der Parteien, Karikatur von E. Schilling aus der Zeitschrift „Simplicissimus" vom 16. Oktober 1932. Die Bildunterschrift lautet: „Wir wollen einig kämpfen gegen Papen – doch trotzdem treu uns hassen allezeit!"

M5

Religiös begründete Herrschaft

Der politische Publizist Wilhelm Stapel (1882 bis 1954), Nationalist und Antisemit, wandte sich 1931 den Nationalsozialisten zu. Er schrieb 1932:

Der wahre Staatsmann vereinigt in sich Väterlichkeit, kriegerischen Geist und Charisma. Väterlich waltet er über dem seiner Hut anvertrauten Volke. Tapfer wehrt er alle Angriffe auf das Lebensrecht
5 seines Volkes ab und, wenn sein Volk sich mehrt und wächst, schafft er ihm, indem er die kriegerischen Kräfte seines Volkes sammelt, Raum zu leben. Gott aber segnet ihn mit Glück und Ruhm, sodass das Volk verehrungsvoll und vertrauend zu ihm
10 aufblickt. So wägt der Staatsmann Krieg und Frieden in seiner Hand und hält Zwiesprache mit Gott. Seine menschlichen Erwägungen werden zum Gebet, und seine Gebete werden zu Entscheidungen. Seine Entscheidung ist nicht nur der abgezogene
15 Kalkül des Verstandes, sondern die ganze Fülle der geschichtlichen Kräfte. Seine Siege und Niederlagen sind nicht menschliche Zufälle, sondern göttliche Schickungen. So ist der wahre Staatsmann Herrscher, Krieger und Priester zugleich.

Wilhelm Stapel, Der christliche Staatsmann, Hamburg, 1932, S. 190. Zit. nach Geschichte lernen, Nr. 127, 2009, S. 18.

Vorschlag für eine Gruppenarbeit

1 Bearbeitet die Materialien auf dieser Doppelseite als Gruppenpuzzle. Zieht als Hilfe die entsprechenden Methoden heran. Stellt eure Ergebnisse in der Klasse vor.

2 Diskutiert gemeinsam, welche Argumente sich für bzw. gegen die These von der „Demokratie ohne Demokraten" anführen lassen. Zieht eure Kenntnisse aus dem Kapitel mit heran.

3 Erörtert, ob die These von der „Demokratie ohne Demokraten" für die Bundesrepublik Deutschland zutreffen könnte.

Historische Spielfilme analysieren und einordnen

Wirkung und Rezeption eines Films untersuchen

In der Endphase der Weimarer Republik veränderte sich das politische Klima nachhaltig. Die Auseinandersetzungen zwischen Anhängern und Gegnern der Weimarer Demokratie wurden härter. Die Weltwirtschafts-
5 krise verschärfte die Konflikte. Schriften, in denen der Erste Weltkrieg verherrlicht wurde, stießen auf kritische Literatur, wie z. B. der Roman „Im Westen nichts Neues" von Erich Maria Remarque von 1929. Die Aufführung des in den USA hergestellten gleichnamigen
10 Films (Originaltitel: All Quiet On The Western Front) nach Remarques Roman im Dezember 1930 in Berlin führte zu heftigen Reaktionen.

M1

Kriegsbegeisterung zu Beginn des Ersten Weltkrieges in der Schule, geschürt vom Klassenlehrer Kantorek, Szene aus dem Film „Im Westen nichts Neues" von 1930

1 a) Bearbeitet die Arbeitsschritte in Gruppen anhand der Materialien auf dieser Doppelseite.
b) Notiert die offenen Fragen und versucht sie in einer Recherche zu klären (Filmlexika, Internet).
2 Formuliert nach einer Betrachtung des Films bzw. von Filmausschnitten eine Gesamtaussage zur zeitgenössischen Wirkung des Films. Zieht M2 bis M4 und die Informationen aus diesem Kapitel mit heran.

Arbeitsschritte

1. Schritt: Formale Analyse

– Wer ist der Autor, Regisseur und Auftraggeber?
– Wann wurde der Film gedreht bzw. zuerst gezeigt?
– Aus welchem Anlass bzw. aus welchen Motiven wurde der Film hergestellt?
– Was ist die Vorlage des Films, z. B. ein Roman?
– Welche Musik wird eingesetzt?

2. Schritt: Inhalt und Dramaturgie

– Was ist Thema des Films?
– Welche szenischen Gestaltungsmittel werden eingesetzt?

(*Ton:* Sprache, Dialoge, Kommentare, Geräusche, Musik;
Kamera: Positionen, Bewegungen, Perspektiven, Schnitte;
Bildgestaltung: Handlungsorte, Schauspieler, Farben, Licht, Spezialeffekte, Bild-Ton-Verhältnis;
Dramaturgie: Konflikte, Figurengestaltung, Erzählperspektive)
– Welche Wirkung haben diese Gestaltungsmittel?
– Wie wirkt die Bildfolge? Ist die Handlung logisch und glaubhaft dargestellt?

3. Schritt: Historische Einordnung

– Warum thematisiert der Film dieses historische Thema?
– Spielt der Film auf Konflikte in der Zeit seines Erscheinens oder in der Gegenwart an?

4. Schritt: Aussageabsicht und Bewertung

– Welche Absicht verfolgt der Film?
– Welche Adressatengruppe wird angesprochen?
– Welche Wirkung sollte beim Betrachter erzielt werden?
– Welche Gesamtbewertung des Films lässt sich formulieren?

M2 Die Aufführung des Films in Berlin

Aus der „Frankfurter Zeitung" vom 6. Dezember 1930:

Bei der gestrigen Aufführung des Remarque-Films „Im Westen nichts Neues" im Theater am Nollendorfplatz … kam es zu wüsten Ausschreitungen nationalsozialistischer Besucher, die in geschlosse-

5 nen Trupps … gekommen waren und offenbar unter dem Kommando des nationalsozialistischen Reichstagsabgeordneten Dr. Goebbels standen. Es kam zu so skandalösen Tumulten, dass die Vorführung trotz des Eingreifens der Polizei abgebro-

10 chen und die 9-Uhr-Vorstellung des Films abgesagt werden musste.

Die Nationalsozialisten hatten 200 Karten gekauft und sie vor Beginn der Vorstellung an ihre Anhänger verteilt. Dr. Goebbels saß, von einigen anderen

15 Mitgliedern seiner Fraktion umgeben, … im ersten Rang. Der Film war kaum eine Viertelstunde gelaufen, und schon setzten die ersten Störungen ein. Die übrigen Theaterbesucher wurden von den Nationalsozialisten angepöbelt, sie brüllten „Juden

20 raus" und „Hitler ist vor den Toren", und von den Rängen des Theaters wurden Ansprachen gehalten. Auch Rufe „Nieder mit der Hungerregierung, die solch einen Film gestattet!" wurden laut. Als dann das Licht im Saal eingeschaltet wurde, erhob

25 sich auf dem Rang Dr. Goebbels zu einer Ansprache. Es kam zu einem ungeheuren Tumult und zu Schlägereien mit Fäusten und Stöcken; Stinkbomben flogen in den Saal – und als besondere Überraschung wurden von den Nationalsozialisten

30 weiße Mäuse ausgesetzt.

Die Vorstellung musste schließlich unterbrochen werden, und mithilfe eines herbeigerufenen Überfallkommandos wurden die Ruhestörer aus dem Theater entfernt … Der Tumult nötigte die Polizei,

35 den ganzen Saal zu räumen. Auch vor dem Theater auf dem Nollendorfplatz hatten sich große Menschenmengen angesammelt, unter denen sich nationalsozialistische Sprechchöre betätigten. Hier setzten sich einige Zeit die Krawalle noch

40 fort, bis die Polizei mit dem Gummiknüppel den Nollendorfplatz räumte. In dem allgemeinen Trubel hat man auch versucht, die Kinokasse zu plündern, die jedoch rechtzeitig in Sicherheit gebracht worden war.

Zit. nach Hubert Rüter, Erich Maria Remarque, Im Westen nichts Neues, Paderborn (Schöningh) 1980, S. 189 f. Hervorhebungen im Text wurden nicht übernommen.

M3 „Hetzfilm verboten"

Die „Neue Preußische Kreuzzeitung" (Berlin) schrieb am 13. Dezember 1930:

Der Vorsitzende der Filmoberprüfstelle, Ministerialrat Seeger, gab am Donnerstagnachmittag … die Entscheidung über den Film „Im Westen nichts Neues" bekannt. Danach hat die Filmober-

5 prüfstelle die Gefährdung des deutschen Ansehens durch den Film als gegeben erachtet und die weitere Aufführung des Films für Deutschland verboten.

Da der Film Weltanschauungsfragen darstelle, sei-

10 en die spielenden Personen Typen und nicht Einzelschicksale. Und diese Typen seien geeignet, das Ansehen der Kriegsteilnehmer auf das Empfindlichste zu schädigen. Es sei unbestreitbar, dass es nur deutsche Soldaten seien, die jammerten und

15 schrien, während die Franzosen, die gegen den Stacheldraht anrennen, schweigend stürben. Im Ganzen werde der Film der Gemütsverfassung der Teilnehmer am Kriege nicht gerecht. Die Oberfilmprüfstelle habe sich im Übrigen dem Stand-

20 punkt des Reichsinnenministeriums angeschlossen, dass der Film die deutsche Niederlage und nicht den Krieg zeige.

Zit. nach Bärbel Schrader (Hg.), Der Fall Remarque. Im Westen nichts Neues. Eine Dokumentation, Leipzig (Reclam) 1992, S. 154 f.

M4 Im Westen nichts Neues

Der Publizist und Soziologe Siegfried Kracauer (1889–1966) schrieb am 6. Dezember 1930:

Aus eigener Kraft widerlegt … [der Film] die törichten Anschuldigungen, die ein falsch verstandener Patriotismus und parteipolitische Bedürfnisse gegen ihn erhoben haben. Weder verringert seine

5 deutsche Fassung … das Ansehen der alten Armee noch verhöhnt sie die deutsche Kriegsjugend. Aber ich verstehe gut, dass ihre Vorführung manchen Leuten unangenehm ist. Denn immerhin: der Film macht den Krieg nicht schmackhaft.

10 Weniger durch seine Schreckensbilder als durch den strikten Nachweis, dass das Heldentum draußen in den Schützengräben nicht standhält … Der Heroismus fällt von … [den Soldaten] ab.

Zit. nach Bärbel Schrader (Hg.), Der Fall Remarque. Im Westen nichts Neues. Eine Dokumentation, Leipzig (Reclam) 1992, S. 109 f.

Webcode: FG1110444-089

Die Weimarer Republik 1918–1933: Chancen und Belastungen

Von der Monarchie zur Republik

Die **Weimarer Republik** begann im Bewusstsein der Öffentlichkeit am **9. November 1918**, dem Tag der sogenannten **Novemberrevolution**. An diesem Tag wurde in Berlin die Republik zweimal ausgerufen: gegen 14.00 Uhr die „**deutsche Republik**" durch den Sozialdemokraten Philipp Scheidemann und zwei Stunden später vom Führer des Spartakusbundes, Karl Liebknecht, die „**sozialistische Republik**". Kaiser Wilhelm II. floh ins Ausland.

Wann entstand die Weimarer Republik?

Der 9. November 1918 hat eine bedeutende Vor- und Nachgeschichte, woran deutlich wird, dass die Weimarer Republik nicht an einem Tag entstand:

- **Im Oktober 1918 war aus der konstitutionellen Monarchie eine parlamentarische geworden:** Der Reichskanzler war nun nicht mehr dem Kaiser verantwortlich, sondern dem Parlament (Reichstag).
- Ausgelöst durch **Proteste der Matrosen gegen die Fortführung des offensichtlich verlorenen Krieges**, kam es **Ende Oktober 1918** zu Aufständen, die sich innerhalb weniger Tage über ganz Deutschland ausbreiteten.
- Als Gründungsdaten der Republik könnten auch die **Wahlen zur Verfassunggebenden Nationalversammlung am 19. Januar 1919** gesehen werden oder der **14. August 1919**, an dem die **Weimarer Verfassung in Kraft** trat.

Übergangsregierung und Wahlen zur Nationalversammlung

Seit dem 9. November 1918, dem Tag der Novemberrevolution, stellte die SPD mit **Friedrich Ebert** den **Reichskanzler** einer aus SPD und USPD gebildeten **Übergangsregierung**, den „**Rat der Volksbeauftragten**". Ihm gelang die Eindämmung radikaler, gewaltbereiter Kräfte im November 1918 mithilfe von regulären Heeresverbänden und Freikorps.

Die Wahlen zur Verfassunggebenden Nationalversammlung bestätigten, dass politisch gemäßigte Kräfte die Mehrheit hatten und die Regierung stellen konnten: die sogenannte **Weimarer Koalition aus SPD, DDP und Zentrum**. Mit ihren Stimmen wurde die Verfassung angenommen, die Deutschland zu einer **parla**mentarischen Republik machte – mit einem **Reichspräsidenten als Staatsoberhaupt**. Die Wahlbeteiligung lag über 80 Prozent. **Zum ersten Mal durften auch Frauen wählen.**

Wegen der Unruhen in Berlin wurde Weimar als Tagungsort bestimmt. Hier hoffte man, unter dem Schutz eines Freikorps ungestört tagen zu können.

Revolution in Thüringen – das Beispiel Erfurt

Wie in anderen Teilen des Reichs entwickelten sich **auch in Thüringen revolutionäre Spannungen und Bewegungen**. In manchen Gegenden, wie z. B. im Herzogtum Sachsen-Gotha, wo 1917 die USPD gegründet worden war, gab es eine knappe, aber sehr aktive radikale Mehrheit. Sie wollte eine „Diktatur des Proletariats" nach dem Vorbild der Russischen Revolution von 1917 durchsetzen. Ein Aufstand gegen die Nationalversammlung in Weimar wurde von Reichswehrtruppen niedergeschlagen. Es drohten bürgerkriegsähnliche Zustände.

In Erfurt gelang es gemäßigten Kräften in den Reihen der Sozialdemokraten und der Gewerkschaften, einen gewaltsamen Umsturz zu verhindern. Der Arbeiter- und Soldatenrat unterstützte die **Entscheidung des Reichsrätekongresses vom 19. Dezember 1918 für Wahlen zur Nationalversammlung und den Aufbau einer demokratisch-parlamentarischen Republik.** Dagegen kämpften Anhänger der Ende Dezember 1918 gegründeten KPD für die Durchsetzung einer „Diktatur des Proletariats".

Eine parlamentarisch-demokratische Verfassung

Die neue **Verfassung trat am 14. August 1919 in Kraft**. Sie sah eine **Gewaltenteilung zwischen Legislative, Exekutive und Judikative** vor. Um den Wählerwillen möglichst genau abzubilden, gab es keine Sperrklausel für kleinere Parteien. So konnten auch Splitterparteien in das Parlament einziehen. Dieses **Verhältniswahlrecht** galt als besonders gerecht und demokratisch. Der **Reichspräsident** als höchster Vertreter der Exekutive **hatte nach der Verfassung eine starke Stellung**. Er wurde direkt vom Volk gewählt und konnte z. B. die Reichsregierung ernennen und entlassen sowie den Reichstag auflösen. Bei ihm lag der Oberbefehl über die Reichswehr.

Parteien in der Weimarer Republik

Die **Sozialdemokratische Partei Deutschlands (SPD)** bekannte sich zur parlamentarischen Demokratie. Die 1917 als Abspaltung von der SPD entstandene **Unabhängige Sozialdemokratische Partei (USPD)** bestand aus Anhängern und Gegnern einer parlamentarischen Demokratie. Für eine „Rätediktatur" trat die **Kommunistische Partei Deutschlands (KPD)** ein.

Das **Zentrum** mit ihrem Wählerpotenzial vor allem im katholischen Bevölkerungsteil bekannte sich zur parlamentarischen Demokratie. Das liberale Lager vertraten die **Deutsche Demokratische Partei (DDP)** und die **Deutsche Volkspartei (DVP)**. Die **Deutschnationale Volkspartei (DNVP)** hing weiterhin der Monarchie an, während die erst am Ende der Zwanzigerjahre zu politischer Bedeutung aufgestiegene **Nationalsozialistische Deutsche Arbeiterpartei (NSDAP)** gegen die Demokratie und für einen „Führerstaat" kämpfte.

Innenpolitische Belastungen und Gefahren

Der Versailler Vertrag vom 28. Juni 1919 wurde in Deutschland von vielen als Diktatfrieden empfunden, für den man fälschlicherweise die junge Demokratie und ihre Politiker verantwortlich machte („Novemberverbrecher" und „Erfüllungspolitiker").

In den folgenden Jahren belasteten politische und wirtschaftliche Krisen die Weimarer Demokratie. Im **März 1920** kam es zum sogenannten **Kapp-Lüttwitz-Putsch.** Er scheiterte am Generalstreik und am passiven Verhalten der Ministerialbürokratie. Das **Krisenjahr 1923** zeigte die instabile Lage in voller Schärfe:

- Im **Januar 1923** besetzten französische und belgische **Truppen** wegen ausstehender Reparationszahlungen **das Ruhrgebiet.**
- In **Sachsen und Thüringen** kam es zum **Aufstand kommunistischer Kräfte.** Er wurde von Reichswehrtruppen niedergeschlagen.
- In München misslang im **November 1923** der sogenannte **Hitlerputsch.**
- Die **Inflation** führte 1923 zum völligen Verfall der Währung und verschärfte die soziale Krise.
- Eine fortwährende **Gefahr für die Republik** stellten ihre Gegner dar: **die antiparlamentarischen Parteien bzw. Gruppen der radikalen Rechten und Linken.**

Wandel in der Gesellschaft

Die Gesellschaft der **1920er Jahre** befand sich **im Spannungsfeld von Tradition und Moderne.** Das wird erkennbar vor allem am **Wandel der Frauenrolle**, an den bedeutenden **sozialpolitischen Reformen** und an **Neuerungen in der Architektur**, wie dem **Bauhaus** in Weimar und Dessau, sowie an der **Kunst und Literatur.**

Deutsche Außenpolitik

Der verlorene Krieg und der als zu hart empfundene Versailler Vertrag bestimmten die deutsche Außenpolitik. Sie bewegte sich **zwischen Verständigung** einerseits **und Revision** andererseits. **Außenminister Gustav Stresemann** gelang es in seiner Amtszeit von 1923 bis 1929, eine **Verständigung mit Frankreich** herbeizuführen, einige **wichtige internationale Verträge** abzuschließen bzw. auf Konferenzen Vereinbarungen zu erreichen, wie

- den **Vertrag von Rapallo (1922)**,
- den **Dawesplan (1924)**,
- die **Konferenz von Locarno (1925)**,
- die **Aufnahme in den Völkerbund**

und mit dem **Young-Plan (1929)** eine Neuregelung der Reparationen zu erreichen.

Die neuen **Grenzen im Westen wurden akzeptiert**, während auch Stresemann eine **Anerkennung der Grenzen im Osten offenließ.** Damit behielt sich Deutschland eine Korrektur der Grenzen vor. Dies **bedeutete für Polen außenpolitische Unsicherheit**, da es seine Forderungen nach gesicherten Grenzen nicht durchsetzen konnte.

Krise und Zerstörung der Weimarer Republik

Die **Weltwirtschaftskrise ab 1929** offenbarte schlagartig die Schwäche der Weimarer Demokratie: Mit der Wirtschafts- und Sozialkrise **radikalisierten sich weite Teile der Bevölkerung: KPD und NSDAP erhielten starken Zulauf, die Koalition der demokratischen Parteien zerbrach 1930**, und es begann die **Phase der Präsidialkabinette** – gestützt auf die Macht des Reichspräsidenten. Die **parlamentarische Verfassung** war damit **in wichtigen Teilen außer Kraft gesetzt.** Gewaltanwendung auf der Straße galt zunehmend als Mittel zur Lösung der Probleme. Mit der **Übertragung der Macht auf Adolf Hitler als Reichskanzler am 30. Januar 1933** war die bereits eingeschränkte Weimarer Demokratie am Ende.

Die Weimarer Republik 1918–1933: Chancen und Belastungen

M1

Zeitgenössische Karte über die Folgen des Versailler Vertrages. Diese Karte wurde in Schulbüchern der Weimarer Republik abgedruckt.

M2

Politische Ziele der Nationalsozialisten

Der Nationalsozialist Gregor Straßer (1892–1934) sagte in einer Reichstagsrede am 10. Mai 1932:

Der Aufstieg des Nationalsozialismus ist der Protest des Volkes gegen einen Staat, der das Recht auf Arbeit und die Wiederherstellung des natürlichen Auskommens verweigert … Interessant und wertvoll an dieser
5 Entwicklung ist die große antikapitalistische Sehnsucht – wie ich es nennen möchte –, die durch unser Volk geht, die heute vielleicht schon 95 Prozent unseres Volkes bewusst und unbewusst erfasst hat … Ich habe die Arbeitslosigkeit und die Arbeitsbeschaffung als das
10 vordringlichste Problem erklärt, und ich ergreife gerne die Gelegenheit, die Pläne und Gedanken, die wir uns in monatelanger Arbeit darüber gemacht haben, von dieser Stelle zur Kenntnis des deutschen Volkes zu bringen. Wir haben seit Jahren immer gepredigt, dass
15 folgende Probleme in Deutschland zur Rettung stehen: die Rettung der Bauernwirtschaft … , die Notwendigkeit der Binnensiedlung, der Abbau des Städtezustromes, die Gesundung von Handel und Geldwirtschaft, die Steigerung des Inlandertrages Hand in Hand mit

20 dem Bekenntnis zum geschlossenen Wirtschaftsraum, die Sicherung der Volksernährung, die Organisation der nationalen Arbeit, der Aufbau des Binnenmarktes unter Eingliederung der Industrie, die Erneuerung unseres Bodenrechtes und als das Wichtigste fast die Erklärung
25 dessen, was ich Arbeits- und Nährpflicht nenne, d. h. die Verpflichtung des deutschen Volksgenossen, seine Arbeitskraft im Rahmen der gesamten Nation zur Erzeugung von lebenswichtigen Gütern auszuwerten … Deshalb darf bei der Frage der Arbeitsbeschaffung der
30 Staat nie fragen: „Habe ich dafür Geld?" sondern es gibt nur eine einzige Frage: Wo ist das Geld einzusetzen? Für Arbeitsbeschaffung muss es immer Geld geben, und der letzte Weg ist der einer volkswirtschaftlich absolut berechtigten produktiven Kreditschöpfung … Wir
35 müssen die ersten großen Arbeitsbeschaffungsaufträge vom Staat her machen, weil kein Privatunternehmer heute in der Lage ist, ein derartiges Problem anzupacken.

Verhandlungen des Reichstags. Stenographische Berichte, Sitzung vom 10. Mai 1932, S. 2510–2521. Zit. nach Reiner Marcowitz, Die Weimarer Republik 1929–1933, 4. Aufl., Darmstadt (WBG) 2012, S. 17.

M3 Plakat der Deutschnationalen Volkspartei (DNVP) zur Reichstagswahl, 1928

Kein Grund zur Resignation

M4

Der liberale Rabbiner Felix Goldmann schrieb 1926 in einer jüdischen Wochenzeitung:

Wäre dem so, dass tatsächlich der Judenhass ewiges jüdisches Schicksal ist, so müssten wir die Arbeit einstellen! … Dass der Antisemitismus eine ungewöhnlich tief gehende und andauernde Wir-
5 kung auf die Geschichte gehabt hat, kann kein ehrlicher Kenner ihrer verschlungenen Pfade bestreiten. Dass fernerhin der Tag, da er überwunden sein wird, noch lange nicht dämmern kann, ist jedem politisch geschulten Auge klar. Wohl aber ist
10 der Fortschritt unverkennbar! Das neunzehnte Jahrhundert hat den Juden das bürgerliche Recht gebracht, und dieses hat in Tagen, da Hass und Verleumdung ihre Wellen über die halbe Welt sandten, sich behauptet … Ein Vergleich der euro-
15 päischen Juden von 1750 mit denen von 1925 beweist auf das Deutlichste, wie viel sich zum Guten geändert hat … Manchem mag gewiss der Fortschritt zu langsam reifen, aber einen Grund zum absoluten Pessimismus und zur Resignation bietet
20 die Betrachtung der Geschichte nicht! … Es ist nicht gleichgültig, … ob der Jude in Schwäche und bangem Zagen oder mit innerlicher Festigkeit und dem Bewusstsein seiner Kraft und Würde dem Hass entgegentritt.

C.V.-Zeitung vom 12. Februar 1926.

Überprüfe, was du kannst

Sachkompetenz

1 Nenne die Kernaussagen von SPD, Zentrum, KPD, DDP, DNVP und NSDAP und ihre jeweilige Einstellung zur parlamentarischen Demokratie (S. 63).
2 Notiere a) die politischen und b) die wirtschaftlichen Belastungen der Weimarer Republik (S. 68 ff.).
3 Stelle die Vorstellungen der antidemokratischen Kräfte dar (S. 72 f.).
4 Fasse den Revolutionsverlauf in Erfurt zusammen (S. 61).

Methodenkompetenz

5 Analysiere M3 mithilfe der Arbeitsschritte S. 64 f.
6 Analysiere M2 anhand der Methode „Schriftliche Quellen analysieren" im Anhang.
7 a) Erschließe M1 mithilfe der Methode „Historische Karten lesen und vergleichen" im Anhang.
b) Formuliere zusammenfassend, welche Absicht mit der Karte verbunden war.

Selbst- und Sozialkompetenz

8 Untersuche, wie der Autor die Lage der Juden in der Weimarer Republik geschichtlich einordnet (M4).
9 Beurteile die These: Die Weimarer Republik war eine Demokratie ohne Demokraten.
10 Erörtert, was euch heute an der Weimarer Demokratie positiv bzw. negativ erscheint.

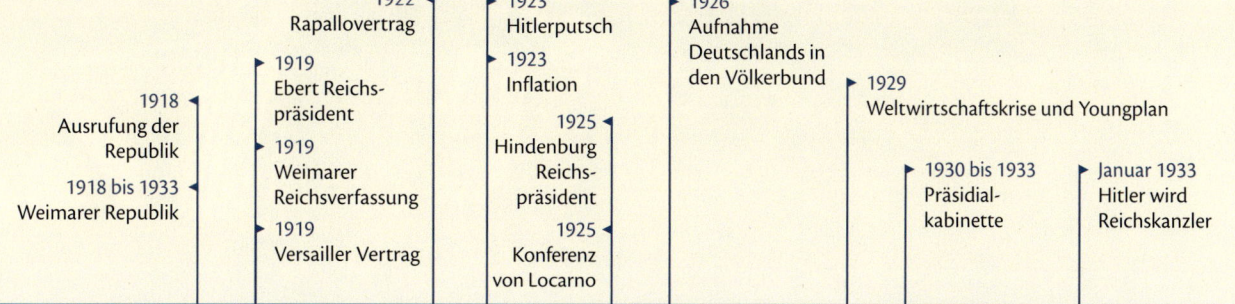

1918
Ausrufung der
Republik

1918 bis 1933
Weimarer Republik

1922
Rapallovertrag

1919
Ebert Reichs-
präsident

1919
Weimarer
Reichsverfassung

1919
Versailler Vertrag

1923
Hitlerputsch

1923
Inflation

1925
Hindenburg
Reichs-
präsident

1925
Konferenz
von Locarno

1926
Aufnahme
Deutschlands in
den Völkerbund

1929
Weltwirtschaftskrise und Youngplan

1930 bis 1933
Präsidial-
kabinette

Januar 1933
Hitler wird
Reichskanzler

1915   1920   1925   1930   1935

4. Das nationalsozialistische Deutschland 1933–1939: Leben in der Diktatur

Das Foto zeigt die Abfahrt des Reichskanzlers Adolf Hitler nach einer Kundgebung im Mai 1934, etwas mehr als
ein Jahr nach der Übernahme der
Macht durch die Nationalsozialisten.
Menschen grüßen den vorbeifahren-
den „Führer" mit erhobenem rechten
Arm, dem „Hitlergruß".
Die Weimarer Republik, die erste Demokratie auf deutschem Boden, war
durch die Nationalsozialisten zerstört
worden. Es galt das Wort des „Führers".
Das Land hatte sich grundlegend verändert. Es war innerhalb kurzer Zeit in
eine Diktatur verwandelt worden.
Auch mehr als sechzig Jahre nach der
Herrschaft der Nationalsozialisten ist
das Thema „Hitler und das Dritte
Reich" in der Öffentlichkeit, in der
Politik und den Medien präsent. Kino-
und Fernsehfilme, Dokumentationen,
veröffentlichte Erinnerungen und
neue Forschungsergebnisse zu Hitler
und dem sogenannten Dritten Reich
stoßen auf reges Interesse.

Folgende Fragen leiten dich durch das Kapitel:

– *Wie erlangten und sicherten die
Nationalsozialisten die Macht?*
– *Welche Folgen hatte die nationalsozialistische Herrschaft zwischen
1933 und dem Beginn des Zweiten
Weltkrieges 1939 für die Menschen
in der deutschen Gesellschaft?*

1 Beschreibt die Abbildung.
2 Formuliert Überlegungen darüber,
was dieses Bild nicht zeigt.

Abfahrt Hitlers nach einer Jugendkundgebung im Berliner Lustgarten, Foto, 1. Mai 1934

Das nationalsozialistische Deutschland 1933–1939: Leben in der Diktatur

Wissen • Beurteilen und Handeln • Methoden anwenden

Am Ende dieses Kapitels kannst du

- Stationen und Methoden der Machtsicherung der Nationalsozialisten nennen und beurteilen

- Elemente der Weltanschauung Hitlers beschreiben und bewerten

- Inhalte, Methoden und Funktion der NS-Propaganda beispielhaft darlegen

- Ideal und Realität der NS-Volksgemeinschaft unterscheiden und beurteilen

- die ideologisch und politisch bedingte Rollenverteilung von Männern, Frauen und Jugendlichen erklären

- erkennen, dass der NS-Staat die Jugend im Sinne der NS-Ideologie beeinflusste, organisierte und ggf. ausgrenzte

- die systematische Ausgrenzung, Verfolgung und Entrechtung der Juden darlegen und beurteilen

- erkennen, dass die „Euthanasie"-Maßnahmen ein Teil der NS-Ideologie waren und Menschenrechte verletzten

- **Methode** Historische Urteile erkennen und formulieren

- **Methode** Propaganda-Medien analysieren

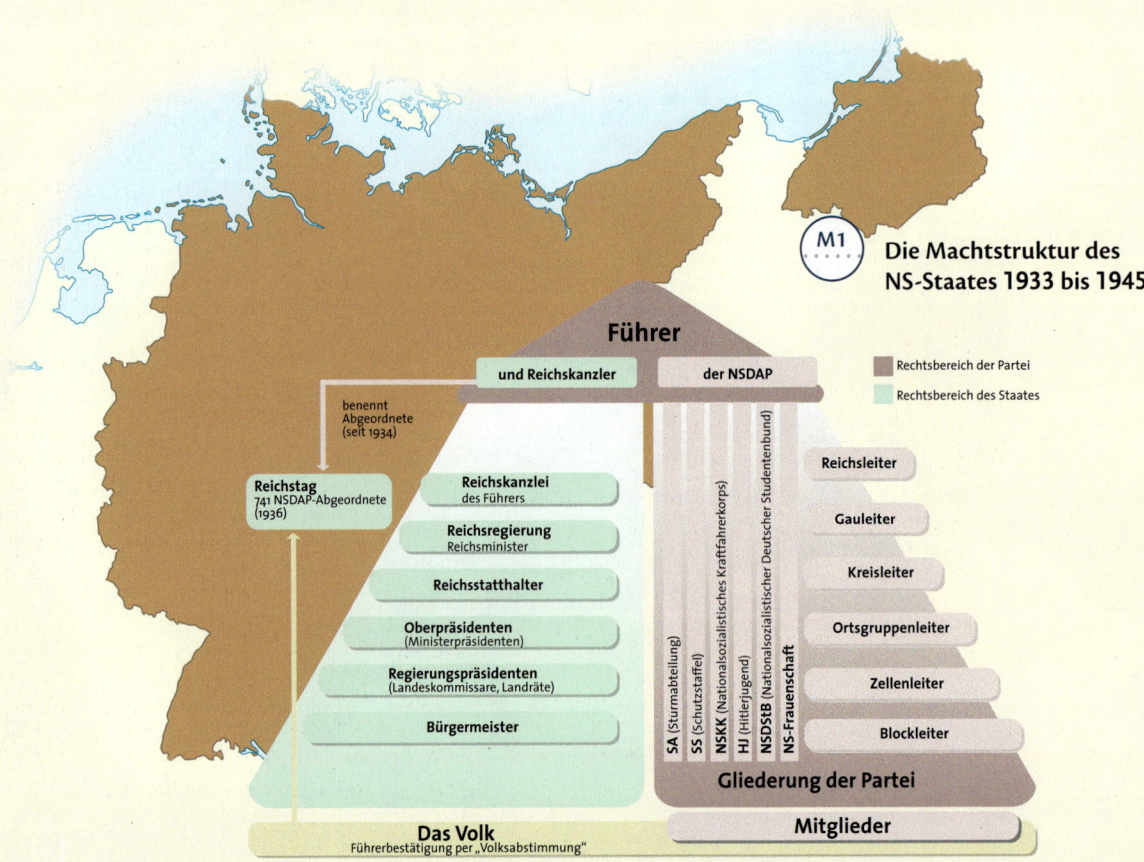

M1 Die Machtstruktur des NS-Staates 1933 bis 1945

Rechtsbereich der Partei
Rechtsbereich des Staates

Führer

und Reichskanzler — der NSDAP

benennt Abgeordnete (seit 1934)

Reichstag 741 NSDAP-Abgeordnete (1936)

Reichskanzlei des Führers

Reichsregierung Reichsminister

Reichsstatthalter

Oberpräsidenten (Ministerpräsidenten)

Regierungspräsidenten (Landeskommissare, Landräte)

Bürgermeister

SA (Sturmabteilung)
SS (Schutzstaffel)
NSKK (Nationalsozialistisches Kraftfahrerkorps)
HJ (Hitlerjugend)
NSDStB (Nationalsozialistischer Deutscher Studentenbund)
NS-Frauenschaft

Reichsleiter

Gauleiter

Kreisleiter

Ortsgruppenleiter

Zellenleiter

Blockleiter

Gliederung der Partei

Mitglieder

Das Volk Führerbestätigung per „Volksabstimmung"

"Sachs-Motorroller sammeln fürs Winterhilfswerk",
Foto, 1939. Das Winterhilfswerk wurde im Herbst 1933
gegründet. Es stand unter der Aufsicht des Propaganda-
ministers und hatte die Aufgabe, Bedürftige durch Sam-
mel- und Verteilungsaktionen zu unterstützen.

**Boykottaufruf durch SA-Männer vor dem Berliner
Warenhaus N. Israel,** Foto, 1. April 1933

M3

"Das Dritte Reich", Holzschnitt von Gerd Arntz, 1934/35

M5

„Neuaufbau des Reiches"

Aus dem Gesetz über den „Neuaufbau des Reiches"
vom 30. Januar 1934:

Der Reichstag[1] hat … einstimmig das folgende
Gesetz beschlossen …:

Artikel 1 Die Volksvertretungen der Länder werden aufgehoben.

5 **Artikel 2** (1) Die Hoheitsrechte der Länder gehen
auf das Reich über. (2) Die Landesregierungen
unterstehen der Reichsregierung.

Artikel 3 Die Reichsstatthalter unterstehen der
Dienstaufsicht des Reichsministers des Innern.

10 **Artikel 4** Die Reichsregierung kann neues Verfas-
sungsrecht setzen.

Zit. nach Reinhard Kühl, Der deutsche Faschismus in
Quellen und Dokumenten, Köln (Papyrossa Verlag) 2000,
S. 219 f.

....

[1] bestand nur noch aus NSDAP-Abgeordneten, die durch
eine „Einheitsliste" („Liste des Führers") in einer Volksabstimmung am 12. November 1933 „gewählt" worden
waren

---

1 Beschreibe anhand von M1 bis M5 deine Eindrücke von
Staat und Gesellschaft im Nationalsozialismus.

2 Tauscht eure Ergebnisse aus und setzt sie in einen Bezug
zu euren Kenntnissen über den Nationalsozialismus.

Machtergreifung, Machtsicherung und Gleichschaltung

M1

Der Fackelzug der National-sozialisten am Abend des 30. Januar 1933 in Berlin, Foto, 1936. Der Fackelzug wurde für einen Propagandafilm nachgestellt, da es keine brauchbaren authentischen Fotos gab. Mehr als fünf Stunden lang paradierten am 30. Januar 15 000 SA- und SS-Angehörige durch die Berliner Innenstadt bis zur Wilhelmstraße, dem Regierungssitz. Auch in anderen Städten gab es Feiern. Gegendemonstrationen waren verboten worden.

Adolf Hitler wird Reichskanzler

Bevor Reichspräsident Hindenburg Adolf Hitler (1889 bis 1945) zum Reichskanzler ernannte, hatte es Beratungen der Reichsspitze mit führenden konservativen Politikern, aber auch Industriellen, Bankiers und An-
5 gehörigen der Reichswehr gegeben. Sie wollten schon seit etwa 1928 die Exekutive zu Lasten des Parlaments stärken, das durch die Präsidialregierungen (siehe S. 85) geschwächt war. Als Hindenburg am 30. Januar 1933 Adolf Hitler, dem Führer der stärksten Partei im
10 Reichstag, der Nationalsozialistischen Deutschen Arbeiterpartei (NSDAP), die Macht übertrug, hofften die konservativen und rechtsgerichteten Kräfte, ihr Ziel erreicht zu haben. Die Regierung sollte nun Maßnahmen ergreifen, um künftig nicht mehr von den Mehrheits-
15 verhältnissen im Parlament, insbesondere dem Verhalten der SPD, abhängig zu sein.

In der Regierung Hitler saßen Deutschnationale und Nationalsozialisten. Die Nationalsozialisten befanden sich in der Minderheit: Außer Hitler gehörten nur Wil-
20 helm Frick (1877–1946) als Reichsinnenminister der Regierung an und Hermann Göring (1893–1946) als Reichsminister ohne Geschäftsbereich. Joseph Goebbels (1897–1945) wurde erst im März 1933 zum Reichsminister für Volksaufklärung und Propaganda ernannt.
25 Am 31. Januar 1933 beschloss das Kabinett Neuwahlen zum Reichstag für den März.

Stationen der Machterlangung 1933

Als das Reichstagsgebäude am 27. Februar brannte, benutzten dies Hitler und Göring als Vorwand, um Hindenburg davon zu überzeugen, eine Verordnung „zum Schutze von Volk und Staat" zu erlassen (sogenannte
5 Reichstagsbrandverordnung). Damit wurden wichtige Grundrechte wie Beschränkung der persönlichen Freiheit, Meinungsfreiheit, Versammlungsfreiheit und Postgeheimnis außer Kraft gesetzt. In einer Atmosphäre von Willkür und Terror fanden am 5. März die
10 Reichstagswahlen statt, bei denen die NSDAP 43,9 Prozent der Stimmen erhielt. Die Ausschaltung des Reichstags als Gesetzgeber gelang schon am 23. März mit dem sogenannten Ermächtigungsgesetz. Es wurde mit Zustimmung der bürgerlichen Fraktionen beschlossen, gegen die Stimmen der SPD. Die Abgeordneten
15 der KPD waren schon im Vorfeld verhaftet worden oder befanden sich auf der Flucht. Bis zum Sommer 1933 löste Hitler die Gewerkschaften auf, verbot die SPD, erzwang die Selbstauflösung der bürgerlichen Parteien und entmachtete die Länder des Reiches.

1 Zeige anhand des Darstellungstextes das taktische Vorgehen der Hitler-Regierung im Februar und März 1933.

2 Analysiere M1 unter dem Gesichtspunkt der beabsichtigten Wirkung auf die Bevölkerung. Vergleiche mit M3.

3 Analysiere M2A und M2B mithilfe der Methode „Politische Reden analysieren" S. 156 f.

Das Ermächtigungsgesetz im Deutschen Reichstag

M2

Aus der Regierungserklärung Hitlers vom 23. März 1933, die er anlässlich der Abstimmung über das „Gesetz zur Behebung der Not von Volk und Reich" abgab:

2A Männer und Frauen des Deutschen Reichstags! … Im November 1918 rissen marxistische Organisationen durch eine Revolution die vollziehende Gewalt an sich. … Die „Errungenschaften der Revolution" waren im Ge-
5 samten genommen nur für kleinste Teile unseres Volkes angenehm … Die nationalsozialistische Bewegung … hat im Verein mit den anderen nationalen Verbänden nunmehr innerhalb weniger Wochen die seit dem November 1918 herrschenden Mächte beseitigt …
10 Ihr [Reichsregierung] Ziel muss die Konstruktion einer Verfassung sein, die den Willen des Volkes mit der Autorität einer wirklichen Führung verbindet … [Die Regierung] bietet den Parteien des Reichstags die Möglichkeit einer ruhigen deutschen Entwicklung und
15 einer sich daraus in der Zukunft anbahnenden Verständigung; sie ist aber ebenso entschlossen und bereit, die Bekundung der Ablehnung und damit die Ansage des Widerstands entgegenzunehmen. Mögen Sie, meine Herren, nunmehr selbst die Entscheidung treffen über
20 Frieden oder Krieg.

M2A und M2B: Verhandlungen des Reichstags, VIII. Wahlperiode, Berlin, 1934, S. 25 ff. Zit. nach http://www.reichstagsproto kolle.de/Blatt2_w8_bsb00000141_00030.html, Stand 21.03.2011.

Aus der Reichstagsrede des Abgeordneten Otto Wels (SPD) zum Ermächtigungsgesetz, 23. März 1933:

2B Nach den Verfolgungen, die die Sozialdemokratische Partei in der letzten Zeit erfahren hat, wird billigerweise niemand von ihr verlangen oder erwarten können, dass sie für das hier eingebrachte Ermächtigungsgesetz stimmt … Noch niemals, seit es einen
5 Deutschen Reichstag gibt, ist die Kontrolle der öffentlichen Angelegenheiten durch die gewählten Vertreter des Volkes in solchem Maße ausgeschaltet worden, wie es jetzt geschieht … Wir haben gleiches Recht für
10 alle und ein soziales Arbeitsrecht geschaffen. Wir haben geholfen, ein Deutschland zu schaffen, in dem nicht nur Fürsten und Baronen, sondern auch Männern aus der Arbeiterklasse der Weg zur Führung des Staates offensteht … Wir stehen zu den Grundsätzen des Rechts-
15 staates, der Gleichberechtigung, des sozialen Rechts … Wir deutschen Sozialdemokraten bekennen uns … zu den Grundsätzen der Menschlichkeit und der Gerechtigkeit, der Freiheit und des Sozialismus. Kein Ermächtigungsgesetz gibt Ihnen die Macht, Ideen, die ewig und
20 unzerstörbar sind, zu vernichten. Wir grüßen die Verfolgten und Bedrängten. Wir grüßen unsere Freunde im Reich. Ihre Standhaftigkeit und Treue verdienen Bewunderung.

M3

Sozialdemokraten und Kommunisten werden nach ihrer Festnahme durch die SA in der SA-Kaserne Friedrichstraße in Berlin zusammengetrieben, Foto, März 1933

Begriffe und Daten

Nationalsozialismus

Rechtsradikale politische Bewegung und Ideologie, die 1933 zum Aufbau einer Diktatur und zum Verlust der demokratischen Freiheiten in Deutschland führte. Grundlegende Elemente sind ein extremer Nationalismus, Rassismus, Antisemitismus, Expansionismus und das „Führerprinzip".

„Drittes Reich"

Selbstbezeichnung des NS-Staats. Mit diesem Begriff wurde eine Beziehung zum Heiligen Römischen Reich Deutscher Nation (962–1806) und zum Deutschen Kaiserreich (1871–1918) hergestellt und damit eine Vollendung der deutschen Geschichte durch den Nationalsozialismus behauptet. Die öffentliche Verwendung des Begriffs war nur bis 1939 erlaubt.

„Wo gehobelt wird, fallen Späne"

Hermann Göring, 1933 Reichsminister und kommissarischer preußischer Innenminister, in einer Rede am 11. März 1933:

Ich habe erst angefangen zu säubern, es ist noch längst nicht fertig. Für uns gibt es zwei Teile des Volkes: der sich zum Volk bekennt, ein anderer Teil, der zersetzen und zerstören will. Ich danke meinem
5 Schöpfer, dass ich nicht weiß, was objektiv ist. Ich bin subjektiv. Ich stehe einzig und allein zu meinem Volke, alles andere lehne ich ab. Wenn sie [Gegner der NS-Politik] sagen, die Bevölkerung ist in furchtbarer Erregung, weil jüdische Warenhäuser vorüber-
10 gehend geschlossen waren, so frage ich: Ist es nicht natürlich, wenn wir Deutschen endlich erklären: Kauft nicht bei Juden, sondern beim deutschen Volk … Wenn sie sagen, da und dort sei einer abgeholt worden, so kann man nur erwidern: Wo gehe-
15 belt wird, fallen Späne. Wir haben jahrelang die Abrechnung mit den Verrätern angekündigt … Man klagt über die Unterdrückung von Zeitungen. Wundert euch das? Mich wundert, dass sie noch existieren. Ich würde pflichtwidrig handeln, wenn ich län-
20 ger dieses Gift ins Volk hineinträufeln ließe. Wenn wir auch vieles falsch machen, wir werden jedenfalls handeln … Lieber schieße ich ein paarmal zu kurz oder zu weit, aber ich schieße wenigstens.

Zit. nach Wolfgang Michalka (Hg.), Das Dritte Reich, Bd. 1, München (dtv) 1985, S. 29 f.

Besetzung des Leipziger Gewerkschaftshauses am 2. Mai 1933 durch die SA, Foto

Die Ausschaltung der SA-Führung

Der Historiker Magnus Brechtken schrieb 2012:

Im Gegensatz zur NSDAP verfügte die SA keinen Aufnahmestopp, und die hereinströmenden Menschen, nicht selten in der Hoffnung … auf ein Pöstchen …, schwollen unter dem Befehl Ernst Röhms
5 [früher Weggefährte und Duzfreund Hitlers, baute ab 1921 die SA auf] zu einem schwer lenkbaren Riesenapparat … In der Zukunftsperspektive der Hitlerschen Ziele gab es keinen Platz für ein braunes Millionenheer, dessen Existenz sich … in einem allzu
10 oft ziellosen Aktivismus erschöpfen musste. Eine derart heterogene Massentruppe bedrohte sowohl die innere Stabilität der neuen Herrschaft als auch die herausragende Stellung des traditionellen Militärs als außenpolitisches Instrument … Die SA geriet
15 folglich in mehrere Konfliktlinien. Zum einen war Hitler und seinem Umfeld … daran gelegen, die hyperdynamisch-gewaltvolle Anfangsphase nach der Ausschaltung von Parlament und Parteien in eine evolutionäre Phase der Machtkonsolidierung
20 überzuleiten … Die zweite Konfliktlinie verlief zwischen SA und Reichswehr. Es ging um die Entscheidung, wer künftig „Waffenträger" der Nation sein sollte … Eine dritte Konfliktlinie entstand durch die Wahrnehmung der SA in der Öffentlichkeit. Mit
25 der Übernahme der Instrumente für die innere Sicherheit durch Göring und Himmler und dem fortschreitenden Aufbau eines einschüchternden NS-kontrollierten Polizeinetzwerkes hatte der braune Mob seine Schuldigkeit getan; die ehemaligen Geg-
30 ner waren entmachtet, vertrieben oder getötet … Diese Konfliktlinien zusammengenommen … liefen Ende Juni 1934 in Hitlers Entschluss zusammen, das Problem mit der Parteitruppe durch deren Enthauptung zu lösen. [Hitler rief die SA-Führung für
35 den 30. Juni 1934 ins oberbayerische Bad Wiessee, ließ die ahnungslosen etwa 200 SA-Führer verhaften und viele von ihnen mit Hilfe der SS innerhalb weniger Stunden ermorden. 85 Mordopfer sind namentlich bekannt. Nebenbei beglich Hitler noch
40 „offene Rechnungen": Umgebracht wurden Kritiker aus dem konservativen Lager, die beiden Reichswehrgeneräle Ex-Reichskanzler Kurt von Schleicher und Ferdinand von Bredow sowie Hitlers ehemaliger Mitkämpfer Gregor Straßer. Aufgrund von Ver-
45 wechslungen wurden auch unbeteiligte Menschen zu Mordopfern. Am 3. Juli 1934 ließ Hitler im Kabinett ein rückwirkendes Gesetz beschließen, das die Morde als „Staatsnotwehr" für „rechtens" erklärte.]

Magnus Brechtken, Die nationalsozialistische Herrschaft 1933–1939, 2. Aufl., Darmstadt (WB) 2012, S. 34 ff.

30. Januar 1933: Hitler wird Reichskanzler

Aus den Wahlen des Jahres 1932 ging die NSDAP als stärkste Partei hervor. Da die bisherigen Präsidialkabinette gescheitert waren, wollten der Reichspräsident und seine Berater Adolf Hitler für ihre politischen Ziele einspannen. Deshalb wurde er zum Reichskanzler ernannt. In Hitlers Regierung waren die NSDAP-Mitglieder zwar in der Minderheit, doch hatte Hitler jetzt auf scheinbar legalem Weg eine Position erreicht, die es ihm ermöglichte, seine Ziele zu verfolgen.

„Machtergreifung"

Der Begriff wurde schon 1923 von der Münchner Polizei im Zusammenhang mit dem gescheiterten Hitlerputsch verwendet. Ab 1933 beschreibt er im Sinne von „Zugriff auf die Macht" die politischen Veränderungen durch die Herrschaft der NSDAP. Die Maßnahmen der Hitler-Regierung setzten grundlegende Bestimmungen der Weimarer Verfassung außer Kraft. In der Geschichtswissenschaft werden anstelle von Machtergreifung auch die Begriffe Machtübertragung und Machtübergabe verwendet.

1933: Ermächtigungsgesetz

Das „Gesetz zur Behebung der Not von Volk und Reich" (Ermächtigungsgesetz) vom 23. März 1933 hob die Gewaltenteilung auf. Der Regierung wurde damit unumschränkte Gesetzgebungsvollmacht eingeräumt. Eine Bindung der Regierung an Parlamentsbeschlüsse gab es jetzt nicht mehr, was ein willkürliches Handeln des Staatsapparats ermöglichte.

Gleichschaltung

Politisches Schlagwort aus der Zeit der nationalsozialistischen Machtergreifung. Ziel der Nationalsozialisten war es, die gesamte Bevölkerung in ihrem Denken und Handeln auf die Ziele der NSDAP einzuschwören. Um eine Vereinheitlichung des politischen, wirtschaftlichen, sozialen und kulturellen Lebens zu erreichen, wurden 1933/34 zahlreiche Institutionen und Organisationen verboten (z. B. andere Parteien, Gewerkschaften) oder in bestehende oder neu gegründete NS-Organisationen eingegliedert. Grundlegendes Ziel: die Schaffung einer Volksgemeinschaft (siehe Kasten S. 113).

Die NSDAP setzt ihre Macht durch (1933)

28. Februar Reichstagsbrandverordnung

März Errichtung des ersten von der SS bewachten Konzentrationslagers in Dachau (unter Polizeikommandeur Heinrich Himmler)

24. März Das Ermächtigungsgesetz tritt in Kraft, u. a. Übertragung des Gesetzgebungsrechts des Parlaments auf die Reichsregierung; nach mehrmaliger Verlängerung in Kraft bis 1945.

31. März/7. April Gesetze zur Gleichschaltung der Länder mit dem Reich

7. April „Gesetz zur Wiederherstellung des Berufsbeamtentums": „Nichtarier" und politisch andersdenkende Beamte werden entlassen.

2. Mai Auflösung der Gewerkschaften; Gründung der Deutschen Arbeitsfront (DAF) als Zwangsorganisation aller Arbeitnehmer und Arbeitgeber

Juni/Juli Verbot der SPD, Selbstauflösung der bürgerlichen Parteien

14. Juli Die NSDAP wird einzige zugelassene Partei.

4 Setze dich kritisch mit den Aussagen von M4 auseinander. Achte besonders auf Formulierungen, in denen Wertungen des Autors deutlich werden.

5 Beschreibe die Rolle der SA anhand der Abbildungen M5 und S. 99, M3.

6 Erläutere anhand des Kastens „Die NSDAP setzt ihre Macht durch", welche politischen und gesellschaftlichen Gruppen bzw. Organisationen von der Machtdurchsetzung der NSDAP betroffen waren.

7 **Wähle eine Aufgabe aus:**
a) Analysiere M6 mithilfe der Methode „Einen Sachbuchtext erschließen" im Anhang.
b) Schreibe ein „Rechtsgutachten" zu den Handlungen Hitlers in der SA-Entmachtung.

8 Setzt euch in einer Gesprächsrunde mit den Begriffen Machtergreifung, Ermächtigungsgesetz und Gleichschaltung auseinander (Kästen).

9 Begründe: 1934 waren Demokratie und Rechtsstaat durch die Nationalsozialisten zertrümmert.

10 **Partnerarbeit:** Vergleicht die Regierungspolitik Hitlers mit den Vorgängen in Thüringen (S. 104 f.).

Webcode: FG1110444-101

Historische Urteile erkennen und formulieren

Was ist ein Urteil?

Neben der juristischen Bedeutung wird unter Urteil allgemein eine Aussage, ein Satz verstanden, der das Bestehen oder auch Nichtbestehen eines Sachverhalts behauptet. Im Alltag formulieren wir oft Urteile: Heute
5 ist es kalt. – Du hast dich richtig verhalten. – Der Film war schlecht.

Urteile gelten dann als sicher, wenn sie gut begründet und für andere einsichtig sind. Ob ein Urteil anerkannt wird, ist also abhängig von den anderen, die das Urteil
10 akzeptieren oder nicht.

Werturteil – historisches Urteil

Bei Werturteilen wird von einer Norm ausgegangen und von dieser her eine Wertung vorgenommen. Beispielsweise wird bei dem Werturteil „Ein Staat, in dem Bürger- und Menschenrechte geachtet werden, ist hö-
5 herstehend als ein Staat, in dem das nicht geschieht" von der Höherwertigkeit dieser Rechte ausgegangen.

In der Geschichtswissenschaft sind Werturteile umstritten, da sie meist nur eine Sichtweise berücksichtigen.

Ein historisches Urteil dagegen betrachtet die histori- 10
sche Situation zunächst unter verschiedenen Gesichtspunkten: Unter welchen sozialen, wirtschaftlichen und politischen Voraussetzungen handelten die Beteiligten? Welche Interessen verfolgten sie? Welche Handlungsmöglichkeiten hatten sie? Wie beurteilten die 15
Zeitgenossen die Situation? Wie beurteilen wir sie heute? Welche Aussagen sind belegbar, welche nur Vermutungen? Welchen Einflüssen unterliegt der Historiker selbst bei seinem Urteil? Durch sorgfältiges Abwägen und Vergleichen der Antworten kommt man schließ- 20
lich zu einem historischen Urteil.

Zusammengefasst kann man festhalten, dass bei Werturteilen nur von einer Sichtweise ausgegangen wird, dagegen bei historischen Urteilen von mehreren.

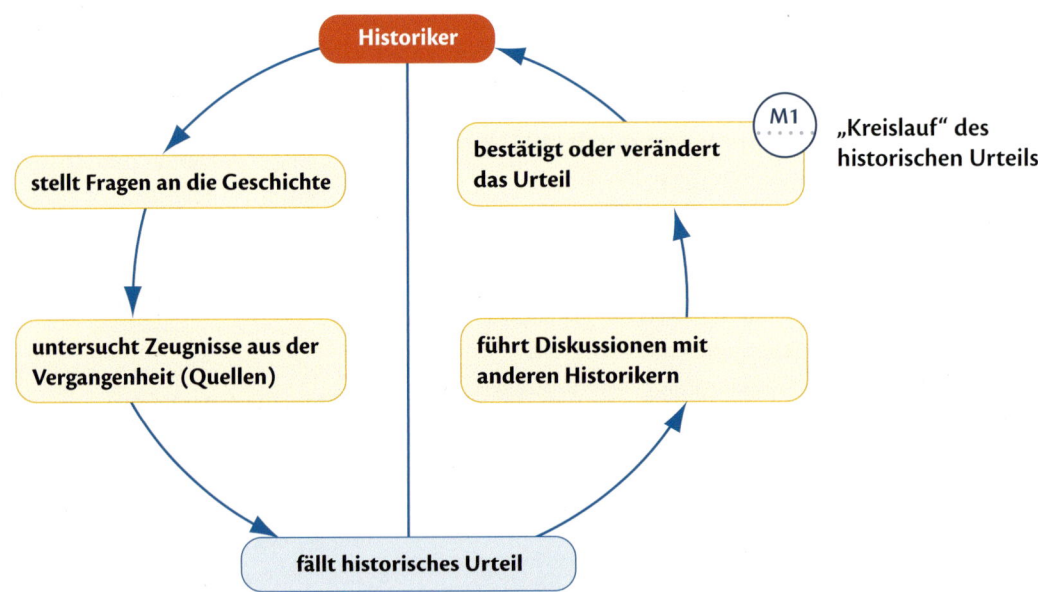

„Kreislauf" des historischen Urteils (M1)

Diagramm: Historiker → stellt Fragen an die Geschichte → untersucht Zeugnisse aus der Vergangenheit (Quellen) → fällt historisches Urteil → führt Diskussionen mit anderen Historikern → bestätigt oder verändert das Urteil → Historiker

1 a) Erkläre anhand des Darstellungstextes die Unterschiede: Werturteil – historisches Urteil.
b) Vollziehe an M1 nach, wie historische Urteile entstehen.

2 **Partnerarbeit:** Analysiert mithilfe von M2 arbeitsteilig die Historikertexte M3 und M4. Stellt eure Ergebnisse grafisch dar und erläutert sie euch gegenseitig.

3 a) Vergleicht in einer Gesprächsrunde eure Ergebnisse.
b) Formuliert eure Erkenntnisse zu historischen Urteilen aus der Untersuchung der Texte.
c) Diskutiert, welcher der Texte M2 bis M4 euch am ehesten als historisches Urteil überzeugt.
d) Formuliert in Gruppen eigene historische Urteile über das Ende der Weimarer Republik.

Falsches Denken und Handeln?

M2

Der Historiker Hagen Schulze schrieb 1982:

Woran ist also Weimar gescheitert? … Die wichtigsten Gründe liegen auf dem Feld der Mentalitäten,
der Einstellungen und des Denkens. In der Mitte
des Ursachenbündels finden sich eine Bevölke-
5 rungsmehrheit, die das politische System von Weimar auf die Dauer nicht zu akzeptieren bereit war,
sowie Parteien und Verbände, die sich den Anforderungen des Parlamentarismus nicht gewachsen
zeigten … Lapidar lässt sich also schließen: Bevölke-
10 rung, Gruppen, Parteien und einzelne Verantwortliche haben das Experiment Weimar scheitern lassen,
weil sie falsch dachten und deshalb falsch handelten. Auf dem Umweg über die Strukturanalyse gelangt man so zu dem Schluss, dass Weimar nicht
15 schicksalhaft oder bedingt durch anonyme Sach-
zwänge scheitern musste …

Hagen Schulze, Weimar. Deutschland 1917–1933, Berlin,
1982, S. 425. Zit. nach Die Weimarer Republik, hg. u. bearb.
von Udo Mergedant u. Friedhelm Meyer zu Natrup, Frankfurt a. M. (Cornelsen Hirschgraben) 1988, S. 103.

Elemente des historischen Urteils in M2

> Frage an die Geschichte

> wichtigste Gründe für das
> Scheitern: Mentalitäten, Ein-
> stellungen, Denken

> Kern des Ursachenbündels:
> fehlende Akzeptanz der parla-
> mentarischen Demokratie und
> Überforderung der Parteien
> und Verbände

> falsches Denken und deshalb
> falsches Handeln der Men-
> schen

> kein Scheitern der Demokratie
> durch Schicksal oder ano-
> nyme Sachzwänge

Verantwortung der traditionellen Eliten?

M3

Der Historiker Hans Mommsen schrieb 1999:

Die NSDAP hat bei Wahlen vor der Machtergreifung
niemals mehr Wähler hinter sich zu bringen vermocht als die beiden Linksparteien zusammen. Nicht
die Wahlerfolge Hitlers lösten die Krise des parlamen-
5 tarischen Systems aus, sondern die Krise des parlamentarischen Systems machte den Durchbruch der
NSDAP als Massenbewegung überhaupt erst möglich. Die politische Verantwortung für die nationalsozialistische Machtergreifung liegt primär bei den tra-
10 ditionalen Eliten, die es für vertretbar hielten, ein
Drittel des Volkes aus der politischen Mitverantwor-
tung auszuschließen. Gewiss war die Krise des parlamentarischen Systems eine allgemeine kontinental-
europäische Erscheinung … Die Auflösung des
15 bestehenden Mächtesystems unter dem Druck der
Weltwirtschaftskrise gab den konservativen Eliten
das Startzeichen, die politische Macht an sich zu reißen und zu einer von ihnen seit Langem geforderten
aktiven Revisionspolitik überzugehen.

Hans Mommsen, Von Weimar nach Auschwitz, Stuttgart
(dva) 1999, S. 164.

Politische Modernisierung verschleppt?

M4

Der Historiker Heinrich August Winkler schrieb
2002:

Der 30. Januar 1933 war … weder ein zwangsläufiges
Ergebnis der vorangegangenen politischen Entwicklung noch ein Zufall. Hitlers Massenrückhalt machte seine Ernennung möglich, aber erst durch den
5 Willen Hindenburgs und des Milieus, das er verkörperte, wurde er Kanzler … Wenn es eine Ursache
„letzter Instanz" für den Zusammenbruch der ersten deutschen Demokratie gibt, liegt sie in der historischen Verschleppung der Freiheitsfrage im 19.
10 Jahrhundert – oder, anders gewendet, in der Un-
gleichzeitigkeit der politischen Modernisierung
Deutschlands: der frühen Demokratisierung des
Wahlrechts und der verspäteten Demokratisierung
des Regierungssystems. Hitler wurde nach 1930
15 zum Hauptnutznießer dieses Widerspruchs und
legte damit das Fundament seines Erfolges.

Heinrich August Winkler, Der lange Weg nach Westen,
Band 1, 4. durchgesehene Auflage, München (C. H. Beck)
2002, S. 550.

Landesgeschichte: NSDAP und Zerstörung der Demokratie in Thüringen

M1

Das Mühlhäuser „Volkshaus" am Bastmarkt, Foto. Es wurde am 2. Mai 1933 von der SA besetzt und danach als „Haus der deutschen Arbeit" eingerichtet.

Die Machtergreifung in Mühlhausen

M2

Aus der Tageszeitung „Thüringer Allgemeine" vom 30. Januar 2013:

Am Beispiel der Stadt Mühlhausen möchte ich an einige Ereignisse erinnern und darstellen, dass sich auch hier die Stadtoberen und ein Teil der städtischen Einwohner sehr schnell mit den neuen Machthabern arrangierten. Die
5 nachfolgend genannten Daten und Ereignisse stammen aus der Chronik der Stadt, Band 5. Aus Anlass der Machtergreifung Hitlers finden am 5. Februar ein Aufmarsch und ein Dankgottesdienst der NSDAP und des „Stahlhelm" in der Marienkirche statt. Am 11. März
10 muss der Oberbürgermeister, Hellmut Neumann „entsprechend einem Wunsch nationaler Kreise" sein Amt als Polizeiverwalter niederlegen. Neumann fügt sich der Weisung des Regierungspräsidenten erst, nachdem ein SA-Obergruppenführer aus Erfurt angereist ist und
15 SS- und SA-Mannschaften das Rathaus, die Polizeiwache sowie umliegende Straßen besetzt haben.
Vom 1. bis 3. April 1933 wird der von der NSDAP organisierte Boykott jüdischer Geschäfte, Rechtsanwälte und Ärzte auch in der Stadt Mühlhausen umgesetzt. SA- und
20 SS-Leute stehen vor den jüdischen Geschäften und hindern Käufer am Betreten.

Es kommt verschiedentlich zu tätlichen Auseinandersetzungen zwischen verschiedenen Käufern und den aufgestellten SA-Leuten. Am 22. April pflanzte der Ver-
25 schönerungsverein im Stadtpark eine „Hitler-Eiche". Das Gewerkschaftshaus, das Volkshaus am Bastmarkt, wird am 2. Mai von Mitgliedern der NSDAP und der SA besetzt, 22 Gewerkschaftler werden von ihnen verhaftet … Die Hitlerjugend führt am 20. Mai auf dem Blobach unter
30 der Losung „Wider dem undeutschen Geist" eine Bücherverbrennung durch. Es werden mehr als 500 Bücher dem Hitler-Regime missliebiger Schriftsteller, unter anderem von Kisch, Feuchtwanger, Döblin, Zweig, Heinrich und Thomas Mann, Tucholsky, verbrannt. Die meisten
35 der Bücher stammen aus der Stadtbibliothek. Hitler nimmt die Ehrenbürgerschaft von Mühlhausen an und dankt durch ein eigenhändig unterzeichnetes Schreiben. Das vom OB der NSDAP zur Verfügung gestellte „Adolf-Hitler- Haus" An der Burg 14 wird am 4. November einge-
40 weiht.

Reinhard Laubsch, in: Thüringer Allgemeine vom 30. Januar 2013, http://muehlhausen.thueringer-allgemeine.de/web/lokal/leben/
detail/-/specific/Bei-Machtergreifung-der-Nazis-Aufmarsch-in-der-Marienkirche-251795587, Stand 30.03.2013.

Hitler und Thüringens Gauleiter Fritz Sauckel (links daneben) nehmen vor dem Erfurter Dom die Parade der SA-Kolonnen ab, Foto, 17. Juni 1933

Die Machtergreifung in Erfurt

Aus einem Interview mit dem Historiker Steffen Raßloff in der „Thüringer Allgemeine" vom 2. Februar 2013:

Frage: Welche Auswirkungen hatte die Machtübernahme der Nationalsozialisten für Erfurt?

Antwort: In Erfurt wurde die Stadt mit großen Ha-
5 kenkreuz-Fahnen beflaggt, Propagandaveranstaltungen wurden abgehalten. Hitler wurde beim SA-Gautreffen im Juni 1933 jubelnd in Erfurt empfangen …

Frage: Auch der Stadtrat wurde entmachtet und der seit 1919 regierende Bürgermeister Bruno Mann
10 abgesetzt.

Antwort: Ja, die Nationalsozialisten haben ihn rausgemobbt, ohne Widerstand der Bevölkerung. Dann wurde auch der letzte politische Widerstand gebrochen.
15 *Frage:* Wie geschah das?

Antwort: Es wurden einige Erfurter verhaftet, im Polizeigefängnis auf dem Petersberg eingesperrt und gefoltert. Weil der Platz dort aber nicht ausreichte, wurde ein provisorisches Konzentrationslager in einer
20 Fabrikhalle in der Feldstraße eingerichtet. Das waren die ersten Täterorte in Erfurt … Es wurden auch auf der Straße Menschen erschossen. Im Steigerwald hat man Arbeiterfunktionäre totgeschlagen …

Marc Miertschke in: Thüringer Allgemeine vom 2. Februar 2013, http://erfurt.thueringer-allgemeine.de/web/lokal/politik/detail/-/specific/Wie-sich-Erfurt-nach-der-Macht-ergreifung-Hitlers-entwickelt-hat-752886100, Stand 30.03.2013.

Begriffe und Daten

Der Aufstieg der NSDAP in Thüringen

Seit 1929 Auswirkungen der Wirtschaftskrise in Thüringen: Nach Aufschwungsphase in den 1920er Jahren (Großbauprojekte wie Nordpark mit Nordbad, Flughafen am Roten Berg, Pädagogische Akademie) wirtschaftlicher Absturz (Lohnsenkungen, Kurzarbeit, sinkende Steuereinnahmen, steigende Sozialleistungen, Arbeitslosigkeit, in Erfurt z. B. mehr als 30 Prozent)

1930 Erstmalige Beteiligung der NSDAP an einer Landesregierung in der Weimarer Republik mit zwei Ministern

1932 Sieg der NSDAP bei den Landtagswahlen mit 42,5 Prozent; NSDAP-Regierung unter Fritz Sauckel (ab 1933 Gauleiter für Thüringen) und vier NSDAP-Ministern, dazu ein Minister des Thüringer Landbundes

Vorschlag für eine Gruppenarbeit

1 Bearbeitet anhand der Materialien auf dieser Doppelseite folgende Themen:
a) die Methoden der Nationalsozialisten zur Machteroberung
b) das Verhalten der Bevölkerung
c) mögliche Gründe für das Verhalten der Menschen gegenüber den Nationalsozialisten
d) Erkenntnisse für uns heute, Entwicklungen wie die 1930 bis 1933 zu erkennen und sich dagegen zu wehren
e) Recherchen im eigenen Wohn-(Schul-)Ort.

Die Weltanschauung der Nationalsozialisten

Ideen und Ziele des Nationalsozialismus

Hitlers politisches Handeln ist ohne seine politische Grundeinstellung, die er selbst als seine „Weltanschauung" bezeichnete, nicht zu verstehen.

Er verbreitete seine politischen Ansichten in Reden und Schriften bereits zwischen 1919 und 1924. Die bekannteste und zeitgenössisch am weitesten verbreitete Schrift ist sein Buch „Mein Kampf". Es erschien ursprünglich in zwei Bänden, 1925 und 1926. Eine Volksausgabe in einem Band gab es ab 1930. Als Hitler 1933 Reichskanzler wurde, lag die Auflage bei fast 290 000 Exemplaren, bis Ende des Dritten Reiches 1945 bei rund zehn Millionen. Das Buch wird allgemein bezeichnet als weitschweifig, prahlerisch und von Halbbildung gekennzeichnet.

Im Zentrum von Hitlers Weltanschauung standen die Rassenideologie, der Antisemitismus, die Lebensraumideologie und das Führerprinzip. Von zentraler Bedeutung war auch die Ideologie der Volksgemeinschaft (siehe S. 112 f.) und des Sozialdarwinismus (siehe S. 13).

M1 Die Weltanschauung Hitlers

In seinem 1925 erschienenen Buch „Mein Kampf" schrieb Adolf Hitler:

1A „Volk und Rasse"

Demgegenüber erkennt die völkische Weltanschauung die Bedeutung der Menschheit in deren rassischen Urelementen … Sie glaubt somit keineswegs an eine Gleichheit der Rassen, sondern erkennt mit ihrer Verschiedenheit auch ihren höheren oder minderen Wert und fühlt sich durch diese Erkenntnis verpflichtet, … den Sieg des Besseren, Stärkeren zu fördern, die Unterordnung des Schlechteren und Schwächeren zu verlangen … Sie sieht nicht nur den verschiedenen Wert der Rassen, sondern auch den verschiedenen Wert der Einzelmenschen … Menschliche Kultur und Zivilisation sind auf diesem Erdteil unzertrennlich gebunden an das Vorhandensein des Ariers[1]. Sein Aussterben oder Untergehen wird auf diesen Erdball wieder die dunklen Schleier einer kulturlosen Zeit senken.

1B „Der Jude"

Wo immer wir in der Welt Angriffe gegen Deutschland lesen, sind Juden ihre Fabrikanten, gleich wie ja auch im Frieden und während des Krieges die jüdische Börsen- und Marxistenpresse den Hass gegen Deutschland planmäßig schürte … Die Gedankengänge des Judentums dabei sind klar. Die Bolschewisierung Deutschlands, d. h. die Ausrottung der nationalen völkischen Intelligenz und die dadurch ermöglichte Auspressung der deutschen Arbeitskraft im Joch der jüdischen Weltfinanz, ist nur als Vorspiel gedacht für die Weiterverbreitung dieser jüdischen Welteroberungstendenz.

1C „Lebensraum im Osten"

Nur ein genügend großer Raum auf dieser Erde sichert einem Volk die Freiheit des Daseins … Damit ziehen wir Nationalsozialisten bewusst einen Strich unter die außenpolitische Richtung unserer Vorkriegszeit. Wir setzen dort an, wo man vor sechs Jahrhunderten endete. Wir stoppen den ewigen Germanenzug nach dem Süden und Westen Europas und weisen den Blick nach dem Land im Osten. Wir schließen endlich ab die Kolonial- und Handelspolitik der Vorkriegszeit und gehen über zur Bodenpolitik der Zukunft. Wenn wir aber heute in Europa von Grund und Boden reden, können wir in erster Linie nur an Russland und die ihm untertanen Randstaaten denken.

1D „Führerprinzip"

Die junge Bewegung ist ihrem Wesen und ihrer inneren Organisation nach antiparlamentarisch, d. h. sie lehnt im Allgemeinen wie in ihrem eigenen inneren Aufbau ein Prinzip der Majoritätsbestimmung[2] ab, in dem der Führer nur zum Vollstrecker des Willens und der Meinung anderer degradiert wird. Die Bewegung vertritt im Kleinsten wie im Größten den Grundsatz der unbedingten Führerautorität, gepaart mit höchster Verantwortung … Der völkische Staat hat … keinen Vertretungskörper …, sondern nur Beratungskörper, die dem jeweilig gewählten Führer zur Seite stehen.

M1A und M1C zit. nach Walther Hofer (Hg.), Der Nationalsozialismus, Frankfurt a. M. (Fischer) 1957, S. 31 ff., S. 167.

M1B und M1D zit. nach Adolf Hitler, Mein Kampf, 11. Aufl., München (Franz Eher Nachfolger) 1932, 378 ff.

[1] nach NS-Vorstellungen Völker der indoeuropäischen Sprachfamilie
[2] Mehrheitsprinzip

„Der ewige Jude", Plakat von H. Stalüter zur gleichnamigen Ausstellung, 1937

Biografie

Adolf Hitler

Hitler wurde am 20. April 1889 als Kind einer Zollbeamtenfamilie in Braunau/Inn (Österreich) geboren. Er verließ die Realschule ohne Abschluss und führte zwischen 1905 und 1914 in Linz und Wien ein ungeregeltes Leben. Nachdem er nicht in die Kunstakademie aufgenommen worden war, hielt er sich mit Gelegenheitsarbeiten als Kunstmaler über Wasser. 1914 meldete er sich als Kriegsfreiwilliger, wurde als Meldegänger eingesetzt und erhielt einen Tapferkeitsorden. 1919 trat er in München in die Deutsche Arbeiterpartei (DAP) ein, die auf seinen Vorschlag 1920 in „Nationalsozialistische Deutsche Arbeiterpartei" (NSDAP) umbenannt wurde. Nach dem Putsch 1923 und einem kurzen Gefängnisaufenthalt baute er ab 1925 die NSDAP auf. Sie erreichte den politischen Durchbruch in den Reichstagswahlen 1930 mit einer Steigerung von drei auf 18 Prozent. 1933 wurde Hitler zum Reichskanzler ernannt. Unter seiner Führung wurde ein beispielloses Terrorsystem aufgebaut. Kurz vor der Kapitulation Deutschlands im Mai 1945 beging Hitler Selbstmord (30. April).

„Ein Volk, ein Reich, ein Führer", Plakat für deutsche Behörden- und Schulräume seit 1938/39. Es bezieht sich auf den Anschluss Österreichs im März 1939.

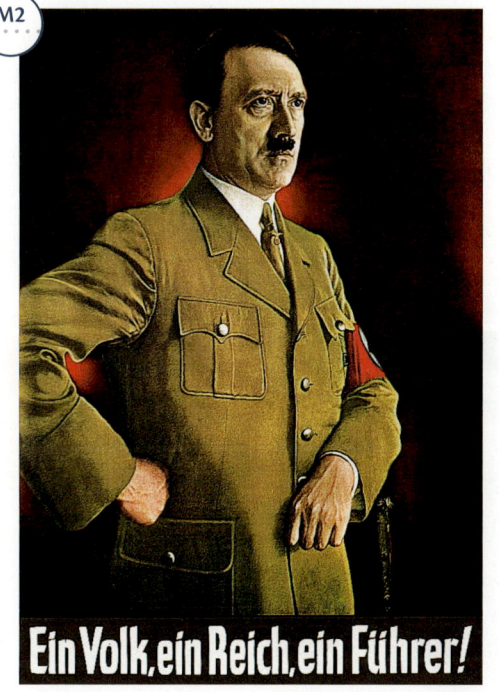

Ein Volk, ein Reich, ein Führer!

„Warum ich Nationalsozialist bin"

Anhänger der NSDAP schilderten Anfang der 1930er Jahre Gründe ihrer politischen Orientierung:

4A *Eine Hamburger Lehrerin (1932):* Wie viele sehen zu ihm [Hitler] auf in ergreifender Gläubigkeit als dem Helfer, Erretter, als dem Erlöser aus übergroßer Not. – Zu ihm, der den preußischen Prinzen, den Gelehrten, den Geistlichen, den Bauern, den Arbeiter, den Erwerbslosen aus der Partei rettet ins Volk hinein.

4B *Ein SA-Scharführer (1934):* Unsere Gegner irrten sich daher grundsätzlich, wenn sie uns als Partei der Wirtschaftspartei, den Demokraten oder den marxistischen Parteien gleichsetzten. Alle diese Parteien waren nur Interessenverbände, ihnen fehlte die Seele, das geistige Band. Adolf Hitler kam mit einer neuen politischen Religion. Diese Religion ist geboren aus der Erhebung des deutschen Volkes am 4. August 1914 und dem großen Ringen unsres Volkes von 1914 bis 1918.

Zit. nach Michael Burleigh, Die Zeit des Nationalsozialismus, Frankfurt a. M. (Fischer) 2000, S. 143 f.

1 a) Beschreibe Hitlers Weltanschauung (M1 und M3).
   b) Prüfe, welche Begriffe der NS-Ideologie im Darstellungstext sich den Abschnitten in M1 zuordnen lassen.
2 Erarbeite die Aussage von M2 mithilfe der Methode „Politische Plakate untersuchen" (siehe S. 64 f.).
3 a) Untersuche, wie sich Hitlers Ideologie in den Äußerungen seiner Zeitgenossen (M4) widerspiegelte.
   b) Beurteile Hitlers Weltanschauung aus deiner Sicht.

Webcode: FG1110444-107

Herrschaft durch Propaganda – Feier- und Festkultur

Massenverführung und Überwältigung

Obwohl die Nationalsozialisten ihr System auf Unterdrückung, Verfolgung und Terror gegründet hatten, verbanden viele Menschen nach 1945 auch positive Erinnerungen mit der NS-Zeit. Während Minderheiten
5 wie die jüdischen Bürgerinnen und Bürger aus der „Volksgemeinschaft" ausgeschlossen und verfolgt wurden, warb die NS-Führung unablässig um die Mehrheit der Bevölkerung. Die wichtigsten Instrumente dafür waren Veranstaltungen und Erlebnisangebote, mit de-
10 nen die Massen dauerhaft mobilisiert werden sollten. Eine wichtige Rolle spielte die Freizeitorganisation der NSDAP „Kraft durch Freude" (KdF). Sie ermöglichte dem „kleinen Mann" und seiner Familie bisher nicht bekannte organisierte Pauschalurlaube in Deutschland
15 und im Ausland. Finanziert wurden sie auch aus dem geraubten Vermögen der Gewerkschaften.
Zum NS-Propagandaapparat gehörte auch die Radiorede. Sie war in den 1930er und 1940er Jahren eine wichtige „Propagandawaffe". Mit der Massenproduktion ei-
20 nes billigen Radiotyps, dem „Volksempfänger", konnte fast jeder Haushalt die Stimme Adolf Hitlers hören. Massenmedien wie die Wochenschau und Kinofilme wurden gezielt gefördert, das Hören ausländischer Sender (ab Kriegsbeginn) jedoch hart bestraft. Die
25 Macht der Propaganda als Erlebnis zeigte sich beson-
ders bei den alljährlich wiederkehrenden Feiern: am 30. Januar, dem „Tag der Machtergreifung", am 20. April, Hitlers Geburtstag, am 1. Mai, dem „Tag der nationalen Arbeit" – ursprünglich ein Feiertag der Arbeiterbewegung – oder bei den Reichsparteitagen im September.
30 Die Bauern spielten in der NS-Politik eine wichtige Rolle. Sie sollten eine vom Ausland unabhängige Ernährung der Bevölkerung sicherstellen. Wie andere Unternehmer auch waren die Bauern in der Weltwirtschaftskrise in eine schwierige Situation geraten. Mit
35 der Machtübernahme der Regierung Hitler verbesserte sich zunächst ihre rechtliche und wirtschaftliche Position. So sollte das Reichserbhofgesetz vom 29. September 1933 die Höfe vor Überschuldung und Zersplitterung bei der Vererbung bewahren. Die Bauern, der
40 sogenannte Reichsnährstand, wurden im Rahmen der „Blut-und-Boden-Ideologie" von den Nationalsozialisten propagandistisch stark umworben. Ein Beispiel inszenierter Feier-Propaganda waren die Reichserntedankfeste auf dem Bückeberg bei Hameln an der
45 Weser. Zum ersten Mal wurde das Fest am 1. Oktober 1933 mit etwa 500 000 Menschen veranstaltet. Das deutsche Bauerntum – so die offizielle Losung – sollte an diesem Tag ein Bekenntnis zum neuen Reich ablegen in seiner Bedeutung als Volksernährer.
50

M1 **Reichserntedankfest auf dem Bückeberg bei Hameln,** Foto, 3. Oktober 1937

Zwischen Volkstanz und Führerrede

Aus dem Programm für den Staatsakt des Reichs-
erntedankfestes auf dem Bückeberg am 6. Oktober
1935:

7 Uhr: Beginn des Aufmarsches der Teilnehmer.
Ab 8 Uhr: Darbietungen durch Volkstanzgruppen,
Sing- und Spielgruppen, Massenchöre und Musik;
8000 bäuerliche Trachtenträger, Träger von Feldzei-
5 chen und Fahnen rücken zur Spalierbildung vor.
Gegen 12 Uhr: Eintreffen des Führers auf dem
Kundgebungsgelände; Abfeuern von 21 Schuss
Salut.
12.19 Uhr: 3 Knallbomben als Zeichen zur Eröff-
10 nung der Kundgebung; Überreichung einer Ernte-
krone an den Führer. Chor „Segnung".
12.25 Uhr: Eröffnungsansprache Reichsminister Dr.
Goebbels. Begrüßungsflug von 7 Staffeln der Luftwaffe; Beginn der Gefechtsübung der Wehrmacht.
15 13.25 Uhr: Rede des Führers; danach Deutschland-
Lied, Horst-Wessel-Lied; Abfahrt des Führers; Ab-
schuss von 200 Fallschirmbomben (mit Haken-
kreuzfähnchen); Beginn des Abmarsches der
Teilnehmer.
20 19 Uhr bis 7. Okt., 7 Uhr: Abfahrt der Sonderzüge.
20 Uhr: Empfang der Bauernabordnungen durch
den Führer in der Kaiserpfalz Goslar.
21.15 bis 21.25 Uhr: Großes Feuerwerk.
Zit. nach Bernhard Gelderblom, Die Reichserntedankfeste
auf dem Bückeberg, Hameln (Niemeyer) 1998, S. 16 f.

M3

Hitler betritt die Rednertribüne auf dem Bückeberg,
Foto, hier 1935. Bei seiner Ankunft ging Hitler auf dem
Mittelweg zunächst zur (oberen) Ehrentribüne („Aufstieg
durch das Volk" – 45 Minuten für 500 Meter), zur Rede
dann zur (unteren) Tribüne – „unter dem Volk".

„Ist Deutschland nicht schön?"

Aus der Rede Hitlers auf dem Bückeberg von 1937:
Glauben Sie: Wir stehen schwereren Aufgaben gegenüber als andere Staaten …: zu viele Menschen
auf einem zu kleinen Lebensraum, es mangelt an
Rohstoffen, mangelt an Anbaufläche, und trotz-
5 dem: Ist Deutschland nicht schön? Ist Deutschland nicht trotzdem wunderbar? Lebt unser Volk
nicht trotzdem so anständig? Mögen Sie alle mit
irgendetwas anderem tauschen? (Stürmische
„Niemals"-Rufe der Massen) … Wir haben keine
10 Lust, mit irgendjemandem Händel anzufangen.
Aber es soll auch jeder wissen: Den Garten, den
wir uns bestellt haben, den ernten wir auch allein
ab, und niemand soll sich einbilden, jemals in diesen Garten einbrechen zu können! Das können
15 sich die internationalen jüdischen Bolschewisten-
verbrecher gesagt sein lassen: Wo immer sie auch
hingehen – an der deutschen Grenze stoßen sie
auf ein eisernes Stopp! (Lang anhaltende begeisterte Zustimmung.)
Völkischer Beobachter vom 4. Oktober 1937.

1 Erörtere, inwiefern die Begriffe „Massenverführung" und
„Überwältigung" für die Reichserntedankfeste zutreffen
(Darstellungstext, M1 bis M4).

2 a) Informiere dich über die Ursprünge des „Erntedankfestes" (Lexikon, Internet) und seine Instrumentalisierung durch die Nationalsozialisten.
b) Bewerte die Instrumentalisierung der Veranstaltung
durch die NS-Herrscher.

3 Untersuche die Rede M4. Notiere, welche Mittel Hitler
einsetzte, um die Zustimmung seiner Zuhörer zu erreichen. Nimm die Methode „Politische Reden analysieren"
(siehe S. 156 f.) zu Hilfe.

4 **Recherche:** Untersuche die Geschichte des Begriffs
„Propaganda". Finde heraus, ob es einen Bedeutungs-
wandel gegeben hat.

5 **Wahlaufgabe/Partnerarbeit:** Versetzt euch in die Lage
zweier Teilnehmer bzw. Beobachter des Reichserntedank-
festes. Schreibt zwei Briefe an Freunde, in denen ihr vom
Fest berichtet:
a) aus der Sicht eines NS-Anhängers und
b) aus der Sicht eines NS-Kritikers.

Propaganda-Medien analysieren

Herrschaft durch Propaganda

Ein wesentliches Mittel zur Verblendung und Verführung war die nationalsozialistische Propaganda. Die Nationalsozialisten nutzten von Anfang an die neuen medialen Möglichkeiten, die mit Rundfunk und Film gegeben waren. Bereits für ihren Aufstieg hatten sie neue Medien genutzt, um die Bevölkerung zu mobilisieren: Der Einsatz von Flugzeugen, großen Lautsprecheranlagen, Parteizeitungen und Plakaten zeigte Wirkung. Der Volksempfänger, ein einfaches Rundfunkgerät, wurde in Großserie hergestellt, um den Kauf für jedermann erschwinglich zu machen. So konnte der Führer „täglich ins Haus" kommen.

Allen Kinobesitzern wurde 1934 vorgeschrieben, im Vorprogramm wenigstens einen Kulturfilm und die Wochenschau zu zeigen. Die Filmberichterstattung, die dabei geboten wurde, sollte der Volksbildung dienen, sie musste aber gleichzeitig den Vorgaben der Reichskulturkammer entsprechen. Sie war eine Zwangsvereinigung, in der Kulturbereiche, wie Rundfunk, Theater, Presse, Musik und bildende Künste, zusammengeschlossen waren.

Das Medium Film gehörte wohl zum wirksamsten Teil der Propaganda. In Kriegszeiten wurden Propagandafilme unter dem Deckmantel von „Dokumentationen" besonders gefördert: Filme über die Reichsparteitage oder der von Leni Riefenstahl gedrehte Film über die Olympischen Spiele 1936. Hetzfilme wie „Jud Süß" oder „Der ewige Jude" vermittelten einen aggressiven Antisemitismus. Joseph Goebbels, Reichspropagandaminister und Führer der Reichskulturkammer, setzte vor allem im Krieg auf die Unterhaltungsfunktion des Films, um so von den Problemen der Gegenwart abzulenken. Besonders erfolgreich waren die Filme „Schwarze Rosen" (1936), „Mutterliebe" (1938), „Wunschkonzert" (1941), „Münchhausen" (1943) und „Der weiße Traum" (1944).

M1 **Propaganda für den Volksempfänger,** Plakat zur Rundfunkausstellung in Berlin 1936

Arbeitsschritte

1. Schritt: Historischen Kontext klären

– In welcher Zeit ist das Dokument entstanden?
– Nimmt es Bezug auf ein ganz konkretes historisches Ereignis oder behandelt es ein allgemeines Thema?
– In welchem Zusammenhang stehen die Entstehungszeit des Dokuments und das dargestellte Geschehen?

2. Schritt: Gattung festlegen und Funktion klären

– Handelt es sich z. B. um eine Rundfunkansprache, einen Nachrichtenbeitrag, Dokumentarfilm, Propaganda- bzw. Werbefilm?
– Welche Adressaten sollen erreicht werden?
– Welche Wirkung wird mit der Gattung generell angestrebt?

3. Schritt: Propagandistische Mittel untersuchen

Textanalyse:
– Wortwahl (z. B. Leerformeln, Schlagwörter, Superlative)
– Rhetorische Figuren (einschließlich Wirkung)
– Argumentationsstruktur (Behauptungen, Beweise/Begründungen)

Bildanalyse:
– Personendarstellungen (z. B. Auftreten, Gestus)
– Filmtechnische Mittel (Farbgebung, Kameraführung, Ton)

4. Schritt: Folgen von Propaganda bewerten

– Positive Selbstdarstellung (Überbewertung der eigenen Leistung)
– Abwertung anderer (Feindbilder)
– Mobilisierung von Massen

Hitler spricht im Sportpalast

Bei der ersten öffentlichen Kundgebung der NSDAP nach der Machtübernahme hielt Adolf Hitler am 10. Februar 1933 im Sportpalast, der größten Veranstaltungshalle in Berlin, die folgende Rede (Auszüge):

Deutsche Volksgenossen und -genossinnen!
Am 30. Januar dieses Jahres wurde die neue Regierung der nationalen Konzentration gebildet. Ich und damit die nationalsozialistische Bewegung traten in
5 sie ein …
Und da erheben sich nun eine Anzahl von großen Aufgaben vor uns. Die erste und damit der erste Programmpunkt: Wir wollen nicht lügen und wollen nicht schwindeln! Ich habe deshalb es abgelehnt,
10 jemals vor dieses Volk hinzutreten und billige Versprechungen zu geben … Immer und immer wieder predige ich, der Wiederaufstieg der deutschen Nation ist die Frage der Wiedergewinnung der inneren Kraft und Gesundheit des deutschen Volkes …
15 Und so komme ich zum zweiten Punkt dieses Programms. Ich will Ihnen nicht versprechen, dass diese Wiederauferstehung unseres Volkes von selbst kommt … Alles wurzelt nur im eigenen Willen, in der eigenen Arbeit.
20 Und drittens wollen wir unsere ganze Arbeit leiten lassen von einer Erkenntnis, von einer Überzeugung: Glaube niemals an fremde Hilfe, die außerhalb unserer eigenen Nation, unseres eigenen Volkes liegt! In uns selbst allein liegt die Zukunft des deutschen
25 Volkes …
14 Jahre lang haben die Parteien des Verfalls, des Novembers, der Revolution das deutsche Volk geführt und misshandelt, 14 Jahre lang zerstört, zersetzt und aufgelöst. Es ist nicht vermessen, wenn ich
30 heute vor die Nation hintrete und sie beschwöre: Deutsches Volk, gib uns vier Jahre Zeit, dann richte und urteile über uns! … Denn ich kann mich nicht lossagen von dem Glauben an mein Volk, kann mich nicht lossagen von der Überzeugung, dass die-
35 se Nation wieder einst aufstehen wird, kann mich nicht entfernen von der Liebe zu diesem, meinem Volk und hege felsenfest die Überzeugung, dass eben doch dann einmal die Stunde kommt, in der die Millionen, die uns heute verfluchen, hinter uns
40 stehen und mit uns begrüßen werden dann das gemeinsam geschaffene, mühsam erkämpfte, bitter erworbene neue Deutsche Reich der Größe und der Ehre und der Kraft und der Herrlichkeit und der Gerechtigkeit. – Amen.

Mitschrift einer Rundfunkaufnahme vom 10. Februar 1933 (DRA), in: CD Forum Geschichte kompakt 2, Handreichung für den Unterricht (Cornelsen) 2008.

Alles herhören!

Reichskanzler Adolf Hitler

spricht über das

Programm der Reichsregierung

in großangelegter Rede

Freitag, den 10. Februar, abends

über alle **deutschen Sender**

im Rundfunk.

Versäumen Sie nicht, den Retter Deutschlands zu hören. Wenn Sie keinen Apparat besitzen, dann gehen Sie zu Ihren Bekannten, Verwandten oder ins Gasthaus.

Nationalsozialistische Deutsche Arbeiter-Partei (Hitlerbewegung).

Flugblatt zur Rede Adolf Hitlers im Sportpalast am 10. Februar 1933.

Propaganda

Adolf Hitler schrieb 1924 in „Mein Kampf" zum Begriff Propaganda:

Die Aufnahmefähigkeit der großen Masse ist nur sehr beschränkt, das Verständnis klein, dafür jedoch die Vergesslichkeit groß. Aus diesen Tatsachen heraus hat sich jede wirkungsvolle Propagan-
5 da auf nur sehr wenige Punkte zu beschränken und diese schlagwortartig so lange zu verwerten, bis auch bestimmt der Letzte unter einem solchen Worte das Gewollte sich vorzustellen vermag.

Adolf Hitler, Mein Kampf, Volksausgabe, o. O., o. J., S. 198.

Vorschlag für eine Gruppenarbeit

1 a) Lest die Hitler-Rede M2 und das Flugblatt M3.
b) Beschafft das Tondokument zu M2 und hört es euch an.
c) Untersucht das Tondokument nach den Arbeitsschritten 1 bis 4.

2 Beschafft euch weitere Ton- oder Filmdokumente aus der NS-Zeit (z. B. Ausschnitte aus der Wochenschau oder einem Spielfilm) und untersucht sie.

Die NS-Volksgemeinschaft

M1

Ausgrenzung statt Gemeinschaft

Der Historiker Michael Wildt schrieb 2011:
Die Verheißung von sozialer Gemeinschaft und
nationalem Wiederaufstieg, von Überwindung der
Klassengesellschaft und politischer Einheit trug
ganz wesentlich zur Attraktivität des Nationalsozia-
5 lismus bei. Bei aller Inklusionsrhetorik [Inklusion:
Miteinbezogensein] … auf der Seite der Rechten
war bei ihnen die „Volksgemeinschaft" vor allem
durch Grenzen, durch Exklusion [Ausschließung]
bestimmt. Nicht so sehr die Frage, wer zur „Volks-
10 gemeinschaft" gehörte, beschäftigte die Rechte als
vielmehr, wer nicht zu ihr gehören durfte, eben jene
bereits sprachlich ausgegrenzten „Gemeinschafts-
fremden", allen voran die Juden. Der Antisemitismus
spielte dabei die entscheidende Rolle. Denn in der
15 vorkonstitutionellen, außerstaatlichen Konstruktion
des Volkes als „natürliche Blutsgemeinschaft", die zu
ihrer eigenen politischen Ordnung – die eben nicht
der bürgerliche Nationalstaat war – finden müsse,
war die rassistische, antisemitische Grenzlinie un-
20 trennbar eingelassen.
„Staatsbürger kann nur sein, wer Volksgenosse ist.
Volksgenosse kann nur sein, wer deutschen Blutes
ist, ohne Rücksichtnahme auf Konfession. Kein Jude
kann daher Volksgenosse sein" – so heißt es klar
25 und deutlich im Parteiprogramm der NSDAP aus
dem Jahr 1920. Antisemitismus konstituierte die
nationalsozialistische „Volksgemeinschaft" …
Der Nationalsozialismus bot Möglichkeitsräume,
nicht nur der Macht, als vielmehr auch der Gewalt.
30 Nationalsozialistische Politik war von Anfang an
stets gewalttätige Praxis: Antisemitismus der Tat …
Betrachtet man die Bilder von jenen Umzügen, die
am helllichten Tag in aller Öffentlichkeit stattfanden,
so fallen die Mengen auf, die diese Umzüge beglei-
35 ten: Frauen, Kinder, Jugendliche laufen mit, lachen,
verhöhnen, beschimpfen, bespucken die Opfer …
Die Gewalt war öffentlich, sie sollte die Ohnmacht
des Opfers und die Macht der Täter zur Schau stellen.

Michael Wildt, „Volksgemeinschaft" als Selbstermächti-
gung in: Hitler und die Deutschen. Volksgemeinschaft und
Verbrechen, Katalog einer Ausstellung des DHM 2011,
hg. v. Hans-Ulrich Thamer und Simone Erpel, Dresden
(Sandstein Verlag) 2011, S. 90 f.

M2

„80 Millionen eint das Eintopfessen", Propagandaplakat
von 1938. Der Eintopfsonntag war je ein Sonntag in den
Monaten Oktober bis März. Der dadurch ersparte Betrag
sollte dem Winterhilfswerk gespendet werden.

M3

**Plakat von
René Ahrlé,**
zwischen
1933 und
1939

M4

Ein jüdischer Student wird von der SA durch Marburg getrieben, Foto, 24. August 1933

Begriffe und Daten

Volksgemeinschaft

Der aus dem 18. Jahrhundert stammende Begriff wurde erst wieder durch die Jugendbewegung nach 1900 und nach dem Ersten Weltkrieg im Sinne der „Frontgemeinschaft" verwendet. Bei den Nationalsozialisten erlangte er eine zentrale Bedeutung. Sie verstanden unter diesem Begriff eine „Bluts- und Schicksalsgemeinschaft", in der Standesgegensätze, Klassen, Parteien und Einzelinteressen aufgehoben werden sollten und sich die Gemeinschaft dem Willen eines Führers unterordnete. Nicht in die Volksgemeinschaft gehörten nach Auffassung der Nationalsozialisten diejenigen, die zum politischen Gegner erklärt oder aus rassistischen Gründen ausgegrenzt wurden. Idee und Wirklichkeit der Volksgemeinschaft im Nationalsozialismus waren antipluralistisch und antidemokratisch.

M5

„Ich bin aus der Volksgemeinschaft ausgestoßen!", Foto, Altenburg (Thüringen), 7. Februar 1942. Die Frau hatte einen polnischen Freund.

Vorschlag für eine Gruppenarbeit

Die Seiten 112 bis 125 könnt ihr auch in Gruppen erarbeiten. Jede Gruppe übernimmt ein Thema. Nutzt die Aufgaben zur Erschließung der Teilthemen. Stellt eure Ergebnisse in der Klasse vor und erörtert gemeinsam: Die NS-Volksgemeinschaft – zwei Gesichter?

Webcode: FG1110444-113

1 Partnerarbeit:
a) Analysiert M1. Fasst die Aussagen des Autors thesenhaft zusammen.
b) Vergleicht in der Klasse.

2 Gruppenarbeit:
Analysiert arbeitsteilig M2 bis M5 und stellt eure Ergebnisse in der Klasse vor.

3 Diskutiert gemeinsam die These: „Volksgemeinschaft" ist in unserer heutigen Gesellschaft ein veralteter, historischer Begriff.

Frauen in der NS-Volksgemeinschaft

Opfer oder Täterinnen?

In der Diskussion um die Rolle der Frauen im National-
sozialismus gab es in den vergangenen Jahrzehnten im
Wesentlichen zwei Positionen: Entweder waren die
Frauen „Opfer" der Männerherrschaft im Nationalsozi-
5 alismus oder sie waren „Täterinnen", weil sie die NS-
Ideologie mit getragen und verbreitet haben.

Vollgermane sucht Minne

Heiratsanzeigen in der Parteizeitung „Völkischer
Beobachter", 12. August 1934:

1A SA-Scharführer, Anfang 30, Blutordensträger,
blonder Vollgermane, kernig und erbgesund,
sucht auf diesem Weg die Mutter seiner kommenden Kinder und Wahrerin seines Hortes. Sel-
5 be muss Garantin rassischer Vollwertigkeit kom-
mender Geschlechter sein. Stattliche Blondine
bevorzugt, nachgedunkelte Schrumpfgermanin
unerwünscht. Eigenes Heim vorhanden.

1B Deutsche Minne, blondes BDM-Mädel, gott-
gläubig, aus bäuerlicher Sippe, artbewusst, kinder-
lieb, mit starken Hüften, möchte einem deutschen
Jungmann Frohwalterin seines Stammes sein (nie-
5 dere Absätze – kein Lippenstift). Nur Neigungs-
ehe mit zackigem Uniformträger.

Zit. nach Wochenschau I, Nr. 2: Der NS-Staat, März/April
1995, S. 74.

Adolf Hitler zur Rolle der Frau

Auf einer Tagung der NS-Frauenschaft sagte Adolf
Hitler am 8. September 1934:

Die deutsche Frau braucht sich in den wirklich
guten Zeiten des deutschen Lebens nie zu eman-
zipieren … Wenn man sagt, die Welt des Mannes
ist der Staat, die Welt des Mannes ist sein Ringen,
5 die Einsatzbereitschaft für die Gemeinschaft, so
könnte man vielleicht sagen, dass die Welt der
Frau eine kleinere sei. Denn ihre Welt sind der
Mann, ihre Familie, ihre Kinder und ihr Haus …
Was der Mann einsetzt an Heldenmut auf dem
10 Schlachtfeld, setzt die Frau ein in ewig geduldiger
Hingabe, in ewig geduldigem Leid und Ertragen.

Völkischer Beobachter Nr. 253 vom 10. September 1934.
Zit. nach Max Domarus, Hitler. Reden und Proklamatio-
nen, Bd. 1, Wiesbaden (Löwit) 1973, S. 450 f.

Frauenarbeit – Anspruch und Realität

Der Historiker Wolfgang Wippermann 1998:

Ein … [rigider] Numerus clausus wurde an den
Universitäten eingeführt. Nur zehn Prozent der
Studierenden sollten Frauen sein [wurde schon
1935 aufgehoben]. Dass … [1943] fast die Hälfte
5 aller deutschen Studierenden an Universitäten
Frauen waren, … zeigt aber doch, dass die Nationalsozialisten bereit waren, einige ihrer ursprünglichen ideologischen Ziele den ökonomischen
Zwängen unterzuordnen … Von einer „gezielten
10 Ausschaltung [der Frauen] aus dem Arbeitspro-
zess" wird man … kaum sprechen können. Dass
nicht mehr Frauen in den Wirtschaftsprozess eingegliedert wurden, hatte [als wichtigsten Grund]
die rücksichtslose Ausbeutung von „Fremdarbei-
15 tern".

Wolfgang Wippermann, Umstrittene Vergangenheit,
Berlin (Elefanten Press) 1998, S. 183 ff.

> ### Biografie
>
> #### Gertrud Scholtz-Klink (1902–1999)
>
> Tochter eines Beamten. Sie verließ
> während des Ersten Weltkrieges vorzei-
> tig das Gymnasium und arbeitete im
> Bahnhofsdienst und im Haushalt von Offizieren. Sie
> sympathisierte früh mit der NS-Bewegung, arbeitete
> ab 1930 aktiv in der NSDAP und wurde 1934 „Reichs-
> frauenführerin" – das war ein symbolischer Titel, denn
> alle Frauenorganisationen unterstanden in finanzieller
> Hinsicht männlicher Kontrolle. Ihre Hauptaufgabe
> bestand darin, die Frauenrolle auf den „Dienst für den
> Mann" auszurichten und junge Frauen vom Studium
> fernzuhalten. Die Gleichwertigkeit von Frauen und
> Männern lehnte sie ab. Unter dem Eindruck des Ar-
> beitskräftebedarfs in der Kriegszeit änderte sie ihre
> ablehnende Meinung über Frauenarbeit in Rüstungs-
> betrieben. Am Kriegsende 1945 tauchte sie unter, ließ
> sich unter falschem Namen entnazifizieren und wur-
> de später zu einer Haftstrafe von 18 Monaten verur-
> teilt. Sie blieb überzeugte Nationalsozialistin.

Verleihung des Mutterkreuzes, Foto, 1943. Das „Ehren-
kreuz der deutschen Mutter", wie es offiziell hieß, wurde
seit 1938 als ordensähnliche Auszeichnung an Mütter
mit vier und mehr Kindern verliehen. Das Ziel war es,
mit dieser propagandistischen Maßnahme die Bedeutung kinderreicher Familien herauszustellen.

„Hilf auch Du mit!", Plakat, 1943

M6

M5

„Wir Frauen haben nicht abseits gestanden"

Marion Gräfin York von Wartenburg, geboren 1904 in Berlin, Jurastudium und Promotion, 1930 Heirat mit Peter Graf
York von Wartenburg, einem führenden Mitglied der Widerstandsgruppe Kreisauer Kreis*, war seit 1952 Direktorin
eines Landgerichts. Sie erinnerte sich nach 1945:

„Mein Kampf" habe ich damals nicht gelesen. Auch
später nicht. Ich wusste aber sehr bald, dass viele Menschen eingesperrt wurden … Man hat schon sehr bald
nach der Machtergreifung Lager errichtet. Ich entsinne
5 mich auch noch an unseren Schrecken über eine Zei-
tungsnachricht viele Jahre später, in der von einem Telegramm des Gauleiters Koch aus Ostpreußen die Rede
war, der seinem Führer meldete, dass Ostpreußen nun
„frei von Juden" sei. Damals haben wir noch lange im
10 größeren Kreis über dieses entsetzliche organisierte

Töten durch Deutsche gesprochen. Die Wehrlosigkeit
gegenüber den Verbrechen im Dritten Reich quälte
Peter am meisten. Deshalb beteiligte er sich eigentlich
auch am 20. Juli … Wir Frauen haben bei alledem [dem
15 Widerstand des „Kreisauer Kreises"] nicht abseits ge-
standen. Peter hat nie etwas vor mir verheimlicht …
Und auch an diesen Beratungen habe ich immer, wenn
ich in Berlin war, teilgenommen. Ich habe den Männern
oft gekocht und gehörte dazu. Ich musste auch Nach-
20 richten überbringen.

Brigitte Löhr (Hg.), Frauen in der Geschichte, Bd. 2, Tübingen (Dt. Inst. f. Fernstudien a. d. Univ. Tübingen/© Hanser) 1994, S. 256 f.

1 Untersuche M1 und M2 a) nach den politischen Zielen und b) nach den ideologischen Grundlagen der Nationalsozialisten. Lies auf S. 106 f. nach.

2 Zeige anhand von M3 den Konflikt der nationalsozialistischen Führung zwischen ihrem Anspruch an die Rolle
der Frauen und der tatsächlichen Entwicklung während der NS-Herrschaft.

3 Diskutiert in der Klasse über Person und Karriere der Gertrud Scholtz-Klink.

4 Beschreibe anhand von M4 und M6, wie die Frauenrolle dargestellt wird.

5 Setze M5 in einen Zusammenhang mit den Erwartungen der Nationalsozialisten an Frauen.

6 Beantworte die Frage in der Überschrift des Darstellungstextes.

7 **Wahlaufgabe:** Untersuche, inwieweit an den Materialien auf den Seiten 114 f. die Rolle der Männer deutlich wird.

Webcode: FG1110444-115

Freizeit im NS-Staat

„Kraft durch Freude"

Nach der Zwangsauflösung der Gewerkschaften im Mai 1933 wurde im Zuge der nationalsozialistischen Gleichschaltungspolitik die Deutsche Arbeitsfront (DAF) gebildet. Als Verband der NSDAP war die DAF
5 ein politisches und wirtschaftliches Instrument der Partei. Damit konnte die Arbeitnehmerschaft ihre sozialpolitischen Interessen nicht mehr unabhängig vom Staat vertreten.

Ziel der NS-Führung war, die Leistungsbereitschaft der
10 Arbeiterinnen und Arbeiter zu fördern. Dies sollte mit Verbesserungen der Arbeitsbedingungen, einem gesetzlichen Urlaubsanspruch und Freizeiteinrichtungen erreicht werden. Eine Sonderorganisation der DAF war die im November 1933 gegründete Gemeinschaft
15 „Kraft durch Freude" (KdF). Sie wurde durch ihre Freizeitangebote und Großprojekte wie „KdF-Flotte", „KdF-Seebad" und „KdF-Wagen", dem Volkswagen, zur populärsten Organisation der DAF.

Das „KdF-Seebad der Zwanzigtausend"

„Wir verloren den Krieg [gemeint ist der Erste Weltkrieg], weil wir die Nerven verloren haben ... Deshalb will der Führer, dass die Nerven des Volkes gesund und stark bleiben." So begründete Robert Ley, Chef der DAF, den Bauplan für das „Projekt Prora". Vier Kilo-
5 meter von Binz entfernt, sollte auf Rügen unmittelbar am Ostseestrand eine gigantische Badestadt gebaut werden. Geplant waren ein kasernenähnlicher Bau mit Meeresterrassen, Theater, Kinos, Kuranlagen, Läden, zwei Schwimmhallen, Schule, Krankenhaus, Parkhaus
10 und ein Festplatz von 40 000 Quadratmetern. Dieses gigantische Projekt sollte bis zu 20 000 Menschen und 2000 Beschäftigte beherbergen.

Der 1936 begonnene Großbau konnte jedoch bis Kriegsbeginn nur in Teilen fertiggestellt werden und
15 blieb überwiegend im Rohbau. Als Seebad wurde Prora nie genutzt. Vielmehr diente es im Krieg als Ausbildungs- und Arbeitsstätte für Zwangsarbeiter und Kriegsgefangene, als Notunterkunft für Ausgebombte und Flüchtlinge sowie als Lazarett.
20

Die Deutsche Arbeitsfront

Verordnung zur Errichtung der Deutschen Arbeitsfront (DAF) vom 24. Oktober 1934:

§ 1. Die Deutsche Arbeitsfront ist die Organisation der schaffenden Deutschen der Stirn und der Faust. In ihr sind insbesondere die Angehörigen der ehemaligen Gewerkschaften, der ehemaligen Angestell-
5 tenverbände und der ehemaligen Unternehmer-Vereinigungen als gleichberechtigte Mitglieder zusammengeschlossen ...

§ 2. Das Ziel der Deutschen Arbeitsfront ist die Bildung einer wirklichen Volks- und Leistungsgemein-
10 schaft aller Deutschen. Sie hat dafür zu sorgen, dass jeder Einzelne seinen Platz im wirtschaftlichen Leben der Nation in der geistigen und körperlichen Verfassung einnehmen kann, die ihn zur höchsten Leistung befähigt und damit den größten Nutzen
15 für die Volksgemeinschaft gewährleistet.

§ 3. Die Deutsche Arbeitsfront ist eine Gliederung der NSDAP im Sinne des Gesetzes zur Sicherung der Einheit von Partei und Staat vom 1. Dezember 1933.

Zit. nach Der Nationalsozialismus, Bd. 1 (1933–35), Machtergreifung und Machtsicherung, München (Bayerische Landeszentrale für politische Bildungsarbeit) 1944, S. 161.

„Kraft durch Freude"

Aus einem Bericht der Sopade, einer von der SPD organisierten Widerstandsgruppe, 1936:

Der Gau München-Oberbayern ... hat im Mai 1936 neben Urlaubs- und Wanderfahrten folgende Veranstaltungen durchgeführt: Theateraufführungen, Frauennachmittage, Kinderfeste, fröhliche
5 Samstagnachmittage, Gymnastikkurse, Leichtathletik (Sportabz.), Sportspiele (auch Tennis), Schwimmkurse, Reitunterricht, Segelsportfahrten an d. Ostsee, Führungen d. Museen usw., Bildungs- und Arbeitsgemeinschaften, Fachkurse
10 (Stenografie, Deutsch, Rechnen, Musik usw.), Kochkurse ... Die KdF wird bei fast allen Volksgenossen als eine anerkennenswerte Leistung des Nationalsozialismus gewertet ... So nehmen z. B. viele unserer Genossen, die früher bei den Natur-
15 freunden waren, heute die Gelegenheit wahr, die Reisen mit KdF zu machen ... Kraft durch Freude hat viel Zuspruch. Man kann doch für billiges Geld allerhand haben.

Deutschlandberichte der Sozialdemokratischen Partei Deutschlands 3/1936, Frankfurt a. M. (Verlag 2001) 1980, S. 880 ff.

Kraft durch Freude

Auch Du kannst jetzt reisen!

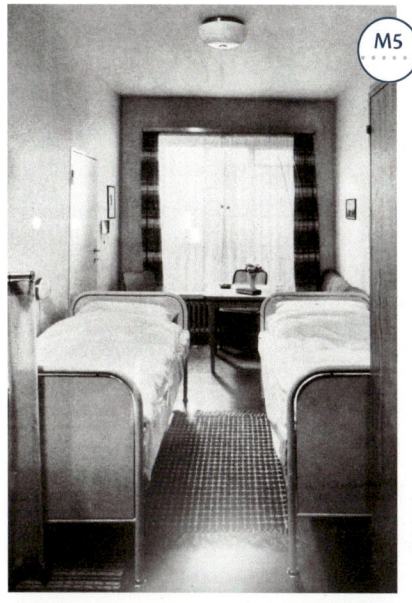

M5 **Wohn-Schlaf-Einheit des KdF-Bades,** Entwurf des Architekten Clemens Klotz. Alle Zimmer waren 2,50 × 5,00 Meter groß und enthielten einen kleinen Vorraum mit Waschbecken (fließend warmes und kaltes Wasser) und Zentralheizung. Die Skelettbauweise ließ auch die Verbindung zweier Zimmer für Familien zu.

M3

„Auch Du kannst jetzt reisen!", Plakat der NS-Organisation „Kraft durch Freude", 1937

M4 **Prora,** Foto des Modells, 1936

M6 **Prora,** Foto, 2012

1 Erschließe das Menschenbild, das M1 zugrunde liegt.
2 Formuliere einen möglichen Auftrag der DAF-Leitung an die Werbeagentur, die das Plakat M3 entworfen haben könnte (Darstellungstext, M4 bis M6).
3 Untersuche, wie die Verfasser von M2 die KdF-Maßnahmen bewerten. Begründe dein Ergebnis.
4 Erläutere mithilfe der Informationen auf dieser Seite die Bezeichnung „gefährliche Faszination".
5 **Wahlaufgabe/Recherche:**
  a) Was wurde aus Prora nach dem Zweiten Weltkrieg?
  b) Wie wird die Anlage heute genutzt? Welche Pläne bzw. Probleme gibt es?

Webcode: FG1110444-117

Jugend im Nationalsozialismus

Organisiert, ideologisiert und ausgegrenzt

Bereits seit den 1920er Jahren versuchten die Nationalsozialisten, Jugendliche an sich zu binden und im Sinn der Partei zu organisieren. Ende 1934 waren rund 3,5 Millionen Jugendliche im Alter von zehn bis achtzehn

5 Jahren in der Hitler-Jugend (HJ) organisiert. Die Mädchen gehörten dem „Bund deutscher Mädel" (BDM) an. Da 1936 alle anderen Jugendorganisationen verboten worden waren und viele Eltern, Lehrer und Arbeitgeber zu dem Eintritt in HJ und BDM drängten, wuch

10 sen beide Organisationen schnell.

Nach dem Gesetz über die Hitler-Jugend vom 1. Dezember 1936 wurde die Hitler-Jugend zur Staatsjugend. Alle Jugendlichen mussten mit zehn Jahren in das „Jungvolk" bzw. in den „Jungmädelbund" eintreten.

15 Mit 14 wurde man Mitglied der HJ oder des BDM. Während in den NS-Jugendorganisationen eine massive Ideologisierung betrieben wurde, gelang es der Partei nicht, das Schulwesen total zu erfassen: So gab es durchaus Konflikte zwischen HJ-Führern und Schullei

20 tern. Auch Industrie und Wirtschaft legten Wert darauf, nicht nur ideologisch, sondern auch fachlich gut ausgebildete Jugendliche zu bekommen.

Die Schule wurde jedoch ebenso „arisiert" wie andere Gesellschaftsbereiche auch: Jüdische Lehrkräfte, jüdi

25 sche Schülerinnen und Schüler sowie Kinder deutscher Roma und Sinti wurden zunehmend und 1938 schließlich ganz vom Unterricht an öffentlichen Schulen ausgeschlossen. Der Sportunterricht wurde ausgeweitet und die „Rassenkunde" zu einem fächerüber

30 greifenden Unterrichtsprinzip erhoben. Trotz heftiger Proteste von evangelischen und katholischen Kirchenvertretern waren Ende 1939 alle kirchlich getragenen Schulen geschlossen worden.

M1 **Umgang mit Schusswaffen,** Foto, 1936

M2 **BDM-Plakat,** 1936

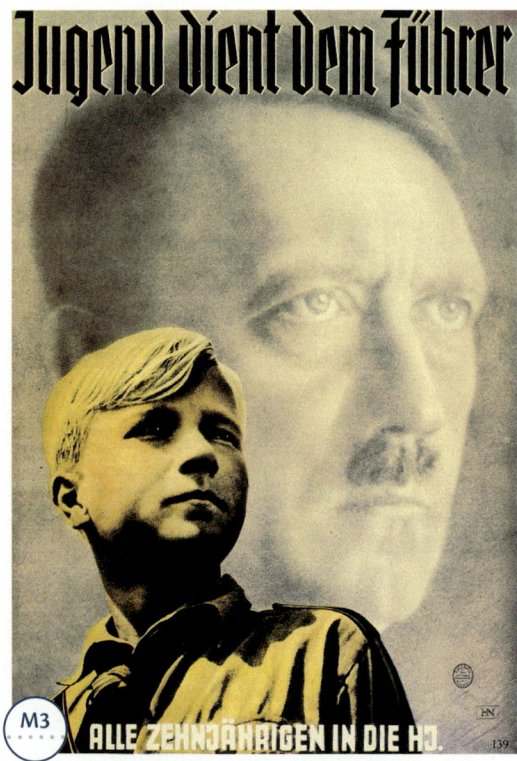

M3 **„Jugend dient dem Führer",** Plakat, um 1936

Vom „Jungvolk" ausgeschlossen

Hans-Jürgen Massaquoi erinnerte sich 1999 an die Anwerbung für die Hitler-Jugend in seiner Hamburger Schule:

Unser neuer Klassenlehrer, Herr Schürmann, … versuchte ununterbrochen, uns zum Beitritt ins Jungvolk zu bewegen. Kernstück seiner Rekrutierungsbemühungen war eine große Grafik, die er
5 mit weißer Kreide auf die Tafel gemalt hatte: ein Rechteck, das in ebenso viele Quadrate unterteilt war, wie es Jungen in unserer Klasse gab. Jeden Morgen erkundigte sich Herr Schürmann als Erstes, wer der HJ beigetreten war, und trug dann die
10 entsprechenden Namen in die Grafik ein … Allmählich gab einer nach dem anderen Schürmanns unerbittlichem Drängen nach und trat in die Hitler-Jugend ein. Eines Morgens nahm Herr Schürmann sich die letzten Zögerer zur Brust und woll-
15 te wissen, warum sie „nicht genug Liebe für Führer und Vaterland" empfanden … Als ich an die Reihe kam, öffnete ich den Mund, um etwas zu sagen, doch Herr Schürmann schnitt mir das Wort ab: „Schon gut, du bist ja sowieso vom Jungvolk aus-
20 geschlossen." Ich war wie vom Donner gerührt … Herr Schürmann bemerkte meine Verwirrung und sagte mir, ich solle in der Pause zu ihm kommen … „Ich dachte, du wüsstest, dass du nicht ins Jungvolk darfst, weil du Nichtarier bist", fing er an.
25 „Du weißt doch, dass dein Vater Afrikaner ist und dass Afrikaner und andere nichteuropäische Menschen als Nichtarier gelten. Nichtariern ist es untersagt, der Hitler-Jugend beizutreten." – „Aber ich bin doch Deutscher", schluchzte ich unter Tränen.
30 „Meine Mutter sagt, dass ich Deutscher bin, so wie alle anderen."

Hans-Jürgen Massaquoi, „Neger, Neger, Schornsteinfeger!". Meine Kindheit in Deutschland, München (Scherz) 1999, S. 129 f.

Erinnerungen an die Hitler-Jugend

Ein Abiturient erinnerte sich um 1948:

Diese Kameradschaft, das war es auch, was ich an der Hitler-Jugend liebte … Denn welcher Junge ist nicht entflammt, wenn ihm Ideale, hohe Ideale wie Kameradschaft, Treue und Ehre, entgegenge-
5 halten werden … Und dann die Fahrten! Gibt es etwas Schöneres, als im Kreis von Kameraden die Herrlichkeiten der Heimat zu genießen? Oft zogen wir am Wochenende in die nächste Umgebung von K. hinaus, um den Sonntag dort zu verleben.
10 Welche Freude empfanden wir, wenn wir an irgendeinem blauen See Holz sammelten, Feuer machten und darauf dann eine Erbsensuppe kochten … Die Stunden waren wohl die schönsten, die uns die Hitler-Jugend geboten hat. Hier
15 saßen dann Lehrlinge und Schüler, Arbeitersöhne und Beamtensöhne zusammen und lernten sich gegenseitig verstehen und schätzen.

Kurt Haß (Hg.), Jugend unterm Schicksal, Hamburg, 1950, S. 61 ff.

1 Stelle zusammen, welche Erwartungen die Nationalsozialisten an die Jugendlichen richteten (M1 bis M3).

2 a) Zeige, welche Erinnerung an die Hitler-Jugend in M6 erkennbar ist. b) Stelle einen Bezug zu den Zielen der NSDAP her. c) Recherchiere, ob es vor 1933 Jugendbewegungen gab und was aus ihnen ab 1933 wurde.

3 Beurteile die Situation von Hans-Jürgen Massaquoi (M4, M5), indem du den Begriff „Volksgemeinschaft" kritisch verwendest.

4 Prüfe mithilfe von M1 bis M3 und M6, ob sich hier der Begriff „Verführung" verwenden lässt.

5 In einem Jugendbuch von 1936 sind die „7 Schwertworte" Härte, Tapferkeit, Treue, Haltung, Wahrheit, Kameradschaft, Ehre aufgeführt. Nenne mögliche Absichten, die die Nationalsozialisten damit verbanden.

Hans-Jürgen Massaquoi mit Klassenkameraden, Foto, 1933. Hans-Jürgen Massaquoi wurde 1926 in Hamburg als Sohn einer weißen Mutter und eines schwarzen Vaters geboren. Sein Großvater war liberianischer Generalkonsul in Deutschland. Hans-Jürgen Massaquoi überlebte den Nationalsozialismus, ging 1948 zunächst nach Liberia und 1950 in die USA. Dort wurde er Leitender Redakteur einer großen afroamerikanischen Zeitschrift.

Webcode: FG1110444-119

Das Jugend-KZ Moringen

M1 **Hamburger Swing-Jugendliche,** Foto, 1940

„Asoziale" und „Kriminelle"

Wer versuchte, sich der organisierten Jugend der Nationalsozialisten zu entziehen und nicht bereit war, sich ihrer Ideologie zu unterwerfen, der wurde als „unerziehbar", „asozial" und „kriminell" diffamiert. Diese
5 Jugendlichen wurden aus der „Volksgemeinschaft entfernt" – so der Sprachgebrauch der Nationalsozialisten. Das hieß: Sie wurden in „polizeiliche Jugendschutzlager", in spezielle Konzentrationslager verschleppt, die 1940 in Moringen in Südniedersachsen und 1942
10 als Jugend-KZ „Uckermark" in Brandenburg eingerichtet wurden.

M2 ### Haftgründe für eine Einweisung

Aus Akten des Konzentrationslagers Moringen:
– Verweigerung des HJ- oder BDM-Dienstes bzw. Ausschluss aus der Hitler-Jugend
– „Arbeitsverweigerung", „Arbeitsbummelei", „Unerziehbarkeit", „Renitenz", Kriminalität
5 – „Sippenhaft", z. B. bei politischen Aktivitäten der Eltern (Opposition und Widerstand)
– Zugehörigkeit zur „Swing-Jugend"
– Homosexualität/„Strichjungen"
– Behinderte, psychisch Kranke, Zwangssterilisierte
10 – aus religiösen Gründen (z. B. Zeugen Jehovas)
– aus rassischen Gründen (Juden, Sinti und Roma)
– sogenannte „Rassenschande" (siehe S. 123, M5).
Katalog zur Ausstellung „Wir hatten noch gar nicht angefangen zu leben", hg. von M. Guse/Lagergemeinschaft und Gedenkstätte KZ Moringen e. V., 3. Aufl., Moringen/Liebenau 1997, S. 26. Bearb. d. Verf.

M3 ## Als Swing-Anhänger verhaftet

Günter Discher, geboren am 20. März 1925 in Hamburg, wurde wegen illegalen Plattenhandels als 17-Jähriger verhaftet und in das KZ Moringen gebracht. Er erinnerte sich:

Aufgrund meiner Musikleidenschaft bin ich … langsam in Opposition gegen die Jugenderziehung der Nazis geraten. Bereits als 13-Jähriger hörte ich in der Volksschule von Mitschülern, die da-
5 mals in der Hitler-Jugend waren, wie sie in den Wehrertüchtigungslagern behandelt worden sind. Die Jugendlichen wurden dort in scharfer Form gedrillt …, um sie auf die Angriffskriege der Nazis vorzubereiten. Mir persönlich war dies zuwider,
10 auch deswegen, weil die Jugendlichen von Gleichaltrigen herumkommandiert wurden … Wir jugendlichen Swinger lehnten diese Marschmusik ab. Wir wollten – genau wie viele junge Leute heutzutage – eine andere Musik spielen und hö-
15 ren. Und zwar das, was populär war: Swing-Musik! Diese leichtere und heitere Musik, die von englischen und amerikanischen Orchestern gespielt wurde. Also zum Beispiel: Jack Hilton, Harry Roy, Louis Armstrong oder Duke Ellington mit ihren
20 Bands … In den folgenden Jahren wurde zunehmend gegen die Swing-Musik polemisiert und gehetzt … Deshalb mussten wir uns auf Hausfeste zurückziehen und drinnen feiern, weil wir mit unseren Grammofonen nicht mehr in die Öffentlich-
25 keit gehen durften … So wurden wir mehr und mehr überwacht.
Zit. nach Katalog zur Ausstellung „Wir hatten noch gar nicht angefangen zu leben", hg. von M. Guse/Lagergemeinschaft und Gedenkstätte KZ Moringen e. V., 3. Aufl., Moringen/Liebenau 1997, S. 24.

Das Vorgehen gegen die Swing-Jugend

Anweisung Heinrich Himmlers, dem Reichsführer-SS und Chef der Deutschen Polizei, an Reinhard Heydrich, den Leiter der Sicherheitspolizei (26. Januar 1942):

Anliegend übersende ich Ihnen einen Bericht, den mir der Reichsjugendführer Axmann über die „Swing-Jugend" Hamburg zugesandt hat.

… Meines Erachtens muss jetzt … das ganze Übel radikal ausgerottet werden … Alle Rädelsführer, und zwar
5 die Rädelsführer männlicher und weiblicher Art, unter den Lehrern diejenigen, die feindlich eingestellt sind und die Swing-Jugend unterstützen, sind in ein Konzentrationslager einzuweisen. Dort muss die Jugend zu-
10 nächst einmal Prügel bekommen und dann in schärfster Form exerziert und zur Arbeit angehalten werden. Irgendein Arbeitslager oder Jugendlager halte ich bei diesen Burschen und diesen nichtsnutzigen Mädchen für verfehlt …
15 Der Aufenthalt im Konzentrationslager für diese Jugend muss ein längerer, 2–3 Jahre sein. Es muss klar sein, dass sie nie wieder studieren dürfen. Bei den Eltern ist nachzuforschen, wie weit sie das unterstützt haben. Haben sie es unterstützt, sind sie ebenfalls in ein KL zu verbrin-
20 gen und das Vermögen ist einzuziehen.
Nur, wenn wir brutal durchgreifen, werden wir ein gefährliches Umsichgreifen dieser anglophilen Tendenz in einer Zeit, in der Deutschland um seine Existenz kämpft, vermeiden können.

Zit. nach „Du bist nichts, dein Volk ist alles". Beilage zu Geschichte lernen, H. 24, 1991, S. 13.

Biografie

Otto Gruber, Lagerhäftling

Otto Gruber wurde am 20. Mai 1923 in Fulpmes/Tirol geboren. Aus familiären Gründen wurde er ab dem zweiten Lebensjahr im Heim erzogen. Seine Eltern lernte er erst mit 15 Jahren kennen. Er verließ aber das Elternhaus und schloss sich jugendlichen Sinti an, die sich als Erntehelfer oder mit Betteln durchschlugen und wurde wegen „Landstreicherei" und „Entziehung von der Wehrpflicht" verurteilt. Nach 1 ½ Jahren Gefängnis wurde er in das KZ Moringen gebracht.

Otto Gruber berichtete 1992 über seinen Selbstmordversuch im KZ: „Ich habe keine Lust mehr gehabt. Da habe ich aufhören wollen. Für mich war es so schwer. Von der Jugendzeit habe ich nichts gehabt. Umhergerannt von einem ins andere. Aus – Feierabend! Da habe ich mir dann die Pulsadern aufgeschnitten. Dabei haben sie mich erwischt, weil das Blut vom Bett runtergelaufen ist … Auf einmal rennst du davon. Weil du Schläge kriegst, und rennst davon, weil es wehtut. Und wie sie den draußen beim Eisenbahnbau erschossen haben, das habe ich ja selbst gesehen. Das bleibt im Menschen drin hängen. Da habe ich mir gesagt: Lieber hier weg!"

Biografie

Erna Brehm, Lagerhäftling

Erna Brehm wurde am 20. Juni 1924 in Calw geboren. 1941 arbeitete sie als Haushaltshilfe in einer Konditorei. Dort lernte sie den polnischen Staatsangehörigen Marian kennen, in den sie sich verliebte. Der Arbeitgeber untersagte jeden weiteren Kontakt und informierte die Eltern des Mädchens. Um einer Anzeige des Konditors zu entgehen, meldete sich Erna selbst bei der Polizei. Sie war in dem naiven Glauben, das Verhältnis durch eine persönliche Vorsprache und Rechtfertigung aufrechterhalten zu können. Die Polizei nahm Erna sofort fest und inhaftierte auch den Freund. Auf dem Calwer Marktplatz wurde Erna kahl geschoren, anschließend in Stuttgart zu einer achtmonatigen Gefängnisstrafe verurteilt wegen „Geschlechtsverkehrs mit einem Ausländer". Nach verbüßter Haft brachte man sie im Herbst 1942 in das Jugend-KZ Uckermark. Erna Brehm starb am 19. August 1951 an den Folgen der KZ-Haft. Das Schicksal von Marian ist unbekannt.

---

1 Erkläre mithilfe von M1 bis M3, warum die Swing-Jugend von den Nationalsozialisten verfolgt wurde.

2 Bewerte anhand von M4 und der Häftlingsporträts, wie die Nationalsozialisten mit Oppositionellen und „unerwünschten Personen" umgingen.

3 **Wahlaufgabe/Recherche:** Vergleiche mit deinem Leben in der demokratischen Gesellschaft.

Propaganda und Politik gegen Juden

Diskriminiert, ausgegrenzt, entrechtet

Zu Beginn des Regierungsantritts Hitlers bekannte sich von den etwa 66 Millionen Einwohnern eine halbe Million zum Judentum, das waren 0,76 Prozent der Gesamtbevölkerung.

5 Wer die antisemitischen Äußerungen Hitlers und seiner Parteigenossen schon vor 1933 kannte, der musste sich große Sorgen machen um das Schicksal der jüdischen Bevölkerung nach der Machtübernahme.

In den Jahren der Weimarer Republik hatte die jüdische Bevölkerung unter dem Schutz der demokratisch-
10 liberalen Verfassung vergleichsweise sicher gelebt trotz der teils verdeckten, teils offen gezeigten Judenfeindschaft. Immer wieder wurden jüdische Bürgerinnen und Bürger von antisemitischer Propaganda und Aktionen nationalistischer und völkischer Gruppen herab-
15 gewürdigt. Dennoch konnten sich Anfang 1933 selbst jüdische Organisationen nicht vorstellen, dass das antisemitische Parteiprogramm der NSDAP zur staatlichen Politik erhoben würde.

M1

Unbekannte Wuppertaler Schulklasse, Foto, Ende 1930er Jahre

M2 ### Ausschreitungen gegen Juden

Frieda Friedmann beklagte sich in einem Brief vom 23. Februar 1933 beim Reichspräsidenten über Ausschreitungen gegen Juden. Hindenburg ließ mitteilen, dass er die Ausschreitungen missbillige und bedauere. Der Brief wurde Hitler zur Kenntnis gebracht. Dieser schrieb an den Rand: „Die Behauptungen dieser Dame sind ein Schwindel! Es ist selbstverständlich nicht eine Aufforderung zum Progrom [sic!] erfolgt."

Aus dem Brief:

Ich war 1914 verlobt, mein Verlobter fiel 1914. Zwei meiner Brüder, Max und Julius Cohn, fielen im Jahre 1916 und 1918. Mein letzter Bruder Willy
5 kam erblindet durch Verschüttung aus dem Felde zurück … Ich habe 1920 einen Kriegsbeschädigten geheiratet, mit dem ich aufgrund seiner Beschädigung sehr unglücklich lebe, sodass ich daran mein ganzes Leben lang trage. Alle haben das Eiserne
10 Kreuz für Verdienst am Vaterland. Jetzt jedoch ist es in unserem Vaterlande so gekommen, dass auf der Straße öffentlich Broschüren gehandelt werden „Juden raus!", öffentliche Aufforderung zu Pogromen und Gewalttaten gegen die Juden. Wir
15 sind Juden und haben unsere vollste Pflicht für das Vaterland erfüllt. Sollte Ew. Exzellenz da nicht Abhilfe schaffen können und dessen eingedenk sein, was auch die Juden dem Vaterland geleistet haben? Ist Judenhetze Tapferkeit oder Feigheit,
20 wenn es im deutschen Staat bei 60 Millionen 1 Prozent Juden gibt?

Zit. nach Wolfgang Benz (Hg.), Die Juden in Deutschland 1933–1945, 4. Aufl., München (C. H. Beck) 1996, S. 18.

Begriffe und Daten

Antisemitismus

Antijüdische Bewegung seit der zweiten Hälfte des 19. Jahrhunderts. Der Antisemitismus als Ideologie knüpfte an die religiös begründete antike und mittelalterliche Judenfeindschaft an, bekam aber durch die völkisch-rassische Komponente eine neue „Qualität". Nach diesem rassisch begründeten Antisemitismus, der Bestandteil der NS-Ideologie war, galten die Juden als „Gegenrasse", „minderwertig"; „der Jude" als gefährlicher Gegner.

M3 Schulerfahrungen unter dem Hakenkreuz

Marta Appel, deren Kinder in den 1930er Jahren in Dortmund die Schule besuchten, schilderte in ihren Memoiren:

3A Fast jede Unterrichtsstunde wurde für die jüdischen Kinder zu einer Quälerei. Es gab eigentlich kein Thema mehr, bei dem der Lehrer nicht über die „Judenfrage" gesprochen hätte … Zum Mut-
5 tertag hatten die Schüler im Chor Lieder eingeübt … Am Tag vor dem Fest mussten meine Töchter zur Musiklehrerin kommen. „Ihr müsst am Schulfest teilnehmen, aber mitsingen dürft ihr natürlich nicht, da ihr nicht arisch seid." … „Wieso können
10 wir nicht mitsingen? Wir wollen doch auch für unsere Mutter singen!" … „Ich weiß, dass ihr auch eine Mutter habt, aber sie ist ja nur eine jüdische Mutter."

Ruth Wertheim berichtete über ihre Schulzeit bis 1934:

3B Ich hatte immer gute Freundinnen, nahm bis zuletzt an Wandertagen teil, obwohl ich mich erinnere, dass ich mich bei einem der letzten Ausflüge zur Ludwigsburg sehr schlecht fühlte, weil
5 ich wusste, dass ich als Jüdin dort unerwünscht war … Rassenkunde wurde bei uns noch nicht so unterrichtet, dass es mir unangenehm war. Es war mehr biologisch aufgebaut. Auch im Deutschunterricht gab die Lehrerin uns immer auch ein allge-
10 meines Thema, über das auch ich schreiben konnte. Mein Klassenlehrer war voller Verständnis … Meine Klasse war anständig bis zuletzt … Ich verließ die Schule ohne Druck, aber weil ich wusste, dass man mich doch nicht zum Abitur zulassen
15 würde.
Zit. nach Wolfgang Benz (Hg.), Die Juden in Deutschland 1933–1945, 4. Aufl., München (C. H. Beck) 1996, S. 334 f.

Öffentliche Diskriminierung eines Paares in Cuxhaven, Foto, 1933

M5 Die Nürnberger Gesetze (1935)

Im September 1935 wurde neben dem „Reichsbürgergesetz", das die Juden zu Bürgern zweiter Klasse machte, das „Gesetz zum Schutz des deutschen Blutes und der deutschen Ehre" erlassen:
Durchdrungen von der Erkenntnis, dass die Reinheit des deutschen Blutes die Voraussetzung für den Fortbestand des deutschen Volkes ist, und beseelt von dem unbeugsamen Willen, die deut-
5 sche Nation für alle Zukunft zu sichern, hat der Reichstag einstimmig das folgende Gesetz beschlossen, das hiermit verkündet wird.
§ 1 Eheschließungen zwischen Juden und Staatsangehörigen deutschen und artverwandten Blutes
10 sind verboten. Trotzdem geschlossene Ehen sind nichtig, auch wenn sie zur Umgehung dieses Gesetzes im Ausland geschlossen sind …
§ 2 Außerehelicher Geschlechtsverkehr zwischen Juden und Staatsangehörigen deutschen oder
15 artverwandten Blutes ist verboten.
§ 3 Juden dürfen weibliche Staatsangehörige deutschen oder artverwandten Blutes unter 45 Jahren nicht in ihrem Haushalt beschäftigen …
§ 5 1. Wer dem Verbot des § 1 zuwiderhandelt,
20 wird mit Zuchthaus bestraft.
2. Der Mann, der dem Verbot des § 2 zuwiderhandelt, wird mit Gefängnis oder Zuchthaus bestraft.
Zit. nach Der Nationalsozialismus, Bd. 2, Friedenspropaganda und Kriegsvorbereitung, hg. von der Bayerischen Landeszentrale für politische Bildungsarbeit, München, 1993, S. 165.

---

1 a) Zeige an M2 und M4 die Situation der jüdischen Bevölkerung.
b) Stelle einen Zusammenhang mit den Grund- und Menschenrechten her.
2 a) Erläutere anhand von M1 und M3 die Situation der jüdischen Schülerinnen und Schüler.
b) Erörtere, inwiefern sich in M1 und M3 die NS-Gesellschaft widerspiegeln.
3 Erläutere und bewerte die Bestimmungen (M5).
4 Zeige auf, wie sich in den „Nürnberger Gesetzen" (M5) Rassenideologie und Unterdrückungsstaat ergänzten.

Webcode: FG1110444-123

Der Novemberpogrom 1938

Staatliche Inszenierung des „Volkszorns"

Am 7. November 1938 schoss der 17-jährige Jude Herschel Grynszpan, dessen Eltern während der „Polenaktion" 1938 aus Deutschland ausgewiesen wurden, auf einen Angehörigen der deutschen Botschaft in Pa-
5 ris und verletzte ihn lebensgefährlich. Nach diesem Attentat eines Einzelnen sahen die Nationalsozialisten eine Gelegenheit, einen antijüdischen Pogrom im ganzen Reich zu inszenieren. Am Abend des 9. November war die NS-Führung wegen der Gedenkfeier zum Hit-
10 lerputsch von 1923 in München versammelt. Als die Nachricht vom Tod des Botschaftsangehörigen in München eintraf, gaben die Parteispitzen nach kurzen Beratungen an ihre Unterführer im ganzen Land die Weisung, jetzt gegen die Juden loszuschlagen. Dabei
15 durften die Mitglieder der Kampfverbände von SA und SS nicht in ihren Uniformen auftreten, denn es sollte der Eindruck erweckt werden, es handle sich um einen Ausbruch des Volkszorns. In der Nacht vom 9./10. November wurden unzählige jüdische Geschäfts- und
20 Wohnhäuser geplündert oder zerstört, zahlreiche Synagogen gingen in Flammen auf. Etwa 100 jüdische Bürger wurden ermordet und über 26 000 männliche Juden in Konzentrationslager verschleppt. Die Schäden mussten die Juden selber bezahlen sowie eine „Sühne-
25 leistung" von einer Milliarde Reichsmark. Der Ausschluss aus dem Wirtschaftsleben, die sogenannte Arisierung, wie Geschäftsboykott, das Verbot, öffentliche Aufträge anzunehmen, wurde Ende 1938 noch verschärft: Nun wurden Juden gezwungen, Gewerbebe-
30 triebe, Grundvermögen, Wertpapiere, Schmuck und Kunstgegenstände zu verkaufen.

M1

Die Synagoge in Schmalkalden kurz nach der Sprengung am 10. November 1938, Foto

M2 **Erinnerungen der Betroffenen**

Eine amerikanische Historikerin, selbst Tochter jüdischer Emigranten, schrieb 2001 über ihre Auswertung von Erinnerungen an die Pogromnacht:

Ein eindringliches Bild, das häufig in den Memoiren von Frauen vorkommt, ist das Bild fliegender Federn – Federn, die das Innere der Wohnungen, Flure, Vorgärten und Innenhöfe bedeckten … Man
5 nahm den Juden ihre Betten und damit das körperliche und psychische Wohlbefinden, für das diese standen. Zerbrochenes Glas im Freien und verstreute Federn im Privaten zeigten überdeutlich, dass Juden in Deutschland nicht mehr sicher waren
10 … Dies war wohl das erste, prägende Erlebnis, das der Novemberpogrom für Frauen mit sich brachte. Männer wurden verprügelt, misshandelt und verhaftet. Zwar wurden auch einige Frauen öffentlich gedemütigt, blutig geschlagen, verprügelt und er-
15 mordet, doch die meisten wurden gezwungen dabeizustehen und zuzusehen, wie ihre Wohnungen verwüstet und ihre Männer misshandelt wurden.

Marion Kaplan, Der Mut zum Überleben, Berlin (Aufbau) 2001, S. 182.

M3 **Auswanderung oder Flucht?**

Die Historikerin Juliane Wetzel schrieb 1996:

Die antisemitische Politik des NS-Staates wandte sich zuallererst gegen die jüdische Intelligenz. Bücherverbrennung, Schreib- und Lehrverbot führten schon bald nach der Ernennung Hitlers zum
5 Reichskanzler zu einem Exodus aus Deutschland, dem sich … bedeutende Wissenschaftler … anschlossen … „Es war nie Auswanderung, immer nur Flucht." So beurteilte die jüdische Schriftstellerin Adrienne Thomas … die Reaktion der deut-
10 schen Juden auf die NS-Verfolgung. Die jüdischen Emigranten aus Deutschland können nicht mit den freiwilligen Auswanderern früherer Zeiten verglichen werden … Die Regierung eines Landes, das sie als Heimat betrachtet und geliebt haben,
15 schob sie mit Schimpf und Schande ab … Die besondere Tragik für die deutschen Juden lag darin, dass die nationalsozialistische Machtübernahme gerade in eine Zeit fiel, in der die Auswanderungsmöglichkeiten wegen der Weltwirtschaftskrise so
20 gering waren wie niemals zuvor.

Juliane Wetzel, Auswanderung aus Deutschland, in: Wolfgang Benz (Hg.), Die Juden in Deutschland 1933–1945, 4. Aufl., München (C. H. Beck) 1996, S. 413 ff.

Judenfeindliche Maßnahmen (Auswahl)

1933

1. April Aufruf zum Boykott jüdischer Geschäfte.

7. April Gesetz zur „Wiederherstellung des Berufsbeamtentums" (Entlassung jüdischer Beamter).

22. September Reichskulturkammergesetz: Berufsverbot für jüdische Schriftsteller und Künstler.

4. Oktober Schriftleitergesetz: Ausschaltung jüdischer Redakteure und Schriftleiter.

1935

Ab Sommer An Ortseingängen, Geschäften, Restaurants häufen sich Schilder: „Juden unerwünscht!".

15. September „Nürnberger Gesetze" (S. 123, M5).

14. November 1. Verordnung zum „Reichsbürgergesetz" legte fest, wer als „Jude" oder „jüdischer Mischling" galt; Aberkennung des Wahlrechts und der öffentlichen Ämter für Juden; Entlassung aller jüdischen Beamten (einschl. ehemaliger Frontkämpfer).

1938

17. August Einführung der Zwangsvornamen „Israel" und „Sara" für jüdische Bürger.

9./10. November Pogromnacht.

15. November Jüdische Kinder und Jugendliche dürfen keine öffentlichen Schulen mehr besuchen.

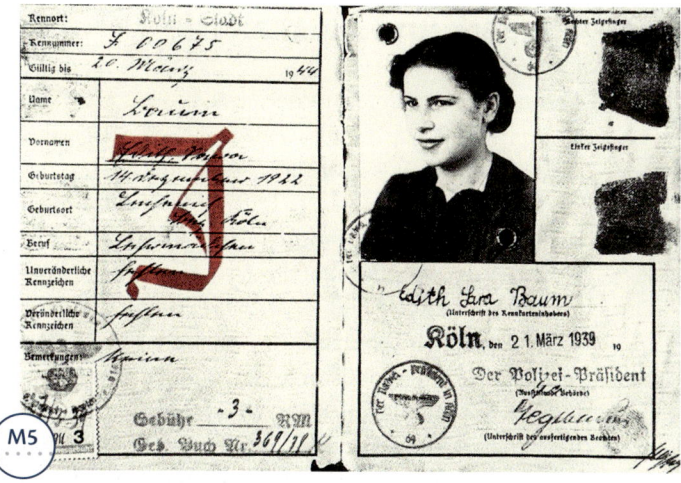

 M5 3

Ausweis einer jüdischen Bürgerin, 1938. Seit Oktober 1938 wurden die Pässe deutscher Juden mit einem roten Stempelaufdruck „J" für „Jude" versehen.

„Arisierung"

Allgemein die Verdrängung der Juden aus dem Berufs- und Wirtschaftsleben durch nationalsozialistische Gesetze. Praktisch wurde durch die Verordnungen zur „Arisierung" vom 26. April 1938 und 12. November 1938 jüdisches Eigentum in „arische Hände" überführt: Zwangsverkauf zu Niedrigpreisen oder entschädigungslose Enteignung. Profiteure der „Arisierung" waren die Staatskasse und Nichtjuden.

M4

Ein Wendepunkt der Geschichte?

Der Historiker Wolfgang Benz schrieb 1988:
Der Novemberpogrom, als „Reichskristallnacht" im Umgangston verniedlicht, bedeutete den Rückfall in die Barbarei; in einer Nacht wurden die Errungenschaften der Aufklärung, der Emanzipati-
5 on, der Gedanke des Rechtsstaats und die Idee von der Freiheit des Individuums zuschanden. Seit dem 15. Jahrhundert hatte es in Mitteleuropa solche Judenverfolgung nicht mehr gegeben, aber nicht nur dies, denn die mittelalterlichen Pogrome
10 fanden statt als unkontrollierte Aggressionen zusammengelaufener Volkshaufen, in denen sich soziale und wirtschaftliche Spannungen auf dem Hintergrund religiös motivierter Judenfeindschaft entluden. Regelrecht programmiert und in Szene
15 gesetzt von staatlichen Instanzen war vor dem 9. November 1938 kein einziger solcher antisemitischer Aufruhr gewesen.
Wolfgang Benz (Hg.), Die Juden in Deutschland 1933 bis 1945, 4. Aufl., München (C. H. Beck) 1996, S. 499.

1 Beschreibe den Pogrom vom 9./10. November 1938 und dessen Folgen (M1, M2, Darstellungstext).

2 Erläutere anhand der Abfolge judenfeindlicher Maßnahmen (Darstellungstext, M5, Kasten) die persönlichen und wirtschaftlichen Folgen für die Betroffenen.

3 a) Begründe, warum der NS-Staat sich gegen die „jüdische Intelligenz" (M3, Z. 2) wandte.
b) Überprüfe die Aussage an der Zeittafel (Kasten).
c) Untersuche, worin deutsche Juden die Tragik ihrer Situation sahen (M3).

4 Nimm Stellung zu der These, der Pogrom von 1938 sei ein Wendepunkt in der Judenverfolgung gewesen.

5 **Recherche:** Informiere dich über Herschel Grynszpan.

Webcode: FG1110444-125

Eugenik und „Euthanasie"

Behinderte werden ermordet

Bereits Jahrzehnte vor der Zeit des Nationalsozialismus hatten sich Wissenschaftler in vielen Ländern mit der Frage beschäftigt, wie sich die industrielle Gesellschaft fortentwickeln würde. Ihre Aufmerksamkeit
5 richteten sie besonders auf die „Volksgesundheit" und auf die Vererbungs- und Rassenlehre. Die Erkenntnisse der Eugeniker benutzten die Nationalsozialisten für ihre bevölkerungspolitischen Maßnahmen. Diese hatten mit Wissenschaft nichts mehr zu tun, sondern ziel-
10 ten auf die Tötung von „lebensunwertem" Leben („Euthanasie"). Als erste „rassenhygienische" Maßnahme wurde am 14. Juli 1933 die Zwangssterilisation eingeführt.

Begriffe und Daten

Eugenik

(griech.: Lehre von der guten Erbveranlagung) Die Bezeichnung wurde Ende des 19. Jahrhunderts bedeutungsgleich mit dem Begriff „Rassenhygiene" verwendet. Ziel war es, die Fortpflanzung „Erbgesunder" zu fördern (positive E.) und die Fortpflanzung „Erbkranker" einzudämmen (negative E.).

„Euthanasie"

(griech.: leichter, schöner Tod; Sterbehilfe) Bei den Nationalsozialisten in neuer Verwendung: bewusste Herbeiführung des Todes; Vernichtung „lebensunwerten" Lebens. 70 273 Menschen wurden ermordet, bevor die Tötung 1941 nach Kirchenprotesten gestoppt wurde. Fortgesetzt wurden Einzeltötungen, Kindereuthanasie und Ermordung kranker KZ-Häftlinge bis zum Kriegsende. Dazu kommen die Massenmorde an Geisteskranken in den besetzten Ländern des Ostens.

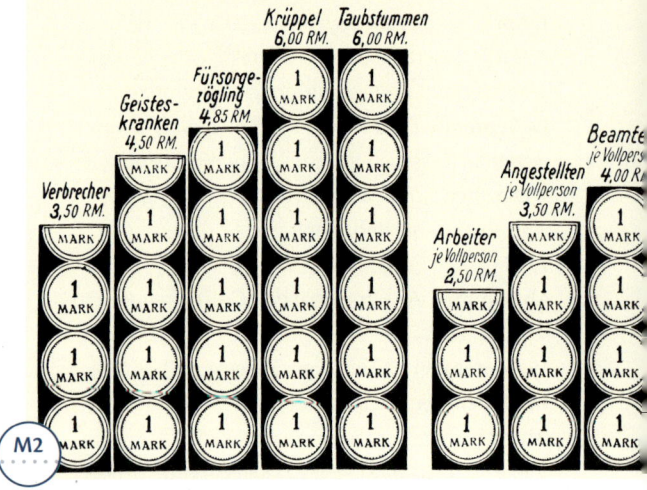

M2

NS-Tabelle zu den Lebenshaltungskosten, um 1938, verwendet im Rahmen einer Kampagne gegen „lebensunwertes Leben"

M3

Vorstellungen zur Eugenik

Alfred Ploetz (1860–1940), Vertreter der „Rassenhygiene" in Deutschland, beschrieb 1895 seine Vorstellungen, die zu seiner Zeit nicht Realität waren:

Nach Beendigung der Erziehung … wird eine Prüfung der einzelnen Jünglinge und Mädchen vorgenommen, die sich besonders auf die intellectuellen und moralischen Qualitäten bezieht … Die
5 Censuren dieser Prüfung lauten nicht bloß gut, genügend, ungenügend etc., sondern auch: darf keine, eins, zwei, drei oder mehr Kinder zeugen in der Ehe, die eventuell eingegangen wird … Stellt es sich … heraus, dass das Neugeborene ein
10 schwächliches oder missgestaltetes Kind ist, so wird ihm von dem Ärzte-Collegium, das über den Bürgerbrief der Gesellschaft entscheidet, ein sanfter Tod bereitet, sagen wir durch eine kleine Dosis Morphium … „[H]umane Gefühlsduseleien", wie
15 Pflege der Kranken, der Blinden, Taubstummen, überhaupt aller Schwachen, hindern oder verzögern nur die Wirksamkeit der natürlichen Zuchtwahl.

Zit. nach Jürgen Reyer, Alte Eugenik und Wohlfahrtspflege, Freiburg i. B. (Lambertus) 1991, S. 52 f.

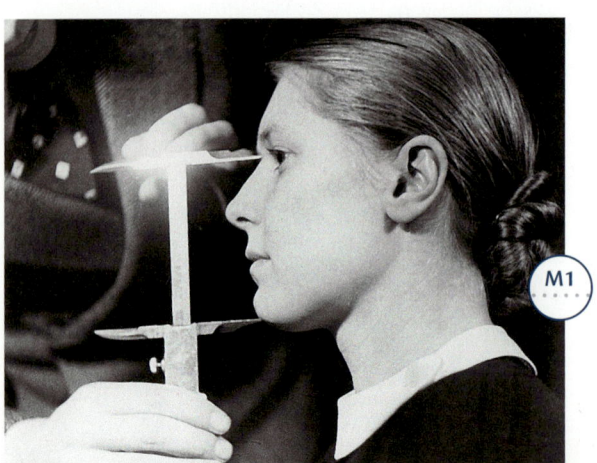

M1

Rassenideologische Vermessung, Foto, 1940

Täter

Hitler beauftragte Reichsleiter Philipp Bouhler und den Arzt Dr. Brandt mit der Leitung des „Euthanasie"-Programms. Der Erlass wurde auf einem privaten Briefbogen Hitlers Oktober 1939 geschrieben, von Hitler zurückdatiert auf den 1. September 1939:

Reichsleiter Bouhler und Dr. med. Brandt sind unter Verantwortung beauftragt, die Befugnisse namentlich zu bestimmender Ärzte so zu erweitern, dass nach menschlichem Ermessen unheilbar Kranken
5 bei kritischster Beurteilung ihres Krankheitszustandes der Gnadentod gewährt werden kann.

Zit. nach Wolfgang Michalka (Hg.), Das Dritte Reich, Bd. 2, München (dtv) 1985, S. 232.

Protest

Aus dem Schreiben des Bischofs von Limburg, Dr. Hilfrich, an den Reichsminister der Justiz vom 13. August 1941:

Etwa 8 km von Limburg entfernt ist in dem Städtchen Hadamar … eine Anstalt, in der nach allgemeiner Überzeugung oben genannte Euthanasie seit Monaten … planmäßig vollzogen wird … Öf-
5 ter in der Woche kommen Autobusse mit einer größeren Anzahl Opfer … an … Nach der Ankunft solcher Wagen beobachten dann die Hadamarer Bürger den aus dem Schlot aufsteigenden Rauch … Alle gottesfürchtigen Wesen empfinden diese
10 Vernichtung hilfloser Wesen als himmelschreiendes Unrecht … Es ist in der Bevölkerung unfasslich, dass planmäßige Handlungen vollzogen werden, die nach § 211 StGB mit dem Tode zu bestrafen sind!

Zit. nach Wolfgang Michalka (Hg.), Das Dritte Reich, Bd. 2, München (dtv) 1985, S. 236 f.

Opfer

Aus dem Brief eines Körperbehinderten aus der Anstalt Stetten/Waiblingen (1940):

In diesem jammervollen Gefühl völliger Wehrlosigkeit klagte immer wieder R. W., der mit seinen lahmen Beinen im Selbstfahrerstuhl saß: „Wohin soll ich fliehen und wer will mich verstecken, wer
5 kann für mich Einsprache einlegen? Bei mir sieht man ja schon von Weitem, dass ich ein unnützer Brotesser bin und zu nichts tauge …"

Zit. nach L. Schlaich, Lebenswert? Kirche und Innere Mission Württembergs im Kampfe gegen die „Vernichtung lebensunwerten Lebens", Stuttgart, 1947, S. 76.

Angehörige

Brief eines Vaters an die Anstaltsleitung in Haar-Eglfing (1940), sprachlich unverändert:

Wir möchten Sie bitten, uns zu berichten, warum unser Sohn Alois R. so schnell gestorben [ist] … und was fehlte ihm? Sie schreiben uns, dass er Nierenentzündung und Harnvergiftung hatte und
5 warum ist er verbrannt worden und wie war er zuletzt … Ich lege Ihnen eine Briefmarke bei und sind Sie so gut und berichten uns das.

Gerhard Schmidt, Selektion in der Heilanstalt 1933 bis 1945, Stuttgart, 1965, S. 89.

Schatten der Vergangenheit?

Der Journalist Klaus Franke schrieb 2001:

Warum regte sich im ärztlichen Kollegenkreis kein Widerstand gegen das „Euthanasie"-Programm? Kein einziger deutscher Psychiater protestierte; kaum einer zögerte, die ihm anvertrauten Patien-
5 ten … zu selektieren und an die Tötungsanstalten auszuliefern … Wo immer derzeit zwischen Rhein und Oder über Euthanasie und Sterbehilfe debattiert wird, tauchen unweigerlich die Schatten des Dr. Brandt und seiner … Gehilfen auf … 23 Ange-
10 klagte, darunter 20 Mediziner, standen 1946 im Nürnberger Ärzteprozess vor Gericht. Sieben von ihnen, darunter … Karl Brandt, wurden gehängt, neun erhielten langjährige Freiheitsstrafen, sieben wurden freigesprochen … Nur ein Industriestaat
15 mit seiner komplexen Infrastruktur konnte … den reibungslosen Lauf der Mordmaschinerie gewährleisten, eine Erkenntnis, die kaum hilft, die Furcht vor einer Wiederholung des Horrors zu dämpfen – zumal die moderne Gentechnik, wie ihre Kriti-
20 ker warnen, eine Rückkehr eugenischer Zuchtfantasien fördere.

Klaus Franke, Reine Rasse, in: Spiegel special, Nr. 1, 2001, S. 133 ff.

1 a) Erarbeite an M1 bis M4 Motive, Ziele und Methoden der Eugenik und NS-Euthanasie.
b) Untersuche die Auswirkungen der NS-„Euthanasie" auf Opfer, Angehörige und Öffentlichkeit (M5 bis M7).
2 **Wahlaufgabe:** Diskutiert anhand von M8 Bezüge zwischen Eugenik/„Euthanasie" in der NS-Zeit und heute, z. B. über Gentechnik oder Sterbehilfe.

Webcode: FG1110444-127

Die Sprache der Verführung, Verschleierung und Aggression

Die Gleichschaltung der Sprache

Die Nationalsozialisten wollten mit ihren Propaganda-Reden die Menschen in ihrem Sinn beeinflussen. Klar erkennbar war ihre Absicht, mit einer „gelenkten Spra-
5 che" die Akzeptanz für die eigene Politik in der Bevölkerung zu erhöhen und die Menschen für die NS-Ideologie einzunehmen und zu begeistern. Gleichzeitig sollte eine spezielle Sprachverwendung dazu dienen, gewisse Sachverhalte zu verharmlosen oder zu verschleiern.
10 Das Reichsministerium für Volksaufklärung und Propaganda überwachte mit seinen etwa 14 000 Beschäftigten alle Presseorgane und gab verbindliche Sprachregelungen und Weisungen heraus. Erfasst wurden vor allem Presse, Rundfunk, Film und Theater. Die rechtli-
15 che Grundlage dafür bildete das Schriftleitergesetz vom Oktober 1933: Es verpflichtete alle Redakteure zu einer Berichterstattung im Sinne der Nationalsozialisten.
Das „Vokabular des Nationalsozialismus" lässt sich einerseits an Redetexten insbesondere von Adolf Hitler
20 und Joseph Goebbels untersuchen, andererseits an Quellen wie den Lageberichten der SS, den vertraulichen Berichten der Geheimen Staatspolizei und den Presseanweisungen des Reichspropagandaministeriums. Aufschlussreich sind auch Textvergleiche von
25 Wörterbuch-Auflagen vor und nach 1933.

Beispiele für die Sprachregelung durch NS-Presseanweisungen[1]

1. „Der Begriff *Parteigenosse* ist nur für die NSDAP." (8.3.1943)
2. „Die Worte *Parteitag* und *Kongress* sind für die NSDAP." (1940)
5 3. „Die Bezeichnung[en] *Feierstunde* und *Morgenfeier* sind ausschließlich für die Partei vorbehalten." (16.2.1942)
4. *Kampfflugzeuge* nur für die deutschen Flugzeuge …" (14.8.1941)
10 5. „*tapfer* nur für deutsche Soldaten" (11.9.1939)
6. „Es ist unzulässig, mit dem Stichwort *Rasse* Propaganda für einen modernen Hut zu machen." (14.1.1937)
7. „Die Formulierungen *katholisches Volk, Kirchenvolk, evangelisches Volk* sind unbedingt zu vermei-
15 den. Es gibt nur ein deutsches Volk." (11.8.1936)

Zit. nach Cornelia Schmitz-Berning, Sprache und Sprachlenkung im Nationalsozialismus. Nachweis: http://www.bpb.de/Themen/0WXLST.html, Stand 24.03.2011.

....

[1] Die Presseanweisungen wurden auf den täglichen Pressekonferenzen des Reichspropagandaministeriums den anwesenden Journalisten mitgeteilt. Für nicht vertretene Zeitungen wie Provinzzeitungen wurden sie an die Gaupropagandaämter versandt.

Plakat zum „Euthanasie"-Propagandafilm

„Ich klage an", 1941. Der Film entstand in enger Zusammenarbeit mit dem NS-Propagandaministerium und sollte durch sein Plädoyer für Sterbehilfe die staatliche „Euthanasie"-Politik unterstützen. Inhalt: Die Frau des Mediziners Dr. Heyt ist unheilbar an Multipler Sklerose erkrankt. Sie ersucht zunächst ihren Hausarzt Dr. Lang, einen Freund der Familie, ihrem Leiden ein vorzeitiges Ende zu setzen. Als der ablehnt, bittet sie ihren Ehemann. Dieser entspricht ihrem Wunsch und verabreicht ihr ein tödliches Gift. Als ein Dienstmädchen ihn anzeigt und es zum Prozess kommt, steht ihm Dr. Lang zunächst als Gegner gegenüber. Doch durch einen ähnlichen Fall in seiner eigenen Praxis und durch Heyts engagierten Auftritt vor Gericht ändert Lang schließlich seinen Standpunkt. Der Film endet ohne Gerichtsurteil.

M3 **Wandel oder Manipulation der Sprache?**

Von den Nationalsozialisten verwendete Begriffe und ihre Bedeutung nach Ausgaben von „Meyers Konversationslexikon" 1924 (1) und 1936 (2):

3A *Umdeutung:*
Abstammungsnachweis
1 Viehzucht
2 genealogischer Nachweis
5 deutscher oder artverwandter Abstammung
Blutvergiftung
1 Toxämie; Blutvergiftung
2 Verfallserscheinung in Völ-
10 kern und Rassen
rücksichtslos
1 rücksichtslos, ohne Rücksicht
2 zielstrebig, energisch …
Hass
15 1 Hass
2 „Der heldische Hass der nordischen Rasse" steht im stärksten Gegensatz zum „fei-
gen Hass des Judentums" …

Zit. nach Martin Greiffenhagen (Hg.), Kampf um Wörter?, Bonn (Bundeszentrale für politische Bildung) 1980, S. 67 ff.

3B *Übertragung und Neuschöpfung:*
Ahnenpass
Abstammungsnachweis
5 **Aufartung**
Verbesserung des rassischen Bestands
Rassenschande
Ehe oder intime Beziehungen
10 mit Nichtariern, Schändung der eigenen Rasse
Volksempfinden
das Fühlen des Volkes
Volksschädling
15 jemand, der den Interessen des Volkes schadet

M5 **Der Begriff „Sonderbehandlung"**

Die Sprachforscherin Cornelia Schmitz-Berning schrieb im Jahre 2000:

Der Begriff erscheint zuerst am 20. 9. 1939 in einem Runderlass des Chefs der Sicherheitspolizei und des Sicherheitsdienstes, Heydrich.
5 Er forderte eine „Sonderbehandlung" für Personen, die während des Krieges die innere Sicherheit gefährdeten. Das Wort setzte sich im Sprachgebrauch der SS bald als
10 Synonym für Einzelexekution und Massentötung durch. Die verschiedenen Dienststellen berichteten von „Sonderbehandlungen" von Juden, Partisanen, sowje-
15 tischen Kriegsgefangenen, polnischen Zwangsarbeitern u. a. Außerhalb der mit der „Sonderbehandlung" befassten Dienststellen scheint jedoch weiterhin die
20 ursprüngliche (positive) Bedeutung von „besondere, bevorzugte Behandlung einer Person" üblich gewesen zu sein.

Cornelia Schmitz-Berning, Vokabular des Nationalsozialismus, Nachdruck der Ausg. 1998, Berlin/New York (de Gruyter) 2000, S. 584 ff. Bearb. und gekürzt.

M4

„Gesunde Eltern – gesunde Kinder", nationalsozialistisches Propagandaplakat, 1930er Jahre

1 Partnerarbeit:

a) Analysiert M1 und M4. Achtet auf die Sprache und die Bildgestaltung. Zieht eure Kenntnisse von S. 126 f. heran.

b) Untersucht anhand von M2, welche Absicht mit den Presseanweisungen verfolgt wurde.

c) Weist an M3 und M5 nach, wie Wortinhalte und -bedeutungen im Lexikon verändert wurden.

d) Stellt aus M1 bis M5 Beispiele für sprachliche Verführung, Verschleierung und Aggression zusammen.

Webcode: FG1110444-129

Das nationalsozialistische Deutschland 1933–1939: Leben in der Diktatur

Der Weimarer Demokratie folgt die NS-Diktatur

Am Ende der Weimarer Demokratie steht der Anfang der NS-Diktatur. Was für manche nur wie eine Regierungskrise aussah, erwies sich bald als eine **Staatskrise**, in der die nationalsozialistischen Herrscher scheinbar legal **Grundrechte außer Kraft setzten und die parlamentarisch-demokratische Weimarer Verfassung in ihren Grundlagen zerstörten**.

Zu erklären ist die Gewaltherrschaft der Nationalsozialisten nicht nur mit der **wirtschaftlichen Krise ab 1929**. Manche Historiker weisen auf die **Machtstrukturen** hin, die sich **im Deutschen Reich** herausgebildet hatten und das **Untertanenbewusstsein** verfestigten.

Außerdem habe der Weimarer Demokratie ein **breiter demokratischer Konsens zwischen den Parteien und gesellschaftlichen Gruppen gefehlt**. Zu extrem waren die politischen Differenzen zwischen den Parteien der „Linken" und „Rechten".

Voraussetzungen für den Aufstieg der NSDAP

Die Chancen der nationalsozialistischen Bewegung stiegen, als sie Anfang der 1930er Jahre von führenden konservativen Politikern, Industriellen, Bankiers und Reichswehrangehörigen unterstützt wurde.

Eine wichtige Voraussetzung für die Beseitigung der Demokratie waren die Präsidialregierungen seit 1930. Vom Reichspräsidenten eingesetzt, unter Ausschaltung des kraftlosen Reichstags, förderten sie die seit Ende der 1920er Jahre erkennbare Tendenz deutschnational-konservativer Kreise, eine autoritäre Exekutive zu schaffen, die dem Parlament gegenüber weniger abhängig sein sollte. So erschien die **Ernennung Adolf Hitlers am 30. Januar 1933 zum Reichskanzler** äußerlich in der Kontinuität der Präsidialkabinette zu stehen. Diese Fehleinschätzung wurde in der folgenden Zeit auch denen zum Verhängnis, die Hitler „die Steigbügel" gehalten hatten. Obwohl die Nationalsozialisten im Kabinett Hitler gegenüber den Deutschnationalen in der Minderheit waren, nutzten sie innerhalb weniger Monate alle Chancen rücksichtslos aus, die ganze Macht an sich zu reißen. Dazu bot der **Reichstagsbrand am 27. Februar 1933** eine willkommene Gelegenheit.

Die Errichtung des NS-Herrschaftssystems

Als Grundlage für ihre Machtsicherung dienten den Nationalsozialisten die ersten einschneidenden Maßnahmen der Regierung Hitler:

1. Die „**Reichstagsbrandverordnung**" vom **28. Februar 1933**. Sie wurde angeblich „zum Schutz von Volk und Staat" erlassen, setzte aber tatsächlich wichtige Grundrechte wie die persönliche Freiheit, die Meinungsfreiheit, die Versammlungsfreiheit und das Postgeheimnis außer Kraft.

2. Das „**Ermächtigungsgesetz**" vom **23. März 1933**. Es wurde im Reichstag mit den Stimmen der bürgerlichen Parteien gegen die Stimmen der sozialdemokratischen Abgeordneten verabschiedet. Die KPD-Abgeordneten konnten wegen Verfolgung, Verhaftung und Flucht nicht an der Abstimmung teilnehmen.

In den folgenden Wochen und Monaten wurden die **Gewerkschaften aufgelöst**. Die **SPD wurde verboten**, die **bürgerlichen Parteien wurden gezwungen, sich selbst aufzulösen**.

Die sogenannte **Gleichschaltung** erstreckte sich in der Folgezeit auf alle politischen Ebenen und viele Lebensbereiche. Das Ziel der Nationalsozialisten war es, die Bevölkerung auf die politische Linie der NSDAP einzuschwören und das politische, wirtschaftliche, soziale und kulturelle Leben zu vereinheitlichen.

Machtsicherung durch politische Morde

Mit der **Ausschaltung der SA** in einer Mordaktion am **30. Juni 1934** gelang es Hitler, einen ernsthaften Konkurrenten innerhalb der NS-Bewegung auszuschalten, der die „nationalsozialistische Revolution" weitertreiben wollte. Mit einem **rückwirkend in Kraft tretenden Gesetz vom 3. Juli 1934** wurden die ohne jedes Gerichtsverfahren vollstreckten **Morde als „Staatsnotwehr" für „rechtens" erklärt**.

In Thüringen verstärkten die wirtschaftlichen Probleme den Aufstieg der Nationalsozialisten. 1930 kam es **erstmalig in der Weimarer Republik** zu einer **Beteiligung der NSDAP an einer Landesregierung**. Nach dem Sieg bei den Landtagswahlen 1932, die NSDAP wurde stärkste Partei mit 42,5 Prozent, beherrschte ein **nationalsozialistisch dominiertes Kabinett** unter Fritz Sauckel die thüringische Landespolitik.

Die Ideologie der Nationalsozialisten

Seine politische Grundeinstellung bezeichnete Hitler als seine „**Weltanschauung**".

Im Zentrum seiner von Unkenntnis und Halbwissen gekennzeichneten Ideologie standen der **Rassismus**, der **Antisemitismus** und die Auffassung, das deutsche Volk benötige einen größeren **Lebensraum**, der nach seiner Auffassung im Osten („Russland und die ihm untertanen Randstaaten") vorhanden sei. Ein weiteres wesentliches Element seiner Ideologie ist das **Führerprinzip**. Demokratische Beschlüsse, z. B. durch parlamentarische Vertretungen, lehnte er ab. Entscheidungen müssten vielmehr durch den „Führer" gefällt werden. Das sollte „im Kleinsten wie im Größten" gelten.

Mit scheinwissenschaftlichen Begriffen wie „**Rasse**", „**Arier**" und „**Nichtarier**" wurde eine Überlegenheit der sogenannten arischen Menschen behauptet. Ein ausgeprägter **Führerkult** überhöhte die Person Adolf Hitlers.

Propaganda und Inszenierung

Massenveranstaltungen wie z. B. die Reichserntedankfeste **dienten der Selbstinszenierung des Herrschaftssystems**. Moderne Medien wie der **Rundfunk** wurden geschickt eingesetzt, um mit dem preiswerten „Volksempfänger" möglichst viele Menschen zu erreichen. **Spielfilme** und **Wochenschau** im Sinne der NS-Propaganda wurden finanziell unterstützt.

Alljährlich wiederkehrende Feiern nutzte das Regime ebenso zur Inszenierung seiner Macht, wie z. B. den 30. Januar als „Tag der Machtergreifung", den 20. April als „Hitlers Geburtstag" und den 1. Mai als „Tag der nationalen Arbeit" sowie die Reichsparteitage im September.

Um die Leistungsbereitschaft der Arbeitnehmerschaft zu fördern, wurde 1933 die **Organisation „Kraft durch Freude" (KdF)** gegründet. Sie war als Sonderorganisation der „**Deutschen Arbeitsfront" (DAF)** mit der Organisierung und Durchführung von Freizeitangeboten beauftragt wie z. B. den Großprojekten „Kdf-Flotte", „KdF-Seebad" und „KdF-Wagen", deren Realisierung durch den Kriegsbeginn 1939 teilweise nicht mehr möglich war.

Die Politik der nationalsozialistischen Diktatur

Nach der Machtübernahme bauten die Nationalsozialisten die Gesellschaft nach ihren Vorstellungen um: In der sogenannten **Volksgemeinschaft** sollten alle Gegensätze beseitigt sein. Die Beziehung zwischen den Geschlechtern wurde in einer bestimmten **Rangordnung** gesehen: Leitbilder waren der kämpfende, heroische Mann und die auf ihre Mutterrolle als „Erhalterin" des Volkes festgelegte Frau. Dass diese Vorstellung eher Ideal als Realität war, zeigte sich spätestens in der Zeit des Zweiten Weltkrieges. Nun mussten Frauen nahezu alle Funktionen der Männer in Wirtschaft und Verwaltung übernehmen. Frauen, die nicht in das Vorurteil der Nationalsozialisten passten, waren aus der „Gemeinschaft" ausgeschlossen: jüdische, andere „nicht arische", körperlich oder geistig behinderte und sozial nicht angepasste Frauen.

Nach dem Verbot aller anderen Jugendorganisationen wurde die bereits vor 1933 gegründete **Hitler-Jugend zur Staatsjugend erklärt**. Auch im **Schulwesen** wurde die „**Arisierung**" vorangetrieben und durchgesetzt: Jüdische Lehrkräfte, Schülerinnen und Schüler wurden ebenso vom Unterricht an öffentlichen Schulen ausgeschlossen wie Kinder deutscher Sinti und Roma. Staatliche Eingriffe betrafen auch die christlichen Konfessionsschulen, die Ende 1939 geschlossen werden mussten.

Die **rassistische Politik der Nationalsozialisten** wurde sofort nach der Machtübernahme umgesetzt. Sie begann mit **Boykottmaßnahmen** wie dem **Aufruf zum Boykott jüdischer Geschäfte** am 1. April 1933 und führte zwischen 1933 und 1939 zu der **Entrechtung und Verfolgung der deutschen Juden (Nürnberger Gesetze von 1935, 1. Verordnung zum „Reichsbürgergesetz 1935 und die Einführung von Zwangsvornamen für jüdische Bürger)**. Der von der NS-Führung angeordnete **Pogrom in der Nacht vom 9. zum 10. November 1938** zeigte die Brutalität der nationalsozialistischen Herrscher und ihrer Ausführungsorgane. Nun wurde klar, dass die Errungenschaften der **Aufklärung**, der **Emanzipation der jüdischen Bürger**, der **Rechtsstaat** und die **Grundrechte des Einzelnen in Gewalt und Terror erstickt** wurden.

Um die „Volksgesundheit" zu heben, wurden scheinbar wissenschaftliche Ergebnisse der **Eugenik** benutzt, um mit Maßnahmen der „**Euthanasie**" zehntausende behinderter Menschen zu ermorden.

Das nationalsozialistische Deutschland 1933–1939: Leben in der Diktatur

M1 **„Die Partei ist jetzt der Staat geworden"**

Aus der Rede Adolf Hitlers vor den Reichsstatthaltern (Vertreter der NS-Reichsregierung zur „Gleichschaltung" in den Ländern) am 6. Juli 1933:

Die politischen Parteien sind jetzt endgültig beseitigt. Dies ist ein geschichtlicher Vorgang, dessen Bedeutung und Tragweite man sich vielfach noch gar nicht bewusst ist. Wir müssen jetzt die letzten
5 Überreste der Demokratie beseitigen, insbesondere auch die Methoden der Abstimmung und der Mehrheitsbeschlüsse, wie sie heute noch vielfach bei den Kommunen, in wirtschaftlichen Organisationen und Arbeitsausschüssen vorkommen, und
10 die Verantwortung der Einzelpersönlichkeit überall zur Geltung bringen. Der Erringung der äußeren Macht muss die innere Erziehung der Menschen folgen … Die Revolution ist kein permanenter Zustand, sie darf sich nicht zu einem Dau-
15 erzustand ausbilden. Man muss den frei gewordenen Strom der Revolution in das sichere Bett der Evolution hinüberleiten. Die Erziehung der Menschen ist dabei das Wichtigste. Der heutige Zustand muss verbessert und die Menschen, die ihn
20 verkörpern, müssen zur nationalsozialistischen Staatsauffassung erzogen werden … Die Partei ist jetzt der Staat geworden. Alle Macht liegt bei der Reichsgewalt.

Zit. nach Jürgen Stillig/Wolfgang Wippermann, Der Nationalsozialismus, Berlin (Cornelsen) 2000, S. 28 f.

M3 **„60 000 RM" (= Reichsmark),** nationalsozialistisches Propagandaplakat, um 1938

M2 **Deutscher Ortseingang,** Foto, 1935

M4

Amerikanische Karikatur aus der Zeitschrift „The Nation",
Februar 1936. Auf der Tribüne sind Werner von Blomberg,
Joseph Goebbels, Hermann Göring, Heinrich Himmler, Adolf
Hitler, Robert Ley, Viktor Lutze und Hjalmar Schacht
abgebildet.

30. Januar 1933
Hitler wird
Reichskanzler

27. Februar 1933
Reichstagsbrand

seit 1933
„Volksgemeinschaft";
judenfeindliche Maßnahmen

23. März 1933
Ermächti-
gungsgesetz

seit März 1933
Gleichschaltung der
Länder und Verwal-
tungen, Einsatz von
Propaganda-Medien

1935
Nürnberger Gesetze

1936
Verbot aller
Jugend-
organisationen
außer NS-Orga-
nisationen

1938
Novemberpogrom

1939
„Euthanasie-
befehl" Hitlers

1930
NSDAP erstmalig im
Landtag (Thüringen)

1930   1935   1940   1945

1933 bis 1945 Nationalsozialistische Diktatur

Überprüfe, was du kannst

Sachkompetenz

1 Erläutere: Nationalsozialismus (S. 99), Ermächti-
gungsgesetz (S. 101), Gleichschaltung (S. 101),
Volksgemeinschaft (S. 113), Eugenik (S. 126) und
„Euthanasie" (S. 126).

2 a) Stelle dar, wie Hitler die Macht erlangt hat und
mit welchen Methoden er sie sicherte (S. 98–101).
b) Vergleiche das politische Vorgehen der NSDAP
mit den Grundsätzen der Weimarer Verfassung
(S. 62 f.).

3 Notiere Merkmale zu den Grundelementen der
Weltanschauung Hitlers und der NS-Bewegung:
Antisemitismus, Rassenideologie, Lebensraum-
ideologie, Führerprinzip (S. 106 f.).

4 Ordne M2 in die judenfeindliche Politik des NS-
Regimes 1933 bis 1938 ein.

5 a) Formuliere die Aussage des Plakats M3.
b) Nimm Stellung zu Form und Inhalt.

6 Beantworte die folgenden Fragen zu M1:
a) Worin zeigt sich die antidemokratische Auffassung Hitlers?
b) Welche Bedeutung sieht Hitler in der Erziehung?
c) In welchen Beziehungen sieht er Partei –
Staat – Macht – Reichsgewalt?

Methodenkompetenz

7 Wahlaufgabe:
a) Erschließe die Aussage der Karikatur M4, indem du zunächst zu den Biografien der abgebildeten Personen recherchierst. Berichte in der
Klasse.
b) Formuliere eine „Leseanleitung" zu M4, in der
du die Aussage der Karikatur mit historischen
Fakten belegst.

Selbst- und Sozialkompetenz

8 Begründe, warum die Euthanasiepolitik gegen
Bürger- und Menschenrechte verstieß (S. 126).

9 Recherche: Fragt im Wohn-(Schul-)Ort nach
Maßnahmen gegen die jüdischen Mitbürger
(Museum, Stadt- oder Heimatarchiv). Zieht M2
mit heran.

5. Das nationalsozialistische Deutschland 1939–1945:

22. Juni 1941: Überfall der deutschen Truppen auf die Sowjetunion. Das große Bild zeigt Wehrmachtsoldaten beim Vormarsch – mit einer Panzerabwehrkanone wird eine Stellung der Roten Armee beschossen.
Deutschland brauche „Lebensraum im Osten"und werde das Sowjetreich zerschlagen, so hatte Hitler seine außenpolitischen Ziele formuliert.
Ende Juni 1941 dauerte der Krieg, den Hitler am 1. September 1939 mit dem Überfall auf Polen begonnen und mit Blitzfeldzügen gegen Frankreich fortgesetzt hatte, schon fast zwei Jahre. Der Ostfeldzug, der Krieg an der zweiten Front, war anders als alle bisherigen Kriege. Er wurde zu einem Krieg der Vernichtung und des Völkermords.

Folgende Fragen leiten dich durch das Kapitel:

– *Warum kam es zum Zweiten Weltkrieg?*
– *Welche Folgen hatte er für die Menschen?*
– *Warum wird bei diesem Krieg von Vernichtungskrieg und Völkermord gesprochen?*

1 Beschreibt die beiden Abbildungen und setzt sie in Beziehung zueinander.
2 Tauscht eure Kenntnisse über den Zweiten Weltkrieg untereinander aus.

Vernichtungskrieg und Völkermord

Wehrmachtsoldaten an der Ostfront, *Foto, 1942*
Das kleine Foto zeigt den 16-jährigen Luftwaffenhelfer Hans-Georg Henke (gest. 1997 in Fürstenwalde, ehem. DDR)
am 29. März 1945 bei seiner Gefangennahme durch US-Truppen.

Das nationalsozialistische Deutschland 1939–1945: Vernichtungskrieg und Völkermord

Am Ende dieses Kapitels kannst du

- Grundzüge der NS-Außenpolitik beschreiben und beurteilen

- Ursachen, Verlauf und Ergebnis des Zweiten Weltkrieges darstellen

- Methoden der deutschen Besatzungs- und Vernichtungspolitik, der Zwangsarbeit und ihre Folgen bewerten

- die Verfolgung und Vernichtung von Menschen durch den nationalsozialistischen Krieg in Europa beurteilen

- die Bedeutung des Widerstands gegen den Nationalsozialismus begründen und bewerten

- Verlauf und Folgen von Flucht, Vertreibung und Umsiedlung in Mitteleuropa erläutern

- **Methode** Politische Reden analysieren

M1 Französische Karikatur, 1938

M2 Hitlers „Friedenspolitik", Fotomontage von John Heartfield, 1933

M3 Industrielle Produktion in Deutschland 1932 bis 1939

Jahr	Gesamt-index[1]	Produk-tionsgüter[2]	Investi-tionsgüter[3]	Konsum-güter
1932	59	46	35	78
1933	66	54	45	63
1934	83	77	75	85
1935	96	99	102	91
1936	107	113	117	98
1937	117	126	128	103
1938	125	136	140	107
Juni 1939	133	147	152	113

[1] Maßzahl zur Darstellung der Veränderung einer statistischen Größe in einem bestimmten Zeitraum
[2] Rohstoffe, Maschinen, Werkzeuge usw.
[3] nur Maschinen und Werkzeuge

 Nationalsozialistisches Propagandaplakat, 1943

 M4 Rüstungsausgaben und Volkseinkommen in Deutschland 1932 bis 1938

(in Mrd. Reichsmark)

Haushalts-jahr	Rüstungs-ausgaben	Volksein-kommen	Rüstungsausgaben in % des Volkseinkommens
1932	0,6	42,5	1,3
1933	0,7	46,5	1,5
1934	4,1	52,8	7,8
1935	5,5	59,1	9,3
1936	10,3	65,8	15,7
1937	11,0	73,8	15,0
1938	17,2[1]	82,1	21,0

[1] Die Steigerung der Rüstungsausgaben 1938 ist auch darauf zurückzuführen, dass Aufträge der Vorjahre erst 1938 erfüllt wurden, weil die Produktionskapazität der Rüstungsindustrie am Anfang der NS-Herrschaft begrenzt war.

M6 Deutsche Soldaten in Gefangenschaft, Russland 1942/43, Foto

Vorschlag für eine Gruppenarbeit

1 a) Analysiert arbeitsteilig jeweils ein Material. Zieht die entsprechenden Methoden mit heran und stellt eure Ergebnisse in der Klasse vor.
b) Erörtert gemeinsam, welches Bild von der NS-Herrschaft die Materialien jeweils vermitteln.

Nationalsozialistische Außenpolitik 1933–1938

Ziele und Methoden

Hitlers Außenpolitik hatte im Wesentlichen drei Ziele: Erstens wollte er eine radikale Revision des bei den Nationalsozialisten besonders verhassten Versailler Vertrages herbeiführen. Das zweite Ziel waren territoriale Eroberungen im Osten, vor allem auf Kosten Russlands, und die rücksichtslose „Germanisierung" der eroberten Gebiete (siehe S. 140, M2). Drittes Ziel war die Weltmachtstellung eines „Großdeutschlands". Zur Durchsetzung dieser Ziele kalkulierte Hitler den Einsatz militärischer Mittel bewusst ein. Der Rüstungsstand der Reichswehr im Jahre 1933 stand jedoch einer schnellen Durchsetzung seiner Pläne entgegen. Eine Chance, die Aufrüstung nach außen zu rechtfertigen, bot ihm die 2. Internationale Abrüstungskonferenz vom 2. Februar bis 14. Oktober 1933 in Genf. Als Frankreich dort nicht bereit war, die grundsätzliche militärische Gleichberechtigung Deutschlands durch Abrüstung der Siegermächte des Ersten Weltkrieges mitzutragen, verließ Deutschland die Abrüstungskonferenz und den Völkerbund.

Der Abschluss eines deutsch-polnischen Nichtangriffspaktes im Januar 1934 kam für die weltweite Öffentlichkeit überraschend. Er sollte nach außen den Friedenswillen Hitlers dokumentieren und zugleich die Spannungen mit dem Nachbarland entschärfen. Bei der nach dem Versailler Vertrag vorgesehenen Volksabstimmung vom Januar 1935 über die Rückkehr des Saargebiets in das Deutsche Reich stimmten 91 Prozent der Wähler mit Ja. Dieses Ergebnis, das die Hitler-Regierung als großen politischen Erfolg feierte, steigerte das Ansehen der Hitler-Regierung auch innenpolitisch.

Den öffentlichen Friedensbeteuerungen Hitlers standen jedoch interne Pläne und militärische Weisungen gegenüber. Im November 1937 kündigte er der Wehrmachtsspitze an, in absehbarer Zeit Österreich und einen großen Teil der Tschechoslowakei zu annektieren. Seine Ziele setzte er im März 1938 mit dem „Anschluss" Österreichs durch. Mithilfe des Münchner Abkommens vom September 1938 (siehe Kasten S. 139) gliederte Hitler das Sudetenland in das Deutsche Reich ein.

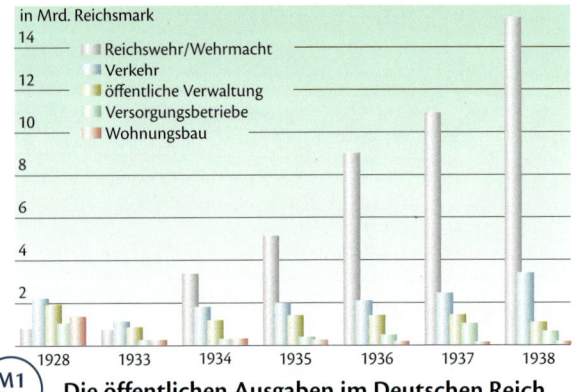

M1 **Die öffentlichen Ausgaben im Deutschen Reich 1928 bis 1938.** Dem Anfang 1934 veröffentlichten Reichshaushalt war zu entnehmen, dass die Rüstungsausgaben um rund 90 Prozent gesteigert werden sollten und auch Ausgaben für den verbotenen Aufbau einer Luftwaffe enthielten. Frankreich und Großbritannien kündigten angesichts der deutschen Aufrüstung eine Steigerung ihrer Rüstungsetats an. Die deutsche Regierung gab zwischen 1933 und 1938 mehr Geld für die Rüstung aus als Frankreich, Großbritannien und die USA zusammen. Nach 1934 veröffentlichte die Regierung Hitler keine Rüstungsausgaben mehr.

(Diagramm:) in Mrd. Reichsmark
Reichswehr/Wehrmacht
Verkehr
öffentliche Verwaltung
Versorgungsbetriebe
Wohnungsbau
1928 1933 1934 1935 1936 1937 1938

M2 Interne Weisung

Aus der ersten Ansprache Hitlers vor Generälen der Reichswehr nach seiner Ernennung zum Reichskanzler. Es handelt sich um handschriftliche Aufzeichnungen des Generalleutnants Liebmann vom 3. Februar 1933:

Ziel der Gesamtpolitik allein: Wiedergewinnung der pol. Macht. Hierauf muss gesamte Staatsführung eingestellt werden (alle Ressorts!).
1. Im Innern. Völlige Umkehrung der gegenwärt. innenpol. Zustände in D. Keine Duldung der Betätigung irgendeiner Gesinnung, die dem Ziel entgegensteht (Pazifismus!) …
2. Nach außen. Kampf gegen Versailles. Gleichberechtigung in Genf; aber zwecklos, wenn Volk nicht auf Wehrwillen eingestellt …
4. Aufbau der Wehrmacht wichtigste Voraussetzung für Erreichung des Ziels … Allg. Wehrpflicht muss wiederkommen … Wie soll pol. Macht, wenn sie gewonnen ist, gebraucht werden? …
Vielleicht … Eroberung neuen Lebensraumes im Osten u. dessen rücksichtslose Germanisierung.
Zit. nach Walther Hofer (Hg.), Der Nationalsozialismus, Frankfurt a. M. (Fischer) 1957, S. 180 f.

M3

Die Rede Hitlers am 17. Mai 1933 im Deutschen Reichstag, amerikanische Karikatur, 1933

Öffentliche Rede

M4

Aus der Regierungserklärung Hitlers vor dem Deutschen Reichstag am 23. März 1933:

Das deutsche Volk will mit der Welt in Frieden leben … Die Begriffe von Siegernationen und von Besiegten können nicht als eine dauernde Basis freundschaftlicher Beziehungen der Völker unter-
5 einander gelten … Die nationale Regierung ist bereit, jedem Volke die Hand zu einer aufrichtigen Verständigung zu reichen, das gewillt ist, die traurige Vergangenheit endlich einmal grundsätzlich abzuschließen … Die Reichsregierung wird jede
10 Bemühung unterstützen, die darauf gerichtet ist, einer allgemeinen Abrüstung wirksam zu dienen und den dabei schon längst fälligen Anspruch Deutschlands auf Gleichberechtigung sicherzustellen … Wir sind … der Überzeugung, dass ein
15 solcher Ausgleich in unserem Verhältnis zu Frankreich möglich ist … Gegenüber der Sowjetunion ist die Reichsregierung gewillt, freundschaftliche, für beide Teile nutzbringende Beziehungen zu pflegen.

Zit. nach Erhard Klöss (Hg.), Reden des Führers, München (dtv) 1967, S. 104 ff.

Deutsche Außenpolitik 1933–1938

14. Oktober 1933: Deutschland tritt aus dem Völkerbund aus und verlässt die Abrüstungskonferenz.

26. Januar 1934: Nichtangriffspakt mit Polen.

13. Januar 1935: Volksabstimmung im Saargebiet: 91 Prozent für die Rückkehr nach Deutschland.

16. März 1935: Einführung der allgemeinen Wehrpflicht.

18. Juni 1935: Deutsch-britisches Flottenabkommen: Die deutsche Kriegsflotte darf eine Stärke bis zu 35 Prozent der britischen erreichen.

7. März 1936: Besetzung der entmilitarisierten Rheinlandzone durch deutsche Truppen.

25. Oktober 1936: Bündnis mit Italien: „Achse Berlin–Rom".

13. März 1938: „Anschluss" Österreichs an Deutschland, nachdem die Nationalsozialisten die innerösterreichischen Verhältnisse destabilisiert haben. Der Einmarsch deutscher Truppen trifft bei der Bevölkerung auf breite Zustimmung.

Münchner Abkommen/Appeasement

Der britische Premierminister Chamberlain und der französische Ministerpräsident Daladier stimmten bei einem Treffen mit Hitler und Mussolini in München einer Abtretung der von Deutschen besiedelten, militär-strategisch wichtigen Randgebiete der Tschechoslowakei (Sudetenland) an Deutschland zu (29. September 1938). Tschechoslowakische Vertreter waren nicht beteiligt. Großbritannien und Frankreich erhofften sich von diesem Zugeständnis, dass Deutschland nun keine weiteren Gebietsansprüche mehr erheben würde. Die von der britischen Regierung zwischen 1933 und 1939 verfolgte Politik des Appeasement (engl. Beruhigung, Beschwichtigung) mit dem nationalsozialistischen Deutschland scheiterte an der fortdauernden Aggressivität der NS-Außenpolitik.

1 Vergleiche anhand von M1, M2 und M4 die internen Entscheidungen und Weisungen sowie die öffentlichen Äußerungen Hitlers.

2 Deute M3 mithilfe der Methode „Karikaturen entschlüsseln" im Anhang

3 **Wahlaufgabe:** Erarbeite anhand der Materialien auf dieser Doppelseite einen Kurzvortrag: Hitlers Außenpolitik 1933 bis 1938.

Der Zweite Weltkrieg in Europa

Der Weg in den Weltkrieg

Am 15./16. März 1939 besetzten deutsche Truppen Teile der Tschechoslowakei. Sie wurde als „Protektorat Böhmen und Mähren" ins Deutsche Reich eingegliedert. Diese völkerrechtswidrige Annexion bewirkte in
5 Großbritannien und Frankreich eine Wende in der Einschätzung der deutschen Politik. Bislang waren beide Länder davon ausgegangen, dass Hitler nur den Versailler Vertrag ändern wollte. Nun aber setzte sich die Auffassung durch, Hitler strebe die Herrschaft über
10 Europa an.
Bis Anfang 1939 hatten die westeuropäischen Mächte, insbesondere England, eine Politik des Appeasement verfolgt, um den Frieden aufrechtzuerhalten – so zum Beispiel 1938 im Münchner Abkommen über die Ab-
15 tretung der sudetendeutschen Gebiete an Deutschland. Ende März 1939 änderte sich dies. Die westeuropäischen Mächte gaben eine Garantieerklärung für Polen ab und verfolgten jetzt eine Politik der Eindämmung.

Hitlers Ziel war seit 1938 die Beseitigung des polnischen Staates. Am 3. April 1939 wies er die Wehrmacht 20 an, bis zum 1. September einen Feldzug gegen Polen vorzubereiten. Den deutsch-polnischen Nichtangriffsvertrag kündigte er am 28. April. Am 23. August schlossen das nationalsozialistische Deutschland und die kommunistische Sowjetunion völlig überraschend ein 25 gegenseitiges Nichtangriffsabkommen – den sogenannten Hitler-Stalin-Pakt. Die Sowjetunion sagte darin zu, wichtige Erze und Rohstoffe zu liefern, die Deutschland für die Kriegsführung benötigte. In einem geheimen Zusatzabkommen wurde eine künftige Auf- 30 teilung Polens zwischen Deutschland und der Sowjetunion geregelt.
Am 1. September griffen deutsche Truppen ohne Kriegserklärung Polen an. Großbritannien und Frankreich hielten sich an die gegenüber Polen abgegebenen 35 Garantien und erklärten Deutschland den Krieg, der sich zu einem Weltkrieg ausweitete.

M1

Deutsche Soldaten greifen eine polnische Ortschaft an, deutsches Propagandafoto, September 1939

„werden … zig Millionen verhungern …"

M2

Aus einem Ergebnisprotokoll einer Staatssekretärsbesprechung bei Hermann Göring, der u. a. auch Chef des „Wirtschaftsführungsstabes Ost" war (2. Mai 1941):
1.) Der Krieg ist nur weiterzuführen, wenn die gesamte Wehrmacht im 3. Kriegsjahr aus Russland ernährt wird.
2.) Hierbei werden zweifellos zig Millionen Men-
5 schen verhungern, wenn von uns das für uns Notwendige aus dem Lande herausgeholt wird.
Der Prozess gegen die Hauptkriegsverbrecher vor dem Internationalen Militärgerichtshof, Nürnberg, 14. November 1945 bis 1. Oktober 1946 (IMG), Bd. 31, Nürnberg, 1948, S. 84, Dok. 2718-PS, „Aktennotiz über Ergebnis der heutigen Besprechung mit den Staatssekretären über Barbarossa", 2. Mai 1941. Faksimile in: Erinnerung an einen Krieg, Berlin, 1997, S. 81 (aus Staatsarchiv Nürnberg, NOKW).

1 Kläre mithilfe des Darstellungstextes S. 140 f.
   a) die Politik Frankreichs und Großbritanniens gegenüber Deutschland und Polen,
   b) die politische Taktik Hitlers bei der Kriegsvorbereitung.
2 a) Prüfe, warum M1 als Propagandafoto veröffentlicht wurde.

b) Beschreibe anhand von M3 im Überblick den Verlauf des Zweiten Weltkrieges.
c) Prüft, inwiefern M2 über einen Eroberungskrieg hinausgeht.
3 Diskutiert in der Klasse die Frage der Kontinuität bzw. des Bruchs in der Außenpolitik Deutschlands vor und nach 1933. Lest auf S. 74 f. nach.

Vom „Blitzkrieg" zum Vernichtungskrieg

Die militärische Strategie Hitlers, Staaten zu überfallen und nach schnellen „Blitzkriegen" zu besetzen, schien bis Sommer 1941 durchaus erfolgreich:

5 Weniger als fünf Wochen nach dem Einmarsch am 1. September 1939 war Polen besiegt. Es wurde entsprechend dem geheimen Zusatzabkommen zwischen Deutschland und der Sowjetunion auf-

10 geteilt. Die Blitzkriegsstrategie gründete auf der Erkenntnis, dass die deutsche Rüstungswirtschaft einem länger andauernden Krieg nicht gewachsen sei. Trotz moderner Waffentechnik fehlten

15 für eine massenhafte, umfassende Produktion die Rohstoffreserven und die Produktionskapazitäten. Um diese Nachteile auszugleichen, wurden in weiteren Feldzügen Dänemark und Norwegen be-

20 setzt (April 1940). Nun kontrollierte das Deutsche Reich die Nord- und Ostseeschifffahrt und gelangte an das schwedische Erz. Auch gegen Frankreich und auf dem Balkan führte die Blitzkriegsstrate-

25 gie zum Erfolg. Dagegen schlug sie gegen England fehl: Es gelang nicht, England durch den Luftkampf im Sommer und Herbst 1940 wesentlich zu schwächen. Außerdem erhielt es von den USA

30 zunehmend umfangreichere Rüstungslieferungen. Der von den USA wirksam unterstützte Widerstand Englands änderte nichts an dem Entschluss Hitlers, die Sowjetunion anzugreifen: Am 31. Ju-

35 li 1940 kündigte er den Oberbefehlshabern der drei Wehrmachtteile die baldige Zerschlagung der Sowjetunion an. Am 18. Dezember 1940 gab er Anweisung, die Invasionspläne der Wehrmacht

40 zu konkretisieren. Am 22. Juni 1941 überfielen deutsche Soldaten die Sowjetunion. Der unter dem Decknamen „Unternehmen Barbarossa" vorbereitete Feldzug wurde ein Vernichtungskrieg

45 gegen die Armee und die Zivilbevölkerung.

Der Zweite Weltkrieg in Europa 1939 bis 1945 — M3

Legende:

- Deutsches Reich und Danzig bei Kriegsbeginn September 1939
- Verbündete des Deutschen Reichs
- Vordringen der Achsenmächte und ihrer Verbündeten:
  - 1. September bis 6. Oktober 1939
  - Bis Ende Juni 1940
  - Bis Ende Dezember 1941
  - Bis Mitte November 1942
- ---- Staatsgrenzen bei Kriegsbeginn 1. September 1939
- POLEN Alliierte bei Kriegsbeginn
- Gebiet der westlichen Alliierten und ihrer Verbündeten
- Sowjetunion bei Beginn des deutschen Angriffs 22. 6. 1941
- Neutrale Staaten
- → Angriffe der Alliierten
- 8.44 Datum des Beginns großer Offensiven
- Bei Kriegsende von deutschen Truppen besetzte Gebiete

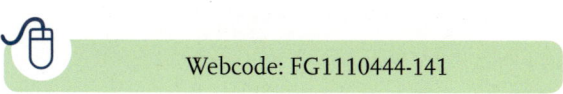

Webcode: FG1110444-141

141

Besatzungspolitik und Vernichtung

Kriegsverbrechen in den besetzten Gebieten

Die Führung der Nationalsozialisten sah in dem Krieg gegen die Sowjetunion einen Weltanschauungs- und Vernichtungskrieg. Von der Geschichtsforschung werden die Aktionen während des Russlandfeldzuges als
5 Kriegsverbrechen beurteilt. Dazu gehören die Führung eines Angriffskrieges, Mord, Grausamkeiten gegen die Zivilbevölkerung, systematischer Terror, Misshandlung und Tötung von Gefangenen, Zwangsarbeit fremder Staatsangehöriger und Völkermord.

Deutsche Besatzungspolitik im Osten

Aus dem Erlass Hitlers über „Die Ausübung der Kriegsgerichtsbarkeit im Gebiet ‚Barbarossa' und besondere Maßnahmen der Truppe" (13. Mai 1941):
1A Freischärler[1] sind durch die Truppe im Kampf oder auf der Flucht schonungslos zu erledigen … Auch alle anderen Angriffe feindlicher Zivilpersonen gegen die Wehrmacht … sind … auf der Stelle mit
5 den äußersten Mitteln bis zur Vernichtung des Angreifers niederzukämpfen … Für Handlungen, die Angehörige der Wehrmacht … gegen feindliche Zivilpersonen begehen, besteht kein Verfolgungszwang, auch dann nicht, wenn die Tat zugleich ein
10 militärisches Verbrechen oder Vergehen ist.

Aus den Richtlinien für die Behandlung „politischer Kommissare". Darunter fielen höherrangige Beamte der Roten Armee, die nicht als Soldaten anerkannt wurden (6. Juni 1941):
1B Im Kampf gegen den Bolschewismus ist mit einem Verhalten des Feindes nach den Grundsätzen der Menschlichkeit oder des Völkerrechts nicht zu rechnen … Die Truppe muss sich bewusst sein:
5 1. In diesem Kampfe ist Schonung und völkerrechtliche Rücksichtnahme diesen Elementen gegenüber falsch. Sie sind eine Gefahr für die eigene Sicherheit und die schnelle Befriedung der eroberten Gebiete. 2. Die Urheber barbarisch asiatischer Kampfmethoden
10 den sind die politischen Kommissare … Sie sind daher, wenn im Kampf oder Widerstand ergriffen, grundsätzlich sofort mit der Waffe zu erledigen.
M1A und M1B zit. nach Hamburger Institut für Sozialforschung (Hg.), Verbrechen der Wehrmacht. Dimensionen des Vernichtungskrieges 1941–1944, Hamburg (Hamburger Edition) 2002, S. 46 ff.

[1] Partisanen und Widerstandskämpfer

Durchgeführte Hinrichtungen
(Aus dem Bericht der Einsatzgruppe[1] A [Baltikum] vom 15. Oktober 1941)

	Juden	Kommunisten	zusammen
Litauen	80 311	860	81 171
Lettland	30 025	1843	31 868
Estland	474	684	1158
Weißruthenien	7620	–	7620

[1] Einsatzgruppen bestanden aus Angehörigen des SD und der Sicherheitspolizei (Gestapo und Kripo), die den kämpfenden deutschen Armeen folgten und die Aufgabe hatten, in den besetzten Ostgebieten die jüdische Bevölkerung, die kommunistische Führungsschicht der UdSSR, Partisanen sowie Sinti und Roma zu ermorden.

Zit. nach Wolfgang Michalka (Hg.), Das Dritte Reich, Bd. 2, München (dtv) 1985, S. 191.

Aktionen der SS im besetzten Polen

Aus dem Bericht eines Wehrmachtbefehlshabers vom 23. November 1939 an den Befehlshaber des Ersatzheeres:
Die große Aufbauarbeit auf allen Gebieten wird nicht gefördert durch das Eingreifen von SS-Formationen, die mit „volkspolitischen Sonderaufträgen" eingesetzt … sind … Fast in allen größeren
5 Orten fanden durch die erwähnten Organisationen öffentliche Erschießungen statt. Die Auswahl war dabei völlig verschieden und oft unverständlich, die Ausführung vielfach unwürdig …
In mehreren Städten wurden Aktionen gegen Juden durchgeführt, die zu schwersten Übergriffen
10 ausarteten. In Turck[1] fuhren am 30. 10. 39 drei SS-Kraftwagen unter Leitung eines höheren SS-Führers durch die Straßen, wobei die Leute auf der Straße mit … langen Peitschen wahllos über die
15 Köpfe geschlagen wurden … Schließlich wurde eine Anzahl Juden in die Synagoge getrieben, musste dort singend durch die Bänke kriechen, wobei sie ständig von den SS-Leuten mit Peitschen geschlagen wurden.
20 gez. Petzel, General der Art.[2]
Günter Schönbrunn (Bearb.), Weltkriege und Revolutionen 1914–1945, München (bsv) 1961, S. 508 ff.

[1] polnische Stadt Turek
[2] Artillerie: mit Geschützen ausgerüstete Truppengattung

Öffentliche Hinrichtung in Minsk, der heutigen Hauptstadt Weißrusslands, Foto, 26. Oktober 1941. An jenem Sonntag wurden zwölf Personen von Angehörigen der Wehrmacht öffentlich hingerichtet. Sie trugen Schilder mit der Aufschrift „Wir sind Partisanen und haben auf deutsche Soldaten geschossen". Das entsprach nicht der Wahrheit. Sie gehörten zu einer Widerstandsgruppe, die Rotarmisten unterstützte. Bisher ungeklärt ist die Identität der jungen Frau. Im Holocaust-Museum in Washington wird sie als jüdische Widerstandskämpferin Masha Bruskina verehrt; auf einem Denkmal in einem Dorf nahe Minsk wird an Alexandra Wasiljewna Linewitsch erinnert, die nach Aussagen von Verwandten die Hingerichtete sein soll.

Weltanschauungs- und Beutekrieg

Der Historiker Ludolf Herbst schrieb 1996:

„Vernichtung" und „Ausrottung" wurden die Leitbegriffe für Hitlers Verständnis vom „Weltanschauungskrieg". Das sowjetische System und seine Träger sollten vernichtet und das Land mit

5 Terror überzogen werden. Rücksicht auf die Zivilbevölkerung war nicht zu nehmen … Die Wirtschaftsfachleute der Wehrmacht und der zuständigen Ministerien entwickelten eine explizite Hungerstrategie. Die agrarischen Überschuss-

10 gebiete in Russland sollten von den Zuschussgebieten abgeschnitten werden, um auf diese Weise genügend Nahrungsmittel für die Wehrmacht bereitstellen und nach Deutschland schaffen zu können … Zwar waren die ökonomischen Verlus-

15 te der UdSSR erheblich, … gleichwohl konnte die Rüstungsindustrie ihren Produktionsausstoß von 1940 auf 1942 insgesamt um 86 Prozent steigern … Erreicht wurde diese Leistungssteigerung … durch die Verlagerung von ca. 1500 Rüstungs-

20 betrieben vom Westen in den Osten des Landes während des deutschen Angriffs im Jahre 1941, durch die Umstellung ziviler Bereiche auf die Rüstungsproduktion, durch den Neubau von Rüstungsbetrieben und durch die Steigerung der

25 Produktion in den östlichen Landesteilen. Die Rechnung der deutschen Führung war nicht aufgegangen. Sie hatte ihr ebenso leichtfertiges wie gewagtes Spiel verloren und damit den gesamten Krieg.

Ludolf Herbst, Das nationalsozialistische Deutschland 1933 bis 1945, Frankfurt a. M. (Suhrkamp) 1996, S. 351 ff.

Webcode: FG1110444-143

Entscheidung eines Einzelnen

In der „Passauer Neuen Presse" erschien 1993 ein Bericht über den ehemaligen Major der Wehrmacht, Max Liedtke:

Max Liedtke war 1942 Ortskommandant der ostpolnischen Stadt Przemyśl. Als im Juli 1942 die „Judenaussiedlung" [Deportation in das Vernichtungslager Bełżec] aus Przemyśl beginnen sollte,

5 setzte sich Liedtke zur Wehr, indem er Straßen und Brücken sperren ließ, um die SS am Abtransport der jüdischen Bevölkerung zu hindern. Einige Stunden später musste er die Sperrung aufheben, konnte aber zusammen mit seinem Adjutanten

10 Dr. Battel 80 bis 100 Juden mehrere Wochen vor dem Zugriff der SS schützen. Liedtke verstarb 1955 in sowjetischer Gefangenschaft. Seit 1993 wird er als einer der wenigen Wehrmachtsangehörigen als „Gerechter der Völker" in der Holocaust-

15 Gedenkstätte Yad Vashem in Jerusalem geehrt [wie vor ihm Albert Battel bereits 1981].

Hamburger Institut für Sozialforschung (Hg.), Verbrechen der Wehrmacht. Dimensionen des Vernichtungskriegs 1941–1944, Hamburg (Hamburger Edition) 2002, S. 591. Bearb. d. Verf.

1 Untersuche anhand von M1 bis M5 die deutsche Besatzungspolitik im Osten.

2 Klärt in Partnerarbeit mithilfe der Seiten 138 bis 143 die Begriffe Revisions-, Lebensraum- und Appeasementpolitik.

3 Erörtere mithilfe von M6 die Bedeutung des Verhaltens von Max Liedtke und Dr. Battel für die Rolle der Wehrmacht zur Frage der Kriegsverbrechen.

4 Informiere dich im Internet über die Ausstellung „Verbrechen der Wehrmacht". Berichte in der Klasse.

Die Deportation der Juden

Ghettos und Vernichtungslager

Zu Beginn des Zweiten Weltkrieges verschlechterte sich die Lage für die europäischen Juden dramatisch. Mit der deutschen Besetzung ihrer Heimatländer gerieten etwa sieben der insgesamt zehn Millionen in
5 Europa lebenden Juden unter den Herrschaftseinfluss der Nationalsozialisten. Die Verfolgung begann mit der Besetzung Polens und zielte darauf, die Juden zunächst in größeren Städten zu konzentrieren. Ghettos* wurden eingerichtet, die als Durchgangsstationen für De-
10 portationen* in spezielle Vernichtungslager dienten. In Deutschland hatte die Phase der Ghettoisierung 1939 mit der Einrichtung sogenannter Judenhäuser begonnen. Unter unmenschlichen Bedingungen mussten Juden zum Beispiel in Schulgebäuden oder
15 jüdischen Gemeindehäusern wohnen. Selbst in der Leichenhalle des jüdischen Friedhofs in Hannover lebten zeitweilig 150 Juden. Nur etwa 10 000 Juden gelang es, sich in Deutschland vor dem Zugriff der Nationalsozialisten zu verstecken. Viele überlebten wegen Denun-
20 zierung und Verhaftung nicht; in Berlin z. B. nur etwa 1500 von rund 7000.

M2

Juden aus Eisenach auf dem Weg zum Bahnhof, Foto, 9. Mai 1942. Von dort wurden sie mit Deportationszügen in das polnische Ghetto Bełżyce bei Lublin gebracht.

M3

Das Ergebnis der Wannsee-Konferenz

Aus dem Protokoll der Besprechung in Berlin-Wannsee am 20. Januar 1942, bei der die „Endlösung der Judenfrage" von hohen Regierungsbeamten und SS-Führern abgestimmt wurde:

Geheime Reichssache … Anstelle der Auswanderung ist nunmehr als weitere Lösungsmöglichkeit nach entsprechender vorheriger Genehmigung durch den Führer die Evakuierung der Juden nach
5 dem Osten getreten … Im Zuge … [der] Endlösung der europäischen Juden kommen rund elf Millionen Juden in Betracht …
Unter entsprechender Leitung sollen nun im Zuge der Endlösung die Juden in geeigneter Weise im
10 Osten zum Arbeitseinsatz kommen. In großen Arbeitskolonnen, unter Trennung der Geschlechter, werden die arbeitsfähigen Juden Straßen bauend in diese Gebiete geführt, wobei zweifellos ein Großteil durch natürliche Verminderung ausfallen
15 wird. Der … verbleibende Restbestand wird, da es sich bei diesem zweifellos um den widerstandsfähigsten Teil handelt, entsprechend behandelt werden müssen.
Zit. nach Reinhard Rürup (Hg.), Topographie des Terrors, 13. Aufl., Berlin (Stiftung Topographie des Terrors) 2001, S. 144 f.

M1

„Selbstporträt im Versteck", Gemälde von Felix Nussbaum, 1943. Nussbaum malte sich im Gebetsmantel.

Begriffe und Daten

Shoah (Holocaust)

Auf die Phasen der Entrechtung und Verfolgung folgte die Ermordung von etwa sechs Millionen Juden. Sie kamen in Vernichtungslagern, durch Massenerschießungen, Hunger und Seuchen in Ghettos, auf Todesmärschen usw. ums Leben. Das Lager Auschwitz wurde als ein Ort des systematischen Mordens zum Inbegriff der menschenverachtenden Rassenpolitik der Nationalsozialisten. Die Deportation der Juden in die Vernichtungslager begann 1941. Den Genozid (griech.-lat: Völkermord) haben die Nationalsozialisten mit dem Begriff „Endlösung" verschleiert. In der Geschichtsschreibung wird für den Völkermord häufig der Begriff Holocaust verwendet, der aus dem Griechischen stammt und auf die totale Verbrennung von Menschen hinweist. Die überlebenden Juden sprechen meist von der Shoah. Dieses hebräische Wort bedeutet so viel wie „Katastrophe, Unglück, Verheerung". Die Auseinandersetzung mit der Frage nach Schuld und Verantwortung für dieses Verbrechen ist eine Aufgabe, mit der sich jede Generation befassen muss.

Judenfeindliche Maßnahmen (Auswahl)

1939

30. April: Zusammenlegung jüdischer Familien in „Judenhäusern" wird angeordnet.

1. September: Ausgangssperre für Juden: im Sommer ab 21 Uhr, im Winter ab 20 Uhr.

23. September: Rundfunkgeräte in jüdischen Haushalten werden beschlagnahmt.

Ab 12. Oktober: Erste Deportationen aus Österreich und Böhmen/Mähren nach Polen.

1941

1. September: Juden müssen in der Öffentlichkeit einen gelben Stern tragen.

17. Oktober: Beginn von Deportationen deutscher Juden aus dem „Altreich" nach Osten.

23. Oktober: Auswanderungsverbot für Juden.

25. November: Jüdisches Vermögen wird vor der Deportation eingezogen.

1942

20. Januar: „Wannsee-Konferenz"; Organisation der Ermordung der europäischen Juden.

Juni: Beginn der Massenvergasungen in Auschwitz.

M4

Abschied nehmen

Edith Wolff berichtete nach 1945 vom Besuch eines älteren Ehepaars, dessen Kinder bereits ausgewandert waren:

4A Eines Tages, Ende Februar 1943, erschienen Herr und Frau Kleinberger bei uns abends zu einem kurzen Besuch, um sich zu verabschieden – wie zu einer Reise. Sie teilten uns mit, dass sie
5 noch ein sehr gutes Abendessen zu sich nehmen wollten … Sie hatten „die Liste" [eine „Vermögenserklärung" mit der Aufforderung, sich zur „Evakuierung" im Sammellager einzufinden] bekommen und sich schon längst mit einem Gegenmittel ver-
10 sorgt. Wir verstanden sofort, dass dieses „Medikament" ein Gift war … Wir aber konnten nichts dagegen tun … Wir konnten den beiden Menschen nur stumm die Hand drücken – und ihnen im Herzen nur noch eine gute Reise ins Jenseits wün-
15 schen … Erst nach drei Tagen fand man in der Wohnung die Leichen.

Am 19. Juli 1942 mussten Theodor Tuch und seine Frau Clara den Zug „in ein Lager" besteigen – auch für sie eine Fahrt in den Tod. Vor ihrer Abfahrt schrieb Theodor einen Brief:

4B 4. Juli 42. Meine geliebten Kinder.
Das sind wohl die letzten Grüße aus Volksdorf. Meine ganze Hoffnung ist es, euch noch mal wiederzusehen. Es ist ganz schrecklich, nun in die Ver-
5 bannung zu gehen, alles aufzugeben. Wir werden wohl in ein Lager kommen … Wann werdet ihr diesen Brief erhalten, leben wir dann noch? Ich wünsche euch alles Gute, meine geliebten Kinder, bleibt alle gesund und habt viel Freude an euren
10 Kindern und vergesst nicht eure Mutter, die sich so unbeschreiblich nach euch sehnt.

M4A und M4B zit. nach Wolfgang Benz (Hg.), Die Juden in Deutschland 1933–1945, 4. Aufl., München (C. H. Beck) 1996, S. 654, 659.

---

1 a) Beschreibe mit je drei Adjektiven die Haltung und den Gesichtsausdruck der drei Figuren in M1.
b) Interpretiere M1 vor dem Hintergrund der Judenverfolgung. Ziehe biografische Daten über den Maler heran (Lexikon, Internet).

2 Analysiere M3 und untersuche die Sprache. Ziehe auch S. 128 f. heran.

3 Zeige anhand der Materialien auf dieser Doppelseite die Auswirkungen der NS-Todesmaschinerie auf die Lebensläufe ihrer Opfer.

Webcode: FG1110444-145

Der Mord an den Juden Europas

Auf der Rampe bei der Ankunft im Konzentrations- und Vernichtungslager Auschwitz-Birkenau, Foto, 1944. An der Bahnrampe trennte ein SS-Arzt die Arbeitsfähigen von den für den sofortigen Tod Bestimmten („Selektion").

M1

M2

Häftlingskleid aus dem Frauen-KZ Ravensbrück. Nach der Ankunft im KZ erhielt jeder Häftling eine Nummer, die auf die Kleidung aufgenäht wurde und fortan seinen Namen ersetzte. Frauen erhielten ein Kleid, manchmal Jacke und Kopftuch, Männer Jacke, Hose und Mütze.

M3 „Ich hatte den Befehl"

Rudolf Höß (1900–1947) war Kommandant des Konzentrationslagers Auschwitz von 1940 bis 1943. 1947 wurde er als Kriegsverbrecher hingerichtet. 1946/47 sagte er in einer eidesstattlichen Aussage vor dem Nürnberger Kriegsverbrecherprozess:
Die „Endlösung" der Judenfrage bedeutete die vollständige Ausrottung aller Juden in Europa. Ich hatte den Befehl, Ausrottungserleichterungen in Auschwitz im Juni 1942 zu schaffen … Als ich das
5 Vernichtungsgebäude in Auschwitz errichtete, gebrauchte ich also Zyklon B, eine kristallisierte Blausäure … Es dauerte 3 bis 15 Minuten, … um die Menschen in der Todeskammer zu töten … Nachdem die Leichen fortgebracht waren, nahmen un-
10 sere Sonderkommandos die Ringe ab und zogen das Gold aus den Zähnen der Körper.
Zit. nach Léon Poliakov/Josef Wulf, Das Dritte Reich und die Juden, Berlin (Arani) 1955, S. 128 f.

Die Selektion überlebt

M4

Ruth Klüger (geb. 1931) schildert eine Selektion für ein Nebenlager, bei der ihre Mutter, sie aber zunächst nicht ausgewählt wurde:
Neben dem amtierenden SS-Mann … stand die Schreiberin, ein Häftling. Wie alt mag sie gewesen sein, neunzehn, zwanzig? … Sie [verließ] ihren Posten, und fast in Hörweite des SS-Mannes ging sie
5 schnell auf mich zu und fragte halblaut, mit einem unvergesslichen Lächeln ihrer unregelmäßigen Zähne: „Wie alt bist du"? „Dreizehn." Und sie, mich nachdrücklich mit den Augen fixierend, ganz eindringlich: „Sag, dass du fünfzehn bist." Zwei Minu-
10 ten später war ich dran, schielte noch schnell zu der anderen Reihe hin, ängstlich, der zweite SS-Mann könnte zufällig hinüberschauen und mich als eine erkennen, die schon abgelehnt worden war … Auf die Frage nach meinem Alter gab ich
15 die entscheidende Antwort …: „Fünfzehn bin ich."
„Die ist aber noch sehr klein", bemerkte der Herr über Leben und Tod, nicht unfreundlich, eher wie man Kühe und Kälber besichtigt. Und sie, im gleichen Ton die Ware bewertend: „Aber kräftig ge-
20 baut ist sie. Die hat Muskeln in den Beinen, die kann arbeiten. Schaun Sie nur."
Das war eine, die arbeitete für diese Verwaltung und strengte sich an für mich, ohne mich überhaupt zu kennen. Dem Mann war sie vielleicht ein
25 wenig weniger gleichgültig, als ich es ihm war, und er gab nach. Sie schrieb meine Nummer auf, ich hatte eine Lebensverlängerung gewonnen.
Ruth Klüger, weiter leben. Eine Jugend, Göttingen (Wallstein) 1992, S. 130 ff.

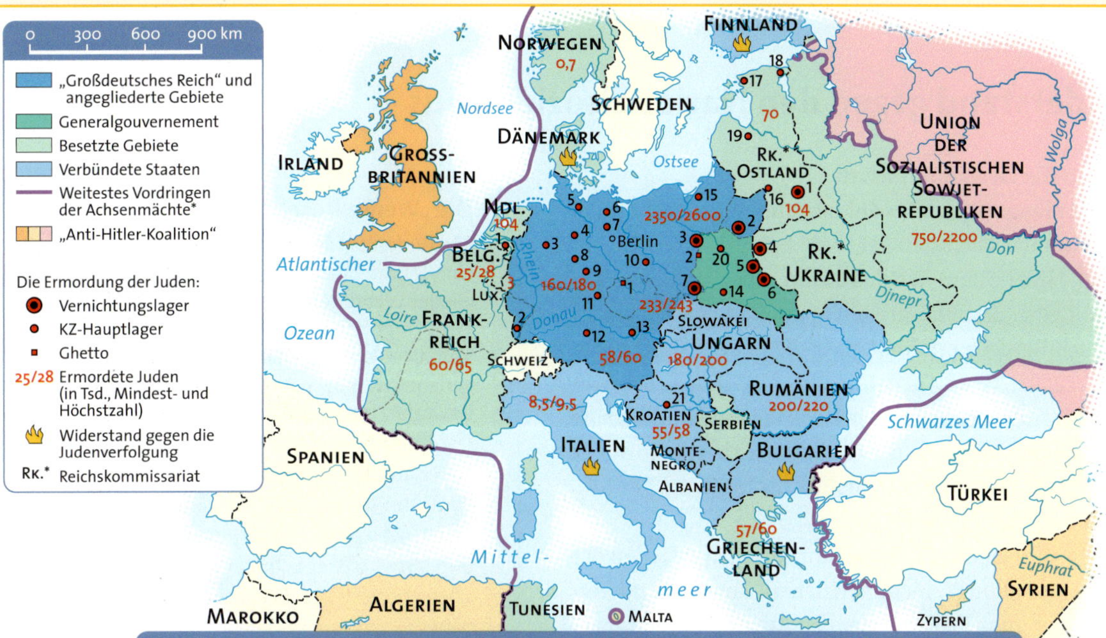

Kartenlegende:

- „Großdeutsches Reich" und angegliederte Gebiete
- Generalgouvernement
- Besetzte Gebiete
- Verbündete Staaten
- Weitestes Vordringen der Achsenmächte*
- „Anti-Hitler-Koalition"

Die Ermordung der Juden:
- Vernichtungslager
- KZ-Hauptlager
- Ghetto
- 25/28 Ermordete Juden (in Tsd., Mindest- und Höchstzahl)
- Widerstand gegen die Judenverfolgung
- Rk.* Reichskommissariat

● Vernichtungslager	● KZ-Hauptlager		■ Ghetto
1 Maly Trostinec	1 Herzogenbusch	8 Mittelbau-Dora	1 Theresienstadt
2 Treblinka	2 Natzweiler	9 Buchenwald	2 Litzmannstadt (Łódź)
3 Kulmhof (Chelmno)	3 Niederhagen	10 Groß-Rosen	
4 Sobibór	4 Bergen-Belsen	11 Flossenbürg	
5 Majdanek	5 Neuengamme	12 Dachau	
6 Bełżec	6 Ravensbrück	13 Mauthausen	
7 Auschwitz	7 Sachsenhausen	14 Plaszów	
		15 Stutthof	
		16 Kauen	
		17 Klooga	
		18 Vaivara	
		19 Riga-Kaiserwald	
		20 Warschau	
		21 Jasenovac	

M5 Die Vernichtung der europäischen Juden durch die Nationalsozialisten 1939 bis 1945

M6 Kennzeichnung der KZ-Häftlinge durch die NS-Bürokratie

Deutscher politischer Häftling — Politischer Häftling, Rückfälliger — Jüdischer politischer Häftling — Polnischer politischer Häftling — Russischer politischer Häftling — Französischer politischer Häftling — Aktionshäftling — Bibelforscher — Emigrant — Sonderabteilung Wehrmacht

„Asozialer" — „Jüdischer Asozialer" — Arbeitserziehungshäftling — „Berufsverbrecher" — Sicherheitsverwahrter — Jüdischer Berufsverbrecher — Jüdischer Rasseschänder — „Zigeuner" — Homosexueller

Medientipp

Schindlers Liste

Spielfilm von Steven Spielberg aus dem Jahr 1993 nach dem Roman „Schindler's Ark" von Thomas Keneally.

Webcode: FG1110444-147

1 Erläutere: Umgang mit den Deportierten (M1, M2 , M6).

2 Nimm zu M3 und M4 Stellung.

3 a) Stelle anhand der Karte M5 fest, welche Ergebnisse daraus abgeleitet werden können und welche Fragen sich ergeben.

b) **Recherche:** Ermittelt nähere Informationen zum „Widerstand gegen die Judenverfolgung", z. B. Rettungsaktionen in europäischen Ländern usw.

4 **Recherche und Präsentation:** Führt eine Internet-Recherche zum Thema „Verfolgung und Vernichtung der Sinti und Roma zwischen 1933 und 1945" durch.

Widerstand gegen den Nationalsozialismus

Gegen die Gewaltherrschaft

Von Anfang an hatte es Widerstand gegen die Politik der Nationalsozialisten gegeben. Schon vor der Ernennung Hitlers zum Reichskanzler, aber insbesondere unmittelbar danach mussten opponierende Zeitgenos-
[5] sen schmerzlich erfahren, dass die neuen Machthaber mit brutaler Gewalt gegen jeglichen Widerspruch vorgingen. Auf Rückhalt in der Bevölkerung konnten sich Widerstandskämpfer nicht stützen. Es bestand immer die Gefahr, dass man von Sympathisanten des NS-Sys-
[10] tems denunziert wurde.

Hinzu kam eine Rechtsprechung, die sich in Teilen der „Gleichschaltung" nicht entziehen konnte, andererseits aber aus Überzeugung das Regime unterstützte. Mit der Einführung von Sondergerichten konnten „po-
[15] litische Straftäter" ohne förmliche juristische Verfahren verurteilt werden. 1934 wurde der „Volksgerichtshof"* geschaffen, der mit NS-Richtern besetzt war und als oberste Instanz die Gegner der Nationalsozialisten aburteilte. Wer unter diesen Bedingungen Widerstand
[20] leistete, setzte sich großen Gefahren aus. Die Gründe, auf dem der Widerstand der Andersdenkenden beruhte, waren verschieden: Patriotismus, demokratische Überzeugung, christlicher Glaube oder die Haltung, dass man Unrecht grundsätzlich nicht hinnehmen
[25] darf. Entsprechend unterschiedlich gestalteten sich die Vorstellungen, wie eine zukünftige Ordnung Deutschlands aussehen könnte. Allen Widerstandsgruppen gemeinsam war das Ziel, die nationalsozialistische Herrschaft zu beenden; es zu erreichen, lag jedoch außerhalb
[30] ihrer Macht. Auch in den von Deutschland besetzten Ländern gab es seit Beginn des Krieges Widerstandsgruppen. Sie kämpften mit unterschiedlichen Mitteln gegen die Besatzer. Partisanenverbänden gelangen militärische Erfolge vor allem gegen Kriegsende in der
[35] Sowjetunion, in Jugoslawien, in Griechenland, Italien und Frankreich.

Lesetipp

Sophie Scholl/Fritz Hartnagel, Damit wir uns nicht verlieren. Briefwechsel 1937 bis 1943, Frankfurt a. M. (Fischer TB) 2008.

(M1) ### Die „Weiße Rose"

Die Widerstandsgruppe „Weiße Rose" war an der Universität München gegründet worden. Ihre Mitglieder verbreiteten vom Sommer 1942 bis Februar 1943 Flugblätter gegen das NS-Regime. Nach ihrer Verhaftung im Februar 1943 wurden sie vom Volksgerichtshof zum Tode verurteilt und hingerichtet. Im vorletzten Flugblatt (Ende Januar 1943) hieß es:

Der Krieg geht seinem sicheren Ende entgegen …
Mit mathematischer Sicherheit führt Hitler das deutsche Volk in den Abgrund. Hitler kann den Krieg nicht gewinnen, nur noch verlängern. Seine
[5] und seiner Helfer Schuld hat jedes Maß unendlich überschritten. Die gerechte Strafe rückt näher und näher!
Was aber tut das deutsche Volk? Es sieht nicht und es hört nicht. Blindlings folgt es seinen Ver-
[10] führern ins Verderben … Deutsche! Wollt ihr und eure Kinder dasselbe Schicksal erleiden, das den Juden widerfahren ist? Wollt ihr mit dem gleichen Maße gemessen werden wie eure Verführer? Sollen wir auf ewig das von aller Welt gehasste und
[15] ausgestoßene Volk sein? Nein! Darum trennt euch von dem nationalsozialistischen Untermenschentum! Beweist durch die Tat, dass ihr anders denkt!
… Der imperialistische Machtgedanke muss … für allezeit unschädlich gemacht werden … Freiheit
[20] der Rede, Freiheit des Bekenntnisses, Schutz des einzelnen Bürgers vor der Willkür verbrecherischer Gewaltstaaten, das sind die Grundlagen des neuen Europas.

Zit. nach Walther Hofer (Hg.), Der Nationalsozialismus. Dokumente 1933–1945, Frankfurt a. M. (Fischer) 1965, S. 327 f.

(M2)

Die Geschwister Hans und Sophie Scholl mit Christoph Probst aus der Widerstandsgruppe „Weiße Rose", Foto, 1942

M3 Die Arbeiterbewegung

Der Historiker Wolfgang Benz schrieb über den Widerstand der Arbeiterbewegung (2000):

Festzuhalten bleibt, dass politischer Widerstand der Kommunisten in mehreren Phasen und auf ganz unterschiedliche Weise geleistet wurde. Die erste Phase, bis Mitte der 30er Jahre, war gekenn-
5 zeichnet durch einen verlustreichen Aktionismus … Dem Werben um Bündnispartner ab August 1935 war ebensowenig Erfolg beschieden wie der Verlagerung des Widerstandes in die Betriebe … Ein großer Teil der Mitglieder der sozialdemokrati-
10 schen Arbeiterbewegung hatte sich … nach dem Verbot der Partei ins Private zurückgezogen, pfleg-te aber im Umfeld von Arbeitersiedlungen und Vorstädten das sozialdemokratische Milieu … in Formen von Nachbarschaft, Geselligkeit, Kame-
15 radschaft und gegenseitiger Hilfe … Ihre Grund-haltung war stille Verweigerung und Resistenz. Das äußerte sich im Abhören verbotener Aus-landssender, im Austausch von regimekritischen Ansichten im kleinen Kreis … Der Widerstand der
20 Arbeiterbewegung – so unterschiedlich und viel-fältig die Organisationen und Gruppen waren … – erschöpfte sich nicht in Propaganda-Aktionen. Kampf gegen das Regime war auch das öffentliche Beharren auf demokratischen und rechtsstaatli-
25 chen Idealen. Dafür sind zu Beginn der Hitlerzeit viele Sozialdemokraten und Mitglieder der links-sozialistischen Organisationen in Gefängnis und KZ gekommen, ebenso wie die Kommunisten.

Wolfgang Benz, Opposition und Widerstand der Arbei-terbewegung (2001), http://www.bpb.de/publikationen/ 1X57WC.html, Stand 31.03.2011.

M5 Das Militär

Am 20. Juli 1944 missglückte ein Bombenattentat auf Hitler, das eine Gruppe hochrangiger Wehr-machtsangehöriger geplant hatte. Graf Schenk von Stauffenberg, ein Oberst im Generalstab, konnte den Anschlag nicht erfolgreich zu Ende führen. Die Attentäter wurden verhaftet und teilweise noch am selben Tag erschossen. Im Aufruf der Widerstands-kämpfer, der nach dem Anschlag auf Hitler verbrei-tet werden sollte, hieß es:

Deutsche!

Hitler … hat die göttlichen Gebote verhöhnt, das Recht zerstört, den Anstand verfemt, das Glück von Millionen vernichtet. Er hat Ehre und Würde,
5 Freiheit und Leben anderer für nichts erachtet. Zahllose Deutsche, aber auch Angehörige anderer Völker schmachten seit Jahren in Konzentrations-lagern, den größten Qualen ausgesetzt und häufig schrecklichen Foltern unterworfen … Durch grau-
10 same Massenmorde ist unser guter Name besu-delt. Mit blutbefleckten Händen ist Hitler seinen Irrweg gewandelt … Daher ist kein Soldat, kein Beamter, überhaupt kein Bürger ihm mehr durch Eid verpflichtet … Unser Ziel ist die wahre, auf
15 Achtung, Hilfsbereitschaft und soziale Gerechtig-keit gegründete Gemeinschaft des Volkes. Wir wollen Gottesfurcht anstelle von Selbstvergot-tung, Recht und Freiheit anstelle von Gewalt und Terror, Wahrheit und Sauberkeit anstelle von Lüge
20 und Eigennutz … Wir wollen mit besten Kräften dazu beitragen, die Wunden zu heilen, die dieser Krieg allen Völkern geschlagen hat, und das Ver-trauen zwischen ihnen wieder neu beleben.

Zit. nach Bodo Scheurig (Hg.), Deutscher Widerstand 1938–1944, 2. Aufl., München (dtv) 1984, S. 278 ff.

M4

Feldmarschall Erwin von Witz-leben, „Verschwö-rer" des 20. Juli 1944, Foto, 8. Au-gust. Zur Demüti-gung musste er beim Prozess vor dem Volksgerichts-hof seine Hose fest-halten. Witzleben wurde am selben Tag verurteilt und hingerichtet.

1 a) Fasse anhand von M1, M3 und M5 die Zielsetzungen von Widerstandsgruppen im NS-Staat zusammen.
b) Erschließe Gründe, warum sie Widerstand leisteten.
2 In dem Münchner Professor Kurt Huber fanden die Mitglieder der „Weißen Rose" (M1 und M2) einen Uni-versitätslehrer, der den Widerstandsgeist der Jugendli-chen durch die Vermittlung seines tieferen Verständnis-ses der Zusammenhänge noch verstärkte. Recherchiere, wer Kurt Huber war (Bibliothek, Internet).
3 Beziehe M4 auf das nationalsozialistische Regime.
4 **Wahlaufgabe/Recherche:** Fertigt Referate über wei-tere Widerstandsgruppen an.

Webcode: FG1110444-149

War der Widerstand umsonst?

 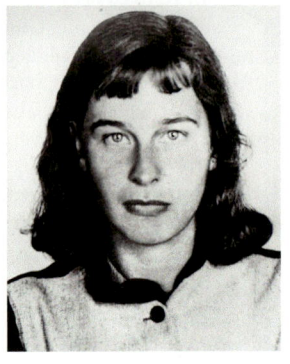  

M1

Julius Leber, Libertas Schulze-Boysen, Dietrich Bonhoeffer, Alfred Delp (von links nach rechts)

M2

Die Kirchen

Dietrich Bonhoeffer (1906–1945, hingerichtet am 9. April) schrieb bereits 1933 in Abgrenzung zu den „Deutschen Christen", einer nationalsozialistisch orientierten Richtung innerhalb der Evangelischen Kirche Deutschlands, die bei Kirchenwahlen 1933 die Mehrheit errungen hatte:

2A Der Ausschluss der Juden-Christen aus der kirchlichen Gemeinschaft zerstört die Substanz der Kirche Christi ... In der Kirche bleibt Jude Jude, Heide Heide, Mann Mann, Kapitalist Kapitalist etc. Aber der Ruf Got-
5 tes beruft und sammelt alle zu einem Volk, zum Volk Gottes, zur Kirche, zu der sie alle in gleicher Weise und miteinander gehören ... Die Rasse, das Blut ist eine unter den Ordnungen, in die die Kirche eintritt, aber sie darf nie Kriterium für die Zugehörigkeit zur Kirche sein,
10 dies ist allein das Wort Gottes und der Glaube ...
Darum ist der Arierparagraf eine Irrlehre von der Kirche und zerstört ihre Substanz. Darum gibt es einer Kirche gegenüber, die den Arierparagrafen in dieser radikalen Form durchführt, nur noch einen Dienst der Wahrheit,
15 nämlich den Austritt.

Die Haltung der Kirchenleitungen zum Nationalsozialismus schwankte zwischen Duldung des NS-Regimes und vereinzelten Protesten. Widerstand leisteten vor allem aktive Gemeindemitglieder, die dabei ihr Leben riskierten, wie der katholische Bischof Clemens August von Galen (1878–1946). In einer Predigt vom 13. Juli 1941 sagte er:

2B Der physischen Übermacht der Gestapo steht jeder deutsche Staatsbürger schutzlos und völlig wehrlos gegenüber! ... Keiner von uns ist sicher, und mag er sich bewusst sein, der treueste, gewissenhafteste
5 Staatsbürger zu sein, dass er nicht eines Tages aus seiner Wohnung geholt, seiner Freiheit beraubt, in den Kellern und Konzentrationslagern der Gestapo eingesperrt wird ... Das Recht auf Leben, auf Unverletzlichkeit, auf Freiheit ist ein unentbehrlicher Teil jeder sittli-
10 chen Gemeinschaftsordnung ... Darum erhebe ich im Namen des rechtschaffenen deutschen Volkes, im Namen der Majestät der Gerechtigkeit, im Interesse des Friedens und der Geschlossenheit der inneren Front meine Stimme.

M2A zit. nach Georg Denzler/Volker Fabricius (Hg.), Die Kirche im Dritten Reich, Frankfurt a. M. (Fischer-TB) 1984, Bd. 2, Dokumente, S. 74 ff. M2B zit. nach Günther van Norden, Das Dritte Reich im Unterricht, Frankfurt a. M. (Hirschgraben) 1970, S. 49 ff.

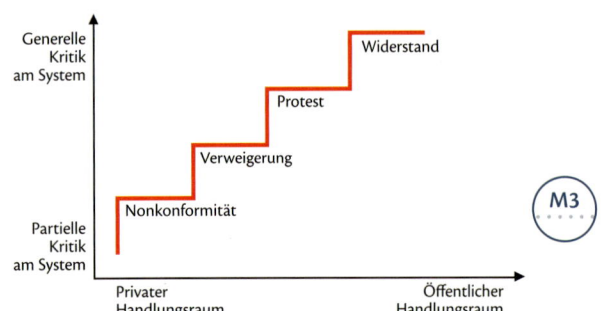

M3 **Stufen abweichenden Verhaltens 1933 bis 1945** (entwickelt von dem Historiker Detlev Peukert)

War der deutsche Widerstand umsonst?

M4

Der Historiker Richard Löwenthal schrieb 1982 über die Bedeutung des Widerstands gegen das NS-Regime:

Der deutsche Widerstand … war immer die Leistung einer Vielzahl zersplitterter … Minderheiten – niemals eine Massenbewegung mit umwälzender Wirkung. Die totalitäre Diktatur Hitlers … hat sich
5 so je länger, je mehr verhärtet, bis die Niederlage im Weltkrieg ihrer Herrschaft ein Ende setzte. War der deutsche Widerstand also umsonst? Natürlich nicht. Die Entschlossenheit der Träger des Widerstandes, dass sich die unkontrollierte Herrschaft …
10 einer fanatisierten Bewegung niemals auf deutschem Boden wiederholen dürfe, teilte sich unter dem Eindruck der schließlichen nationalen Katastrophe und des Bekanntwerdens des vollen Umfangs der Verbrechen des Regimes der großen
15 Mehrheit der Bevölkerung mit. Sie wurde die Grundlage für einen neuen demokratischen Konsens … Die Menschen, die aus den Gefängnissen und Lagern kamen …, leisteten einen entscheidenden Beitrag zum demokratischen Wiederaufbau.

Richard Löwenthal, Widerstand im totalen Staat, in: Ders./ Patrik von zur Mühlen (Hg.), Widerstand und Verweigerung in Deutschland 1933 bis 1945, Bonn/Berlin (Dietz) 1982, S. 24.

Begriffe und Daten

Widerstand

Im Mittelalter richtete sich der Widerstand vorwiegend gegen die Willkür monarchischer oder kirchlicher Gewalt. In der neueren Zeit versteht man das Widerstandsrecht als Teil der Menschenrechte; es dient seit dem 20. Jahrhundert vor allem zur Rechtfertigung der Abwehr diktatorischer staatlicher Gewalt. Die Ziele und Formen des Widerstands gegen die NS-Herrschaft waren vielfältig. Neben den deutschen gab es zahlreiche Widerstandsbewegungen in den besetzten Gebieten, wie z. B. den Aufstand im Warschauer Ghetto. Dieser bewaffnete Widerstand (19. 4. bis 16. 5. 1943) jüdischer Kampforganisationen gegen die deutsche Besatzungsmacht richtete sich gegen die Deportation der Gefangenen in die Vernichtungslager. Fast alle der noch im Ghetto verbliebenen etwa 50 000 Juden wurden während der Kämpfe bzw. danach in den Vernichtungslagern von SS-Truppen getötet.

Webcode: FG1110444-151

Biografie

Liselotte Herrmann (1909–1938)

Mitglied der KPD, 1933 vom Studium ausgeschlossen; arbeitete für den geheimen Militärapparat der KPD und gab Informationen aus der Rüstungsindustrie weiter. Von Agenten verraten, wurde sie 1935 verhaftet und am 12. Juni 1937 vom Volksgerichtshof wegen „Landesverrats und Vorbereitung zum Hochverrat" zum Tode verurteilt, obgleich im Verfahren bestätigt wurde, dass die Unterlagen nicht als geheim eingestuft gewesen sind. Am 20. Juni 1938 wurde sie in Berlin-Plötzensee hingerichtet.

Freya von Moltke (1911–2010)

Mitglied der Widerstandsgruppe „Kreisauer Kreis", einer christlich-konservativen Gruppe um Helmuth James Graf von Moltke (Ehemann Freyas, hingerichtet nach dem gescheiterten Attentat vom 20. Juli 1944). Bei den Zusammenkünften auf ihrem Gut Kreisau in Schlesien im heutigen Polen ging es um die Erneuerung Deutschlands nach Hitler.

Georg Elser (1903–1945)

Schreiner aus Bayern, der in einer Einzelaktion am 8. November 1939 mit einer selbstgebauten Bombe Adolf Hitler im Münchner Bürgerbräukeller zu töten versuchte. Nach dem Misslingen wird Elser beim Fluchtversuch in die Schweiz festgenommen und am 9. April 1945 auf Befehl Hitlers im KZ Dachau erschossen. Das Attentat war neben dem vom 20. Juli 1944 das einzige, das Hitler unmittelbar gefährdete.

1 Erarbeite die Grundhaltungen in M2A und M2B.
2 **Recherche:** Klärt in Recherchen die Rolle und Bedeutung der Personen für den Widerstand in M1 und M2B. Berichtet in der Klasse.
3 a) Erörtert, ob sich das Verhalten von Liselotte Herrmann, Freya von Moltke und Georg Elser einer Stufe in M3 zuordnen lässt.
b) Diskutiert die Darstellungsform.
4 Kläre und bewerte die Position des Autors von M4.
5 **Wahlaufgaben:** Die Schlagzeile im „Völkischen Beobachter" zum Tod von zehntausenden deutschen Soldaten in Stalingrad vom 4. Februar 1943 lautete: „Sie starben, damit Deutschland lebe!"
a) Diskutiert diese Aussage und nehmt Stellung.
b) Formuliert eine kurze Antwort auf die Schlagzeile aus der Sicht eines Widerstandskämpfers.

Geschichte der Gefühle: Soldatische Angst im Zweiten Weltkrieg

M1

Kriegsversehrte Hitlerjungen, Foto, 1943. Die Veröffentlichung des Fotos wurde vom Propagandaministerium verboten.

M2

Abschied

Der Arzt Dr. Horst Rocholl am 14. Januar 1943:
Der Soldat im Graben kann verwundet oder
krank nach Hause kommen. Ich durfte nicht nach
vorn, weil ich Arzt bin und unsere Soldaten wieder kampffähig machen muss. So warte ich den
5 Tag ab, vor dem mir graut, nicht wegen des wahr-
scheinlichen Todes, nein, wegen dessen, was ich
dabei sehen und fühlen muss. Ich bin ja doch ein
Mensch, keine Bestie, habe die verwundeten Feinde versorgt, so oft ich konnte, so oft meine sonsti-
10 gen Aufgaben die Möglichkeit dazu gaben. Ich
habe es getan, nicht aus Mitleid, sondern weil ich
in ihnen Soldaten sah, wenn auch feindliche. Gern
wäre ich im Kampf gefallen. Du hättest die Nachricht der Truppe erhalten, vielleicht ein paar aner-
15 kennende Worte meines Kommandeurs. So aber
wirst Du nichts von mir wissen, nur das, dass ich
mit vielen Kameraden zusammen ausgekämpft
habe. Ob ich lebe, ob ich starb, nichts ist Dir bekannt. Wenn ich sterbe, wird es leicht sein.
20 *Horst Rocholl hat überlebt.*
Zit. nach http://www.dradio.de/dlf/sendungen/
stalingradfeldpost/348510, Stand 20. 02. 2010.

Webcode: FG1110444-152

M3

„Das letzte Aufgebot"

Aus einer Darstellung über den Umgang mit kranken Soldaten im Zweiten Weltkrieg (2005):
In eigens gebildeten „Schleusenlazaretten" siebten
die Militärärzte der Wehrmacht Kranke aller Art
aus, darunter auch Herz- und Nierenkranke. Die
Luftwaffe entschloss sich am 30. Juni 1944 sogar
5 zur Bildung der „S-Flakbatterie 1000 (0)", ausschließlich für „Soldaten mit psychogenen [see-
lisch bedingten] Störungen". Die Batterie … nahm
vor allem „Zitterer, Schüttler und Stotterer" auf …
Zur großen Wut der Endsiegstrategen unter den
10 Militärärzten vermehrten sich im letzten Kriegsjahr rapide die Fälle jener Soldaten, denen die
Furcht vor einem sinnlosen Tod so in die Glieder
fuhr, dass sie Arme und Beine beim besten Willen
nicht mehr stillhalten konnten … In manchen
15 Wehrmachtsteilen wanderten diese Kranken erst
in den Bunker und dann vors Kriegsgericht. Viele
fanden, zum Simulanten gestempelt, im Strafba-
taillon den Tod.
Wolfgang Bayer, Hans Halter, Das letzte Aufgebot, in: Hitlers Krieg, Spiegel special, Nr. 2, 2005, S. 206 f.

M4

„Seelische Wunden" in der Bundeswehr

Der Bundeswehr-Psychiater Peter Zimmermann
äußerte sich in einem Interview über aus Afghanistan heimkehrende Soldaten (2010):
Wir machen deutlich, dass diese einsatzbedingten
psychischen Störungen … die angemessene Reaktion eines normalen Menschen auf eine schwierige Situation sind … Wir machen den Soldaten
5 sofort ein psychosoziales Gesprächsangebot …
In der Regel kommt es in den ersten sechs Monaten zu Symptomen. Manchen Menschen wird das
auch erst Jahre später bewusst.
Wolfgang Bayer, Hans Halter, Das letzte Aufgebot, in: Hitlers Krieg, Spiegel special, Nr. 2, 2005, S. 206 f.

1 Untersuche anhand der Materialien, a) wie Lebens-
bedrohung und Angst im Zweiten Weltkrieg erlebt
wurden (M1, M2) und b) wie die Staatsführung damit
umging (M3).

2 Vergleiche a) mit dem Ersten Weltkrieg (S. 26 f.) und
b) mit Bundeswehr-Soldaten in kriegsähnlichen Einsätzen (M4).

„Das Heimweh des Walerjan Wrobel" – 17 Jahre, polnischer Zwangsarbeiter

Ein kurzes Leben

Walerjan Wrobel, geboren am 2. April 1925, wurde nach der Besetzung Polens durch die deutsche Armee im Jahre 1941 zur Zwangsarbeit ins Deutsche Reich verschleppt. Er musste auf einem Bauernhof bei Bre-
5 men arbeiten. Als er nach wenigen Tagen wegen seines Heimwehs zu fliehen versuchte, wurde er gefasst und zurückgebracht. Kurz danach zündete er einen Heuhaufen in der Scheune an. Damit hoffte er als Strafe nach Hause zurückgeschickt zu werden. Das Feuer
10 wurde rechtzeitig entdeckt, Walerjan half noch beim Löschen, doch die Bäuerin zeigte ihn an. Bis zu seiner Gerichtsverhandlung im April 1942 wurde Walerjan im Konzentrationslager Neuengamme bei Hamburg eingesperrt. Hier musste er Schwerstarbeit verrichten. Ein
15 Sondergericht verurteilte ihn zum Tode durch das Fallbeil.

Vorschlag für eine Gruppenarbeit

1 Bearbeitet in Gruppen die folgenden Themen:
a) Walerjans Biografie, b) Herkunft und Heimat,
c) Straftat, Haftzeit, Prozess, Gnadengesuch,
d) geschichtliche Aufarbeitung und Gedenken,
e) Filmanalyse: „Das Heimweh des Walerjan Wrobel" (Internet, Bibliothek).

M2 **Walerjan Wrobel (auch: Walerian Wróbel),** Foto der Kriminalpolizeilichen Leitstelle in Bremen bei seiner Verhaftung 1941

Walerjans Abschiedsbrief

M3 Der undatierte Brief wurde am Tag nach dem Todesurteil geschrieben und aus dem Gefängnis geschmuggelt:

Liebe Mamusiu (Mutti) und tatusiu (Papi).
Ich schreibe die letzten Worte. Worte an Euch, dass ich nie wiederkomme nach Hause, denn es ist mir etwas Schweres geschehen. Aber ich bitte
5 doch Gott, den Allmächtigen, darum, dass er mir hilft in der letzten Weile, dass ich zur Beichte gehen kann und zur Heiligen Kommunion. Aber wenn ich weiterleben werde, dann schreibe ich Euch schnell einen Brief, liebe Eltern, damit Ihr um
10 mich keinen Kummer habt. Ich werde noch ein Verfahren haben. Und was mir der Richter zuteilt, ob ich lange sitzen werde im Gefängnis oder ob es sein wird der Tod, das weiß ich noch nicht. Noch einmal bitte ich Euch, dass Ihr Euch keinen Kum-
15 mer um mich macht, denn der Brief ist vor dem Verfahren abgegeben. Wenn ich nicht länger leben sollte, dann bitte ich nur um eine Heilige Messe. Ich verabschiede mich von Euch, liebe Eltern, in der letzten Weile, damit Ihr solltet mög-
20 lichst lange leben. Und bittet Gott, dann hilft er Euch, gesund zu bleiben. Die letzten Worte schreibe ich mit Heiliger Hand.
Gute Nacht, liebe Mamma, Papa, Bruder und Schwesterchen

Zit. nach Christoph U. Schminck-Gustavus, Das Heimweh des Walerjan Wróbel. Ein Sondergerichtsverfahren 1941/42, Berlin/Bonn (J.H.W. Dietz Nachf.) 1986, S. 145.

Beglaubigte Abschrift.
================================

In der Strafsache gegen den vom Sondergericht in
Bremen am 8. Juli 1942 als Volksschädling wegen
Brandstiftung zum Tode verurteilten

Walerjan   W r o b e l

habe ich mit Ermächtigung des Führers beschlossen,
von dem Begnadigungsrecht keinen Gebrauch zu machen,
sondern der Gerechtigkeit freien Lauf zu lassen.

Berlin, den 15. August 1942
Der Reichsminister der Justiz
In Vertretung
gez. Dr. Freisler
––––

(Siegel)

Mit der Urschrift gleichlautend:
Berlin, den 17. August 1942

als Ministerialkanzleiobersekretär.

M1

Urkunde der Nichtbegnadigung des Walerjan Wrobel vom 15. August 1942

Webcode: FG1110444-153

Landesgeschichte: Das Konzentrationslager Buchenwald

M1 Zur Geschichte des KZ Buchenwald

Aus einer Darstellung des Deutschen Historischen Museums zum KZ Buchenwald (2013):

Am 15. Juli 1937 wurde auf dem Ettersberg bei Weimar das Konzentrationslager (KZ) Buchenwald eröffnet, das von Häftlingen aus dem 1937 aufgelösten Männerlager des KZ Lichtenburg in Prettin und dem KZ Sachsenhau-
5 sen aufgebaut worden war. Buchenwald gehörte zur zweiten Lagergeneration der neuen, großen Konzentrationslager wie Sachsenhausen, Flossenbürg, Mauthausen und Ravensbrück, die von der Schutzstaffel (SS) im Rahmen der Kriegsvorbereitungen geplant und errichtet wurden.
10 Die ersten Insassen des Konzentrationslagers Buchenwald waren politische Gegner des NS-Regimes, Zeugen Jehovas, Homosexuelle sowie mehrfach Vorbestrafte, sogenannte befristete Vorbeugehäftlinge.
Von April bis Juni 1938 erfolgte auf Befehl des Reichsfüh-
15 rers-SS und „Chefs der Deutschen Polizei", Heinrich Himmler, die Inhaftierung von sogenannten Arbeitsscheuen, die als Arbeitsfähige zweimal angebotene Arbeitsplätze abgelehnt oder die Arbeit nach kurzer Zeit wieder aufgegeben hatten, und „Asozialen", vor allem Bettler, Obdachlose und
20 Prostituierte. Unter dem Deckmantel der Polizeiaktion „Arbeitsscheu Reich" wurden auch zahlreiche Juden sowie Sinti und Roma verhaftet und in das Lager deportiert.
Nach der Pogromnacht am 9. November brachte die SS nahezu 10 000 Juden in das Lager.
25 Ab Mitte Juli 1941 wurden mehrere hundert Häftlinge für die Vergasung in den „Euthanasie"-Anstalten Sonnenstein und Bernburg ausgewählt. Des Weiteren kamen zahlreiche KZ-Insassen bei Versuchen mit epidemischen Krankheiten ums Leben, an denen die IG Farben und die
30 Wehrmacht beteiligt waren.
Ab Oktober 1942 wurden auf Befehl Himmlers die meisten jüdischen Häftlinge von Buchenwald nach Auschwitz deportiert sowie über 8000 sowjetische Kriegsgefangene von der SS durch Genickschuss in Buchenwald
35 ermordet.
Hatten die Häftlinge bis zum Beginn des Zweiten Weltkrieges vorwiegend im Lageraufbau und im lagereigenen Steinbruch gearbeitet, so veränderte sich ihre Tätigkeit ab 1942 fundamental. Aufgrund der stärkeren Orientie-
40 rung der SS auf wirtschaftliche Ausnutzung der Konzentrationslager wurden die KZ-Insassen von nun an in über 130 Außenkommandos hauptsächlich zur Herstellung von Flugzeugen, Raketen, synthetischem Treibstoff und

Munition eingesetzt. Um die Kriegsproduktion voran-
45 zutreiben, ließ die SS ab April 1944 Juden sowie Sinti und Roma aus dem Vernichtungslager Auschwitz-Birkenau nach Buchenwald transportieren.
Nach Auflösung der Lager im Osten überführte die SS Anfang 1945 Tausende der Insassen nach Buchenwald,
50 das zu Jahresbeginn mit über 100 000 Häftlingen das größte noch bestehende Konzentrationslager war. Innerhalb von knapp 100 Tagen starben 14 000 Häftlinge aufgrund der Überfüllung des Lagers und ausbrechender Seuchen. Ab dem 6. April 1945 begann die Lager-
55 leitung, die jüdischen Häftlinge auf „Todesmärsche" zu schicken, und verließ am 11. April das Lager. Am selben Tag trafen amerikanische Truppen im Lager ein.
Im KZ Buchenwald waren insgesamt über 240 000 Menschen aus allen europäischen Ländern inhaftiert,
60 von denen 34 000 von der SS registrierte, tatsächlich jedoch mindestens 50 000 starben. Unter den Häftlingen befanden sich der Schriftsteller und Künstler Bruno Apitz, der Sozialdemokrat Rudolf Breitscheid sowie der Vorsitzende der Kommunistischen Partei Deutsch-
65 lands (KPD), Ernst Thälmann.
Von 1945 bis 1950 wurde das ehemalige KZ Buchenwald als „Speziallager Nr. 2" vom sowjetischen Geheimdienst „Volkskommissariat für Innere Angelegenheiten" (NKWD) zur Internierung von ehemaligen Funktionä-
70 ren des NS-Regimes, Wehrmachtsangehörigen und willkürlich denunzierten Personen benutzt.
Von den nach Kriegsende insgesamt ca. 28 000 im Speziallager inhaftierten Frauen und Männern starben über 7000 Menschen
75 an den Folgen der Haftbedingungen.
1958 wurde in Buchenwald die erste „Nationale Mahn-
80 und Gedenkstätte" der Deutschen Demokratischen Republik (DDR) auf dem ehemaligen
85 Lagergelände eingeweiht.

Deutsches Historisches Museum: http://www.dhm.de/lemo/html/wk2/holocaust/buchenwald, Autor: jo, Stand 01.04.2013.

„Jedem das Seine", Torinschrift des M2
KZ Buchenwald, aufgenommen nach der Befreiung
des Lagers, Foto von Alfred Stüber, April 1945

M3

Überlebende Jugendliche in Buchenwald, Foto,
14. April 1945

M5

**Befreite Häftlinge des Konzentrationslagers Buchen-
wald in Baracke 56 des Kleinen Lagers,** Foto. Rechts stehend: Simon Toncman. In der 2. Reihe, 7. v. l. Elie Wiesel.

M4

**Foltermethode der SS im KZ Buchenwald: das „Baum-
hängen",** Foto, 1941

M6

**Amerikanische
Soldaten befreien
eine völlig entkräf-
tete weibliche Ge-
fangene aus dem
KZ Penig,** einem
Nebenlager von
Buchenwald, Foto,
Mai 1945

Vorschlag für eine Gruppenarbeit

1 Wählt eine Aufgabe aus:

a) die Geschichte des KZ Buchenwald bis 1945 in einem Kurzvortrag darstellen (Darstellungstext)

b) den Ursprung der Torinschrift (M2) recherchieren

c) jeweils eine der Abbildungen M3 bis M6 analysieren und in die Geschichte des KZ Buchenwald und
des NS-Regimes 1933 bis 1945 einordnen

d) die Geschichte des KZ Buchenwald in der Zeit zwischen 1945 und 1950 recherchieren

e) das KZ Buchenwald als Gedenkstätte in der DDR
1959 bis 1990 und in der Bundesrepublik Deutschland nach 1990 vorstellen

f) eine Exkursion zum KZ Buchenwald planen und
ggf. durchführen

Webcode: FG1110444-155

Politische Reden analysieren

M1

Blick auf die Rednertribüne bei der Rede Goebbels' im Berliner Sportpalast am 18. Februar 1943, Foto

M2

Zuhörer bei einer Goebbels-Rede, zeitgenössische Fotografie

Reden und überzeugen

Politische Reden sind mit einer bestimmten Zielsetzung verbunden: Redner suchen Applaus, Unterstützung oder auch blinde Gefolgschaft des Publikums. Die politische Rede ist immer eingebettet in einen
5 historisch-politischen Kontext, wie zum Beispiel die Rede Goebbels' am Wendepunkt des Zweiten Weltkrieges im Jahre 1943 (siehe M3).
Historische Reden liegen uns überwiegend schriftlich vor, im 20. Jahrhundert zunehmend auch auf Tonträgern
10 gern oder beispielsweise als Filme in Wochenschauen. Wenn Reden nur als schriftliche Quellen vorliegen, dann lassen sich daraus Faktoren wie die Vortragsweise des Redners, sein Auftreten, seine Stimmlage, die Atmosphäre des Raumes oder die Reaktion des Publi-
15 kums nicht erschließen. Deshalb ist es sinnvoll, soweit vorhanden, Ton-, Foto- oder Filmaufnahmen als Ergänzung zum Redetext heranzuziehen.

Webcode: FG1110444-156

1. Schritt: Den Text untersuchen

Gehe nach dem Modell zur Textquellenanalyse im Anhang vor.

2. Schritt: Inhalt und Ziele herausfinden

Notiere die zentralen Aussagen, stichwortartig verkürzt, gemäß ihrer Reihenfolge untereinander. Skizziere dann in Worten oder als Zeichnung den Gedankengang des Textes.

3. Schritt: Wirkung und Reaktion ermitteln

Schreibe alle Begriffe und Passagen auf, die du für wichtig hältst, z. B. Metaphern, Vergleiche, Wortwiederholungen, „unechte" Fragen und Appelle. Lies sie halblaut vor dich hin. Welche Bilder oder Gefühle entstehen beim Zuhören?

4. Schritt: Die Absicht erschließen

Versuche anhand der bisherigen Ergebnisse herauszufinden, wovon der Redner bzw. die Rednerin die Zuhörer überzeugen will.

„Wollt ihr den totalen Krieg?"

Aus der Rede Joseph Goebbels' im Berliner Sportpalast vom 18. Februar 1943:

Ihr also, meine Zuhörer, repräsentiert in diesem Augenblick für das Ausland die Nation! Und an euch möchte ich zehn Fragen richten, die ihr mit dem deutschen Volke vor der ganzen Welt, insbe-
5 sondere aber vor unseren Feinden, … beantworten müsst! Wollt ihr das? (Stürmische Rufe „Ja!")
… Ich frage euch: Glaubt ihr mit dem Führer und mit uns an den endgültigen, totalen Sieg der deutschen Waffen? (Stürmische Rufe: „Ja!", starker Bei-
10 fall, Sprechchöre: fünf Mal „Sieg Heil!"). Ich frage euch: Seid ihr entschlossen, dem Führer in der Erkämpfung des Sieges durch dick und dünn und unter Aufnahme auch der schwersten persönlichen Belastungen zu folgen? (Stürmische Rufe:
15 „Ja!", starker Beifall, mehrfach wiederholte Sprechchöre: „Sieg Heil!", „Wir grüßen unsern Führer!") …
Ich frage euch: Soldaten, Arbeiter und Arbeiterinnen, seid ihr und ist das deutsche Volk entschlossen, wenn der Führer es einmal in Notzeiten be-
20 fehlen sollte, zehn, zwölf, wenn nötig vierzehn oder sechzehn Stunden täglich zu arbeiten und das Letzte für den Sieg herzugeben? (Stürmische Rufe: „Ja!", starker Beifall) … Viertens: Die Engländer behaupten, das deutsche Volk wehrt sich ge-
25 gen die totalen Kriegsmaßnahmen der Regierung. (Rufe: „Nein!"). Es will nicht den totalen Krieg, sagen die Engländer, sondern die Kapitulation! (Stürmische Rufe: „Nein!" „Pfui!"). Ich frage euch: Wollt ihr den totalen Krieg? (Stürmische Rufe: „Ja!", star-
30 ker Beifall, Trampeln und Klatschen). Wollt ihr ihn (Rufe: „Wir wollen ihn!"), wenn nötig, totaler und radikaler, als wir ihn uns heute überhaupt erst vorstellen können? (Stürmische Rufe: „Ja!", Beifall).
[Die folgenden Fragen Goebbels' lauteten zusam-
35 *mengefasst: Vertraut ihr dem Führer? Seid ihr bereit, den Kämpfenden Waffen zur Verfügung zu stellen? Steht die Heimat hinter der Front? Wollt ihr, dass die Frauen überall einspringen? Billigt ihr Maßnahmen gegen Drückeberger? Wollt ihr die Lasten für Hoch*
40 *und Niedrig, Arm und Reich gleich verteilen?]*
Wir müssen nur die Entschlusskraft aufbringen, alles seinem Dienste [*gemeint ist der Sieg*] unterzuordnen … Und darum lautet von jetzt ab die Parole: Nun, Volk, steh auf – Sturm brich los! (Stür-
45 mische Heilrufe und Beifall).

Iring Fetscher, Joseph Goebbels im Berliner Sportpalast 1943, Hamburg (Europäische Verlagsanstalt) 1998, S. 94 ff. Zit. nach Hans-Jürgen Pandel, „Wollt ihr den totalen Krieg?", in: Geschichte lernen, H. 85, 2002, S. 54 f.

Arbeitshilfe zur Auswertung der Rede

Geschichtlicher Rahmen
- Wer ist der Redner?
- Wann fand die Rede statt?
- Wo wurde sie gehalten?
- Was war Anlass der Rede?
- An wen richtete sie sich?

Inhalt und Ziele der Rede
- Worum geht es?
- Welche Schlüsselwörter gibt es?
- Wie lautet die Hauptaussage?
- Reaktionen auf die Rede
- Wie verhielten sich die Zuhörer?
- Wie ist meine Reaktion?

Redeabsicht erschließen
- Welche Absicht hat die Rede?
- Wovon sollen die Zuhörer überzeugt werden?

Probleme/offene Fragen

Biografie

Joseph Goebbels (1897–1945)
Politiker; 1926 NSDAP-Gauleiter Berlin; ab 1930 Reichspropagandaleiter der NSDAP; seit 1933 Reichsminister für Volksaufklärung und Propaganda; ab 1944 Reichsbevollmächtigter für den totalen Kriegseinsatz; neben Hitler und Himmler einer der Hauptverantwortlichen für die NS-Verbrechen. Beging am 1. Mai 1945 Selbstmord mit seiner Frau im Führerbunker der Reichskanzlei in Berlin, zuvor Vergiftung seiner Kinder.

1 Analysiere den Redeausschnitt M3 mithilfe der Arbeitsschritte und der Arbeitshilfe (Kasten). Nimm die Abbildungen M1 und M2 zu Hilfe.

2 Beschafft euch die Tonaufnahme der Goebbelsrede und ergänzt eure Ergebnisse der Redeanalyse um folgende Aspekte: Passagen, die der Redner besonders betont, Lautstärke, Hebung der Stimme, appellierende Wörter, Redner-Hörer-Beziehung.

3 Beschafft euch als „Gegenrede" die Rundfunkreden des damals im Exil lebenden Schriftstellers Thomas Mann von 1943. Analysiert und vergleicht sie mit der Goebbelsrede.

„Totaler Krieg" und Niederlage

Die Ausweitung zum Weltkrieg

Der Angriff der deutschen Wehrmacht auf die Sowjetunion kam Ende 1941 zum Stillstand. Hitlers „Blitzkriegsstrategie" war gescheitert. Im selben Jahr entwickelten der Präsident der USA, Franklin D. Roosevelt,
5 und der britische Premierminister Churchill Vorstellungen von einer künftigen Weltordnung in der
„Atlantik-Charta"* vom 14. August 1941. Zu dieser
Weltordnung sollten gehören: der Verzicht auf Annexionen und Gewalt, die Anerkennung des Selbstbestim-
10 mungsrechts der Völker, die Freiheit des Handels und
der Meere sowie eine Weltsicherheitsorganisation.
Als Japan, das nach der Vorherrschaft im pazifischen
Raum strebte, am 7. Dezember 1941 den amerikanischen Militärstützpunkt Pearl Harbor angriff, erklärte
15 die deutsche Führung vier Tage später den USA den
Krieg. Ziel war, die amerikanischen Kräfte zu schwächen durch zwei Kriegsschauplätze in Asien und Europa. Das erwies sich jedoch als Fehleinschätzung, denn
Roosevelt und Churchill beschlossen, ihre Anstren-
20 gungen gegen Hitler-Deutschland zu richten. Gemeinsam mit der Sowjetunion bildeten sie die „Anti-Hitler-
Koalition".

Die letzte Mobilisierung

Die Niederlage der deutschen Armee in Stalingrad
Ende Januar 1943 gilt allgemein als Symbol für die
Wende des Krieges: Von 250 000 deutschen Soldaten
kamen etwa 90 000 um, fast ebenso viele gerieten in
5 Kriegsgefangenschaft, aus der nur etwa 6000 zurückkehrten. Dennoch rief Reichspropagandaminister Joseph Goebbels am 18. Februar 1943 im Berliner Sportpalast unter dem Jubel der Anhänger des NS-Regimes
zum „totalen Krieg"* auf.
10 Entgegen der NS-Ideologie wurden immer mehr Frauen
dienstverpflichtet zu Verwaltungsaufgaben, als „Luft-
waffenhelferinnen" bei der Flugabwehr oder in der Rüstungsindustrie. In der Landwirtschaft, im Handwerk
und in der Industrie wurden Zwangsarbeiter eingesetzt:
15 Das waren etwa sieben Millionen Arbeiterinnen und
Arbeiter, die aus den besetzten Gebieten Europas nach
Deutschland verschleppt worden waren, eine halbe Million KZ-Häftlinge und die meisten Kriegsgefangenen.

M1

Die zerstörte Innenstadt Dresdens, Foto, 1945

M2 **Die Toten des Zweiten Weltkrieges (Auswahl)**
(in Klammern der Anteil an Zivilisten)

Gesamtverluste: 55 bis 62 Millionen Tote (Erster Weltkrieg: rund 10 Millionen Tote)		
Deutschland	5 250 000	(500 000)
Sowjetunion	27 000 000	(7 000 000)
China	10 000 000	
USA	259 000	
Großbritannien	386 000	(62 000)
Frankreich	810 000	(470 000)
Polen	4 500 000 bis 6 000 000	(4 200 000)
Italien	330 000	
Rumänien	378 000	
Ungarn	420 000	(280 000)
Jugoslawien	1 690 000	(1 200 000)
Finnland	84 000	
Norwegen	10 000	
Dänemark	1400	
Bulgarien	20 000	
Griechenland	160 000	(140 000)
Belgien	88 000	(76 000)
Niederlande	210 000	(198 000)
Japan	1 800 000	(600 000)

Ploetz, Geschichte der Weltkriege. Mächte, Ereignisse, Entwicklungen. 1900 – 1945, hg. von Andreas Hillgruber und Jost Dülffer,
Freiburg (Ploetz) 1981, S. 151.

Bombenkrieg und Kapitulation

Mit dem Vorrücken der sowjetischen Armee nach Westen und der Invasion amerikanischer und britischer Truppen in der Normandie im Sommer 1944 zeichnete sich ein Ende des Krieges ab. Die deutsche Zivilbevöl-
5 kerung litt unter den Bombenangriffen der Briten und Amerikaner: Seit 1943 wurden fast täglich Angriffe auf deutsche Städte geflogen. Zum Jahreswechsel 1944/45 standen die Truppen der drei Alliierten an den Reichs-grenzen. Im Osten begann die Flucht von Millionen
10 Deutschen. Nach erbitterten Kämpfen erreichten amerikanische und sowjetische Truppen am 25. April 1945 die Elbe bei Torgau.

Der Krieg in Asien

Nach zahlreichen Zusammenstößen hatte Japan 1937 offiziell einen Krieg gegen China begonnen. Dabei kam es am 13. Dezember 1937 in der chinesischen Hauptstadt Nanking zu einem Massenverbrechen
5 durch die japanische Armee, das Massaker von Nanking*. Die japanischen Militärs dehnten den Krieg aus. Damit waren jedoch die Interessen der USA im Pazifik berührt. Diese nutzten die Abhängigkeit Japans vom Erdöl und anderen Rohstoffen, sperrten im Juli 1941
10 die Erdölausfuhr nach Japan und forderten einen Rückzug der Japaner aus China. Japan antwortete mit einem Überraschungsangriff auf Pearl Harbor. In einem verlustreichen Seekrieg errang das amerikanische Militär entscheidende Siege. Am 6. und 9. August 1945
15 warfen amerikanische Flugzeuge über den japanischen Städten Hiroshima und Nagasaki jeweils eine Atombombe ab. Über 100 000 Tote und langfristig zehntausende Opfer durch Verstrahlungen und Verbrennungen waren die Folge. Wenige Tage später kapi-
20 tulierte die japanische Regierung.

M3

Gefallene Angehörige der Hitler-Jugend, die als Soldaten in Nordfrankreich kämpften, Foto, 1944/45

M4

Ein Überlebender des KZ Buchenwald hat von seinen Befreiern, US-amerikanischen Soldaten, Essen erhalten, Foto, 1945

Begriffe und Daten

Bedingungslose Kapitulation 8./9. Mai 1945

Nach der Umklammerung Berlins durch sowjetische Truppen beging Hitler am 30. April 1945 im Bunker der Reichskanzlei Selbstmord. Die Führung der deutschen Wehrmacht unterzeichnete in der Nacht vom 8./9. Mai 1945 die bedingungslose Kapitulation.

Filmtipp

Krücke

Regie: Jörg Grünler, Literaturverfilmung nach dem gleichnamigen Jugendroman von Peter Härtling, 2001. Der zwölfjährige Thomas hat auf der Flucht seine Mutter verloren und findet in dem einbeinigen Krüppel, Krücke, einen Freund und Ersatzvater.

Webcode: FG1110444-159

1 Schreibe einen Zeitungsartikel „Kriegsende 1945" mithilfe der Materialien auf dieser Doppelseite und in diesem Kapitel.

Landesgeschichte: Bombenkrieg in Thüringen

M1

Nordhausen nach der Bombardierung durch amerikanische und britische Bomberverbände am 3./4. April 1945, Foto. Blick vom Petersberg über die zu 75 Prozent zerstörte Stadt.

Bombenangriffe auf Städte in Thüringen

Thüringische Städte blieben von Bombenangriffen zunächst verschont. Ein Bombenangriff auf Jena am 17. Mai 1943 war jedoch der Vorbote einer Serie von Luftangriffen vom Sommer 1944 bis zum Kriegsende. Etwa 10 000 Menschen fielen den Bombardierungen der Alliierten zum Opfer. Betroffen waren vor allem Jena, Weimar, Erfurt, Eisenach, Gera und Nordhausen. [5]

Wie die Bomben in den Garten fielen – Jena 1945

M2

In der Ostthüringer Zeitung berichtete der Journalist Frank Döbert über die Familie Söldner, die am 19. März 1945 einen Bombenangriff auf Jena überlebte (16. Juni 2010):

Wenn Dietrich Söldner in seinem Garten am Borngraben/Wöllnitzer Oberweg umgräbt und dann harkt, hat er oft nicht nur Erdklumpen an den Zinken, sondern findet öfters auch Metallstücke. Kein Gold, sondern Bom-[5]bensplitter aus dem Zweiten Weltkrieg. … „Mein Garten ist voll von Bombensplittern", erzählt er, „selbst in den Bäumen stecken noch welche seit 65 Jahren." Und berichtete, wie es dazu kam.

Den Garten bewirtschafteten seine Eltern. Nach den [10] ersten Bombenangriffen auf Jena war Vater Franz der Ansicht, dass es besser sei, sich gegebenenfalls dorthin zu retten, falls es wieder zu Angriffen käme. Um aber auch im Garten einigermaßen sicher zu sein, grub er ein Deckungsloch für die Familie aus, zu der neben Mutter [15] Gertrud auch die Schwestern Ute und Gudrun gehörten.

Außerdem beschloss die Familie …, das wertvollste Geschirr in den Garten auszulagern. So hätte man etwas gerettet, falls das Haus getroffen worden wäre. Doch nicht auf das Haus, sondern in den Garten fielen die [20] Bomben am 19. März 1945. „Als alles vorbei war, sah unser Garten wie umgepflügt aus", sagt Dietrich Söldner. In das 1400 Quadratmeter große Grundstück waren vier Bomben gefallen, eine ins Deckungsloch. „Mein Vater wollte an dem Tag eigentlich mit der ganzen Familie in [25] den Garten, das hätte uns alle das Leben gekostet" … Unglaublich ist es fast, dass die Gartennachbarin nur 15 Meter entfernt das Inferno überlebte. „Franz", sagte sie zu Dietrich Söldners Vater, „ich dachte, die Welt geht unter."

http://jena.otz.de/web/lokal/detail/-/specific/Wie-die-Soeldners-in-Jena-1945-den-Bombenkrieg-ueberstanden-71394020, Stand 20. 06. 2013.

---

1 **Partnerarbeit:** Ordnet die Bombardierungen der Städte in die Thematik „Hitlers Vernichtungskrieg und Gegenwehr der Alliierten" ein. Geht von den Informationen auf dieser Seite aus.

2 **Recherche:** Fragt nach Luftangriffen und Schäden in eurem Wohn-(Schul-)Ort im Zweiten Weltkrieg. Berichtet.

M3

Zerstörungen in der Weimarer Innenstadt, im Vordergrund der Donndorfbrunnen, Foto 1946

M5

Tagebuchseite von Fritz Kühnlenz aus Weimar (siehe M4) zum Angriff der alliierten Bomber im Februar 1945

Tagebuch der Zerstörung Weimars

M4

Christian Handwerck schrieb 2008 über seinen Großvater Fritz Kühnlenz in der Zeit der Bombenangriffe auf Weimar:

Der 9. Februar 1945 war ein kalter Wintertag. Still lag Weimar da – bis die U.S. Air Force die Innenstadt innerhalb von wenigen Minuten in Schutt und Asche legte.

5 462 Menschen kamen dabei ums Leben. Es war der schwerste Luftangriff, den Weimar bis dahin erlebt hatte. Im sechsten Kriegsjahr erreichte der von Deutschland entfesselte totale Krieg nun auch die lange weitgehend verschont gebliebene Klassikerstadt.

Mein Großvater, der Weimarer Schriftsteller Fritz Kühn-

10 lenz, führte seit 1940 Tagebuch und hielt auch dieses Ereignis fest. „Am 9. Februar 1945 mittags 12.26 Uhr wurde Weimar von nordamerikanischen Bombern angegriffen. In drei Wellen flogen die Flugzeuge über die Stadt und warfen 1400 Bomben, meist Sprengbomben. Sie trafen

15 alle Stadtteile, am schwersten die Innenstadt. Der Markt, das Theater, Goethe- und Schillerhaus, Post, Herderkirche und zahllose andere Bauten wurden zerstört. Die Stadt

sieht wüst aus, viele Straßen sind nur noch Schutt und Trümmer." … Tatsächlich war der 9. Februar nur der Auf-

20 takt einer Serie von Angriffen, die bis in den April auf Weimar geflogen wurden. Mein Großvater protokollierte jedes einzelne Bombardement in seinem Tagebuch und schilderte zugleich das Ausmaß der Zerstörung. In der Stadt kursiert hartnäckig das Gerücht, dass Wei-

25 mar gezielt zerstört worden sei. Recherchen des Vereins „Flugplatz Nohra" widerlegen diese These. Der Angriff vom 9. Februar 1945 galt allein den Rüstungsbetrieben der Stadt. Die U.S. Air Force nutzte sogar trotz relativ guter Sicht Radargeräte, um die Ziele zu finden. Das

30 Bodenradar galt damals als grundsätzlich zuverlässig. Trotzdem kam es immer wieder vor, dass die Bomben mehrere Kilometer vom Ziel entfernt einschlugen. In Weimar war das auch der Fall. Statt der Rüstungsbetriebe bekam die Innenstadt die Bombenladung ab.

Christian Handwerck, Tagebuch der Zerstörung, in: einestages. Zeitgeschichten auf Spiegel online, 2008 (c) SPIEGELnet GmbH, http://www.einestages.spiegel.de/external/SchowAlbumBackgroundPrint/a6110.html, Stand 01.04.2013.

Webcode: FG1110444-161

Flucht und Vertreibung

Schicksale 1945

„Unterwegs", antwortete eine Zeitzeugin auf die Frage, wo sie am Ende des Zweiten Weltkrieges gewesen sei, „wie die meisten ..." Nach Schätzungen war 1945 tatsächlich die Mehrheit der Deutschen nicht zu Hause.
5 Neben Evakuierten, Kriegsgefangenen und Kriegsheimkehrern waren vor allem Flüchtlinge und Vertriebene unterwegs. Die Städte und Gemeinden im Gebiet der heutigen Bundesrepublik bemühten sich, die Neuankömmlinge unterzubringen und zu versorgen. Dies
10 war jedoch in den zerbombten Städten nicht einfach. Die Einheimischen, die mit der eigenen Existenzsicherung beschäftigt waren, teilten häufig nur ungern das, was sie gerettet oder auf dem Schwarzmarkt organisiert hatten. Hinzu kam, dass die Flüchtlinge und Vertriebe-
15 nen sich in für sie ungewohnter Umgebung einleben mussten. Häufig gehörten sie einer anderen Konfession an oder sprachen „ortsfremde" Dialekte. Bis 1950 musste der Osten Deutschlands vier Millionen Flüchtlinge und Vertriebene aufnehmen, acht Millionen die
20 drei Westzonen. Im Rückblick wird die Eingliederung als Beispiel für eine gelungene Integration der in ihrer neuen Heimat angekommenen Menschen gesehen.

Plädoyer für die Vertreibung Deutscher

Der britische Premierminister Winston Churchill sprach sich am 15. Dezember 1944 vor dem Unterhaus für die Vertreibung Deutscher aus Ostpreußen und osteuropäischen Gebieten aus:

Die Vertreibung ist, soweit wir in der Lage sind, es zu überschauen, das befriedigendste und dauerhafteste Mittel. Es wird keine Mischung der Bevölkerung mehr geben, wodurch endlose Unan-
5 nehmlichkeiten entstehen ...
Ich sehe auch nicht ein, warum in Deutschland kein Platz für die Bevölkerung Ostpreußens und der anderen von mir erwähnten Gebiete sein sollte. Schließlich wurden bereits sechs bis sieben Mil-
10 lionen Deutsche in diesem schrecklichen Kriege getötet, in den sie zum zweiten Male in einer Generation Europa ohne Zaudern gestürzt haben ...
Überdies ist zu erwarten, dass noch mehr Deutsche in den Kämpfen des kommenden Frühjahrs
15 und Sommers getötet werden.

Zit. nach Claudia Kraft, Vertreibungen und Umsiedlungen in, aus und nach Polen, in: Geschichte lernen, H. 105, 2005, S. 35.

Zusammengetriebene Deutsche in Prag, Foto, 1945

M3 Ankunft im Westen

Eine Frau, die aus Oberschlesien geflohen war, erinnerte sich 1996 an ihre Ankunft in Helmstedt 1946:

Ein Teil von uns, das haben wir nachher erst gehört, kam nach Oldenburg, welche nach Bayern, welche hier mehr in den Westen, ins Rheinland. Alle wurden verteilt. Wir waren überall. Das konn-
5 ten wir gar nicht fassen. Wir saßen da auf einem Schulhof und haben uns immer nur angeguckt und wussten gar nicht: Wo sind die, wo sind die, wo sind die? Die haben wir gar nicht mehr wiedergesehen. Aber dann haben wir erfahren, wie
10 das aufgeteilt worden ist … Wir kamen nach Niedersachsen und haben da unsere Ausweise bekommen. Damit hatten wir aber nicht die Möglichkeit, sagen wir mal, jetzt nach Bayern herunterzufahren … Ohne Zuzugsgenehmigung
15 durften wir in kein anderes Bundesland … Die Angehörigen waren ganz verstreut, das hat uns sehr wehgetan. Wir waren eine große Familie. Wir waren nicht alle in einem Ort gewesen, aber immer in der Nähe, und wenn was war, waren wir immer
20 zusammen. Von Wendessen aus, wo wir dann ankamen, habe ich gleich den Suchdienst[1] in Anspruch genommen.

Franz-Josef Jakobi und Roswitha Link (Hg.), Geschichte im Gespräch: Kriegsende 1945 und Nachkriegszeit in Münster. Berichte von Zeitzeuginnen und Zeitzeugen, bearb. von Sabine Heise, Münster (Agenda) 1997, S. 334 f.

[1] Einrichtung des Roten Kreuzes, die über eine Kartei die Suche nach vermissten Familienangehörigen unterstützte

M4 Flüchtlinge in einer „Nissenhütte" in Kiel, Foto, um 1946

M5 Deutsche Flüchtlinge aus Polen, die in Berlin angekommen sind und auf einen Zug nach Westen warten, Foto, Dezember 1945

Begriffe und Daten

Flucht und Vertreibung

Im Herbst 1944 begann die Flucht der deutschen Bevölkerung nach Westen aus Furcht vor der Sowjetarmee und als Opfer „wilder" Vertreibungen. Die planmäßige Umsiedlung der Deutschen östlich von Oder und Neiße aus Ungarn und der Tschechoslowakei begann 1946. Dazu kam eine Fluchtwelle aus der sowjetisch besetzten Zone in die westlichen Zonen. Insgesamt verloren etwa 18 Millionen Deutsche ihre Heimat. Rund 2,5 Millionen starben in der Folge von Flucht, Vertreibung, Verschleppung.

---

1 Berichte in der Klasse von deinen Kenntnissen über Flucht und Vertreibung nach dem Zweiten Weltkrieg.

2 Beschreibe anhand des Darstellungstextes die Probleme von Flucht und Vertreibung aus der Sicht der Vertriebenen und der Einheimischen.

3 a) Schildere deine Eindrücke von M2, M4 und M5.
 b) Formuliere die zentralen Bildaussagen.

4 Zeige an M3, wie die „Ankunft im Westen" empfunden wurde.

5 Setze dich kritisch mit Churchills Argumenten (M1) zur Vertreibung auseinander.

6 **Wählt eine Aufgabe aus (Recherche/Partnerarbeit):**
 a) Klärt, welche Ziele in der „Charta der Heimatvertriebenen" von 1950 genannt sind und berichtet.
 b) Ermittelt den Stand der Diskussion um das „Zentrum gegen Vertreibungen", um das in jüngster Zeit politischer Streit entstanden ist.

Webcode: FG1110444-163

Die Neuordnung Mitteleuropas

Ein „Völkerkarussell"?

Flucht, Vertreibung, Umsiedlung – das waren die zentralen Begriffe zum Ende des Krieges und in der Nachkriegszeit. Unzählige Menschen kämpften um ihr Leben zu Fuß, auf Planwagen, in überfüllten Zügen und
5 übersetzten Schiffen. Mit dem Ende der nationalsozialistischen Herrschaft sollen zwischen elf und 18 Millionen Menschen vor der Roten Armee geflohen sein oder, entsprechend den Vereinbarungen zwischen der Sowjetunion und Polen sowie dem Potsdamer Abkommen
10 men 1945 (siehe S. 225), aus- oder umgesiedelt. Auf den Weg – zumeist in die entgegengesetzte Richtung – machten sich aber auch Millionen ehemalige Zwangsarbeiterinnen und Zwangsarbeiter, die in ihre Heimatländer zurückkehren wollten.

M2 Von der „Bevölkerungsverschiebung" betroffene Polen zwischen 1939 und 1947

Schätzung (in Mio.)	Jahr	Betroffene
1,5	1939/40	Polnische Bürger, die von sowjetischen Behörden deportiert wurden
0,5	1930/40	Polen, die ins Generalgouvernement vertrieben wurden
2,0	1939–1944	Polen, die zur Zwangsarbeit ins Reich deportiert wurden
1,7	1945–1947	Polen, die aus der UdSSR „reportiert" oder vertrieben wurden
1,5	1945–1948	Polnische Heimkehrer aus Deutschland und Österreich
3,5	nach 1945	Polnische Umsiedlungskampagnen

Zit. nach Spiegel special, H. 2, 2002, S. 78.

M1 Flucht, Vertreibung und Umsiedlung 1945 bis 1950

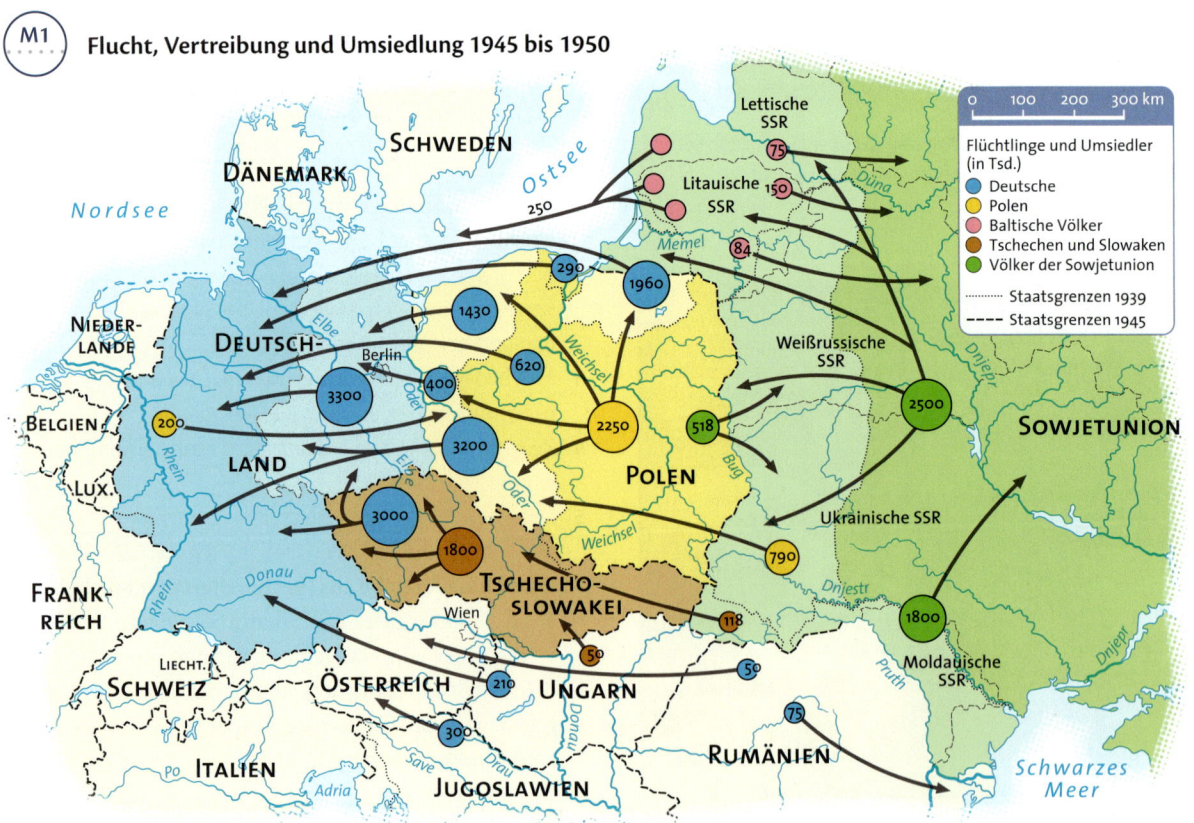

Verspätete Aufarbeitung?

M3

Der Historiker Hans-Ulrich Wehler äußerte sich in einem Interview 2002 u. a. zu der Frage, warum das Thema „Vertriebene" in der Bundesrepublik erst in unserer Gegenwart wieder aufgenommen wurde:

Es gab … eine tief sitzende Scheu, die Vertreibung nach dem Zusammenbruch des Dritten Reiches gleichgewichtig mit den anderen großen Fragen der Zeit zu behandeln. Die Deutschen sollten sich

5 erst einmal ihren eigenen Verbrechen stellen, was Völker denkbar selten tun. Das wollte man nicht relativieren durch den offenen Blick auf die Tragödie von Millionen Menschen, die ganz überwiegend weder den Zweiten Weltkrieg verursacht

10 hatten noch an den Verbrechen der Nazis beteiligt waren …

Für die Überlebenden der Trecks war es eine jahrelang andauernde Zumutung, dass sie ihr Leid privatisieren mussten … [D]ie Botschaft der bun-

15 desdeutschen Mehrheit hieß: Ihr müsst mit eurem Leid allein fertig werden. Wenn das jetzt im Abstand von gut einem halben Jahrhundert neu aufgerollt wird, kann das nicht schaden … Im Augenblick besteht der Gewinn einer Debatte darin,

20 dass ein abgesunkenes Stück der kollektiven Leidensgeschichte des Zweiten Weltkrieges hochtransportiert wird und ruhig besprochen werden kann …

Was bleibt, sind Erinnerungen wie die, dass der

25 selige Immanuel Kant im fernen Königsberg die geistige Welt verändert hat. Mehr nicht. Diese Gebiete, die jahrhundertelang von Deutschen besiedelt waren, sind für uns verloren. Das ist der Preis dafür, dass ein Land zweimal einen totalen

30 Krieg riskiert.

Hans-Ulrich Wehler, „Die Debatte wirkt befreiend", in: Spiegel special, H. 2, 2002, S. 19 ff.

Befehl.

Laut Anordnung der Regierung der Republik Polen hat die gesamte deutsche Bevölkerung das polnische Staatsgebiet zu verlassen. Vorgeschrieben ist das deutsche Gebiet über Görlitz an der Neiße. Der Weg geht über Frankenstein—Reichenbach—Schweidnitz—Striegau—Jauer—Goldberg—Löwenberg—Lauban—Görlitz. Bei Verlassen des polnischen Staatsgebietes dürfen nur 20 kg Gepäck mitgenommen werden.

Alle Personen, welche dieser Aufforderung nicht nachkommen, werden mit Gewalt entfernt.

Diejenigen Personen, die im Besitz einer Bescheinigung des Bevollmächtigten der polnischen Regierung sind, werden vom Verlassen des Gebietes befreit.

Bis zum 30. Juni 1945, mittags 12 Uhr muß der Befehl ausgeführt sein.

Glatz, den 29. Juni 1945.

Der Bevollmächtigte der Polnischen Regierung für den Bezirk XXIV in Glatz

Die Kommandantur des Polnischen Heeres in Glatz

Druckerei-Genossenschaft Glatz

Ausweisungsbefehl der polnischen Regierung, 1945. Der tatsächliche Verlauf der Ausweisung dauerte länger.

Lesetipp

Peter Härtling, Große, kleine Schwester, München (dtv) 2000. Die Schwestern Lea und Ruth leiden unter den Folgen ihrer Vertreibung aus Brünn in Mähren (heute Teil der Tschechischen Republik) nach 1945.

---

1 Beschreibe anhand von M1 die Bevölkerungsbewegungen 1945 bis 1950. Ziehe den Darstellungstext heran.

2 Erläutere mithilfe von M2, in welcher Weise und in welchem Umfang die polnische Bevölkerung von den Bevölkerungsbewegungen betroffen war.

3 a) Zeige an M4, welche Folgen der „Befehl" für die Betroffenen hatte.
   b) Beurteile die Überschrift eines deutschen Zeitschriftenartikels von 2002: „Hass auf Befehl".

4 a) Erarbeite anhand von M3, wie der Autor die „verspätete Aufarbeitung" der Flüchtlings- und Vertriebenenfrage nach 1945 erklärt und beurteilt.
   b) **Wahlaufgabe:** Recherchiert, ob Wehlers These von der späten Thematisierung der Vertreibung zutreffend ist (Internet, Lexika, Fachbücher, Zeitschriften/Zeitungen).

5 Beurteile die Verwendung des Begriffs „Völkerkarussell" für die Vorgänge in Mitteleuropa zum Ende des Krieges.

Kultur der Erinnerung

Die „zweite Geschichte" der NS-Zeit

Mit der totalen Niederlage Deutschlands und der Zerstörung der NS-Diktatur war die Zeit des „Dritten Reiches" nicht einfach beendet. Nun begann, was die Geschichtswissenschaft die „zweite Geschichte" des
5 Nationalsozialismus nennt. Sie reicht bis in unsere Gegenwart. Zu ihr gehört die Auseinandersetzung mit der nationalsozialistischen Herrschaft und den grauenhaften Verbrechen, die in diesen Jahren verübt wurden. Je länger die Zeit des Nationalsozialismus zurückliegt
10 und je weniger Zeitzeugen noch leben, desto dringender stellt sich die Frage, wie wir eine „Kultur der Erinnerung" entwickeln können, um die Erinnerung an das Geschehen lebendig zu halten. Zur Erinnerung an die Opfer der NS-Vergangenheit gibt es inzwischen zahl-
15 reiche Gedenkstätten, Museen und Ausstellungen, über deren Form und Gestaltung durchaus auch öffentlich gestritten wurde.

M2

Denkmal für die ermordeten Juden Europas, nach einem Entwurf von Peter D. Eisenman, Foto, 2005. Nach elfjähriger Debatte und zweijähriger Bauzeit wurde das Denkmal im Mai 2005 in Berlin in unmittelbarer Nähe des Brandenburger Tors eröffnet. Das Denkmal besteht aus 2700 Betonstelen, ergänzt durch einen Ort der Information.

M1

Teilnehmer eines Sommercamps der Aktion Sühnezeichen Friedensdienste beschriften Gedenksteine, Foto, 2013. Die 200 Steine am Gedenkweg Buchenwald-Bahn erinnern an die am 25. September 1944 von Buchenwald in das Vernichtungslager Auschwitz deportierten Sinti- und Romakinder.

M3

Stolpersteine in Jena, Zwätzengasse 14 zur Erinnerung an Bertha und Martin Kiewe, die in diesem Haus bis zu ihrer Deportation in das polnische Ghetto Bełżyce gelebt haben, Foto, 2011. Seit 1995 erinnert der abgebildete Kölner Künstler Gunter Demnig durch kleine Gedenksteine bundesweit an Opfer der nationalsozialistischen Gewaltherrschaft vor deren früheren Wohnhäusern.

„8. Mai war ein Tag der Befreiung"

Der damalige Bundespräsident Richard von Weizsäcker (geb. 1920) sagte 1985 anlässlich des 40. Jahrestages der Befreiung vom Nationalsozialismus in einer Rede:

Der 8. Mai ist für uns vor allem ein Tag der Erinnerung an das, was Menschen erleiden mussten. Er ist zugleich ein Tag des Nachdenkens über den Gang unserer Geschichte. Je ehrlicher wir ihn
5 begehen, desto freier sind wir, uns seinen Folgen verantwortlich zu stellen …
Die meisten Deutschen hatten geglaubt, für die gute Sache des eigenen Landes zu kämpfen und zu leiden. Und nun sollte sich herausstellen: Das
10 alles war nicht nur vergeblich und sinnlos, sondern es hatte den unmenschlichen Zielen einer verbrecherischen Führung gedient. Erschöpfung, Ratlosigkeit und neue Sorgen kennzeichneten die Gefühle der meisten. Würde man noch eigene
15 Angehörige finden? Hatte ein Neuaufbau in diesen Ruinen überhaupt Sinn? …
Der Blick ging zurück in einen dunklen Abgrund der Vergangenheit und nach vorn in eine ungewisse dunkle Zukunft. Und dennoch wurde von
20 Tag zu Tag klarer, was es heute für uns alle gemeinsam zu sagen gilt: Der 8. Mai war ein Tag der Befreiung. Er hat uns alle befreit von dem menschenverachtenden System der nationalsozialistischen Gewaltherrschaft.
25 Niemand wird um dieser Befreiung willen vergessen, welche schweren Leiden für viele Menschen mit dem 8. Mai erst begannen und danach folgten. Aber wir dürfen nicht im Ende des Krieges die Ursache für Flucht, Vertreibung und Unfrei-
30 heit sehen. Sie liegt vielmehr in seinem Anfang und im Beginn jener Gewaltherrschaft, die zum Krieg führte. Wir dürfen den 8. Mai 1945 nicht vom 30. Januar 1933 trennen.
Wir haben wahrlich keinen Grund, uns am heuti-
35 gen Tag an Siegesfesten zu beteiligen. Aber wir haben allen Grund, den 8. Mai 1945 als das Ende eines Irrweges deutscher Geschichte zu erkennen, das den Keim der Hoffnung auf eine bessere Zukunft barg.
40 Der 8. Mai ist ein Tag der Erinnerung. Erinnern heißt, eines Geschehens so ehrlich und rein zu gedenken, dass es zu einem Teil des eigenen Innern wird. Das stellt große Anforderungen an unsere Wahrhaftigkeit.

http://www.spiegel.de/politik/deutschland/0,1518,354568, 00,html, Stand 05.05.2011.

Denkmal für den unbekannten Wehrmachtssoldaten und die Opfer der NS-Militärjustiz in Erfurt, Foto, 1995. Das Mahnmal des Erfurter Künstlers Thomas Nicolai besteht aus acht Metallstelen, von denen sieben in ihrer starren Haltung den angepassten Soldaten symbolisieren, während einer sich aus der Reihe abwendet. Eine Tafel trägt die Inschrift: „Dem unbekannten Wehrmachtsdeserteur – Den Opfern der NS-Militärjustiz – Allen die sich dem Naziregime verweigerten"und ein Zitat von Günter Eich: „Seid Sand, nicht das Öl im Getriebe der Welt." Bis heute regt das Denkmal zu heftigen öffentlichen Diskussionen an.

1 a) Stelle anhand von M1, M2, M3 und M5 dar, wie an die NS-Vergangenheit erinnert wird.
b) Nimm Stellung.

2 a) Bewerte M2 als Beispiel für eine „Kultur der Erinnerung".
b) Recherchiere zur Vorgeschichte und Akzeptanz des Denkmals in Berlin.

3 a) Analysiert M4 mithilfe der Methode „Politische Reden analysieren" (S. 156 f.).
b) Vergleicht sie inhaltlich und sprachlich mit der Goebbels-Rede (S. 157).
c) Beschafft euch die gesamte Weizsäcker-Rede als Ton-Dokument und hört sie an.

Webcode: FG1110444-167

Rechtsextremismus heute

Ein Erbe des Nationalsozialismus?

Die Zeit des Nationalsozialismus wirkt bis in unsere Gegenwart hinein: Nach wie vor gibt es Menschen, die die NS-Vergangenheit verharmlosen, rechtfertigen oder glorifizieren. Solche Einstellungen werden dem
5 Rechtsextremismus zugeordnet. In Deutschland wurde er bisher vorwiegend als Folge der nationalsozialistischen Vergangenheit gesehen. Inzwischen zeigen sich in verschiedenen europäischen Staaten terroristische Formen des Rechtsextremismus, deren Ursachen
10 Ausländer- bzw. Fremdenfeindlichkeit sind, wie z. B. in Norwegen der Massenmordanschlag des Rechtsextremisten Breivik am 22. Juli 2011 mit 77 Mordopfern.
Zit. nach Verfassungsschutzbericht In Deutschland findet (Stand August 2013) ein Prozess gegen Mitglieder des „Nationalsozialistischen Unter-
15 grunds" (Abk. NSU) statt, deren Mordserie zwischen 2000 und 2007 an acht Mitbürgern türkischer und einem Mitbürger griechischer Herkunft sowie einer aus Thüringen stammenden Polizistin erst 2011 bekannt wurde.

Geschändeter jüdischer Friedhof in Schwäbisch-Hall, Foto, 2000

M3

Neonazis ziehen durch die Innenstadt von Erfurt, Foto, 2013

M1

„Ich habe das Extreme gesucht"

Aus einem Interview mit einer Aussteigerin aus der rechtsextremen Szene (2005):

Als wir in der Schule das „Dritte Reich" durchgenommen haben, hat mein Opa mir die Zeit in den buntesten Farben geschildert. Mich hat das interessiert und fasziniert, … andere sind besonders kri-
5 tisch und gehen zu den Linken. Ich wurde auch besonders radikal, aber rechtsradikal … Mit 13 traf ich in der Stadt auf die ersten Glatzen und hatte ersten Kontakt zu den Jungen Nationaldemokraten und der NPD … Ich wollte Massen bewegen. Ich
10 wollte so richtig einsteigen und habe mich an die FAP [Freiheitliche Deutsche Arbeiterpartei] gewandt … Ich bin in der rechten Szene untergetaucht. Zunächst in Deutschland, und dann wurde ich nach Dänemark geschleust … Bis 18 war ich in
15 Dänemark. Danach war ich mit einem Mann aus der Führungsriege zusammen. Ich habe das Extreme gesucht. Die Abnabelung war ein schleichender Prozess. Auch habe ich die Lüge, der Holocaust habe nicht stattgefunden, irgendwann nicht mehr
20 geglaubt. Ich habe zu viel gelesen.

„Ich habe das Extreme gesucht". Interview von Annette Rollmann mit einer Aussteigerin, in: Das Parlament, Nr. 45, 2005, S. 16.

M4

„Befreite Zonen"

Aus der Zeitschrift des Nationaldemokratischen Hochschulbundes der rechtsextremistischen NPD (1991):

Wir müssen Freiräume schaffen, in denen WIR faktisch die Macht ausüben, … d. h. WIR bestrafen Abweichler und Feinde, WIR unterstützen Kampfgefährtinnen und -gefährten … Befreite Zonen
5 sind sowohl Aufmarsch- als auch Rückzugsgebiete für die Nationalisten Deutschlands.

Zit. nach Verfassungsschutzbericht (Bund) 2000, S. 61 .

Fahndungsplakat, Dezember 2011

„Geh denken!", Demonstration gegen den Aufmarsch der Neonazis in Dresden, 13. Februar 2010, Foto

1 Schildere deinen Eindruck von M2.
2 Erarbeite Motive und Wandel der Aussteigerin (M1).
3 Vergleiche die Bildaussagen von M3 und M6.

Webcode: FG1110444-169

Begriffe und Daten

Grundeinstellungen des Rechtsextremismus

1. „Natürliche Ungleichheit"

Die „arische Rasse" sei wertvoller als andere Menschen (Rassismus; „Rasse": ein unwissenschaftlicher Begriff).
Auf Deutschland und das deutsche Volk könne man extrem stolz sein (Nationalismus).
Der Stärkere habe das Recht, sich gegenüber dem Schwachen durchzusetzen (Sozialdarwinismus).
Die Gleichberechtigung und Gleichstellung von Männern und Frauen sei „unnatürlich".

2. „Volksgemeinschaft"

Das – „ethnisch reine" – Volk sei von besonderem Wert und bilde die Volksgemeinschaft. Unterschiedliche Interessen seien zu unterdrücken, um dem Ideal der „homogenen Volksgemeinschaft" nahezukommen.

3. „Führerprinzip und Gewalt"

Herrschaft sei am besten durch das „Führerprinzip" bzw. einen autoritären Staat auszuüben.
Demokratische Wahlen und Parlamente seien abzulehnen, ebenso die Gewaltenteilung und -kontrolle.
Gewaltanwendung sei die einfachste Lösung (innen- und außen-)politischer Probleme.
Für die noch mangelhafte Verwirklichung der eigenen Ziele seien „innere und äußere Feinde" verantwortlich, wie Andersdenkende, Minderheiten, Verschwörungen in Politik, Wirtschaft, Gesellschaft.
Die Verbrechen des NS-Staates werden relativiert, geleugnet oder mit offenem Bekenntnis zur NSDAP und ihren „Taten" verteidigt.

4. Antisemitismus

Wird von Rechtsextremisten aus taktischen Gründen nicht immer offen vertreten, gehört jedoch zu den Grundeinstellungen.

---

4 Prüfe mithilfe des Kastens, welche Einstellungen des Nationalsozialismus sich im Rechtsextremismus wiederfinden lassen. Ziehe dieses Kapitel heran.

5 **Recherche/Partnerarbeit:**
Informiert euch
a) ausgehend von M4 über „Befreite Zonen",
b) anhand von M5 über den NSU und den Prozess,
c) über die Erkenntnisse des Verfassungsschutzes über die Neonazi-Szene in eurem Bundesland (Webcode).

Das nationalsozialistische Deutschland 1939–1945: Vernichtungskrieg und Völkermord

Nationalsozialistische Außenpolitik

Die deutsche Außenpolitik hatte unter Kaiser Wilhelm II. den Anspruch einer Weltpolitik erhoben, sie wandelte sich in der Weimarer Republik zu einer Verständigungs- und Revisionspolitik.

5 Dagegen richtete sich die **langfristige Politik der Nationalsozialisten** auf die **kriegerische Eroberung von „Lebensraum" im Osten**. Die aggressive Außenpolitik Hitlers zeigte sich im Bruch internationaler Abkommen, wie dem **Austritt aus dem Völkerbund** und dem **Verlas-**
10 **sen der Abrüstungskonferenz (1933)**. Weitere Aktionen waren die **Besetzung der entmilitarisierten Rheinlandzone (1936)** und der „Anschluss" **Österreichs (1938)**. **Das Münchner Abkommen (1938)** gestand Deutschland zu, Randgebiete der Tschechoslowakei, nämlich
15 das von Deutschen besiedelte Sudetenland, in das „Reich" einzugliedern. Die **Appeasementpolitik der Westmächte** endete mit dem **Vorgehen Hitlers gegen die Tschechoslowakei im März 1939**, die er als „Protektorat Böhmen und Mähren" in das Deutsche Reich ein-
20 gliederte.

Kriegsvorbereitungen

Den **öffentlichen Friedensbeteuerungen** Hitlers standen **interne Pläne und Weisungen** an die Militärs gegenüber. Bereits 1933 kündigte er neben der Revision des Versailler Vertrags das Ziel einer „Eroberung neuen
5 Lebensraumes im Osten" an.
Die Rüstungsausgaben wurden massiv gesteigert. Um die internationale Öffentlichkeit zu täuschen, wurden nach 1934 keine Rüstungsausgaben mehr veröffentlicht.

Deutschland beginnt den Zweiten Weltkrieg

Nach der völkerrechtswidrigen Annexion der Tschechoslowakei gaben **Frankreich und Großbritannien** eine **Garantieerklärung für Polen** ab. Damit wollten sie die Eroberungspolitik Hitlers eindämmen. Doch gin-
5 gen die Angriffspläne Hitlers weiter: Im April 1939 wies er die Wehrmachtführung an, bis zum 1. September 1939 einen Feldzug gegen Polen vorzubereiten. **Am 28. April kündigte er den 1934 abgeschlossenen Nichtangriffspakt mit Polen**. Am **23. August 1939** schloss
10 Hitler überraschend ein gegenseitiges **Nichtangriffsab-** kommen mit dem sowjetischen Diktator Stalin (Hitler-Stalin-Pakt). In einem geheimen Zusatzabkommen fand sich eine Regelung zur künftigen Aufteilung Polens. **Ohne Kriegserklärung griffen deutsche Truppen am 1. September 1939 Polen an. Frankreich und Groß-**
15 **britannien** hielten ihr Verprechen gegenüber Polen ein und **erklärten Deutschland den Krieg**.

Der Zweite Weltkrieg in Europa

Mit einer **Blitzkriegsstrategie** konnten Erfolge in Frankreich, Dänemark und Norwegen sowie auf dem Balkan erzielt werden. In Skandinavien ging es darum, in den Besitz der Erzvorkommen zu gelangen. Diese Strategie beruhte auf der Erkenntnis, dass Deutschland einen
5 längeren Krieg wegen fehlender Rohstoffreserven und begrenzter Produktionskapazitäten nicht führen könne. Trotz heftiger Bombenangriffe auf englische Städte gelang es nicht, England wesentlich zu schwächen. Die USA unterstützten das Land zunehmend mit Rüs-
10 tungsgütern.
Nachdem Hitler im Juli 1940 vor der Militärführung einen Angriff auf die Sowjetunion angekündigt hatte, **überfielen die deutschen Truppen am 22. Juni 1941 die Sowjetunion**. Aus dem „Unternehmen Barbarossa"
15 wurde ein **beispielloser Vernichtungskrieg** gegen die Armee der Sowjetunion und die Zivilbevölkerung.

Besatzungspolitik und Kriegsverbrechen

Aktionen der sogenannten **Einsatzgruppen** und der **Wehrmacht** selbst werden in der historischen Forschung als **Kriegsverbrechen** bewertet. Dazu zählen **Mord, Grausamkeiten gegen die Zivilbevölkerung, Terror, Misshandlung und Tötung von Gefangenen sowie**
5 **Zwangsarbeit und Völkermord**.
Die dem Vormarsch der Wehrmacht in den besetzten Gebieten folgenden **Einsatzgruppen** hatten die Aufgabe, die **jüdische Bevölkerung, die Angehörigen der kommunistischen Führungsschicht sowie Sinti und**
10 **Roma zu ermorden**. Vereinzelt versuchten Wehrmachtsangehörige, Menschen vor dem Zugriff der SS zu bewahren wie z. B. der Major Max Liedtke und sein Adjutant Albert Battel.
Ziel der Wehrmacht war es, große Teile der Nahrungs-
15 mittel in den besetzten Gebieten für die Wehrmacht zu

beschlagnahmen bzw. nach Deutschland zu transportieren. Große Verluste durch Verhungern in der Zivilbevölkerung wurden bewusst in Kauf genommen.
20 Durch Verlagerung der sowjetischen Rüstungsbetriebe
in den östlichen Teil des Landes, Umstellung von ziviler auf militärische Güterherstellung und Neubau von
Rüstungsfirmen gelang es, die Produktion zu steigern
und so die „Rechnung der deutschen Führung" zu
25 durchkreuzen.

Deportation und Mord an den Juden Europas

Mit dem Krieg und der Besetzung großer Teile Europas
durch die Wehrmacht verschlechterte sich die Lage der
jüdischen Bevölkerung dramatisch. **Etwa sieben der
zehn Millionen Juden in Europa gerieten in unmittel-**
5 **bare Lebensgefahr.** In Deutschland begann die Deportation mit der Einrichtung sogenannter Judenhäuser
im April 1939, die dem Sammeln und der späteren **Deportation in die Vernichtungslager dienten (ab Oktober
1941).** Mit der Besetzung Polens wurden dort in größe-
10 ren Städten **Ghettos** eingerichtet, von denen aus die
Transporte in die Vernichtungslager erfolgten. Die **Organisation der Vernichtung der europäischen Juden**
wurde auf der „**Wannsee-Konferenz" (20. Januar 1942)**
beschlossen. Der **Beginn der Massenmorde** (durch Ver-
15 gasung) setzte im Konzentrationslager **Auschwitz-Birkenau im Juni 1942** ein.
Für die Ermordung von etwa sechs Millionen Juden in
Europa (von den überlebenden Juden als **Shoah**, d. h.
Katastrophe, Unglück, Verheerung bezeichnet) ist das
Vernichtungslager Auschwitz-Birkenau zum **Inbegriff
der menschenverachtenden Rassenpolitik der Nationalsozialisten** geworden.
Den Völkermord an den Juden haben die NS-Herrscher
mit dem Begriff „Endlösung" verschleiert.

Widerstand gegen den Nationalsozialismus

Politischen Widerstand gegen das NS-Regime gab es
mit Beginn der Herrschaft der Nationalsozialisten. **Motive waren z. B. demokratische Überzeugung, christlicher Glaube, Gerechtigkeitsbewusstsein, Patriotismus.**
5 Widerstand wurde von den Machthabern mit brutalen
Mitteln unterdrückt. Die Rechtsprechung wurde
schnell „gleichgeschaltet". **Seit 1934** urteilte der „**Volks-**

gerichtshof" als **oberste Instanz des NS-Regimes** über
die Gegner. Widerstand in Deutschland wurde z. B. geleistet von der studentischen Gruppe „**Weiße Rose"**, von 10
Einzelnen wie dem Schreiner **Georg Elser** aus Bayern,
**aus Kreisen der Arbeiterbewegung, der Widerstandsbe-
wegung hoher Militärs (gescheitertes Attentat vom
20. Juli 1944)** und **aus den christlichen Kirchen. Widerstandsgruppen** gab es während des Krieges **auch in den** 15
besetzten Gebieten, wie z. B. der bewaffnete Aufstand
im **Warschauer Ghetto (1943)** und **Partisanenverbände**
in den besetzten Gebieten.

„Totaler Krieg" und Kapitulation

Mit dem deutschen Angriff auf die Sowjetunion und
dem **Kriegseintritt der USA (1941)** wurde der Krieg zu
einem Weltkrieg. **Im asiatischen Raum hatte Japan
1937 einen Krieg gegen China begonnen**. Mit der Ausweitung dieses Krieges waren auch die Interessen der 5
USA berührt. Die Forderung nach einem Rückzug aus
China und der Sperre der Erdölausfuhr nach Japan be-
antwortete Japan mit dem überraschenden Überfall auf
den Militärhafen Pearl Harbor.
Die verlorene **Schlacht um Stalingrad im Januar 1943** 10
leitete die totale Niederlage Deutschlands ein. Sie wurde mit der **bedingungslosen Kapitulation vom 8./9. Mai
1945** besiegelt. **In Asien** endete der Zweite Weltkrieg
nach dem **Abwurf von zwei verheerenden Atombom-
ben auf Hiroshima und Nagasaki durch US-Flugzeuge** 15
mit der **Kapitulation Japans im August 1945**.

Flucht, Vertreibung und Neuordnung Europas

Bereits in der letzten Phase des Krieges setzte mit dem
Vorrücken der sowjetischen Truppen eine **Flucht- und
Vertreibungswelle** ein. Mit dem Ende des Krieges im
Frühjahr 1945 begannen **gewaltige Bevölkerungsbewegungen in Mitteleuropa**, die es in dem Ausmaß in der 5
Geschichte noch nicht gegeben hatte. **Millionen Menschen begaben sich auf die Flucht, wurden vertrieben,
umgesiedelt oder verschleppt. Millionen Zwangsarbeiterinnen und Zwangsarbeiter**, die während des Krieges
im „Reich" unter sklavenähnlichen Bedingungen ar- 10
beiten mussten, versuchten heimzukehren. **Etwa 2,5
Millionen Menschen starben** während der Flucht, der
Vertreibungen und Verschleppungen.

Das nationalsozialistische Deutschland 1939–1945: Vernichtungskrieg und Völkermord

M1 Himmlers „Posener Rede"

Aus der Rede Heinrich Himmlers, Reichsführer SS und Chef der deutschen Polizei, vom 4. Oktober 1943, gehalten vor SS-Führern in Posen:

Ich will hier vor Ihnen in aller Offenheit auch ein ganz schweres Kapitel erwähnen. Unter uns soll es einmal ganz offen ausgesprochen sein, und trotzdem werden wir in der Öffentlichkeit nie darüber reden … Ich
5 meine jetzt die Judenevakuierung, die Ausrottung des jüdischen Volkes. Es gehört zu den Dingen, die man leicht ausspricht. – „Das jüdische Volk wird ausgerottet", sagt ein jeder Parteigenosse, „ganz klar, steht in unserem Programm, Ausschaltung der Juden,
10 Ausrottung, machen wir." Und dann kommen sie alle an, die braven 80 Millionen Deutschen, und jeder hat seinen anständigen Juden. Es ist ja klar, die anderen sind Schweine, aber dieser eine ist ein prima Jude. Von allen, die so reden, hat keiner zugesehen, keiner
15 hat es durchgestanden. Von Euch werden die meisten wissen, was es heißt, wenn 100 Leichen beisammen liegen, wenn 500 daliegen oder wenn 1000 daliegen. Dies durchgehalten zu haben, und dabei … anständig geblieben zu sein, das hat uns hart ge-
20 macht. Dies ist ein niemals geschriebenes und niemals zu schreibendes Ruhmesblatt unserer Geschichte, denn wir wissen, wie schwer wir uns täten, wenn wir heute noch in jeder Stadt … noch die Juden als Geheimsaboteure, Agitatoren und Hetzer hätten …
25 Die Reichtümer, die sie hatten, haben wir ihnen abgenommen. Ich habe einen strikten Befehl gegeben, … dass diese Reichtümer selbstverständlich restlos an das Reich abgeführt wurden. Wir haben uns nichts davon genommen. Einzelne, die sich verfehlt
30 haben, werden gemäß einem von mir zu Anfang gegebenen Befehl bestraft, der androhte: Wer sich auch nur eine Mark davon nimmt, der ist des Todes … Wir hatten das moralische Recht, wir hatten die Pflicht gegenüber unserem Volk, dieses Volk, das uns
35 umbringen wollte, umzubringen. Wir haben aber nicht das Recht, uns auch nur mit einem Pelz, mit einer Uhr, mit einer Mark oder mit einer Zigarette oder mit sonst etwas zu bereichern. Wir wollen nicht am Schluss, weil wir einen Bazillus ausrotteten, an
40 dem Bazillus krank werden und sterben.

Der Prozess gegen die Hauptkriegsverbrecher vor dem Internationalen Militärgerichtshof, Nürnberg, 14. November 1945 bis 1. Oktober 1946, Band XXIX, Dokument 1919-PS, Nürnberg, 1948.

M2 Kälbermarsch

Der Schriftsteller Bertolt Brecht (1898–1956) schrieb 1943 den folgenden Text[1]:

Hinter der Trommel her
Trotten die Kälber
Das Fell für die Trommel
Liefern sie selber.
5 Der Metzger ruft. Die Augen fest geschlossen …
Das Kalb marschiert mit ruhig festem Tritt.
Die Kälber, deren Blut im Schlachthof schon geflossen
Sie ziehn im Geist in seinen Reihen mit.
10 Sie heben die Hände hoch
Sie zeigen sie her
Sie sind schon blutbefleckt
Und sind noch leer.
Der Metzger ruft. Die Augen fest geschlossen …
15 Sie tragen ein Kreuz voran
Auf blutroten Flaggen
Das hat für den armen Mann
Einen großen Haken
Der Metzger ruft. Die Augen fest geschlossen.

Zit. nach Bertolt Brecht, Werke in fünf Bänden, Berlin (Aufbau Verlag) 1975, Bd. 3, S. 382.

[1] Als „Vorbild" diente Brecht das SA-Lied (sog. Horst-Wessel-Lied) „Die Fahne hoch, die Reihen fest geschlossen: SA marschiert mit ruhig festem Schritt".

M3

„Das Verhängnis", Zeichnung von A. Paul Weber, 1932. Umschlagbild eines Buches mit dem Titel „Hitler – ein deutsches Verhängnis".

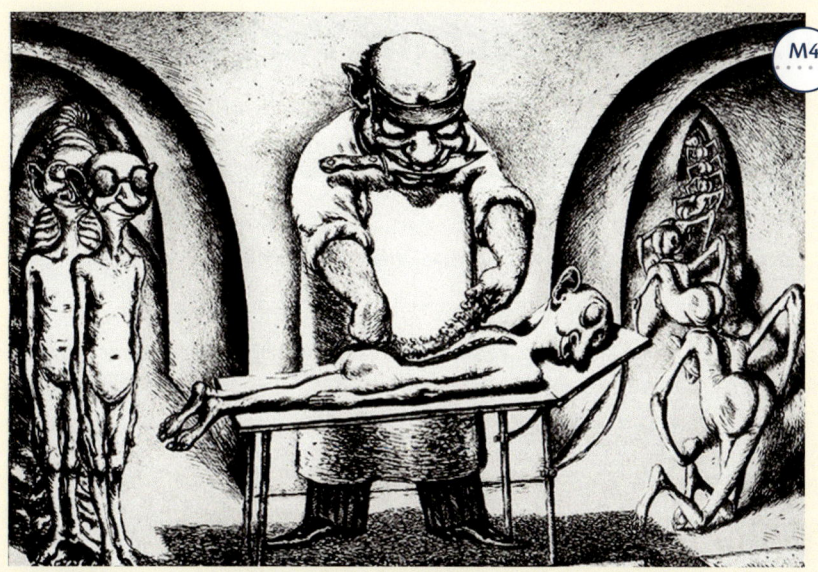

M4 „Rückgrat raus!",
Karikatur von
A. Paul Weber, 1934

Überprüfe, was du kannst

Sachkompetenz

1 Kläre die Begriffe: Münchner Abkommen/Appease-
ment (S. 139), Shoah (Holocaust) (S. 145), Widerstand
(S. 148–151), Attentat auf Hitler 1944 (S. 149) und
bedingungslose Kapitulation 1945 (S. 159).

2 Beschreibe die NS-Außenpolitik 1933 bis 1939.

3 Stelle Ursachen, Verlauf und Ergebnis des Zweiten
Weltkrieges dar.

Methodenkompetenz

4 **Wähle eine Aufgabe aus:**
a) Analysiere M3 und M4 mithilfe der Methode
„Karikaturen entschlüsseln" im Anhang und vergleiche.
b) Analysiere M1 mithilfe der Methode „Politische Reden analysieren" (S. 156 f.).
c) Analysiere M2 mithilfe der Methode „Politische
Dichtung deuten und vergleichen" im Anhang.

Selbst- und Sozialkompetenz

5 a) Ordne den Massenmord an den europäischen
Juden in die Ideologie und Politik der NS-Diktatur ein.
b) Erörtere, inwiefern die Vernichtung im Zusammenhang mit dem Krieg steht.

6 Erörtere, ob sich mit den Überschriften von M2, M3
und M4 die NS-Herrschaft kennzeichnen lässt.

7 Kläre den Zusammenhang zwischen Flucht und Vertreibung als Reaktion auf Krieg und Kriegsverbrechen
der deutschen Seite.

8 Organisiert eine Podiumsdiskussion mit Zeitzeugen,
Vertretern der politischen Parteien und lokalen Ge-
schichtsforschern zum Thema: Die Gegenwart der
Vergangenheit – Wie zeigt sich heute Rechtsextremismus?

22. Juni 1941
Deutscher Überfall
auf die Sowjetunion

ab Herbst 1941
Beginn der Deportationen von Juden
aus dem „Altreich" nach Osten

März 1939
Zerschlagung der
Tschechoslowakei

20. Juli 1944
Attentat auf Hitler

1935
Einführung der allgemeinen Wehrpflicht

**1. September
1939**
Deutscher
Überfall auf
Polen

11. Dezember 1941
Deutsche Kriegserklärung
an die USA

8./9. Mai 1945
Bedingungs-
lose Kapi-
tulation

1936
Vierjahresplan
zur Wieder-
aufrüstung

1938
Annexion
Österreichs
und
Münchner
Abkommen

1939 bis 1945
Zweiter Weltkrieg

20. Januar 1942
Wannsee-Konferenz: Orga-
nisation der Ermordung
der europ. Juden

| 1935 | 1936 | 1937 | 1938 | 1939 | 1940 | 1941 | 1942 | 1943 | 1944 | 1945 |

6. Herrschaftsformen in Europa im 19. und 20. Jahrhundert im Vergleich

Am Ende dieses Kapitels kannst du

- unterschiedliche Herrschaftsformen europäischer Staaten im 19. und beginnenden 20. Jahrhundert darstellen

- die Herrschaftsformen unter der Fragestellung nach Übereinstimmungen und Unterschieden vergleichen

- die Bedeutung der Herrschaftsformen für die Entwicklung bzw. Verhinderung parlamentarisch-demokratischer Entwicklungen in Europa beurteilen

Verlag. v. Reinhold Schlingmann, Berlin.

M1 **Humoristische Karte von Europa im Jahre 1870,** Karikatur von Arnold Neumann, Berlin. Dargestellt sind u. a. England (auf dem Wollsack) mit Irland, das sich „abnabeln" will; die Türkei (Osmanisches Reich) als dampfende (rauchende) Figur; Frankreich, das beim Ausreißen (Deutsch-Französischer Krieg 1870/71) zwei Hemdenzipfel (Elsass und Lothringen) verliert; Russland wartet mit geschliffenem Messer auf die Stunde, sich ein Stück vom „Halbmond" abzuschneiden (orientalische Frage).

Bearbeitet die Seiten 175 bis 178 arbeitsteilig in Gruppen. Stellt eure Ergebnisse vor.

Anregungen für Fragestellungen:
- Wie wurde die Herrschaft begründet?
- Welche politischen Rechte hatte die Bevölkerung?
- Wie wurde die Herrschaft dargestellt?
- Welche Grundkonflikte herrschten in den Staaten?
- Gab es Modernisierungen bzw. Rückschritte in den Herrschaftsformen?

1 Partnerarbeit:
a) Beschreibt M1. Zieht die Informationen in der Bildlegende und zur Situation in Europa um 1870 heran (Geschichtsbuch, Lexikon, Internet).
b) Stellt eure Ergebnisse in einem Kurzvortrag vor.

Demokratische Republik: Frankreich

Die Dritte Republik 1871–1940

Bis 1870 regierten in Frankreich Könige, seit 1848 Louis Napoleon Bonaparte, ein Neffe Napoleon Bonapartes. Louis hatte sich 1852 zum Kaiser gekrönt und seine Herrschaft durch Repressionen und das Militär gesichert. Er scheiterte militärisch im Deutsch-Französischen Krieg 1870/71. Am 4. September 1870 wurde die Dritte Republik ausgerufen. Ende März 1871 bis Ende Mai 1871 kam es in Paris zum Aufstand der Gegner der Kapitulation und oppositioneller Republikaner, die sogenannte Pariser Kommune entstand. Die Anhänger des Aufstandes vertraten republikanische, bürgerlich-radikale Ziele. Regierungstruppen der konservativen Mehrheit der Nationalversammlung in Versailles warfen den Aufstand in blutigen Straßenkämpfen nieder. Mindestens 20 000 Menschen, vor allem aus der Arbeiterbevölkerung, kamen ums Leben.

Die Verfassungsfrage blieb zunächst offen, da sich die verschiedenen Kräfte in der Nationalversammlung zunächst nicht einigen konnten. 1875 beschloss die Nationalversammlung mit nur einer Stimme Mehrheit eine republikanisch-parlamentarische Staatsform.

Sie sah ein Zwei-Kammer-Parlament (Abgeordnetenkammer und Senat) vor, das gemeinsam einen Präsidenten mit starker Stellung gegenüber der Regierung für sieben Jahre wählte.

Der Adel konnte seine Führungsrolle in der Armee bewahren, das Großbürgertum baute seine Schlüsselpositionen in der Wirtschaft und im Bankwesen aus.

Mit der zunehmenden Industrialisierung stieg die sozialistische Arbeiterbewegung zu einer wichtigen politischen Kraft auf. 1905 wurde die strikte Trennung von Kirche und Staat gesetzlich festgeschrieben.

Die Dritte Republik endete 1940 mit der Besetzung großer Teile Frankreichs durch deutsche Truppen (Zweiter Weltkrieg).

M1

„Le Siège de Paris (1870–1871)", Gemälde zum Aufstand der Pariser Kommune von Ernest Meissonier, 1884

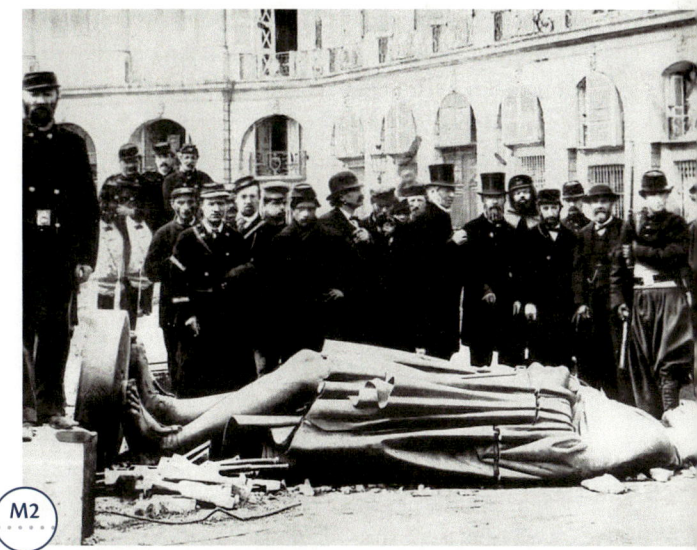

M2

Sturz der Bronzestatue Napoleons I. am 16. Mai 1871 in Paris im Verlauf des Aufstandes der Pariser Kommune, Foto

175

Konstitutionelle Monarchie: Österreich-Ungarn

Ein Großreich als Doppelmonarchie

Die österreichisch-ungarische Monarchie bestand von 1867 bis 1918, vom Umbau des Kaisertums Österreich zur Doppelmonarchie mit Ungarn bis zum Austritt Ungarns aus der Union. Sie umfasste zwei Staaten, die
5 in einer „Realunion" gleichberechtigt nebeneinander standen. Staatsoberhaupt war der Kaiser von Österreich und Apostolische König von Ungarn. Der Habsburg-Lothringer Franz Joseph I. regierte von 1867 bis 1916, danach bis 1918 sein Großneffe Karl I.
10 Österreich-Ungarn war flächenmäßig nach Russland der zweitgrößte und bevölkerungsmäßig nach Russland und dem Deutschen Reich der drittgrößte Staat in Europa.

Wegen der Vielfalt der Sprachen in der Monarchie ver-
15 stand sich Österreich-Ungarn in den Vorstellungen der Zeitgenossen als „Sprachnation". Deutsch und Ungarisch waren die Amtssprachen. Es gab aber keine vorherrschende Sprache. Anders in den westeuropäischen Staaten: Hier passten sich bei der Nationsbildung im
20 Laufe des 19. Jahrhunderts die Sprachgrenzen den Landesgrenzen an.

Die verschiedenen Nationalitäten im Reich sahen sich durch den herrschenden Dualismus der Österreicher und Ungarn in ihren Rechten eingeschränkt.
25 So kam es immer wieder zu Konflikten vor allem im Sprach- und Schulbereich, in dem es um Sonderrechte der Minderheiten ging.

Innerhalb der Monarchie mit einer Verfassung, die zwischen zentraler Herrschaft und föderaler Teilhabe
30 vermittelte, gab es eine langsame Demokratisierung: Es entstanden Parteien mit liberalen Wurzeln. Sie beschränkten sich auf den jeweiligen Sprachraum. Im späten 19. Jahrhundert entwickelten sich antiliberale und antisemitische Parteigruppierungen. Die Sozialde-
35 mokratie verfolgte einen übernationalen Kurs und forderte einen „demokratischen Nationalitätenbundesstaat". Politische Macht hatten sie alle jedoch nicht. Als sich nach 1900 der serbisch-österreichische Gegensatz verschärfte, führte das – beschleunigt durch die Ermor-
40 dung des österreichischen Thronfolgers am 28. Juni 1914 (siehe S. 20) – zum Ausbruch des Ersten Weltkrieges und schließlich zur Auflösung der Doppelmonarchie.

„Die schlimmen Buben in der Schule", Karikatur aus der Zeitschrift „Die Glühlichter", 19. Januar 1899

Österreich-Ungarn: Reichsteile um 1910

Parlamentarische Monarchie: Großbritannien

M1 **Frauenrechtlerinnen in London demonstrieren für das Frauenwahlrecht,** Foto, Anfang des 20. Jahrhunderts

Der Kampf um das Wahlrecht

Die Geschichte Großbritanniens wurde im 19. Jahrhundert stark durch die Auseinandersetzungen um das Wahlrecht bestimmt. Die Wahlen waren bisher weder geheim noch allgemein. Wählbarkeit und Wahlrecht
5 blieben vor allem für Arbeiter, kleine Handwerker und Unternehmer eingeschränkt. Das Wahlalter war hoch und die Wahlkreiseinteilung ungleich. Während 1829 nur etwa fünf Prozent aller Erwachsenen wahlberechtigt waren, erweiterte die 1. Wahlrechtsreform (Reform
10 Bill) 1832 die Zahl der Wahlberechtigten auf sieben Prozent aller Erwachsenen (in England und Wales 20 Prozent).
1854 wurde die Wählerbestechung verboten. Wähler mussten nun allein durch Werbung wie Handzettel,
15 Flugblätter und Wahlveranstaltungen gewonnen werden. Die Wahlrechtsreformen von 1867 erhöhten die Zahl der Wahlberechtigten auf 16 Prozent aller Erwachsenen, 1883 auf 28,5 Prozent. Ein Jahr zuvor wurde die geheime Stimmabgabe eingeführt. Durch die Ein-
20 führung des allgemeinen Wahlrechts für Männer ab 21 Jahre und für Frauen (unter bestimmten Voraussetzungen) über 30 Jahre konnten 74 Prozent aller Erwachsenen an Wahlen teilnehmen. Das gleiche Wahlrecht wie Männer erhielten Frauen ab 1928.

Parteien und Parlamentsmacht

Durch die Reformen bildete sich ein Parteiensystem heraus, das als Vorläufer des modernen Parteienparlaments gesehen werden kann, in Großbritannien zunächst mit liberalen bzw. konservativen Zielen, nach
5 1900 mit sozialreformerischen Programmpunkten (Labour Party). Die Wahlergebnisse wurden wichtiger, als es um die Macht der Parteien im Unterhaus ging. Die Partei mit den meisten Unterhaussitzen stellte, unabhängig vom Monarchen, den Premierminister. Der
10 Premier, nicht mehr der Monarch, berief die Minister. Das (adlige) Oberhaus verlor an Macht. Dieser Vorgang der Herausbildung eines unabhängigen Parteienparlaments dauerte etwa 100 Jahre, beginnend mit der 1. Wahlrechtsreform 1832.
15 Obwohl Großbritannien als einer der Sieger des Ersten Weltkrieges nach 1918 die größte Ausdehnung seines Weltreiches erreichte, zeigten sich zunehmend krisenhafte Entwicklungen. Sie hatten ihre Ursachen in den Nationalbewegungen der britischen Kolonien wie Indien und Ägypten sowie in zunehmender Konkurrenz
20 anderer industriell entwickelter Staaten wie den USA, Japan und Deutschland.

177

Faschistische Diktatur: Italien

Krise in Staat und Gesellschaft

Italien befand sich nach Ende des Ersten Weltkrieges in einer tiefen Krise. Angehörige des Bürgertums und des Adels waren mit dem Kriegsausgang unzufrieden. Konflikte wurden zunehmend militant auf den Straßen
5 ausgetragen. Dabei spielten die Kampfbünde (siehe M1) eine bedeutende Rolle. Im Herbst 1922 inszenierte Mussolini mit 40 000 Faschisten den „Marsch auf Rom". Damit wollte er dem Regierungsanspruch seiner 1921 gegründeten Faschistischen Nationalpartei
10 (PNF) Nachdruck verleihen. Sein Plan ging auf: Der regierende Ministerpräsident trat zurück, und der italienische König ernannte Mussolini Ende Oktober zum Nachfolger. In den folgenden drei Jahren bauten die Faschisten ihre Position mit Propaganda, Terror und
15 mit gesetzlichen Repressionen aus. Die Pressefreiheit wurde aufgehoben und politische Vereine verboten. 1929 fanden erstmals Wahlen mit Einheitslisten statt, das heißt, die Wähler konnten nur für oder gegen die gesamte Kandidatenliste stimmen. Gewerkschaften
20 und Unternehmerverbände wurden seit 1926 schrittweise unter staatliche Aufsicht gestellt.

M1 **Benito Mussolini (1883 bis 1945) als „Duce"(ital. Führer) zu Pferd bei einer Parade**, Foto, 1935. Mussolini war bis 1914 Sozialist und Redakteur des sozialistischen „Avanti". Nach Kriegsende schloss er sich den „fasci combattimento" (Kampfbünden) an, die sich militärisch organisierten und Zulauf vor allem von Schülern, Studenten, Handwerkern, Bauern, Angestellten und Beamten erhielten. Ihr Feindbild war eine sozialistische Revolution.

Faschismus in Europa

Auch in anderen europäischen Ländern entstanden faschistische Bewegungen. In Deutschland kamen 1933 die Nationalsozialisten mit Adolf Hitler an die Macht. In Spanien gelang 1936 dem General Francisco Franco
5 und seinen Anhängern ein Putsch gegen die demokratische Regierung. Die faschistischen Bewegungen waren antidemokratisch, antikommunistisch, nationalistisch und militaristisch eingestellt. Sie installierten autoritäre, diktatorische Herrschaftsformen und wen-
10 deten Gewalt und Terror an.

 M2

„Tatsachen" des Faschismus

Am 20. September 1922 hielt Mussolini in Udine eine Rede, die später als „Jungfernrede des Faschismus" galt:

Ich bin für straffeste Disziplin, und zwar müssen wir in erster Linie und in aller Strenge uns selbst disziplinieren, sonst haben wir kein Recht, die Nation in Zucht und Ordnung zu halten. Nur Man-
5 eszucht in der Nation verschafft Italien Gehör bei den Regierungen anderer Länder … Wir verwerfen die demokratische Lehre, wonach man immer nur mit Predigten und Unterweisungen in mehr oder minder milder Weise vorgehen soll. Zu
10 gegebener Zeit muss Disziplin in Form eines Befehls oder eines Gewaltaktes an den Tag treten … Das Recht zu befehlen kann einzig und allein durch Gehorsam erworben werden, durch den demütigen und geheiligten Stolz auf den eigenen
15 Gehorsam … Gewalt ist nicht unmoralisch, sie ist im Gegenteil manchmal moralisch … Ende Juli und im August haben wir nach systematischer Anwendung von Gewalt binnen achtundvierzig Stunden erreicht, was wir mit Predigten und Un-
20 terweisungen nicht in achtundvierzig Jahren erreicht hätten … Ihr wisst, ich bin kein Verehrer dieser neuen Gottheit, der Masse. Sie ist eine Schöpfung der Demokraten und der Sozialisten. Nur weil sie zahlreich sind, sollen sie recht haben.
25 Das ist falsch … Jedenfalls haben wir geschichtliche Beweise dafür, dass tief eindringende Veränderungen in der menschlichen Gesellschaft stets zuerst von Minderheiten, einer Handvoll Menschen, herbeigeführt worden sind.

Reden, die die Welt bewegten, 10. Aufl., Stuttgart (Mundus) 1989, S. 287 ff.

Herrschaftsformen in Europa im 19. und 20. Jahrhundert im Vergleich

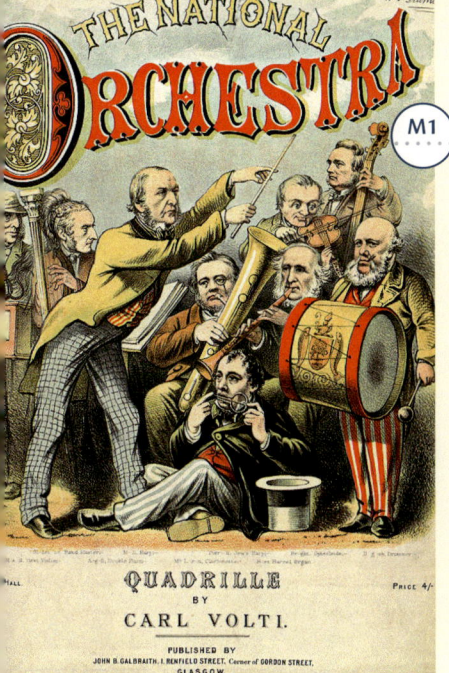

M1 „The National Orchestra. Quadrille by Carl Volti", Karikatur. Dargestellt ist der Liberale William Gladstone als Dirigent eines Orchesters britischer Staatsmänner, u. a. auch des konservativen Benjamin Disraeli.

M2 **Nationalstaat, Parlament, Verfassung**

Der Historiker Siegfried Weichlein schrieb 2012:

Dass der Nationalstaat eine parlamentarische Repräsentation benötigte, war eine Grundüberzeugung des Liberalismus … Diesen Grundzug teilte er mit der gemäßigten Arbeiterbewegung. Kon-
5 flikte sollten in rationaler Diskussion im Parlament geregelt werden … Der Ort des Konfliktaustrages sollte das Parlament werden, nicht die Straße … Das Londoner Parlament galt als Garant der englischen Nation … Die Repräsentation der Nations-
10 zugehörigkeit war an eine Verfassung gebunden. Parlamente und Konstitutionalismus waren Kernelemente des liberalen Nationalgedankens. Diejenigen europäischen Staaten, die eine Verfassung kannten, besaßen einen Integrationsvorteil gegen-
15 über den verfassungslosen Staaten … Der Ernstfall der Konfliktbearbeitung waren der ethnische und der soziale Konflikt.

Siegfried Weichlein, Nationalbewegungen und Nationalismus in Europa, 2. Aufl., Darmstadt (WBG) 2012, S. 30 ff.

Überprüfe, was du kannst

Sachkompetenz

1 Wähle eine Aufgabe aus:
a) Beschreibe die Machtverhältnisse in der Dritten Republik Frankreichs (S. 175).
b) Erkläre die wesentlichen Probleme der Doppelmonarchie Österreich-Ungarn (S. 176).
c) Beschreibe die Entwicklung von Wahlrecht und Parlamentsmacht in Großbritannien (S. 177).
d) Erkläre, wie sich in Italien eine faschistische Diktatur durchsetzen konnte (S. 178).

Methodenkompetenz

2 Wähle eine Aufgabe aus:
a) Analysiere M1 mithilfe der Methode „Karikaturen entschlüsseln" im Anhang.

b) Untersuche M2 mithilfe der Methode „Schriftliche Quellen analysieren" im Anhang. Stelle einen Bezug zu den Herrschaftsformen (S. 175–178) her.

Selbst- und Sozialkompetenz

3 Vergleiche die Herrschaftsformen (S. 175–178) unter dem Gesichtspunkt, welche Systeme politische Rechte und Freiheiten der Menschen am besten verwirklicht haben. Begründe.

4 Diskutiert die folgende These: Die Geschichte des 19. und beginnenden 20. Jahrhunderts in Europa zeigt eine stetige Entwicklung von der Monarchie zur Demokratie.

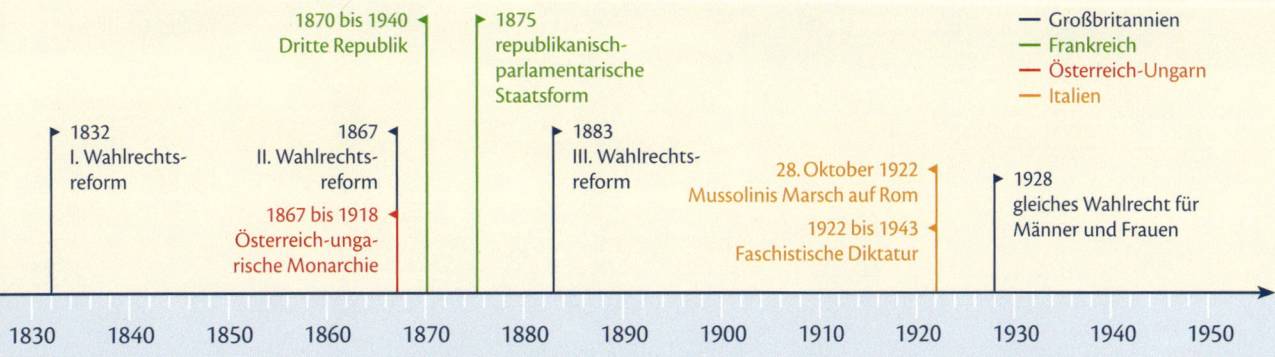

7. Kalter Krieg und Ost-West-Konflikt:

Auf den „totalen Krieg" folgte 1945 die „totale Niederlage" für Deutschland. Aber es bahnte sich ein neuer Konflikt an: Schon in der ersten Hälfte des 20. Jahrhunderts waren Spannungen zwischen den USA und der Sowjetunion deutlich geworden, die sich in der Folge der kommunistischen Revolution in Russland 1917 ergaben (siehe S. 44 f.). Nach 1945 verstärkten sie sich so, dass vom „Kalten Krieg" gesprochen wurde. Bis zur deutschen Einheit 1990 und zur Auflösung der Sowjetunion 1991 bestimmte der Ost-West-Konflikt die Weltpolitik mit der Gegnerschaft zwischen dem westlichen Bündnissystem um die USA und dem östlichen unter Führung der Sowjetunion. Weltpolitische Bedeutung erlangten die 1945 gegründete UNO (United Nations Organization) und die europäische Einigungsbewegung, später auch eine Entwicklung, die wir als „Globalisierung" bezeichnen.

Folgende Fragen leiten dich durch das Kapitel:

— **Was war der Kalte Krieg?**
— **Wie verlief die Entwicklung von der Teilung Deutschlands bis zur Einheit?**
— **Wie entwickelte sich die Welt nach dem Ost-West-Konflikt?**

1 Beschreibt die Abbildung.
2 Tauscht eure Kenntnisse über die Zeit des Kalten Krieges aus.
3 Vergleicht die weltpolitische Situation in der Gegenwart mit der Zeit von 1945 bis zum Ende des des 20. Jahrhunderts.

„Schwerter zu Pflugscharen", Skulptur des russischen Künstlers Jewgenij Wutschetitsc. von 1957 vor dem Gebäude der UNO in New York

Internationale Politik 1945–1990

Kalter Krieg und Ost-West-Konflikt: Internationale Politik 1945–1990

Am Ende dieses Kapitels kannst du

- Anfänge und Ursachen des Kalten Krieges beschreiben

- die Entstehung der Militärblöcke darstellen und die weltpolitischen Folgen bewerten

- die Entstehung von NATO und Warschauer Pakt als Ausdruck des Kalten Krieges erläutern

- den Prozess der Entkolonialisierung erläutern und Folgeprobleme benennen

- das Scheitern des kommunistischen Herrschaftssystems in der UdSSR und in Osteuropa erklären

- **Methode** Schriftliche Quellen vergleichen

- **Methode** Fiktionale Texte analysieren

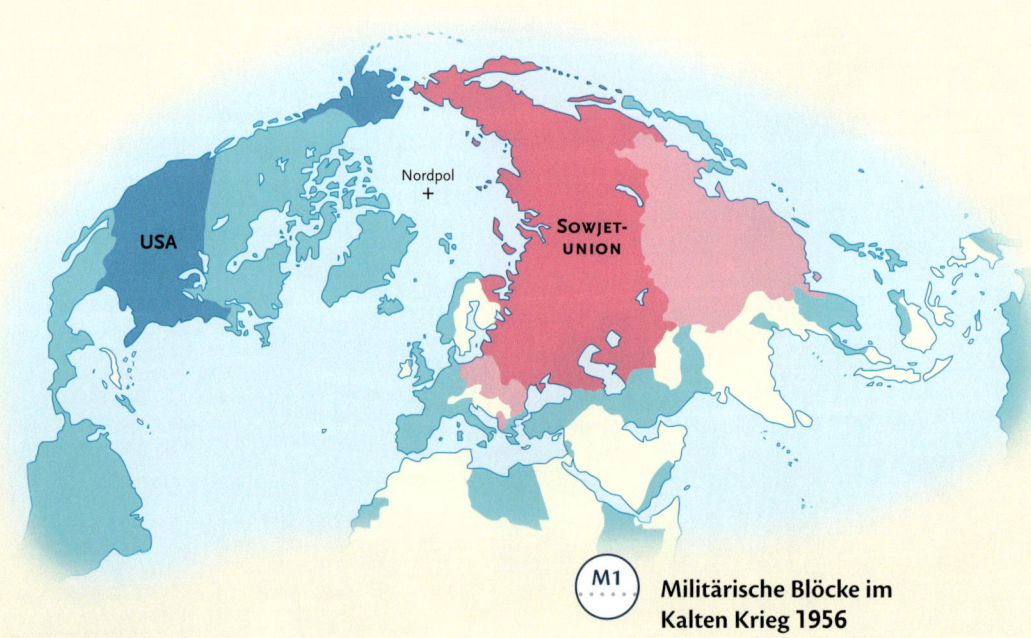

Nordpol
+

USA

SOWJET-UNION

M1 Militärische Blöcke im Kalten Krieg 1956

Aus Alliierten werden Gegner

Das Zweckbündnis zwischen den USA, Großbritannien und der UdSSR zur Niederschlagung des Hitlerregimes hatte mit der Niederlage Deutschlands seine gemeinsame Grundlage verloren. Schon seit der Russi-
5 schen Revolution von 1917 hatte es politische, wirtschaftliche und gesellschaftliche Gegensätze zwischen dem „Osten" und dem „Westen" gegeben. Diese Gegensätze verschärften sich nun mit der UdSSR und den USA als Führungsmächten. Das Verhältnis zwischen
10 den beiden Großmächten verschlechterte sich rapide, als die sowjetische Führung Gebiete in Ost- und Südosteuropa, die die Rote Armee befreit und besetzt hatte, zu einem Schutzgürtel gegen eventuelle Angriffe der USA ausbaute. Dazu wurden diese Staaten nach sowje-
15 tischem Muster umgestaltet. Als die Sowjetregierung auch auf Staaten wie die Türkei, Griechenland und den heutigen Iran Druck ausübte, werteten die USA dies als Bedrohung für die westliche Welt. Unter Präsident Harry S. Truman (1884–1972) setzten sie eine Politik
20 der Eindämmung (engl. containment) dagegen (Truman-Doktrin). Seit etwa 1947 bestimmte der sogenannte Kalte Krieg für fast ein halbes Jahrhundert die Weltpolitik. Frühe Höhepunkte waren die Berlin-Blockade* 1948/49, der Koreakrieg* von 1950 bis 1953
25 und die Kuba-Krise 1962.

(M2)

„Kann dir die Hand nicht geben ...", Karikatur, 1950

---

1 Beschreibe anhand des Darstellungstextes und der Karte auf S. 182 die Anfänge des Kalten Krieges.
2 Untersuche mithilfe von M3A und M3B, wie die westlichen Alliierten die Sowjetunion 1945/46 einschätzten.
3 **Wahlaufgabe:** Entschlüssele die Karikatur M2.

(M3)

Die Sowjetunion aus der Sicht des Westens

Aus dem Telegramm des britischen Premierministers Churchill an US-Präsident Truman, 12. Mai 1945:

3A Die Lage in Europa beunruhigt mich zutiefst ... Die Zeitungen sind voll von Nachrichten über den massiven Abzug der amerikanischen Armeen aus Europa hinaus ... Es liegt offen zutage, dass
5 unsere bewaffnete Macht auf dem europäischen Kontinent binnen Kurzem dahinschwinden wird und dort nur bescheidene Kräfte zur Niederhaltung Deutschlands verbleiben ... Was aber soll dann in Bezug auf Russland geschehen? Ich habe
10 mich stets um die Freundschaft der Russen bemüht; aber ihre falsche Auslegung der Jalta-Beschlüsse, ihre Haltung gegen Polen, ihr überwältigender Einfluss auf dem Balkan bis hinunter nach Griechenland, ... die von ihnen inspirierte, kom-
15 munistische Taktik in so vielen anderen Ländern und vor allem ihre Fähigkeit, lange Zeit große Armeen im Felde stehen zu lassen, beunruhigen mich ebenso sehr wie Sie ... Ein eiserner Vorhang ist vor ihrer Front niedergegangen. Was dahinter vorgeht,
20 wissen wir nicht.

Aus einem Bericht (Telegramm) des amerikanischen Botschaftsrats Kennan aus Moskau über die politischen Ziele der Sowjetunion, 22. Februar 1946:

3B Alles in allem haben wir es mit einer politischen Kraft zu tun, die sich fanatisch zu dem Glauben bekennt, dass es mit Amerika keinen dauernden Modus vivendi [erträgliche Übereinkunft]
5 geben kann, dass es wünschenswert und notwendig ist, die innere Harmonie unserer Gesellschaft, unsere traditionellen Lebensgewohnheiten und das internationale Ansehen unseres Staates zu zerstören, um der Sowjetmacht Sicherheit zu verschaffen
10 ... Aber ich möchte meiner Überzeugung Ausdruck geben, dass es in unserer Macht steht, das Problem zu lösen, und zwar ohne uns in einen großen militärischen Konflikt zu flüchten ... Im Gegensatz zu Hitlerdeutschland ist die Sowjetmacht
15 weder schematisiert noch auf Abenteuer aus ... Gemessen an der westlichen Welt insgesamt sind die Sowjets noch bei Weitem schwächer.

M3A: Günter Schönbrunn, Weltkriege und Revolutionen 1914–1945, München (bsv) 1961, S. 574 f. M3B: G. F. Kennan, Memoiren eines Diplomaten, Bd. 1, Stuttgart (Deutsche Verlagsanstalt) 1968, S. 553 ff. Zit. nach Informationen zur politischen Bildung, hg. v. d. Bundeszentrale für politische Bildung, Bonn, 1994, H. 245, S. 14.

Blockbildung im Kalten Krieg

Machtinteressen in Ost und West

Zwei Ereignisse des Jahres 1948 leisteten der Entstehung der beiden Machtblöcke Vorschub: der gewaltsame Sturz der bürgerlich-demokratischen Regierung in der Tschechoslowakei und die sowjetische Blockade
5 Berlins. Für die westlichen Politiker waren beide Ereignisse ein Beweis für den Expansionsdrang der Sowjetunion, vor dem sich der Westen gemeinsam militärisch absichern müsse. Die UdSSR sicherte ihren Machtbereich ab durch zweiseitige (bilaterale) Freundschafts-
10 und Beistandsverträge mit allen osteuropäischen Staaten. Dagegen schmiedete der Westen das erste Verteidigungsbündnis in Europa mit dem Brüsseler Vertrag zwischen Großbritannien, Frankreich und den Beneluxstaaten im März 1948. Weitere westeuropäische
15 Staaten drängten auf eine Verbesserung ihrer Sicherheitsbasis durch eine Anbindung an die amerikanische Atomstreitmacht.

M1 ## Der Kalte Krieg – Erklärungsversuche

Der deutsche Historiker Bernd Stöver schrieb 2006:
In der historischen Forschung wurden in den
45 Jahren der Auseinandersetzung drei Hauptdeutungen präsentiert:
(1) Nach der traditionellen Vorstellung, der frühes-
5 ten Erklärung, war für die Entstehung und Forcierung des Kalten Krieges die marxistisch-leninistische Ideologie mit ihrem Anspruch auf die Weltrevolution verantwortlich. Diese habe die Sowjetunion prinzipiell auf einen aggressiven Kurs gegenüber
10 dem Westen festgelegt …
(2) Die revisionistische Erklärung betonte seit den
60er Jahren die amerikanische Verantwortung für
die Entstehung des Kalten Krieges … Die Ursache
des Konflikts müsse man … in der politisch-wirt-
15 schaftlichen Struktur der Vereinigten Staaten sehen,
die auf permanente Erschließung neuer Absatz-
und Rohstoffmärkte ausgerichtet sei …
(3) Beide Positionen haben sich seit den 70er Jahren
in der postrevisionistischen Interpretation des Kal-
20 ten Krieges angenähert: Sie geht davon aus, dass die
Fehlinterpretation beider Seiten für die rasante Entstehung der bedrohlichen Entwicklung der Auseinandersetzung maßgeblich war. Kontinuierlich
habe die verfehlte Wahrnehmung falsche Entschei-
25 dungen produziert.
Bernd Stöver, Der Kalte Krieg, München (C. H. Beck) 2006,
S. 9 ff.

M2 ## Die Haltung der UdSSR zum Marshallplan

Aus der Verlautbarung über die Gründung des Rates für gegenseitige Wirtschaftshilfe (RGW*), dem die UdSSR, Bulgarien, Ungarn, Polen, Rumänien und die Tschechoslowakei angehörten (25. Januar 1949):
Die Konferenz stellte bemerkenswerte Erfolge in
den zwischen den erwähnten Ländern [RGW-
Staaten] herrschenden wirtschaftlichen Beziehungen fest … Die Konferenz hat weiter festgestellt,
5 dass die Regierungen der Vereinigten Staaten und
Großbritanniens sowie die Regierungen verschiedener anderer westeuropäischer Staaten dem
Sachverhalt nach einen wirtschaftlichen Boykott
gegen die volksdemokratischen Länder und gegen
10 die UdSSR verhängt haben, weil es diese Länder
nicht für möglich erachten, sich dem Diktat des
Marshallplans* zu unterwerfen, da dieser Plan die
Souveränitätsrechte der Länder sowie die Interessen ihrer nationalen Wirtschaft verletzen würde.
Boris Meissner (Hg.), Das Ostpakt-System, Frankfurt a. M.,
1955, S. 108 f. Zit. nach Geschichte in Quellen, Bd. 7, bearb.
von Helmut Krause und Karlheinz Reif, München (bsv)
1980, S. 463.

M3 ## Grundzüge der US-Außenpolitik

Der amerikanische Außenminister Dean Acheson erklärte in einer Radioansprache am 18. März 1949:
Wir haben erfahren, dass die freien Nationen eine
nach der anderen einem Angriff zum Opfer fallen,
wenn sie sich nicht zusammenschließen. Die Strategie des Angreifers bezweckt die Aufrechterhal-
5 tung der Spaltung zwischen seinen möglichen Opfern … Die Regierung der Vereinigten Staaten und
die freien Völker Europas sind entschlossen, eine
Wiederholung dieser Erfahrungen der Weltgeschichte nicht zuzulassen … In der heutigen Welt
10 kann die Sicherheit der Vereinigten Staaten nicht
im Rahmen ihrer Grenzen gewährleistet werden.
Jede ernste Bedrohung des internationalen Friedens und der Sicherheit in der ganzen Welt interessiert unmittelbar die Vereinigten Staaten. Unse-
15 re Politik besteht nun darin, den freien Völkern zu
helfen, ihre Integrität und ihre Unabhängigkeit aufrechtzuerhalten. Das bezieht sich nicht nur auf
Westeuropa oder auf den amerikanischen Kontinent, sondern auf alle Staaten, wo die Hilfe der
20 Vereinigten Staaten wirksam sein kann.
Zit. nach Geschichte in Quellen, Bd. 7, bearb. von Helmut
Krause und Karlheinz Reif, München (bsv) 1980, S. 387.

M4 Politisch-militärische Zusammenschlüsse in Europa 1945 bis 1990

Der Kalte Krieg – unvermeidlich?

M5 Der Historiker Wilfried Loth schrieb 2002 über die „Formation der Blöcke", wobei er neue Quellen nach der teilweisen Öffnung der Archive in Russland und anderen osteuropäischen Staaten seit 1990/91 berücksichtigte:

[Die] Auseinandersetzung zwischen Ost und West wurde [seit 1947] nicht länger als bloßes macht-politisches Ringen um Einflusssphären und Sicher-heitsansprüche verstanden, sondern immer mehr
5 als existenzieller Kampf zwischen gegensätzlichen Gesellschaftsordnungen und Lebensformen …
Die Gesamtaussage kann daher im Wesentlichen unverändert bleiben: Der Kalte Krieg war ange-sichts der machtpolitischen Konstellation, zu der
10 der Zweite Weltkrieg im Ergebnis geführt hatte, durchaus wahrscheinlich, aber er war nicht unver-meidlich. Eine kooperativere Nachkriegsordnung war denkbar, sie lag im Sicherheitsinteresse der Sowjetunion ebenso wie im Interesse an der
15 Durchsetzung westlicher Prinzipien. Dass sie nicht gelang, ist in erster Linie den Kurzsichtigkeiten westlicher Politik zu verdanken, doch hat auch die Politik Stalins … höchst aktiv zum Scheitern der Kooperation beigetragen.

Wilfried Loth, Die Teilung der Welt, 10. Aufl., München (dtv) 2002, S. 224 ff.

Begriffe und Daten

Kalter Krieg

Bezeichnung für eine Phase des Ost-West-Konflikts zwischen 1947 und 1991. Im Kern wird der Kalte Krieg als Auseinandersetzung (Nichtfrieden) zwischen zwei unvereinbar erscheinenden Weltanschauungen mit ihren politischen, gesellschaftlichen und wirtschaftli-chen Systemen gesehen.

Truman-Doktrin

Außenpolitische Leitlinie der USA, freien Völkern bei Bedrohung wirtschaftlich und militärisch zu helfen, benannt nach Harry S. Truman, Präsident der USA von 1945 bis 1953.

---

1 Arbeite heraus, wie die Entstehung der Machtblöcke bzw. des Kalten Krieges erklärt wird (Darstellungstext, M1).

2 Fasse die Grundzüge der amerikanischen Außenpolitik mit eigenen Worten zusammen (M3).

3 Stelle fest, wie die Haltung der sowjetischen Politik zum Marshallplan begründet wurde (M2).

4 Beschreibe anhand von M4 die Bündnisstruktur in Europa zwischen 1945 und 1990.

5 **Wahlaufgabe:** Beantworte die Frage in der Überschrift zu M5 schriftlich. Ziehe M1 mit heran.

Schriftliche Quellen vergleichen

Positionen vergleichen – perspektivisch sehen

Textquellen vermitteln ebenso wie andere Quellenarten kein objektives Wissen über die Vergangenheit. Sie spiegeln je nach Standpunkt bzw. Perspektive der Handelnden oder Beteiligten bestimmte Wahrnehmungen und Urteile wider, wie zum Beispiel die Zugehörigkeit zu einem bestimmten Herrschaftssystem. Im Vergleich können Textquellen nach bestimmten Kriterien befragt werden, z. B. nach Unterschieden und Gemeinsamkeiten, aber auch nach dem behandelten Thema, nach Widersprüchen und sprachlichen Mitteln.

Die amerikanische Perspektive

M1

Aus der Rede des amerikanischen Präsidenten Truman vor beiden Häusern des Kongresses, 12. März 1947:

Es ist eines der Hauptziele der Außenpolitik der Vereinigten Staaten, Bedingungen zu schaffen, die es uns und anderen Nationen ermöglichen, eine Lebensform zu gestalten, die frei ist von Zwang. Hauptsächlich um diesen Punkt ging es in dem Krieg gegen Deutschland und Japan. Unser Sieg wurde über Länder errungen, die versuchten, anderen Nationen ihren Willen und ihre Lebensform aufzuzwingen …

In jüngster Zeit wurden den Völkern einer Anzahl von Staaten gegen ihren Willen totalitäre Regierungsformen aufgezwungen. Die Regierung der Vereinigten Staaten hat immer wieder gegen den Zwang und die Einschüchterungen in Polen, Rumänien und Bulgarien protestiert, die eine Verletzung der Vereinbarungen von Jalta darstellen …

Zum gegenwärtigen Zeitpunkt der Weltgeschichte muss fast jede Nation zwischen alternativen Lebensformen wählen … Die eine Lebensform gründet sich auf den Willen der Mehrheit und ist gekennzeichnet durch freie Institutionen, repräsentative Regierungsform, freie Wahlen, Garantien für die persönliche Freiheit, Rede- und Religionsfreiheit und Freiheit von politischer Unterdrückung. Die andere Lebensform gründet sich auf den Willen einer Minderheit, den diese der Mehrheit gewaltsam aufzwingt. Sie stützt sich auf Terror und Unterdrückung, auf die Zensur von Presse und Rundfunk, auf manipulierte Wahlen und auf den Entzug der persönlichen Freiheiten.

Wolfgang Lautemann/Manfred Schlenke (Hg.), Die Welt seit 1945, Geschichte in Quellen, München (bsv) 1980, S. 576 f.

Die sowjetische Perspektive

M2

Aus der Deklaration der Kommunistischen Informationskonferenz, einer Versammlung der wichtigsten kommunistischen Parteien Europas, zur internationalen Lage, September 1947:

Zwei entgegengesetzte Kurse der Politik nahmen [nach dem Zweiten Weltkrieg] Gestalt an: auf der einen Seite strebte die Politik der UdSSR und der demokratischen Länder nach der Überwindung des Imperialismus und der Konsolidierung der Demokratie. Auf der anderen Seite strebte die Politik der Vereinigten Staaten und Großbritanniens nach der Stärkung des Imperialismus und der Abwürgung der Demokratie …

So sind zwei Lager entstanden: das imperialistische, antidemokratische Lager … und das antiimperialistische, demokratische Lager … Der Kampf zwischen den beiden entgegengesetzten Lagern … vollzieht sich unter den Bedingungen einer weiteren Verschärfung der allgemeinen Krise des Kapitalismus, des Niedergangs der Kräfte des Kapitalismus* und der Festigung der Kräfte des Sozialismus und der Demokratie … Es ist notwendig, daran zu denken, dass ein gewaltiger Unterschied zwischen dem Wunsch der Imperialisten besteht, einen neuen Krieg anzuzetteln, und der Möglichkeit, einen derartigen Krieg zu organisieren. Die Nationen der Welt wünschen keinen Krieg … Daher müssen die kommunistischen Parteien den Widerstand gegen die Pläne der imperialistischen Aggression und Expansion in jeder Hinsicht leiten, sei es nun auf der staatlichen, der politischen, der wirtschaftlichen oder ideologischen Linie. Sie müssen … ihre Anstrengungen auf der Grundlage einer gemeinsamen … Plattform zusammenschließen und alle demokratischen und patriotischen Kräfte des Volkes um sich sammeln.

Wolfgang Lautemann/Manfred Schlenke (Hg.), Die Welt seit 1945, Geschichte in Quellen, München (bsv) 1980, S. 460 ff.

Arbeitsschritte

1. Schritt: Jede Quelle einzeln erschließen

– Nimm dazu die Anleitungen im Anhang zu Hilfe.

2. Schritt: Formale Merkmale der Texte überprüfen

– Wann sind die Texte geschrieben worden? Aus welchem Anlass?
– Wie groß ist der zeitliche Abstand zwischen Ereignis und Bericht?
– Waren die Autoren Augenzeugen?
– Sind die Texte veröffentlicht worden oder waren sie geheim?

3. Schritt: Inhalte vergleichen

– Was ist das Thema der Texte?
– Wie lassen sich die Aussagen der Texte jeweils thesenhaft zusammenfassen?
– Worin liegen Unterschiede in den Aussagen?
– Welche Aussagen stimmen überein?
– Wie sind die Unterschiede zu erklären?
– Sind Unstimmigkeiten oder Widersprüche im Einzeltext festzustellen?
– Welche sprachlichen Mittel werden verwendet?

4. Schritt: Texte historisch einordnen

– Auf welchen historischen Zeitraum bzw. auf welches Ereignis beziehen sich die Texte?
– Welche zusätzlichen Erkenntnisse lassen sich durch weitere Quellen und wissenschaftliche Informationen (z. B. Lexika, Sachbücher) gewinnen?

5. Schritt: Ergebnisse formulieren

– Welche Gesamtaussage zum Textvergleich lässt sich formulieren?

Vorschlag für eine Partnerarbeit/Gruppenarbeit

1 Untersucht zunächst in Partnerarbeit arbeitsteilig die beiden Quellen nach den Arbeitsschritten „Schriftliche Quellen untersuchen" (Anhang). Setzt euch dann mit zwei Mitschülerinnen/Mitschülern zusammen und vergleicht eure Ergebnisse.

2 Überprüft anhand von Arbeitsschritt 2 die formalen Merkmale der Texte. Bedenkt, dass nicht immer alle Fragen ohne weitere Recherchen zu beantworten sind.

3 a) Legt zu Arbeitsschritt 3 eine Tabelle nach folgendem Muster an, mit der ihr die Quellen inhaltlich erschließt. In die mittlere Spalte könnt ihr eure Fragen eintragen. Beispiele geben die Fragen zu Schritt 3 im Kasten. Tragt dann die jeweiligen Aussagen der Quellentexte in die Spalten links und rechts ein.

Aussagen Trumans (M1)	Gemeinsame Themen	Aussagen Kommun. Konferenz (M2)
…	…	…

4 Vergleicht die beiden Aussagen mithilfe des Arbeitsschritts 3, indem ihr
a) die Perspektiven des Redners bzw. der Deklaration herausarbeitet und
b) feststellt, welche Modelle staatlichen und gesellschaftlichen Zusammenlebens hinter den Aussagen stehen. Achtet dabei auf die Verwendung von Begriffen wie Demokratie, Lebensform, Freiheit, Imperialismus, Antiimperialismus, Kapitalismus.

5 Arbeitsschritt 4 erfordert weitere Recherchen nach Informationen zum Thema. Ein erster Schritt zur historischen Einordnung der Textquellen ist es, die Seiten 183 bis 185 heranzuziehen. Formuliert dann eure Überlegungen zum historischen Kontext.

6 a) Formuliert eure Ergebnisse zur Gesamtaussage des Textvergleichs (Arbeitsschritt 5). Stellt sie in der Klasse vor.
b) Formuliert gemeinsam je ein Sachurteil und ein Werturteil zur amerikanischen bzw. sowjetischen Position. Zieht die Methode „Historische Urteile erkennen und formulieren" (Seite 102 f.) heran.

7 Erörtert in einer Gesprächsrunde, wo sich heute Beispiele für perspektivisches Sehen in der Weltpolitik zeigen könnten.

Feindbilder im Kalten Krieg

Bilder und Worte als Waffen

1985 schrieb der Schweizer Historiker und Politikwissenschaftler Daniel Frei in seinem Buch „Feindbilder und Abrüstung“: „Die meisten Kommentatoren befassen sich mit der Zahl und Leistungsfähigkeit der Waffen – ... Doch wichtiger als die Sprengköpfe sind die Köpfe der Menschen ... Das Bild, das jede Seite sich vom Gegner macht, bestimmt auch den Gang der Verhandlungen.“ Mit der politischen Teilung Deutschlands und Europas nach 1945 und der Einschränkung und Verhinderung des gegenseitigen Informationsaustausches, z. B. durch Pressemedien, verfestigten sich die „Bilder“ vom Gegenüber. Ungenaue Kenntnisse und vorschnelle Bewertungen förderten in der Phase des Kalten Krieges die Entstehung von Feindbildern. Jede Seite instrumentalisierte die jeweiligen Feindbilder, um sie für die eigenen politischen Ziele zu nutzen. Die Ursachen für die Verzerrung und Verfälschung von Wahrnehmungsmustern im historisch-politischen Bereich sind bislang unzureichend erforscht. Offensichtlich verführen politische Konfliktsituationen zu vereinfachenden und verfälschenden Wahrnehmungen und produzieren ein bestimmtes Bild vom Gegner, ein Feindbild. Im Fall des Ost-West-Konflikts muss man von tieferen Konfliktursachen ausgehen. Sie sind in den Feindbildern oft nicht mehr erkennbar oder verdeckt.

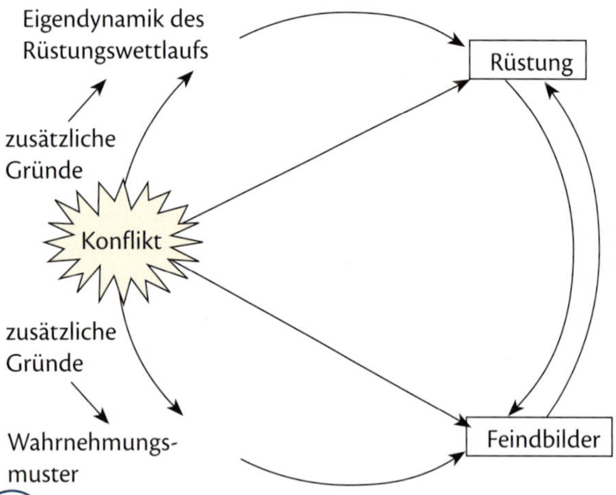

M1 **Der Zusammenhang zwischen Konflikt, Rüstung und Feindbild**

M2 **„Spiegelbildlichkeit der Argumente“**

Der Historiker Wolfgang Bickel schrieb 1991:

Hervorstechendes Merkmal des Vorgangs [der Entstehung von Feindbildern] ist die Spiegelbildlichkeit der Argumente. Schematisch erfolgt eine Zuordnung, die sich selbst Rechtschaffenheit, Friedensliebe, Reinheit, die Vorstellung, unschuldig bedroht zu sein, zuspricht, im jeweiligen anderen den Vertreter des Bösen, der Feindseligkeit, des Todes sieht. Auffallend ist das hohe Maß an Aggressivität, das sich mit der Versicherung, unschuldig zu sein, schlecht verträgt ... Die einzelnen Denkoperationen im Rahmen des Freund-Feind-Gefüges von der Konstruktion einer Rakete bis zur Kalkulation der Wirkung eines Erstschlages mögen von rationaler Klarheit sein – die Grundstruktur ist total irrational. Die Sicht ist dermaßen beschränkt, dass es nicht auffällt, in welchem Maße die Zuteilung der Attribute des Bösen „an den Gegner“ und die Vorbereitung seiner Vernichtung doch den Tatbestand der Bosheit bereits erfüllen ... Im Zentrum jenes globalen Vorgangs, des Kalten Krieges ..., stehen also psychische Prozesse. Und von entscheidender Bedeutung ist hierbei die mangelnde Fähigkeit und Bereitschaft, das Unakzeptable in sich zu erkennen und die Verantwortung dafür zu übernehmen. Akzeptabel werden Arglist und Aggressivität erst, wenn sie im Dienst einer sogenannten guten Sache als Gutes getarnt aufsteigen dürfen – und hierzu braucht man den Feind. Im Kampf für die gute Sache ist es verdienstvoll, zu töten – was ja dann auch legalisiert und im tiefsten Sinne sanktioniert ist ...
Es muss generell davon ausgegangen werden, dass, soweit menschliche Überlieferung zurückreicht, Gefühle sozialer Solidarität und gesellschaftlicher Zugehörigkeit immer auch durch Feindbilder aufgebaut werden. Dies scheint sich zudem ohne bewusste Steuerung zu vollziehen. Dabei bietet sich als Feind jemand an, der nicht zur Gruppe gehört, dessen Aussehen als fremd, dessen Verhalten als unberechenbar erscheint ... Kommt nun eine lebhafte Vorstellung hinzu, dieses Fremde bedränge die Gruppe und hindere sie in ihrem Lebensraum, dann werden ungewöhnliche Energien freigesetzt mit dem Ziel, koste es, was es wolle, sich der Bedrohung zu entledigen.

Wolfgang Bickel, „Seien wir doch ehrlich ...“. Vom Bild des Feindes im Kalten Krieg, in: Praxis Geschichte, H. 5, 1991, S. 28.

Plakat aus der Bundesrepublik Deutschland, 1952

DOKUMENTE ZUM KARTOFFELKÄFERABWURF

Titelseite einer Propagandabroschüre der DDR, 1950. Die DDR beschuldigte die USA, die sozialistische Kartoffelernte vernichten zu wollen.

Plakat aus der Bundesrepublik Deutschland, 1951. Herr „Ohne-mich" ist ein Gegner der Wiederaufrüstung in Westdeutschland.

1 **Vorschlag für eine arbeitsteilige Gruppenarbeit:**
a) Erarbeitet anhand von M3 bis M5 die hier dargestellten Feindbilder im Kalten Krieg. Achtet auf die einzelnen Bildelemente und deren (symbolische) Bedeutung und formuliert zu jedem Bild eine Aussage.
b) Erläutert die „Spiegelbildlichkeit der Argumente" (M2) und untersucht, wie der Autor die Entstehung von Feindbildern erklärt.
c) Erarbeitet anhand von M2 die Hauptaussagen des Autors. Nehmt den Darstellungstext zu Hilfe.
d) Beschreibt anhand von M1 den Zusammenhang von Konflikt, Rüstung und Feindbild. Nennt Beispiele, an denen sich heute Ansätze für Feindbilder zeigen.
2 Diskutiert in der Klasse, welche Möglichkeiten ihr seht, Feindbilder in der Politik abzubauen.

Webcode: FG1110444-189

Bündnisse in einer geteilten Welt

NATO und Warschauer Pakt

Verhandlungen über ein westliches Verteidigungsbündnis, die während der Berlin-Krise 1948/49 begonnen hatten, führten am 4. April 1949 in Washington zur
Gründung der NATO (North Atlantic Treaty Organiza-
5 tion). Ihr traten die USA, Kanada und zehn westeuropäische Staaten bei. Hinzu kamen 1952 die Türkei
und Griechenland, 1955 die Bundesrepublik Deutschland. Die USA sahen ihre Annahmen bestätigt, als die
Atombombenversuche der Sowjets erfolgreich waren
10 und die Kommunistische Partei unter Mao Zedong in
China an die Macht gekommen war.
1955 bildete die Sowjetunion mit sechs osteuropäischen Ländern und der DDR den Warschauer Pakt als
Gegenstück zur NATO. Das war die sichtbare Zemen-
15 tierung der beiden Blöcke und der Beginn eines jahr-
zehntelangen Wettrüstens.
Der Konflikt eskalierte 1950, als nordkoreanische Truppen Südkorea angriffen. Damit brachen die von China
und der UdSSR unterstützten Nordkoreaner die ameri-
20 kanisch-sowjetische Vereinbarung über die Teilung Ko-
reas. Im Auftrag der UNO griffen US-Truppen ein und
drängten die nordkoreanischen Streitkräfte hinter den
38. Breitengrad zurück. 1953 wurde schließlich der ursprüngliche Zustand der Teilung wiederhergestellt. Im
25 Zuge des Koreakrieges gewannen die Verbündeten der
USA an Bedeutung. Für die Bundesrepublik bedeutete
dies eine Beschleunigung der Westintegration und ein
Zugewinn an politischer Souveränität.

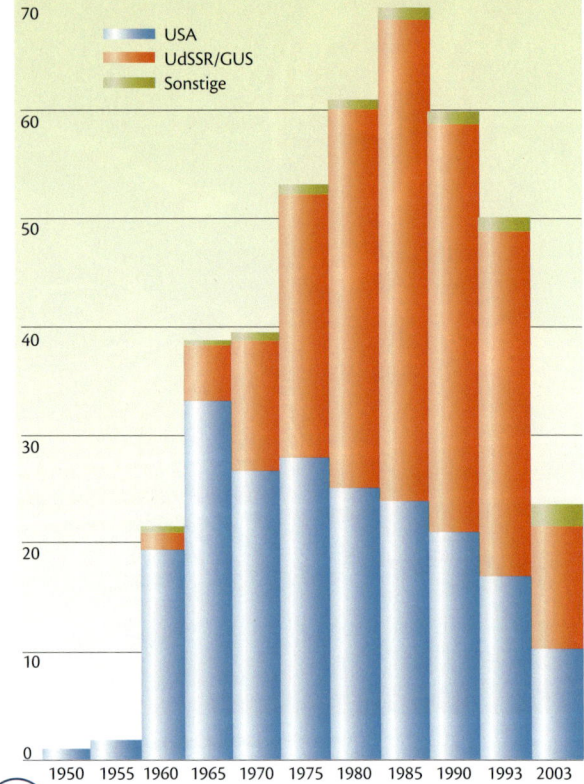

M1 **Zahl der weltweit vorhandenen nuklearen Sprengköpfe 1945 bis 2003**

 M2 **„Them and us",** Gemälde des amerikanischen Künstlers Neil Jenney, 1969

NATO-Vertrag und Warschauer Pakt

Aus der Präambel (feierliche Erklärung als Einleitung) des NATO-Vertrages vom 4. April 1949:

3A Die vertragschließenden Parteien erklären von Neuem ihren Glauben an die Ziele und Grundsätze der Satzung der Vereinten Nationen und ihren Wunsch, mit allen Völkern und allen
5 Regierungen in Frieden zu leben. Sie sind entschlossen, die Freiheit, das gemeinsame Erbe und die Zivilisation ihrer Völker zu sichern, die sich auf die Grundsätze der Demokratie, der individuellen Freiheit und der Herrschaft des Rechts begrün-
10 det …
Artikel 1. Die Parteien verpflichten sich, … jegliche internationale Streitigkeiten, in die sie verwickelt werden könnten, durch friedliche Mittel … beizulegen …
15 *Artikel 5.* Die vertragschließenden Parteien sind sich darüber einig, dass ein bewaffneter Angriff auf eine oder mehrere von ihnen in Europa oder Nordamerika als ein Angriff gegen sie alle betrachtet werden soll, und demzufolge haben sie sich
20 dahin geeinigt, dass jede von ihnen im Falle eines solchen bewaffneten Angriffs … der Partei oder den Parteien, die derart angegriffen werden, beistehen wird.
Zit. nach Geschichte in Quellen, Bd. 7, bearb. von Helmut Krause und Karlheinz Reif, München (bsv) 1980, S. 386.

Aus dem Warschauer Vertrag vom 15. Mai 1955:
3B *Artikel 1.* Die vertragschließenden Parteien verpflichten sich in Übereinstimmung mit der Satzung der Organisation der Vereinten Nationen, sich in ihren internationalen Beziehungen der
5 Drohung mit Gewalt oder ihrer Anwendung zu enthalten und ihre internationalen Streitfragen mit friedlichen Mitteln so zu lösen, dass der Weltfrieden und die Sicherheit nicht gefährdet werden …
10 *Artikel 4.* Im Falle eines bewaffneten Überfalls in Europa oder auf einen oder mehrere Teilnehmerstaaten des Vertrages seitens irgendeines Staates oder einer Gruppe von Staaten wird jeder Teilnehmerstaat des Vertrages in Verwirklichung des
15 Rechtes auf individuelle oder kollektive Selbstverteidigung … sofortigen Beistand individuell und in Verbindung mit den anderen Teilnehmerstaaten des Vertrages mit allen Mitteln … erweisen.
Zit. nach Geschichte in Quellen, Bd. 7, bearb. von Helmut Krause und Karlheinz Reif, München (bsv) 1980, S. 464 f.

Begriffe und Daten

NATO

Der Bündnisvertrag der NATO-Staaten wurde am 4. April 1949 geschlossen und besitzt bis heute Gültigkeit. Die Unterzeichner betonen ihren Wunsch nach weltweitem Frieden, zeigen sich aber auch entschlossen, die demokratischen Grundrechte sowie das kulturelle Erbe und den Wohlstand ihrer Länder gemeinsam zu verteidigen.

Im Vertrag verpflichten sie sich, den Frieden in der Welt nicht zu gefährden und internationale Konflikte ohne Gewaltanwendung zu lösen. Um die einzelnen Mitgliedsstaaten gegen Angriffe schützen zu können, wollen sie einzeln, aber auch gemeinsam ihre militärische Stärke so ausbauen, dass die nationale Sicherheit wie auch die der Bündnispartner gewährleistet ist. Falls einer der Staaten angegriffen werden sollte, unterstützen ihn die anderen.

Warschauer Pakt

Der „Vertrag über Freundschaft, Zusammenarbeit und gegenseitigen Beistand" wurde am 15. Mai 1955 zwischen der Sowjetunion und den meisten osteuropäischen Staaten geschlossen und existierte bis 1991. Er wurde – im Gegensatz zur NATO – ergänzt durch bilaterale Freundschafts- und Beistandspakte der einzelnen Mitgliedsstaaten.

Die Unterzeichner versicherten, dass sie zum Weltfrieden beitragen und Streitfragen auf diplomatischem Weg klären würden. Sie erklärten sich zu internationaler Zusammenarbeit im Sinne der Friedenssicherung bereit. Wenn eines der Mitglieder angegriffen würde, so verpflichteten sich alle anderen, diesem beizustehen. Die Staaten des Warschauer Paktes beschickten aus ihren nationalen Streitkräften ein gemeinsames Kommando. Darüber hinaus wurde vereinbart, alle Maßnahmen zu unterstützen, die das Bündnis stark machten.

1 Vergleiche die Aussagen von M2 (S. 190) und M1 (S. 183). Beachte Entstehungsjahr und Quellenart.
2 Führe einen inhaltlichen und sprachlichen Vergleich von M3A und M3B durch. Notiere Gemeinsamkeiten und Unterschiede. Ziehe den Kasten heran.
3 Diskutiert gemeinsam, inwieweit sich an M1 Bedrohungspotenziale erkennen lassen.

Die UNO – Macht oder Ohnmacht?

Die Rolle der UNO in der Weltpolitik

Ob der UNO eine ähnliche Entwicklung wie dem gescheiterten Völkerbund droht, ist gegenwärtig so umstritten wie in der Zeit des Kalten Krieges. Die Hoffnungen und Erwartungen sind jedoch groß, dass sie in
5 der Weltpolitik künftig eine bedeutendere Rolle einnehmen wird als in der Vergangenheit. Welche Funktionen hatte die UNO bislang in der Weltpolitik? Welche Probleme gab und gibt es?

 M2

Jubiläums-Konzert, Karikatur von Fritz Behrendt, 1995

M1 Die Charta der UNO

Am 26. Juni 1945 unterzeichneten 51 Staaten die Gründungscharta der Vereinten Nationen:
Artikel 1 Die Vereinten Nationen setzen sich folgende Ziele:
1. Den Weltfrieden und die internationale Sicherheit zu wahren …
5 **2.** freundschaftliche, auf der Achtung vor dem Grundsatz der Gleichberechtigung und Selbstbestimmung der Völker beruhende Beziehungen zwischen den Nationen zu entwickeln …
3. eine internationale Zusammenarbeit herbeizu-
10 führen, um internationale Probleme … zu lösen und die Achtung vor den Menschenrechten und Grundfreiheiten für alle ohne Unterschied der Rasse, des Geschlechts, der Sprache oder der Religion zu fördern und zu festigen …
15 *Artikel 2* Die Organisation und ihre Mitglieder handeln … nach folgenden Grundsätzen:
1. Die Organisation beruht auf dem Grundsatz der … Gleichheit aller ihrer Mitglieder …
3. Alle Mitglieder legen ihre internationalen Strei-
20 tigkeiten durch friedliche Mittel so bei, dass der Weltfriede, die internationale Sicherheit und die Gerechtigkeit nicht gefährdet werden.
4. Alle Mitglieder unterlassen … jede gegen die territoriale Unversehrtheit oder die politische
25 Unabhängigkeit eines Staates gerichtete … Androhung oder Anwendung von Gewalt.
5. Alle Mitglieder leisten den Vereinten Nationen jeglichen Beistand bei jeder Maßnahme, welche die Organisation im Einklang mit dieser Charta
30 ergreift.
Zit. nach Günther Unser, Die UNO, 4. Aufl., München (Beck/dtv) 1988, S. 232.

M3 Mehrheitsbeschlüsse – ein Problem?

In der englischen Zeitung „The Times" hieß es über die Einrichtung von Mehrheitsbeschlüssen in der UNO am 13. 12. 1949:
Der in der Tat revolutionäre Gedanke in den Satzungen der Vereinten Nationen ist die Anwendung des Mehrheitsbeschlusses bei der Entscheidung grundsätzlicher Fragen … Der Missbrauch
5 des Vetorechts durch die Sowjetunion im Sicherheitsrat hat der Vollversammlung eine weit schwerere Last aufgebürdet, als dies jemals beabsichtigt war, obwohl viele der kleineren Nationen sehr dafür waren, sie diese versuchsweise tragen
10 zu lassen … Die Gefahren einer solchen Entwicklung blieben aber den Westmächten auch aus dem Grunde verborgen, weil die Mehrheit der Vollversammlung in den meisten Fragen immer auf ihrer Seite gegen die Sowjetunion und ihre Va-
15 sallen stand. Heute wird jedoch deutlich, dass es nicht nur eine Art der Mehrheit gibt. Es steht z. B. eine Mehrheit der kleineren Nationen den Großmächten, eine Mehrheit derjenigen Länder, die über keine Kolonien verfügen, den Kolonialmäch-
20 ten und … eine recht beachtenswerte Mehrheit nicht europäischer Länder den alten Nationen Europas gegenüber … Man kann wohl sagen, dass dies schließlich nur ein demokratisches Verfahren und dass es die Pflicht der Minderheit ist, sich
25 dem Willen der Mehrheit zu fügen. Die Vollversammlung der Vereinten Nationen indessen ist kein Parlament, sondern eine Konferenz souveräner Staaten, die außerhalb ihres eigenen Hoheitsgebiets keine Verantwortlichkeit oder Befugnis
30 besitzen.
Zit. nach Heinrich Bodensieck, Der Kalte Krieg. Weltpolitik 1945–1962, 3. Aufl., Stuttgart (Klett) 1971 (1981), S. 24–25.

M4 Zum Jubiläum: Kein Grund zum Jubeln?

1995 konnten die Vereinten Nationen auf 50 Jahre Bestehen zurückblicken. Der Journalist Axel Veiel zog am 24. Juni 1995 in der „Stuttgarter Zeitung" Bilanz:

Wenn die Geladenen am Montag in San Francisco auf die Weltorganisation anstoßen …, wird man darüber hinwegsehen, dass die 185 Mitgliedsstaaten der UN … die Organisation am Rande der
5 Zahlungsunfähigkeit dahinvegetieren lassen …
Die Vereinten Nationen sind reformbedürftig. In einer gründlich veränderten Welt müssen sie noch immer mit dem Handwerkszeug auskommen, mit dem ihre Väter sie einst ausstatteten …
10 [In der Charta] ist etwa verankert, dass die Siegermächte des Zweiten Weltkrieges im UN-Sicherheitsrat das Privileg ständiger Mitgliedschaft und eines Vetorechts genießen, was 50 Jahre später in einem veränderten Kräftefeld nicht recht ein-
15 leuchten will. Und auch die in der Praxis freilich zunehmend missachtete Selbstbeschränkung, wonach sich die Vereinten Nationen nicht in innerstaatliche Konflikte einmischen dürfen, passt schlecht in eine Zeit, da Kriege fast ausschließlich
20 Bürgerkriege sind. Während man solchen Regelungen anmerkt, dass sie aus einer anderen Epoche stammen, trifft dies für das vornehmste Ziel der Völkergemeinschaft nicht zu: Die … Verpflichtung, gemeinsam Maßnahmen zur Wahrung des Welt-
25 friedens und der internationalen Sicherheit zu treffen, hat nichts von ihrer Aktualität eingebüßt.

Stuttgarter Zeitung vom 24. Juni 1995.

M5 Frieden schaffen – aber wie?

Als der damalige Generalsekretär der UNO, Kofi A. Annan, am 10. Dezember 2001 in Oslo den Friedensnobelpreis entgegennahm, sagte er:

In diesem neuen Jahrhundert müssen wir von der Erkenntnis ausgehen, dass der Friede nicht nur Staaten und Völkern, sondern jedem einzelnen Mitglied dieser Gemeinschaften gehört. Die Sou-
5 veränität der Staaten darf nicht länger als Schutzschild für schwere Menschenrechtsverletzungen missbraucht werden. Der Friede muss in der täglichen Existenz jedes Menschen in Not real und greifbar werden. Um den Frieden muss man sich
10 vor allem deshalb bemühen, weil er für jedes Mitglied der Menschheitsfamilie die Voraussetzung für ein Leben in Würde und Sicherheit ist …
Aus dieser Vision der Rolle der Vereinten Nationen im nächsten Jahrhundert ergeben sich drei
15 entscheidende Prioritäten für die Zukunft: die Beseitigung der Armut, die Verhinderung von Konflikten und die Förderung der Demokratie. Nur in einer Welt frei von Armut können alle Männer und Frauen das Beste aus ihren Fähigkei-
20 ten herausholen. Nur wo die Rechte des Einzelnen geachtet werden, können Meinungsverschiedenheiten politisch behandelt und friedlich beigelegt werden. Nur in einem demokratischen Umfeld, das auf der Achtung der Vielfalt und auf Dialog
25 beruht, können individuelle Selbstverwirklichung und Selbstregierung gesichert und die Vereinigungsfreiheit garantiert werden.

Zit. nach UNIC-Bonn – Pressemitteilungen Nr. 439.

Begriffe und Daten

UNO

Der UNO gehören 193 Mitglieder an (Stand: 2013). Ihr Hauptsitz ist New York. Wichtigste Ziele sind die Erhaltung des Weltfriedens und der internationalen Sicherheit, die Schlichtung von Streitigkeiten, die freundschaftliche Zusammenarbeit ihrer Mitglieder und der Schutz der Menschenrechte und Grundfreiheiten. Die Mitgliedsstaaten bekennen sich zur Gleichheit aller Staaten, zu Gewaltverzicht, Vertragstreue und zum Selbstbestimmungsrecht der Völker.

Medientipp

SPUN: Schüler-Planspiel United Nations

Das Planspiel SPUN ist 1997 von der Friedrich-Ebert-Stiftung und der Universität Siegen als landesweites Projekt gestartet worden. Dabei können Schülerinnen und Schüler einmal im Jahr eine Sitzungswoche der Vereinten Nationen simulieren (Webcode).

1 Fünfzig Jahre UNO 1995:
   a) Ermittelt in Partnerarbeit, welche Bilanz in M2 und M4 jeweils gezogen wird.
   b) Bewertet Art und Inhalt der Darstellung.
2 Beantworte die Überschrift in M3 schriftlich.
3 **Wahlaufgabe:** Vergleiche die Ziele der UNO heute (M5) mit denen der UNO-Charta von 1945 (M1).

Webcode: FG1110444-193

Entkolonialisierung und Nord-Süd-Konflikt

Aus Kolonien werden Staaten

Welche Ereignisse mobilisierten die Menschen in den Kolonien zur Befreiung ihres Landes? In Lateinamerika waren es die Napoleonischen Kriege zu Beginn des 19. Jahrhunderts, in Asien und Afrika der Erste und vor allem der Zweite Weltkrieg. Die Menschen hofften auch auf das 1941 in der Atlantik-Charta festgeschriebene Selbstbestimmungsrecht der Völker. Gebildete gesellschaftliche Gruppen in den Kolonien machten sich die Menschen- und Bürgerrechtsideale der Mutterländer zu eigen. Beschleunigt wurde die Entkolonialisierung im Kalten Krieg, um einer Unterwanderung der Kolonien durch die Sowjetunion zuvorzukommen, die sich antikolonialistisch gab. Was zunächst als Befreiung und mit der UN-Mitgliedschaft als Anerkennung ihrer Selbstständigkeit erschien, brachte bald neue Probleme und enttäuschte Hoffnungen: Oft blieb die wirtschaftliche Abhängigkeit der jungen Staaten von ihren ehemaligen Kolonialmächten oder von ausländischer Hilfe erhalten, z. B. von der Entwicklungshilfe. Die willkürlichen Grenzziehungen der Kolonialzeit führen bis heute immer wieder zu ethnischen Konflikten. In vielen ehemaligen Kolonien belasten innergesellschaftliche Probleme wie Korruption und Vetternwirtschaft der politischen Eliten die Entwicklung.

Der Nord-Süd-Konflikt

Die spannungsreichen Unterschiede zwischen den ehemaligen Kolonien, den „Entwicklungsländern", und den Kolonialmächten, den „Industrieländern" werden als Nord-Süd-Konflikt bezeichnet. Der Begriff leitete sich von der Tatsache ab, dass die Industrieländer überwiegend auf der nördlichen Erdhalbkugel liegen, die Entwicklungsländer dagegen auf der südlichen Halbkugel.

Angesichts der übermächtig erscheinenden Ost-West-Mächte versuchten die Staaten der Dritten Welt zu kooperieren und sich gegenseitig zu unterstützen. Es kam zu Zusammenschlüssen wie der „Bewegung der Blockfreien Staaten" und der „Organization of African Unity" (OAU, gegründet 1963). Doch diese Organisationen und auch die Zusammenarbeit in der UNO erwiesen sich als zu schwach, um die eigenen Interessen zu bündeln und wirksam durchzusetzen.

Die drängendsten Probleme der Entwicklungsländer sind ihre gefährdete staatliche Einheit, die schwache Stellung auf dem Weltmarkt, Armut, unzureichende Ernährung und unwürdige soziale Lebensbedingungen. Sie dürften wohl nur mittels Anstrengungen aller Staaten, gemeinsam mit der UNO, zu lösen sein.

M1 Entkolonialisierung 1945 bis 1990

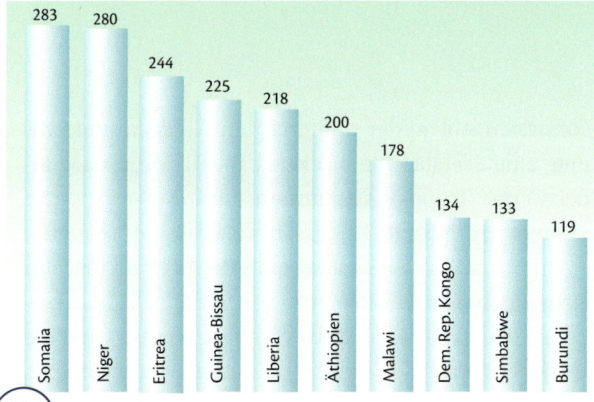

M2

Aufstellung der zehn ärmsten Länder der Erde
(Bruttoinlandsprodukt pro Kopf in absoluten Zahlen). Zum Vergleich: Das Bruttoinlandsprodukt betrug in Deutschland 39 979 (Stand 2007).

M3

Wiedergeburt Asiens?

Der indische Ministerpräsident und Außenminister Jawaharlal Nehru (1889–1964) sagte in einer Rede vor der Universität von Kalifornien am 31. Oktober 1949:

Auf der Weltbühne hat sich ein äußerst wichtiger Wandel vollzogen: die Wiedergeburt Asiens … Die Welt ist voller ungelöster Probleme. Vielleicht lassen sie sich alle als Teile eines einzigen Problems

5 betrachten. Dieses Problem ist nicht zu lösen, wenn man sich nicht die volle Bedeutung der asiatischen Wiedergeburt vor Augen hält, denn Asien wird unvermeidlicherweise eine wachsende Rolle in der Weltpolitik spielen. Asien, in seinem

10 Wachstum gehemmt, hat es mit zwei der wichtigsten Seiten des Weltproblems zu tun – mit der politischen und mit der wirtschaftlichen … der Kampf um die politische Freiheit hat eine gewisse Priorität … Aber da die politische Befreiung sich

15 verzögert, ist das wirtschaftliche Problem genauso wichtig und dringend geworden. An erster Stelle steht also die nationale Freiheit. Die meisten asiatischen Länder haben sie bereits erkämpft, aber einige sind noch immer der kolonialen Herrschaft

20 unterworfen … Ebenso wichtig ist die Versorgung der breiten Masse, in ihrem eigenen Interesse und im Interesse des Weltfriedens und der Stabilität. Dazu gehört eine allmähliche Industrialisierung dieser Länder, bei der die Vereinigten Staaten eine

25 wesentliche Rolle spielen können.
Zit. nach Geschichte in Quellen, Bd. 7, bearb. von Helmut Krause und Karlheinz Reif, München (bsv) 1980, S. 624 f.

M4

Ein „afrikanischer Weg"?

Aus der Botschaft des Präsidenten der afrikanischen Republik Senegal, Leopold Sedar Senghor, zum Unabhängigkeitstag am 5. April 1961:

Die Regierung Mamadu Dia hat sich 1957 an die Arbeit gemacht. Sie versuchte, die Nation zu bilden auf dem afrikanischen Weg zum Sozialismus. Ich sage „afrikanischer Weg". Es handelt sich da-

5 rum, aus den Wolken der Ideologien zu den konkreten Realitäten des Landes herabzusteigen … Es geht um einen Sozialismus, der sich stützt auf die afrikanischen, die senegalesischen Realitäten … Der Mensch ist Grundlage und Ziel unserer Poli-

10 tik. Daher die überragende Bedeutung der kulturellen Entwicklung und der Elitenbildung. In fünf Jahren hat sich die Zahl der Schüler in Volksschulen, höheren Schulen und technischen Schulen verdoppelt; an der Universität Dakar hat sie sich

15 verdreifacht …
Es ist heute Mode, auf das alte Europa zu schelten, auf West und Ost. Senegal weigert sich, diese Mode mitzumachen, so sehr wir auch in der Vergangenheit zu denen gehört haben, die am leiden-

20 schaftlichsten und erfolgreichsten gegen den Kolonialismus gekämpft haben. Wir werden uns weiter aus Europa die Instrumente unserer Befreiung holen: einige seiner Werte und seiner Techniken, vor allem seine Methoden des Sozialismus …

25 Der Kolonialismus ist verurteilt, lassen wir ihn sterben … Genauer: Wir haben die Bindungen umgewandelt, die uns mit dem alten Mutterland verbanden. Aus den Bindungen der Abhängigkeit haben wir Bindungen der Gleichheit in der Ko-

30 operation gemacht.
Zit. nach Geschichte in Quellen, Bd. 7, bearb. von Helmut Krause und Karlheinz Reif, München (bsv) 1980, S. 627 f.

1 Beschreibe mithilfe von M1, in welchen Phasen bzw. Regionen die Entkolonialisierung ablief.

2 a) Kläre anhand des Darstellungstextes, welche Folgen die Entkolonialisierung für die unabhängig gewordenen Staaten hatte.
b) Nenne die drängendsten Probleme der ehemaligen Kolonien. Ziehe M2 mit heran.

3 a) Stelle anhand von M3 und M4 dar, welche Perspektive die Autoren für ihre Kontinente entwerfen.
b) Vergleiche.
c) Stelle einen Bezug zur Gegenwart her.

Webcode: FG1110444-195

Die Kuba-Krise

Der Atomkrieg droht

Nach einem langem Guerillakrieg* hatte der kubanische Revolutionär Fidel Castro 1959 den Diktator Batista gestürzt. Die bis dahin engen wirtschaftlichen Verbindungen Kubas zu den USA wurden beendet, als Castro alle US-Besitzungen auf der Insel verstaatlichte. Nach dem gescheiterten Versuch der US-Regierung, das kommunistische Regime 1961 durch eine Invasion von Exilkubanern zu stürzen, bemühte sich Castro um eine engere Zusammenarbeit mit der Sowjetunion – vor allem im militärischen Bereich. Aus der Sicht der Sowjetführung war Kuba das Modell einer gelungenen kommunistischen Befreiung in der Dritten Welt. Zugleich war es für Moskau als strategischer Vorposten interessant: Kuba konnte für sowjetische Atomraketen als „unsinkbarer Flugzeugträger" 150 km vor der Küste Floridas dienen und damit ein ähnliches Bedrohungsszenario zu schaffen, wie es für die Sowjetunion schon längst existierte: durch die Stationierung von Mittelstreckenraketen in Westdeutschland und der Türkei. Nach wochenlangen Gerüchten brachten Mitte Oktober 1962 Fotos amerikanischer Aufklärungsflugzeuge die Gewissheit: Die Sowjetunion hatte Raketen auf Kuba stationiert. Präsident John F. Kennedy sah damit die Sicherheit der USA massiv gefährdet. Er forderte den sofortigen Abbau der militärischen Anlagen und ordnete eine Seeblockade um Kuba an. Daraufhin zog Fidel Castro Truppen zusammen, und die sowjetische Regierung entsandte Kriegsschiffe. Die Lage eskalierte, es drohte ein dritter Weltkrieg. In dieser dramatischen Situation bot die US-Regierung an, die Blockade aufzuheben. Sie garantierte, Kuba nicht anzugreifen und die US-Raketen aus der Türkei zu räumen, wenn die Sowjetunion die Raketen aus Kuba abziehen würde. Nikita Chruschtschow, der sowjetische Regierungschef, lenkte ein: Die Raketen wurden abgebaut und in die Sowjetunion zurückgebracht.

Unter dem Eindruck der Kuba-Krise entschlossen sich die Regierungen der Supermächte zu Verhandlungen: 1963 wurde zwischen Washington und Moskau eine besondere Fernsprechverbindung eingerichtet, der „heiße Draht", um in Krisenfällen die direkte Verständigung zwischen den Regierenden zu ermöglichen. Außerdem wurden in den folgenden Jahren Vereinbarungen über Atomwaffen getroffen. Zu einer direkten Konfrontation zwischen den Supermächten kam es bis zum Ende des Kalten Krieges nicht mehr.

 Steht der Atomkrieg bevor?

In seiner Fernseh- und Rundfunksprache an die Nation am 22. Oktober 1962 sagte der amerikanische Präsident John F. Kennedy:

Im Laufe der letzten Woche haben eindeutige Beweise die Tatsache erhärtet, dass derzeit auf dieser unterdrückten Insel mehrere Anlagen für Angriffsraketen errichtet werden. Der Zweck dieser Anlagen kann nur darin bestehen, die Möglichkeit eines Atomschlags gegen die westliche Hemisphäre zu schaffen … Wir werden das Risiko eines weltweiten Atomkrieges nicht voreilig oder ohne Not eingehen – wir werden dieses Risiko aber auch nicht scheuen.
Zit. nach Robert F. Smith, What happened in Cuba, New York (Twayne) 1963, S. 340 ff. Übers. d. Verf.

Sowjetische Raketenbasis auf Kuba, amerikanische Luftaufnahme, Mitte Oktober 1962. Von der Raketenbasis aus konnte die gesamte Ostküste der USA unter atomaren Beschuss genommen werden.

 M3

Chruschtschow und Kennedy während der Kuba-Krise, Karikatur aus der „Daily Mail", London 1962. Die Bildunterschrift lautet: „Einverstanden, Herr Präsident, wir wollen verhandeln …"

 M4

„Lieber Genosse …"

Aus einem Briefwechsel zwischen Fidel Castro und Nikita Chruschtschow von 1962. Castro ließ die Briefe Ende 1990 in der kommunistischen Parteizeitung „Granma" erstmals veröffentlichen:

4A *Castro an Chruschtschow (26. Oktober):* Meiner Einschätzung nach steht der Angriff fast unmittelbar für die nächsten 24 oder 72 Stunden bevor … Ich glaube, dass die imperialistische Ag-
5 gressivität ausgesprochen gefährlich ist. Wenn die Imperialisten das brutale Vorhaben, in Kuba einzumarschieren, entgegen internationalem Gesetz und gegen jede Moral ausführen, wäre der Zeitpunkt gekommen, durch einen Akt klarer und
10 legitimer Verteidigung ein solches Gefahrenpotenzial für die Zukunft zu beseitigen, ganz gleich, wie hart oder schrecklich diese Lösung wäre.

4B *Chruschtschow an Castro (28. Oktober):* In diesem Moment, da die Krise an einen Wendepunkt gelangt ist, möchte ich Sie bitten, Standfestigkeit zu zeigen und sich nicht von Gefühlen leiten zu
5 lassen. Wir dürfen uns nicht von Provokationen herausfordern lassen, denn jetzt, da eine Lösung des Konflikts in Sicht ist, versuchen hemmungslose Militaristen des Pentagons, das Abkommen zu vereiteln und Sie zu Taten zu provozieren, die
10 gegen Sie verwendet werden könnten. Ich bitte Sie, ihnen dazu keinen Anlass zu geben.

M4A und M4B: Zit. nach James G. Blight/B. J. Allyn/D. A. Welch, Cuba on The Brink, New York (Pantheon Books) 1993, S. 481 ff. Übers. d. Verf.

 M5

Frieden – weil Krieg sinnlos ist?

Vor Mitgliedern der American University, Washington, D. C., sagte Präsident John F. Kennedy am 10. Juni 1963:

Ich spreche vom Frieden, weil der Krieg ein neues Gesicht bekommen hat. Ein totaler Krieg ist sinnlos in einem Zeitalter, in dem Großmächte umfassende und verhältnismäßig unverwundbare
5 Atomstreitkräfte unterhalten können und sich weigern zu kapitulieren, ohne vorher auf diese Streitkräfte zurückgegriffen zu haben … Es ist heute, wenn der Friede gewahrt werden soll, unerlässlich, jedes Jahr Milliarden von Dollars für Waffen
10 auszuwerfen, die lediglich zu dem Zweck geschaffen werden sicherzustellen, dass wir sie niemals einsetzen werden …
Beide, die Vereinigten Staaten und ihre Verbündeten sowie die Sowjetunion und ihre Verbündeten,
15 haben ein gemeinsames tiefes Interesse an einem gerechten und wirklichen Frieden und einer Einstellung des Wettrüstens. Abkommen, die zu diesem Ziel führen, sind im Interesse der Sowjets wie auch in unsrigen.

Zit. nach Ernst-Otto Czempiel/Carl-Christoph Schweitzer, Weltpolitik der USA nach 1945, Bonn (Bundeszentrale für politische Bildung) 1989, S. 277 ff.

Begriffe und Daten

1961/62 Kuba-Krise

Den Weltfrieden bedrohende Konfrontation zwischen den USA und der Sowjetunion, die durch die Stationierung sowjetischer Mittelstreckenraketen auf Kuba ausgelöst wurde. Die Lösung des Konflikts sah den Rücktransport der Raketen und den Abbau der Abschussrampen vor, im Gegenzug den (etwas späteren) Abzug der US-Raketen aus der Türkei.

---

1 Erläutere mithilfe von M1, M2 und M3, warum die Militäraktionen auf Kuba fast zu einem Krieg mit den USA geführt hätten.

2 Vergleiche die Argumentation der Briefschreiber (M4). Überlege, welche Interessen sie jeweils vertreten.

3 a) Überprüfe anhand von M5 die These, dass die Kuba-Krise das politische Klima im Ost-West-Konflikt verändert hat.
b) Formuliere dein Ergebnis schriftlich.

Webcode: FG1110444-197

Der Vietnamkrieg 1964–1973

Der Weg in den Krieg

In Vietnam hatte von 1946 bis 1954 eine Unabhängigkeitsbewegung unter dem kommunistischen Revolutionsführer Ho Chi Minh gegen die Kolonialmacht Frankreich gekämpft. Die US-Regierung hatte Frankreich in diesem Krieg finanziell unterstützt, sich aber militärisch nicht engagiert. Sie musste Rücksicht nehmen auf Kritik der amerikanischen Öffentlichkeit an ihrer Südostasien-Politik. Nach der Niederlage Frankreichs wurde Vietnam auf der Genfer Indochina-Konferenz (1954) geteilt. In Nordvietnam etablierte sich mit sowjetischer und chinesischer Hilfe ein kommunistisches System, in Südvietnam herrschte das autoritäre Regime Diem.

Die USA unterstützten den westlich orientierten Süden Vietnams finanziell und militärisch. Sie wollten verhindern, dass mit ihm ein weiteres Gebiet in Südostasien unter kommunistischen Einfluss geraten könnte. Diese Befürchtungen waren nicht unbegründet: Ho Chi Minh versuchte nämlich, den Süden mithilfe der in Südvietnam operierenden „Nationalen Befreiungsfront" (Vietcong), einer Guerillabewegung, zu erobern. 1961 schickte Präsident Kennedy erstmals US-Truppen nach Südvietnam. 1964 nahm die US-Regierung einen – nie aufgeklärten – Angriff auf amerikanische Kriegsschiffe im Golf von Tonking zum Anlass, um das Truppenaufgebot erheblich zu vergrößern. Von 1965 an wurde Nordvietnam direkt angegriffen.

Krise und Rückzug

Schon bald nach Kriegseintritt wurde der Militäreinsatz in Südostasien in den USA und der westlichen Welt kritisiert. Beständig stieg die Zahl der wehrpflichtigen Soldaten, die traumatisiert, verletzt oder in Särgen aus dem Dschungelkrieg zurückgebracht wurden. Etwa 58 000 Amerikaner verloren ihr Leben in Vietnam. Es formierte sich aus zunächst vereinzelten Demonstrationen eine große Protestbewegung: Vor allem junge Menschen lehnten sich gegen den Einsatz in Vietnam auf, gegen Atomwaffen, gegen das wirtschaftliche und politische System der USA, gegen Rassendiskriminierung und gegen die Gesellschaft insgesamt. Die USA gerieten in eine schwere innenpolitische Krise. Als bekannt wurde, dass die US-Regierung jahrelang chemische Waffen in Südostasien eingesetzt hatte, wie das stark dioxinhaltige Entlaubungsmittel „Agent Orange", gab es auch in der UNO massive Kritik. Von 1969 an zog Präsident Nixon die 543 000 in Südvietnam stationierten Soldaten nach und nach wieder ab. 1973 schloss er einen Waffenstillstand mit Nordvietnam. Ein Jahr später griff Nordvietnam den südlichen Teil erneut an. Südvietnam kapitulierte 1975. Ganz Vietnam wurde „Sozialistische Republik" und die Bevölkerung Südvietnams umerzogen, enteignet oder auch umgesiedelt. Tausende flohen daraufhin aus dem Land.

M1 Der Vietnamkrieg

VOLKSREPUBLIK CHINA
Nanning
Dien Bien Phu
NORDVIETNAM
Hanoi
Haiphong
BURMA
Roter Fluss
Luang Prabang
LAOS
Vientiane
Vinh
Golf von Tonking
Hainan
Menam
Mekong
Udon Thani
Khonkaen
THAILAND
Nakhon
Ubon
Khe Sanh
Hué
Da Nang
Chu Lai
Binh Dinh
Bangkok
Battambang
My Lai
KAMBODSCHA
SÜDVIETNAM
Pnom Penh
Phan Rang
Dalat
Golf von Thailand
Saigon (seit 1976 Ho-Chi-Minh-Stadt)
Can Tho
Vung Tau
Soc Tray
Südchinesisches Meer

0 100 200 300 km

Französisch Indochina 1945
Demarkationslinie in Vietnam 1954
Von kommunistischen Befreiungsbewegungen 1965 beherrschte Gebiete
Nachschubwege des Vietcong
Militärstützpunkte der USA
Hauptzielgebiete von US-Bombenangriffen in Nordvietnam
Vereinigtes Vietnam 1976

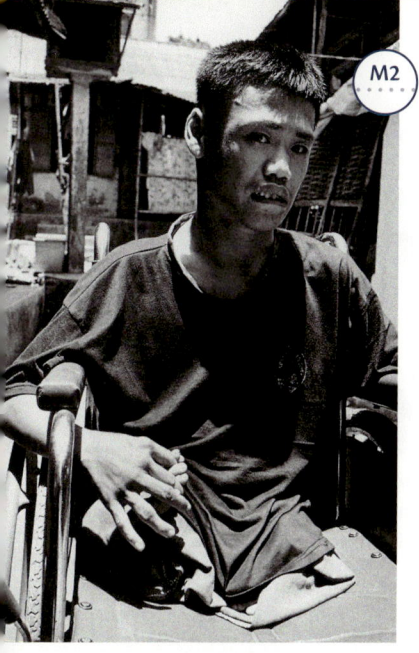

M2

Pham Thai, ein spätes Opfer des Krieges, Foto, 1999. Der 17-Jährige, dessen Vater im Vietnamkrieg auf einem US-Luftwaffenstützpunkt arbeitete, wo „Agent Orange" abgefüllt wurde, ist mehrfach behindert, hat stark verkürzte Beine und Polydaktylie (überzählige Finger oder Zehen).

M4

Ein amerikanischer Soldat versorgt einen Kameraden, Foto, 1967

M3 **Militärisches Engagement – zu welchem Preis?**

Henry A. Kissinger (geb. 1923) war amerikanischer Außenminister und versuchte, im Vietnamkrieg zu schlichten. Er erhielt dafür 1973 den Friedensnobelpreis. 1994 schrieb er:

Die Vereinigten Staaten bezahlten … für ihr Abenteuer in Vietnam einen Preis, der in keinem Verhältnis zu irgendeinem vorstellbaren Gewinn stand … Die USA waren in den Indochina[1]-Krieg
5 verwickelt worden, weil sie die Maximen ihrer erfolgreichen Europapolitik auf eine Region mit grundlegend anderen politischen, sozialen und wirtschaftlichen Strukturen übertragen hatten … Der vielleicht schwerwiegendste, aus amerikani-
10 scher Sicht zweifellos aber schmerzlichste Dominostein, der als Folge des Vietnamkrieges fiel, war der Zusammenhalt der amerikanischen Gesellschaft. Der amerikanische Idealismus hatte Regierungsbeamte ebenso wie Kritiker zu der irrigen
15 Annahme verleitet, die vietnamesische Gesellschaft lasse sich relativ mühelos und schnell in eine Demokratie nach amerikanischem Muster umwandeln. Als dieser optimistische Plan in sich zusammenbrach und offenkundig wurde, dass
20 Vietnam alles andere als eine Demokratie war, war die Enttäuschung unvermeidlich.
Henry A. Kissinger, Die Vernunft der Nationen, Berlin (Siedler) 1994, S. 769 ff.

[1] Name der französischen Kolonie, die aufgeteilt wurde in Laos, Kambodscha und Vietnam

Begriffe und Daten

Vietnamkrieg

Von 1946 bis 1954 herrschte ein Krieg zwischen der französischen Kolonialmacht und der kommunistischen Befreiungsbewegung. Der Niederlage Frankreichs folgte von 1964 bis 1973 ein militärischer Konflikt zwischen den USA und dem kommunistischen Nordvietnam. Der Krieg endete mit dem Rückzug der US-Armee und 1975 mit der Kapitulation Südvietnams.

1 Untersuche anhand des Darstellungstextes und M1 den Weg in den Krieg, den Verlauf und die Ergebnisse.

2 a) Beschreibe M2 und M4.
b) Versuche auszudrücken, welche Gefühle die Fotos in dir auslösen.
c) Welche „Botschaft" vermitteln die Bilder?

3 Erarbeite aus M3, wie Kissinger den Einsatz der USA in Vietnam begründet und bewertet.

4 Erörtere, inwiefern sich im Vietnamkrieg die Zeit des Kalten Krieges widerspiegelt. Lies auf den Seiten 196 bis 199 nach.

5 **Wahlaufgabe/Recherche:** Informiere dich über „Vietnam heute" und berichte in der Klasse (Lexika, Internet).

Webcode: FG1110444-199

Der Aufstieg Chinas

China – eine neue Weltmacht?

„China – vom Entwicklungsland zum Global Player" oder „China – von eigener Größe überzeugt" – diese Zeitungsschlagzeilen deuten das Interesse an, das die westlichen Industriestaaten seit einiger Zeit an dem
5 Land im Fernen Osten zeigen. Sie registrieren aufmerksam, wie China sich in rasantem Tempo vom Entwicklungsland zum Industriestaat wandelt. Manche Beobachter sehen sogar voraus, dass China am Ende des 21. Jahrhunderts der wirtschaftliche Gewinner vor
10 den USA sein wird. Schon einmal, im Mittelalter, war China das am weitesten entwickelte Land der Erde.

Vom Mittelalter bis ins 20. Jahrhundert

Bereits im 14. Jahrhundert kannte man in China Porzellan, Papier, Gusseisen, Drucktechnik, Kompass, Spinnrad sowie Schießpulver und gewann und nutzte Erdgas. Zu Beginn des 15. Jahrhunderts, etwa hundert
5 Jahre bevor Kolumbus die „neue Welt" entdeckte, segelten chinesische Schiffe bis zur Ostküste Afrikas und zum Roten Meer. Geschichtswissenschaftler vertreten die These, China hätte seit dem 15. Jahrhundert eine Industrialisierung in Gang setzen können, wie sie spä-
10 ter von Europa ausging und den gesamten Erdball erfasste. Die Geschichte verlief aber anders: Westliche Kolonialmächte und Japan nahmen im 19. Jahrhundert gewaltsam Einfluss auf den chinesischen Staat, eroberten Landesteile und zwangen ihm Wirtschaftsverträge
15 auf.
Nach der demokratischen Revolution und dem Sturz des Kaiserhauses 1911 kam es zu einem Bürgerkrieg. Aus dem Kampf zwischen der republikanisch-nationalistischen Partei Guomindang unter Chiang Kaishek
20 (1887–1975) und der Kommunistischen Partei unter Mao Zedong (1893–1976) ging Mao mit seiner Armee als Sieger hervor. 1949 wurde die chinesische Volksrepublik gegründet. Chiang wich auf die Insel Taiwan aus. Sie bildet einen bis heute von der Volksrepublik
25 China nicht anerkannten, westlich orientierten Staat. Der Nachfolger Maos, Deng Xiaoping (1904–1997), änderte nichts an der Einparteienherrschaft der Kommunistischen Partei Chinas (KPCh). Er setzte jedoch mit wirtschaftlichen Reformen einen grundlegenden Wan-
30 del der chinesischen Gesellschaft in Gang.

M1

Mao Zedong während des Bürgerkrieges gegen die Guomindang am 1. Januar 1947. Das Foto ist eine nachträglich kolorierte Aufnahme, die 1999 von der staatlichen chinesischen Nachrichtenagentur veröffentlicht wurde.

M2

Herrschaft und Gesellschaft im „neuen China"

Aus einer Rede Mao Zedongs (1949):
Alle Erfahrungen, die das chinesische Volk jahrzehntelang gesammelt hat, lehren uns, die demokratische Diktatur des Volkes oder die demokratische Alleinherrschaft des Volkes durchzusetzen
5 – jedenfalls läuft beides auf ein und dasselbe hinaus –, das heißt, den Reaktionären das Recht auf Meinungsäußerung zu entziehen und nur dem Volk dieses Recht vorzubehalten. Wer ist das Volk? Im gegenwärtigen Stadium setzt sich das
10 Volk in China aus der Arbeiterklasse, der Bauernschaft, dem städtischen Kleinbürgertum und der nationalen Bourgeoisie [Unternehmer, die seit dem Krieg gegen Japan die Kommunisten unterstützten; Gegner waren die „bürokratischen" Un-
15 ternehmer und die „Grundherrenklasse"] zusammen. Unter der Führung der Arbeiterklasse und der Kommunistischen Partei schließen sich diese Klassen zusammen … Wir haben noch immer den Imperialismus vor uns, der ein sehr grausamer
20 Feind ist … Um der Unterdrückung durch die Imperialisten zu begegnen und die rückständige Wirtschaft auf ein höheres Niveau zu heben, muss China alle Faktoren des Kapitalismus … ausnutzen, die der Volkswirtschaft und der Lebenshal-
25 tung des Volkes Nutzen bringen und nicht Schaden zufügen, müssen wir uns mit der nationalen Bourgeoisie … zusammenschließen.
Mao Zedong, Ausgewählte Werke, Bd. 4, Peking (Verlag für fremdsprachige Literatur) 1969, S. 444 ff.

Mao Zedong und seine Politik

M3

Der Chinaforscher Hans van Ess schrieb 2008:
Natürlich war Mao Zedong ein skrupelloser
Machtpolitiker, dem seine eigene Stellung über
das Wohl der Partei ging. Schon der Lange
Marsch, auf dem Mao seine Getreuen 1933/34 ins
5 nordchinesische Yan´an führte, konnte nur deshalb zum Erfolg werden, weil er keinerlei Rücksicht
auf seine Anhänger nahm. Der Tod zehntausender
Gefolgsleute bedeutete ihm offenbar nichts.
Nachdem die kommunistischen Machthaber ihre
10 ersten Jahre nach 1949 behutsam angegangen waren, wurde danach zuerst eine von einer brutalen
Kampagne gegen Großgrundbesitzer begleitete
Landreform durchgeführt … Der 1958 begonnene, aber schlecht organisierte „Große Sprung nach
15 vorn"* endete mit einer Hungersnot von giganti-
schen Ausmaßen, die wahrscheinlich zwanzig Millionen Menschen das Leben kostete.
Hans van Ess, die 101 wichtigsten Fragen. China, München
(C. H. Beck) 2008, S. 33 ff.

M5

**Chinesische Dorfbewohner urteilen im Zuge der
Bodenreform (Landverteilung)** über einen Grundbesitzer, Foto, 1953

Abschied von der Planwirtschaft?

M4

**Der amerikanische Politikwissenschaftler Richard
Rosecrance schrieb 2001:**
Die chinesische Wirtschaft ist eine Mischung aus
staatlich kontrollierter und privater Industrie, aus
florierenden Küstenprovinzen und von mit Armut
geschlagenen Regionen im Landesinneren. China
5 hat sich vom sowjetischen Modell einer vollständig staatlich gelenkten Wirtschaft verabschiedet
… China hat … in den 1980er Jahren die landwirt-
schaftlichen Produktionsgenossenschaften aufgelöst und das Land mit langfristigen Pachtverträgen
10 den chinesischen Bauern übergeben. Das führte
zu einem Anstieg der Agrarproduktion, dessen
Überschüsse in die Industrie investiert werden
können. Eine weitere Abweichung vom russischen
Modell stellt Chinas Experiment mit den Sonder-
15 wirtschaftszonen in den Küstenregionen dar, in
denen Spielräume für private Investitionen geschaffen wurden. Heute verfügt China über eine
Ökonomie, die ihren Bürgern eine „eiserne"
Grundversorgung bietet. Subventionierte Nah-
20 rungsmittel und Wohnungen und eine staatlich
geförderte Industrie helfen dabei, die Arbeitslosigkeit in tolerierbaren Grenzen zu halten.
Richard Rosecrance, Das globale Dorf, Düsseldorf
(Patmos/© Richard Rosecrance) 2001, S. 208 u. S. 212.

M6

**Anfänge privaten Einzelhandels in der Volksrepublik
China,** Foto, um 1990

1 Beschreibe mithife des Darstellungstextes, M1
  und M2 die Entwicklung Chinas.
2 Setze M3 in einen Bezug zu M2.
3 Vergleiche den Stand der Wirtschaft (M3, M4).
4 a) Formuliere eine Bildaussage zu M5.
  b) Vergleiche M5 mit M6.
5 **Partnerarbeit/Recherche:** Mao Zedong war ein politischer Führer mit Licht- und Schattenseiten. Sammelt
  dazu Informationen und präsentiert sie in der Klasse.

Webcode: FG1110444-201

USA und UdSSR: Sicherheitsdenken und Entspannung

Schritte zu neuen Sicherheitsstrukturen 1963–1972

Die beiden Krisen um Berlin und Kuba hatten die Ängste vor einem allgemeinen, möglicherweise sogar atomaren Krieg verstärkt. Zugleich setzte sich aber auch die Erkenntnis durch, dass man nach Wegen su-
5 chen musste, die zu Sicherheit, Entspannung und Ab-rüstung führten. Noch im Jahre 1963 wurde ein Atom-waffenteststopp-Vertrag abgeschlossen: Er verbot Tests über der Erde, im Weltraum und unter Wasser. 1968 kam es zu einer Vereinbarung über die Nichtweitergabe
10 von Atomwaffen, dem „Atomwaffensperrvertrag" zwi-schen den Nuklearmächten USA, UdSSR, Großbritan-nien (Frankreich und China unterzeichneten erst 1992) und weiteren 40 Unterzeichnerstaaten (in Kraft 1970). Die starren Fronten zwischen Ost und West gerieten in
15 der Folgezeit zunehmend in Bewegung. 1967 schlug der nach ihrem Generalsekretär benannte Harmel-Report eine veränderte NATO-Strategie vor. Danach sollten militärische Sicherheit und eine Politik der Entspannung nicht mehr als Widerspruch gesehen
20 werden, sondern als gegenseitige Ergänzung. Der Viet-namkrieg bremste zwar die Entspannungsbemühun-gen, ließ aber noch Spielraum für weitere Verhand-lungen. Parallel dazu füllten die beiden Supermächte jedoch ihre Waffenarsenale weiter auf: Sie entwickelten
25 z. B. Raketen mit mehreren Sprengköpfen und prüften Pläne für eine Raketenabwehr. 1972 übertraf die Sowjet-union die USA im Wettrüsten mit der Zahl ihrer Inter-kontinentalraketen. Die US-Regierung bemühte sich, die Beziehungen zu China zu normalisieren. Das war erfolgreich: Die revolutionäre Rhetorik Mao Zedongs
30 gegenüber dem „imperialistischen und kapitalisti-schen Westen" schwächte sich deutlich ab. Nun be-fürchtete die UdSSR Nachteile durch die Annäherung zwischen den USA und China. Vor diesem Hinter-grund gelang es 1972, das Abkommen zur Begrenzung
35 der strategischen Rüstung (SALT I) zu vereinbaren. Darin wurden Obergrenzen der Raketenrüstung fest-gelegt und der dauerhafte Verzicht auf Raketenabwehr-systeme formuliert.

Amerikanisches Sicherheitsdenken

Der amerikanische Politiker Henry A. Kissinger (ge-boren 1923), ab 1969 Sicherheitsberater amerikani-scher Präsidenten und Außenminister (1973–1977), schrieb 1969:

Die größte Herausforderung für uns liegt darin, die schöpferischen Kräfte einer pluralistischen Welt zu beschwören, um eine Ordnung auf poli-tischer Multipolarität zu gründen, selbst wenn die
5 beiden Supermächte weiterhin über eine über-ragende militärische Stärke verfügen … Die Stärke eines Staates konnte bis zum Zweiten Weltkrieg an der Fähigkeit gemessen werden, seine Bevölke-rung vor einem Angriff schützen zu können. Das
10 Atomzeitalter hat diesen traditionellen Maßstab zerbrochen … Kein denkbarer Rüstungsstand – nicht einmal ein umfassendes Raketenabwehrsys-tem – kann Schäden verhindern, die die Verwüs-tung während der zwei Weltkriege weit in den
15 Schatten stellen würden … Das Widersinnige an der militärischen Stärke heute ist, dass die gewal-tige Machtentfaltung in keinem Verhältnis mehr zur Politik steht … Dieses Dilemma hat das Inter-esse an Verhandlungen für eine Rüstungskontrolle
20 neu belebt, besonders hinsichtlich strategischer Raketen.

Henry A. Kissinger, Amerikanische Außenpolitik, Düssel-dorf/Wien, 1969, S. 80 ff. Zit. nach Manfred Görtemaker/ Gerhard Wettig, USA–UdSSR. Dokumente zur Sicherheits-politik, Hannover (Nieders. Landeszentrale f. polit. Bildung) 1986, S. 44 f.

„Sollten wir nicht demnächst einmal mit Abrüs-tungsgesprächen beginnen?" Karikatur von Jupp Wolter, um 1975

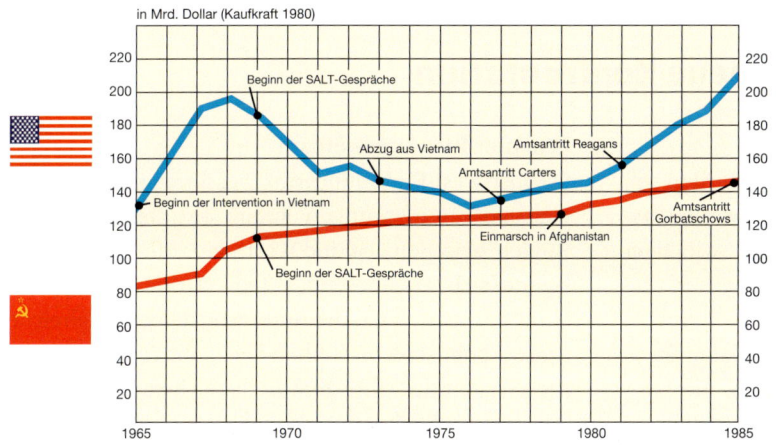

M3 Verteidigungsausgaben der USA und der UdSSR 1965 bis 1985

Die Teilung der Welt als Bedrohung?

M4

Der sowjetische Atomphysiker und Bürgerrechtler Andrej D. Sacharow (1921–1989) schrieb am 9. August 1968 in der Wochenzeitung „Die Zeit":

Die Teilung der Menschheit in zwei Lager bedroht sie mit Zerstörung … Angesichts der Gefahren ist jede Handlung, die die Teilung der Menschheit fördert, jedes Predigen der Unvereinbarkeit der
5 Weltideologien und der Nationen Irrsinn und ein Verbrechen …
Drei technische Aspekte der thermonuklearen Waffen haben den Atomkrieg zu einer Gefahr für das Fortbestehen der Menschheit gemacht: die
10 enorme Zerstörungskraft einer Atomexplosion, die verhältnismäßig billige Herstellung der Atomwaffen und die Unmöglichkeit wirksamer Verteidigung gegen einen massiven thermonuklearen Angriff …
15 Völlige Vernichtung von Städten und Industrie, das Ende jedes Erziehungswesens, die Vergiftung von Äckern, Wasser und Luft durch Radioaktivität, physische Zerstörung des größeren Teils der Menschheit, Armut, Barbarei und die genetische
20 Degeneration der Überlebenden unter der Wirkung der Radioaktivität, mit einem Wort die Vernichtung der materiellen und geistigen Grundlage der Zivilisation … das wäre das Verderben, das die Welt als Ergebnis der Entfremdung der zwei Super-
25 mächte bedroht …
Wenn die Menschheit vom Rand des Abgrundes wegkommen will, muss sie ihre Spaltung überwinden.

Zit. nach Geschichte in Quellen, Bd. 7, bearb. von Helmut Krause und Karlheinz Reif, München (bsv) 1980, S. 708 ff.

Sowjetisches Sicherheitsdenken

M5

Der sowjetische Generalmajor und stellv. Chefredakteur der Armeezeitung „Krasnaja zvezda", Sidelnikov, schrieb 1973:

Die vermehrte Macht der sowjetischen Streitkräfte und der Armeen der übrigen Länder der sozialistischen Gemeinschaft kann nur diejenigen beunruhigen, denen die Interessen des Friedens, des
5 sozialen Fortschritts und der Sicherheit der Völker fremd sind und die versuchen, die Entspannung zur Schwächung der Positionen des Sozialismus zu missbrauchen. Solange es auf der Erde aggressive, reaktionäre Kräfte des Imperialismus und
10 Abenteurer aller Art gibt, die fähig sind, einen neuen Kriegsbrand zu entfachen, wird die Festigung und Stärkung der Kampfmacht und Kampfbereitschaft der Streitkräfte der UdSSR mit allen Mitteln eine unserer wichtigsten Aufgaben sein
15 und bleiben …
Nach manchen Artikeln der bürgerlichen Presse zu urteilen, hoffen unsere Klassenfeinde, dass die Entspannung zur Minderung unserer Kampfbereitschaft und Wachsamkeit und zur Abschwä-
20 chung unseres Augenmerks auf die weitere Vervollkommnung der Kampffähigkeit unserer Armee und Flotte führen werde. Das sind unerfüllbare Hoffnungen.

Zit. nach Manfred Görtemaker/Gerhard Wettig, USA–UdSSR, Hannover (Nieders. Landesz. f. polit. Bildung) 1986, S. 198.

3 a) Untersuche, wie der Autor von M4 die weltpolitische Lage 1968 sah.
b) Nimm schriftlich Stellung.

4 Fasse die Informationen zum Sicherheitsdenken beider Weltmächte in einem Kurzvortrag zusammen.

5 a) Analysiere M1.
b) Nimm zur Aussage Stellung.

1 Setze M3 in einen Bezug zum Darstellungstext.
2 **Partnerarbeit:** Untersucht arbeitsteilig M2 und M5 und vergleicht die beiden Positionen.

Entspannungspolitik und neue Konfrontation

Die KSZE-Konferenz

Neben den Rüstungsgesprächen in Wien wurden seit 1969 in Helsinki Verhandlungen über eine verbesserte Zusammenarbeit in Europa geführt. Ein wichtiger Schritt gelang mit der „Konferenz für Sicherheit und Zusammenarbeit in Europa" (KSZE) am 1. August 1975 in Helsinki. Teilnehmer waren alle Staaten Europas ohne Albanien sowie die Sowjetunion, die USA und Kanada. Sie unterzeichneten ein Abkommen, in dem u. a. Folgendes vereinbart wurde: Unverletzlichkeit der Grenzen, Nichteinmischung in die Angelegenheiten eines anderen Staates, regelmäßige Folgekonferenzen über eine künftige Friedensordnung in Europa, Zusicherung von Freiheiten für die Menschenrechtsbewegungen in den Ostblockstaaten.

Sie ermöglichten in der Folgezeit oppositionelles Denken und Handeln, wie die Charta '77 in der Tschechoslowakei und die Gewerkschaft Solidarność in Polen. In Folgekonferenzen wurde die Einhaltung bzw. Durchsetzung der KSZE-Prinzipien überprüft. Seit 1994 tritt die „Organisation für Sicherheit und Zusammenarbeit in Europa" (OSZE) an die Stelle der KSZE.

Wirkungen von „Helsinki" in der DDR

Nach der Entmachtung Walter Ulbrichts übernahm im Mai 1971 dessen „Kronprinz" Erich Honecker (1912 bis 1994) die Macht. Sein wirtschaftspolitischer Kurs verbesserte den Lebensstandard, allerdings auf Kosten einer höheren Staatsverschuldung. Außenpolitisch erreichte er die Anerkennung der DDR als souveräner Staat durch über 100 Staaten. Beide deutsche Staaten wurden 1973 Mitglieder der Vereinten Nationen. Die DDR gehörte, ebenso wie die Bundesrepublik, zu den Staaten, die 1975 die KSZE-Schlussakte von Helsinki unterzeichneten. Die DDR verpflichtete sich, größere Freizügigkeit zu gewähren, z. B. Reisemöglichkeiten, und die allgemeinen Grundrechte zu beachten. Den in den 1980er Jahren entstehenden oppositionellen Gruppen in der DDR bot sich ein Hebel für ihre politischen Forderungen. Auch die Zahl der Ausreiseanträge stieg in den Folgejahren kontinuierlich an. Kritiker des DDR-Systems organisierten sich verstärkt in Friedens- und Umweltgruppen, häufig unter dem Dach der evangelischen Kirche.

Erneuter Rüstungswettlauf

Die Ost-West-Beziehungen verbesserten sich trotz der Helsinki-Vereinbarungen kaum. Im Gegenteil: Das Ringen zwischen Ost und West um Einflusszonen verlagerte sich zunehmend auf die Dritte Welt. Beide Großmächte nutzten die Auflösung der Kolonialreiche und die politische Instabilität der unabhängig gewordenen Staaten, um ihre Einflussbereiche auszudehnen. Sogenannte Stellvertreterkriege verschärften den Ost-West-Konflikt, z. B. in Afrika (Äthiopien, Angola und Mosambik). Ein neuer Höhepunkt dieser indirekten Konfrontation war Ende 1979 der Einmarsch sowjetischer Truppen in Afghanistan. Er sollte den Sturz der kommunistischen Regierung verhindern. Daraufhin stoppte die US-Regierung die Ratifizierung des SALT-II-Abkommens zur Begrenzung der strategischen Raketenrüstung. Da die Sowjetunion unter Breschnews Führung nicht bereit war, ihre bereits modernisierten, auf Westeuropa gerichteten Raketen bis 1982 abzubauen, setzte die US-Regierung durch, amerikanische Mittelstreckenraketen ab 1983 in Europa zu stationieren (NATO-Doppelbeschluss*). US-Präsident Ronald Reagan erhöhte die Militärausgaben und beschleunigte die Entwicklung eines Raketenabwehrsystems. Das Streben nach Überlegenheit löste die bisherige Politik eines „Gleichgewichts des Schreckens" ab.

KSZE Konferenz über Sicherheit und Zusammenarbeit in Europa
Helsinki 1973 bis 1975

35 Teilnehmerstaaten

USA, Kanada, Belgien, Dänemark, Bundesrepublik Deutschland, Finnland, Frankreich, Griechenland, Großbritannien, Irland, Island, Italien, Luxemburg, Niederlande, Norwegen, Österreich, Portugal, Schweden, Schweiz, Spanien, Türkei, Bulgarien, ČSSR, DDR, Polen, Rumänien, UdSSR, Ungarn, Jugoslawien, Monaco, San Marino, Liechtenstein, Malta, Vatikanstadt, Zypern

Schlussakte von Helsinki
unterzeichnet am 1. August 1975

Korb 1
- Sicherheit
- Zehn Prinzipien für das friedliche Zusammenleben der Staaten

Korb 2
- Zusammenarbeit in Wirtschaft, Wissenschaft und Technik
- Umweltfragen

Korb 3
- Menschliche Kontakte
- Lösung humanitärer Probleme, kulturelle Zusammenarbeit

M1 KSZE-Ergebnisse 1975

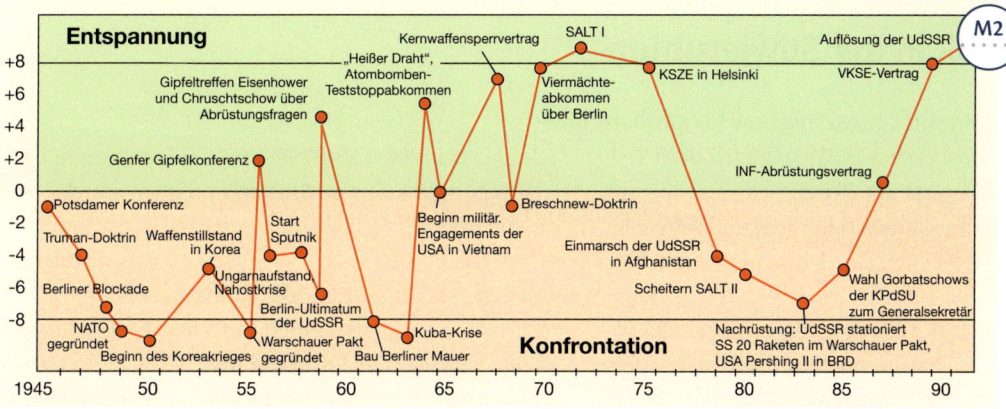

Entspannung und Konfrontation 1945 bis 1990 (SALT I: Begrenzung der Raketenabwehrsysteme; SALT II: gescheitert; INF-Vertrag: Abbau der atomaren Mittelstreckenraketen; VKSE-Vertrag: starke Reduzierung aller Streitkräfte in Europa)

M3 Rüstung auf Kosten der Menschen?

Der Journalist Pierre Simonitsch schrieb in der „Frankfurter Rundschau" vom 27. März 1982:

Mit spiegelverkehrten Argumenten drängen die amerikanischen und die sowjetischen Militärs auf höhere Rüstungsanstrengungen … Laut UN-Studie „wurde die Rüstungsindustrie, welche jährlich 500 Milliarden Dollar
5 verschlingt, zum hauptsächlichen Verbraucher jener wertvollen Ressourcen, die sie zu schützen vorgibt" … Über eine halbe Million Fachleute arbeiten an militärischen Forschungsprogrammen … Die Streitkräfte aller Länder verbrauchen sechs Prozent der Welt-Ölproduk-
10 tion und mehr Aluminium, Kupfer, Nickel und Platin als Afrika, Asien und Lateinamerika zusammen für zivile Zwecke …
Weltweit gibt es mehr Soldaten in Uniform als Lehrer. Für militärische Forschungsprojekte wird mehr Geld
15 aufgewendet als für die Erforschung neuer Energiequellen, Heilmittel, Landwirtschaftsmethoden und Umweltschutz zusammengenommen …
Im Kontrast zum blühenden Militärsektor leidet die restliche Weltwirtschaft unter Auszehrung. Nach den
20 Statistiken der Weltbank sind heute mehr Menschen denn je unterernährt …, Analphabeten … und ohne jede ärztliche Betreuung …
Die Erosion der Äcker und Weideländer der Dritten Welt schreitet fort, weil viele Menschen im täglichen
25 Kampf ums Überleben die Ertragsfähigkeit des Bodens überstrapazieren. Fast die Hälfte der Erdbevölkerung lebt in Ländern, die von Nahrungsmittelimporten abhängen. Der Fischreichtum der Ozeane wurde durch neue Fangtechniken reduziert.
30 Das Wettrüsten vergrößert diese Verluste, indem es notwendige Investitionen abzieht und seit 1950 jedes Jahr fast sechs Prozent der zugänglichen Ressourcen verschlingt. Die Maßlosigkeit der Rüstung geht aus einem Beispiel hervor: Die USA gaben mehr Geld für
35 die Modernisierung einer kleinen Rakete aus, als die Weltgesundheitskonferenz in zehn Jahren zur erfolgreichen Ausrottung der Pocken benötigte (100 Millionen Dollar).

Zit. nach Heinz Jacobs, Friedenssicherung im Zeichen des Ost-West-Gegensatzes, Stuttgart (Klett) 1982, S. 44.

Begriffe und Daten

Entspannungspolitik

Nach der Phase des Kalten Krieges kam es zwischen 1963 und 1979 zu Vertragsabschlüssen in Fragen der Rüstungsbegrenzung und -kontrolle und zu Vereinbarungen in der Konferenz für Sicherheit und Zusammenarbeit in Europa (KSZE), die international zu einer Entspannung zwischen den beiden Machtblöcken führten. In der ersten Hälfte der 1980er Jahre verschärften sich die Ost-West-Spannungen jedoch wieder.

1 Erläutere anhand des Darstellungstextes (linke Spalte), M1 und M2 Ergebnisse und Folgen der KSZE-Konferenz.

2 Erkläre mithilfe des Darstellungstextes (rechte Spalte), wie es zu einem erneuten Rüstungswettlauf kam.

3 Liste anhand von M3 auf, welche Ergebnisse und Folgen der Autor durch den Rüstungswettlauf sah.

4 Schreibe mithilfe der Informationen der Seiten 204 f. eine Stellungnahme zu folgender These: Der Rüstungswettlauf hatte eine entspannungsfördernde Wirkung.

5 **Wahlaufgabe/Recherche:** Informiere dich über die „Stellvertreterkriege" in Afrika (Lexika, Internet) und berichte in der Klasse.

Reformpolitik in der Sowjetunion

Reformerwartungen von Chruschtschow bis Gorbatschow

Nikita Chruschtschow (1894–1971) trat nach dem Tod Stalins 1953 an die Spitze der Partei. Er verurteilte die Verbrechen des Stalinregimes scharf . Damit leitete er eine Periode des Tauwetters in der Sowjetunion ein.
5 Innenpolitisch strebte er gesellschaftliche und wirtschaftliche Reformen an, allerdings innerhalb des kommunistischen Systems. Außenpolitisch verfolgte er eine Politik der friedlichen Koexistenz, die zu einer ersten Entspannung im Kalten Krieg führte. Widerstände des
10 Parteiapparats und der Armee gegen seinen Kurs und eine schwere Versorgungskrise zwangen Chruschtschow jedoch bereits 1963 zum Rücktritt. Unter seinem Nachfolger Leonid Breschnew (1906–1982) verschärfte sich die Situation im Land. Dissidenten,
15 darunter bekannte Wissenschaftler und Intellektuelle, die bürgerliche Freiheiten und eine Demokratisierung von Staat und Gesellschaft verlangten, kamen ins Gefängnis oder wurden ausgebürgert. Ebenso wurden Autonomiebestrebungen der in der Sowjetunion leben-
20 den nicht russischen Völker unterdrückt.
In der Wirtschaft versuchte Breschnew, die Leistungskraft der Planwirtschaft* zu erhöhen, ohne das Prinzip der Zentralverwaltungswirtschaft zu beseitigen. Betriebe erhielten z. B. das Recht, über einen Teil der
25 Gewinne selbst zu verfügen und sie zu investieren. Nach anfänglichen Erfolgen stagnierte seit etwa 1980 die Wirtschaft. Der Lebensstandard der Bevölkerung lag weit unter dem der westlichen Industrieländer, da die Konsumgüterindustrie zugunsten einer hohen
30 Rüstungsproduktion vernachlässigt wurde. Im März 1985 wurde der Reformpolitiker Michail Gorbatschow zum Generalsekretär der KPdSU gewählt. Er beschrieb seine Politik mit den Schlagworten „Glasnost" und „Perestroika" (Offenheit und Umbau).

Das Ende der Sowjetunion

Ende der 1980er Jahre geriet die von Gorbatschow 1985 eingeleitete Reformpolitik in eine Krise: Massenproteste und Streiks gegen den wirtschaftlichen Niedergang häuften sich vor allem in den großen Städten.
5 Unter diesem Druck verzichtete die Kommunistische Partei im Februar 1990 auf ihr Machtmonopol. Der Zerfall der Moskauer Zentralmacht führte zu einer Erstarkung der radikalreformerischen Kräfte unter Boris N.

Jelzin (1931–2007), der 1988 von Gorbatschow aus seinen politischen Spitzenämtern entlassen worden war. 10 In den ersten freien Wahlen des Landes im Juni 1991 wurde Jelzin jedoch zum russischen Staatspräsidenten gewählt. Als im August 1991 konservative kommunistische Führungskräfte einen Putschversuch unternahmen, stellte sich Jelzin an die Spitze des Widerstands. 15 Er verbot die Kommunistische Partei und betrieb unter der Führung Russlands die Gründung der Gemeinschaft Unabhängiger Staaten (GUS). Am 21. Dezember 1991 traten der GUS auch die anderen ehemaligen Sowjetrepubliken bei, mit Ausnahme der baltischen 20 Staaten und Georgiens, das erst 1993 Mitglied wurde. Am 25. Dezember 1991 trat Gorbatschow von seinem Amt als Staatspräsident der ehemaligen UdSSR zurück.

Der Zerfall der Sowjetunion hatte mehrere Ursachen, 25 wie die „gelockerte Leine" Gorbatschows gegenüber den osteuropäischen Verbündeten, die Reformen möglich machte (siehe S. 209 f.), die Kosten des Wettrüstens, der wirtschaftliche Niedergang der UdSSR und politische Freiheiten der Bürger. 30

> **Biografie**
>
> **Michail S. Gorbatschow**
>
> Geboren 1931 im Nordkaukasus als Sohn eines Bauern. 1946 bis 1950 war Gorbatschow Arbeiter in einer Traktorenstation. Nach dem Studium der Rechts- und Agrarwissenschaften wurde er 1978 Sekretär im Zentralkomitee der KPdSU. Er machte eine steile politische Karriere. 1985 wählte ihn die Partei zu ihrem Generalsekretär. Von 1988 bis 1990 war Gorbatschow Präsident des Obersten Sowjets (Parlament), 1990/91 sowjetischer Staatspräsident. Für seine Politik, die zur Beendigung des Kalten Krieges führte, erhielt er 1990 den Friedensnobelpreis. Gleichzeitig begann seine Macht zu schwinden (Putschversuch 1991). Nach der Auflösung der Sowjetunion 1991 und der Gründung der Gemeinschaft Unabhängiger Staaten (GUS) Ende 1991 verzichtete Gorbatschow auf alle politischen Ämter.

Neues Denken in der Gesellschaft

Michail Gorbatschow beschrieb 1987 sein politisches Programm in einem Buch, das in viele Sprachen übersetzt und in der ganzen Welt bekannt wurde:

Perestroika bedeutet, sich auf die schöpferische Kraft der Massen zu verlassen, Entwicklung einer umfassenden Demokratie sozialistischer Selbstverwaltung, Ermutigung eigener Initiativen und
5 Selbstständigkeit, Stärkung von Ordnung und Disziplin, mehr Offenheit, mehr Kritik und Selbstkritik in allen Bereichen des gesellschaftlichen Lebens. Sie bedeutet ein hohes Maß an Achtung des Individuums und seiner persönlichen Würde.
10 Perestroika bedeutet die allseitige intensive Entwicklung der sowjetischen Wirtschaft …, die durchgängige Einführung ökonomischer Methoden, die Abkehr von der Kommandowirtschaft und von bürokratischen Methoden, die Ermuti-
15 gung zu Innovationen und sozialistischem Unternehmergeist.
Das Wesen der Perestroika besteht darin, dass sie Sozialismus und Demokratie miteinander verbindet und das leninsche Konzept des sozialistischen
20 Aufbaus sowohl in der Theorie als auch in der Praxis wieder einführt.
… Nötig ist eine weitgreifende Demokratisierung des gesamten gesellschaftlichen Lebens.
Ohne Offenheit (Glasnost) kann es keine Demo-
25 kratie geben. Und ohne Demokratie kann es keinen zeitgemäßen Sozialismus geben.
Man muss den Massen die Wahrheit sagen …
Universale Sicherheit beruht in unserer Zeit auf der Anerkennung des Rechts jeder Nation, den
30 Weg ihrer sozialen Entwicklung selbst zu bestimmen, auf dem Verzicht der Einmischung in die inneren Angelegenheiten anderer Staaten … Eine Nation mag sich entweder für den Kapitalismus oder für den Sozialismus entscheiden … Nationen
35 können und sollen ihr Leben nicht nach dem Muster der USA oder der Sowjetunion ausrichten. Politische Positionen sollen deshalb frei sein von ideologischer Intoleranz.
Es gibt heute keine Sicherheit mehr durch militä-
40 rische Überlegenheit, sondern nur noch durch Partnerschaft.

Michail Gorbatschow, Perestroika und neues Denken für unser Land und die Welt, Moskau (Izd. Polit. Lit.) 1997, S. 30 ff. Übers. d. Verf.

jährliche Wachstumsraten in Prozent

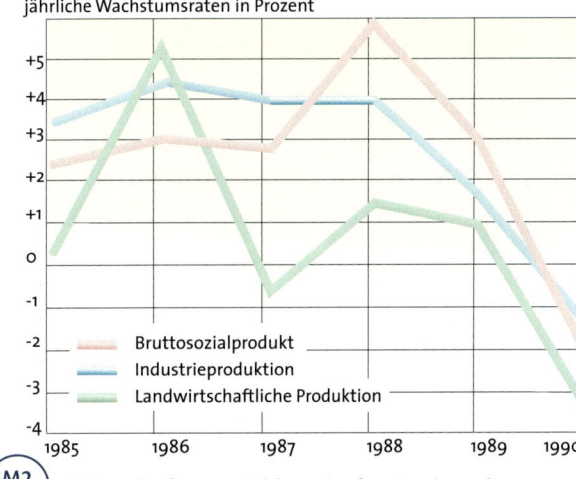

Wirtschaftsentwicklung in der Sowjetunion

während der ersten fünf Jahre der Reformpolitik Gorbatschows 1985 bis 1990

Begriffe und Daten

Ab 1985 Reformpolitik in der UdSSR

Massive Krisenerscheinungen in Staat, Gesellschaft und Wirtschaft führten unter Gorbatschow ab 1985 zu einem Kurswechsel. Grundlegende Reformen innerhalb des sozialistischen Systems scheiterten jedoch an den starren Herrschafts- und Wirtschaftsstrukturen. Erst die Auflösung dieses Systems schuf Voraussetzungen für Demokratie und Marktwirtschaft.

Glasnost und Perestroika

Von Gorbatschow zur Beschreibung seiner Reformpolitik verwendete zentrale Begriffe. Glasnost (Offenheit): Transparenz der Entscheidungen in den Staats- und Parteiorganen und öffentliche Diskussion der Probleme und Aufgaben. Perestroika (Umbau): Ursprünglich als Modernisierung der Führungsrolle der KPdSU gedacht, führte sie, verschärft durch Machtkämpfe, Wirtschaftsprobleme und Nationalitätenkonflikte, zum Zerfall der Sowjetunion.

1 Fasse anhand des Darstellungstextes die politische und wirtschaftliche Entwicklung der Sowjetunion bis 1990/91 schriftlich zusammen. Ziehe M2 heran.
2 **Partnerarbeit:** Erarbeitet anhand von M1 den Reformansatz Gorbatschows:
a) Listet die Merkmale von „Perestroika" und „Glasnost" auf.
b) Fasst zusammen, worin die entscheidenden Unterschiede zum bisherigen Herrschaftssystem bestanden.

Zwei Urteile über die sowjetische Reformpolitik unter Gorbatschow

Der russische Schriftsteller und Kritiker des kommunistischen Systems, Lew Kopelew (1912–1997), schrieb 1995:

3A Mit Michail Gorbatschow begann die Zerstörung des totalitären, partokratischen[1] Sowjetreichs; doch diese „Revolution von oben" war inkonsequent, Gorbatschow hat zwar erfolgreich vieles zerstört, aber
5 nichts Neues aufzubauen vermocht. Sein eindeutig historisches Verdienst bleibt: die Abschaffung der Zensur und der unkontrollierbaren Macht des Geheimdienstes – alle politischen Häftlinge kamen frei, Sacharow wurde Abgeordneter im Kongress der Volksdeputierten. Erst-
10 mals seit 1917 durfte man in Russland wieder frei sprechen, frei schreiben und frei publizieren. Doch die Wirtschaft und die administrativen Strukturen waren hoffnungslos … ruiniert. Die unstillbare Machtgier des stalinschen Imperiums, die auch noch die Politik
15 Chruschtschows und Breschnews mitbestimmte, die maßlose Aufrüstung … und der zehnjährige Afghanistankrieg zerstörten nicht nur die Grundmauern der Volkswirtschaft, sondern auch die Moral … der Menschen … Mit den Militärs und mit dem militärisch-
20 industriellen Komplex[2] konnte Gorbatschow nicht zurechtkommen. Die brutalen, mörderischen Aus-

schreitungen der Sondertruppen gegen friedliche Demonstranten [in verschiedenen Sowjetrepubliken] … machten den Zerfall der Sowjetunion unvermeidlich.

Lew Kopelew, Russland – eine schwierige Heimat, 2. Aufl., Göttingen (Steidl) 1995, S. 55 ff.

[1] von der Partei beherrschten
[2] Rüstungsindustrie

Ein westlicher Journalist schrieb 1992 über die Politik Gorbatschows:

3B Michail Gorbatschow … hoffte zweifellos selbst bei seinem Amtsantritt und noch Jahre darüber hinaus, den schon von schwerer Krankheit gezeichneten Patienten Sowjetunion heilen zu können. So hielt er bis
5 zuletzt am „guten" Lenin fest, verurteilte in erster Linie Stalin und Breschnew, glaubte weiterhin an den Endsieg der sozialistischen Idee. Doch offenbar konnte das politische und ökonomische Zwangssystem Sowjetunion nur mit Gewalt zusammengehalten werden. Als Gor-
10 batschow mit Glasnost die Freiheit wagte, brach es zusammen. Und so wurde der Partei- und Staatschef, der ein Arzt hatte sein wollen, de facto [tatsächlich], wenn auch wider Willen, zum Totengräber der Sowjetunion.

Stuttgarter Zeitung vom 4. Januar 1992.

Ein wirtschaftlicher Blick auf Russland

Der Wirtschaftswissenschaftler und Osteuropa-Forscher Hermann Clement schrieb 2003:

Das sozialistische Planwirtschaftssystem hatte abgewirtschaftet. Es war zunehmend unfähig, die Produktionsfaktoren effizient zu kombinieren. Wirtschaftlich konnten die Staaten des „Sozialis-
5 tischen Wirtschaftssystems" mit den westlichen Staaten nicht mehr mithalten. Das wesentliche Fundament des politischen und militärischen Systems zeigte Risse, der Lebensstandard der Bevölkerung blieb zurück und die Produktionsbasis ver-
10 altete zusehends … Gesamtwirtschaftlich ergab sich in den letzten Jahren eine Anpassung an marktwirtschaftliche Muster … Allerdings sind die strukturellen Fortschritte noch viel zu gering … Zu Recht stellt Ministerpräsident Kassjanow fest, dass
15 ein Land mit einer solchen Wirtschaftsstruktur, „die sich ausschließlich auf Rohstoffe orientiert, nicht imstande ist, seine grundsätzlichen Entwicklungsaufgaben zu bewältigen".

Hermann Clement, Die Wirtschaftsstruktur Russlands, in: Aus Politik und Zeitgeschichte vom 14. April 2003, S. 11 u. S. 21.

3 a) Untersuche anhand von M3A und M3B, wie die Politik Gorbatschows bewertet wird.
b) Vergleiche beide Positionen.

4 Stelle anhand von M4 fest, wie der Autor die Wirtschaftsstruktur in Russland im Jahr 2003 beurteilt.

5 Wählt eine Aufgabe aus (Recherche/Partnerarbeit):
a) Informiert euch über die Entwicklung der GUS nach ihrer Gründung 1991.
b) Untersucht, ob in der Gegenwart noch von einer einseitigen Rohstofforientierung Russlands gesprochen wird. Zieht ggf. eure Kenntnisse aus dem Geografieunterricht heran.
c) Sammelt Informationen über die Politik der auf Gorbatschow folgenden Regierungen bis zur Gegenwart.

Webcode: FG1110444-208

Umbruch in Osteuropa

Reformprozesse

Die Umwälzungen vom Herbst 1989 in Osteuropa hatten ihre Wurzeln nicht allein in der Reformpolitik Gorbatschows. Sie gründeten vor allem im „(KSZE-)Geist von Helsinki" und in oppositionellen Bewegungen wie
5 in Polen und Ungarn. Ohne das öffentlich zu proklamieren, tolerierte Gorbatschow die Reformbestrebungen in den sozialistischen Bündnis-Staaten. Damit formulierte er eine Abkehr vom Prinzip der beschränkten Souveränität der Staaten des sozialistischen Lagers
10 (Breschnew-Doktrin). Gorbatschow gestand diesen Ländern zu, ihren eigenen Weg zum Sozialismus zu gehen. Eine Einmischung in deren innere Angelegenheiten lehnte er ab.

Das Beispiel Polen

Die Ziele und Ergebnisse der Reformanstrengungen in Ostmitteleuropa lassen sich beispielhaft an der Entwicklung in Polen erkennen. Hier führten, lange vor Gorbatschow, Mängel in der Konsumversorgung zu
5 Protesten in der Bevölkerung. Als 1980 die Preise für Fleisch drastisch erhöht wurden, kam es landesweit zu Arbeitsniederlegungen. Die Organisatoren der Streiks gründeten die unabhängige Gewerkschaft Solidarność (Solidarität). Sie wurde bald ein Sammelbecken für viele Protestströmungen mit etwa zehn Millionen Mitglie-
10 dern bei 38 Millionen Einwohnern. Im Dezember 1981 wurde die Solidarność mit Erklärung des Kriegszustands von der kommunistischen Regierung verboten. Als sich jedoch zeigte, dass die wirtschaftliche Stag-
15 nation in Polen ohne einen breiten gesellschaftlichen Konsens nicht zu überwinden war, begann die Regierung acht Jahre später, mit den Vertretern der illegalen Solidarność zu verhandeln. Vereinbart wurden die Anerkennung der Gewerkschaft und ein Termin für Parla-
20 mentswahlen am 4. Juni 1989. Bei diesen Wahlen durften sich neben der kommunistischen Vereinigten Arbeiterpartei zum ersten Mal auch Kandidaten der Opposition zur Wahl stellen. Damit wurde der Weg zu einer parlamentarischen Demokratie, zu Rechtsstaat,
25 Gewaltenteilung und einer marktwirtschaftlichen Ordnung frei. Im Dezember 1990 wurde Lech Wałęsa zum Staatspräsidenten der neuen Republik Polen gewählt. 1999 trat Polen der NATO bei, 2004 wurde das Land Mitglied der EU.

M1 ### „Protest gegen den Staat"

Aus dem Programm der polnischen Gewerkschaft Solidarność (poln. Solidarität), die 1980 als unabhängiger Gewerkschaftsverband gegründet, ab Dezember 1981 jedoch verboten wurde, aber illegal weiterarbeitete (Oktober 1981):

Die … „Solidarność" vereint viele gesellschaftliche Strömungen, vereint Menschen mit unterschiedlichen politischen und religiösen Überzeugungen und Menschen unterschiedlicher Nationalität.
5 Uns verbindet der Protest gegen die Ungerechtigkeit, gegen den Missbrauch der Macht und die Monopolisierung des Rechts, im Namen der gesamten Nation zu sprechen und zu handeln. Uns verbindet der Protest gegen den Staat, der die
10 Bürger wie sein Eigentum behandelt … Wir verurteilen, dass unbedingter politischer Gehorsam anstelle von Eigeninitiative und Selbstständigkeit belohnt wird … Grundlage des Handelns muss die Achtung des Menschen sein. Der Staat muss dem
15 Menschen dienen und darf nicht über ihn herrschen, die Organisierung des Staates muss der Gesellschaft dienen und darf nicht von einer einzigen politischen Partei monopolisiert werden.
Zit. nach Barbara Büscher u.a. (Hg.), Solidarność, Köln (Bund Verlag) 1983, S. 297.

M2 Arbeiterführer Lech Wałęsa spricht in Danzig vor Anhängern der Gewerkschaft Solidarność, Foto, Herbst 1988. Übersetzung des Transparents: „Keine Freiheit ohne Gott und Solidarność".

„Kapitän Mazowiecki begrüßt Sie zur Reise in die Marktwirtschaft", Karikatur, 1989. Tadeusz Mazowiecki war der erste nicht kommunistische Ministerpräsident Polens.

Auf dem Weg zur Demokratie?

M4

Der polnische Regimekritiker Jacek Kurón sagte 1980 über die Streikbewegung in seinem Land:

Der Lebensstandard sinkt schon seit Langem … Allenthalben fehlt es an Waren und Gütern, und die Waren, die vorübergehend einmal vorhanden sind, werden immer teurer … Im Bereich des Ge-
5 sundheitswesens, der Versorgung mit Medikamenten, ja in allen Lebensbereichen ist durch die fortschreitende Planlosigkeit und Inkompetenz ein solches Desaster entstanden, dass dem Durchschnittspolen seine Verhältnisse unerträglich er-
10 scheinen … Die Führung hat total versagt … Der einzige Ausweg, den ich sehe, ist, schnellstens die Möglichkeit zu schaffen, dass sich die Arbeiter aus freiem Willen organisieren können … Die jetzige Protestbewegung ist eben deshalb so wichtig, weil
15 sie der Anfang einer Neuorientierung der Arbeiter ist. Deshalb sage ich, dass wir heute in Polen schon in einem anderen Land sind. Dies ist der einzige Weg zur Rettung für unser Land, ein Weg zu Demokratie und zur Überwindung der Krise
20 zugleich: Nur eine in freien Wahlen organisierte Gesellschaft ist in der Lage, ein vernünftiges Programm anzunehmen.

Der Spiegel vom 4. August 1980, S. 98 ff.

Wahlen führen die Wende herbei

M5

Der britische Historiker Timothy G. Ash, der 1989 in Polen lebte, berichtete über die Parlamentswahlen am 4. Juni 1989:

[Die Kommunisten] hatten nicht an Macht verloren. Noch immer gehörten ihnen die Armee, die Polizei, der Parteiapparat und die Nomenklatura [höchste Führungspositionen]. Aber sie hatten
5 die Wahl verloren. Während … alle Solidarność-Kandidaten bereits bei der ersten Runde durchgekommen waren, mussten die Partei-Koalitions-Kandidaten [Kandidaten der Regierung] am 18. Juni durch eine Stichwahl gehen. Und am er-
10 niedrigendsten von allem war, dass nur zwei der fünfunddreißig Kandidaten … die erforderlichen 50 Prozent der gültigen Stimmen für Sitze ohne Gegenkandidaten erhielten … Mehr als die Hälfte der Wähler hatte auf der Liste Namen für Namen
15 ausgekreuzt, darunter mit einem großen Strich auch den Innenminister, den Verteidigungsminister … Nur eine Regierung mit jenem eindeutigen Auftrag, wie ihn die Solidarność bekommen hatte, konnte nach den Wahlen genug Glaubwürdig-
20 keit aufbringen, um all die schmerzhaften Maßnahmen, die jedes ernsthafte Wirtschaftsreformprogramm begleiten mussten, einzuleiten. Die Präsidenten Bush [USA], Mitterrand [Frankreich] und Mrs. Thatcher [Großbritannien] machten
25 eindeutig klar, dass der Westen … dem privaten Sektor bescheidene Direkthilfe zukommen lassen würde, dass sie jedoch größere … Weltbank-Maßnahmen nur einer ordnungsgemäß konstituierten Regierung mit einer glaubwürdigen Wirtschafts-
30 politik anbieten würden.

Timothy G. Ash, Ein Jahrhundert wird abgewählt, übers. von Yvonne Badal, München (Hanser) 1990, S. 354 f. u. S. 362 f.

1 Partnerarbeit:

a) Ermittelt mithilfe des Darstellungstextes die Reformschritte in Polen.

b) Beschreibt die Ziele und Aktionen der Gewerkschaft Solidarność (M1, M2, M5).

c) Beurteilt die Bedeutung dieser Gewerkschaft für den Wandel in Polen.

2 Formuliere, a) wie der Autor die Lage in Polen 1980 beschreibt, b) welche Position er bezieht (M4).

3 Erschließe M3 mithilfe der Methode „Karikaturen entschlüsseln" im Anhang.

Karte M6 – Legende:

0 200 400 600 km	

- Übergang zum Mehrparteiensystem und Durchführung freier Wahlen
- Politische und wirtschaftliche Reformen bei Aufrechterhaltung des Führungsanspruchs der Kommunisten
- Streben nach nationaler Souveränität
- Ungeklärte Verhältnisse
- 8.4.90 Erste freie Wahlen
- ····· Abbau von Grenzbefestigungen Mai 1989
- ----- Öffnung der Grenze am 9. November 1989
- Blutige Unruhen
- Gespräche zwischen Regierung und Opposition am „Runden Tisch"
- Das vereinigte Deutschland nach Inkrafttreten des deutsch-polnischen Grenzvertrages 1990

M6 Wandel in den Staaten Ostmitteleuropas bis 1990. Die staatliche Einheit der Tschechoslowakei zerbrach 1992: Die Tschechische Republik und die Slowakei entstanden. In Jugoslawien kam es seit 1988 zu einem Nationalitätenkonflikt, der sich in den 1990er Jahren zu einem blutigen Bürgerkrieg entwickelte.

1989 Umbruch in Osteuropa

Ausgehend von a) inneren Oppositionsbewegungen, b) den KSZE-Ergebnissen, c) dem Scheitern des ökonomischen Modells des Sozialismus und d) der Reformpolitik Gorbatschows kam es ab 1989 zur Beseitigung des sozialistischen Herrschafts- und Wirtschaftssystems in allen osteuropäischen Staaten.

4 Beschreibe und vergleiche mithilfe der Karte M6 den Wandel in den Staaten Ostmitteleuropas. Halte Gemeinsamkeiten und Unterschiede fest.

5 Erörtert in einer Diskussionsrunde, warum der Weg zur Demokratie in Polen ohne Gewaltanwendung verlief.

6 **Wahlaufgabe:** Informiere dich über das Deutsch-Polnische Jugendwerk (Webcode). Berichte in der Klasse.

Webcode: FG1110444-211

Fiktionale Texte analysieren – Herta Müller: „Widerstand mit Wörtern"

Fiktionale Texte und historisches Lernen

Häufig wollen Schriftsteller und Dichter ihre Leserinnen und Leser nicht nur unterhalten, sondern mit ihren Texten auch bestimmte Botschaften vermitteln. Ein Beispiel für die literarische Verarbeitung des Lebens in
5 Osteuropa nach dem Zweiten Weltkrieg zur Zeit der kommunistischen Herrschaft ist das Werk der Schriftstellerin Herta Müller. In ihren Erzählungen und Romanen thematisiert sie das Leben in der Diktatur. Sie erzählt von der alltäglichen Angst in der Gesellschaft,
10 von Bespitzelung, Verfolgung und Haft, von Folter und Mord. Nach der verbrecherischen Herrschaft der Nationalsozialisten in Rumänien wurden viele der 17- bis 45-jährigen Rumäniendeutschen im Januar 1945 in sowjetische Arbeitslager verschleppt, weil die Sieger sie
15 für die Verbrechen des NS-Systems mitverantwortlich machten. Die Texte Herta Müllers leiten an, mit den Augen der Opfer zu sehen und durch Literatur aus der Geschichte zu lernen.

Biografie

Herta Müller

Geboren wurde Herta Müller 1953 in Nitzkydorf. Ihre Familie gehörte zur deutschen Minderheit der Banater Schwaben in Rumänien.
Ihr Großvater, ein wohlhabender Bauer und Kaufmann, wurde unter dem kommunistischen Regime in Rumänien enteignet, ihre Mutter nach dem Zweiten Weltkrieg zu mehrjähriger Zwangsarbeit in die Sowjetunion deportiert. Herta Müller studierte Germanistik und Rumänistik. Sie arbeitete als Übersetzerin in einer Maschinenfabrik, wurde jedoch 1979 entlassen, nachdem sie sich geweigert hatte, für den rumänischen Geheimdienst zu arbeiten. Sie schloss sich oppositionellen literarischen Gruppen an. Zeitweise war sie Lehrerin und Kindergärtnerin. 1987 konnte sie in die Bundesrepublik ausreisen, wo sie weiter vom rumänischen Geheimdienst Securitate bespitzelt wurde. Nach zahlreichen Literaturpreisen erhielt sie 2009 den Nobelpreis für Literatur.

Arbeitsschritte

1. Schritt: Text in den geschichtlichen Zusammenhang einordnen

– Welche Hinweise aus dem Lebenslauf des Schriftstellers/der Schriftstellerin könnten von Bedeutung sein?
– In welcher gesellschaftlichen Situation befand sich der Autor/die Autorin?
– Welche politischen Ereignisse oder Zustände müssen beachtet werden?

2. Schritt: Textinhalt erschließen

– Wann und wo spielt das Geschehen (Vergangenheit – Gegenwart – Zukunft)?

– In welche Abschnitte (Sinneinheiten) kann der Text gegliedert werden?
– Aus wessen Perspektive wird erzählt (neutral – personal – auktorial)?
– Welche sprachlichen Bilder werden verwendet?
– Worin weicht der Text vom allgemeinen Sprachgebrauch ab?
– Welche allgemeinen oder besonderen Umstände werden angesprochen?
– Welchen Bezug gibt es zum historischen Hintergrund?

3. Schritt: Mögliche Ziele und Absichten des Textes klären

– Welche Zielsetzung ist am Text zu erkennen?
– Welche Wirkung soll vom Text ausgehen?
– Werden Adressaten angesprochen?

4. Schritt: Text aus historischer Sicht bewerten

– Enthält der Text Elemente, die etwas über die Zeit und die Lebensumstände der Menschen aussagen?
– Weist der Text über die konkrete Handlung und die Ereignisse hinaus?

Die Vernehmung

In ihrem autobiografischen Essay „Der König verneigt sich und tötet" schrieb Herta Müller:

Der Vernehmer sagte mir bei jedem Verhör, wenn er mich seiner Ansicht nach schachmatt gesetzt hatte, triumphierend den Satz: „Siehst du, die Dinge verbinden sich." Er hatte ahnungslos recht, er
5 wusste nicht, welche und wie viele Dinge sich in meinem Kopf gegen ihn verbinden. Schon dass er an einem großen polierten Schreibtisch saß und ich an einem kleinen Tisch aus schlecht gehobeltem dreckigem Holz. „Siehst du", ja, ich sah eine
10 Tischplatte mit vielen Kerben, von den Verhören anderer Leute, von denen man nichts wusste, nicht einmal, ob sie noch leben. Der Vernehmer, da ich ihn stundenlang ansehen musste, wurde während jedes Verhörs zum König. Für seine Glat-
15 ze hätte es des Kompaniefriseurs meines Großvaters bedurft. Auch für seine Waden, die zwischen dem Hosensaum und Sockenrand ohne ein Haar abstoßend weiß glänzten. Ja, die Dinge verbanden sich in seinem Kopf zu meinem Nachteil. Aber in
20 meinem Kopf verbanden sich ganz andere Dinge: wie in den Schachfiguren ein König stand, der sich verneigte, stand im Vernehmer ein König, der tötet. Es war eines meiner letzten Verhöre und Sommer und Nachmittag, und die Hobelschatten
25 kamen ins Spiel. Das Fensterglas schimmerte gewellt in der Sonne. Auf den Fußboden fielen weiß gekringelte Lichtstreifen und krochen dem Vernehmer an den Hosenbeinen hoch, wenn er sie durchquerte. Ich wünschte mir, dass er stolpert,
30 dass sie ihm in die Schuhe kriechen und ihn durch die Fußsohlen töten …
Die Haare und der Friseur hatten immer mit dem König zu tun. Meine Freunde und ich verteilten Haare in der Wohnung, bevor wir das Haus verlie-
35 ßen. Wir legten sie auf Türklinken, Schrankgriffe, in Schubladen auf Manuskripte, ins Regal auf Bücher – sie waren schlaue, weil unauffällige Zeichen, zeigten, ob Gegenstände in unserer Abwesenheit bewegt worden sind, ob der Geheimdienst da
40 war. „Um ein Haar", „um Haaresbreite", „haarfein" und „haargenau", für uns waren das keine Redewendungen mehr, sondern Gewohnheiten.

Herta Müller, Der König verneigt sich und tötet, 5. Aufl., Frankfurt a. M. (S. Fischer) 2009, S. 67 ff. Lizenzausgabe des Carl Hanser Verlags, München/Wien, 2003.

Webcode: FG1110444-213

Vom Hungerengel

Aus dem Roman „Atemschaukel" von Herta Müller, in dem es um das Schicksal eines jungen Mannes aus Siebenbürgen in einem russischen Arbeitslager geht:

Immer ist der Hunger da. Weil er da ist, kommt er, wann er will und wie er will. Das kausale Prinzip ist das Machwerk des Hungerengels. Wenn er kommt, dann kommt er stark. Die Klarheit ist
5 groß: 1 Schaufelhub = 1 Gramm Brot. Ich bräuchte die Herzschaufel nicht. Aber mein Hunger ist auf sie angewiesen. Ich wünschte, die Herzschaufel wäre mein Werkzeug. Aber sie ist mein Herr. Das Werkzeug bin ich. Sie herrscht, und ich unterwer-
10 fe mich. Und doch ist sie meine liebste Schaufel. Ich hab mich gezwungen, sie zu mögen. Ich unterwürfig, weil sie ein besserer Herr zu mir ist, wenn ich gefügig bin und sie nicht hasse. Ich hab ihr zu danken, denn wenn ich fürs Brot schaufle, bin ich
15 abgelenkt vom Hunger. Weil der Hunger nicht vergeht, sorgt sie dafür, dass sich das Schaufeln vor den Hunger schiebt. Das Schaufeln ist an erster Stelle beim Schaufeln, sonst packt der Körper die Arbeit nicht … Und der Hungerengel hängt sich
20 ganz in meinen Mund hinein, an mein Gaumensegel. Es ist seine Waage. Er setzt meine Augen auf, und die Herzschaufel wird schwindlig, die Kohle verschwimmt. Der Hungerengel stellt meine Wangen auf sein Kinn. Er lässt meinen Atem schaukeln.
25 … Der Hungerengel schaut auf seine Waage und sagt: Du bist mir noch immer nicht leicht genug, wieso lässt du nicht locker. Ich sage: Du betrügst mich mit meinem Fleisch. Es ist dir verfallen. Aber ich bin nicht mein Fleisch. Ich bin etwas anderes
30 und lasse nicht locker.

Herta Müller, Atemschaukel, München (Carl Hanser) 2009, S. 86 f.

1 **Vorschlag für eine Gruppenarbeit:** Bearbeitet die Texte M1 und M2 nach den Arbeitsschritten. Berichtet.

2 a) Stellt im gemeinsamen Gespräch fest, welche Schwierigkeiten bei der Analyse auftraten und wie sie gelöst werden könnten.
b) Geht der Frage nach, inwiefern die Texte über die konkrete Ebene hinaus „geschichtliche Einsichten" über politische Herrschaft vermitteln können.
c) Erörtert die Aussagekraft der Formulierung „Widerstand mit Wörtern".

Kalter Krieg und Ost-West-Konflikt: Internationale Politik 1945–1990

Entstehung und Ursachen des Kalten Krieges

Aus dem Zweiten Weltkrieg gingen die **USA** und die **Sowjetunion** nicht nur als **Siegermächte**, sondern auch als neue **Führungsmächte** hervor. Der Gegensatz zwischen beiden verschärfte sich nach 1945, als die Sowjetunion begann, in den besetzten Gebieten Osteuropas ihr politisches System der kommunistischen Alleinherrschaft durchzusetzen. Als auch sowjetischer Druck auf weitere Länder wie die Türkei, den Iran und Griechenland ausgeübt wurde, antworteten die USA mit einer **Politik der Eindämmung (Containment)**, der sogenannten Truman-Doktrin. Aus dem **Ost-West-Gegensatz seit der Russischen Oktoberrevolution 1917**, dem Grundkonflikt zwischen Demokratie und Diktatur, wurde **seit etwa 1947 der Kalte Krieg**. Er bestimmte die Weltpolitik für etwa fünf Jahrzehnte.

Feindbilder und Blockbildung im Kalten Krieg

Die westlichen Länder sahen vor allem im Sturz der bürgerlich-demokratischen Regierung in der Tschechoslowakei und in der Blockade Berlins im Jahre 1949 einen Beweis für den **Expansionsdrang der UdSSR. Die unterschiedlichen Machtinteressen führten zur Bildung zweier politischer Blöcke**. Die folgenden Jahre waren gekennzeichnet von gegenseitigen Vorwürfen über den Vorherrschaftsanspruch der jeweils anderen Seite. Gegenseitige Fehleinschätzungen der Absichten beider Seiten förderten die bedrohliche politische und militärische Entwicklung. Die Blockbildung wurde sichtbar am **Brüsseler Vertrag (März 1948)** zwischen Großbritannien, Frankreich und den Beneluxstaaten auf der einen und der **Gründung des Rates für gegenseitige Wirtschaftshilfe (RGW) im Januar 1949** mit der UdSSR, Bulgarien, Ungarn, Polen, Rumänien und der Tschechoslowakei auf der anderen Seite.

Die politische Atmosphäre war stark geprägt durch **gegenseitige Feindbilder**, die auf ungenauer Kenntnis, vorschnellen Bewertungen, verzerrter und verfälschter Wahrnehmung des anderen und Misstrauen beruhten. Die Forschungen über die Entstehung von Feindbildern versuchen neben der oberflächlichen Beschreibung auch tiefere Ursachen herauszuarbeiten.

Bündnisse im Ost-West-Konflikt

Die zunehmende Blockbildung in westliche (demokratische) Staaten und östliche (kommunistisch-diktatorisch regierte) Länder führte zu Verteidigungsbündnissen des jeweiligen Lagers: die **Gründung der NATO 1949** auf westlicher und des **Warschauer Paktes 1955** auf östlicher Seite. Verbunden damit war in der Folgezeit ein **jahrzehntelanges Wettrüsten**.

Ein Beispiel des gefährlichen Zustandes in der Nachkriegszeit war der **Koreakrieg (1950–1953)**, der zu erbitterten Kämpfen im geteilten asiatischen Land führte. Als die von China und der UdSSR unterstützen Truppen Nordkoreas den Süden angriffen, kam es zum Krieg. Im Auftrag der **Vereinten Nationen (UNO)** eingesetzte US-Truppen drängten die nordkoreanischen Streitkräfte schließlich auf die ursprünglich zwischen den USA und der Sowjetunion vereinbarte Grenzlinie zurück. Die großen Spannungen führten auch dazu, dass **die 1949 gegründete Bundesrepublik Deutschland im Westen** (siehe S. 240 f.) und **die Deutsche Demokratische Republik (DDR) im Osten** des geteilten Deutschlands (siehe S. 242 f.) jeweils beschleunigt **in die beiden Blöcke integriert** wurden.

Ein den Weltfrieden sehr stark bedrohender Konflikt war die **Kuba-Krise 1961/62**, eine Konfrontation zwischen den USA und der UdSSR, ausgelöst durch die Stationierung sowjetischer Mittelstreckenraketen auf der Karibikinsel Kuba im unmittelbaren Machtbereich der USA. Ausdruck kriegerischer Konfrontation war der **Vietnamkrieg (1964–1973)** zwischen den USA und dem kommunistischen Nordvietnam.

Die Vereinten Nationen (UNO)

Auch **die 1945 gegründeten Vereinten Nationen** konnten die Spannungen und Konflikte nicht lösen. Sie boten aber ein wichtiges Forum zum Austausch der zeitweise unvereinbaren Positionen. Die **Ziele der UNO, den Weltfrieden zu sichern und internationale Sicherheit sowie die Gleichberechtigung und Selbstbestimmung aller Völker zu erreichen**, bilden auch gegenwärtig die Grundlage weltpolitischer Hoffnungen und Erwartungen.

Entkolonialisierung und Nord-Süd-Konflikt

Ihre moralische und völkerrechtliche Rechtfertigung fand die **Entkolonialisierungsbewegung** in der Forderung der **Atlantik-Charta von 1941** nach dem **Selbstbestimmungsrecht aller Völker**. Die entscheidende Phase der Entkolonialisierung lag in der zweiten Hälfte des 20. Jahrhunderts.

Die Wege zur Befreiung waren unterschiedlich, in der Mehrzahl jedoch geprägt von Unruhen, von Kämpfen rivalisierender Volks- und Bevölkerungsgruppen oder Parteien. Häufig entstanden Diktaturen oder Militärregime. Gemeinsam war allen, dass der politischen Unabhängigkeit nicht die wirtschaftliche folgte: Es blieb die Bindung an die früheren Kolonialmächte, den Weltmarkt, ausländische Kredite, Aufträge und Entwicklungshilfe. Als Lasten der Kolonialzeit blieben häufig Spannungen und blutige Kämpfe zwischen sozialen Schichten, ethnischen oder religiösen Gruppen. Dazu kommen Korruption und Nepotismus (Vetternwirtschaft) der politischen Eliten. Die schlechte wirtschaftliche Lage, hohe Arbeitslosigkeit, geringe Bildungschancen und die damit verbundene Perspektivlosigkeit bedingen bzw. verschärfen die Konflikte und fördern die Bereitschaft zur Gewaltanwendung.

Die sich aus dem politischen, wirtschaftlichen und sozialen Gefälle zwischen den „Industrieländern" und den „Entwicklungsländern" ergebenden Spannungen werden **„Nord-Süd-Konflikt"** genannt.

Der Aufstieg Chinas

Die wirtschaftliche Entwicklung des kommunistisch regierten China ist von starkem wirtschaftlichen Wachstum und industrieller Entwicklung gekennzeichnet. **Das Land ist auf dem Weg zu einer nicht nur politischen, sondern auch wirtschaftlichen Weltmacht.** Die **Überwindung der Planwirtschaft** zu einer Mischung aus staatlich kontrollierter und privater Industrie sowie die Öffnung für ausländische Investoren brachten dem Land in den vergangenen Jahren einen grundlegenden Wandel in Wirtschaft und Gesellschaft, der allerdings seine Grenzen in dem **Alleinherrschaftsanspruch der Kommunistischen Partei Chinas (KPCh)** findet.

Sicherheitsdenken, Konfrontation und Entspannung

Die politischen und militärischen Konflikte wie der Koreakrieg, die Kuba-Krise und der Vietnamkrieg, vor allem aber die **gegenseitige atomare Bedrohung** führten die politisch Verantwortlichen zu der Erkenntnis, dass jede weitere Steigerung der Rüstungsanstrengungen nicht zu mehr Sicherheit führen würde. Die **Bereitschaft für Rüstungskontrolle und Abrüstung wuchs**.

So wurde **1963 ein Atomwaffenteststopp-Vertrag** abgeschlossen, 1968 folgte eine **Vereinbarung über die Nichtweitergabe von Atomwaffen („Atomwaffensperrvertrag")**. 1972 gelang es schließlich, **Obergrenzen für die Raketenrüstung festzulegen (SALT-I-Abkommen)**.

Neben den Rüstungsgesprächen wurden **seit 1969 in Helsinki Verhandlungen über eine bessere Zusammenarbeit in Europa** geführt. Das Ergebnis war **1975 ein Abkommen der „Konferenz für Sicherheit und Zusammenarbeit in Europa" (KSZE; ab 1994: OSZE)**. Es legte u. a. fest, die bestehenden Grenzen in Europa als unverletzlich anzuerkennen und den Menschenrechtsbewegungen in Osteuropa politische Freiräume zu geben. Damit erweiterte sich der Einfluss von Bürgerrechtsbewegungen wie der **Charta 77** und der **Gewerkschaft Solidarność**. Die Entspannungspolitik der 1970er Jahre wurde in den 1980er Jahren durch einen erneuten Rüstungswettlauf unterbrochen.

Umbruch in der Sowjetunion und in Osteuropa

Der im März 1985 zum **Generalsekretär der UdSSR gewählte Reformpolitiker Michail Gorbatschow** wollte die tiefe politische und wirtschaftliche Krise der kommunistischen Sowjetunion überwinden. Seine Politik stellte er unter die Schlagwörter „Glasnost" und „Perestroika" (Offenheit und Umbau). Die von ihm eingeleitete **Reformpolitik konnte den Niedergang des Landes nicht aufhalten**. Die **kommunistische Zentralmacht zerfiel** zusehends, radikalreformerische Kräfte unter **Boris N. Jelzin** drängten Gorbatschow aus seinen Spitzenämtern (1988) und erreichten den **Verzicht der KPdSU auf ihr Machtmonopol (1990)**. Aus den **ersten freien Wahlen (1991)** ging **Jelzin** als **Staatspräsident** hervor. Die **Auflösung der Sowjetunion erfolgte 1991**. An deren Stelle trat ein freiwilliger Zusammenschluss, die **Gemeinschaft Unabhängiger Staaten (GUS)**. Der Reformprozess mit dem Sturz des kommunistischen Systems in Osteuropa 1989 hatte entscheidenden Einfluss auch auf die Entwicklung in der UdSSR.

Kalter Krieg und Ost-West-Konflikt: Internationale Politik 1945–1990

Politische Ziele: USA und UdSSR

1A Der amerikanische Präsident Eisenhower legte am 5. Januar 1957 vor dem Kongress seine Politik dar:

Die Sowjetunion hat von den Vereinigten Staaten weder im Mittleren Osten noch sonst wo in der Welt etwas zu befürchten, solange ihre Machthaber nicht als erste einen Angriff auslösen. Ich gebe
5 diese Erklärung mit aller Eindringlichkeit und Feierlichkeit ab … Natürlich versucht der internationale Kommunismus, seine Herrschaftsziele dadurch zu maskieren, dass er Erklärungen guten Willens abgibt und auf den ersten Blick verlockende Angebo-
10 te … macht. Aber jede freie Nation, die den sowjetischen Verlockungen ausgesetzt ist, sollte sehen, was hinter dieser Maske steckt … Die sowjetischen Machthaber zeigen weiterhin, dass sie keine Skrupel haben, jedes Mittel zur Erreichung dieses Ziels
15 [hier: Einfluss auf den Mittleren Osten] einzusetzen.

1B Chruschtschow über Koexistenz und Krieg, 6. 11. 1957:

Den Beziehungen zwischen Staaten mit unterschiedlichen Systemen liegen die bekannten fünf Prinzipien zugrunde: gegenseitige Achtung der territorialen Integrität und Souveränität, Nichtangriff, keine Einmischung in die inneren Angelegenheiten
5 des anderen, sei es aus wirtschaftlichen, politischen oder ideologischen Gründen, Gleichheit und gegenseitiger Vorteil, friedliche Koexistenz …Wenn wir für die Politik der friedlichen Koexistenz von Staaten mit unterschiedlicher Gesellschaftsord-
10 nung eintreten, denken wir natürlich nicht daran zu behaupten, zwischen Sozialismus und Kapitalismus gebe es keine Widersprüche … Die ideologischen Differenzen sind unüberbrückbar … Das schließt aber die friedliche Koexistenz und den
15 friedlichen Wettbewerb zwischen den sozialistischen und kapitalistischen Ländern nicht aus … Wir gehen davon aus, dass für den Sieg des Sozialismus keine Kriege nötig sind.

M1A zit. nach Wolfgang Lautemann/Manfred Schlenke (Hg.), Die Welt seit 1945, Geschichte in Quellen, München (bsv) 1980, S. 577 ff.
M1B zit. nach Heinrich Bodensieck, Der Kalte Krieg. Weltpolitik 1945–1962, 3. Aufl., Stuttgart (Klett) 1971 (1981), S. 41–42.

Entwurf für ein Siegerdenkmal, „Schweizer Illustrierte", 11. April 1945. Die Karikatur zeigt Stalin auf der einen, Roosevelt und Churchill auf der anderen Seite.

Plakat zum Film „Liebesgrüße aus Moskau" mit Sean Connery alias James Bond. Mit diesem Film kam 1963 der Kalte Krieg ins Kino.

M4

Ein Lenin-Denkmal in Ungarn wird demontiert, Foto, 1989

Überprüfe, was du kannst

Sachkompetenz

1 Erläutere: Truman-Doktrin (S. 185), Kalter Krieg (S. 185), NATO (S. 191), Warschauer Pakt (S. 191), UNO (S. 193), Entkolonialisierung (S. 194) und Glasnost, Perestroika (S. 207).

2 Nenne Ziele und Motive der beiden Führungsmächte USA und UdSSR in der Zeit des Kalten Krieges (S. 183–187).

3 Beschreibe die Funktion der UNO in der Weltpolitik (S. 192 f.).

4 Erläutere den Übergang von der Konfrontation zur Entspannung in den 1970er und 1980er Jahren (S. 202–205).

Methodenkompetenz

5 Analysiere M1 mithilfe der Methode „Schriftliche Quellen vergleichen" (S. 186 f.).

6 Entschlüssele M2. Nimm die Methode „Karikaturen entschlüsseln" im Anhang zu Hilfe.

Selbst- und Sozialkompetenz

7 Nimm zu folgender These schriftlich Stellung: Der Kalte Krieg ist auf die Gründung der NATO und des Warschauer Paktes zurückzuführen.

8 Erörtere, welche symbolische Bedeutung in dem Foto gesehen werden kann (M4).

9 Gruppenarbeit:
a) Recherchiert – ausgehend von M3 – zu den sogenannten Spionagefilmen aus der Zeit des Kalten Krieges. Nutzt (Film-)Lexika und das Internet. Zieht die Methode „Politische Plakate untersuchen" (siehe S. 64 f.) heran. Berichtet in der Klasse.
b) Erörtert, welche Feindbilder damals konstruiert wurden, welche politische Funktion sie hatten und warum diese Filme heute noch beliebt sind.

1949 Gründung der NATO	**1950 bis 1953** Koreakrieg

1962 Kuba-Krise

1985 bis 1991 Reformpolitik Gorbatschows in der Sowjetunion (Glasnost und Perestroika)

ab 1989 Ende der sozialistischen Herrschaft in Osteuropa

1947 bis 1991 Kalter Krieg

1955 Gründung des Warschauer Pakts

1964 bis 1973 Vietnamkrieg

1980 Gewerkschaft Solidarność in Polen; Reformbewegungen in Osteuropa

1945 Gründung der UNO

1975 KSZE-Konferenz in Helsinki

1991 Auflösung der Sowjetunion

1940   1950   1960   1970   1980   1990

8. Konflikte und Konfliktlösungen: Europäische Friedensschlüsse im 19. und 20. Jahrhundert

Am Ende dieses Kapitels kannst du

- europäische Friedensschlüsse des 19. und 20. Jahrhunderts in den geschichtlichen Kontext einordnen

- die Motive und Ziele der Friedensschlüsse vergleichen

- Ergebnisse und Folgen der Friedensschlüsse unter der Fragestellung beurteilen, ob beziehungsweise wie sie zur Konfliktlösung beitrugen

M1 Europa nach dem Wiener Kongress 1815

Legende:
- Grenze des Deutschen Bundes 1815
- neu- oder wiedererworbene Gebiete in hellerer Farbstufe
- ● 1815 neugeschaffene oder wiederhergestellte Staaten

1 Kgr. der Vereinigten Niederlande, 2 Kgr. Hannover, 3 Hzm. Braunschweig, 4 Kurfsm. Hessen, 5 Großhzm. Hessen, 6 Großhzm. Luxemburg, 7 Kgr. Württemberg, 8 Großhzm. Baden

Vorschlag für eine Gruppenarbeit

Die Seiten 219 bis 221 und 224 bis 225 könnt ihr arbeitsteilig in Gruppen erarbeiten. Fragt jeweils nach
a) der Einordnung des Friedensschlusses in den historischen Hintergrund,
b) nach Motiven und Zielen sowie
c) nach Ergebnissen und Folgen.

1 Vergleicht die Friedensschlüsse in der Klasse und legt eine tabellarische Übersicht an.

2 Wahlaufgaben:
a) Analysiert die Historikertexte (S. 226), indem ihr die Positionen herausarbeitet, vergleicht und jeweils den Aussagewert beurteilt.
b) Die Seiten 222 bis 223 bieten sich als längerfristige Gruppenarbeit an.

1 Partnerarbeit:
a) Beschreibt euren Eindruck über den territorialen Zustand in Europa nach 1815 (M1).
b) Stellt Vermutungen darüber an, welche Konflikte sich künftig aus dieser Neuordnung Europas ergeben konnten. Achtet besonders auf Preußen und Österreich und auf die Grenze des 1815 gegründeten Deutschen Bundes.
c) Stellt eure Ergebnisse in einem Kurzreferat vor.

 Webcode: FG1110444-218

Der Wiener Kongress 1814/15

Historischer Hintergrund

Nach der katastrophalen Niederlage gegen Russland (1812/13) besiegten Soldaten einer Koalition aus mehreren europäischen Staaten das stark dezimierte napoleonische Heer im Oktober 1813 in der Völkerschlacht bei Leipzig. In den Jahren 1814/15 wurde Wien zum Schauplatz eines Kongresses, der eine neue Friedensordnung für Europa schaffen sollte. An dem Kongress nahmen Abgesandte von rund 200 Staaten, Herrschaften und Städten teil.

Motive und Ziele des Friedensschlusses

Nach dem Ende der napoleonischen Herrschaft hofften die Völker auf nationale Freiheit und Unabhängigkeit. Viele Menschen erwarteten auch eine Überwindung, zumindest aber eine Schwächung der absoluten Herrschaft der Monarchen. Die alten Gewalten waren jedoch nicht zusammengebrochen, sondern eher gestärkt aus dem Kampf gegen Napoleon hervorgegangen. Sie trachteten nach Wiederherstellung ihrer Macht. In diesem Sinne bestimmten drei Prinzipien auch die später gefassten Beschlüsse:

1. Restauration: Es sollten die Machtverhältnisse wiederhergestellt werden, die vor der Jakobinerherrschaft 1792 bestanden.

2. Legitimität: Der Herrschaftsanspruch der adligen Herrschaftshäuser wurde für rechtmäßig erklärt.

3. Solidarität: Die Fürsten schlossen sich zusammen, um wirksam gegen die neuen Ideen wie Volkssouveränität, Freiheitsrechte und Verfassung vorzugehen.

Das geschlagene Frankreich, das in den Kreis der alten Monarchien zurückkehrte, wurde nobel behandelt. Die alten Grenzen von 1792 wurden wiederhergestellt.

Ergebnisse und Folgen

Die Neuordnung Europas wurde entscheidend durch den österreichischen Staatskanzler Fürst von Metternich (1773–1859) beeinflusst. Er vertrat das Prinzip des Gleichgewichts der Kräfte zwischen den Großmächten Russland, Österreich und Preußen. Sie verbündeten sich zur Heiligen Allianz, der außer dem Vatikan und Großbritannien alle Staaten Europas beitraten. Das alte Deutsche Reich wurde nicht wiederhergestellt. Das Ergebnis der Bemühungen um eine Form der deutschen Einheit war der Deutsche Bund*, ein Staatenbund der 41 deutschen Staaten, die die napoleonische Herrschaft überdauert hatten. Für die deutsche Nationalbewegung war er ein enttäuschendes Ergebnis. Sie hatte auf einen einheitlichen Bundesstaat gehofft. Gegenüber der Zersplitterung in über 300 weltliche und geistliche Herrschaften aus der Zeit des Heiligen Römischen Reiches war der Deutsche Bund jedoch ein Kompromiss, der Möglichkeiten eines Weiterbaus an der nationalen Frage offenhielt.

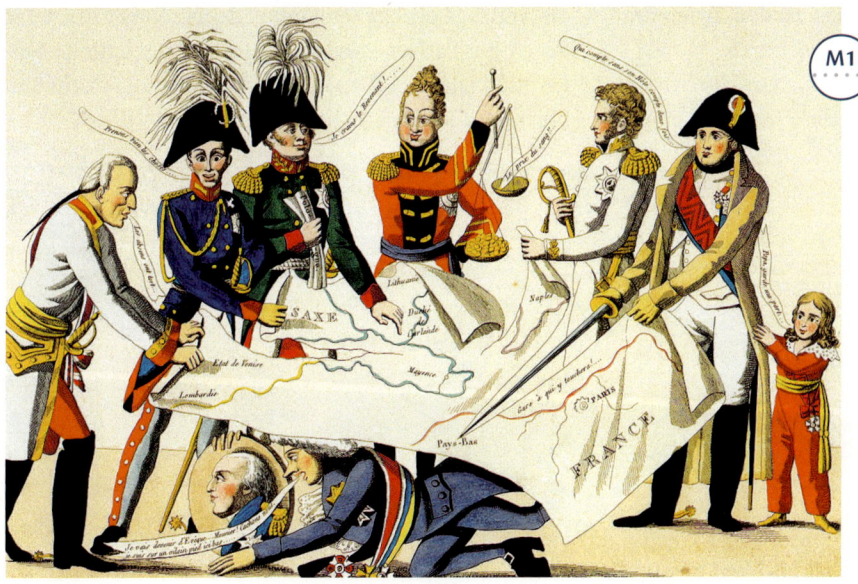

M1 **Der Kuchen der Könige,** französische Karikatur, 1815

Die Pariser Friedenskonferenz 1919/20

Historischer Hintergrund

Den Ersten Weltkrieg (1914–1918) hatten nicht nur die unterschiedlichen Machtinteressen der Großmächte ausgelöst, sondern auch das Wettrüsten, feindliche Bündnissysteme und aggressive Nationalbewegungen. Dazu kamen Fehleinschätzungen der Politiker in Europa. Letztlich führte auch eine allgemeine Kriegsbereitschaft in Teilen der Bevölkerung zu einer erhöhten Kriegsgefahr. Anlass des Kriegsausbruchs war der Mord am österreichischen Thronfolger Franz Ferdinand durch Angehörige einer großserbischen Geheimorganisation. Der von Deutschland geführte Zweifrontenkrieg war mit dem Kriegseintritt der USA auf Seiten der Entente (Frankreich, Großbritannien und andere) 1917 nicht mehr zu gewinnen. Der Erste Weltkrieg war eine in der Geschichte beispiellose Materialschlacht mit Millionen Toten und durch Verletzungen dauerhaft geschädigten Opfern. Er wird heute als der erste totale Krieg bezeichnet, in dem alle menschlichen und materiellen Ressourcen mobilisiert und eingesetzt wurden.

Motive und Ziele des Friedensschlusses

Die Pariser Friedenskonferenz begann am 18. Januar 1918. Sie sollte nach dem verheerenden Krieg in Europa eine dauerhafte Ordnung schaffen. Die Friedensverhandlungen führten allein die 27 Siegerstaaten. Die Verlierer wie Deutschland und dessen Verbündete durften an den mündlichen Verhandlungen nicht teilnehmen. Sie hatten nur das Recht, schriftlich zu den Teilen der Friedensbestimmungen Stellung zu nehmen.

Weil das alte europäische Staatensystem durch den Krieg zerstört war, richteten sich die Ziele nicht mehr auf die Wiederherstellung der Gleichgewichtsordnung und auch nicht auf die Restauration der monarchischen Solidarität. An deren Stelle sollte das demokratische Selbstbestimmungsrecht der Völker in Europa treten. Das Modell war der ethnisch und territorial begründete Nationalstaat. Die Zeit der Fürstenstaaten sollte vorbei sein.

Ergebnisse und Folgen – Versailler Vertrag

Das Ergebnis der Pariser Friedenskonferenz waren die Pariser Vorortverträge. Sie wurden 1919/20 in der Umgebung von Paris mit den Besiegten abgeschlossen. Einer dieser Friedensverträge war der Versailler Vertrag mit Deutschland (siehe S. 66 f.), der im Sommer 1919 von der deutschen Regierung unterzeichnet wurde. Die neue Friedensordnung trug von Anfang an ein starkes Konfliktpotenzial in sich: Die Völker sollten einerseits selbstbestimmt und gleichberechtigt mit anderen in ihren Nationalstaaten leben. Andererseits wurden die Rechte der Besiegten stark beschnitten. Sie verloren Teile ihrer Territorien und der Bevölkerung. Alte Reiche wurden aufgelöst, wie Österreich-Ungarn, aus denen neue Nationalstaaten hervorgingen (wie Polen, Ungarn, Tschechoslowakei, Jugoslawien). Nationale Minderheiten innerhalb eines Staatsgebiets verschärften die schon vorhandenen Integrationsprobleme. Eine weitere Schwierigkeit war, dass Verlierermächte wie Italien, Deutschland und Japan eine Revision der durch die Verträge gezogenen Grenzen anstrebten. Auch der durch die Pariser Friedenskonferenz geschaffene Völkerbund (siehe S. 50 f.) konnte die Hoffnungen auf Stabilität und Frieden nicht erfüllen.

M1 „Der Völkerbund … und wie er in Wirklichkeit aussieht", Karikatur von Arpad Schmidhammer, 1920

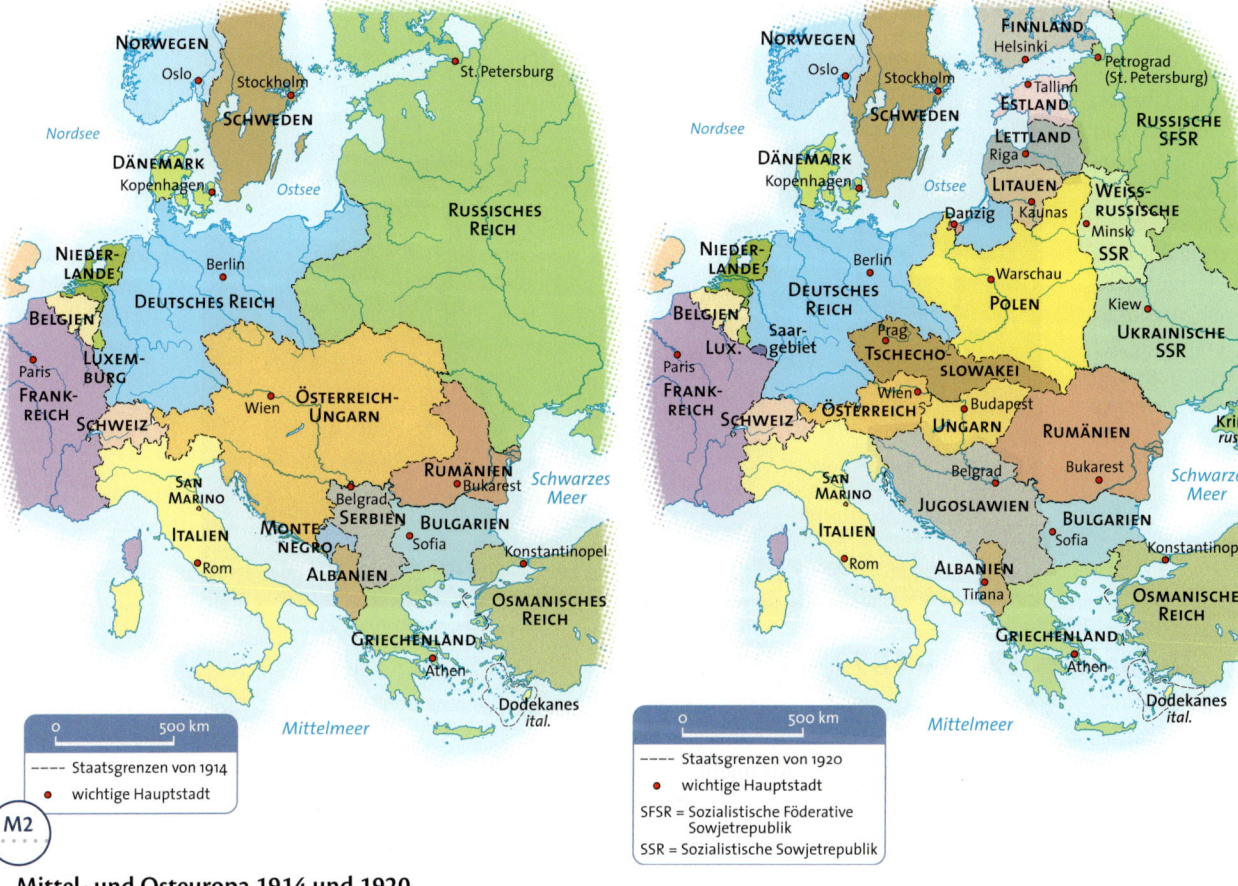

M2 Mittel- und Osteuropa 1914 und 1920

Begriffe und Daten

Wichtige Inhalte aus den Pariser Friedensverträgen

1. Versailler Vertrag mit dem Deutschen Reich

– Gebietsabtretungen, Bevölkerungsverluste, Reparationen, Kriegsschuldanerkenntnis (Details siehe S. 220)

2. Vertrag von St. Germain-en-Laye mit Österreich

– Auflösung Österreich-Ungarns

– Abtretung Südtirols und kleinerer Gebiete

– Verbot des Anschlusses an Deutschland

– Abrüstung auf 30 000 Soldaten

– Entschädigungszahlungen; Kriegsverbrecherregelungen

3. Vertrag von Neuilly mit Bulgarien

– Abtretung von Gebieten an Griechenland

– Abrüstung auf 20 000 Soldaten

– Entschädigungszahlungen

4. Vertrag von Trianon mit Ungarn

– Abtretung von zwei Dritteln des ungarischen Gebiets an Jugoslawien, Österreich, Rumänien, Tschechoslowakai

– Abrüstung auf 35 000 Soldaten

5. Vertrag von Sèvres mit der Türkei

– Internationalisierung der Meerengen

– Gebietsabtretungen an Griechenland, Frankreich, Großbritannien, Italien, Syrien (als Völkerbundsmandat an Frankreich; Syrien 1944 unabhängig), Irak (als Völkerbundsmandat an Großbritannien; Irak 1932 unabhängig)

– Türkisch-Armenien wird selbstständiger Staat

– Abrüstung, Entschädigungszahlungen

Erinnerungskulturen: Deutschland – Frankreich

La Liberté, Gemälde von Nanine Vallain, 1793/94. Weibliche Verkörperung der Freiheit mit Lanze, Freiheitsmütze, Erklärung der Menschen- und Bürgerrechte von 1789

Germania auf der Wacht am Rhein, Gemälde von Lorenz Clasen, 1860. Die Inschrift auf dem Schild lautet: „Das deutsche Schwert beschützt den deutschen Rhein."

Versailles 1789 – 1871 – 1918/19

Versailles – Symbol der Freundschaft in der Gegenwart

Am 22. Januar 2013 traten das französische und das deutsche Parlament zu einer gemeinsamen Sitzung in Berlin zusammen. Das ungewöhnliche Treffen und viele weitere Veranstaltungen fanden aus Anlass des 50. Jahrestages des deutsch-französischen Freundschaftsvertrages von 1963 statt. Mit ihm hatten sich beide Länder – an der Spitze der deutsche Bundeskanzler Adenauer und der französische Staatspräsident de Gaulle – zu enger Zusammenarbeit verpflichtet. Der Vertrag gilt als Höhepunkt der Versöhnungspolitik in der Zeit nach dem Zweiten Weltkrieg (1939 bis 1945). Er ist auch ein wichtiger Baustein für ein vereintes Europa, dessen Entwicklung in den vergangenen Jahrzehnten stark von den deutsch-französischen Beziehungen abhängig war.

Versailles – Symbol der Menschen- und Bürgerrechte

Dass das feierliche Treffen anlässlich des 40. Jahrestages der deutsch-französischen Freundschaft im Jahre 2003 nicht nur in Paris, sondern auch im nahen Schloss Versailles stattfand, hatte wichtige geschichtliche Gründe: Der Name Versailles steht sowohl für den Hof des sogenannten Sonnenkönigs Ludwigs XIV., als Ausdruck unbegrenzter absolutistischer Macht. Er steht aber auch für bedeutende politische Ereignisse, in denen sich die wechselvollen Beziehungen Deutschlands und Frankreichs widerspiegeln. 1789, im Jahr des Ausbruchs der Französischen Revolution, gingen von Versailles Anstöße aus, die auch die deutsche Geschichte beeinflussten: Der Zusammentritt der Ständevertreter, die Konstituierung der Nationalversammlung und die Erklärung der Menschen- und Bürgerrechte wirkten auch auf die politische Entwicklung in Deutschland.

Versailles – Symbol der Feindschaft

1871, mit dem Sieg der deutschen über die französischen Armeen, wurde im Spiegelsaal von Versailles König Wilhelm I. von Preußen zum deutschen Kaiser ausgerufen. Damit entstand der erste deutsche Nationalstaat. Die Ausrufung des Deutschen Reiches wurde von der deutschen Führung bewusst als Demütigung Frankreichs inszeniert. Nicht anders war es 1918/19 – mit umgekehrtem Vorzeichen: Im November 1918 sah sich die deutsche Regierung angesichts der Niederlage gezwungen, das Waffenstillstandsabkommen zu unterzeichnen. Die im Januar 1919 eröffnete Friedenskonferenz fand ohne die Verlierer in Versailles statt. Mit dem Versailler Vertrag vom 28. Juni 1919 mussten die Deutschen harte Friedensbedingungen akzeptieren, die viele als „Diktat" empfanden.

Vom europäischen „Gleichgewicht", Karikatur aus dem „Süddeutschen Postillon", 1897. Die Nationalfiguren Deutschlands und Frankreichs: Germania mit Pickelhaube (auf einer Kanonenkugel), Marianne mit Hahnenkamm. Daneben ein Mädchen mit Freiheitsmütze und ein Arbeiter.

M3

M4

Marianne und Germania. Geschichte einer Mütze und eines Helms, Titelbild einer französischen Satirezeitschrift, 1918

M5

„Es sieht nach Anklagebank aus …"

Der Journalist Friedrich Stampfer durfte bei der Unterzeichnung des Versailler Vertrags am 28. Juni 1919 dabei sein. Er berichtete in seinen Erinnerungen:

An hufeisenförmiger Tafel sitzen die Vertreter von sie-
benundzwanzig Nationen, die im Kriege unsere Feinde
gewesen sind, und die sich vereinigt haben, uns ihre
Gesetze des Friedens aufzuerlegen … Es ist wahrhaftig
5 die Welt, die hier vertreten ist … Die Deutschen nehmen an zwei Tischen Platz, die quer zum Ende des Huf-
eisens, von den anderen getrennt, aufgestellt sind. Es
sieht nach Anklagebank aus. Und nun erhebt sich der
Mann, der in dieser Stunde die triumphale Genugtu-
10 ung seines Lebens erfährt, Clemenceau. Er führt den
Vorsitz dieser weltgeschichtlichen Versammlung, neben ihm sitzen Wilson und Lloyd George, die Vereinigten Staaten und das britische Weltreich … Frankreich
aber ist Präsident dieses Kongresses der Sieger, und ihm
15 gegenüber sitzt geschlagen, blass und fiebernd –
Deutschland. Als Jüngling hatte Clemenceau das erste
Versailles erlebt, ein gütiges Schicksal hat ihm gewährt,
dass er als Greis das zweite erleben und in seinem Mittelpunkt stehen darf … Clemenceau hatte stehend ge-
20 sprochen. Brockdorff [der deutsche Außenminister],
der viel Jüngere, bleibt sitzen … Der Graf hatte es später
rein technisch erklärt. Er hatte ein umfängliches Dokument zu verlesen, das konnte er besser im Sitzen.
*Zit. nach Georg Kotowski (Hg.), Historisches Lesebuch 3, Frank-
furt a. M. (Fischer) 1968, S. 171 f.*

Partnerarbeit:

1 Analysiert M1 bis M4 mithilfe der Methodenseiten „Karikaturen entschlüsseln" und „Entschlüsselung eines Bildes" im Anhang. Informiert euch dazu über die beiden Nationalfiguren Marianne und Germania (Internet, Lexikon).

2 Fasst zusammen, was sich an beiden Figuren über die deutsch-französische Geschichte erkennen lässt. Tragt eure Ergebnisse vor.

Vorschlag für eine Gruppenarbeit

„Versailles als Symbol der deutsch-französischen Geschichte" könnt ihr – ausgehend von den Darstellungstexten und Materialien auf dieser Doppelseite – in Gruppen erarbeiten. Jede Gruppe übernimmt eine der drei Jahreszahlen. Zieht die entsprechenden Kapitel im Schulbuch heran. Nutzt andere Schulbücher, Fachbücher und das Internet. Präsentiert eure Ergebnisse in einer kleinen Ausstellung.

Die Potsdamer Konferenz 1945

Historischer Hintergrund

Die bedingungslose Kapitulation Deutschlands am 8./9. Mai 1945 beendete die nationalsozialistische Herrschaft (siehe S. 159). Deutschland hatte sich durch den bis zum bitteren Ende geführten Vernichtungskrieg und den Völkermord an Juden, Sinti und Roma aus der zivilisierten Völkerwelt ausgeschlossen. Wie konnte nach diesem beispiellosen Krieg eine Rückkehr Deutschlands in den Kreis der Nationen überhaupt möglich sein?

Die alliierten Sieger waren sich schon während des Krieges einig, Deutschland nach der bedingungslosen Kapitulation vollständig zu besetzen und in Besatzungszonen aufzuteilen. Der Nationalsozialismus sollte beseitigt und die Deutschen sollten im demokratischen Sinne „umerzogen" werden. Die Entscheidung zur Aufteilung in drei Besatzungszonen fiel 1944. Auf der Konferenz von Jalta im Februar 1945 beschlossen die „Großen Drei", Frankreich auf Kosten der britischen und amerikanischen Zone eine vierte Besatzungszone zuzuteilen und das Land in den Kreis der Siegermächte aufzunehmen.

Motive und Ziele des Potsdamer Abkommens

Nach der Kapitulation Deutschlands trafen sich im Sommer 1945 die Staatsführer der drei alliierten Siegermächte in Potsdam. Ziel war, sich über die europäische Nachkriegsordnung und das zukünftige Vorgehen im besetzten Deutschland zu einigen. Obwohl bei der Potsdamer Konferenz die unterschiedlichen politischen Vorstellungen der Sowjetunion und der westlichen Staaten aufeinanderprallten, einigten sich die Alliierten auf folgende „4 Ds" als Leitlinie: „Demilitarisierung", „Denazifizierung", „Dezentralisierung", „Demokratisierung". Als „5. D" wird die „Demontage*" gesehen, d.h. die Entnahme von Industrieausrüstungen als Reparationen aus der jeweiligen Zone, was insbesondere die Sowjetregierung forderte. Außerdem vereinbarten sie, Deutschland als eine wirtschaftliche Einheit zu betrachten. Die alleinige Zuständigkeit in ihrer Zone ermöglichte den vier Besatzungsmächten, die Bestimmungen von Potsdam unterschiedlich umzusetzen, was sich bald in der praktischen Politik zeigte.

Ergebnisse und Folgen

Die Potsdamer Beschlüsse waren kein Friedensvertrag, sondern lediglich eine – wie sich später zeigte – unterschiedlich auszulegende Übereinkunft zwischen den 1945 in Deutschland versammelten Staatsmännern der drei Siegermächte USA, Großbritannien und UdSSR. Sie enthält folgenreiche Beschlüsse über die Zukunft Deutschlands. Die Konferenz machte deutlich, dass eine künftige Teilung Deutschlands und der Ausbruch des Kalten Krieges (siehe S. 183 f.) bereits erkennbar wurden. Dabei ging es zum einen um die Reparationen, die aus der Sicht der UdSSR unverzichtbar waren, um Deutschland dauerhaft zu schwächen und die in der Sowjetunion angerichteten Schäden annähernd auszugleichen. Mit der Vereinbarung, jede Besatzungsmacht solle diese Frage in ihrer Zone lösen, wurde die Wirtschaftseinheit Deutschlands unterlaufen. Auch in der Grenzfrage gab es keine Einigung. Ein Friedensvertrag rückte in weite Ferne. Die Gebiete jenseits der Oder und Neiße, in denen die Vertreibung der deutschen Bevölkerung in vollem Gange war (siehe S. 162 f.), wurden aus den wirtschaftlichen Berechnungen herausgenommen. Bereits Mitte 1946 war faktisch jede Zone ein in sich abgeschlossener Wirtschaftsraum.

Deutschland 1947. Die vier Besatzungszonen gemäß dem Potsdamer Abkommen, das freie Saarland und die von der Sowjetunion unter polnische und sowjetische Verwaltung gestellten Ostgebiete. Berlin ist in vier Sektoren geteilt. Über Deutschland als Ganzes betreffende Fragen entscheidet ein Alliierter Kontrollrat.

M2

Churchill, Truman und Stalin vor Schloss Cecilienhof, dem Konferenzgebäude in Potsdam, Ende Juli 1945, Foto. Churchill trat nach seiner Wahlniederlage nach während der Konferenz als Premierminister zurück; sein Nachfolger wurde Clement Attlee.

Deutschland und die Siegermächte 1945

M3

Aus der Mitteilung über die Dreimächtekonferenz von Berlin (Potsdamer Abkommen) vom 2. August 1945:

Alliierte Armeen führen die Besetzung von ganz Deutschland durch, und das deutsche Volk fängt an, die furchtbaren Verbrechen zu büßen, die unter der Leitung derer, welche es zur Zeit ihrer Erfolge offen
5 gebilligt hat und denen es blind gehorcht hat, begangen worden … Der deutsche Militarismus und Nazismus werden ausgerottet, und die Alliierten treffen nach gegenseitiger Vereinbarung in der Gegenwart und in der Zukunft auch andere Maßnahmen, die notwen-
10 dig sind, damit Deutschland niemals mehr seine Nachbarn oder die Erhaltung des Friedens in der ganzen Welt bedrohen kann.

Es ist nicht die Absicht der Alliierten, das deutsche Volk zu vernichten oder zu versklaven. Die Alliierten wollen
15 dem deutschen Volk die Möglichkeit geben, sich darauf vorzubereiten, sein Leben auf einer demokratischen und friedlichen Grundlage von neuem wiederaufzubauen …

A. Politische Grundsätze

1. Entsprechend der Übereinkunft über das Kontroll-
20 system in Deutschland wird die höchste Regierungsgewalt in Deutschland durch die Oberbefehlshaber der Streitkräfte der Vereinigten Staaten von Amerika, des Vereinigten Königreichs, der Union der Sozialistischen Sowjetrepubliken und der Französischen Republik nach
25 den Weisungen ihrer entsprechenden Regierungen ausgeübt, und zwar von jedem in seiner Besatzungszone, sowie gemeinsam in ihrer Eigenschaft als Mitglieder des Kontrollrates in der Deutschland als Ganzes betreffenden Fragen.
30 2. Soweit dieses praktisch durchführbar ist, muss die Behandlung der deutschen Bevölkerung in ganz Deutschland gleich sein.

3. Die Ziele der Besetzung Deutschlands, durch welche der Kontrollrat sich leiten lassen soll, sind:
35 (I) Völlige Abrüstung und Entmilitarisierung Deutschlands und die Ausschaltung der gesamten deutschen

Industrie, welche für eine Kriegsproduktion benutzt werden kann oder deren Überwachung …

(II) Das deutsche Volk muss überzeugt werden, dass
40 es eine totale militärische Niederlage erlitten hat und dass es sich nicht der Verantwortung entziehen kann für das, was es selbst dadurch auf sich geladen hat, dass seine eigene mitleidlose Kriegsführung und der fanatische Widerstand der Nazis die deutsche Wirtschaft zerstört
45 und Chaos und Elend unvermeidlich gemacht haben.

(III) Die Nationalsozialistische Partei mit ihren angeschlossenen Gliederungen und Unterorganisationen ist zu vernichten …

(IV) Die endgültige Umgestaltung des deutschen poli-
50 tischen Lebens auf demokratischer Grundlage und eine eventuelle friedliche Mitarbeit Deutschlands am internationalen Leben sind vorzubereiten …

4. Alle nazistischen Gesetze, welche die Grundlagen für das Hitlerregime geliefert haben oder eine Diskri-
55 minierung aufgrund der Rasse, Religion oder politischer Überzeugung errichteten, müssen abgeschafft werden …

5. Kriegsverbrecher und alle diejenigen, die an der Planung oder Verwirklichung nazistischer Maßnahmen,
60 die Greuel oder Kriegsverbrechen nach sich zogen oder als Ergebnis hatten, teilgenommen haben, sind zu verhaften und dem Gericht zu übergeben …

B. Wirtschaftliche Grundsätze

12. In praktisch kürzester Frist ist das deutsche Wirt-
65 schaftsleben zu dezentralisieren mit dem Ziel der Vernichtung der bestehenden übermäßigen Konzentration der Wirtschaftskraft, dargestellt insbesondere durch Kartelle, Syndikate, Trusts und andere Monopolvereinigungen …
70 14. Während der Besatzungszeit ist Deutschland als eine wirtschaftliche Einheit zu betrachten.

http://www.documentarchiv.de/in/1945/potsdamer-abkommen.html, Stand: 23.04.2013.

Geschichte kontrovers: Die Potsdamer Konferenz im Urteil der Geschichtswissenschaft

M1 De-facto-Teilung?

Der Historiker Rolf Steininger schrieb 1988:

Keiner der „Großen Drei" sprach in Potsdam von der Zerstückelung Deutschlands in Einzelstaaten; diese Frage galt als erledigt. Dennoch, als das Thema Reparationen von Stalin angeschnitten wurde,
5 stand für Churchill fest, dass die Idee eines einheitlichen Deutschlands nicht mehr existierte: Die Sowjets hatten seiner Meinung nach ihre Zone ausgeplündert und erwarteten nun, dass die Briten und Amerikaner in ihren Zonen dasselbe tun würden;
10 in einem offiziellen amerikanischen Bericht hieß es, das russische Vorgehen komme organisiertem Vandalismus gleich, der sich nicht nur gegen Deutschland, sondern auch gegen die amerikanische Besatzungsmacht richte … Über die Frage der
15 Oder-Neiße-Linie war es … zu heftigen Auseinandersetzungen gekommen. Churchill hatte entschieden gegen eine zu weite Ausdehnung Polens nach Westen Stellung genommen … Am 31. Juli waren sich Truman und Stalin einig, auch Attlee [siehe
20 M2, S. 225] stimmte der Vereinbarung schließlich zu. Auch wenn sich möglicherweise nicht alle Konferenzteilnehmer der Tatsache bewusst waren: An diesem Tag wurde de facto die Teilung Deutschlands beschlossen. Deutschland wurde mit dieser
25 Regelung in ein westliches und ein östliches Reparationsgebiet geteilt, damit wurde die gleichzeitig bekundete Absicht, Deutschland als „wirtschaftliche Einheit" zu behandeln … ad absurdum geführt.

Rolf Steininger, Deutsche Geschichte 1945–1961, Bd. 1, Frankfurt a. M. (Fischer) 1988, S. 61 u. 63.

M3 Kooperation der Siegermächte?

Der Historiker Wilfried Loth schrieb 2005:

Der Untergang des alten Europas bedeutete nicht, dass die beiden vormaligen Flügelmächte, die sich jetzt aus europäischer Perspektive als Weltmächte präsentierten, den alten Kontinent einfach unter
5 sich aufteilten … Dazu war nicht nur das ökonomische Potenzial, das sich in Europa über die Kriegszerstörungen hinweg erhalten hatte, zu bedeutend. Die beiden neuen Weltmächte waren auch an einer raschen Stabilisierung des alten
10 Kontinents interessiert – die USA, weil sie befürchteten, ohne potente europäische Handelspartner und Absatzmärkte nach dem Ende des Krieges in eine massive Überproduktionskrise zu geraten, die Sowjetunion, weil sie die geschwäch-
15 ten europäischen Staaten nicht in Abhängigkeit von der ökonomischen Führungsmacht USA geraten lassen wollten … Die Führungsgruppen beider Weltmächte unternahmen denn auch einige Anstrengungen, die Kooperation der Siegermäch-
20 te über das Kriegsende hinaus aufrechtzuerhalten … In Potsdam verständigten sich die „Großen Drei" darauf, die vier Besatzungszonen unter der Oberhoheit eines Alliierten Kontrollrats gemeinsam zu verwalten und einen Außenministerrat
25 mit der Ausarbeitung eines Friedensvertrages zu beauftragen. Parallel schufen sie mit den Vereinten Nationen eine Weltfriedensorganisation.

Wilfried Loth, Epochenjahr 1945 – Zäsuren und Optionen, in: Praxis Geschichte, H. 2, 2005, S. 8–10.

M2 Breiter Spielraum für Auslegungen?

Der Historiker Hermann Weber schrieb 1991:

Das Abkommen [bot] einen breiten Spielraum für unterschiedliche Auslegung: Deutschland sollte Wiedergutmachung leisten, die Alliierten wollten „Militarismus und Nazismus" ausrotten, ein demo-
5 kratisches Staatswesen schaffen und eine einheitliche Wirtschaftsordnung erhalten. Diese Vereinbarungen dienten der UdSSR in den folgenden Jahren als Legitimation, um stufenweise ihre veränderte Politik in Deutschland durchzusetzen.

Hermann Weber, DDR – Grundriss der Geschichte 1945 bis 1990, Hannover, 1991, S. 20.

M4 Lauter faule Kompromisse?

Der Historiker Wolfgang Malinowski schrieb 1985:

Es waren lauter faule Kompromisse, die auf der Potsdamer Konferenz … erzielt wurden, das lag an der Natur der Sache: Drei Großmächte mit grundverschiedenen Gesellschaftssystemen und Ideologien
5 beherrschten ein Land, in dem es keine Regierungen und keine Verwaltungen mehr gab. Regieren war nun eine Sache des Alliierten Kontrollrats in Berlin, in dem jede Besatzungsmacht ein Vetorecht hatte; der Zerfall in vier Zonen war vorgezeichnet.

Wolfgang Malinowski, 1945. Deutschland in der Stunde Null, Reinbek, 1985, S. 44.

Konflikte und Konfliktlösungen: Europäische Friedensschlüsse im 19. und 20. Jahrhundert

Potsdamer Konferenz

Auf der Potsdamer Konferenz (17. Juli bis 2. August 1945) hielten die Sowjetunion, die USA und Großbritannien folgende Vereinbarungen fest:

– Deutschland wird in vier Besatzungszonen geteilt, Berlin in vier Sektoren.

– Die jeweiligen Militärbefehlshaber haben in den Zonen die oberste Gewalt. Ein Alliierter Kontrollrat fällt Entscheidungen, die Deutschland als Ganzes betreffen.

– Reparationen entnimmt jede Besatzungsmacht aus ihrer Zone (Demontage, Geldleistungen aus Guthaben oder laufender Produktion).

– Umsiedlung der deutschen Bevölkerung aus den Gebieten östlich der Oder-Neiße-Grenze* (polnische Verwaltung) und Nordostpreußen (sowjetische Verwaltung) nach Deutschland.

– In begrenztem Umfang ist ein politisches Leben erlaubt (Parteien, Gewerkschaften, Verbände). Voraussetzung ist die Entnazifizierung der Bevölkerung.

M1 Zeitgenössische Karikatur von Felix Mussil

Überprüfe, was du kannst

Sachkompetenz

1 a) Erläutere die drei Prinzipien des Wiener Kongresses (S. 219 f.).
b) Nenne Probleme, die der Versailler Vertrag von Beginn an in sich trug (S. 220 f.).
c) Erkläre die symbolische Bedeutung von Versailles (S. 222 f.).
d) Beschreibe den historischen Hintergrund der Potsdamer Konferenz (S. 224 f.).

Methodenkompetenz

2 Wähle eine Aufgabe aus:
a) Analysiere M1 mithilfe der Methode „Karikaturen entschlüsseln" im Anhang.
b) Schreibe Dialoge zwischen den dargestellten Figuren.
c) Schreibe einen Kommentar eines deutschen Politikers im Jahre 1945.

Selbst- und Sozialkompetenz

3 Vergleiche die europäischen Friedensschlüsse (S. 219 bis 221, S. 224–225) unter dem Gesichtspunkt, welcher von ihnen am ehesten einen dauerhaften Frieden brachte.

4 Beurteile die folgenden Thesen:
a) Das Potsdamer Abkommen war eine erfolgreiche Vereinbarung, weil sie einen Krieg in Europa nach 1945 verhindert hat.
b) Das Potsdamer Abkommen hat die deutsche Teilung verursacht und jahrzehntelang Freiheit und Demokratie in ganz Deutschland verhindert.

5 Halte einen Kurzvortrag zur Potsdamer Konferenz (Kasten Begriffe und Daten, Kapitel-Informationen).

1813
Völkerschlacht
bei Leipzig

1814/1815
Wiener Kongress

1919
Versailler Vertrag

1919/1920
Pariser Friedensverträge

1914 bis 1918
Erster
Weltkrieg

Februar 1945
Konferenz von Jalta

Juli/Aug. 1945
Potsdamer Konferenz

1939 bis 1945
Zweiter
Weltkrieg

1800   1850   1900   1950

9. Deutschland nach 1945: Eine Nation – zwei Staaten

„Das größte Geschenk im Rückblick: die Stille. Wenn ich an den frühen Mai 1945 denke, dann zunächst an diese Lautlosigkeit, diese Ruhe. Tag für Tag unter einem blauen Himmel. In der warmen Sonne sitzen und kaum noch Angst haben."
So empfand der junge Arnulf Baring, späterer Publizist und Historiker für Zeitgeschichte, in der Erinnerung ganz persönlich das Kriegsende.

Deutschland 1945: Das war das Land, das nach dem „totalen" Krieg nun die „totale" Niederlage hinnehmen musste. Städte, Straßen und Brücken sind zerstört, viele Familien ausgebombt. Unzählige Männer befinden sich in Kriegsgefangenschaft, werden vermisst oder mussten im Krieg ihr Leben lassen. Millionen Menschen sind auf der Flucht oder werden aus ihrer Heimat vertrieben. Was die einen als Niederlage empfinden, sehen andere als Befreiung von der Naziherrschaft. Für manche sind die Tage im Mai 1945 die schönsten, für viele die schrecklichsten ihres Lebens. Alle trifft der Zusammenbruch in ihrer Existenz. Sie müssen sich neu orientieren, ihr Leben neu ordnen. „Überleben" – das ist ein häufiges Wort in den Erinnerungen vieler.

Folgende Fragen leiten dich durch das Kapitel:

- *Wie bewältigten die Menschen die ersten Nachkriegsjahre?*
- *Warum kam es zur Gründung von zwei deutschen Staaten?*

1 Beschreibt die Abbildung und tauscht eure Kenntnisse über die deutsche Nachkriegsgeschichte aus.

Das Brandenburger Tor im Mai 1945, Foto

Deutschland nach 1945: Eine Nation – zwei Staaten

Am Ende dieses Kapitels kannst du

- die Lebensbedingungen der Menschen bei Kriegsende beschreiben
- Ziele und Motive der alliierten Besatzungspolitik darstellen und bewerten
- Besatzung und staatlichen Neubeginn am Beispiel Thüringens darstellen
- Faktoren der Gründung der beiden deutschen Staaten nennen und vergleichen
- Merkmale sozialer Marktwirtschaft und sozialistischer Planwirtschaft vergleichen und beurteilen

M1 Deutschland in der Nachkriegszeit

1945

Hauptquartiere der Besatzungsmächte

Bremerhaven
amerikanisch
Bremen

Sowjetische

Britische

West-Berlin

Ost-Berlin
Karlshorst
Sitz des Alliierten Kontrollrats

Bad Oeynhausen

Besatzungszone

Besatzungszone

Französische

Frankfurt (Main)

Saar
autonome Region

Amerikanische

Baden-Baden

Besatzungszone

Besatzungszone

1947

Länder
Gründungsjahr

Schleswig-Holstein
1946

Hamburg
1946

Mecklenburg
1947

Bremen
1947

Niedersachsen
1946

Brandenburg
1947

West-Berlin   Ost-Berlin
Viermächtestatus

Nordrhein-Westfalen
1946

B i z o n e   s e i t   1 9 4 7
(Vereinigtes Wirtschaftsgebiet)

Sachsen-Anhalt
1947

Sachsen
1947

Thüringen
1946

Hessen
1945

Rheinland-Pfalz
1947

Saar
autonome Region

Württemberg-Baden
1945

Bayern
1945

Baden
1947

Württemberg-Hohenzollern
1947

Kreis Lindau
Sonderstatus

Karikatur von H. E. Köhler, 1954

Baden an der Havel in Berlin 1945, Foto

1952

Bundesländer

Bezirke

Schleswig-Holstein
Rostock
Hamburg
Neubrandenburg
Schwerin
Bremen
DEUTSCHE
Niedersachsen
Frankfurt (Oder)
Potsdam
West-Berlin
Ost-Berlin
Viermächtestatus
Magde-burg
BUNDES-
DEMOKRATISCHE
Nordrhein-Westfalen
Cottbus
Halle
REPUBLIK
Leipzig
Dresden
Erfurt
REPUBLIK
Hessen
Gera
Karl-Marx-Stadt
Suhl
DEUTSCHLAND
Rheinland-Pfalz
Saarland
ab 1957 zur Bundes-republik
Bayern
Baden-Württemberg
seit 1952 vereinigt
Kreis Lindau
ab 1955 zu Bayern

Mauerbau in Berlin 1961, Foto

1 Beschreibe die territoriale Entwicklung Deutschlands nach 1945 (M1). Welche Fragen bleiben offen?
2 Formuliert Aussagen zu M2 bis M4 und stellt einen Bezug zu M1 her.

Neubeginn in Trümmern und Not

Zusammenbruchsgesellschaft

Am Ende des Krieges standen die Deutschen im wahrsten Sinne des Wortes vor den Trümmern der NS-Diktatur: Ein großer Teil der Verkehrswege und Industrieanlagen war zerstört, und etwa 25 Prozent des Wohnraums
5 lagen in Schutt und Asche. In Groß- und Mittelstädten betrug die Zerstörungsrate sogar zwischen 50 und 90 Prozent. 7,5 Millionen Menschen waren obdachlos geworden. Der Wiederaufbau der Städte verlief schleppend, weil es an Materialien und Arbeitskräften mangelte. Die Versorgung der deutschen Bevölkerung mit
10 Lebensmitteln lag in den Händen der Besatzungsmächte. Lebensmittel und andere Waren wurden nur auf Bezugsscheine ausgegeben. Geld war zwar vorhanden, besaß aber keinen Wert mehr. Da sich Millionen
15 Männer in Kriegsgefangenschaft befanden, trugen die Frauen die Hauptlast: Sie standen stundenlang für Lebensmittel Schlange, machten „Hamsterfahrten" aufs Land, leisteten Schwerstarbeit als „Trümmerfrauen" und erzogen die Kinder. Sorgen bereiteten auch die
20 etwa zwölf Millionen Flüchtlinge und Vertriebenen aus den ehemals deutschen Gebieten Ostmitteleuropas. Sie kamen in provisorischen Quartieren unter oder lebten übergangsweise bei Verwandten. Viele ehemalige Zwangsarbeiter, KZ-Häftlinge (Displaced Persons) und
25 Kriegsgefangene warteten auf die Rückführung in ihre Heimat. So erlebten die Menschen die „Stunde null" als Zusammenbruch oder Absturz, aber auch als Befreiung, Aufbruch und Neuanfang.

M2

Deutsche Soldaten werden in die Gefangenschaft abgeführt, Foto, 1945

M1

Trümmerfrauen, Foto, 1946

M3

Ehemaliger weiblicher Gestapospitzel muss sich vor seinen Opfern verteidigen, Foto, Dessau 1945

M4

Deutscher Kriegsheimkehrer 1945/46, Foto

M6

Die „seelische Lage" des deutschen Volkes

Der Politiker, Journalist und spätere Bundespräsident Theodor Heuss (1884–1963) notierte 1945 in seinen Aufzeichnungen:

1. Die seelische Lage des deutschen Volkes in den beiden letzten Kriegsjahren und in der Endphase des Krieges war von der des Jahres 1918 völlig verschieden. Damals verursachte die für die übergro-
5 ße Anzahl der Deutschen unerwartete militärische Niederlage eine schwere Schockwirkung. Diesmal wurde die Niederlage erwartet, nüchtern gewusst, auch der von Monat zu Monat wachsende innere Terror von Partei, SS usf. war für das Kommende
10 nur ein Anzeichen. Die aktiven Parteileute selber wussten, was sie zu fürchten hatten, und übertönten die eigene Angst mit Phrasen, fantastischen Gerüchten, Drohungen. Die große Masse, das kann man wohl sagen, interessierte sich fast nur für den
15 Zeitpunkt und für die Begleitumstände, da nicht mehr gekämpft würde.

2. Der schnelle und vollkommene Sieg der alliierten Frühjahrsfeldzüge 1945 bewahrte Deutschland vor den Gefahren eines möglichen inneren Bürger-
20 krieges. So peinlich für das deutsche Geschichtsbewusstsein die völlige militärische Kapitulation bleiben mag, sie ist für die seelisch-politische Entwicklung notwendig gewesen. Dass die ersten militärischen Autoritäten sie selber vollziehen mussten
25 und vollzogen haben, befreit die weitere deutsche Zukunft von der Möglichkeit einer lügenhaften inneren Propaganda, wie sie die Zeit nach 1918 (Dolchstoßlegende) vergiftet hat. Das ist im Unglück ein Gewinn. Der Nationalsozialismus ging
30 mit daran zugrunde, dass ihm der Mut zur Wahrheit fehlte. Dieser muss für die Deutschen wieder zurückgewonnen werden.

3. Die Deutschen, vielleicht von wenigen Illusionisten abgesehen, erwarten von den Siegermächten
35 keine Gnade und keine Glückseligkeit.

Theodor Heuss, Aufzeichnungen 1945–1947, Tübingen 1966, S. 78 f. Zit. nach Eberhard Wilms (Hg.), Deutschland seit 1945, Berlin (Cornelsen) 2002, S. 19.

M5

Ehemalige französische Zwangsarbeiter in Berlin auf dem Heimweg, Foto, April/Mai 1945

1 **Wahlaufgabe/Partnerarbeit:** Schreibt zu einer der Abbildungen M1 bis M5 einen Dialog oder „inneren Monolog", den die abgebildeten Personen geführt haben könnten.

2 Erörtert im Gespräch: Alltagsbewältigung und „seelische Lage" der Deutschen 1945 (Darstellungstext, M6).

Webcode: FG1110444-233

Alliierte Besatzungspolitik 1945–1948

Neubeginn des politischen Lebens

Unmittelbar nach Kriegsende versuchten die Besatzungsmächte, das öffentliche Leben und die Wirtschaft in Gang zu bringen. Unterstützt wurden sie von Betriebsräten, Gewerkschaften, Parteien, kirchlichen Kreisen und antifaschistischen Gruppen. Nach den Beschlüssen der Potsdamer Konferenz (siehe S. 224 f.) fanden die ersten Schritte in den Besatzungszonen statt.

Besatzungspolitik der Westalliierten

In den westlichen Zonen wurden Parteien und Verbände zunächst nur auf örtlicher Ebene zugelassen. Neben den traditionellen Arbeiterparteien SPD und KPD (Wiedergründung) waren die liberale FDP (Freie Demokratische Partei) und die überkonfessionelle Christlich-Demokratische Union (CDU) sowie die bayerische CSU (Christlich-Soziale Union) Neugründungen.

Um ein geordnetes politisches, gesellschaftliches und wirtschaftliches Leben zu ermöglichen, richteten die westlichen Alliierten Kommunalverwaltungen ein. Dabei griffen die Militärbefehlshaber auf örtliche Honoratioren zurück, die nicht Nationalsozialisten waren.

Die Kommunalwahlen von 1946 waren ein wichtiger Schritt zum Aufbau einer Demokratie „von unten". Die Gründung von Ländern wie Bayern und Württemberg-Baden leiteten die Siegermächte 1945 bis 1947 ein. Es fanden erste Landtagswahlen und Abstimmungen über die Länderverfassungen statt. Die westdeutsche Bevölkerung konnte ihre Verfassungsgebung weitgehend eigenständig diskutieren und beschließen. Die Besatzungsmächte beobachteten und kontrollierten jedoch diese Vorgänge.

Sowjetische Besatzungspolitik

Stalins Deuschlandpolitik war mehrgleisig: Das Maximalziel war ein unter sowjetischem Einfluss stehendes vereintes Deutschland. Die Minimallösung stellte der Aufbau eines kommunistischen Systems in ihrer Besatzungszone dar. Mit der Gründung der Sowjetischen Militäradministration in Deutschland (SMAD) am 9. Juni 1945 konnte die sowjetische Zone zentral verwaltet und kontrolliert werden. Deutsche Kommunisten wie Walter Ulbricht (siehe S. 243) wurden bereits Anfang Mai 1945 in drei ausgewählten Gruppen aus dem Moskauer Exil eingeflogen und erhielten in den

Mitteleuropa 1945 bis 1949

▆	Amerikanische Zone
▆	Britische Zone
▆	Französische Zone
▆	Sowjetische Zone
▆	Sektorenstädte unter Viermächtestatus
▆	Polnisch verwaltete Gebiete
▆	Sowjetisch verwaltete Gebiete
▨	Kontrollgebiet der internat. Ruhrbehörde 1948–52
▬	Grenze des Deutschen Reiches von 1937
▬	Weitestes Vordringen der Westalliierten nach Osten bis 8.5.1945
▬▬	Grenze zwischen Westzonen und SBZ seit 1.7.1945
▬	Oder-Neiße-Linie seit Juli 1945
▬	Poln.-sowjet. Grenze nach Vertrag v. 16.8.1950
1945	Gründung der Länder in Westzonen und SBZ

neu geschaffenen elf Zentralverwaltungen Schlüsselpositionen. Ulbricht, der Vorsitzende der Berliner Gruppe, wird von Wolfgang Leonhard, der zur Gruppe gehörte und sich später vom Kommunismus lossagte, mit den Worten zitiert: „Es ist doch ganz klar: Es muss demokratisch aussehen, aber wir müssen alles in der Hand haben." Die im Juni und Juli 1945 gegründeten Parteien (SPD, CDU und LDPD [Liberal-Demokratische Partei Deutschlands]) konnten sich – abgesehen von der bevorzugten KPD – nicht frei entfalten. Als deutlich wurde, dass die KPD einen wesentlich geringeren Zulauf als die SPD und die bürgerlichen Parteien erhielt, wurde die SPD am 22. April 1946 gegen den Willen vieler Sozialdemokraten mit der KPD zwangsvereinigt. Es entstand die Sozialistische Einheitspartei Deutschlands (SED).

Um den westlichen Alliierten zu zeigen, dass man demokratisch vorgehe, wurden Anfang September 1946 Gemeindewahlen durchgeführt. Die SED erzielte rund 57 Prozent der Stimmen. Die Wahlen waren jedoch nur bedingt frei, da sich die Vertreter der bürgerlichen Parteien nicht in allen Orten registrieren durften. Bei den weitgehend freien Wahlen zu den Land- und Kreistagen im Oktober 1946 erhielten CDU und LDPD mehr Stimmen als die SED. In Berlin, wo die SPD noch kandidieren konnte, erhielt sie fast die Hälfte der Wählerstimmen, die SED lag noch hinter der CDU. Damit wurde deutlich, dass die kommunistischen Kräfte in freien Wahlen ihre beanspruchte „führende Rolle" in der Politik nicht sichern konnten. Ihre politische Vormacht sicherte die SED in der Folgezeit durch die „Volkskongressbewegung" (siehe S. 242).

Dass die Sowjetunion eine andere Besatzungspolitik betrieb als die drei Westmächte, zeigte sich an der „Bodenreform". Auf Betreiben der SMAD wurden die Großgrundbesitzer 1945 enteignet. Unter der Parole „Junkerland in Bauernhand!" wurde das Ackerland kleiner Bauerhöfe vergrößert, neue Bauernwirtschaften für landlose Bauern, Landarbeiter und kleine Pächter wurden geschaffen, und Flüchtlinge und Umsiedler, die ihr Land verloren hatten, erhielten neues Land. Enteignet wurde auch der Grundbesitz von Naziführern, z. B. der Reichsregierung, des Reichstages und von Kriegsverbrechern.

M2

Ankunft eines amerikanischen „Rosinenbombers" während der Berlin-Blockade, Foto, 1948

Hilfsprogramme und Währungsreform

Angeregt von US-Außenminister Marshall, stellten die USA im Frühjahr 1948 ein Hilfsprogramm, den Marshallplan, zur Verfügung. Dagegen protestierte die sowjetische Besatzungsmacht mit dem Vorwurf, die USA zögen sich aus der gemeinsamen Deutschlandpolitik zurück. Sie untersagte deshalb in ihrer Zone diese Wirtschaftshilfe. Der Konflikt verschärfte sich, als in den Westzonen am 21. Juni 1948 eine Währungsreform mit der Einführung der „Deutschen Mark" (DM) durchgeführt wurde. Die Sowjetunion antwortete mit einer eigenen Währungsreform in der SBZ am 24. Juni 1948. Der Versuch der UdSSR, durch eine Blockade der Westsektoren Berlins vom 24. Juni 1948 bis Mai 1949 ihren Einfluss auf die gesamtdeutsche Politik zu sichern, scheiterte: Die Amerikaner versorgten Berlin über eine Luftbrücke, die zum Freiheitssymbol wurde. Die SBZ nahm mit der Bodenreform* und der Verstaatlichung wichtiger Industriebetriebe wirtschaftliche Weichenstellungen vor. Damit schuf sie die Voraussetzung für die spätere Planwirtschaft. Amerikaner und Briten legten am 1. Januar 1947 ihre beiden Zonen zusammen. Frankreich schloss sich 1949 an.

1 **Präsentation:** Erarbeitet anhand der Informationen auf dieser Doppelseite, welche Entscheidungen die Siegermächte des Zweiten Weltkrieges über die Zukunft Deutschlands trafen. Unterscheidet nach Regelungen über das Territorium, den politischen Aufbau und Ansätze zur Demokratisierung. Berichtet in der Klasse.

Landesgeschichte: Politische Neuordnung in Thüringen nach 1945

Anfänge der sowjetischen Besatzungspolitik

Der Historiker Herbert Gottwald schrieb 1994 über die Ausgangslage in Thüringen 1945:

Im Unterschied zu anderen deutschen Territorien, wenn man von Sachsen-Anhalt absieht, stand Thüringen unter wechselnder Besatzung. Nach der Befreiung und Besetzung Thüringens durch ameri-
5 kanische Truppen wurden im Juni 1945 das Land Thüringen, der Regierungsbezirk Erfurt, der Kreis Schmalkalden sowie die Gebiete des Regierungsbezirkes Merseburg und Westsachsens zur „Provinz Thüringen" zusammengeschlossen. Nachdem die
10 Truppen der USA gemäß den Vereinbarungen der Alliierten das thüringische Gebiet Anfang Juli 1945 räumen, wird die oberste Gewalt und Kontrollfunktion gegenüber den deutschen Behörden von den Besatzungsorganen der Sowjetunion übernommen.
15 Die neue Besatzungsmacht wandelte die „Provinz Thüringen" unter Abtretung der Merseburger und westsächsischen Kreise zum „Land Thüringen" um. … Die Tätigkeit der Landesverwaltung beruhte auf dem Befehlssystem der Sowjetischen Militäradmi-
20 nistration [SMA], deren Anweisungen und Entscheidungen in jeder Beziehung unanfechtbar waren. Die am 9. Juli 1945 gebildete Sowjetische Militäradministration des Landes Thüringen wurde zur entscheidenden Instanz der Landespolitik …
25 [Die zugelassenen politischen Parteien – siehe Kasten – mussten sich] unter dem Druck der Besatzungsmacht zu einem Landesparteien-Block zusammenschließen, mit dem die Selbstständigkeit der nichtkommunistischen Parteien frühzeitig be-
30 schränkt werden sollte.
In der Anfang September 1945 offiziell gebildeten Verwaltung des Landes Thüringen waren alle zugelassenen Parteien vertreten, doch nahm der Landespräsident innerhalb der Landesverwaltung eine
35 dominierende Position ein … Im Auftrag der SMA Thüringens verkörperte er die Legislativ- und Exekutivgewalt in Thüringen, allerdings ohne jede demokratische Fundierung.

Herbert Gottwald, Der Thüringer Landtag 1946–1952, hg. vom Thüringer Landtag Erfurt, Jena (Wartburg Verlag) 1994, S. 9 f.

Die konstituierende Sitzung des Thüringer Landtages am 21. November 1946, Foto. Am Rednerpult der Chef der SMA Thüringen, Generaloberst Boldin.

Ausschaltung der Sozialdemokraten

Der Theologe und Pfarrer Ehrhart Neubert (geb. 1940) und der Sozialpädagoge Thomas Auerbach (geb. 1947), beide aktiv im Widerstand gegen das DDR-Regime und nach der deutschen Einheit Forscher und Autoren zur Aufarbeitung der SED-Herrschaft, schrieben 2005 über frühen Widerstand:

Kaum vereint [7. April 1946; siehe Kasten], begann in der SED ein sich über Jahre hinstreckender Kampf gegen den „Sozialdemokratismus", der aus der SED eine kommunistische Partei werden ließ.
5 Viele wurden dabei aus ihren Ämtern verdrängt, zahlreiche Sozialdemokraten wehrten sich verzweifelt, bildeten außerhalb und innerhalb der SED illegale SPD-Gruppen … Tausende Sozialdemokraten der ersten Stunde wurden nach 1945 in der SBZ
10 verfolgt und viele verloren ihr Leben. Besonders tragisch war, dass fast alle auch während der NS-Zeit Repressionen zu erdulden und die KZs und Zuchthäuser nur knapp überlebt hatten … Gustav Hartmann, der SPD-Gründer in Rudolstadt, war 1946
15 Bürgermeister seiner Heimatstadt geworden und führte innerhalb der SED eine illegale SPD-Gruppe. Er wurde 1949 verhaftet und starb 1950 im Speziallager Bautzen an Tuberkulose … Nahezu alle Sozialdemokraten dieser Zeit wurden von Sowjetischen
20 Militärtribunalen verurteilt, die fast immer Strafen von 25 Jahren Zwangsarbeit verhängten.

Ehrhart Neubert/Thomas Auerbach, „Es kann anders werden". Opposition und Widerstand in Thüringen 1945 bis 1989, Köln (Böhlau) 2005, S. 20 ff. (Sonderauflage für die Landeszentrale für politische Bildung).

Hermann Brill (1895–1959)

Am 9. Februar 1895 wurde Hermann Brill im thüringischen Gräfenroda geboren. Er war das älteste von fünf Kindern einer Schneidermeisterfamilie. Er wurde Lehrer, studierte später Jura (Doktor der Rechtswissenschaften) und arbeitete als höherer Beamter in Thüringen. 1922 trat er der SPD bei, nachdem er vorher vier Jahre USPD-Mitglied war. 1920 bis 1932 war er Abgeordneter des Thüringer Landtages, 1932 des Reichstages. Von 1933 bis 1945 bekämpfte er die NS-Herrschaft als Mitglied einer Widerstandsgruppe. Seit 1933 wurde er wiederholt verhaftet und wegen Hochverrats zu zwölf Jahren Zuchthaus verurteilt. Zuletzt saß er bis zum 11. April 1945 im KZ Buchenwald und verfasste dort das „Buchenwalder Manifest der demokratischen Sozialisten". Im Mai 1945 gründete er den „Bund demokratischer Sozialisten", aus dem die Thüringer SPD hervorging. Er wurde ihr Landesvorsitzender und im Juni 1945 zum Thüringer Regierungspräsidenten ernannt. Wie schon in der Weimarer Republik blieb der nach 1945 mithilfe der Sowjetmacht geförderte kommunistische Politiker Walter Ulbricht (siehe S. 243) sein schärfster Gegner. Nach Konflikten (Verhaftungen und Verhöre) mit der sowjetischen Besatzungsmacht verließ Brill Ende 1945 Thüringen und arbeitete für die hessische Landesregierung in Wiesbaden. 1948 war er Mitglied des Verfassungskonvents für das Grundgesetz der Bundesrepublik Deutschland, 1949 bis 1953 Mitglied des ersten Deutschen Bundestages in Bonn.

Die politische Geschichte Thüringens nach 1945 (Auswahl)

1945

1. bis 16. April Amerikanische Truppen besetzen Thüringen

13. April „Manifest der demokratischen Sozialisten" von Hermann Brill (Biografie-Kasten) fordert einen demokratischen Neuaufbau Deutschlands

8. Juni Der „Thüringen-Ausschuss", ein vorparlamentarisches Gremium, tagt zum ersten Mal in Weimar.

1. bis 3. Juli Gemäß den alliierten Vereinbarungen ziehen sich die US-Truppen aus Thüringen zurück; sowjetische Truppen besetzen Thüringen (2. bis 3. Juli).

Juli Parteigründungen SPD, CDU und Demokratische Partei; erste Funktionärskonferenz der KPD in Weimar; neue Landesverwaltung durch Sowjetische Militäradministration Thüringen eingesetzt (unter Rudolf Paul).

17. August „Einheitsfront antifaschistisch-demokratischer Parteien" in Thüringen gebildet (KPD, SPD, CDU, Demokratische Partei; ab 2. Dezember 1945: Liberal-Demokratische Partei)

1946

7. April „Vereinigungsparteitag" KPD und SPD in Thüringen (siehe M4 und S. 235)

September/Oktober Gemeinde-, Kreistags- und Landtagswahlen

20. Dezember Der Landtag beschließt die Verfassung des Landes Thüringen

1952

25. Juli Letzte Sitzung des Landtages. Das Land Thüringen wird – nach der Gründung der DDR 1949 (siehe S. 242 f.) – aufgelöst und in drei Bezirke geteilt.

M4

Aufruf zum Einigungsparteitag KPD–SPD 1946

Aus einem Plakat des Geraer Organisationsausschusses der KPD und SPD zur Vorbereitung der Einheitspartei: Thüringen – die Schmiede der Einheit! Die Thüringer Arbeiterschaft kann stolz darauf
5 sein, dass der Gedanke der Einheit der Arbeiterklasse in Thüringen zuerst verwirklicht wird. Am 7. April 1946 tagt in Gotha der Einigungsparteitag der Sozialistischen Einheitspartei … Worauf wartet ihr noch? Schließt Euch zusammen in der Sozialisti-
10 schen Einheitspartei!

Manfred Overesch, Machtergreifung von links. Thüringen 1945/46, Hildesheim u. a. (Georg Olms) 1993, S. 135 ff.

---

1 **Vorschlag für eine Gruppenarbeit:** Bearbeitet anhand der Materialien auf dieser Doppelseite die folgenden Themen:
a) die Politik der SMA Thüringen beim Landesaufbau
b) der Umgang der deutschen Kommunisten und der sowjetischen Besatzung mit den Sozialdemokraten
c) Hermann Brill als Beispiel für doppelte politische Verfolgung
d) die territoriale Entwicklung Thüringens

2 Diskutiert in einer Gesprächsrunde die These des Historikers Manfred Overesch von der „Machtergreifung von links" in Thüringen nach 1945/46 (M4).

Entnazifizierung und Nürnberger Prozesse

Abrechnung mit dem Nationalsozialismus

Die Beseitigung von Militarismus und Nationalismus gehörte zu den wichtigsten Zielen der Alliierten. Als erste Maßnahme und Teil der „Umerziehung" („Reeducation") der deutschen Bevölkerung wurden die deutschen Anwohner 1945 über die Gelände der befreiten Konzentrationslager geführt und die Bevölkerung durch Dokumentarfilme mit den Verbrechen der Nationalsozialisten konfrontiert. Die Alliierten ließen die alten Schulbücher vernichten und genehmigten nur Unterrichtsmaterialien, die ihren jeweiligen politischen Vorstellungen entsprachen. Teilweise wurde gegenüber den Deutschen auch der Vorwurf einer Kollektivschuld für die NS-Verbrechen erhoben. Dieser Vorwurf gegenüber einem ganzen Volk blieb umstritten.

In der sowjetischen Zone wurden unter der Parole „Ausrottung der Überreste des Faschismus" bis 1948 etwa 520 000 Personen aus ihren Stellungen entfernt, in der Justiz beispielsweise etwa 85 Prozent des Personals. „Kleinere" ehemalige NSDAP-Mitglieder wurden von Bestrafungen ausgenommen, wenn sie sich zum kommunistischen System bekannten. Neuere historische Untersuchungen zeigen jedoch, dass auch in der DDR Menschen mit einer Nazi-Vergangenheit bis in hohe Funktionen aufgestiegen sind, teils unter Verschweigen ihrer Vorgeschichte, teils aber auch bewusst gedeckt von der kommunistischen Führung. In der SBZ spielten Internierungslager eine zentrale Rolle. Zwischen 1945 und 1950 befanden sich dort nach unterschiedlichen Quellen zwischen 122 000 und 157 000 Häftlinge. Sie dienten immer mehr dem Zweck, politische Gegner auszuschalten. Auffällig ist die hohe Todesrate der Internierten. Etwa jeder dritte Häftling überlebte die Haft nicht.

In den Westzonen wurden etwa zwölf Millionen ehemalige Mitglieder der NSDAP oder ihrer Unterorganisationen mit einem umfangreichen Fragebogen überprüft. Spruchkammern stellten danach den Grad der Verantwortung fest. Das Prüfverfahren wurde im März 1946 an deutsche Stellen übertragen. Alle (West-)Deutschen über 18 Jahre mussten einen Fragebogen ausfüllen. Er wurde zum wohl umstrittensten Teil der Entnazifizierung, weil es zu Fehlentscheidungen und Ungerechtigkeiten kam: Unbeteiligte gerieten in die Mühlen der Strafgerichtsbarkeit, Schuldige „beschafften" sich sogenannte Persilscheine, mit denen sie ihre NS-Vergangenheit verharmlosten oder verschwiegen.

Nürnberger Prozesse und Ende der Entnazifizierung

Gegen die Hauptkriegsverbrecher Nazi-Deutschlands gingen die Alliierten bei den Nürnberger Prozessen* gemeinsam vor. Zwischen November 1945 und Herbst 1946 wurden hier vor einem internationalen Militärtribunal die NS-Verbrechen gegen NS-Größen wie Göring, Heß, von Ribbentrop und Speer verhandelt. Hitler, Himmler und Goebbels hatten sich der Verantwortung durch Selbstmord entzogen. Den Angeklagten wurden Verbrechen gegen den Frieden, Kriegsverbrechen und Verbrechen gegen die Menschlichkeit zur Last gelegt. Die Richter verkündeten zwölf Todesurteile, sieben langjährige Haftstrafen und drei Freisprüche. Zum ersten Mal in der Geschichte wurden durch einen internationalen Gerichtshof Verbrechen gegen die Menschenrechte verurteilt. Das hatte Vorbildwirkung bis in unsere heutige Zeit.

In den vier Besatzungszonen gab es weitere Prozesse, u. a. gegen Juristen, Mediziner, hohe Beamte, Generäle, Diplomaten und Unternehmer. Als sich der Ost-West-Konflikt verschärfte und eine Weststaatgründung absehbar war, wurde die Entnazifizierungspolitik in den Westzonen beendet („Schlussgesetze" bis Mitte der 1950er Jahre). Viele, die in leitenden Positionen verbrecherische Entscheidungen und Urteile gefällt oder Menschen zu Tode gequält hatten, wurden damit entlastet oder wegen fehlender Nachforschungen gar nicht mehr verfolgt.

Der Nürnberger Prozess gegen die Hauptkriegsverbrecher des Zweiten Weltkrieges, Foto, 1946

Filmplakat „Die Mörder sind unter uns", 1946

M2

Rechtfertigung eines Beteiligten

Auszug aus einem Gerichtsverfahren gegen einen Zugführer der Reichsbahn (1945):

Ankläger: Ist es wahr, dass bei dem sechstägigen Bahntransport von Nordhausen nach Belsen … zweiundvierzig Menschen tatsächlich an Durst gestorben sind?

5 *Angeklagter:* Wir hatten eine Portion Tote, aber mich ging es nichts an. Ich war nicht Dienstältester.

Ankläger: Es ist überhaupt nicht zu verstehen, dass Sie die Gefangenen verdursten ließen … Sie konnten doch den Zug halten und Wasser holen lassen.

10 *Angeklagter:* Ich meine, das geht ja nicht, dass jeder über einen Zug bestimmen kann, wie er will. Es ist doch so, dass der Zugführer seinen bestimmten Plan hatte, nach dem er fahren musste … Die Gefangenen hatten es auf dem Transport ganz gemüt-

15 lich. Je hundert Stück Häftlinge auf einem Waggon.

Ankläger: Warum haben Sie auf den Bahnhöfen kein Wasser für die Gefangenen geholt?

Angeklagter: Diese Bahnhöfe, dieses Wasser … es gibt da Bestimmungen, das ist nur für die Loko-

20 motiven da. Auch hatte ich ja gar nicht das Kommando.

Zit. nach Eike Geisel (Hg.), Vielleicht war das alles erst der Anfang. Tagebuch aus dem KZ Bergen-Belsen 1944–1945, Berlin (Rotbuch) 1982.

M3

War die Entnazifizierung erfolgreich?

Der Historiker Konrad von Zwehl schrieb 1986 zum Spruchkammerverfahren in der US-Zone:

Insgesamt verfehlte das von den Amerikanern aufgenötigte Verfahren sein Ziel, einen Gesinnungswandel herbeizuführen. Die Spruchkammern bearbeiteten mit Vorrang die „kleinen" Fälle,

5 da die schwebenden Verfahren für die Betroffenen und vor allem für ihre Familien eine große Härte bedeuteten; die „großen" Fälle kamen, wenn überhaupt, erst in einer Zeit zur Verhandlung, als die Besatzungsmacht die Zügel lockerte, um den Auf-

10 bau des Weststaates nicht zu gefährden. Die Spruchkammern wurden so zu „Mitläuferfabriken", die am Fließband niedrige Einstufungen hervorbrachten. Außer den strafrechtlich Verurteilten kamen die meisten Angeklagten wieder in ihren

15 alten Positionen unter.

„Angesichts des Trümmerfeldes …" Begleitheft zur Ausstellung anlässlich des 40. Jahrestages der Bayerischen Verfassung, hg. von Susan Boenke und Konrad v. Zwehl, München (Haus der Bayerischen Geschichte) 1986, S. 66.

Begriffe und Daten

Entnazifizierung

Versuch der Siegermächte, die deutsche Gesellschaft vom Nationalsozialismus zu „säubern": Maßnahmen waren unter anderem gerichtliche Verfolgung von Kriegsverbrechern (Nürnberger Prozesse), Entfernung ehemaliger Nationalsozialisten aus einflussreichen Positionen, „Umerziehung" der Bevölkerung durch Schule und Medien. Der Erfolg der Entnazifizierung ist in der Geschichtswissenschaft umstritten.

---

1 Erarbeite aus den Materialien Ziele und Maßnahmen der Entnazifizierung nach dem Zweiten Weltkrieg.

2 Zeige, mit welchen Problemen der Entnazifizierungsvorgang verbunden war.

3 a) Diskutiert in der Klasse, ob die Beseitigung von Militarismus und Nationalismus sowie die „Umerziehung" zur Demokratie in Deutschland nach dem Zweiten Weltkrieg langfristig erfolgreich war.

b) Recherchiert zum Begriff „Kollektivschuld". Berichtet.

Webcode: FG1110444-239

Die Gründung der Bundesrepublik Deutschland

Der Weg zum Grundgesetz

Angesichts der Bildung kommunistischer Staaten in Mittel- und Osteuropa unter sowjetischer Vormacht beschlossen die drei westlichen Alliierten, die Gründung eines westdeutschen Staates voranzutreiben.

5 Am 1. September 1948 trat in Bonn der Parlamentarische Rat zusammen, dem 61 Männer und vier Frauen angehörten. Diese Abgeordneten waren von den Parlamenten der westdeutschen Bundesländer gewählt worden. Die Verfassung wurde am 8. Mai 1949 mit 53 ge-
10 gen zwölf Stimmen verabschiedet, am 23. Mai 1949 verkündet und trat am 24. Mai 1949 in Kraft.
Bei den ersten Wahlen zum Deutschen Bundestag im August 1949 erhielten die beiden stärksten Parteien etwa gleich viele Stimmen: Die CDU/CSU als eine neue
15 Sammlungsbewegung der konservativ-christlichen, vorwiegend bürgerlichen Wählerschaft kam auf 31 Prozent der Stimmen. Die traditionsreiche Arbeiterpartei SPD, die sich am „demokratischen Sozialismus" orientierte, erhielt 29,2 Prozent der Stimmen. Die FDP zog
20 mit 11,9 Prozent der Stimmen in den Bundestag ein. Der erste Bundespräsident war Theodor Heuss. Auf seinen Vorschlag hin wurde im September 1949 der CDU-Vorsitzende Konrad Adenauer vom Bundestag zum ersten Bundeskanzler einer Koalition aus CDU,
25 CSU, FDP und Deutscher Partei (DP) gewählt.
Die neu gegründete Bundesrepublik war noch kein souveräner Staat. Die Westalliierten sicherten sich im Besatzungsstatut weitreichende Kontrollmöglichkeiten. Bundeskanzler Adenauer strebte danach, mög-
30 lichst rasch die Souveränität im Inneren zu erlangen. Dies wollte er durch eine schnelle Anbindung an die Staaten Westeuropas und die USA erreichen. Für ihn hatte die Westbindung Vorrang vor der Wiedervereinigung. Kurt Schumacher, Oppositionsführer der SPD
35 im Bundestag, kritisierte eine zu schnelle Westintegration. Er sah sie als mögliche Barriere zur Wiedervereinigung. Er betonte stärker den gesamtdeutschen Rahmen und wollte alles vermeiden, was eine Vereinigung behindert hätte. Wie Adenauer lehnte er eine Rolle
40 Deutschlands als „Brücke zwischen Ost und West" ab. Beide hofften auf die Magnetwirkung des wirtschaftlich und politisch attraktiven Westens für eine Wiedervereinigung.

M1 Die außenpolitischen Ziele Adenauers

In seiner ersten Regierungserklärung vor dem Bundestag sagte Bundeskanzler Konrad Adenauer 1949:
Es besteht für uns kein Zweifel, dass wir nach unserer Herkunft und nach unserer Gesinnung zur westeuropäischen Welt gehören. Wir wollen zu allen Ländern gute Beziehungen … unterhalten … Der
5 deutsch-französische Gegensatz … muss endgültig aus der Welt geschafft werden … Alle diese Interessen sollen in eine Ordnung und Übereinstimmung gebracht werden, die sich im Rahmen der Europäischen Union, deren Mitglied wir möglichst bald zu
10 werden wünschen, finden lassen wird.
Verhandlungen des Deutschen Bundestages, I. Wahlperiode, 7. Sitzung, 20.9.1949, in: Stenographische Berichte, Bd. 1, S. 29 f.

Biografie

Konrad Adenauer (1876–1967)

1917 Oberbürgermeister von Köln (Zentrumspartei); 1933 von den Nationalsozialisten abgesetzt. Im Mai 1945 wieder Oberbürgermeister von Köln, 1946 Vorsitzender der CDU in der britischen Zone. Von September 1948 bis Mai 1949 Präsident des Parlamentarischen Rates; 1949 Wahl zum Bundeskanzler; mehrfache Wiederwahl; Rücktritt 1963.

Kurt Schumacher (1895–1952)

Mitglied des Reichstages (1930–1933); 1933 bis 1945 mit Unterbrechung 1943 Häftling im KZ; Mitbegründer der SPD nach 1945; 1946 ihr Vorsitzender; 1948/49 Mitglied des Parlamentarischen Rates; ab 1949 Oppositionsführer im Bundestag.

Begriffe und Daten

24. Mai 1949 Grundgesetz

Ursprünglich nur als vorläufige Verfassung gedacht, ist es seit 1990 mit einigen Änderungen weiter gültig.

Westintegration

Einbindung in die westliche Staatengemeinschaft, von Bundeskanzler Adenauer vorangetrieben. 1955 staatliche Souveränität (Unabhängigkeit), außer in Fragen, die Deutschland als Ganzes betreffen; Beitritt zum westlichen Militärbündnis NATO (Pariser Verträge).

Der Staatsaufbau der Bundesrepublik Deutschland von 1949 bis 1990. Die Bezeichnung „Grundgesetz" statt „Verfassung" wurde gewählt, um den vorläufigen Charakter deutlich zu machen. An der Struktur des GG wurde auch nach 1990 nichts geändert.

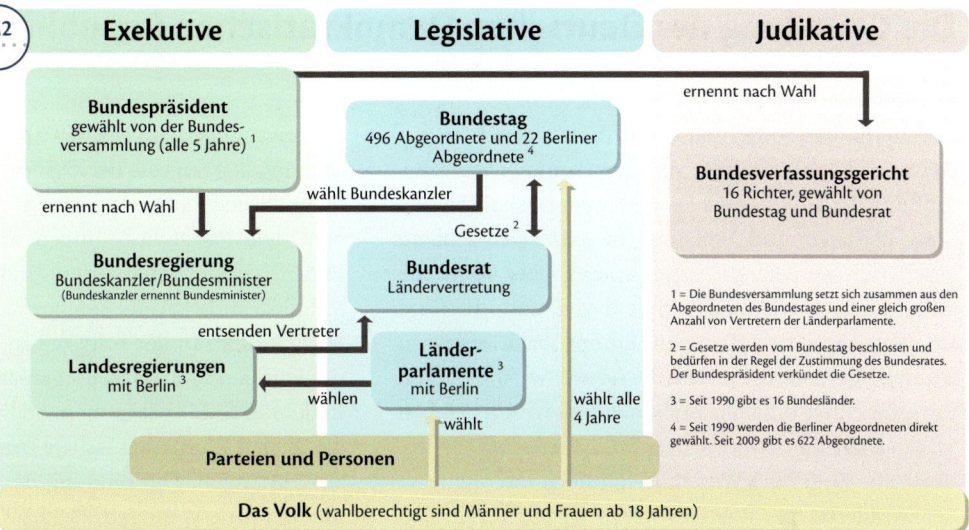

M2

Exekutive   **Legislative**   **Judikative**

Bundespräsident
gewählt von der Bundesversammlung (alle 5 Jahre) [1]

ernennt nach Wahl

Bundestag
496 Abgeordnete und 22 Berliner Abgeordnete [4]

wählt Bundeskanzler

Gesetze [2]

Bundesverfassungsgericht
16 Richter, gewählt von Bundestag und Bundesrat

ernennt nach Wahl

Bundesregierung
Bundeskanzler/Bundesminister
(Bundeskanzler ernennt Bundesminister)

Bundesrat
Ländervertretung

entsenden Vertreter

Landesregierungen
mit Berlin [3]

wählen

Länderparlamente [3]
mit Berlin

wählt

wählt alle 4 Jahre

Parteien und Personen

Das Volk (wahlberechtigt sind Männer und Frauen ab 18 Jahren)

1 = Die Bundesversammlung setzt sich zusammen aus den Abgeordneten des Bundestages und einer gleich großen Anzahl von Vertretern der Länderparlamente.

2 = Gesetze werden vom Bundestag beschlossen und bedürfen in der Regel der Zustimmung des Bundesrates. Der Bundespräsident verkündet die Gesetze.

3 = Seit 1990 gibt es 16 Bundesländer.

4 = Seit 1990 werden die Berliner Abgeordneten direkt gewählt. Seit 2009 gibt es 622 Abgeordnete.

M3

Das Grundgesetz beschließen? – Eine Streitfrage

Auf der letzten Sitzung des Parlamentarischen Rates am 8. Mai 1949 sollte das von den Abgeordneten erarbeitete Grundgesetz beschlossen werden. Der kommunistische Abgeordnete Heinz Renner stellte den Antrag, auf diese Abstimmung zu verzichten und stattdessen mit dem „Deutschen Volksrat" zusammenzuarbeiten, der parallel zum Parlamentarischen Rat in der sowjetisch besetzten Zone gebildet worden war:

3A *Heinz Renner (KPD):* Heute stehen wir erneut vor der Tatsache, dass das Präsidium des Deutschen Volksrats … noch einmal mit einer Einladung an uns herangetreten ist, in den nächsten Tagen in Braunschweig
5 oder an irgendeinem von uns zu bestimmenden Ort zusammenzukommen … Ich bin der Meinung, dass in diesem Augenblick jeder, der die Interessen des deutschen Volkes höher stellt als die Interessen einer Partei, … verpflichtet ist, unserem Antrag zuzustimmen,
10 umso mehr, als wir wissen, dass auf der Gegenseite uns deutsche Hände entgegengereckt werden, die mit uns zusammen ganz Deutschland und unserem Volke gesunde Lebensbedingungen und den Frieden schaffen wollen.

M3A und M3B zit. nach Der Parlamentarische Rat 1898–1948. Akten und Protokolle, Bd. 9, bearb. von Wolfram Werner, München (Harald Boldt) 1996, S. 505 ff.

3B *Carlo Schmid (SPD)* antwortete: Das drängendste Anliegen aller Deutschen ist heute die Wiederherstellung der Einheit ihres Vaterlandes … Aber eine solche Einigung wäre vor der Geschichte sinnlos, wenn sie
5 nicht die Voraussetzungen für eine Einheit Deutschlands in der Freiheit, in der Freiheit des Ganzen und in der Freiheit der Individuen, schaffte. Diese Einigung muss zum Gegenstand haben die Schaffung gleicher demokratischer Lebensbedingungen überall in
10 Deutschland, im Westen wie im Osten … Wir wollen nicht ein Deutschland, in dem [das ehemalige KZ] Buchenwald sich wieder mit Häftlingen füllt[1] … Wir wollen nicht ein Deutschland, in dem die Polizei … allmächtig ist. Und wir wollen nicht ein Deutschland, in
15 dem es politisch nur eine Einheitsmeinung in einer Einheitspartei geben darf.

[1] siehe S. 238

---

1 Untersuche anhand des Darstellungstextes die Voraussetzungen zur Gründung eines westdeutschen Staates.

2 a) Kläre in M3 die Positionen Renners und Schmids.
b) Formuliere zu beiden Positionen eine kurze schriftliche Stellungnahme. Ziehe die Seiten 234 f. heran.

3 a) Untersuche M2 mithilfe der Methode „Ein Verfassungsschema interpretieren" im Anhang.
b) Vergleiche mit der Weimarer Verfassung S. 62. Nenne Gemeinsamkeiten und Unterschiede.

4 a) Erläutere die Position Adenauers (M1).
b) Bewerte sie aus der Sicht Kurt Schumachers und aus gegenwärtiger Sicht.

 Webcode: FG1110444-241

Die Gründung der Deutschen Demokratischen Republik

Die sowjetische Deutschlandpolitik

Die Politik der Sowjetunion war darauf gerichtet, ein Deutschland zu schaffen, von dem keine erneute Bedrohung der UdSSR ausgehen konnte. Deshalb sollten Staat, Parteien und Verbände in ganz Deutschland
5 geschaffen werden, die unter sowjetischer Kontrolle stehen. Die Sowjetmacht ging davon aus, dass die US-amerikanischen Truppen Europa bald verlassen würden. Sie erwarteten, dass die Deutschen die Einheit um jeden Preis erhalten wollten. Einen westdeutschen
10 Staat sahen die sowjetischen Machthaber als Bedrohung an. Weder die Westalliierten noch die Mehrheit der westdeutschen Politiker waren jedoch bereit, den Kommunisten Mitsprache z. B. in den Parteienblocks zu gewähren und auf freie Wahlen zu verzichten.

Staatsgründung im Osten

In der sowjetischen Besatzungszone hatte die Sozialistische Einheitspartei Deutschlands (SED) seit 1945 ihre Vorherrschaft gefestigt. Als Reaktion auf die Entstehung der „Bundesrepublik Deutschland" im Mai 1949
5 veranlasste die Sowjetunion in der SBZ die Gründung der „Deutschen Demokratischen Republik" am 7. Oktober 1949.

Die Anteile anderer Parteien und der Massenorganisationen (z. B. Gewerkschaften) hatte man schon vor der
10 Wahl festgelegt. Damit war das Übergewicht der SED und der von ihr abhängigen Gruppen von vornherein gesichert. So lag ihr Anteil in dem zur Volkskammer

umgewandelten, im Mai 1949 gewählten Dritten Deutschen Volkskongress bei 77,5 Prozent. Als marxistisch-leninistische Partei war sie zentral-hierarchisch aufge- 15
baut, alle Parteigliederungen waren einer absoluten Parteidisziplin unterworfen, und die Partei mit ihren Mitgliedern bekannte sich zur „führenden Rolle" der Sowjetunion. In der Folgezeit mussten auch die anderen Parteien und Massenorganisationen die „führende 20
Rolle" der SED anerkennen. Stalin verfolgte langfristig das Ziel, die amerikanischen Truppen aus Europa hinauszudrängen. Die Bindung der DDR an die Sowjetunion wurde vorangetrieben. 1950 trat die DDR dem Rat für gegenseitige Wirtschaftshilfe (RGW) bei, 1955 25
dem Militärbündnis Warschauer Pakt.

Begriffe und Daten

1949 Gründung der beiden deutschen Staaten

1949 kam es auf Initiative der Besatzungsmächte zu einer doppelten Staatsgründung auf deutschem Boden: Auf die Entstehung der Bundesrepublik Deutschland als parlamentarisch-demokratischer Staat im Mai 1949 antwortete die Sowjetunion im Oktober 1949 mit der Gründung der Deutschen Demokratischen Republik (DDR) als zentralistisch regierte Parteidiktatur der SED.

M1 **Das Präsidium des III. Parteitages der Sozialistischen Einheitspartei Deutschlands in Berlin (Ost),** Foto, 1950. In der vorderen Reihe von links nach rechts stehend Wilhelm Pieck (erster Präsident der DDR), Walter Ulbricht (der auf diesem Parteitag zum Generalsekretär gewählt wurde, später Vorsitzender des Staatsrates), Otto Grotewohl (erster Ministerpräsident der DDR) und Erich Honecker (FDJ-Chef; 1971 bis 1989 SED-Generalsekretär).

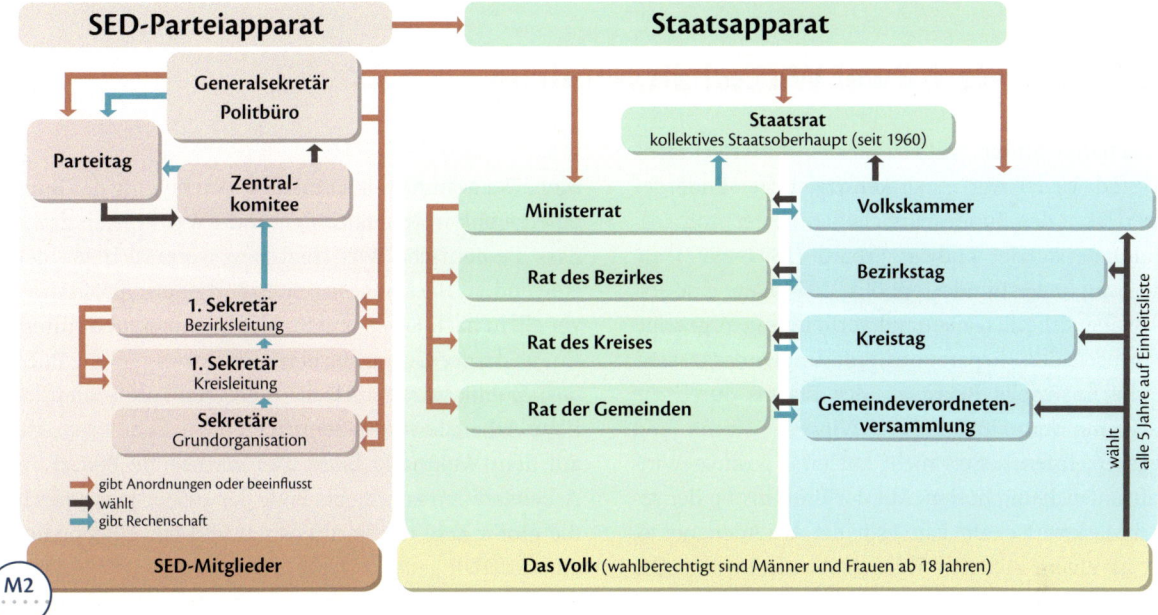

M2 Staatsaufbau und Herrschaftsverhältnisse in der Deutschen Demokratischen Republik bis 1989

M3

Politischer Druck und persönliche Freiheit

Aus einem anonymen Brief aus der DDR an „Kameraden":

Ich glaube, im Westen kann man sich überhaupt keine richtige Vorstellung davon machen, unter was für Umständen und unter welchem politischen Druck wir hier vegetieren, welch mehr als
5 unverschämten Lug und Trug wir uns täglich in Rundfunk und Presse bieten lassen müssen und welcher Gefahr für die persönliche Freiheit wir stündlich ausgesetzt sind … Die Sozialistische Einheitspartei (SED) beherrscht, von Russen gestützt
10 und befohlen, natürlich zusammen mit den Massenorganisationen, die, wie z. B. FDGB, Demokratischer Frauenbund und Freie Deutsche Jugend, alle selbstverständlich auf dem Papier „überparteilich" sind, vollkommen das politische Leben … Das all-
15 gemeine Spitzeltum ist eine Landplage, vor allem unter Arbeitskollegen in den Betrieben. In Geschäften und in der Bahn wird zwar viel geschimpft, aber jeder muss ständig gegenwärtig sein, dass er 1 Stunde später oder auf der nächsten Station von
20 der schönen Volkspolizei abgeholt wird.
Zit. nach Manfred Overesch, Die Deutschen und die Deutsche Frage 1945–1955, Hannover (Niedersächsische Landeszentrale für politische Bildung) 1985, S. 130 f.

Webcode: FG1110444-243

Biografie

Walter Ulbricht (1893–1973)

trat 1912 in die SPD ein, 1919 wechselte er zur KPD. 1924 Besuch der Parteischule in Moskau, wo er im Sinne der kommunistischen Weltanschauung ausgebildet wurde. 1928 bis 1933 Abgeordneter im deutschen Reichstag; 1933 emigrierte er nach Frankreich, 1938 nach Moskau. 1945 kehrte er mit einer Gruppe deutscher Kommunisten nach Deutschland zurück. 1950 bis 1971 Generalsekretär bzw. Erster Sekretär des Zentralkomitees der SED. 1960 bis 1971 Vorsitzender des Staatsrates und des Nationalen Verteidigungsrates der DDR.

1 Fasse Stationen zur Gründung der DDR und ihre außenpolitische Orientierung zusammen (Darstellungstext).

2 a) Untersuche M2 mithilfe der Methode „Ein Verfassungsschema interpretieren" im Anhang. Achte besonders auf die Beziehung von SED-Parteiapparat und Staatsapparat.
   Wahlaufgabe: b) Vergleiche mit der Bundesrepublik.

3 Analysiere M3 und zeige an Beispielen aus dem Text, worin sich die undemokratische Struktur des entstehenden Herrschaftssystems DDR zeigte.

4 Formuliert zu der in M1 abgebildeten Szene jeweils einen Kommentar eines Befürworters und eines Kritikers der DDR-Regierung. Tragt eure Texte gegenseitig und in der Klasse vor.

Markt und Plan: Zwei Wirtschaftsmodelle

„Wirtschaftswunder" mit sozialer Marktwirtschaft?

„Wir sind wieder wer" – so kennzeichnete Ende der 1950er Jahre der Bundeswirtschaftsminister und spätere Bundeskanzler Ludwig Erhard (1897–1977) die Stimmung in der Bundesrepublik. 1949 hätte eine solche Bilanz sicherlich niemand vorherzusagen gewagt: Bombenschäden, Reparationsforderungen der Alliierten, die finanzielle Belastung des Staates durch die Versorgung von Flüchtlingen, Witwen, Waisen und Kriegsversehrten ließen nicht auf eine positive Wirtschaftsentwicklung hoffen. Mit der Einführung der sozialen Marktwirtschaft* kam es in der Ära Adenauer jedoch zu einem rasanten Wirtschaftsaufschwung. Die Grundidee dieses Wirtschaftssystems war folgende: Der freie Wettbewerb richtet sich nach Angebot und Nachfrage und wird durch Gesetze überwacht – zum Beispiel durch das Verbot von Firmenzusammenschlüssen, wenn dadurch der Wettbewerb gefährdet würde, oder durch Sozialgesetze wie Arbeitslosenhilfe und Lohnfortzahlungen bei Krankheit.

Ludwig Erhard gilt bis heute als „Vater" der sozialen Marktwirtschaft. Dennoch hing der schnelle wirtschaftliche Aufstieg der Bundesrepublik auch eng mit der Integration in das westliche Bündnissystem zusammen. Der Marshallplan und die Einbeziehung der Bundesrepublik in Montanunion und EWG führten dazu, dass die deutsche Wirtschaft ganz wesentlich von der steigenden Nachfrage nach Exportgütern profitierte, vor allem nach Kohle und Stahl, Maschinen und Autos. Ein wichtiger Grund für den Aufschwung in der Bundesrepublik waren auch die niedrigen Löhne und die hohe Arbeitsleistung. Sie machten deutsche Produkte auf dem Weltmarkt billig. Der wachsende Bedarf an Arbeitskräften konnte bis Ende der 1950er Jahre durch die große Zahl der Vertriebenen und der Übersiedler aus der DDR gedeckt werden.

Bei den Bundesdeutschen wuchs der Wunsch nach Konsum: Haushaltsgeräte, Motorroller, Autos und Reisen gelten heute als Kennzeichen des „Wirtschaftswunders". Nicht jeder konnte sich diese Dinge leisten. Deshalb wurden gerade daran Armut und soziale Ungerechtigkeit deutlich. Der Ausbau der Bundesrepublik zum Sozialstaat erlaubte allerdings mehr Bürgern als je zuvor, an der Konsumgesellschaft teilzuhaben: So wurden 1957 die Renten an die allgemeine Lohnentwicklung angepasst, damit auch die Rentner vom wirtschaftlichen Aufschwung profitieren konnten.

M1 **Soziale Marktwirtschaft (Bundesrepublik)**

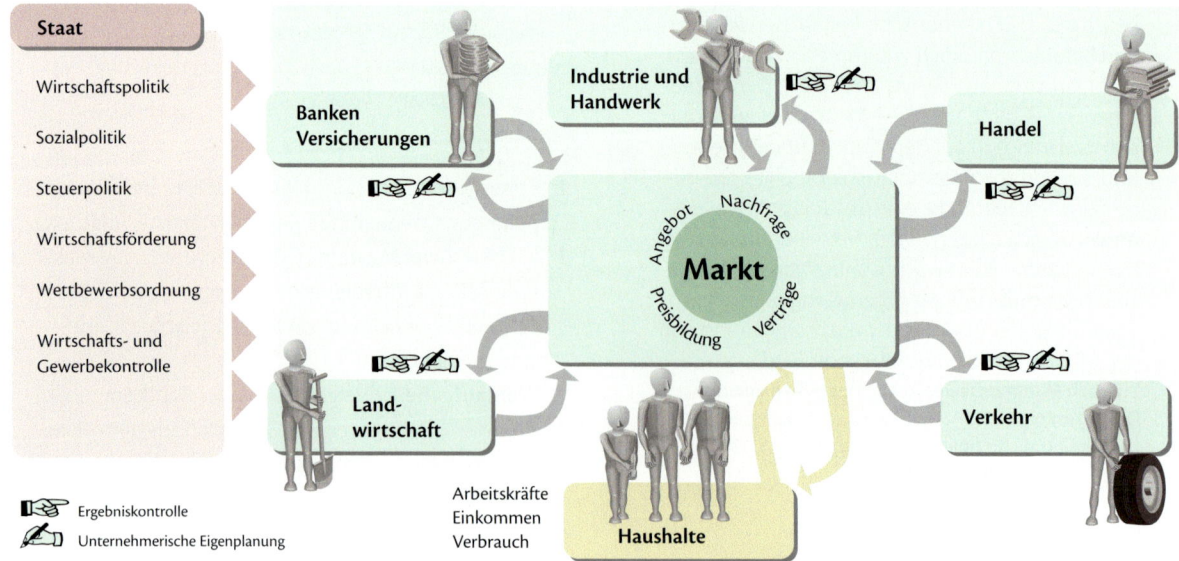

Staat
- Wirtschaftspolitik
- Sozialpolitik
- Steuerpolitik
- Wirtschaftsförderung
- Wettbewerbsordnung
- Wirtschafts- und Gewerbekontrolle

Banken Versicherungen

Industrie und Handwerk

Handel

Markt — Angebot · Nachfrage · Preisbildung · Verträge

Landwirtschaft

Verkehr

Haushalte

Arbeitskräfte · Einkommen · Verbrauch

Ergebniskontrolle
Unternehmerische Eigenplanung

Aufbau des Sozialismus mit zentraler Planwirtschaft?

Nach der Bodenreform und der Verstaatlichung vieler Industrieanlagen in der SBZ führte die DDR-Regierung in den 1950er Jahren die Umgestaltung der Wirtschaft konsequent weiter: Sie enteignete private Unternehmen und landwirtschaftliche Betriebe und wandelte sie in „Volkseigene Betriebe" (VEB*) und „Landwirtschaftliche Produktionsgenossenschaften" (LPG*) um. Nach dem Vorbild der Sowjetunion wurde die zentrale Planwirtschaft eingeführt: Auf der Grundlage von Fünfjahresplänen bestimmten staatliche Behörden, welche Waren und Güter in welchem Betrieb hergestellt werden sollten. Vorgeschrieben war die Produktionshöhe innerhalb eines bestimmten Zeitlimits. Die Planvorgaben bestimmte die Partei (SED).

Die Ausgangsbedingungen waren schwieriger als in der Bundesrepublik: Zum einen hatte die sowjetische Besatzungsmacht die meisten Industriebetriebe demontiert und mehr Reparationen entnommen als die Besatzungsmächte in den westlichen Zonen. Zum anderen wanderten viele qualifizierte Arbeitskräfte in den Westen ab.

Bei der im Gebiet der DDR angesiedelten Industrie handelte es sich vorwiegend um weiterverarbeitende Industrie, die auf Zulieferungen aus der westdeutschen Schwerindustrie angewiesen war. Deshalb wurde in der DDR der Bereich der Schwerindustrie verstärkt ausgebaut – auf Kosten der Leicht- und Konsumgüterindustrie.

DDR-Unternehmen waren im internationalen Wettbewerb nicht konkurrenzfähig: So stellte die DDR zwar Mitte der 1960er Jahre nach der Sowjetunion die zweitstärkste Wirtschaftsmacht im RGW dar, fiel aber im Weltvergleich immer weiter zurück. Da die Löhne staatlich festgelegt waren, konnten gute Arbeitskräfte kaum mit finanziellen Vorteilen rechnen. Um sinkender Arbeitsleistung zu begegnen, gab es Anreize, z. B. mit Prämien verbundene Auszeichnungen wie „Held der Arbeit" oder die bevorzugte Zuteilung einer Wohnung. Planwirtschaft in der DDR und soziale Marktwirtschaft in der Bundesrepublik Deutschland standen von Beginn an in Konkurrenz zueinander in der Frage, wer den Menschen jeweils das bessere Leben bot.

1 a) Erläutere anhand von M1, M2 und der Darstellungstexte die Grundzüge der sozialen Marktwirtschaft und der zentralen Planwirtschaft.
b) Stelle in einer Liste die wichtigsten Merkmale der beiden Wirtschaftsmodelle gegenüber und halte die aus deiner Sicht entscheidenden Unterschiede fest. Berichte in der Klasse.

M2 **Zentrale Planwirtschaft (DDR)**

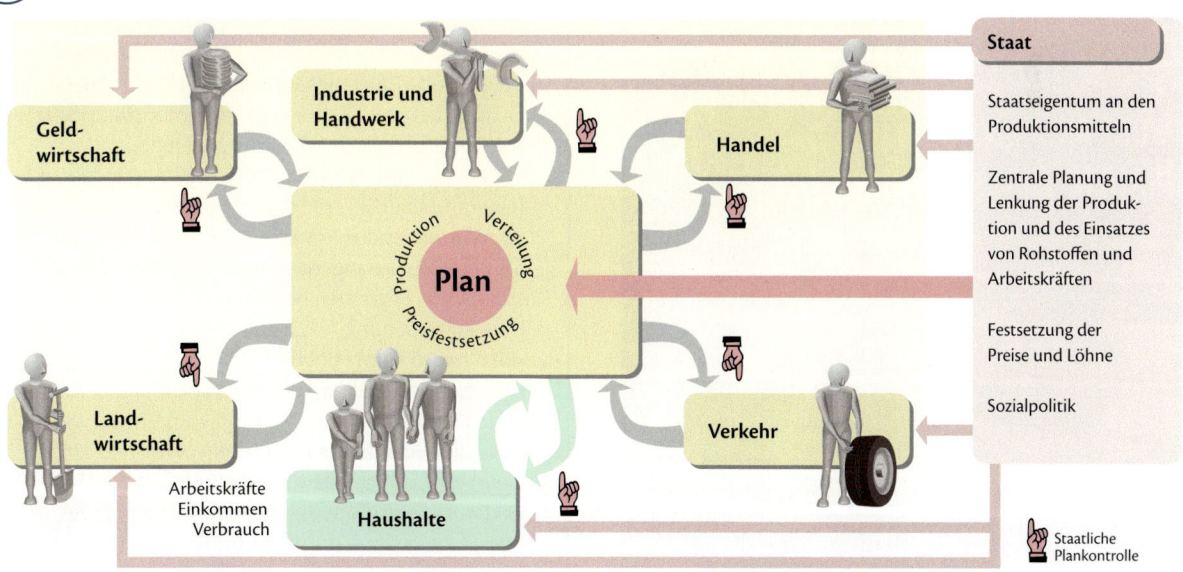

Die Krise des DDR-Regimes 1953

Der Weg in die SED-Diktatur

In der Bundesrepublik stabilisierte sich das demokratisch-parlamentarische System nach der Gründung eines Bundesstaates (1949), und ein wirtschaftlicher Aufschwung wurde erkennbar. Dagegen zeichnete sich in der sowjetisch besetzten Zone bzw. in der DDR die Entwicklung zu einer Parteidiktatur ab. Das lässt sich an grundlegenden Veränderungen seit 1945 erkennen:

1. Die politische Führungselite wurde aus SED-Anhängern zusammengesetzt.

2. Die SED drängte alle alternativen politischen Kräfte zurück und setzte ihr Machtmonopol in Staat, Gesellschaft und Wirtschaft rigoros durch.

3. Die Enteignungen begünstigten die einsetzende Massenflucht nach Westen.

4. Zu heftigen Spannungen führten eine einseitig auf die Schwerindustrie setzende Wirtschaftspolitik, die Vernachlässigung der Leicht- und Konsumgüterindustrie und die Erhöhung der Produktionsnormen für die Arbeiter.

Der 17. Juni 1953 – eine gescheiterte Revolution?

Im Juli 1952 rief die SED den „planmäßigen Aufbau des Sozialismus" in der DDR aus. Bauern, Handwerker und Kaufleute wurden mit Methoden des Zwangs, der Nötigung und Überredungen zur Aufgabe ihrer wirtschaftlichen Selbstständigkeit gezwungen. Die Versorgungslage der Bevölkerung verschlechterte sich. Am 16. Juni 1953 legten die Bauarbeiter der Berliner Stalinallee, einem Aushängeschild der Regierung für den Wiederaufbau der DDR, die Arbeit nieder. Sie zogen zum Sitz der Regierung, um gegen die Erhöhung ihrer Arbeitsnormen um zehn Prozent zu protestieren. Am folgenden Tag kam es zu Streiks und Massendemonstrationen nicht nur in Berlin, sondern auch in mehr als 500 anderen Orten der DDR, an denen zwischen 500 000 und einer Million Menschen teilnahmen. Nur durch den Einsatz sowjetischer Panzer konnte die Protestbewegung gestoppt werden. Es gab Dutzende von Toten und Tausende von Verhaftungen.

M1 **Demonstration in Ost-Berlin am 26. Juni 1953,** Foto

 M2 **Arbeiteraufstand im „Arbeiterstaat"**

Der Historiker Hermann Weber schrieb 1999:

Es waren vor allem die wichtigen Zentren, in denen gestreikt wurde: außer in Ost-Berlin im mitteldeutschen Industriegebiet sowie im Raum Magdeburg, in Jena, Gera, Brandenburg und Görlitz. Das Rückgrat der Revolution bildeten die diszipliniert aufmarschierenden Arbeiter der Großbetriebe (Leuna, Buna, Wolfen, Hennigsdorf) … In vielen Orten der DDR fanden am 18. Juni weitere Demonstrationen statt. Im Bezirk Halle-Merseburg (Hochburg der KPD in der Weimarer Republik) und in Magdeburg (einer früheren SPD-Hochburg) übernahmen Streikkomitees der Arbeiter zeitweise die Macht. Sie befreiten Gefangene und formulierten die Aufstandsziele. Begonnen hatten die Streiks und Demonstrationen mit wirtschaftlichen Forderungen, doch haben sofort politische Parolen den Aufstand bestimmt: der Ruf nach freien Wahlen und dem Ende der Diktatur. Der Aufstand vom 17. Juni widerlegte die Legende, die DDR sei ein „Arbeiterstaat". Denn es waren gerade die Arbeiter, die diese SED-Diktatur, die sich mit den Begriffen „Sozialismus" und „Arbeiterstaat" tarnte, zerschlagen wollten.

Hermann Weber, Geschichte der DDR, München (dtv) 1999, S. 165.

Die Sicht der SED

M3

In einem Bericht der SED-Kreisleitung Stalinstadt (seit 1961 Eisenhüttenstadt) hieß es am 17. Juni 1953 mittags:

Die Schicht, die heute früh um 6.00 Uhr begann, brachte die Diskussion vom Streik der Bauarbeiter in Berlin mit in unser Werk … Die Kollegen waren verärgert über die nicht termingemäße Zahlung
5 der Löhne … Diese Kraftfahrer nahmen heute früh die Arbeit nicht auf. Es wurde früh ein Lkw über die Gleise geschoben, um den Ringverkehr in der Stalinstadt zu unterbrechen. Es wurden sofort Diskussionsgruppen [der SED] eingesetzt. Die Kraft-
10 fahrer haben ihre Arbeit wieder aufgenommen … Im Raum des Hochofens V entstanden, insbesondere bei den Arbeitern der dortigen Baufirmen, beim Schichtwechsel um 14.00 Uhr Gruppenbildungen. Die Arbeiter legten die Arbeit nieder und
15 forderten andere Arbeiter ebenfalls dazu auf … Der Demonstrationszug zog zur Sinterei [Anlage zur Kalk- und Mineralstoffgewinnung], insgesamt ca. 150 bis 200 Arbeiter. Diese waren mit ihren Werkzeugen, Hämmern und Äxten bewaffnet. Genos-
20 sen demonstrierten am Anfang der Demonstration nicht … Bei Beginn der Demonstration waren von einzelnen Baustellen die verantwortlichen Leiter von der zentralen Bauleitung zu einer Besprechung abberufen worden. Deshalb gelang es auch teilwei-
25 se den Provokateuren so leicht, die Bauarbeiter zu veranlassen, die Baustellen zu verlassen.

Zit. nach Eisenhüttenstadt, hg. von der Arbeitsgruppe Stadtgeschichte, Berlin (be.bra) 1999, S. 139 f.

M4

Auf dem Potsdamer Platz in Berlin fliehen Aufständische vor den Schüssen sowjetischer Panzer, Foto, 17. Juni 1953

M5

„Die Lösung"

Der Schriftsteller Bertolt Brecht verfasste 1953 folgendes Gedicht:

Nach dem Aufstand des 17. Juni
Ließ der Sekretär des Schriftstellerverbands
In der Stalinallee Flugblätter verteilen,
Auf denen zu lesen war, dass das Volk
5 Das Vertrauen der Regierung verscherzt habe
Und es nur durch verdoppelte Arbeit
Zurückerobern könne. Wäre es da
Nicht einfacher, die Regierung
Löste das Volk auf und
10 Wählte ein anderes?

Bertolt Brecht, Gesammelte Werke, Bd. 10, Frankfurt a. M. (Suhrkamp) 1967, S. 1009 f.

Daten und Begriffe

17. Juni 1953 Volksaufstand in der DDR

Demonstrationen gegen die SED-Führung, die von sowjetischen Truppen gewaltsam niedergeschlagen wurden. Die Angaben über Opferzahlen schwanken: 33 von insgesamt 51 Opfern starben an ihren Schussverletzungen; 400 Demonstranten und 368 Polizisten wurden verletzt; im Juni / Juli gab es etwa 13 000 Verhaftungen. Die Repressionen der Staatssicherheit wurden verstärkt. In der Bundesrepublik wurde der 17. Juni bis 1990 als „Tag der Deutschen Einheit" begangen (Webcode).

---

1 Kläre mithilfe des Darstellungstextes, M1 und M4 Ursachen, Verlauf und Ergebnis des Aufstandes vom 17. Juni 1953.

2 Untersuche an M3, wie die SED auf das Verhalten der Arbeiter in Eisenhüttenstadt reagierte.

3 Fasse die Position Hermann Webers (M2) in wenigen Thesen zusammen.

4 **Wahlaufgabe:** Analysiere mithilfe der Methode „Politische Dichtung deuten und vergleichen" im Anhang, welche Wertung der Ereignisse am 17. Juni 1953 in M5 deutlich wird.

Der Mauerbau 1961

„Abstimmung mit den Füßen"

Nikita S. Chruschtschow, Generalsekretär der KPdSU, forderte im November 1958 die Westalliierten ultimativ zum Abzug aus Westberlin auf. Berlin sollte eine „freie und entmilitarisierte Stadt" werden. Andernfalls werde

5 die UdSSR einen separaten Friedensvertrag mit der DDR abschließen und ihr die sowjetischen Besatzungsrechte übertragen. Dieser Plan scheiterte am Widerstand der Westalliierten. Chruschtschow ließ das Ultimatum verstreichen. Die DDR-Führung war an einer

10 Änderung des Status' von Westberlin interessiert, weil Westberlin wegen seiner offenen Sektorengrenze der einfachste Fluchtweg für DDR-Bürger war. Als nach einem Rückgang 1959 die Flüchtlingszahlen 1960 auf 199 117 stark anstiegen, geriet die SED-Führung in

15 schwere Bedrängnis. Die Abwanderungszahlen stiegen auch wegen der im Frühjahr 1960 begonnenen Vollkollektivierung der Landwirtschaft. 1961 verließen monatlich 19 000 Einwohner die DDR. Auf diese Weise verlor die DDR-Wirtschaft viele junge und qualifizierte Arbeitskräfte. Der Flüchtlingsstrom nach Westen wirkte 20 sich auf die DDR-Wirtschaft negativ aus.

In der Nacht vom 12. auf den 13. August 1961 begannen Angehörige der Volkspolizei, Betriebskampfgruppen und Soldaten, völlig überraschend für die Bevölkerung, quer durch Berlin die Grenze mit Barrikaden und 25 Stacheldrahtverhauen abzuriegeln. Walter Ulbricht rechtfertigte den Mauerbau als „antifaschistischen und antiimperialistischen Schutzwall". Die Westmächte protestierten zwar gegen den Bruch der alliierten Vereinbarungen, nahmen ihn aber letztlich hin. Nach dem 30 Mauerbau wurde auch die innerdeutsche Grenze gegen Fluchtversuche weiter gesichert – durch Minenfelder und Selbstschussautomaten. Eine Flucht in den Westen wurde zu einer lebensgefährlichen Aktion. Nach dem Mauerbau gelang der DDR-Führung eine kurzfristige Stabilisierung der Wirtschaft. Ein Anschluss an 35 den westdeutschen Lebensstandard konnte jedoch bis zum Ende der DDR 1989 nicht erreicht werden.

M1 **Mauerbau in Berlin-Neukölln/Treptow,** Foto, 1961. Die Anzahl der Maueropfer ist nicht eindeutig festzustellen. Es wird von mindestens 136 Toten ausgegangen, in anderen Quellen von 245. Bekannt sind dazu 251 Fälle, in denen Menschen bei oder nach Grenzkontrollen starben, z. B. durch Herzinfarkt.

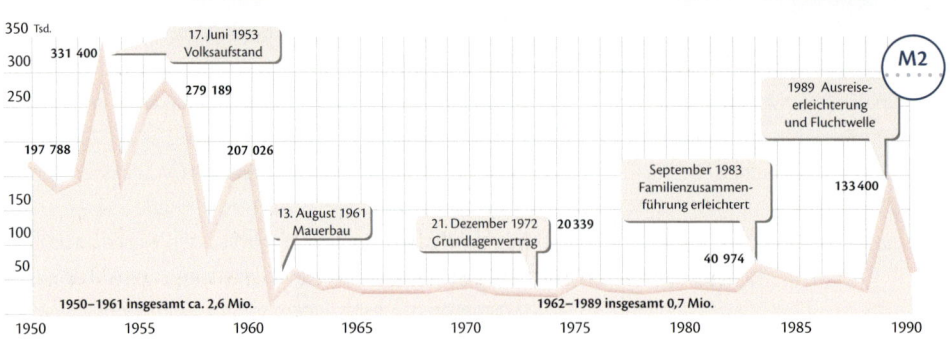

M2 **Flüchtlingszahlen** (aus der DDR in die Bundesrepublik), 1950 bis 1990

Der Schießbefehl

Albert Norden, der von 1958 bis 1981 Mitglied des Politbüros der SED war, erklärte 1963 vor Grenzsoldaten in Berlin:

Ich sage, jeder Schuss aus der Maschinenpistole eines unserer Grenzsicherungsposten zur Abwehr solcher Verbrechen rettet in der Konsequenz Hunderten von Kameraden, rettet tausenden Bürgern der DDR das Leben und sichert Millionenwerte an Volksvermögen. Ihr schießt nicht auf Bruder und Schwester, wenn ihr mit der Waffe den Grenzverletzer zum Halten bringt. Wie kann der euer Bruder sein, der die Republik verrät, der die Macht des Volkes antastet! Auch der ist nicht unser Bruder, der zum Feinde desertieren will. Mit Verrätern muss man sehr ernst sprechen. Verrätern gegenüber menschliche Gnade zu üben heißt, unmenschlich am ganzen Volk handeln.
Zit. nach Die Volksarmee, 1963, Nr. 41.

Ein Soldat der Nationalen Volksarmee nutzt die Chance zum Sprung „in den Westen", Foto, 16. August 1961

Alltag im Schatten der Mauer

Klaus W., der 1961 in einem Vorort von Berlin lebte, erinnerte sich 1999:

Wir sind 1961 im September nach Glienicke gezogen, also genau nach der Zeit, als die Mauer gebaut wurde. Unser Grundstück lag genau an der Mauer … Die Nachbarn auf der Westseite kannten wir nicht mehr. Man konnte zwar rübergucken oder auch mit Steinen schmeißen, kennen gelernt haben wir sie aber erst nach dreißig Jahren … Meine ganze Kindheit und Jugend habe ich also an der Mauer verbracht. Das war nicht immer einfach, wir durften zum Beispiel keine Kinder mit nach Hause bringen, mein eigener Kumpel, mein Klassenkamerad, konnte mich nicht besuchen, weil unser Haus im Grenzgebiet lag … Die Verwandtschaft musste, wenn Geburtstag oder Ähnliches war, vier bis sechs Wochen vorher einen Antrag stellen … Die Grenzer sind sogar jeden Sonnabend gekommen, um im Keller die Wände abzuklopfen, ob irgendwo ein Tunnel gegraben wurde.
Aufgezeichnet von Frank Schirrmeister, Student an der Humboldt-Universität zu Berlin, in: PZ: DDR intern, Nr. 97, März 1999, S. 26.

Die Mauer im Kopf

Die Journalistin Margret Boveri schrieb 1962:

Ebenso schlimm wie die Mauer aus Steinen, Mörtel und Zement, die am 13. August quer durch Berlin gebaut worden ist, scheint mir die Mauer zu sein, die sich im Laufe der letzten fünfzehn Jahre fast unmerklich in der Vorstellungswelt der Deutschen auf beiden Seiten der Trennungslinie gebildet hat. Vielleicht ist sie sogar noch schlimmer, weil die Steinmauer sich einmal, wenn die politischen Voraussetzungen gegeben sein werden, … von einem Tag auf den anderen abtragen lässt … Dagegen die immaterielle und doch so undurchdringliche Mauer, von der hier die Rede sein soll, kann nicht aufgrund von Beschlüssen der verantwortlichen Regierenden einfach abgebaut werden. Sie hat keinen geografischen Ort und ist doch in der Landschaft des Kalten Krieges in ihrer Doppelseitigkeit allgegenwärtig … Es wird schwer sein, sie abzutragen; denn in jeder Seele weist sie ihre eigene erlebnisbedingte Struktur auf.
Zit. nach Christoph Kleßmann, Zwei Staaten, eine Nation, Bonn (BpB) 1988, S. 502 f.

---

1 a) Erarbeite Ursachen und Folgen des Mauerbaus 1961.
  b) Nimm Stellung (Darstellungstext, M1, M2, M4 bis M6).
2 Beurteile die Haltung der DDR-Führung in M3.

3 Versuche, das Verhalten des Soldaten zu erklären (M5).
4 **Wahlaufgabe/Recherche:** Im Jahre 2007 gab es eine Debatte über die Existenz eines schriftlichen Schießbefehls in der DDR. Recherchiert den neuesten Diskussionsstand (Internet).

Webcode: FG1110444-249

Neue Deutschland- und Ostpolitik

Außenpolitik unter Adenauer

Bundeskanzler Adenauer hatte in seiner Regierungszeit (1949–1963) wesentliche Hauptziele seiner Politik erreicht: 1955 war die Westintegration der Bundesrepublik mit der Erlangung der staatlichen Souveränität weitgehend abgeschlossen. Die Bundesrepublik war jetzt gleichberechtigtes Mitglied des westeuropäischen Vertragssystems und Mitglied der NATO. Als einzige frei gewählte und damit rechtmäßige deutsche Regierung hielt die Bundesregierung ihren „Alleinvertretungsanspruch" aufrecht, für alle Deutschen zu sprechen (sogenannte Hallstein-Doktrin). Sie drohte jedem Staat mit dem Abbruch der diplomatischen Beziehungen, wenn er die DDR anerkannte.

Die neue Politik der sozialliberalen Koalition

Unter Bundeskanzler Kiesinger wandte sich die Regierung der Großen Koalition (1966–1969) aus CDU/CSU und SPD von der Hallstein-Doktrin ab, hielt aber an den Grundsätzen der Politik Adenauers fest. Seit 1969 regierte mit Willy Brandt erstmals ein sozialdemokratischer Bundeskanzler. Vor dem Hintergrund der Entspannungspolitik zwischen den Großmächten USA und Sowjetunion verfolgte er eine neue Politik gegenüber der DDR und den übrigen Ostblockstaaten.
Die SPD/FDP-Regierung vereinbarte in Verträgen mit Polen und der Sowjetunion, auf die gewaltsame Durchsetzung von Grenzveränderungen zu verzichten und die gegenseitigen Beziehungen zu normalisieren. Damit erkannte sie faktisch die durch den Zweiten Weltkrieg geschaffenen Grenzlinien an.

Der Grundlagenvertrag 1972

Ein weiteres Ziel der Politik Brandts war die Annäherung zwischen der DDR und der Bundesrepublik. 1971 einigten sich die vier Alliierten auf ein Berlin-Abkommen, in dessen Rahmen die Bundesrepublik und die DDR den sogenannten Grundlagenvertrag vereinbarten. Darin erkannte die Bundesrepublik die staatliche Souveränität der DDR an, jedoch wegen der Präambel im Grundgesetz nicht im „vollen" völkerrechtlichen Sinne. Vereinbart wurden der Austausch ständiger Vertreter (anstatt „richtiger" Botschafter) und „menschliche Erleichterungen", um die Folgen der Spaltung zu lindern. Die Ostverträge waren in der Bundesrepublik hart umkämpft. Die Politik Willy Brandts und seiner Regierung wurde jedoch in den vorgezogenen Bundestagswahlen im November 1972 klar bestätigt. In der Folge wurden 1973 beide deutsche Staaten in die UNO aufgenommen.
Eine Klage gegen den Grundlagenvertrag wies das Bundesverfassungsgericht ab.

Demonstration anlässlich der Ostverträge, Foto, 1972

Bundeskanzler Willy Brandt am Mahnmal im Warschauer Ghetto, Foto, 1970. Brandt würdigt mit einem Kniefall bei seinem Besuch in Polen die Toten vom Aufstand im Warschauer Ghetto im Frühjahr 1943. Der Besuch löste eine scharfe innenpolitische Kontroverse aus.

Bundeskanzler Willy Brandt am Fenster des Hotels Erfurter Hof, Foto. Bei diesem Treffen am 19. März 1970 mit dem DDR-Ministerpräsidenten Willi Stoph kam es zu „Willy, Willy"-Rufen aus der Menschenmenge. Die DDR-Führung war angesichts der weltweit berichtenden Medienvertreter offensichtlich so erschrocken, dass herbeibeorderte Jubler Stunden später nun ihrerseits „Willi" (Stoph) hochleben ließen.

Biografie

Willy Brandt (1913–1992)

Geboren 1913 in Lübeck (ursprünglicher Name Herbert Karl Frahm), Sohn einer Verkäuferin. Als Schüler schloss sich Brandt der Sozialistischen Arbeiter-Jugend an und wurde 1930 SPD-Mitglied. 1933 emigrierte er nach Norwegen. Nach seiner Ausbürgerung durch die Nationalsozialisten 1938 wurde Brandt norwegischer Staatsbürger. 1947 wurde er unter dem Schriftstellernamen Willy Brandt wieder eingebürgert.

1949 bis 1957 und seit 1969 war er Bundestagsabgeordneter, 1957 bis 1966 Regierender Bürgermeister von Berlin. Seit Anfang der 1960er Jahre entwickelte Brandt unter dem Motto „Wandel durch Annäherung" (Formulierung seines engen Mitarbeiters Egon Bahr) Ideen für eine neue Ostpolitik. 1966 wurde Brandt Vizekanzler und Außenminister in einer CDU/SPD-Koalition, 1969 bis 1974 Bundeskanzler der SPD/FDP-Koalition. 1971 erhielt er den Friedensnobelpreis für seine Entspannungspolitik.

M4 **Zwei gleichberechtigte Staaten – eine deutsche Nation?**

1970 lud der Ministerpräsident der DDR, Willi Stoph, Bundeskanzler Willy Brandt nach Erfurt ein.

4A *Stoph sagte in seiner Begrüßungsrede:* In Ihrem Schreiben vom 22. Januar 1970 erklärten Sie, Sie seien bereit, Verhandlungen zwischen der DDR und der Bundesrepublik auf der Grundlage der Gleich-
5 berechtigung und Nichtdiskriminierung zu führen … Wenn Sie sich selbst auf Prinzipien des Völkerrechts beziehen, Herr Bundeskanzler, dann verlangt das, … die souveräne Gleichheit der DDR [mit der BRD] in einem völkerrechtlich gültigen Vertrag
10 anzuerkennen.

4B *Brandt entgegnete Stoph:* Wir können diese Teilung nicht einfach ungeschehen machen. Aber wir können uns bemühen, die Folgen dieser Teilung zu mildern und aktiv zu einer Entwicklung
5 beizutragen, die sich anschickt, die Gräben zuzuschütten, die uns trennen in Europa und damit auch in Deutschland. Dabei gehe ich aus von der fortdauernden und lebendigen Wirklichkeit einer deutschen Nation … Die starken Bande der ge-
10 meinsam erlebten und gemeinsam zu verantwortenden Geschichte, der keiner entfliehen kann, die Bande der Familie, der Sprache, der Kultur und all jener Unwägbarkeiten, die uns Zusammengehörigkeit fühlen lassen, sind eine Realität … Erlauben Sie
15 mir, noch einmal die Grundsätze zu bestätigen, von denen sich die Bundesregierung leiten lässt …: 1. Beide Staaten haben ihre Verpflichtung zur Wahrung der Einheit der deutschen Nation. Sie sind füreinander nicht Ausland.
20 2. Im Übrigen müssen die allgemein anerkannten Prinzipien des zwischenstaatlichen Rechts gelten, insbesondere der Ausschluss jeglicher Diskriminierung, … die Verpflichtung zur Lösung aller Streitfragen und zur Respektierung der beiderseitigen
25 Grenzen.

M4A und M4B: Ingo von Münch (Hg.), Dokumente des geteilten Deutschland, Bd. 2, Stuttgart (Kröner) 1975, S. 174 ff.

1 Vergleiche anhand des Darstellungstextes die Außenpolitik Adenauers mit der von Brandt.

2 Vergleiche die Positionen in M4.

3 Untersuche an M1, M2 und M3, wie sich die neue Ostpolitik in den „Augenblicksaufnahmen" zeigt.

4 a) Erörtere, was Brandt wohl ausdrücken wollte (M2).
b) **Wahlaufgabe/Recherche:** Ermittelt, wie sich Brandt später selbst zu dem Ereignis geäußert hat.

 Unterzeichnung des Moskauer Vertrages am 12. August 1970 im Kreml, Foto. Von links: Bundeskanzler Brandt, der sowjetische Ministerpräsident Kossygin, der sowjetische Außenminister Gromyko; hinter Brandt: der sowjetische KP-Chef Breschnew, rechts daneben Staatssekretär Bahr.

Der Moskauer Vertrag

Aus dem Vertrag zwischen der Bundesrepublik Deutschland und der Sowjetunion vom 12. August 1970:

Artikel 1: Die Bundesrepublik Deutschland und die Union der Sozialistischen Sowjetrepubliken betrachten es als wichtiges Ziel ihrer Politik, den internationalen Frieden aufrechtzuerhalten und
5 die Entspannung zu erreichen.
Artikel 2: [Beide Staaten] werden … ihre Streitfragen ausschließlich mit friedlichen Mitteln lösen und übernehmen die Verpflichtung, sich in Fragen, die die Sicherheit in Europa und die interna-
10 tionale Sicherheit berühren, … der Drohung mit Gewalt oder der Anwendung von Gewalt zu enthalten.
Artikel 3: [Beide Staaten stimmen überein], dass der Friede in Europa nur erhalten werden kann,
15 wenn niemand die gegenwärtigen Grenzen antastet. Sie verpflichten sich, die territoriale Integrität aller Staaten in Europa zu achten; sie erklären, dass sie keine Gebietsansprüche gegen irgendjemanden haben und solche in Zukunft auch nicht er-
20 heben werden.
Zit. nach Die Welt seit 1945, bearb. von Helmut Krause u. Karlheinz Reif, München (bsv) 1980, S. 539.

Brief zur deutschen Einheit

Die Bundesregierung übergab am 12. August 1970 anlässlich der Unterzeichnung des Moskauer Vertrages der Regierung der UdSSR folgenden Brief:
Im Zusammenhang mit der heutigen Unterzeichnung des Vertrages … beehrt sich die Regierung der Bundesrepublik Deutschland festzustellen, dass dieser Vertrag nicht im Widerspruch zu dem
5 politischen Ziel der Bundesrepublik Deutschland steht, auf einen Zustand des Friedens in Europa hinzuwirken, in dem das deutsche Volk in freier Selbstbestimmung seine Einheit wiedererlangt.
Zit. nach Die Welt seit 1945, bearb. von Helmut Krause u. Karlheinz Reif, München (bsv) 1980, S. 542.

Der Grundlagenvertrag mit der DDR

Der Vertrag über die Grundlagen der Beziehungen zwischen der Bundesrepublik Deutschland und der DDR wurde am 21. Dezember 1972 unterzeichnet:
Artikel 1: Die Bundesrepublik Deutschland und die Deutsche Demokratische Republik entwickeln normale gutnachbarliche Beziehungen zueinander auf der Grundlage der Gleichberechtigung.
5 *Artikel 2:* [Beide Staaten] werden sich von den Zielen und Prinzipien leiten lassen, die in der Charta der Vereinten Nationen niedergelegt sind, insbesondere der souveränen Gleichheit aller Staaten, der Achtung der Unabhängigkeit, Selbst-
10 ständigkeit und territorialen Integrität, dem Selbstbestimmungsrecht, der Wahrung der Menschenrechte und der Nichtdiskriminierung.
Artikel 3: Entsprechend der Charta der Vereinten Nationen werden [die beiden Staaten] … ihre
15 Streitfragen ausschließlich mit friedlichen Mitteln lösen und sich der Drohung mit Gewalt oder der Anwendung von Gewalt enthalten. Sie bekräftigen die Unverletzlichkeit der zwischen ihnen bestehenden Grenze jetzt und in der Zukunft und
20 verpflichten sich zur uneingeschränkten Achtung ihrer territorialen Integrität …
Artikel 7: [Beide Staaten] … erklären ihre Bereitschaft, im Zuge der Normalisierung ihrer Beziehungen praktische und humanitäre Fragen
25 zu regeln …
Artikel 8: [Beide Staaten] … werden ständige Vertretungen austauschen.
Zit. nach Die Welt seit 1945, bearb. von Helmut Krause u. Karlheinz Reif, München (bsv) 1980, S. 556 f.

„Menschliche Erleichterungen", Karikatur, 1973

M10 Politik der Versöhnung und Entspannung?

Der Bundestagsabgeordnete Richard Stücklen (CSU) sagte zum Moskauer Vertrag im Jahre 1972 vor dem Bundestag:

Eine Politik dient nur der Versöhnung, wenn sie es den Menschen ermöglicht, zueinanderzufinden, denn es sind die Menschen und nicht die Staaten, die die Versöhnung auf Dauer begründen … Diese
5 Politik führt auch nicht zur Entspannung, denn sie schreibt die Ursachen der Spannungen fest. Diese Ostverträge sind auch kein Beitrag zur Versöhnung, denn sie zementieren die Trennung der Menschen durch Mauer und Stacheldraht … Nur wenn
10 auf beiden Seiten … die gleichen Wertvorstellungen über die unverzichtbaren Grundrechte des Menschen und über das Zusammenleben der Völker bestehen, ist eine dauerhafte … Ordnung in Frieden und Freiheit zu begründen. Ungeachtet
15 [dessen] sind wir von der CDU/CSU bereit, im Interesse der Menschen nach Wegen zu suchen, um wenigstens vorläufige Regelungen zu finden. Solange aber die andere Seite ihre ideologisch untermauerte Machtpolitik beibehält, ist äußerste Vor-
20 sicht am Platze … Nicht dieser Vertrag gibt uns die Sicherheit, gibt uns mehr Frieden und sichert unsere Freiheit, sondern das ist das Bündnis mit der freien Welt in der NATO.

Zit. nach Geschichtliche Weltkunde, Quellenlesebuch, Bd. 3, hg. von Wilfried Danner u. Wolfgang Hug, Frankfurt a. M. (Diesterweg) 1983, S. 249 ff.

M11 Reiseverkehr zwischen Ost und West

Angaben in Mio. (ohne Ausländer). Nach einer Meinungsumfrage hatten etwa 38 Prozent der Westdeutschen Verwandte und Bekannte in der DDR.

Reisende	1971	1972	1977	1979	1986
aus der BRD in die DDR (in Mio.)	1,27	1,54	2,98	2,92	3,79
aus Westberlin nach Ostberlin und in die DDR (in Mio.)	0,09	2,0	3,4	3,1	1,8
aus der DDR nach Westberlin und in die BRD [1] (in Mio.)	1,05	1,08	1,32	1,37	1,76
davon: Reisende, die nicht im Rentenalter sind [2]	0	11 400	41 600	41 000	244 000

Zusammengestellt nach Zahlenspiegel, hg. vom Bundesministerium für innerdeutsche Beziehungen, Bonn, 1982 und 1988.

[1] seit 1964 möglich
[2] seit 1972 möglich

Begriffe und Daten

1972 Grundlagenvertrag (Grundvertrag)

Vertrag vom 21. Dezember 1972 über die Grundlagen der Beziehungen zwischen beiden deutschen Staaten. Er sollte den „gutnachbarlichen Beziehungen" auf der Grundlage der Gleichberechtigung dienen, u. a. durch Gewaltverzicht, Achtung der bestehenden Grenze und Regelung praktischer und humanitärer Fragen.

Neue Ostpolitik

Die von den Bundesregierungen Brandt und Schmidt in den 1970er Jahren vertretene „neue Ostpolitik" führte zu Verträgen, in denen es um die Verbesserung der Lebensbedingungen der Ostdeutschen, der innerdeutschen Kontakte der Menschen sowie um gegenseitigen Gewaltverzicht und die Anerkennung der bestehenden Grenzen in Europa ging.

---

5 Stelle die in M6 und M8 genannten Ziele der beiden Verträge zusammen und vergleiche. Beachte M7.

6 **Partnerarbeit:** Informiert euch über die in M5 genannten Personen. Berichtet in der Klasse.

7 a) Erarbeite anhand von M10 die Argumentation des Redners und nimm Stellung.
   b) Vergleiche mit M4B, S. 251.

8 Stelle fest, welche Verbesserungen der Grundlagenvertrag brachte (M11).

9 **Wahlaufgabe:** Untersuche M9 mithilfe der Arbeitsschritte „Karikaturen entschlüsseln" (siehe Anhang).

Deutschland nach 1945: Eine Nation – zwei Staaten

Die Zusammenbruchsgesellschaft

Das **Ende des Zweiten Weltkrieges** bedeutete für viele Menschen in Europa die **Befreiung von der nationalsozialistischen Diktatur**. Millionen Flüchtlinge und Vertriebene suchten eine neue Heimat. Zwangsarbeiter und Häftlinge aus den Konzentrationslagern versuchten nach Hause zurückzukehren. Kriegsgefangene hofften auf baldige Freilassung bzw. Rückführung in ihre Heimatländer. Die sogenannte „Stunde null" war außer **Befreiung** auch **Zusammenbruch**, ebenso aber **Aufbruch** und **Neuanfang**.

Den Deutschen war bewusst, dass der Krieg nicht mit einem „totalen" Sieg, sondern mit der „totalen" Niederlage zu Ende gegangen war.

Die Besatzungspolitik der Siegermächte

Nach der Zerschlagung der nationalsozialistischen Diktatur übernahmen 1945 die **vier Siegermächte USA, Sowjetunion, Großbritannien und Frankreich** die **oberste Staatsgewalt in Deutschland**. Jede von ihnen kontrollierte eine Besatzungszone des ehemaligen Deutschen Reiches und einen Sektor der Hauptstadt Berlin. Die Besatzungsmächte versuchten, das öffentliche Leben und die Wirtschaft zügig wieder in Gang zu bringen. Dafür zogen die **westlichen Besatzungsmächte** demokratische Politiker aus der Weimarer Republik, die Kirchen, Betriebsräte und die wieder gegründeten Parteien und Gewerkschaften heran. Der **Aufbau einer demokratischen Ordnung** erfolgte **in den westlichen Besatzungszonen „von unten"**, das heißt von den Städten, Gemeinden und Kreisen bis zur Ebene der Länder. Dazu waren **freie Wahlen für die Kommunal- und Länderparlamente** wichtige Schritte. Auch die Verfassungsgebung wurde von deutschen Politikern gestaltet, allerdings unter Kontrolle der Alliierten.

Langfristiges Ziel der sowjetischen Besatzungspolitik war **ein unter sowjetischem Einfluss stehendes Deutschland**. Parallel zu diesem Fernziel setzte die Sowjetische Militäradministration in Deutschland (SMAD) in ihrer Zone mithilfe der aus dem sowjetischen Exil eingeflogenen deutschen Kommunisten wie Walter Ulbricht **von Anfang an ein zentrales kommunistisches Herrschaftssystem** durch.

Am **Beispiel Thüringens** zeigte sich, dass Sowjets und deutsche Kommunisten **scheinbar demokratisch** agierten, tatsächlich jedoch sehr schnell entscheidende Machtbefugnisse für sich beanspruchten. Die zugelassenen **bürgerlichen Parteien CDU und LDP** und die mit der **KPD** zwangsvereinigte **SPD** zur **SED** wurden zu einem **Landesparteien-Block** zusammengeschlossen, in dem die **SED dominierte. Kritische und oppositionelle Sozialdemokraten wurden verfolgt, verhaftet und zu langjährigen Zuchthausstrafen bzw. zu Zwangsarbeit verurteilt**. Eingeschränkt wurde auch die Arbeit der bürgerlichen Parteien.

Das gemeinsame Ziel der Alliierten war die **Entmilitarisierung und Entnazifizierung Deutschlands**. Da von Deutschland im 20. Jahrhundert zweimal ein Krieg ausgegangen war, sollte die Gefahr einer erneuten Kriegsgefahr durch Deutschland gebannt werden.

Die Einheit der Alliierten war jedoch nicht von langer Dauer. Unter den Vorzeichen des **Kalten Krieges** (siehe S. 184 f.) kam es im Alliierten Kontrollrat schon bald zu Spannungen. Dazu trug auch die **Enteignung von Großgrundbesitz (Bodenreform)** und die **Verstaatlichung wichtiger Industriebetriebe in der sowjetischen Zone** bei.

Die **Spaltung Deutschlands** zeichnete sich ab, als die USA und Großbritannien ihre Zonen 1947 zu einem Wirtschaftsgebiet zusammenlegten. Frankreich schloss sich 1949 an. Als die USA im Frühjahr 1948 ein Hilfsprogramm **(Marshallplan)** zur Verfügung stellten, lehnte die sowjetische Besatzungsmacht die Wirtschaftshilfe für ihre Zone ab. Im **Juni 1948** wurde in den westlichen Zonen eine **Währungsreform** mit der Einführung der „Deutschen Mark" (DM) durchgeführt. Die Sowjetunion antwortete im selben Monat mit einer eigenen Währungsreform für ihre Besatzungszone. **1948/49 scheiterte** die Sowjetunion mit dem Versuch, durch die **Blockade der Zugangswege nach Berlin** zur Herrschaft über die gesamte Stadt zu gelangen.

Die juristische Abrechnung der Siegermächte mit der Führung des NS-Regimes erfolgte **1945/46** gemeinsam in den **Nürnberger Prozessen gegen die Hauptkriegsverbrecher**. Mit Überprüfungen und Gerichtsverfahren in den Besatzungszonen wurde die **Entnazifizierung** fortgesetzt.

Die doppelte Staatsgründung

Im Westen wie im Osten Deutschlands entstand auf Weisung und mit Unterstützung der Siegermächte **1949** jeweils ein eigener Staat: die **Bundesrepublik Deutschland mit Regierungssitz** in Bonn und die **Deutsche Demokratische Republik** mit Regierungssitz im sowjetischen Sektor Berlins.

Die „Gründungsurkunde" der Bundesrepublik Deutschland ist das **Grundgesetz**. Es trat am 24. Mai 1949 in Kraft. Der „Weststaat" entwickelte sich zu einer **parlamentarischen Demokratie mit einer föderalistischen Struktur**. In freien Wahlen wurde die Demokratie seit 1949 immer wieder neu bestätigt.

Die erste Bundesregierung unter dem Bundeskanzler Konrad Adenauer trieb die **Integration in die westliche Staatengemeinschaft** voran.

Der Staatsgründung in den westlichen Besatzungszonen folgte im **Oktober 1949 die Gründung der Deutschen Demokratischen Republik (DDR)**. Das politische Leben in der sowjetischen Besatzungszone wurde unmittelbar nach Kriegsende unter dem Oberbefehl der SMAD von den kommunistischen Politikern der KPD bzw. der SED dominiert. Die Bürger stimmten dort über eine „Einheitsliste" ab, die eine zuvor festgelegte Sitzverteilung zwischen der SED, den sogenannten Blockparteien und wichtigen Massenorganisationen enthielt. Die Wahlergebnisse wurden gefälscht, um eine möglichst hohe Zustimmung der Bevölkerung vorzutäuschen. Die **DDR** entwickelte sich unter der Vorherrschaft der SED zu einer **zentralistisch regierten Partei-Diktatur**. Hier wurde die **enge Bindung an die Sowjetunion** vorangetrieben.

Zwei Wirtschaftsmodelle

In der **Bundesrepublik** wurde das Konzept der **sozialen Marktwirtschaft** verwirklicht: Der Staat hielt sich bei Eingriffen in das wirtschaftliche Leben zurück, gewährleistete aber die soziale Absicherung aller Bürger. In den 1950er Jahren erlebten die Bundesbürger ein „Wirtschaftswunder", das die Grundlage für einen bis dahin in Deutschland nicht gekannten allgemeinen Wohlstand bildete.

In der **DDR** wurde eine **zentrale Planwirtschaft** durchgesetzt: Der Staat bestimmte über den Einsatz von Arbeitskräften und Rohstoffen und legte die Preise und Löhne fest. Das sozialistische Wirtschaftssystem sorgte zwar für scheinbare Vollbeschäftigung, war aber nicht in der Lage, die Versorgung der Bevölkerung mit wichtigen Konsumgütern dauerhaft ohne Engpässe sicherzustellen bzw. an den Bedürfnissen und Nachfragen der Menschen auszurichten.

Frauen waren in der DDR häufiger erwerbstätig als in der Bundesrepublik. Hinsichtlich ihrer Doppelbelastung mit Familie und Beruf machten Frauen aus Ost und West aber ähnliche Erfahrungen.

Krisen in der DDR: Volksaufstand und Mauerbau

Obwohl das DDR-Regime seinen Staat als „Arbeiterstaat" sah, kam es am **17. Juni 1953** zu einem **Aufstand**, der am 16. Juni von den Bauarbeitern im Osten Berlins ausging. **Streiks und Massendemonstrationen** in Berlin und an hunderten Orten in der DDR führten zu Zusammenstößen mit der Staatsmacht. Ausgehend von **Forderungen** nach **Senkung der Arbeitsnormen und Verbesserung der Versorgungslage**, lauteten die Ziele der Aufständischen bald: **freie Wahlen und Abschaffung der Diktatur**. Nur sowjetische Panzer konnten den Aufstand letztlich stoppen. Es gab **mehr als 30 Tote und hunderte Verletzte. Etwa 13 000 Menschen wurden verhaftet.** Als im Jahre 1960 die Flüchtlingszahlen von der DDR in die Bundesrepublik auf fast 200 000 angestiegen waren, schloss die DDR-Führung den Fluchtweg nach West-Berlin am **13. August 1961** durch eine **Mauer** an der Sektorengrenze. Damit gelang es ihr, Staat und Wirtschaft zunächst zu stabilisieren.

Neue Deutschland- und Ostpolitik

Die demokratische und frei gewählte Regierung der Bundesrepublik vertrat international ihren Anspruch auf das „Alleinvertretungsrecht" für alle Deutschen. Die Regierung Kiesinger (Große Koalition aus CDU/CSU und SPD 1966–1969) gab diesen Anspruch auf. Eine erste Annäherung zwischen DDR und Bundesrepublik fand auf Initiative der ab 1969 in Bonn regierenden SPD/FDP-Koalition unter Bundeskanzler Willy Brandt statt. Die **Entspannungspolitik zwischen den Großmächten USA und Sowjetunion** förderte den deutsch-deutschen Dialog.

Die neue Deutschland- und Ostpolitik führte zu Verträgen mit Polen und der Sowjetunion **(Moskauer Vertrag 1970)** sowie mit der DDR **(Grundlagenvertrag 1972)**, in denen im Wesentlichen Gewaltverzicht, Anerkennung der bestehenden Grenzen und menschliche Erleichterungen vereinbart wurden.

255

Deutschland nach 1945:
Eine Nation – zwei Staaten

M1 Eine Verfassung für Westdeutschland

Die Militärgouverneure der drei westlichen Zonen erteilten den Ministerpräsidenten in ihrem Bereich am 1. Juli 1948 in Frankfurt a. M. die folgende Weisung („Frankfurter Dokumente"):

In Übereinstimmung mit den Beschlüssen ihrer Regierungen autorisieren die Militärgouverneure der amerikanischen, britischen und französischen Besatzungszone in Deutschland die Ministerpräsi-

5 denten der Länder ihrer Zonen, eine Verfassungge-
bende Versammlung einzuberufen, die spätestens am 1. September 1948 zusammentreten sollte …
Die Verfassungsgebende Versammlung wird eine demokratische Verfassung ausarbeiten, die für die

10 beteiligten Länder eine Regierungsform des föde-
ralistischen Typs[1] schafft, die am besten geeignet ist, die gegenwärtig zerrissene deutsche Einheit schließlich wieder herzustellen, und die [die] Rechte der beteiligten Länder schützt, eine angemesse-

15 ne Zentralinstanz schafft und Garantien der individuellen Rechte und Freiheiten enthält.

Ursachen und Folgen. Eine Urkunden- und Dokumenten-
sammlung zur Zeitgeschichte, hg. von Herbert Michaelis und Ernst Schraepler, Bd. 26, Berlin (Dokumenten-Verlag Dr. Herbert Wendler & Co) o. J., S. 148 f.

....

[1] Gliederung des Staates in mehrere gleichberechtigte Ein-
heiten (z. B. Bundesländer) im Gegensatz zum zentralisti-
schen Staat

M3

„Zwei Volk, zwei Reich, zwei Führer", Karikatur aus dem „Simpl", 1949

M2

Propaganda in der DDR, Foto, 1959

M4

Plakat zur Bundestagswahl 1953, veröffentlicht durch Die Waage. Gemeinschaft zur Förderung des Sozialen Ausgleichs e. V., Köln

Karikatur aus der „Baltimore Sun" (USA), September 1949

Überprüfe, was du kannst

Sachkompetenz

1 Kläre die Begriffe: Zusammenbruchsgesellschaft (S. 232), Währungsreform (S. 235), Nürnberger Prozesse (S. 238), Entnazifizierung (S. 238 f.), Grundgesetz (S. 240), Moskauer Vertrag (S. 252), Grundlagenvertrag (S. 253).

2 Zeige – ausgehend von M2 und M4 – an den Begriffen „Markt" und „Plan" die Unterschiedlichkeit der Wirtschaftssysteme in beiden deutschen Staaten.

Methodenkompetenz

3 a) Analysiere M1 mithilfe der Methode „Eine Textquelle analysieren" im Anhang.
b) Kläre, welche Grundprinzipien eine Verfassung für die Länder der westlichen Zonen enthalten sollte.

4 Erschließe die Aussageabsicht der Karikatur M3 mithilfe der Methode „Karikaturen entschlüsseln" im Anhang.

Selbst- und Sozialkompetenz

5 **Wahlaufgabe:** a) Erschließe die Aussage der Darstellung in M5. Beachte die Datierung der Karikatur.
b) Bewerte die in M5 enthaltene Textinschrift „Hoffentlich wird er nicht wie sein Bruder" aus damaliger alliierter Sicht und aus deiner heutigen Kenntnis.

6 Erörtere, inwiefern die Gründung der beiden deutschen Staaten auf die alliierte Besatzungspolitik zurückzuführen ist (S. 235 f. und S. 240–243).

7 **Recherche/Gruppenarbeit:**
Führt – ausgehend von S. 236 f. und euren Recherchen zur Nachkriegszeit in Thüringen – eine Podiumsdiskussion durch zu der Frage: Wie haben Gesellschaft, Wirtschaft, Parteien und Politiker Kriegsfolgen und politischen Neubeginn nach 1945 bewältigt? Bereitet die Diskussion vor: Teilt die Klasse in Gruppen und skizziert eure Beiträge stichwortartig.

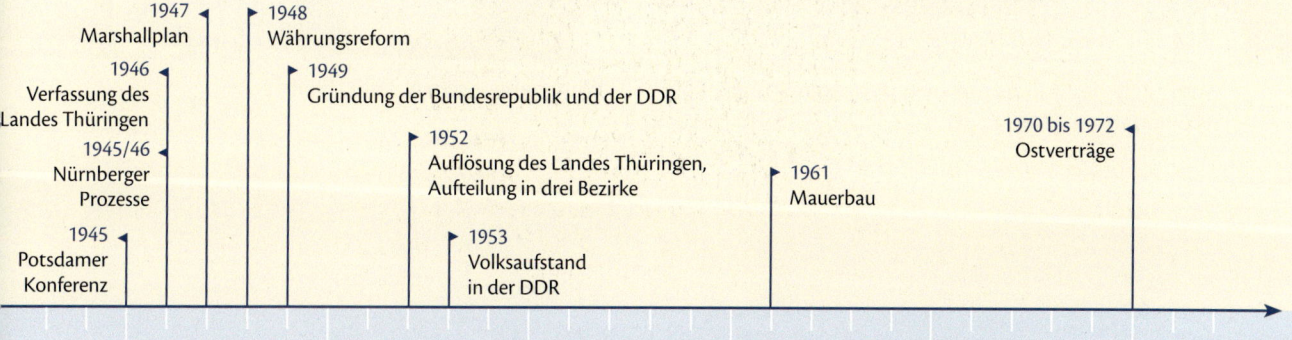

1947 Marshallplan

1948 Währungsreform

1946 Verfassung des Landes Thüringen

1949 Gründung der Bundesrepublik und der DDR

1945/46 Nürnberger Prozesse

1952 Auflösung des Landes Thüringen, Aufteilung in drei Bezirke

1970 bis 1972 Ostverträge

1945 Potsdamer Konferenz

1953 Volksaufstand in der DDR

1961 Mauerbau

1945 1950 1955 1960 1965 1970

10. Leben im geteilten Deutschland – Lernen an Stationen

Am Ende dieses Kapitels kannst du

- Merkmale des Alltagslebens in Ost und West nennen

- die Rolle der Frauen in Ost und West beschreiben und vergleichen

- Einstellungen und Lebensgefühl von Jugendlichen in der DDR und der Bundesrepublik vergleichen

- Ziele, Methoden und Funktion der Staatssicherheit der DDR benennen und beurteilen

- die 68er-Bewegung als politische und soziale Bewegung darstellen und bewerten

- den Terrorismus der Rote-Armee-Fraktion (RAF) geschichtlich einordnen und beurteilen

- **Methode** Den Aussagewert von Quellengattungen vergleichen

Zusammenleben in den 1960er Jahren

M1

Sonntägliches Kaffeetrinken in der guten Stube in den 1960er Jahren, Foto

M2

Wohngemeinschaft, Foto, 1968

Trennendes und Verbindendes – Lernen an Stationen

Stationenlernen – Arbeitshinweise und Tipps

In diesem Kapitel könnt ihr ausgewählte Aspekte des gesellschaftlichen Lebens in beiden Teilen Deutschlands erarbeiten. An fünf Stationen und zwei Wahlstationen sind Materialien zusammengestellt, die ihr in Einzel- oder Partnerarbeit mithilfe des „Laufzettels" (Kopie für alle anfertigen!) erarbeiten könnt.

Wenn ihr bestimmte Themen vertiefen möchtet, dann könnt ihr weitere Materialien wie Sachbücher und Zeitschriften oder auch Informationen aus dem Internet heranziehen. Eine bestimmte Reihenfolge für die Bearbeitung der Themen gibt es nicht. Klärt vor Beginn der Arbeit, wie ihr eure Ergebnisse präsentieren wollt.

„Laufzettel" mit Arbeitsaufträgen

Station 1: Alltagsleben in Ost und West (S. 262 f.)
– Beschreibe die Entwicklung des Lebensstandards in Westdeutschland (M1, M3, M4).
– Untersuche die Konsum- und Produktionsbedingungen in Ostdeutschland (M5–M8).
– Vergleiche die Ausstattung mit Konsumgütern in beiden deutschen Staaten (M2).

Station 2: Frauenrollen in Ost und West (S. 264 f.)
– Stelle die Auffassungen über Frauenrollen in Ost und West fest (Darstellungstext, M1, M3, M4).
– Vergleiche die Berufstätigkeit und die Entlohnung von Frauen in Ost und West (M2, M6).
– Prüfe an M3 und M5, ob ein Wandel in der Auffassung über Frauenrollen erkennbar ist.
– Beurteile beide Frauenbilder unter dem Gesichtspunkt Anspruch und Wirklichkeit.

Station 3: Jugend in der DDR (S. 266 f.)
– Beschreibe die in M1, M3, M5, M7 zum Ausdruck kommenden Lebenssituationen und -gefühle von Jugendlichen in der DDR.
– Untersuche, wie sich in M2, M4 und M6 Bedenken und Kritik am Herrschaftssystem der DDR zeigen.
– Bewerte die Überschrift „Begrenzte Träume"?

Station 4: Jugend in der Bundesrepublik (S. 268 f.)
– Beschreibe die in M1, M2, M3, M4 und M6 zum Ausdruck kommenden Lebenssituationen und -gefühle von Jugendlichen in der Bundesrepublik.
– Untersuche den Verlauf des Jugendprotests (M5).
– Beschreibe mithilfe des Darstellungstextes Motive und Ursachen des Protestverhaltens von Jugendlichen in den 1950er Jahren.
– Vergleiche das Verhalten von Jugendlichen damals mit dem heutiger Jugendlicher.

Station 5: Die „Staatssicherheit" als Machtinstrument (S. 270 f.)
– Stelle anhand der Materialien auf dieser Doppelseite die Methoden der Stasi zusammen.
– Stelle dar, welche Folgen die Stasi-Aktivitäten für den Umgang der Menschen haben konnten.
– Zeige an den Beispielen aus M6, wie Sprache für bestimmte Zwecke instrumentalisiert wurde. Berücksichtige das Wort „lügen".
– Prüfe die These vom „Machterhalt der Partei" als oberstem Ziel der Staatssicherheit.

Station 6 (Wahlstation): Die 68er-Bewegung in Deutschland (S. 272 f.)
– Stelle anhand des Darstellungstextes und des Kastens Ziele und Verlauf der 1968er-Bewegung in Westdeutschland dar.
– Zeige an M1 und M2 Ziele und Formen des Protests.
– Erörtere, in welchem Zusammenhang M3 und M4 mit der 1968er-Bewegung stehen könnten.
– Vergleiche die Positionen in M5 und M6. Nimm Stellung.

Station 7 (Wahlstation): Terrorismus in Deutschland – die RAF (S. 274 f.)
– Stelle Ziele und Methoden der RAF dar (Darstellungstext, M1, M2).
– Zeige anhand M2, M3, M4 und des Biografie-Kastens Reaktionen und Maßnahmen des Staates.
– Analysiere, wie ein ehemaliges RAF-Mitglied seinen Weg in den Terrorismus erklärt und heute bewertet (M5).

Webcode: FG1110444-259

Den Aussagewert von Quellengattungen vergleichen

Was können Quellen leisten – und was nicht?

Quellen habt ihr bisher in vielfältigen Formen kennen gelernt. Sie werden allgemein als Zeugnisse menschlichen Handelns bezeichnet und können zu Quellengattungen zusammengefasst werden, wie z. B. schriftliche

5 Quellen, bildliche Quellen, gegenständliche Quellen, die im Einzelnen weiter unterteilt werden können: in Urkunden, Akten, Briefe, Reden als Gattungen der schriftlichen Quellen. An ausgewählten Quellen könnt ihr auf dieser Methodenseite untersuchen, welche Bil-

10 der von Jugendlichen diese Quellen aus der Zeit der 1950er bis 1980er Jahre vermitteln und welchen Aussagewert sie jeweils im Vergleich untereinander haben.

Vorschlag für eine Gruppenarbeit

1 a) Erschließt M1 bis M6 arbeitsteilig anhand des Arbeitsschrittes 1.

b) Analysiert mithilfe des Schrittes 2 den Aussagewert der Quelle. Fasst anschließend kurz zusammen, welchen Aussagewert ihr der Quellengattung zuschreibt.

c) Stellt eure Ergebnisse den anderen Gruppen vor.

2 Tragt in der Klasse eure Gruppenergebnisse zusammen, indem ihr nach folgendem Schema vorgeht: Quelle / Aussage der Quelle / Quellengattung / Aussagewert der Quellengattung.

3 Übt die Bewertung von Quellengattungen an ausgewählten Quellen (S. 262–275).

M1

Filmplakat „Denn sie wissen nicht, was sie tun", 1956

Arbeitsschritte

1. Schritt: Jede Quelle einzeln erschließen

Nimm dazu jeweils die Anleitungen im Anhang zu Hilfe.

Untersuchungsmerkmale:
– Quellengattung
– Form
– Inhalt
– historische Einordnung
– Beurteilung

2. Schritt: Aussagewert der Quellen feststellen

– Welchen Aussagewert hat die Quelle bzw. Quellengattung? Beispiel Akten: informieren über einen Vorgang, einen Verlauf, bei dem schließlich eine Entscheidung getroffen und amtlich festgehalten wird.

Beispiel Reden: sind auf die Wirkung beim Zuhörer angelegt; entscheidend sind sprachliche Mittel.

3. Schritt: Aussagewert der Quellen vergleichen und beurteilen

– Worin liegen Unterschiede im jeweiligen Aussagewert, z. B. zwischen Geheimprotokoll und öffentlicher Rede?

– Welchen Ausschnitt aus der Wirklichkeit zeigen sie?

– Worin liegt die Begrenzung ihres Aussagewertes, z. B. durch Übertreibung, Verfälschung, Irreführung?

M2 **Karikatur von Erich Rauschenbach,** Berlin, 1980

M3

Jungenklasse einer Volksschule, Foto, um 1953

M4 **„Neue Medien" um 1960:** Tragbarer Plattenspieler und Kofferradio, Fotos

M5 **Titelblatt des Nachrichten-magazins „Der Spiegel", Nr. 41, 1967**

M6

Erinnerungen an die Schule

Wolfgang Herber legte 1968 sein Abitur an einem Wiesbadener Gymnasium ab, war Schulsprecher und beteiligte sich als Student aktiv am Frankfurter „Häuserkampf". Heute ist er Lehrer. Im Jahre 2001 erinnerte er sich:

Ich besuchte die damalige Knabenvolksschule an der Lorcher Straße … Das war eine reine Jungen-schule. Und nebenan war eine reine Mädchen-schule. In der Mitte gab es einen großen Strich,
5 und während der Pause durften die Jungs nicht [auf die Mädchenseite] und die Mädchen nicht [auf die Knabenseite]. Man musste in einem gro-ßen Kreis gehen in der Pause, und wer negativ auf-gefallen ist, musste sich in die Mitte stellen.
10 Dann gab es andere Dinge, die so typisch sind für die 50er Jahre. Zum Beispiel, wenn du Worte der Fäkaliensprache in den Mund genommen hast, Scheiße oder Arschloch oder so, dann, kann ich mich noch erinnern, ist einem Schüler der Mund
15 ausgewaschen worden … Mit Seife! Und es gab verschiedene Strafmaßnahmen. Prü-gelstrafe, also Schläge waren normal … Ich will damit sagen, es war ein Zeitgeist … einer-seits war es sehr autoritär, im Unterricht, du muss-
20 test also aufstehen, wenn der Lehrer kommt … und war es also in der Sexualerziehung oder über-haupt im Umgang mit dem anderen Geschlecht zum Beispiel … war es sehr rückwärtsgewandt … Das Bildungssystem schien uns nicht gerecht. Ar-
25 beiterkinder sind auch weiterhin in die Volksschu-le und die Leute, deren Eltern schon Gymnasialab-schluss oder Hochschulabschluss hatten, haben auch meistens ihre Kinder aufs Gymnasium ge-schickt … Die Möglichkeit, als Arbeiterkind Abitur
30 zu machen, ist viel schwieriger gewesen.

Befragung des Zeitzeugen Wolfgang Herber, Wiesbaden, Juni 2001. Zit. nach „Alle autoritären Lehrer sind Tanzbä-ren". Schule und Erziehung 1968, in: Geschichte lernen, H. 86, 2002, S. 37.

Station 1: Alltagsleben in Ost und West

M1

Kundgebung des Deutschen Gewerkschaftsbundes,
Foto, 1. Mai 1956

M2 **Ausstattung mit Konsumgütern in beiden deutschen Staaten 1969–1978**

| Erzeugnis | Von 100 Haushalten besaßen | | | | | |
| | in der Bundesrepublik Deutschland | | | in der DDR | | |
	1969	1978	1985	1969	1978	1985
Pkws	45	62	83	11	34	48
Krafträder	6	9	42	36	54	11
Rundfunkgeräte[1]	83	99	80	89	98	65
Fernsehgeräte	74	94	125	60	87	118
Kühlschränke	85	98	165	37	99	138
Waschmaschinen	61	82	101	38	79	99

In den amtlichen Berichten der DDR wurde bis 1989 regelmäßig erwähnt, dass Schwierigkeiten und Ausfälle im Angebot von Obst und Frischgemüse auftraten.

[1] einschließlich in Kombination mit Tonbandkassettengeräten usw.

Zusammengestellt nach Zahlenspiegel, hg. vom Bundesministerium für innerdeutsche Beziehungen, Bonn, 1982, 1988.

M3 **Eine eigene Wohnung**

Der Elektriker Walter Schaefer verließ 1946 das Ruhrgebiet und wechselte zu VW. Er berichtete 1988:
Zwischen 1950 und 1960, das war für mich einmal, wie soll ich sagen, wieder zu etwas zu kommen. Das heißt, wieder Eigentum zu besitzen. Nicht große Gelder anzulegen, aber eine eigene
5 Wohnung zu haben. Ja, sich einigermaßen kleiden zu können. Ein ruhiges und glückliches Familienleben zu führen, mit den Kindern, mit der Frau. Ich bin ja 1946 hier angekommen praktisch mit nix, mit gar nichts. Ich habe einen Anzug gehabt, das
10 heißt eine Hose, ein Hemd und eine Jacke, die ich umgebaut hatte … 1947 hab ich geheiratet. Dann hab ich zur Miete gewohnt in einem Zimmer. Möbel waren nicht da. Dann 1955 kam ich [in die eigene Wohnung] nach Wolfsburg … Man ging
15 dazu über, hat Möbel gekauft. Ja, Geld war nicht da. Also dann hieß es abzahlen, abzahlen, abzahlen … Ich habe viele Stunden gemacht damals im Werk. Die Möglichkeit war da bei uns ab 1950, dass wir kaum einen Sonnabend/Sonntag gehabt
20 haben. Es sind Monate gewesen, wo ich 300 und 360 Stunden gemacht habe. Einmal, weil das Geld fehlte, und zum anderen eben, weil man sich was anschaffen wollte, aber auch, weil es eben nötig war, um im Werk wieder mit aufzubauen.
Monika Uliczka, Berufsbiographie und Flüchtlingsschicksal. VW-Arbeiter in der Nachkriegszeit, Hannover (Hahnsche Buchhandlung) 1993, S. 233.

M4

Mit dem VW Käfer nach Italien. Eine westdeutsche Familie macht Urlaub am Gardasee, Foto, 1955

Planwirtschaft vor Ort

M5

Der beim Werksverkehr des Eisenhüttenkombinats (EKO) beschäftigte Lothar Ritter erinnerte sich 1994 an die Parteisitzungen:

Ich war mehrere Jahre in der Zentralen Parteileitung im EKO, und der damalige Produktionsdirektor Kurt Schröder, der musste so am 25./26. jedes Monats über den Stand der Planerfüllung berichten. Ich saß als Vorzeigearbeiter mit da drin, damals war ich Lokführer und hab von der Ökonomie nicht allzu viel verstanden. Aber ich wusste: Wenn drei, vier Tage vor Ultimo noch 10 000 Tonnen Roheisen gefehlt hatten und am 31. wurde dann Planerfüllung gemeldet, dann war da irgendwas manipuliert worden! Das hat sich dann permanent gesteigert, und nach dem Amtsantritt von Honecker, muss man sagen, noch potenziert. Da stimmte die gemachte Erfahrung nicht mehr mit dem überein, was als Ideologie verkündet wurde.

Zit. nach Eisenhüttenstädter Lesebuch, hg. von Dagmar Semmelmann u. a., Berlin (edition bodoni) 2001, S. 95.

M7

Arbeiter montieren einen Wartburg im Automobilwerk Eisenach in Thüringen, Foto 1959. Die Pkws konnten nur bestellt werden, mit einer Wartezeit von zwölf bis 15 Jahren.

Mehrarbeit – wofür?

M6

Hellmut Schönstädt, früher Diplomgartenbauingenieur, berichtete 1999 über das VEG* Gartenbau Eisenhüttenstadt:

Wenn im Betrieb Not am Mann war, haben in den Anfangsjahren die Frauen am Tage ihre eigentliche Arbeit gemacht und kamen nachmittags, wenn die Männer Feierabend hatten, mit ihren Männern und haben mit der Schubkarre die Erde in die Gewächshäuser reingekarrt … Sie haben mit Duldung des Betriebes Leistungen erbracht, die ihre Frauen nach dem Leistungsprinzip vergütet bekamen. Sie haben es nur gemacht, weil die Familie sich eben auch eine Waschmaschine, einen Fernseher, einen Trabbi anschaffen wollte. In unserem Betrieb wurde ja nur durch Leistungsvergütung Geld verdient, die Grundlöhne waren ja gering. Durch die spätere Möglichkeit, Jahresendprämien zu zahlen, konnten gute Arbeitsleistungen zusätzlich belohnt werden.

Zit. nach Eisenhüttenstadt, hg. von der Arbeitsgruppe Stadtgeschichte, Berlin (be.bra) 1999, S. 207.

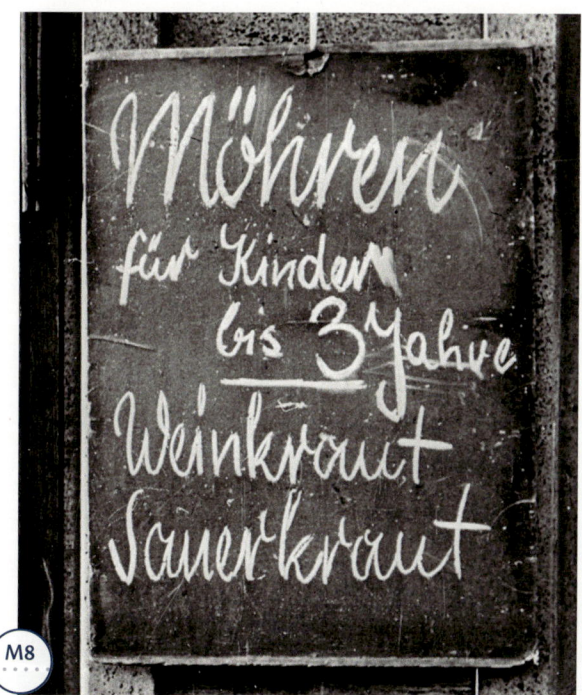

M8

Hinweistafel vor einem Lebensmittelgeschäft in Ostberlin, Foto, 1962

Station 2: Frauenrollen in Ost und West

Kinder, Küche und Karriere?

Im Grundgesetz von 1949 heißt es knapp: „Männer und Frauen sind gleichberechtigt." Auch in der DDR-Verfassung hatte die SED Vergleichbares formuliert. Die Umsetzung dieses Anspruchs führte in der Bun-
5   desrepublik allerdings zu heftigen Konflikten bei der Reform des Familienrechts. Dabei ging es vor allem um die Verteidigung des traditionellen Frauenbildes, zu dem auch die Hausfrauenehe gehörte: Die Tätigkeit der Frau sollte sich auf Haushaltsführung und Kinderer-
10   ziehung beschränken, ohne ein Recht auf berufliche Entfaltung. Erst in den 1960er und 1970er Jahren wurde dieses Leitbild aufgegeben. Als wissenschaftliche Untersuchungen nachwiesen, dass in der Bundesrepublik zu wenige Abiturienten ausgebildet werden und
15   auffallend wenig Mädchen weiterführende Schulen besuchten, führten diese Befunde zu Bildungsreformen. Aber auch der bundesrepublikanische Arbeitsmarkt meldete Bedarf an: Die wachsende Wirtschaft benötigte dringend mehr Fachkräfte, insbesondere nachdem

durch den Bau der Mauer 1961 die Zuwanderung aus   20
der DDR gestoppt war. Auch angeworbene ausländische Arbeitnehmer konnten die Lücken auf dem Arbeitsmarkt nicht füllen. Eine größere Zahl von Kindern und Jugendlichen aus allen sozialen Schichten sollte deshalb eine qualifizierte Ausbildung erhalten.   25
In der DDR gab es dagegen keine Debatte über die Gleichberechtigung der Geschlechter. Sozialistische Parteien hatten schon seit dem Ende des 19. Jahrhunderts gleiche Rechte für Männer und Frauen gefordert. Allerdings war die Gleichstellung der Frauen in der   30
DDR nicht nur ein politischer Grundsatz, sondern auch wirtschaftlich und sozial notwendig: 1. für die Gesamtwirtschaft wegen des Arbeitskräftemangels, 2. finanziell für die Einzelfamilie und 3. zum Ausgleich der „Republikflüchtigen" zumindest bis zum Mauerbau   35
1961. Traditionelle Rollenbilder wirkten aber auch in der DDR weiter: Berufstätige Mütter trugen zumeist eine Doppelbelastung. Auf höheren Hierarchieebenen waren Frauen deutlich unterrepräsentiert.

M2 **Weibliche Berufstätigkeit in Ost und West**

Die Zahlen beziehen sich auf Frauen über 15 Jahre, die Lohn und Gehalt bekamen oder ein Einkommen als Selbstständige erwirtschafteten. Nicht berücksichtigt sind u.a. Arbeitslose, Studierende und Hausfrauen:

	BRD	DDR
1960	54 %	67 %
1965	54 %	75 %
1970	53 %	81 %
1975	51 %	85 %
1980	51 %	85 %
1989	56 %	90 %

Zusammengestellt nach Zahlenspiegel Bundesrepublik Deutschland/Deutsche Demokratische Republik, hg. vom Bundesministerium für innerdeutsche Beziehungen, Bonn, 1985, S. 52. Für 1989: Der Spiegel Geschichte, Nr. 2, 2009, S. 122.

Der Mutterberuf

M3

Franz-Josef Wuermeling, Bundesfamilienminister der Bundesrepublik von 1953 bis 1962, schrieb 1959:

Gesellschaft und Staat sind nicht befugt, die persönliche Entscheidung einer Frau, ob sie erwerbstätig sein will oder nicht, zu bestimmen oder gar Urteile über einen solchen Entschluss zu fällen,
5 der ihr ja oft sehr schwerfällt. Staat und Gesellschaft haben aber die Pflicht, der Frau und Mutter den Verzicht auf familienfremde Tätigkeit so weit wie möglich zu erleichtern – einmal um der Familie willen, dann aber auch, weil das Wirken der Hausfrau
10 und Mutter in der Familie für das Gemeinwohl von ungleich höherem Wert ist als der wirtschaftliche Nutzen aus Fabrik- oder Büroarbeit. Da wird heute so viel von der Gleichberechtigung der Frau geredet, aber so wenig von dem höchsten und schöns-
15 ten Beruf der Frau und Mutter in der Familie. Dazu müssen wir klar und weithin hörbar aussprechen: Mutterberuf ist Hauptberuf wie jeder andere Beruf und hat höheren Wert als jeder Erwerbsberuf. Und niemand kann zwei Hauptberufe gleichzeitig voll
20 ausfüllen.

Franz-Josef Wuermeling, Mutter sein in dieser Zeit (1959). Zit. nach Angela Delille/Andrea Grohn, Blick zurück aufs Glück. Frauenleben und Familienpolitik in den 50er Jahren, Berlin (Elefanten Press) 1985, S. 67 f.

Ausbildung für Familie oder Beruf?

M5

1969 führte die Erziehungswissenschaftlerin Helge Pross eine der ersten großen Studien zur Mädchenbildung in der Bundesrepublik durch. Sie kam u. a. zu folgenden Ergebnissen:

Mädchen und ihre Eltern ziehen den früheren [Schul-]Abschluss vor, weil der Beruf, zu dem er Zugang verschafft, lediglich als Übergang und nicht als lebenslängliche Tätigkeit angesehen wird. Diese
5 Auffassung ist realistisch und kurzsichtig zugleich. Sie ist realistisch, weil die Hauptlast der häuslichen Pflichten auch in der absehbaren Zukunft von den Frauen getragen werden muss und der Beruf insofern tatsächlich ein Nebenberuf bleibt … Denkbar
10 ist freilich … die … Rückkehr in die Erwerbssphäre, nachdem die Kinder herangewachsen sind … Dann widerspricht die heute so realistisch scheinende Entscheidung für eine kurze Schul- und Lehrzeit dem individuellen Interesse. Soweit kurze Ausbil-
15 dung schlechtere Ausbildung ist, erschwert sie die Rückkehr in den Beruf.

Zit. nach Elke Kleinau/Christine Mayer (Hg.), Erziehung und Bildung des weiblichen Geschlechts, Bd. 2, Weinheim (Deutscher Studienverlag) 1996, S. 139 f.

M4

Gleiche Leistung – gleicher Lohn, Plakat der SED, 1946

GLEICHE Leistung GLEICHER Lohn

VOLLE GLEICHBERECHTIGUNG DER FRAU

wählt **SED**

Einkommen von Frauen und Männern

M6

Jahr	BRD: Durchschnittlicher Verdienst in der Industrie: Frauenverdienste in % der Männerverdienste		DDR: Netto-erwerbseinkommen: Frauen in % von Männern
	Arbeiterinnen	Angestellte	
1960	60	56	
1970	62	60	
1980	68	64	
1988	70	64	78

Bundesministerium für Frauen, Familie und Gesundheit 1989, S. 35 f.; DDR: Einkommensstichprobe 1988.

Station 3: Jugend in der DDR

FDJ-Aufmarsch, Foto, 1985

„Begrenzte Träume"?

Seit Beginn ihrer Herrschaft sah die SED in der Jugend einen wesentlichen Baustein zum Aufbau des Sozialismus. Die Jugendlichen waren „zu Staatsbürgern zu erziehen, die den Ideen des Sozialismus treu ergeben
5 sind, den Sozialismus stärken und gegen alle Feinde zuverlässig schützen" – so hieß es im Jugendgesetz von 1974. 1946 war die Freie Deutsche Jugend (FDJ) gegründet worden. Als einziger zugelassener Jugendverband der DDR spielte sie eine wichtige Rolle an
10 Schulen, Hochschulen, in Betrieben und in der Armee. Neben Ferien- und Freizeitangeboten organisierte die FDJ Treffen mit Jugendlichen aus anderen Städten und Ländern. Aufmärsche und Kampfdemonstrationen dienten der Mobilisierung und Motivierung der Ju-
15 gendlichen für die Ziele des Staates. 1987 waren etwa 87 Prozent der DDR-Jugendlichen Mitglied in der FDJ. Außer der FDJ machten auch andere staatliche Organisationen Angebote für Jugendliche, wie die „Gesellschaft für Sport und Technik". Ihnen gelang es jedoch
20 nicht, deren ganze Freizeitgestaltung zu erfassen. Es entstand eine Musikszene, die von Gruppen wie den Puhdys, Karat und Lift geprägt wurde. Die Jugend orientierte sich aber auch an den Trends im Westen. Zum Alltag der DDR-Jugend gehörten auch sogenannte Ju-
25 gend-Subkulturen, wie Punks, die Heavy Metals, Skinheads und Grufties. Sie alle wurden von der Staatssicherheit misstrauisch überwacht. Auch die Kirche wurde zu einem „Fluchtraum" vor dem Anpassungsdruck des SED-Staates.

Als Punk in U-Haft

Gilbert Furian, der wegen seiner regierungskritischen Haltung sein Studium abbrechen musste, führte 1982 Interviews mit Mitgliedern der DDR-Punkszene. Dafür wird er später zu zwei Jahren und zwei Monaten Freiheitsentzug verurteilt. Er berichtete über eine 15-jährige Berlinerin:

Eine Woche nach Aufzeichnung des Gesprächs wird ihr von den Eltern … ein Ultimatum gestellt, das offenbar mit der Schule abgestimmt ist: entweder sie erscheint am ersten Schultag in „normalen"
5 Klamotten, oder sie kommt ins Heim … Ihre erste Reaktion: „Dann gehe ich eben ins Heim, und wenn ich mit 18 rauskomme, mache ich weiter." … Sie möchte Schneiderin lernen und vielleicht eines Tages selbstständig arbeiten, möglicherweise eine
10 Boutique eröffnen. Nach den Ferien geht sie erst (mit Kompromissfrisur und Kompromisskleidung) in die Schule … Gestern schließlich (16. September) berichtet Almö, sie sei in U-Haft. Niemand weiß warum.

Zit. nach Gilbert Furian/Nikolaus Becker, Auch im Osten trägt man Westen, Berlin (Archiv der Jugendkulturen/Tilsner) 2000, S. 10.

Jugendweihe in der DDR, Berlin, Foto, 1979

„Keiner wollte sie tragen"

Aus den „Gedächtnisprotokollen" des Psychologen und Schriftstellers Jürgen Fuchs, 1977:

Keiner wollte sie tragen. Wir blickten weg und taten geschäftig, führten intensive Gespräche mit dem, der gerade in der Nähe stand, oder wechselten die Straßenseite. Niemand wollte den Dummen ma-
5 chen: Es wird sich schon einer finden. Vorneweg marschieren und dann noch allein mit diesem Ding, da wirst du gesehen und verlacht, das kennt man, ich werde wohl aus freien Stücken die Fahne schleppen.
10 Der Verantwortliche hat zwei Möglichkeiten: Entweder er bestimmt irgendeinen, verpflichtet ihn also bei Strafe des Meldens, oder er überlässt die Entscheidung den Anwesenden, lehnt das unerwünschte Objekt an den nächsten Gartenzaun und
15 sagt: Wenn wir losmarschieren, muss einer sie mitnehmen.
Und wohin, wenn die Demonstration zu Ende ist? Als Fahnenträger kannst du nicht in die erste beste Seitenstraße entweichen, da musst du in Reih und
20 Glied bleiben bis zuletzt: Wenn sich die anderen schon nach Eis und Bockwürsten anstellen, stehst du noch als Demonstrant auf der Straße, weithin sichtbar und verzweifelt eine Ablage suchend. Das habe ich immer wieder erlebt: Irgendeine Lautspre-
25 cherstimme verkündete kreischend große Erfolge, und wir standen als bestellte Demonstranten in Nebenstraßen und warteten, bis sich einer fand, der die Fahne mitnahm, die am Zaun lehnte. Und es war die rote Fahne.

Zit. nach Christoph Kleßmann/Georg Wagner, Das gespaltene Land, München (C. H. Beck) 1993, S. 465 f.

„Acht-Stunden-Ideologie"

Matthias Bothe, Jahrgang 1952, wegen „staatsfeindlicher Hetze" 1977 für ein Jahr im Gefängnis, erinnerte sich 1988 an seine Jugend in der DDR:

Ich hörte aufmerksamer den Gesprächen meiner Eltern zu, die sich keineswegs mit dem deckten, was der Lehrer in der Schule erzählte … Dazu kam noch das Fernsehen, das buchstäblich jeden Tag den
5 enormen Qualitätsunterschied in Information und Unterhaltung demonstrierte. So wurde ich, wie fast alle Kinder und Jugendlichen in diesem Land, zur DDR-spezifischen Schizophrenie erzogen, nämlich in der Schule so zu tun als ob und das zu sagen, was
10 der Lehrer hören wollte, und zu Hause, unter Freunden die eigene wirkliche Meinung zu sagen … In der DDR heißt das „Acht-Stunden-Ideologie".

Zit. nach Von Deutschland nach Deutschland, hg. von Gerhard Finn und Lieselotte Julius, Köln (Verlag Wissenschaft und Politik) 1988.

Bluesmesse in der Ost-Berliner Samariterkirche, Foto, 1980

Musikveranstaltung des Oktoberklubs, Foto, um 1972. Der Oktoberklub wurde von der FDJ unterstützt, initiierte und organisierte Musikveranstaltungen mit internationalen Gruppen.

Station 4: Jugend in der „alten" Bundesrepublik Deutschland

Mopeds und Rock 'n' Roll – „auffällige" Jugend?

Sie trugen schwarze Lederjacken, Nietenhosen (Jeans) oder enge schwarze Hosen, bunte Hemden in Kombination mit Schlägermützen, Parallelos (Pullover mit durchgehend verlaufenden Rippen) oder großkarierte Sakkos. In ihrer Freizeit trafen sie sich allabendlich an der Ecke, ließen ihre Mopeds im Stand aufheulen und fuhren zuweilen Rennen um die Häuserblocks: „Halbstarke" wurden sie von den Erwachsenen genannt als Synonym für männliche Jugendliche. Ihr Cliquenverhalten hatte Wurzeln in der Arbeiterjugendkultur der Weimarer Republik, aber auch in Protest- und Widerstandsgruppen der NS-Zeit, wie den „Edelweißpiraten", vor allem aber auch in der aus den USA kommenden Jugendkultur. Die wiedergewonnene Freiheit der Nachkriegsjahre und der Einfluss amerikanischer Lebensweise und Kultur schufen eine neue Jugendkultur. Ihre Gründungshymne war der Song „Rock Around the Clock" des amerikanischen Sängers Bill Haley – zuerst gesungen in dem Film „Die Saat der Gewalt" von 1955. Er versetzte Jugendliche in aller Welt „in Aufruhr" – und bot Gelegenheit, aus der als prüde und spießig empfundenen Erwachsenenwelt auszubrechen, um einmal „rund um die Uhr" Spaß zu haben. Weltanschaulich-politische Gründe spielten dabei keine Rolle. Mitte der 1950er Jahre hatte fast jede Großstadt – in Europa und Nordamerika – ihren Halbstarken-Krawall, ausgelöst durch Rock-'n'-Roll-Konzerte, Rock-'n'-Roll-Turniere oder Filme, wie z. B. „Außer Rand und Band". Diese Entwicklung empfanden viele Erwachsene als bedrohliche Amerikanisierung der westdeutschen Gesellschaft. Viele Jugendliche unterschätzten die strafrechtlichen Konsequenzen und wurden wegen Aufruhrs oder Landfriedensbruchs bestraft. Zunehmende Freizeit, neue Konsummöglichkeiten und sich verbreitende Massenmedien (Zeitschriften, Rundfunk, Fernsehen) werden in der Geschichtsforschung als Rahmenbedingungen für die Spannungen und Konflikte zwischen den Generationen gesehen.

„Halbstarke", Foto von Fritz Neuwirth, 1953

Tanzveranstaltung, Foto, 1960

 „Blinde Zerstörungswut"?

Die „Westdeutsche Allgemeine Zeitung" schrieb über die Krawalle am 1. Dezember 1956 in Dortmund:

5A Letzter Lagebericht von der „Rock-and-Roll-Front" ... Das Capitol[1] ... steht noch – vier Schaufenster zu Bruch – sechs Autos umgeworfen – zwölf Verkehrsschilder demoliert – ein Dutzend

5 Mülltonnen vernichtet. Eine regelrechte Schlacht zwischen Polizei und „Rock-and-Rollern" wurde am Samstagabend geschlagen: mit einem Wasserwerfer und Gummiknüppeln ging eine Hundertschaft ... gegen die „außer Rand und Verstand" tobenden

10 Jahrgänge 1938 bis 1944 vor und schlug sie in die Flucht.

Ein damals Beteiligter erinnerte sich 1989:

5B Diese Krawalle hier in Dortmund, ... das wären keine geworden, wenn die Polizei sich anders verhalten hätte ... Als die Leute ... aus dem Kino kamen, dann stand da draußen schon die Polizei mit

5 Wasserwerfern usw. Die ließen die Leute auch nicht abziehen, wie sie das wollten. Man drängte sie: Weitergehen! Weitergehen! Weitergehen! Und dann wurden die Leute rebellisch. Und dann wurde der Wasserwerfer eingesetzt.

M5A zit. nach Schock und Schöpfung, hg. vom Deutschen Werkbund und Württembergischen Kunstverein Stuttgart, Darmstadt/Neuwied (Luchterhand) 1986, S. 271.
M5B zit. nach Nordstadtbilder, Essen, 1989, S. 245.

[1] Name eines Kinos

Zuschauer bei einem Konzert von Bill Haley in der Bundesrepublik, Foto, 1958

Beatles-Fieber, Foto, 1964

Straßenszene in München, Foto, 1970

Station 5: Die „Staatssicherheit" als Machtinstrument

„VEB Horch und Greif": das Spitzelsystem

Die SED-Diktatur, die sich freien Wahlen durch die Bevölkerung nicht gestellt hatte, richtete 1950 zur Sicherung ihres Machtmonopols eine politische Geheimpolizei ein nach dem Vorbild der Sowjetunion. Das
5 „Ministerium für Staatssicherheit" (MfS) hieß in der Bevölkerung ironisierend „VEB (Volkseigener Betrieb) Horch und Greif" oder „Horch und Guck", auch „Horch Guck und Greif". Es begann 1950 mit rund 1000 hauptamtlichen Mitarbeitern und hatte 1989 circa
10 91 000 Beschäftigte. Dazu kamen etwa 173 000 sogenannte IMs, also „inoffizielle Mitarbeiter" (Stand 1989). Sie verpflichteten sich – in aller Regel in schriftlichen Bereitschaftserklärungen –, Informationen über Personen zu liefern, die „die Sicherheit des Staates" gefähr-
15 deten. Das Ministerium für Staatssicherheit förderte ein elitäres Bewusstsein seiner Mitarbeiter. Ihre Loyalität wollte man z. B. dadurch stärken, dass sie bei der Versorgung mit Konsumartikeln oder bei der Berufswahl bevorzugt wurden.
20 Folgende Aufgabenbereiche waren definiert:
– Bestrebungen gegen die sozialistische Gesellschaftsordnung der DDR aufdecken, politisch aktive Personen überprüfen, überwachen und einschätzen;
– „nicht legale" Gruppierungen ausspionieren, „un-
25 terwandern" und Aktivitäten in der Öffentlichkeit verhindern;
– „Straftaten gegen die Staatsgrenze" vereiteln, den Transitverkehr, die Durchreise durch die DDR, überwachen;
30 – die Volkswirtschaft gegen Sabotage und Kriminalität schützen;
– Pläne und Aktivitäten anderer Staaten und ausländischer Organisationen aufklären, wissenschaftlich-technische Informationen beschaffen;
35 – Tätigkeiten fremder Geheimdienste unterbinden;
– „faschistische Kriegsverbrechen" aufdecken.
Mit der friedlichen Revolution 1989 endete auch das Stasi*-Spitzelsystem. Das Ministerium für Staatssicherheit wurde am 11. Januar 1990 aufgelöst. Die
40 Akten der Staatssicherheit werden heute von einem Bundesbeauftragten an zentraler Stelle verwahrt. Stasi-Opfer, Wissenschaftler und Journalisten können auf Antrag Einsicht nehmen.

M1

Stasi-Observanten, fotografiert aus der Ständigen Vertretung der Bundesrepublik Deutschland in Ostberlin, Foto, 1982

M2

„Zersetzungsmaßnahmen" der Stasi

Dem DDR-Schriftsteller und Psychologen Jürgen Fuchs (1950–1999) wurden Verleumdung und Herabsetzung der Staats- und Gesellschaftsordnung der DDR vorgeworfen. In einer Aktennotiz des Ministeriums für Staatssicherheit für den Zeitraum von August bis September 1982 hieß es:

F. wurde kontinuierlich, vor allem in den Nachtstunden, in seiner Wohnung angerufen, ohne dass sich der Anrufer meldete. Gleichzeitig wurde jeweils der Fernsprechanschluss zeitweilig blockiert. Im
5 Namen von F. wurde eine Vielzahl von Bestellungen von Zeitungen, Zeitschriften, Prospekten, Offerten u. dgl. aufgegeben, darunter auch Bestellungen, die zur Kompromittierung[1] des F. geeignet sind. Mehrfach wurden Taxis und Notdienste (Schlüssel-
10 notdienst, Abflussnotdienst, Abschleppdienst) vorwiegend nachts zur Wohnung des F. bestellt.

Zit. nach Jens Gieseke, unter Mitarbeit von Doris Hubert, Die DDR-Staatssicherheit, Bonn (Bundeszentrale für politische Bildung) 2000, S. 64.

....

[1] kompromittieren: bloßstellen

„Stasi auf dem Schulhof"

M3

Aus einem Interview von 1998 mit Robert P. (Name geändert), Jahrgang 1966, von 1983 bis 1989 als IM für das MfS tätig:

Ich war seit der 9. Klasse bei der Jungen Gemeinde aktiv … Mit Staatsverdrossenheit hatte das damals noch nichts zu tun. Aber es führte zwangsläufig zu dem, was man in der DDR „Politisierung" nannte.
5 Denn es war ja alles, was kirchliche Arbeit war, schwierig …
Frage: Wann und wie hat die Staatssicherheit Kontakt aufgenommen zu dir?
Das fing an mit 17. Irgendwann hatten die bei mei-
10 nen Eltern zu Hause gewartet, mit falschen Auswei-sen und irgend'nem Vorwand. Sagten, sie seien von der Polizei; in der Schule sei etwas vorgefallen, und sie bräuchten mich als Zeugen … Das ging am An-fang eigentlich gar nicht um die kirchlichen Grup-
15 pen. Es ging eher um Stimmungsbilder in der Schu-le … Es war auch keine direkte Erpressung … Sie hatten mich über Tage hinweg beobachtet und mit allen möglichen Leuten fotografiert. Bei Öko-Tagen, bei Rockkonzerten, vor der Schule. Sie wollten die
20 Namen wissen. Da konnte ich schlecht sagen, die kenne ich nicht … Ich weiß noch, dass das immer so'n Lavieren war … Naja – vorher war das immer so: Stasi, das waren die anderen. Mein Kreis war der geschützte, die Stasi war außerhalb. Jetzt begriff ich:
25 Wenn die zu mir kommen, zu wem dann noch? Plötzlich fielen ganz viele Leute aus. Mit einem Mal konnte ich keinem mehr trauen.
Zit. nach Klaus Behnke/Jürgen Wolf (Hg.), Stasi auf dem Schulhof, 2. erg. u. verb. Aufl., Bonn (bpb) 2012, S. 224 ff.

M4

Tücher als „Geruchsspurenträger" in Weckgläsern, um 1985. Mit der „Geruchskonserven-Methode" wurde der Individualgeruch von Bürgern konserviert. Im Bedarfsfall konnten Spürhunde (sogenannte Geruchsdifferenzie-rungshunde) verdächtige Personen identifizieren, wenn sie an einer „Tatortgeruchskonserve" Witterung erhalten hatten.

„Unendlich wichtiger sind die Opfer"

M5

Konrad Weiß, Dokumentarfilmer, Sprecher der Bürgerbewegung „Demokratie jetzt" in der ehema-ligen DDR und zeitweiliger Bundestagsabgeordne-ter von Bündnis 90/Die Grünen, schrieb 1993:

Alles, was Stasi-Leute erschnüffelten, und alles, was sie zu Protokoll gaben, diente dem einen Zweck: der Partei die Macht zu erhalten und sich das eige-ne Stück vom Kuchen zu sichern … Dem ordneten
5 sie alles unter, alle Fakten, alle Daten, alle Befunde … Unendlich wichtiger sind die Opfer: ihre Tapferkeit und ihre Angst, ihr Schweigen, ihre Verwirrung, ihr Hass. Sie allein wissen, wie es war. Denn sie haben den Staatssicherheitsdienst erlitten: in der Einsam-
10 keit der kalten Zellen, bei stundenlangen Verhören, in den Nächten voller Angst. Sie wurden gefoltert und geschändet, bespitzelt und observiert, wurden bis ins Intimste belauscht. Ihnen wurden Freund-schaft und Liebe, Kameradschaft und Mitmensch-
15 lichkeit vorgetäuscht, sie wurden erpresst und be-trogen, wurden kalt und berechnend verletzt … Ich habe mein Leben lang gewusst, dass meine Post ge-lesen, meine Telefonate abgehört, meine Gespräche belauscht wurden. Es gab immer Menschen, zu
20 denen ich auf Distanz gegangen bin, weil ich hinter ihrer Freundlichkeit den Spitzel vermutet habe.
Konrad Weiß, „Wir müssen uns der Wahrheit stellen", in: Spiegel special, Nr. 1, 1993, S. 7 ff.

Die Sprache der Stasi

M6

– **„Konspiration", „konspirativ":** Merkmale dieser Begriffe sind Geheimhaltung, Tarnung und Täu-schung; bei Zusammentreffen „konspirativ" vor-gehen, sich z. B. in einer getarnten Wohnung tref-
5 fen.
– **„herausbrechen":** eine Person wird aus einer feindlichen Gruppe „herausgebrochen", um An-knüpfungspunkte zur Auflösung der Gruppe zu schaffen.
10 – **„abschöpfen":** einer Person wird – ohne deren Kenntnis – Wissen abgenommen.
– **„zersetzen":** Maßnahmen gegen Einzelne oder Gruppen mit dem Ziel der Lähmung, Zersplitte-rung, Isolierung – bis zur Zerstörung der Persön-
15 lichkeit.
– **„lügen":** galt bei der Stasi als Tabuwort und wur-de z. B. durch „konspirieren" ersetzt.
Nach Christian Bergmann, Die Sprache der Stasi, Göttingen (V&R) 1999, S. 20 ff.

Station 6 (Wahlstation): Die 68er-Bewegung in Deutschland

Protest gegen Politik und Gesellschaft

Das Jahr 1968 wird gleichgesetzt mit Protest und Re-
volte junger Erwachsener, die in der westlichen Welt an
den Grundfesten der politischen und gesellschaftlichen Ordnung rüttelten. In der Bundesrepublik zeigte
5 sich der Protest vor allem in der „Außerparlamentari-
schen Opposition" (APO), in der sich sozialistische Stu-
denten- und Schülergruppen zusammengeschlossen
hatten, wie der Sozialistische Deutsche Studentenbund
(SDS). Mit politischen Aktionen und ihrer Antihaltung,
10 die sich in Kleidung, Musik- und Drogenkonsum und
in der Suche nach alternativen Lebensformen ausdrück-
te, wandten sich die „68er" gegen die aus ihrer Sicht
eingetretene Erstarrung und Verkrustung der
Gesellschaft. Sie strebten Veränderungen an in der
15 Kindererziehung und im Verhältnis der Geschlechter
zueinander, sie proklamierten sexuelle Freiheiten und
erprobten neue Wohnformen. Sie protestierten gegen
den „Muff" in Hochschulen und Schulen und forderten
Staat und Gesellschaft auf, die NS-Vergangenheit end-
20 lich konsequent aufzuarbeiten, die sich mit der neona-
zistischen NPD (seit 1964, später in mehreren Landta-
gen) wieder zeigte. Ein wichtiges politisches Ziel der
„68er" war die Solidarität mit internationalen Befreiungsbewegungen und der Protest gegen die Machtpoli-
25 tik der Supermächte, vor allem gegen die USA und ihren
gegen das kommunistische Vietnam geführten Krieg.

M2 Studentenprotest anlässlich der Feier des Rektorats-
wechsels an der Universität Hamburg, 9. November
1967, Foto. Die Aufnahme wurde zu einem Kultbild der
Studentenbewegung.

M3 Die Pille verändert das Sexual-
verhalten – Titelblatt der Zeitschrift „Twen", April 1967

M1 Studentendemonstration in München, mit Bildern von Marx, Che Guevara, Castro und Ho Chi
Minh, Foto, 1968

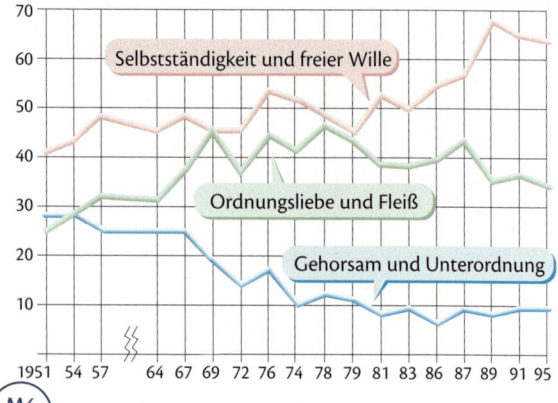

M4 Wertewandel in der Bevölkerung der Bundesrepublik Deutschland, 1951 bis 1995

Ziele und Zerfall der 68er-Bewegung

Die Historikerin Ingrid Gilcher-Holtey schrieb 2003 über die 68er-Bewegung:

Die vergleichende Analyse [in Europa und den USA] zeigt, dass die 68er-Bewegung … eine auf Ausweitung von Partizipationschancen ausgerichtete Bewegung war … [Die] zentralen Forderungen …
5 zielten auf die Erlangung und Ausweitung von Teilhabe- und Mitwirkungsrechten. Erstrebt wurde … [ein] Abbau von Herrschaft und Hierarchien, durch Selbstbestimmung und Selbstverwaltung … Die „direkte" Aktion wurde Teil [des politischen Han-
10 delns] … Die Aktionen verselbstständigten sich, und die Trägergruppen verloren die Chance, sie zu kontrollieren. Die Eskalation der Gewalt führte zum Zerfall der 68er-Bewegung … Einzelne Gruppen begannen sich zu radikalisieren, … tauchten … in
15 den Untergrund ab und nahmen den militanten, bewaffneten Kampf auf.

Ingrid Gilcher-Holtey, Die 68er Bewegung, 2. Aufl., München (C. H. Beck) 2003, S. 113 u. S. 122.

Eine These zur 68er-Bewegung

Der Historiker Hans-Ulrich Wehler schrieb 2008 über die 68er-Bewegung:

Nein, die Bundesrepublik war seit den frühen, nicht erst seit den späten 60er Jahren „wach und in Bewegung" … 1968 war daher alles andere als eine „Zweite Stunde null", selbst die Stilisierung zur „Großen
5 Zäsur" in der westdeutschen Nachkriegsgeschichte wäre verfehlt … Auf ihrer Suggestivkraft beruhte auch der früh kultivierte Mythos vom 68er-Umbruch. …
Politisch ist die deutsche 68er-Bewegung rundum
10 gescheitert … Die politischen Errungenschaften des Westens: die repräsentative Demokratie, der Verfassungs-, Rechts- und Sozialstaat trafen auf dumpfe, höhnische Ablehnung. Stattdessen wurden kommunistische Diktaturen in Entwicklungsländern
15 trotz ihrer mörderischen Bilanz nicht nur verklärt, sondern auch noch zum Vorbild für den revolutionären Umbau komplexer westlicher Gesellschaften und Staaten erhoben.

Hans-Ulrich Wehler, Deutsche Gesellschaftsgeschichte, Bd. 5, München (C. H. Beck) 2008, S. 311 f. u. S. 317 f.

Begriffe und Daten

Daten zur 68er-Studentenbewegung in Deutschland

2. Juni 1967 Der Westberliner Polizeibeamte Karl-Heinz Kurras (geb. 1927) tötet während eines Polizeieinsatzes den Studenten Benno Ohnesorg. Kurras wurde vom Verdacht der fahrlässigen Tötung freigesprochen. Todesschuss und Freispruch trugen zur Radikalisierung der Studentenbewegung bei. Im Mai 2009 wurde durch Stasi-Akten bekannt, dass Kurras als IM für das MfS der DDR arbeitete. Ein Tötungsauftrag der Stasi ist bislang nicht nachweisbar.

17. Februar 1968 Der in Westberlin gegründete Sozialistische Deutsche Studentenbund (SDS) organisiert einen Internationalen Vietnam-Kongress in Berlin.

21. Februar 1968 150 000 Berliner folgen dem Aufruf des Senats zur Gegenkundgebung.

2. April 1968 Brandanschlag auf ein Kaufhaus in Frankfurt am Main durch die späteren RAF-Terroristen Andreas Baader und Gudrun Ensslin.

11. April 1968 Rudi Dutschke, ein führendes Mitglied des SDS, wird bei einem Attentat schwer verletzt; in der ganzen Bundesrepublik kommt es zu Straßenschlachten; die Auslieferung von Zeitungen des Springer-Verlags wie der „Bild"-Zeitung wird gestört.

Mai 1968 Der „Aktionsrat zur Befreiung der Frauen" wird gegründet.

30. Mai 1968 Der Bundestag verabschiedet die „Notstandsgesetze", die es der Regierung bei inneren Unruhen ermöglichen, das Post- und Fernmeldewesen einzuschränken und die Bundeswehr einzusetzen.

21. August 1968 In mehreren Städten der DDR protestieren Jugendliche gegen den Einmarsch von Warschauer-Pakt-Truppen in Prag.

April bis Juni 1969 Studenten stören massiv Hochschulveranstaltungen.

21. Oktober 1969 Willy Brandt wird Bundeskanzler einer sozialliberalen Koalition; er kündigt an: „Wir wollen mehr Demokratie wagen."

21. März 1970 Selbstauflösung des SDS.

Station 7 (Wahlstation): Terrorismus in Deutschland – die RAF

Krieg gegen Staat und Gesellschaft

Am 16. Mai 1974 wurde der Sozialdemokrat Helmut Schmidt von der Koalition aus SPD und FDP zum Kanzler gewählt. Er galt als kompetent in der Wirtschafts- und Finanzpolitik. In seiner Regierungserklä-
5 rung sprach er von „Realismus und Nüchternheit", von „Kontinuität und Konzentration" auf das Wesentliche. Wie schon die Vorgängerregierung unter Brandt/ Scheel sah sich auch diese Regierung schnell mit einem Problem konfrontiert, das es so bisher in der jun-
10 gen Bundesrepublik nicht gegeben hatte: mit dem Terrorismus der sogenannten Rote-Armee-Fraktion (RAF). Mit Bomben, Sprengfallen und Maschinenpistolen attackierten die Terroristen der RAF die Bundesrepublik, ihre Institutionen und deren Repräsentanten. Als
15 „Stadtguerilla" wollten sie den „kapitalistischen Unterdrückerstaat" stürzen, griffen den „US-Imperialismus" an und sahen südamerikanische Revolutionäre als ihre Vorbilder an. Bombenbauen, Schießen und Handgranatenwerfen übten sie in einem jordanischen Paläs-
20 tinenserlager. Geld beschafften sie sich mit Banküberfällen. Mehr als dreißig Menschen fielen ihren Mordanschlägen zum Opfer: z. B. der Arbeitgeberpräsident Schleyer, der Generalbundesanwalt Buback, die Bankiers Ponto und Herrhausen, aber auch Dutzende
25 ihrer Begleiter und Polizisten. Erst 1992 kündigten die Terroristen an, den bewaffneten Kampf vorerst auszusetzen, 1998 erklärten sie ihr „Projekt" für beendet. Dass sich die RAF so lange halten bzw. Aussteiger abtauchen konnten, lag auch an der SED-Diktatur. Sie bot
30 den Terroristen einen Rückzugs- und Transitraum.

Bombenattentat auf den Dienstwagen des Vorstandssprechers der Deutschen Bank, Alfred Herrhausen (geb. 1930), am 30. November 1989, Foto. Die beiden letzten Mordanschläge der RAF auf Herrhausen und 1991 auf den Treuhand-Chef Detlev Karsten Rohwedder (Treuhand: Bundesanstalt zur Verwaltung und Privatisierung des „volkseigenen" DDR-Vermögens) werden als Reaktionen der RAF auf den Mauerfall gesehen. Offenbar befürchtete sie, dass nun auch Osteuropa dem „Diktat des Kapitalismus" unterworfen werde.

Entführter Arbeitgeberpräsident Hanns Martin Schleyer, 5. Oktober 1977, Foto. Bei dem Überfall am 5. September 1977 wurden sein Fahrer und drei Sicherheitsbeamte getötet. Der Plan, die RAF-Gefangenen Baader, Ensslin und Raspe zusätzlich mit der Entführung der Lufthansa-Maschine „Landshut" durch ein palästinensisches Kommando freizupressen, scheiterte am Widerstand der Bundesregierung. Die Flugzeuggeiseln wurden befreit, die drei Inhaftierten nahmen sich das Leben.

Fahndungsplakat nach RAF-Mitgliedern, 1977

M4 Bekämpfung des Terrorismus (1977)

Aus der Regierungserklärung Helmut Schmidts:

Jedermann hat Anspruch auf ein ordnungsgemäßes
Gesetzesverfahren. Ein Sonderprozessrecht für Terroristen darf es nicht geben … Wer einer falschen
und verhängnisvollen Solidarisierung mit Despera-
5 dos von großer krimineller Energie entgegenwirken
will und wer die Täter von der Gemeinschaft total
isolieren will, darf dabei nicht riskieren, dass die Freiheit der Person zu einem Ausstellungsstück wird,
das nicht mehr berührt, sondern nur noch in der
10 Vitrine besichtigt werden kann. Wir haben in Wahrheit zwei Aufgaben zu leisten: zum Ersten den Terrorismus ohne Wenn und ohne Aber und ohne
jede sentimentale Verklärung der Tätermotive zu
verfolgen, bis er aufgehört haben wird, ein Problem
15 zu sein. Aber die andere Aufgabe muss es sein, die
Meinungsfreiheit kämpferisch und entschlossen zu
verteidigen und über jeden Zweifel klarzumachen,
dass Kritik an den vielerlei Obrigkeiten nicht nur
statthaft ist, sondern dass sie für jeden demokrati-
20 schen Staat prinzipiell erwünscht ist.

Keesings Archiv der Gegenwart, 1977, S. 20968 ff.

Biografie

Helmut Schmidt

Geboren 1918 in Hamburg; Studium
der Volkswirtschaft und Staatswissen-
schaft; Mitglied des Deutschen Bundestages 1953 bis 1962 und 1965 bis
1987, Innensenator in Hamburg; SPD-Fraktionsvorsit-
zender im Bundestag, stellvertretender Bundesvorsit-
zender der SPD, 1969 bis 1972 Bundesverteidigungs-
minister, 1972 bis 1974 Bundesfinanz-, 1972 auch
Bundeswirtschaftsminister; 1974 bis 1982 Bundeskanzler einer sozialliberalen Koalition (SPD/FDP). Seine Kanzlerschaft war innenpolitisch gekennzeichnet
vom Kampf des Staates gegen den RAF-Terrorismus,
außenpolitisch von der weltweiten Wirtschaftskrise,
deren Auswirkungen durch die Politik des Kanzlers als
Wirtschafts- und Finanzfachmann durch staatliche
Konjunkturprogramme gemildert werden konnten.

M5 Die Menschheit durch Gewalt retten?

Aus einem Interview mit dem ehemaligen RAF-
Mitglied Silke Maier-Witt (geboren 1950), die bis
zu ihrer Verhaftung 1990 mit Stasi-Hilfe in der DDR
untergetaucht war. Zu zehn Jahren Haft wegen
Beteiligung an der Ermordung von Hanns Martin
Schleyer verurteilt, wurde sie unter Berücksichti-
gung der Kronzeugenregelung nach fünf Jahren
entlassen und arbeitet heute als Friedensfachkraft:

Frage: Wie fing bei Ihnen das Umdenken an?
Antwort: Im Knast, wo ich wieder anfing, mich mit
der Frage auseinanderzusetzen, wieso bin gerade
ich da reingekommen. Ich bin im Grunde aus einer
5 Position der Schwäche in die RAF gekommen. Ich
habe, als ich inhaftiert war, eine Frau kennen gelernt, die war in einer Sekte, und da habe ich gemerkt: So unterschiedlich ist das gar nicht. In der
RAF zu sein, hat mich immerhin der Notwendigkeit
10 enthoben, mir immer wieder neu darüber klarzu-
werden: Was mache ich? In welche Richtung geht
das? Wen unterstütze ich? Es gab nur: Entweder du
bist auf der richtigen Seite, oder du bist vollständig
auf der falschen. Dazwischen gab es nichts.
15 *Frage:* Ihre Abkehr von der Gewalt – war das ein
abrupter Schnitt oder ein langwieriger Prozess?
Antwort: Es gab schon einen konkreten Anlass:
nachdem eine unschuldige Frau 1979 in der
Schweiz bei einem Banküberfall der RAF erschossen
20 wurde. Aber damals habe ich die Politik der RAF
noch nicht für völlig falsch gehalten. Erst später habe ich klargekriegt, dass da ein ganz grundsätzlicher
Widerspruch besteht: Die Menschheit zu retten
und Gewalt anzuwenden, das geht nicht … Das ist
25 es, was ich mir im Nachhinein auch am meisten
übel genommen habe: Dass ich sehr wohl gesehen
habe, wie entsetzlich das war, gerade bei Schleyer,
wo also wirklich brutalst diese vier Leute im einem
Kugelhagel ermordet wurden. Auf die wurde im
30 Grund kein Gedanke verschwendet … Dass es mir
gelungen ist, für eine Ideologie so weit zu gehen,
alle moralischen Bedenken fortzuwerfen, das war
für mich dann schon eine entscheidende Selbster-
kenntnis. Da habe ich auch verstanden, wie das in
35 der Nazi-Zeit gewesen ist, eine Ideologie und eine
Gruppe zu haben, der man sich zugehörig fühlt
und die einem das Denken dann ja auch abnimmt.

Silke Maier-Witt, „Die Menschheit zu retten und Gewalt
anzuwenden, das geht nicht", in: fluter, Ausgabe 01 (Bundeszentrale für politische Bildung) Dezember 2001, S. 55.
Interviewer: Werner Schulz.

Leben im geteilten Deutschland – Lernen an Stationen

M1

Kinderbetreuung in einem Betriebskindergarten, Foto, um 1986. In der DDR konnten Eltern ihre Kinder bereits im Säuglingsalter ganztägig in „Krippen" betreuen lassen, ab dem vierten Lebensjahr in Kindergärten.

M2

Mütter in der Nähe von München mit ihren Kindern im Sandkasten, Foto, 1981

M3 Anfänge der Frauenemanzipation?

Helke Sander, geboren 1937 in Berlin, bis 2001 Filmregisseurin und Hochschuldozentin, kam 1965 mit ihrem Sohn zum Studium nach Westberlin. Sie war SDS-Mitglied und Mitbegründerin des „Aktionsrats zur Befreiung der Frauen" und der antiautoritären Kinderläden. 2001 erinnerte sie sich:

[Wir] haben nicht etwa angefangen mit dem Ziel, „jetzt werden wir eine Frauenbewegung". Wir wollten zeigen, dass die Kinderfrage, die Mütterfrage und die Frage der Reproduktion[1] in der Gesellschaft

5 eng zusammenstanden … Wir dachten, es wäre schön, alle paar Straßen einen Kinderladen zu gründen, um das leidige Zeitproblem für die Frauen auf eine praktische Art anzugehen … Als wir die ersten Kinderläden in Gang gebracht hatten, kamen einige

10 Männer wutschnaubend an und meinten plötzlich: „Das ist auch mein Kind und ihr könnt nicht einfach irgendetwas gründen!" Diese Männer nahmen uns die Sache dann relativ schnell aus der Hand und machten daraus den „Zentralrat der Kinder-

15 läden" … Manchmal frage ich mich, was ich mit meinem Engagement erreicht habe, und muss sagen: Ich weiß es nicht. Bei Bewegungen, egal welche es sind, gibt es immer eine Aufbruchsstimmung … und dann schüttelt sich das irgendwie ins Ge-

20 bräuchliche, … dann wird es in Paragrafen gefasst und in Verordnungen, dann gibt es Frauenbeauftragte und dies und das, was wir uns nie so vorgestellt haben.

Zit. nach Ute Kätzel, Die 68erinnen, Berlin (Rowohlt) 2002, S. 163 ff.

....

[1] Fortpflanzung

Chancengleichheit für Jungen und Mädchen?

Die Tabelle zeigt die prozentuale Verteilung von 16-jährigen Schülerinnen und Schülern auf allgemeinbildende Schulen und Berufsschulen in der Bundesrepublik 1960 bis 1995. Die Daten 1960 bis 1980 beziehen sich auf die alten Bundesländer, 1995 auf alle 16:

	1960	1970	1980	1995
Gymnasium				
weiblich	10,9	14,7	22,8	31,6
männlich	15,1	18,0	21,0	24,2
Realschule				
weiblich	7,2	6,8	14,4	17,3
männlich	7,0	8,4	13,2	16,6
Hauptschule				
weiblich	0,5	1,2	7,0	13,1
männlich	0,6	1,8	8,3	16,0
Berufsschule				
weiblich	64,9	57,9	32,4	16,4
männlich	70,5	61,6	42,6	26,1

Zit. nach Hannelore Faulstich-Wieland/Elke Nyssen, Geschlechterverhältnisse im Bildungswesen – eine Zwischenbilanz, in: Handbuch für Schulentwicklung, Bd. 10, hg. von H.-G. Rolff u. a., Weinheim (Juventa) 1998, S. 166.

Überprüfe, was du kannst

Sachkompetenz

1 Prüfe an M1 und M2, was beide Abbildungen zum Rollenverständnis über Frauen in Deutschland Ost und West aussagen.
2 Nenne Faktoren, die das Alltagsleben in Ost und West beeinflussten (S. 262 f.).
3 Formuliere anhand von M4 Aussagen zur Frage der Chancengleichheit für Jungen und Mädchen.
4 Vergleiche die Lebenssituationen von Jugendlichen in der DDR und der „alten" Bundesrepublik (S. 266 bis 269).

Methodenkompetenz

5 a) Analysiere M3 mithilfe der Methode „Schriftliche Quellen analysieren" im Anhang.
   b) Ordne die Aussage der Zeitzeugin in die 68er-Bewegung ein.
6 Analysiert in Gruppen historische Spielfilme, z. B. „Das Leben der Anderen" (2005), „Good Bye, Lenin!" (2003), „Sonnenallee" (1999). Nehmt die Methode „Historische Spielfilme analysieren und einordnen" (S. 88 f.) zu Hilfe.

Selbst- und Sozialkompetenz

7 Analysiere M5 mithilfe folgender Fragen:
   a) Wie schildert der Autor seine Rolle in der Protestbewegung?

Regelverstöße als Argumente?

Der spätere Schriftsteller Peter Schneider (Jahrgang 1940), aktiv an der Studentenbewegung beteiligt, begründete 1967 in einem Flugblatt, warum man der Aufforderung, ein Universitätsinstitut zu verlassen, nicht nachkommen werde:

Wir haben in aller Sachlichkeit über den Krieg in Vietnam informiert, … ohne dass die Fantasie unserer Nachbarn in Gang gekommen wäre, aber dass wir nur einen Rasen betreten zu brauchen,
5 dessen Betreten verboten ist, um ehrliches, allgemeines und nachhaltiges Grauen zu erregen. Wir haben vollkommen demokratisch gegen die Notstandsgesetze demonstriert, … ohne irgendeine Erinnerung wachzurufen, aber dass wir nur die poli-
10 zeilich vorgeschriebene Marschrichtung zu ändern brauchen, um den Oberbürgermeister und die Bevölkerung aus den Betten zu holen … Da sind wir auf den Gedanken gekommen, dass wir erst den Rasen zerstören müssen, bevor wir die Lügen
15 über Vietnam zerstören können, dass wir erst die Marschrichtung ändern müssen, bevor wir etwas an den Notstandsgesetzen ändern können … Da haben wir gemerkt, … dass wir gegen den ganzen alten Plunder am sachlichsten argumentieren, wenn
20 wir aufhören zu argumentieren, und uns hier in den Hausflur auf den Fußboden setzen. Das wollen wir jetzt tun.

Zit. nach Gerhard Henke-Bockschatz, Von Regelverstößen und Provokationen zu Brandsätzen?, in: Geschichte lernen, H. 86, 2002, S. 24.

b) Welche Überlegungen führten schließlich zur Anwendung von Gewalt?
c) Bewerte die Aussage: „… dass wir gegen den ganzen alten Plunder am sachlichsten argumentieren, wenn wir aufhören zu argumentieren …" (Zeile 18 ff.).
8 Schreibe eine kurze Stellungnahme zur These, die 68er-Bewegung sei vollkommen gescheitert.
9 **Recherche:**
   a) Informiert euch bei Erwachsenen, wie sie die Jahre 1960 bis 1970 erlebt haben, welche Ereignisse ihnen in Erinnerung geblieben sind. Lasst euch Fotos, Gegenstände, Kleider usw. zeigen, die aus dieser Zeit stammen.
   Wahlaufgabe: b) Recherchiert im Stadtarchiv nach Ereignissen an eurem Wohn-(Schul-)Ort und Reaktionen der Behörden und der Bevölkerung darauf. Nutzt die Arbeitsschritte zur Archivrecherche (S. 60) und Zeitzeugenbefragung (S. 301).

11. Deutschland – geteilt und vereint

Am 9. November 1989 wird die Mauer geöffnet. Von der Führung des SED-Staates war das so nicht geplant, aber in jener Situation an diesem Abend war es nicht mehr aufzuhalten. „Wahnsinn" wird zum Wort des Augenblicks.

Zeigt sich hier der Höhepunkt der friedlichen Revolution von 1989/90 in der DDR? Bürgerinnen und Bürger des zweiten deutschen Staates schütteln ihre Angst vor der SED-Dikatatur ab, gehen auf die Straße, demonstrieren, organisieren sich in politischen Vereinigungen. Sie wollen dableiben, während andere ohne Hoffnung auf Veränderungen im Laufe des Jahres in Scharen das Land Richtung Westen verlassen haben.

Die Macht der SED wird noch im Herbst 1989 gebrochen. Die Gebliebenen wollen ihr Land reformieren. Schnell zeigt sich aber auch, dass viele Menschen nicht mehr die DDR, sondern die Einheit Deutschlands wollen.

Folgende Fragen leiten dich durch das Kapitel:

– *Welche Faktoren führten zum Zerfall der SED-Herrschaft?*
– *Wie verlief die friedliche Revolution 1989?*
– *Welche Schritte führten zur staatlichen Einheit Deutschlands 1990?*

1 Beschreibt die Vorgänge auf dem Bild.
2 Tauscht eure Kenntnisse über den Fall der Mauer im November 1989 aus.

Mauerfall am Brandenburger Tor, Foto, 10. November 1989

Deutschland – geteilt und vereint

Am Ende dieses Kapitels kannst du

- Faktoren nennen und gewichten, die die Voraussetzung für den Zusammenbruch der SED-Diktatur waren

- Schritte zur Herstellung der staatlichen Einheit Deutschlands darstellen

- wirtschaftliche und soziale Folgen der deutschen Einheit beschreiben und beurteilen

- die Auseinandersetzung um die Wahrnehmung und Bewertung des SED-Staates erläutern

- die Entwicklung im vereinten Deutschland nach 1990 skizzieren

- **Methode** Dokumentarfilme analysieren

- **Methode** Zeitzeugen befragen

M1 **Karikatur von Hanns Erich Köhler,** 1949

M2 **„Entschärfung",** Karikatur, 18. März 1970

M3 **Militärparade zum 40. Jahrestag der DDR auf der Berliner Karl-Marx-Allee,** Foto, 7. Oktober 1989

M4 **Polizeieinsatz gegen Massendemonstrationen in Leipzig, Grimmaische Straße,** Fotos, 7. Oktober 1989

M5 **Titelseiten der „Spiegel"-Ausgaben vom 14. August und 30. Oktober 1989**

1 Wahlaufgaben:
a) Interpretiere M1 oder M2 mithilfe der Methode „Karikaturen entschlüsseln" im Anhang.
b) Notiere offene Fragen.
2 Analysiere und vergleiche die beiden Titelbilder in M5: Halte die Aussageabsicht der Titelbilder und die Veränderungen fest.
3 Die DDR am 7. Oktober 1989:
a) Beschreibe M3 und M4.
b) Vergleiche die Situationen und Ereignisse.
c) Schreibe einen Artikel aus der Sicht eines westdeutschen Reporters.
4 Erörtert gemeinsam, welche Bilder von der DDR mit den Materialien vermittelt werden. Ergänzt sie.

Webcode: FG1110444-281

Die friedliche Revolution in der DDR beginnt

Warum scheiterte die DDR?

Für das Ende der DDR werden zumeist innere und äußere Faktoren genannt; als früheste äußere die KSZE-Konferenz in Helsinki von 1975 (siehe S. 204), die Gründung der polnischen Gewerkschaft Solidarność

5 1980 sowie die Reformpolitik des sowjetischen Staats- und Parteichefs Michail Gorbatschow seit Mitte der 1980er Jahre und dessen Aufgabe der Breschnew-Doktrin. Im Inneren der DDR häuften und verdichteten sich die Anzeichen für das kommende Ende der DDR

10 im Laufe des Jahres 1989.

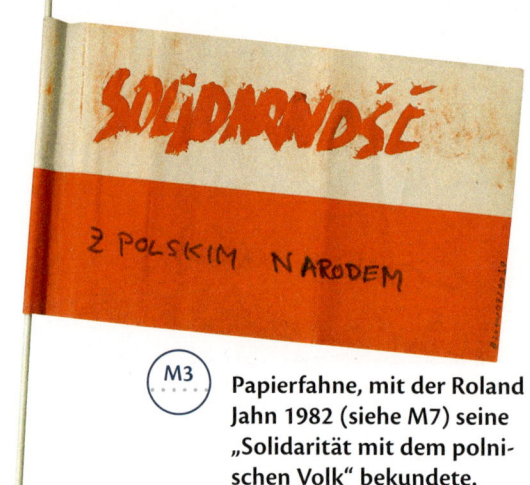

M3 Papierfahne, mit der Roland Jahn 1982 (siehe M7) seine „Solidarität mit dem polnischen Volk" bekundete.

M1

Karikatur von Schoenfeld, 1988

M2

Die Außenminister von Österreich, Alois Mock (li.), und Ungarn, Gyula Horn (re.), zerschneiden symbolisch den „Eisernen Vorhang", Foto, 27. Juni (!) 1989 (Ausschnitt)

M4

„Der Rufer", Farblithografie von Uwe Pfeifer, entstanden nach der Verhaftung von Bügerrechtlern bei der Luxemburg-Liebknecht-Demonstration am 17. Januar 1988 in Ostberlin. Titel „Prawda" (dt. Wahrheit): Parteiorgan der sowjetischen Kommunisten

„Kirche von Unten", Foto, 1987. Gegen den offiziellen Kirchentag in Ostberlin 1987 wurde ein „Kirchentag von Unten" initiiert, aus dem die Protestbewegung „Kirche von Unten" hervorging.

Die Jenaer „Friedensgemeinschaft" beteiligt sich an der Gegendemonstration zur Bombardierung der Stadt im Zweiten Weltkrieg, Foto, 1982. Der Demonstrant Roland Jahn (vorn li.) wurde bald darauf verhaftet und in die Bundesrepublik abgeschoben. Seit 2011 ist er Bundesbeauftragter für die Unterlagen des Staatssicherheitsdienstes in der ehemaligen DDR.

An den   Berlin, den 12.5.1989
Nationalrat der Nationalen Front der DDR
Thälmannplatz 8-9
Berlin
1080

**Betr.: Einspruch gegen die Gültigkeit der
Kommunalwahlen 1989 in Berlin**

Wir wollen unsere Gesellschaft konstruktiv gestalten. Darum nahmen wir in Warnehmung unserer staatsbürgerlichen Rechte und Pflichten an der öffentlichen Auszählung der Kommunalwahlen am 6. und 7.5.1989 teil, andere haben die Ergebnisse zur Kenntnis genommen.
Die in 66 von 67 Wahllokalen des Stadtbezirkes Weißensee öffentlich verkündeten Resultate lauten:

	abgegebene Stimmen	Ungültige Stimmen	Stimmen für den Wahlvorschlag	Stimmen gegen den Wahlvorschlag
Laut Bekanntgabe der Wahlvorstände:	27 680	46	25 410	2 224

Die Veröffentlichung des endgültigen Wahlergebnisses in der Presse vom 10.5.89 zeigt folgende Ergebnisse:

	abgegebene Stimmen	Ungültige Stimmen	Stimmen für den Wahlvorschlag	Stimmen gegen den Wahlvorschlag
Laut "ND":	43 042	24	42 007	1 011

Es ergeben sich folgende schwerwiegende Differenzen:
  1. Zwischen den Angaben der gültigen Stimmen gegen den Wahlvorschlag besteht ein Unterschied von 1213 Stimmen.
  2. Zwischen den Angaben der ungültigen Stimmen besteht ein Unterschied von 22 Stimmen.

Einspruch Berliner Bürgerrechtler (Ausschnitt) vom 12. Mai 1989 gegen den Betrug bei der Stimmenauszählung zu den Kommunalwahlen in der DDR, hier im Stadtbezirk Weißensee. ND = „Neues Deutschland"

Ausreise und Republikflucht – warum?

M8

Aus einem Lagebericht des Ministeriums für Staatssicherheit (1989):

Als wesentliche Gründe [für das Verlassen der DDR] … werden angeführt:

– Unzufriedenheit über die Versorgungslage;

– Verärgerung über unzureichende Dienstleistungen;

5 – Unverständnis für Mängel in der medizinischen Betreuung und Versorgung;

– eingeschränkte Reisemöglichkeiten innerhalb der DDR und nach dem Ausland;

– unbefriedigende Arbeitsbedingungen …

10 – Unzulänglichkeiten/Inkonsequenz bei der Anwendung/Durchsetzung des Leistungsprinzips sowie Unzufriedenheit über die Entwicklung der Löhne …;

– Verärgerung über bürokratisches Verhalten von Leitern und Mitarbeitern staatlicher Organe, Betriebe und Einrichtungen sowie über Herzlosigkeit im

15 Umgang mit den Bürgern;

– Unverständnis über die Medienpolitik der DDR.

Dieter Grosser u. a. (Hg.), Deutsche Geschichte in Quellen und Darstellungen, Bd. 11, Stuttgart (Reclam) 1996, S. 320 ff.

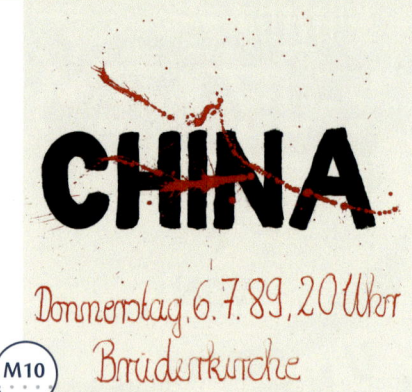

M10

Protestplakat gegen das Massaker in Peking am 4. Juni 1989. Am 17. April 1989 versammelten sich über 4000 Studenten auf dem Tiananmen-Platz im Zentrum Pekings. Sie forderten eine Untersuchung der Vorgänge um den kurz zuvor gestorbenen liberalen Generalsekretär der KPCh, Hu Yaobang. Aus der Protestaktion wurde eine dauerhafte Besetzung des Platzes, zeitweise mit bis zu einer Million Menschen. Forderungen waren: Demokratie, Mehrparteiensystem, Überprüfung der Korruption in der Parteibürokratie. Am 4. Juni 1989 kam es zur Räumung durch das Militär und zu brutaler Gewalt gegen Beteiligte und Unbeteiligte. Nach Angaben des chinesischen Roten Kreuzes starben 2600 Zivilisten, 30 000 wurden verletzt. Es kam zu Verhaftungen, Terror und 49 Hinrichtungen der „Rädelsführer" und „Provokateure".

Ein demokratischer Dialog

M9

Im Gründungsaufruf des „Neuen Forums", der am 9./10. September 1989 formuliert und im ganzen Land, vor allem über die Kirchen, verbreitet wurde, hieß es:

In unserem Lande ist die Kommunikation zwischen Staat und Gesellschaft offensichtlich gestört. Belege dafür sind die weitverbreitete Verdrossenheit bis hin zum Rückzug in die private Nische oder zur massen-

5 haften Auswanderung … Die gestörte Beziehung zwischen Staat und Gesellschaft lähmt die schöpferischen Potenzen[1] unserer Gesellschaft und behindert die Lösung der anstehenden lokalen und globalen Aufgaben … Auf der einen Seite wünschen wir uns eine

10 Erweiterung des Warenangebots und bessere Versorgung, andererseits sehen wir deren soziale und ökologische Kosten und plädieren für die Abkehr von ungehemmtem Wachstum. Wir wollen Spielraum für wirtschaftliche Initiative, aber keine Entartung in eine

15 Ellenbogengesellschaft … Wir wollen geordnete Verhältnisse, aber keine Bevormundung … Wir wollen ein wirksames Gesundheitswesen für jeden; aber niemand soll auf Kosten anderer krankfeiern. Wir wollen an Export und Welthandel teilhaben, aber weder zum

20 Schuldner und Diener der führenden Industriestaaten noch zum Ausbeuter und Gläubiger der wirtschaftlich schwachen Länder werden.

Um all diese Widersprüche zu erkennen, Meinungen und Argumente dazu anzuhören und zu bewerten, …

25 bedarf es eines demokratischen Dialogs über die Aufgaben des Rechtsstaates, der Wirtschaft und der Kultur. Über diese Fragen müssen wir in aller Öffentlichkeit, gemeinsam und im ganzen Land nachdenken und miteinander sprechen … Wir bilden deshalb eine poli-

30 tische Plattform für die ganze DDR, die es den Menschen aus allen Berufen, Lebenskreisen, Parteien und Gruppen möglich macht, sich an der Diskussion und Bearbeitung lebenswichtiger Gesellschaftsprobleme in diesem Land zu beteiligen … Allen Bestrebungen,

35 denen das „Neue Forum" Ausdruck und Stimme verleihen will, liegt der Wunsch nach Gerechtigkeit, Frieden und Demokratie sowie Schutz und Bewahrung der Natur zugrunde.

Zit. nach Bernd Lindner, Die demokratische Revolution in der DDR 1989/90, Bonn (Bundeszentrale für politische Bildung), 2010, S. 50.

[1] Kräfte

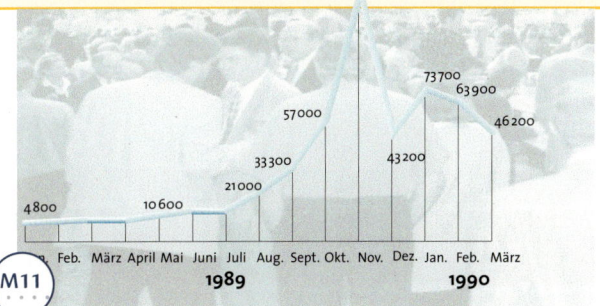

 M11

Fluchtbewegung aus der DDR, Januar 1989 bis März 1990

M12

Überfülltes Gelände der Botschaft der Bundesrepublik Deutschland in Prag, Foto, 29. September 1989. Außer Prag waren auch die Botschaften in Warschau und Budapest Ziele von DDR-Flüchtlingen. In der Prager Botschaft lebten zeitweise mehr als 6000 Flüchtlinge. Ende September 1989 durften die Flüchtlinge in Prag und Warschau in die Bundesrepublik ausreisen.

„So kann es nicht weitergehen!"

M13

Aus dem Aufruf zur Bildung einer sozialdemokratischen Partei in der DDR (SDP) vom Ende August 1989. Die Gründung erfolgte am 7. Oktober 1989:
So kann es nicht weitergehen!
Viele warten darauf, dass sich etwas ändert. Das aber reicht nicht aus! Wir wollen das Unsere tun. Die not-
5 wendige Demokratisierung der DDR hat die grundsätzliche Bestreitung des Wahrheits- und Machtanspruchs der herrschenden Partei zur Voraussetzung … Unser Ziel: eine ökologisch orientierte soziale Demokratie … Rechtsstaat und strikte Gewaltenteilung, parlamentarische Demokratie und Parteienpluralität,
10 relative Selbstständigkeit der Regionen, soziale Marktwirtschaft mit striktem Monopolverbot … Demokratisierung der Strukturen des Wirtschaftslebens, Freiheit der Gewerkschaften und Streikrecht.
Zit. nach Bernd Lindner, Die demokratische Revolution in der DDR 1989/90, Bonn (Bundeszentrale für politische Bildung) 2010, S. 66.

M14

Der Berliner Grenzübergang Checkpoint Charlie am Morgen nach der Maueröffnung, Foto, 10. November 1989. Die Maueröffnung am Abend des 9. Novembers 1989 wurde ausgelöst durch eine eher beiläufige Mitteilung auf der Pressekonferenz des SED-Politbüromitglieds Günter Schabowski, gerade ernannter Sekretär für Informationswesen des ZK der SED. Er las von einem Papier einen Beschluss des Ministerrats der DDR zur ständigen Ausreise von DDR-Bürgern nach der BRD über die ČSSR unvollständig ab. Dieser sollte am 10. November um 4 Uhr in Kraft treten und die Welle der Ausreisenden über Drittländer stoppen. Ohne Anwesenheit bei diesem Beschluss und ohne Detailkenntnis verkündete Schabowski, dass es jedem Bürger der DDR möglich sei, ohne Voraussetzungen über Grenzübergangspunkte aus der DDR auszureisen. Die Genehmigungen würden kurzfristig erteilt, auch Visa zur ständigen Ausreise. Auf Nachfrage eines Journalisten, wann diese Bestimmung in Kraft trete, antwortete Schabowski: „Das tritt nach meiner Kenntnis … ist das sofort, unverzüglich." Die Nachricht wurde blitzschnell über Nachrichtenagenturen und Fernsehsender wie ARD und ZDF verbreitet. Schlagzeile etwa: „DDR öffnet Grenze". Der Ansturm auf die Grenzübergänge zwischen Ost- und Westberlin begann. Jubelnd strömten die Menschen nach West-Berlin.

Vorschlag für eine Gruppenarbeit

1 a) **Themenvorschläge** zur Auswertung der Materialien unter der Grundfragestellung, welche Faktoren zum Ende der DDR führten und wie sie zu gewichten sind: 1. die sowjetische Reformpolitik unter Gorbatschow, 2. die Rolle der polnischen Gewerkschaftsbewegung, 3. die blutige Niederschlagung der Opposition in China, 4. die gefälschten Kommunalwahlen vom Mai 1989, 5. die innere Opposition der DDR, 6. die Fluchtwelle aus der DDR, 7. der Mauerfall am 9./10. November 1989, 8. das Verhalten der SED-Herrscher.
b) Präsentiert eure Ergebnisse in der Klasse.
c) Führt eine Podiumsdiskussion durch: Warum scheiterte die DDR?

Dokumentarfilme analysieren

Der Dokumentarfilm „Das Wunder von Leipzig"
Etwa 70 000 Bürgerinnen und Bürger ziehen am 9. Oktober 1989 in einem Protestzug friedlich in die Innenstadt von Leipzig (siehe auch M1, S. 288). Die SED-Diktatur hat in und um Leipzig aufgerüstet: mit
5 Wasserwerfern, Maschinenpistolen und Schützenpanzerwagen – und mehr als 5000 Sicherheitskräften.
Den Demonstranten bleibt als Waffe nur der friedliche Protest. Angesichts der für sie überraschend großen Menge der Demonstranten schrecken die politisch Ver-
10 antwortlichen vor einem gewalttätigen Eingreifen zurück. Sie lassen den Protestzug ziehen – ein weiterer Schritt auf dem Weg zum Ende der DDR.
„Das Wunder von Leipzig – Wir sind das Volk", so lautet der Titel eines Dokumentarfilms von 2009 (ausge-
15 strahlt beim Fernsehsender arte; jetzt auf DVD), der die Geschehnisse in Leipzig im Herbst 1989 darstellt. Anders als im historischen Spielfilm werden im Dokumentarfilm authentische Filmdokumente mit Fotos, Zeitzeugenberichten, Karten, Grafiken und nachge-
20 stellten Spielszenen kombiniert.
Mithilfe dieser Methodenseite könnt ihr den Dokumentarfilm „Das Wunder von Leipzig" analysieren.

M1

Protestzug um den Altstadtring in Leipzig, 30. Oktober 1989, Foto

---

Arbeitsschritte

1. Schritt: Filmanalyse
– mithilfe der Arbeitsschritte zur Methode „Historische Spielfilme analysieren" (S. 88 f.)

2. Schritt: Spezielle Fragen zum Dokumentarfilm
– Handelt es sich um einen zeitgleich zum Geschehen entstandenen Dokumentarfilm (Quelle) oder um einen in unserer Zeit entstandenen Film (Darstellung)?
– Wie ist die Dokumentation aufgebaut?

– Welche Stationen lassen den Ablauf erkennen?
– Welche Elemente werden in der Dokumentation eingesetzt (z. B. historische Filmaufnahmen, Aussagen von Zeitzeugen, schriftliche Quellen wie Aktenstücke)?
– Wie werden die Bild- und Tondokumente, der Off-Ton („Erzähler", Kommentar) und die Zeitzeugen eingesetzt?
– Welche Funktion hat die eingesetzte Musik (z. B. illustrierende, spannungserzeugende, konterkarierende)?

– Welche Wirkung haben die Bilder (Filmsequenzen), z. B. informierend, illustrierend?
– Nimmt der Off-Ton Einfluss auf die bildlichen Informationen?
– Wie versuchen die Filmemacher, Motivation und Konzentration der Zuschauer zu wecken bzw. aufrechtzuerhalten?
– Welche Elemente sprechen deiner Meinung nach für eine gelungene Dokumentation, welche dagegen?

M2 **Demonstranten werden bei einer friedlichen Demonstration am Nikolaikirchhof willkürlich verhaftet.** Die Sicherheitskräfte der DDR versuchen mit brutaler Gewalt und Verhaftungen, weitere Montagsdemonstrationen in Leipzig zu verhindern (nachgestellte Szene).

M3 **Demonstranten tragen Kerzen bei der friedlichen Montagsdemonstration,** Foto

1 Gruppenarbeit/Partnerarbeit:

a) Bearbeitet nach einer Betrachtung des Films die Arbeitsschritte 1 und 2. Zieht die Materialien auf dieser Doppelseite mit heran.

b) Formuliert eine Rezension des Dokumentarfilms, in der ihr eure Meinung zum Film darstellt und begründet.

2 Recherche:

a) Stellt in einer Internet-Recherche Titel von Dokumentarfilmen zur DDR bzw. zur Revolution 1989 zusammen. Beschafft euch einen Film und analysiert ihn nach den Arbeitsschritten.

b) Sucht nach Internet-Adressen von Museen, die die Ereignisse in der DDR im Oktober/November 1989 thematisieren. Stellt eure Ergebnisse vor. Nehmt die Methode „Internet-Informationen bewerten" (S. 331) zu Hilfe.

Webcode: FG1110444-287

Die SED verliert ihr Machtmonopol

Montagsdemonstration in Leipzig, Foto, 4. Dezember 1989. Am 25. September 1989 formierten sich die Menschen zur ersten Montagsdemonstration. 6000 bis 8000 Menschen zogen mit dem Ruf „Keine Gewalt!" über den Leipziger Ring. Am 2. Oktober löste die Polizei den Zug mit 20 000 Menschen auf. Am 9. Oktober wurden tausende Einsatzkräfte um Leipzig zusammengezogen. Bekannte Persönlichkeiten konnten die Lage beruhigen. Die Losung der Demonstranten: „Wir sind das Volk!" Am 6. November demonstrierten 250 000 Menschen. Am 13. November tauchte auf der Montagsdemonstration zum ersten Mal ein Transparent mit dem Text „Deutschland einig Vaterland" auf.

Vertreter der SED, der Blockparteien sowie der Opposition kommen am 7. Dezember 1989 zur ersten Sitzung am „Zentralen Runden Tisch" in Ost-Berlin zusammen, Foto. Die Gespräche wurden von Kirchenvertretern moderiert. Ergebnis der ersten Sitzung: 1. Das in „Amt für nationale Sicherheit" umbenannte Ministerium für Staatssicherheit (MfS) soll aufgelöst werden. 2. Eine neue Verfassung und ein neues Wahlgesetz werden erarbeitet. 3. Auf regionaler und lokaler Ebene entstehen „Runde Tische". Der „Zentrale Runde Tisch" tagte am 12. März 1990 zum letzten Mal.

Machtverlust der SED und „Runde Tische"

Nach dem Fall der Mauer am 9. November 1989 liefen verschiedene Entwicklungen zeitgleich nebeneinander: Die SED-Führung versuchte auch nach dem Rücktritt Honeckers ihre Machtposition zu erhalten. Zu ent-
5 scheidenden Zugeständnissen war sie nach wie vor nicht bereit. Die Bürgerbewegungen kämpften um eine Beteiligung an der Macht in der DDR. Auf der deutsch-deutschen Ebene versuchte die Bundesregierung, geführt von Bundeskanzler Helmut Kohl (CDU)
10 und Hans-Dietrich Genscher (FDP), Einfluss auf die weitere Entwicklung in der DDR zu nehmen. Ein 10-Punkte-Programm vom 28. November 1989 sah eine stufenweise Vereinigung zu einem Bundesstaat vor. Auf internationaler Ebene mussten nun die ehemali-
15 gen vier Siegermächte ihre Positionen zur „deutschen Frage" klären. Dabei war zu bedenken, dass seit Kriegsende eine sowjetische Armee auf ostdeutschem Boden

stand. Die Krise der DDR spitzte sich weiter zu: Täglich verließen tausende Bürgerinnen und Bürger das Land. In der Volkskammer, dem Parlament der DDR, saßen
20 weiterhin die durch manipulierte Wahlen ins Amt gekommenen Abgeordneten. Im Ministerium für Staatssicherheit arbeiteten die Beschäftigten auf Hochtouren daran, die Akten, Spuren jahrzehntelanger Bespitzelung, zu vernichten. In dieser Situation wurden auf In-
25 itiative der Bürgerbewegung der DDR „Runde Tische" nach osteuropäischem Vorbild eingerichtet, denen Vertreter der oppositionellen Gruppen, aber auch der SED und der Blockparteien angehörten. Die „Runden Tische" standen für gewaltfreie Gespräche bzw. Verhandlun-
30 gen, in denen demokratische Verhältnisse vorbereitet wurden. Ende Januar 1990 beschloss der „Zentrale Runde Tisch" in Berlin, am 18. März 1990 die ersten freien Volkskammerwahlen stattfinden zu lassen.

M3 „Der Schlüssel für die Räume?"

Bericht über die Besetzung der Bezirksbehörde der Staatssicherheit in Leipzig am 4. Dezember 1989:

Es hat etwas von Spielfreude, wie die Offiziere in Zivil ihre Antworten dehnen. Wirkung beobachten. Reaktionen. Während unten Tausende schreien, vor Ungeduld. Und wie wir schließlich in einem kahlen Gang stehen im Alt-
5 bau und unser Begleiter uns untätig mustert. Die Schlüssel für die Räume? Die muss er holen. Jeden einzeln? Anders geht es leider nicht. Nein, eine Schlüsselordnung gibt es nicht. Er kann es nicht unterlassen zu lächeln. Das ist dumm, jetzt hat er den falschen Schlüssel er-
10 wischt und muss noch mal gehen, tut ihm leid, aber … Dann öffnet sich die erste Tür. Zu einem engen Büroraum mit Winterlandschaften an den Wänden und Kosmetikreklame. Die Schreibtische sind leergeräumt. Nur ein Spray steht da. Vier, fünf verwunderte
15 Schritte bis ans Fenster und zurück. Was haben Sie denn gedacht?, fragt der Blick des Schlüsselbewahrers. Die beiden Panzerschränke versiegelt der Staatsanwalt. Er drückt seine Distanz zu dem Vorgang mit Schweigen aus, wenn er nicht, mit herabgezogenen Mund-
20 winkeln, am Reißverschluss seines Anoraks spielt. Aber da gerät einer aus der Gruppe in Zorn über diese beschränkte Befugnis, die ein Lacher ist, ein einziger Lacher, wenn wir die Schränke nicht auch öffnen dürfen und alles sehen. So aber ist die Abmachung. Besichti-
25 gen und versiegeln. Unser Begleiter erinnert sich daran, erschrocken plötzlich. Nicht wahr? Ja, so wohlerzogen ist diese ganze Revolution, aber für einen Moment erscheint es fast zu viel des Guten, dies eine Mal.

Sylvia Kabus, Brief und Siegel, in: Neunzehnhundertneunundachtzig, Beucha (Sax-Verlag) 2009, S. 57.

M4 Zentrale des Ministeriums für Staatssicherheit (MfS) in der Ost-Berliner Normannenstraße, Foto. Am 15. Januar 1990 stürmten Bürger das Gebäude, weil die SED-Regierung Modrow zögerte, die Behörde aufzulösen. In den Tagen und Wochen zuvor waren in mehreren Bezirksstädten wie Leipzig und Erfurt die Dienststellen des MfS besetzt worden.

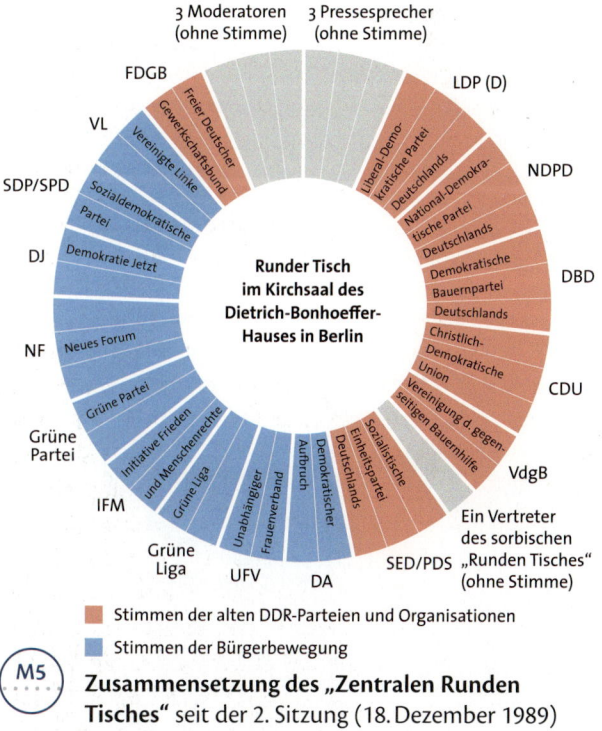

M5 Zusammensetzung des „Zentralen Runden Tisches" seit der 2. Sitzung (18. Dezember 1989)

M6 SED-Staat und Wirtschaft waren bankrott

Der Historiker Manfed Görtemaker schrieb 2009 über den Beginn der deutschen Einigung:

Am 13. November 1989 wurde Hans Modrow zum neuen Ministerpräsidenten der DDR gewählt. Seit Beginn der Krise im Sommer hatte Modrow wiederholt erklärt, dass er hoffe, während der unsicheren Zeit des
5 Übergangs der DDR zu einer „sozialistischen Demokratie" ein stabilisierender Faktor zu sein …
Aber dazu war es Ende 1989 längst zu spät. Nicht nur die große Mehrheit der ostdeutschen Bevölkerung hatte inzwischen jegliches Zutrauen zu ihrer Regierung
10 verloren. Auch die ostdeutsche Wirtschaft war bankrott, wie der scheidende Finanzminister Ernst Höfner am Tage der Amtsübernahme Modrows enthüllte. Neben einem Haushaltsdefizit von 120 Milliarden Mark der DDR und einer Auslandsverschuldung von 20 Milli-
15 arden Dollar war vor allem die Tatsache besorgniserregend, dass die Produktivität der ostdeutschen Betriebe seit 1980 um etwa 50 Prozent gesunken und ein Ende der Talfahrt nicht in Sicht war …
Modrow schlug deshalb in seiner Regierungserklärung
20 am 17. November 1989 eine „Vertragsgemeinschaft" zwischen den beiden deutschen Staaten vor und sprach in einem Interview mit dem Wochenmagazin „Der Spiegel" am 4. Dezember sogar von der Möglichkeit einer „deutschen Konföderation" … Die DDR sollte
25 zu einer „sozialistischen Marktwirtschaft" umgestaltet werden, in der es nicht nur gemischte Besitzverhältnisse, sondern auch ein „sozialistisches Unternehmertum" geben würde …

[Doch die] Situation verschlechterte sich von Tag zu
30 Tag: Der Massenexodus von DDR-Bürgern mit über 2000 Flüchtlingen bzw. Übersiedlern täglich hielt an, und die neuen politischen Kräfte in der DDR, wie das Neue Forum und die SPD-Ost, versammelten sich mit anderen Befürwortern von Reformen … zu Gesprä-
35 chen mit der Regierung und den Kräften des alten Regimes am „Runden Tisch", wo sie eine Art Nebenregierung zum Kabinett Modrow und zugleich ein Ersatzparlament bildeten … Der Machtverlust der alten Ordnung zeigte sich auch darin, dass die SED innerhalb
40 von zwei Monaten nach dem Sturz Honeckers mehr als die Hälfte ihrer zuvor drei Millionen Mitglieder verlor …
Am 3. Dezember 1989 war der Machtwechsel in der DDR schließlich endgültig vollzogen, als das gesamte
45 Politbüro und das Zentralkomitee der SED zurücktraten. Egon Krenz verlor nicht nur seinen Posten als Generalsekretär der SED, sondern trat am 6. Dezember auch als Vorsitzender des Staatsrates und Vorsitzender des Nationalen Verteidigungsrates zurück. Alle Schlüs-
50 selpositionen wurden mit Anhängern Modrows besetzt. Neuer Vorsitzender der SED, die sich nun „Sozialistische Einheitspartei – Partei des Demokratischen Sozialismus" (SED-PDS) nannte, wurde der Rechtsanwalt Gregor Gysi, der sich als Verteidiger von Regime-
55 gegnern – darunter auch Bärbel Bohley – einen Namen gemacht hatte, sich nun aber ebenfalls rasch als loyaler Parteigänger Modrows erwies.

Manfred Görtemaker, Beginn der deutschen Einigung, in: Der Weg zur Einheit, Informationen zur politischen Bildung (H. 250).
Zit. nach http://www.bpb.de/geschichte/deutsche-einheit/deutsche-teilung-deutsche-einheit/43757/die-deutsche-
einigung?p=2, Stand 22.05.2013.

M7 Demonstration in Dresden, Foto, Dezember 1989

1 Wahlaufgaben/Partnerarbeit: Wählt einen Themenvorschlag aus und bearbeitet ihn mithilfe der Materialien auf den Seiten 288 bis 299. Tragt eure Ergebnisse in der Klasse vor: a) Bildanalyse: die Montagsdemonstration in Leipzig (M1), b) Kampf um das Machtvakuum nach dem Machtverlust der SED (Darstellungstext), c) Besetzung der Staatssicherheitsbehörden (M3, M4), d) Zusammensetzung und Funktion der Runden Tische (Darstellungstext, M2, M5), e) der Machtwechsel Ende 1989 (M6, M7), f) einen Sachtext schreiben: Der rapide Machtverlust der SED von November 1989 bis Januar 1990, g) eine Stellungnahme schreiben: Hätte die SED die Revolution verhindern können?

Webcode: FG1110444-290

Landesgeschichte: „Die Leute wachrütteln" – das Beispiel Arnstadt

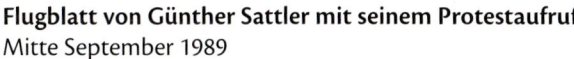

BÜRGER VON ARNSTADT - SAGT EUERE MEINUNG OFFEN KOMMT AM
SONNABEND DEN 3o,9?1989 UM 14 UHR
ZUR FRIEDLICHEN KUNDGEBUNG GEGEN DIE WILLKÜRLICHE POLITIK DER SED
TREFFPUNKT---- HOLZMARKT --ZU ARNSTADT

WAS FÜR EIN LEBEN ?

was für ein leben ?
wo die freiheit tot geboren,
wo scheint alles verloren !

was für ein leben ?
wo die wahrheit zur lüge wird,
wo der falsche das zepter führt !

was für ein leben ?
wo träume sterben,
wo es nichts mehr gibt zum vererben,ausser scherben !

was für ein leben ?
wo man seinem nachbarn nicht mehr traut,
wo man nicht mehr aufeinander baut !

was für ein leben ?
wo alte männer regieren,
wo noch menschen an grenzen krepieren !

was für ein leben ?
wo es für wenige alles gibt,
wo der kleine keinen ausweg sieht, !

was für ein leben ?
wo man nicht der sein darf der man ist,
wo man so schnell vergißt !

M1

WAS FÜR EIN LEBEN FÜHREN WIR ???
ABER LEBEN MUß MAN DOCH UND ZWAR HIER!!!!!!!!!

Flugblatt von Günther Sattler mit seinem Protestaufruf,
Mitte September 1989

M3

**Demonstration auf dem Holzmarkt in Arnstadt am
30. September 1989,** Foto

M2

Arnstadt im Herbst 1989

Manfred Leyh berichtete über die Vorgänge:

Diese erste Demonstration kam nach einem anonymen Flugblatt zustande, welches seit dem 20.9.1989 in Arnstadt kursierte. Wochenlang suchte die Stasi fieberhaft den Verfasser. ... Günther Sattler (geb. 1964) ... wusste
5 nicht, wie er seine Unzufriedenheit mit dem Staat DDR für sich lösen konnte. „Ich habe mit Bekannten darüber gesprochen, alle haben geschimpft. Aber keiner hat sich irgendwie getraut, was zu machen ... ich wollte mich nicht ständig selbst belügen ... irgendwann war es dann
10 soweit." ... Eine Einzelaktion sollte es werden, die die „Leute wachrüttelt ... Da ist mir das mit den Flugblättern eingefallen." Von einem Bekannten lieh er sich unter einem Vorwand am 17.9.1989 dessen Schreibmaschine. Im Laufe von drei Abenden schrieb er seine ersten Ent-
15 würfe. Am Mittwochabend, es war der 20.9.1989, unternimmt er die erste Klebetour ... Von 23.00 Uhr an läuft er durch die Stadt ... „Als ich zur Sparkasse zurückkam, stellte ich fest, dass die ersten Flugblätter bereits fehlten. Polizeiwagen standen umher. Ich bin wieder nach Hause
20 gegangen, um die innere Aufregung abzubauen." ... Nervös erlebt Günther S. den nächsten Tag. Bei jedem Klingeln zuckt er zusammen. Vor Augen sieht er, wie die Polizei seine Fingerabdrücke von den Flugblättern abnimmt ... In allen öffentlichen Institutionen werden die
25 Schreibmaschinen überprüft, ein ganz bestimmter Typ, eine Mercedes, wird gesucht ...
Das Flugblatt beginnt in Arnstadt Wirkung zu zeigen. Bürger vervielfältigen das Flugblatt, die darin enthaltene Information vom Treffen am 30.9.1989 am Holzmarkt
30 wird durch Mundpropaganda weitergegeben ... Endlich kommt der erwartete Tag. Allmählich beginnen sich Menschen am Holzmarkt zu sammeln. Polizisten kommen hinzu, die Staatssicherheit ist „unauffällig" in allen Nischen und Eingängen umliegender Geschäfte
35 und Häuser zu finden. Über dem Kino wird heimlich gefilmt. Ca. 200 Bürger trudeln langsam, aber zielstrebig auf dem Holzmarkt ein. Eine Veranstaltungskonzeption gibt es nicht, wird auch nicht gebraucht. Reden sind nicht vorbereitet, die Anwesenheit ist für viele das Ent-
40 scheidende. Eine Frau fasst sich ein Herz, beginnt über die niedrige Rente zu sprechen. Andere folgen ihrem Beispiel. Gespräche entwickeln sich, für viele der Anwesenden der erste Schritt aus ihrer eigenen Anonymität.

Manfred Leyh, Arnstadt im Herbst 1989, in: Bernd Lindner (Hg.), Zum Herbst '89. Demokratische Bewegung in der DDR, Leipzig 1994 (Forum Verlag), S. 94 ff.

1 Partnerarbeit: Schreibt einen Kommentar über die Vorgänge in Arnstadt im Herbst 1989.

2 Recherche: Informiert euch über Ereignisse in eurem Wohn-(Schul-)Ort während der friedlichen Revolution 1989/90.

Die freie Volkskammerwahl und der Weg zur deutschen Einheit

Die Volkskammerwahl 1990

Anfang des Jahres 1990 waren wichtige politische Ziele der friedlichen Revolution erreicht: Die SED-Diktatur unter Erich Honecker war gestürzt. Die Mauer war gefallen. Das Land befand sich auf dem Weg zur Demo-
5 kratie. Am 18. März 1990 sollten die ersten freien Wahlen stattfinden. Zugleich war zu Jahresbeginn aber auch eine gewisse politische Müdigkeit bei vielen Bürgerinnen und Bürgern zu beobachten. Die Debatten und Konflikte der „Runden Tische" waren ungewohnt
10 und führten nicht immer zu klaren Ergebnissen. Unterdessen nahm der Einfluss aus Fernsehen und Rundfunk vertrauter westdeutscher Politiker zu. Dabei handelte es sich nicht um eine gezielte Strategie. Vielmehr entstand durch den schnellen Verfall der Autorität des
15 DDR-Staates eine Hinwendung „nach Westen". Nach Meinungsumfragen waren Anfang Februar 1990 etwa 75 Prozent für eine Wiedervereinigung.

Die deutsche Frage in außenpolitischer Sicht

Anders als die innenpolitischen und wirtschaftlichen Fragen einer künftigen deutschen Einheit, die von den Deutschen allein entschieden werden konnten, hatten die ehemaligen Siegermächte im außenpolitischen Be-
5 reich ein gewichtiges Wort mitzureden. Das lag an den Vorbehaltsrechten der Sieger, „über Deutschland als Ganzes" bestimmen zu können. Da es nach 1945 keinen Friedensvertrag gab, waren diese Rechte nie ganz aufgehoben worden. Aber auch die Entwicklung seit
10 1989 warf entscheidende Fragen auf: Wie sollte die europäische Ordnung mit einem vereinten Deutschland aussehen? War die Sowjetunion bereit, die DDR aus ihrem Einflussbereich zu entlassen? Konnte das künftige Deutschland Mitglied der NATO bleiben oder sollte
15 es ein neutrales Deutschland geben? Welche Position zu einem größeren Deutschland nahmen Frankreich, England und die USA ein?

M1 · · · · · **„Signal der Hoffnung und Ermutigung für die Menschen in der DDR"**

Bundeskanzler Helmut Kohl gab auf einer gemeinsamen Pressekonferenz mit Ministerpräsident Dr. Hans Modrow am 13. Februar 1990 in Bonn folgende einleitende Erklärung ab:

Ich habe … das Angebot unterbreitet, sofortige Verhandlungen zur Schaffung einer Währungsunion und Wirtschaftsgemeinschaft aufzunehmen … Dieses Angebot besteht im Kern aus zwei Teilen:
5 1. Zu einem Stichtag wird die Mark der DDR … durch die D-Mark ersetzt. 2. Zeitgleich müssen von der DDR die notwendigen rechtlichen Voraussetzungen für die Einführung einer sozialen Marktwirtschaft geschaffen sein …
10 In einer solchen Situation geht es um mehr als um Ökonomie. Es muss jetzt darum gehen, ein klares, unmissverständliches Signal der Hoffnung und der Ermutigung für die Menschen in der DDR zu setzen …
15 Für die Bundesrepublik Deutschland bedeutet dies, dass wir in dieses Angebot unseren stärksten wirtschaftlichen Aktivposten einbringen – die Deutsche Mark.

Presse- und Informationsamt der Bundesregierung, Bulletin, 15. Februar 1990.

M2 · · · ·

Bundeskanzler Kohl auf einer Wahlveranstaltung in Erfurt, Foto, 20. Februar 1990

Positionen der wichtigsten DDR-Parteien und Bürgerrechtsgruppen

SPD Bekenntnis zur Einheit der deutschen Nation bei Einbettung in die europäische Einigung; föderativ geprägte Einigung nach Artikel 146 Grundgesetz (neue Verfassung in freier Entscheidung; kein Anschluss)

Allianz für Deutschland: Christlich-Demokratische Union (CDU), Demokratischer Aufbruch (DA), Deutsche Soziale Union (DSU)
Einheit so schnell wie möglich, auf der Grundlage des Artikels 23 Grundgesetz (Beitritt; z. B. als neue Bundesländer)

Bund Freier Demokraten: Liberal-Demokratische Partei (LDP), Freidemokratische Partei (F.D.P.)
Einheit über Volksentscheid; Einheit in „gemäßigtem Tempo"

Partei des Demokratischen Sozialismus (PDS; frühere SED) Schrittweiser Übergang zu einem deutschen Staatenbund im Rahmen der deutschen Einigung

Bündnis 90: Neues Forum (NF), Demokratie Jetzt (DJ), Initiative Frieden und Menschenrechte (IFN)
Einheit nicht „so schnell wie möglich, sondern so gut wie möglich"; kein Anschluss; Einheit als Ergebnis eines Reformprozesses in beiden Staaten; Entmilitarisierung

Bündnis Grüne Partei/Frauen (Unabhängiger Frauenverband (UVF): Aufbau einer Konföderation nach wechselseitigem Reformprozess; Entmilitarisierung; Zweistaatlichkeit bis zum Friedensschluss

Vereinigte Linke (VL): Verteidigung der Souveränität der DDR; Alternative zum Kapitalismus im Sinne sozialistischer Freiheit und Demokratie

M3

Wahlplakate in einem Schaufenster in Weimar, Foto, 11. Februar 1990

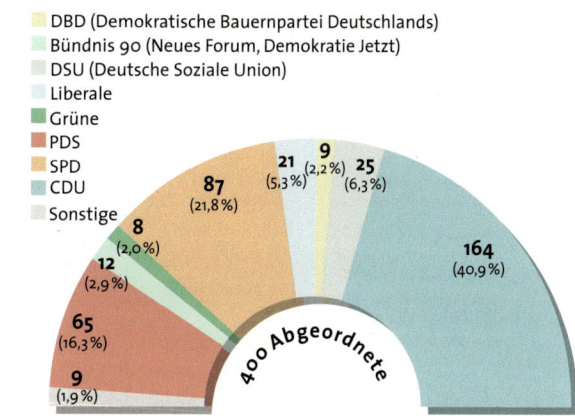

- DBD (Demokratische Bauernpartei Deutschlands)
- Bündnis 90 (Neues Forum, Demokratie Jetzt)
- DSU (Deutsche Soziale Union)
- Liberale
- Grüne
- PDS
- SPD
- CDU
- Sonstige

9 (2,2 %) · 21 (5,3 %) · 25 (6,3 %) · 87 (21,8 %) · 8 (2,0 %) · 12 (2,9 %) · 65 (16,3 %) · 9 (1,9 %) · 164 (40,9 %)

400 Abgeordnete

19 = Anzahl der Mandate, 5 %=Stimmenanteil in Prozent

M4 **Ergebnis der Wahlen zur Volkskammer der DDR** vom 18. März 1990. Die Wahlbeteiligung lag bei 93,2 Prozent. Die „Allianz" (CDU, Demokratischer Aufbruch und DSU), die SPD und die Liberalen einigten sich auf eine „Große Koalition" unter Lothar de Maizière als Ministerpräsident.

M5 ## Überraschung bei der Volkskammerwahl

Der Historiker Manfred Görtemaker schrieb am 19. März 2009 über die erste freie Volkskammerwahl 1990:

Bei der ersten freien Volkskammerwahl am 18. März 1990 konnten sich 12,2 Millionen Wahlberechtigte in der DDR zwischen 19 Parteien und fünf Listenverbindungen … entscheiden. Meinungsumfragen zufolge
5 lag die SPD in der Wählergunst Anfang Februar noch mit 54 Prozent der Stimmen weit in Führung, gefolgt von der PDS mit zwölf Prozent und der CDU mit elf Prozent … Doch nachdem Bundeskanzler Kohl am 6. Februar – einen Tag nach der Gründung der „Allianz für Deutschland" – die baldige Errichtung einer
10 Wirtschafts- und Währungsunion angekündigt hatte, während der SPD-Vorsitzende Hans-Jochen Vogel am 15. Februar im Deutschen Bundestag gegen einen solchen Schritt aufgetreten war, wandelte sich die Stimmung grundlegend: Als der Kanzler wenig später zu
15 einem ersten Wahlkampfauftritt in der DDR erschien, erwarteten ihn … in Erfurt mehr als 100 000 Menschen … Bei folgenden Auftritten in Cottbus und Leipzig, wo er den 1:1-Währungsumtausch versprach,
20 war es nicht anders … Das Ergebnis [der Wahlen] war ein unüberhörbarer Ruf nach rascher Wiedervereinigung und Marktwirtschaft sowie eine klare Zurückweisung jeglicher Form des Sozialismus. Davon wurden auch die Sozialdemokraten negativ betroffen.
Zit. nach www.bpb.de/geschichte/deutsche-einheit/deutsche-teilung-deutsche-einheit/43770/volkskammerwahl-1990, Stand 23.05.2013.

Staatsvertrag BR Deutschland – DDR. Die wichtigsten Vertragsinhalte

M6

Staatsvertrag zur
Wirtschafts-,
Währungs- und
Sozialunion,
1. Juli 1990

Währungsunion	Wirtschaftsunion	Sozialunion	
● DM einzige Währung ● Deutsche Bundesbank alleinige Zentralbank ● Mark der DDR: DM 1:1 für Löhne und Gehälter, Renten, Mieten, Pachten, Stipendien, Guthaben von natürlichen Personen (Höchstgrenze 5000 Mark), 2:1 für alle übrigen Forderungen und Verbindlichkeiten	Die DDR schafft die Voraussetzungen für die soziale Marktwirtschaft: ● Privateigentum ● Freie Preisbildung ● Wettbewerb ● Gewerbefreiheit ● Freier Verkehr von Waren, Kapital und Arbeit ● Ein mit der Marktwirtschaft verträgliches Steuer-, Finanz- und Haushaltswesen ● Einfügung der DDR-Landwirtschaft in das EG-Agrarsystem	Die DDR schafft Einrichtungen entsprechend denen in der BR Deutschland: ● Rentenversicherung ● Krankenversicherung ● Arbeitslosenversicherung ● Unfallversicherung ● Sozialhilfe	Die DDR schafft und gewährleistet nach dem Vorbild der BR Deutschland: ● Tarifautonomie ● Koalitionsfreiheit ● Streikrecht ● Mitbestimmung ● Betriebsverfassung ● Kündigungsschutz

Die BR Deutschland gewährt für die Anschubfinanzierung der Sozialsysteme Mittel aus dem Bundeshaushalt und für den Haushaltsausgleich der DDR Finanzzuweisungen aus dem Sonderfonds „Deutsche Einheit" in Höhe von 115 Mrd. DM.

Die Sicht der ehemaligen Siegermächte

M7

Stellungnahmen der Regierungschefs zur Frage der deutschen Einheit:

7A *Margaret Thatcher (Großbritannien):* Im Unterschied zu George Bush war ich von Anfang an gegen die deutsche Wiedervereinigung … Deutschland zu vereinigen hieß, es zur beherrschenden Nation in
5 der Europäischen Gemeinschaft zu machen … Ich hielt es auch für falsch, dass Ostdeutschland, gegen das wir schließlich gekämpft hatten, sich als erstes [Land] der Europäischen Gemeinschaft anschließen sollte, während Polen und die Tschechoslowakei, für
10 die wir in den Krieg gezogen waren, noch warten mussten …

7B *George Bush (USA):* Um ganz ehrlich zu sein: Wir hatten unsere Differenzen mit Lady Thatcher und François Mitterrand, vielleicht weil Amerika weit entfernt ist … Aber ich hatte das Gefühl, die
5 deutsche Wiedervereinigung wäre im fundamentalen Interesse des Westens … Ich war auch überzeugt, dass Helmut Kohl ein vereintes Deutschland nicht aus der NATO herausführen würde …

7C *Michail Gorbatschow (Sowjetunion):* Wie Kanzler Kohl nahmen wir ursprünglich an, es werde eine Art Assoziation deutscher Staaten geben, eine Konföderation vielleicht … Wir hatten den Kalten Krieg be-
5 endet … Sollte all das aufs Spiel gesetzt werden für den Versuch, das aufzuheben, was die Deutschen selbst wollten, indem wir Truppen einmarschieren ließen? Nein!
„Die Zeit" vom 8. März 1990.

M8

Mitterand zu Thatcher und Bush: „Es ist die Wiedervereinigung …", Karikatur von Walter Hanel, 1990

Vorschlag für eine Gruppenarbeit (Gruppenpuzzle)

1 Themenvorschläge:

a) die Volkskammerwahl 1990 (Darstellungstext, M4, M5)

b) Positionen der DDR-Parteien und Bürgerrechtsgruppen (M3, Kasten S. 293)

c) die Rolle des Bundeskanzlers Kohl im Wahlkampf (M1, M2)

d) Positionen der Siegermächte (Darstellungstext, M7, M8)

e) der Staatsvertrag zur Wirtschafts- und Währungsunion (M6)

f) der Zwei-plus-Vier-Vertrag (M9, M10)

 M9

Unterzeichnung des Zwei-plus-Vier-Vertrages am 12. September 1990 in Moskau (v. li. n. re. US-Außenminister James Baker, Englands Außenminister Douglas Hurd, der Außenminister der Sowjetunion Eduard Schewardnadse, Frankreichs Außenminister Roland Dumas, DDR-Außenminister Lothar de Maiziere und Bundesaußenminister Hans-Dietrich Genscher), Foto

Der Zwei-plus-Vier-Vertrag

M10

Der Vertrag wurde am 12. September 1990 zwischen der Bundesrepublik Deutschland, der DDR, den USA, der UdSSR, Frankreich und Großbritannien geschlossen:

Artikel 1

(1) Das vereinte Deutschland wird die Gebiete der Bundesrepublik Deutschland, der Deutschen Demokratischen Republik und ganz Berlins umfassen.

5 Seine Außengrenzen werden die Grenzen der Deutschen Demokratischen Republik und der Bundesrepublik Deutschland sein und werden am Tage des Inkrafttretens dieses Vertrags endgültig sein. Die Bestätigung des endgültigen Charakters der Grenzen

10 des vereinten Deutschland ist ein wesentlicher Bestandteil der Friedensordnung in Europa.

(2) Das vereinte Deutschland und die Republik Polen bestätigen die zwischen ihnen bestehende Grenze in einem völkerrechtlich verbindlichen Vertrag.

15 (3) Das vereinte Deutschland hat keinerlei Gebietsansprüche gegen andere Staaten und wird solche auch nicht in Zukunft erheben.

Artikel 2

Die Regierungen der Bundesrepublik Deutschland

20 und der Deutschen Demokratischen Republik bekräftigen ihre Erklärungen, dass von deutschem Boden nur Frieden ausgehen wird.

Artikel 7

(2) Das vereinte Deutschland hat demgemäß volle

25 Souveränität über seine inneren und äußeren Angelegenheiten.

http://www.bpb.de/geschichte/deutsche-einheit/deutsche-teilung-deutsche-einheit/43784/2-plus-4-vertrag, Stand 24.05.2013.

Die friedliche Revolution in der DDR
1989

März bis September Gründungen verschiedener oppositioneller Gruppen. Anträge auf Zulassung werden als „staatsfeindlich" abgelehnt.

2. Mai Abbau des Grenzzaunes zwischen Ungarn und Österreich; Fluchtwelle von DDR-Bürgern

11. September Öffnung der ungarisch-österreichischen Grenze; 15 000 DDR-Bürger fliehen in 3 Tagen.

30. September Ausreise von DDR-Flüchtlingen aus den bundesdeutschen Botschaften in Prag, Warschau

6. bis 8. Oktober Demonstrationen und gewalttätige Auseinandersetzungen mit den Sicherheitsorganen; Inhaftierungen; 40. Jahrestag der DDR-Gründung (7.10.); Gründung der SDP (Sozialdemokraten)

9. Oktober Leipzig: friedlicher Verlauf der Montagsdemonstration; Durchbruch zur Gewaltlosigkeit

18. Oktober Staats- und Parteichef Honecker (SED) muss zurücktreten; Nachfolger wird Egon Krenz (SED).

7./8. November SED-Regierung (Ministerrat) und Politbüro treten zurück.

9. November Das Politbüromitglied Günter Schabowski löst durch eine Presseerklärung über Reisefreiheit die Öffnung der DDR-Grenze aus.

13. November Der als Reformer geltende Hans Modrow (SED) wird Ministerpräsident.

22. November SED-Politbüro gesteht „Zentralen Runden Tisch" zu.

1. Dezember Die Volkskammer streicht den SED-Führungsanspruch aus der Verfassung.

7. Dezember 1. Sitzung des „Zentralen Runden Tisches" als Forum zur Bewältigung der Krise

8. Dezember SED-Sonderparteitag; Umbenennung in SED-PDS; neuer Vorsitzender: Gregor Gysi

1990

18. März Erste freie Wahlen zur DDR-Volkskammer

1. Juli 1990 „Staatsvertrag zur Wirtschafts-, Währungs- und Sozialunion"

31. August „Einigungsvertrag": Einführung der bundesrepublikanischen Rechtsordnung in den neu gegründeten Bundesländern.

12. September „Zwei-plus-Vier-Vertrag"

3. Oktober Beitritt der neuen Länder zur Bundesrepublik Deutschland; Tag der Deutschen Einheit

 Webcode: FG1110444-295

Die deutsche Einheit im Rückblick

Folgen der Einheit

Der Jubel über die Einheit wich schnell einer Ernüchterung. Bald wurde erkennbar, wie schwierig sich das Zusammenwachsen von Ost und West gestalten würde. Das galt besonders für die Menschen in Ostdeutsch-
5 land: Sie fanden sich – wenngleich mehrheitlich gewollt – „über Nacht" in einem anderen politischen, gesellschaftlichen und wirtschaftlichen System wieder. Besonders kompliziert war der Wandel von der Plan- zur Marktwirtschaft. Die im März 1990 gegründete
10 Treuhandanstalt übernahm die Privatisierung der staatlichen Betriebe und Kombinate in der ehemaligen DDR. Sie suchte nach Käufern für rentable Unternehmen und legte unrentable Betriebe still. Dadurch wurde die ostdeutsche Bevölkerung schnell mit dem Pro-
15 blem der Arbeitslosigkeit konfrontiert, das sie in dieser Form nicht kannte. Es zeigten sich aber auch positive Folgen: die Einführung der bundesrepublikanischen Sozialversicherung, die Modernisierung von Infrastruktur, Arbeits- und Wohnbedingungen sowie Maß-
20 nahmen zum Umweltschutz. Dazu kamen umfassende Konsummöglichkeiten, freie Medien, Reisefreiheit und persönliche Entfaltungsmöglichkeiten. Oftmals nicht bewusst wahrgenommen wurde, dass jeder Einzelne Anspruch auf gesicherte Bürgerrechte hatte – an-
25 ders, als es in der SED-Diktatur der Fall war.

(M1) **Sanierte Innenstadt von Gotha,** Foto, 2010

Die Dritte Generation Ost

(M2) 2,4 Millionen Ostdeutsche erlebten die friedliche Revolution von 1989 als Kinder und Jugendliche. Johannes Staemmler (geb. 1982), Mitbegründer der „Initiative 3te Generation Ost", schrieb 2011:

Wir, die jungen Ostdeutschen, waren vielleicht acht oder zehn Jahre alt, als die Mauer fiel. Den größten Teil unseres Lebens haben wir im wiedervereinigten Deutschland mit all seinen Freiheiten gelebt. Wir
5 sind angekommen, wir haben die alten Ost-West-Gräben hinter uns gelassen – so glaubten wir beinahe selbst. Die Mauer ist aber doch ein Teil von uns. Da gibt es ein paar verblasste Erinnerungen an die ersten Pioniernachmittage. Einige von uns haben,
10 blind vertrauend auf die Eltern und Lehrer, an Jahrestagen Nelken getragen. Andere fühlten die Lähmung, als der elterliche Ausreiseantrag abgelehnt wurde. Scham und Stolz, Vorher und Nachher liegen dicht beieinander. Aber das ist es nicht allein. Die
15 Mauer ist vor 20 Jahren niedergerissen worden, doch wir fühlen sie bis heute in unseren Familien. Sie trennt inzwischen Eltern von Kindern, sie bestimmt, wie wir uns erinnern und woran …
Unsere Großeltern, die erste Generation, haben
20 noch den Krieg erlebt. Sie haben maßgeblich dazu beigetragen, die DDR aufzubauen und neue Leben zu beginnen. Unsere Eltern wurden in den Fünfziger- und Sechzigerjahren geboren und kannten nichts anderes als dieses Land … Wir, die Dritte Generation,
25 haben in den letzten 20 Jahren mehr als andere auf unsere Eltern aufpassen müssen. Auch wir hatten keine Erfahrungen mit dem neuen System, nur hatten wir jungen Menschen nichts zu verlieren … Unsere Eltern verkriechen sich heute in schablonenhaf-
30 ten Erinnerungen. Sie berichten wenig und meist nur das, was ihnen heute kein Unbehagen bereitet. Sie wollen ihre gerade neu errungene Identität nicht gefährden. So erzählen sie auch ihr Leben, lückenhaft und verträglich. Sie sprechen vom Kollektiv, in dem
35 sie gearbeitet haben. Oder von Montagsdemonstrationen und organisierten Ferienreisen. Erinnerungen werden nur bruchstückhaft weitergegeben, verdrängt, vielleicht sogar vergessen. Wir vermissen, dass sie mit uns einen differenzierten Blick auf eine
40 Zeit werfen, die nicht widerspruchsfrei zu interpretieren ist – weder heute noch damals.

Johannes Staemmler, Wir, die stumme Generation Ost, in: Michael Hacker u. a., Dritte Generation Ost, 3. Aufl., Berlin (Chr. Links) 2012, S. 212 f.

M3 Die deutsche Einheit – 2012

Aus dem Jahresbericht der Bundesregierung zum Stand der Deutschen Einheit 2012:

Seit der Wiedervereinigung Deutschlands ist der Prozess des Zusammenwachsens zwischen Ost und West weit vorangeschritten. Zugleich bleibt noch ein Stück Weg zu gehen, um die wirtschaftlichen
5 Unterschiede in Deutschland entlang der ehemaligen Trennungslinie zu überbrücken. Neben den in diesem Bericht schwerpunktmäßig betrachteten Herausforderungen der wirtschaftlichen Angleichung und des Arbeitsmarktes vor dem Hintergrund der
10 demografischen Entwicklung ist die Stärkung des gesellschaftlichen Zusammenhalts und die Aufarbeitung des SED-Unrechts weiterhin eine wichtige Aufgabe. Als ein konkretes Beispiel dafür ist hier der in diesem Jahr eingerichtete Fonds „Heimerziehung in
15 der DDR in den Jahren 1949 bis 1990" zu nennen, der einen wichtigen Beitrag zur Aufarbeitung des SED-Unrechts leistet. Der vom Bund und den ostdeutschen Ländern im März 2012 vorgelegte Bericht „Aufarbeitung der Heimerziehung in der DDR" do-
20 kumentiert, dass vielen Kindern und Jugendlichen in Heimen der DDR-Jugendhilfe schweres Leid und Unrecht zugefügt worden ist, an dessen Folgeschäden sie heute noch leiden …

In den vergangenen Jahren der Krise hat sich Ost-
25 deutschland mit einem stabilen Wachstum seiner Wirtschaft erfolgreich behauptet. Die Arbeitslosigkeit ist erfreulicherweise weiter deutlich gesunken und erreichte im Sommer 2012 den niedrigsten Stand seit der deutschen Wiedervereinigung. Die
30 weitere Verbesserung der Wachstums- und Beschäftigungsperspektiven bleibt aber angesichts der weiterhin bestehenden Unterschiede bei der Wirtschaftskraft und am Arbeitsmarkt vordringliche Aufgabe.
35 Dabei kann heute festgestellt werden, dass die Angleichung der Lebensverhältnisse auf vielen Gebieten bereits weit vorangekommen ist. Besonders im Bereich der Versorgung mit öffentlichen Gütern wie Bildung und Gesundheit sind keine Unterschiede
40 zwischen Ost und West mehr sichtbar. In einigen Bereichen ist Ostdeutschland sogar Vorreiter, wie beispielsweise bei der Kinderbetreuung.

Jahresbericht der Bundesregierung zum Stand der Deutschen Einheit 2012, S. 3 u. 68 f.

Webcode: FG1110444-297

M4 Ökonomisch-ökologische Bestandsaufnahme 1990

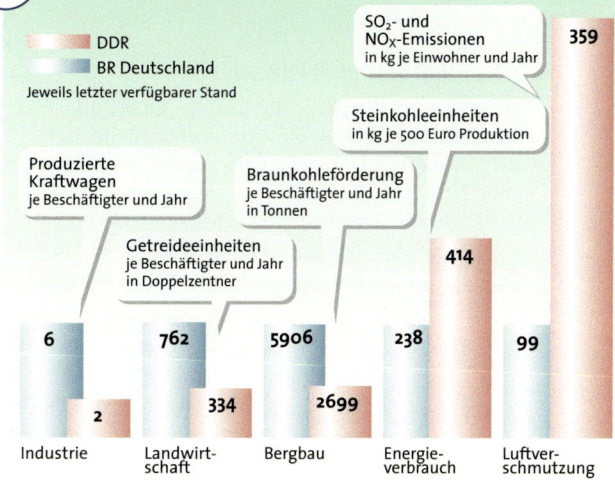

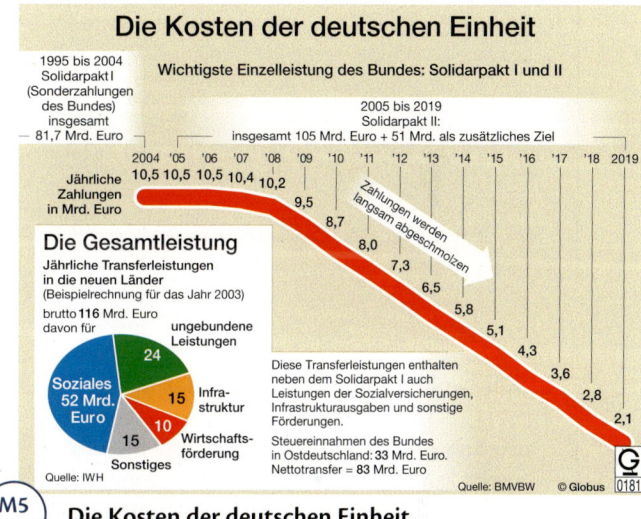

M5 Die Kosten der deutschen Einheit

1 Formuliere schriftlich anhand von M4 Aussagen über die „Bestandsaufnahme" 1990.

2 Stelle anhand des Darstellungstextes gegenüber, welche Folgen der Einheit von den Menschen negativ bzw. positiv empfunden wurden.

3 Fasse die zentralen Aussagen von M3 stichwortartig zusammen.

4 Diskutiert, wie M5 für unterschiedliche politische Aussagen genutzt werden könnte.

5 **Partnerarbeit:** Analysiert M2 unter der Fragestellung, wie die Dritte Generation Ost ihre Lebenssituation sieht.

6 **Recherche:** Erkundet, welche Teile eures Wohn-(Schul-)Ortes saniert wurden. Geht von M1 aus.

Geschichte kontrovers: Die DDR – ein Unrechtsstaat?

„Die DDR war eine Diktatur"

M1

Die ehemalige Bürgerrechtlerin in der DDR und Bundesbeauftragte für die Akten der DDR-Staatssicherheit (Stasi-Unterlagen) bis Januar 2011, Marianne Birthler, schrieb 2009:

Die DDR war eine Diktatur – und deren Wesen besteht ja gerade darin, dass die politische Macht des Staates nicht demokratisch legitimiert ist. Der Staat war allein das Instrument der Herrschaft der füh-
5 renden Partei – ihr vollständig unterworfen. Das Volk hatte weder theoretisch noch praktisch die Möglichkeit, an diesem Machtverhältnis vorbei Einfluss auf staatliches Handeln zu nehmen … Die DDR, meinen viele, könne schon deshalb kein Un-
10 rechtsstaat gewesen sein, weil es in ihr auch viel „richtiges Leben" gegeben habe … Viele entwickelten eine Art von Doppelexistenz: drinnen das lebendige Leben, die eigene Meinung und Moral, die eigene Kultur – draußen die angepasste Maske, der
15 funktionierende Staatsbürger. Zwischen der ostdeutschen Gesellschaft und dem sie beherrschenden politischen System – dem Staat – lagen also Welten.

Marianne Birthler, Liebe Ossiversteher!, in: Die Zeit, vom 2. Juli 2009, S. 11.

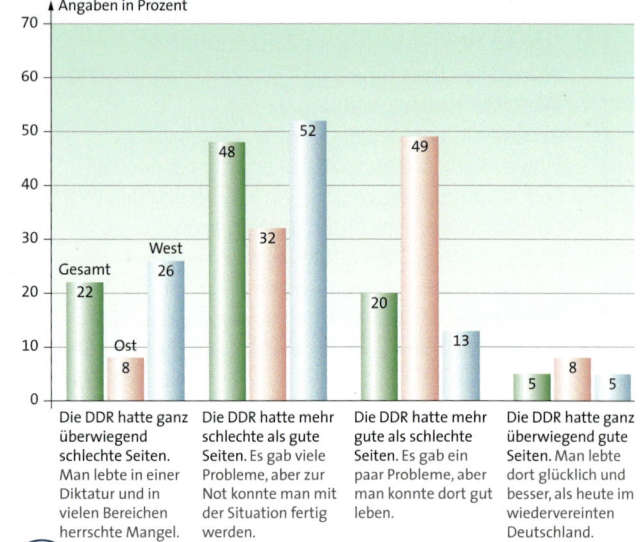

M3 **Beurteilung der Lebenssituation in der DDR,** Meinungsumfrage aus dem Jahr 2009

„Kein vollkommener Rechtsstaat …"

M2

Der letzte DDR-Ministerpräsident Lothar de Maizière äußerte sich zur Frage „Unrechtsstaat" 2010:

Lothar de Maizière … lehnt die Verwendung des Begriffs „Unrechtsstaat" für die DDR ab. „Ich halte diese Vokabel für unglücklich", sagte der CDU-Politiker der „Passauer Neuen Presse" … „Die DDR war
5 kein vollkommener Rechtsstaat. Aber sie war auch kein Unrechtsstaat. Der Begriff unterstellt, dass alles, was dort im Namen des Rechts geschehen ist, Unrecht war."

Wenn die DDR ein Unrechtsstaat gewesen wäre,
10 hätte im Einigungsvertrag nicht vereinbart werden können, dass Urteile aus DDR-Zeiten weiter vollstreckt werden können, sagte der CDU-Politiker. „Auch in der DDR war Mord Mord und Diebstahl Diebstahl", sagte de Maizière dem Blatt. „Das eigent-
15 liche Problem waren das politische Strafrecht und die fehlende Verwaltungsgerichtsbarkeit."

Marianne Birthler, Liebe Ossiversteher!, in: Die Zeit vom 2. Juli 2009, S. 11.

„Ich nenne Ihnen jetzt verschiedene Bereiche. Sagen Sie mir bitte jeweils, ob sich da die Situation nach der Vereinigung verbessert hat, verschlechtert hat oder kaum verändert hat?"

M4 **Lebenssituation nach der Vereinigung,** Meinungsumfrage aus dem Jahr 2007 unter 1000 Bürgerinnen und Bürgern des Landes Sachsen-Anhalt

„Der lupenreine Unrechtsstaat"

Der Journalist Peter Klinkenberg (geb. 1934), Mitarbeiter beim Koordinierenden Zeitzeugenbüro, einer Servicestelle der Gedenkstätte Berlin-Hohenschönhausen, der Bundesstiftung Aufarbeitung und der Stiftung Berliner Mauer, schrieb 2012:

In einem demokratischen Rechtsstaat, wie ihn die Bundesrepublik Deutschland verkörpert ..., kann jeder, der glaubt, seine Rechte seien durch die Obrigkeit beeinträchtigt, vor Gericht ziehen und seine Rechte
5 einklagen. Für alle Sparten des Lebens gibt es mehrstufig etablierte Gerichte. Da sind die Verwaltungsgerichte bis hinauf zum Bundesverwaltungsgericht in Leipzig, die jeder Bürger anrufen kann, wenn er mit Verwaltungsentscheidungen einer Behörde, seiner Gemeinde, seines
10 Bundeslandes oder des Bundes nicht einverstanden ist. Für Konflikte im Arbeitsalltag sind die Sozialgerichte zuständig bis hinauf zum Bundessozialgericht in Erfurt. Glaubt jemand, die Steuerbehörde kassiere bei ihm unrechtmäßig zu viel Geld, so steht die Finanzgerichts-
15 barkeit in Rufbereitschaft, deren höchstes Gremium, das Bundesfinanzgericht, in München seinen Sitz hat. Ist jemand der Meinung, er sei zu Unrecht verurteilt worden, kann er bis vor den Bundesgerichtshof in Karlsruhe gehen, um sein vermeintliches Recht zu erstreiten.
20 Über allem wacht darüber hinaus das System der Verfassungsgerichte jedes Bundeslandes, ob die von den Länderparlamenten beschlossenen Gesetze dem Geist und Buchstaben der jeweiligen Verfassung entsprechen. Höchste Instanz ist dabei das Bundesverfassungsgericht,
25 ebenfalls in Karlsruhe residierend ...
Nichts von alledem besaß die DDR. Niemals konnte ein DDR-Bürger gegen eine von Staat oder Partei verfügte Maßnahme klagen. Es gab überhaupt keine dafür zuständigen Gerichte. Das Einzige, was ihm zur Verfügung
30 stand, um gegen eine vom örtlichen Rat der Gemeinde, des Bezirks, des Ministerrates, des Politbüros oder des Staatsrates getroffene Entscheidung vorzugehen, war die „Eingabe" mit der untertänigen Bitte, die getroffene Maßnahme noch einmal zu überprüfen. Diese an die
35 rechtlosen Zeiten des Feudalismus und Absolutismus erinnernden „Bittschriften" an den Landesfürsten hatten nichts mit einer Beschwerde oder gar Klage gemein. Solche „Eingabe" beispielsweise an den DDR-Staatsratsvorsitzenden Erich Honecker landete außerdem
40 üblicherweise exakt wieder auf dem Schreibtisch derjenigen Partei-Bürokraten, die diese vom Bürger als ungerecht empfundene Maßnahme zuvor verfügt hatten ...
Wie perfekt der Unrechtsstaat DDR organisiert war,
45 zeigt sich auch an dessen Justizsystem. Die Juristen waren allesamt willige Helfer der Machtinhaber. In der DDR waren sämtliche Richter SED-Mitglieder. Ebenso waren alle als Anwälte und Verteidiger zugelassenen Juristen Angehörige der Staatspartei und damit aus-
50 nahmslos an die Weisungen der Machtinhaber gebunden nach dem Motto: „Genosse, die Partei sieht den Fall so ... und erwartet ein entsprechendes Urteil" ... Vorsitzender dieser handverlesenen SED-Anwälte-Assoziation war übrigens ein gewisser Gregor Gysi,
55 der im Rechtsstaat Bundesrepublik Deutschland bis heute Karriere macht. Wie diese SED-Justiz als Büttel der Machtinhaber funktionierte, dafür liefern die heute zugänglichen Akten zehntausendfach perfekte Beweise. Ein besonders eindrucksvolles Beispiel ist dabei der
60 Fall eines mutigen jungen Mannes aus Jena. Er hatte im Jahre 1976 nach der für das Regime hochnotpeinlichen Ausweisung des Liedermachers Wolf Biermann an seinem Trabant-Kleinwagen im Rückfenster einen postkartengroßen handgeschriebenen Zettel mit den Wor-
65 ten angebracht: „Ich bin für Biermann". Binnen weniger Stunden hatte ihn die Staatssicherheit festgenommen und danach wochenlangen Verhören unterzogen. Das für die Verurteilung zuständige Gericht richtete vor dem Prozess, der selbstverständlich unter Ausschluss
70 der Öffentlichkeit stattfand, wie so oft eine Anfrage an das Politbüro, welche Strafe denn gewünscht werde. Das Originalblatt dieses Schreibens trägt die handschriftliche Notiz: „Energisch durchgreifen! E. H." Das Kürzel steht für Erich Honecker, und dementspre-
75 chend wurde der junge Mann eiligst zu drei Jahren Zuchthaus „wegen staatsfeindlicher Hetze" verurteilt. Von denen musste er zweieinhalb Jahre unter menschenfeindlichen Bedingungen im berüchtigten Zuchthaus Bautzen verbringen, ehe ihn die Bundesrepublik
80 Deutschland zum Preis von rund 100 000 DM freikaufen konnte.

Peter Klinkenberg, Der lupenreine Unrechtsstaat. http://www.zeitzeugenbuero.de/index.php?id=detail&zzp=263, Stand 26.03.2013.

1 Gruppenarbeit: a) Analysiert arbeitsteilig M1 bis M5 unter der Fragestellung: War die DDR ein Unrechtsstaat? b) Formuliert eine kurze eigene Stellungnahme zu der Frage.

2 Diskutiert in einer gemeinsamen Gesprächsrunde, wie sich die Methode „Historische Urteile erkennen und formulieren" (S. 102 f.) hier anwenden lässt.

Deutsche Politik nach der deutschen Einheit

Neue Aufgaben und Herausforderungen

Auf die Herstellung der deutschen Einheit am 3. Oktober 1990 folgten am 2. Dezember 1990 die ersten freien gesamtdeutschen Wahlen nach 1945. Wahlsieger war die christlich-liberale Koalition unter Bundeskanzler
5 Helmut Kohl. Er wurde am 17. Januar 1991 zum ersten gesamtdeutschen Bundeskanzler gewählt. Als vorrangige Ziele seiner Regierung nannte er die Angleichung der Lebensverhältnisse in Deutschland und die Herstellung der geistigen, kulturellen, wirtschaftlichen
10 und sozialen Einheit.

Am 20. Juni 1991 beschloss der Deutsche Bundestag, den Sitz der Hauptstadt von Bonn nach Berlin zu verlegen. Der Bundestag und Teile der Regierung zogen in den Folgejahren nach Berlin um.
15 Im Jahre 1992 kam es zu einer Welle rechtsextremistischer Gewalt. Bei Brandanschlägen in Rostock, Mölln und Solingen wurden 17 Menschen ermordet. Hunderttausende Menschen protestierten gegen den Fremdenhass mit Lichterketten.
20 Die Bundestagswahl vom 16. Oktober 1994 bestätigte die Regierung von Helmut Kohl. Bei den Bundestagswahlen am 27. September 1998 wurde die Regierung Kohl abgewählt. Es kam zu einer Koalition von SPD und Bündnis 90/Die Grünen unter Bundeskanzler
25 Gerhard Schröder (siehe S. 311). Außenminister wurde Joschka Fischer (Grüne). Schröder setzte Schwerpunkte seiner Regierungspolitik im europapolitischen Bereich im Rahmen der EU-Erweiterung (siehe S. 316 ff.) und in der Sozialpolitik (Hartz-Gesetze von 2004 zur
30 Reform der sozialen Sicherungssysteme, um die Massenarbeitslosigkeit abzubauen).

Im Jahre 2005 wurde mit Angela Merkel zum ersten Mal eine Frau ins Kanzleramt gewählt. Sie führte die Große Koalition aus CDU/CSU und SPD bis 2009, da-
35 nach ein Regierungsbündnis von CDU/CSU und FDP. Außenpolitisch geprägt ist die Zeit seit 1998 von Kampfeinsätzen der Bundeswehr im Rahmen von UN- und NATO-Beschlüssen. Damit übernahmen die Bundesregierungen größere Verantwortung in der interna-
40 tionalen Politik.

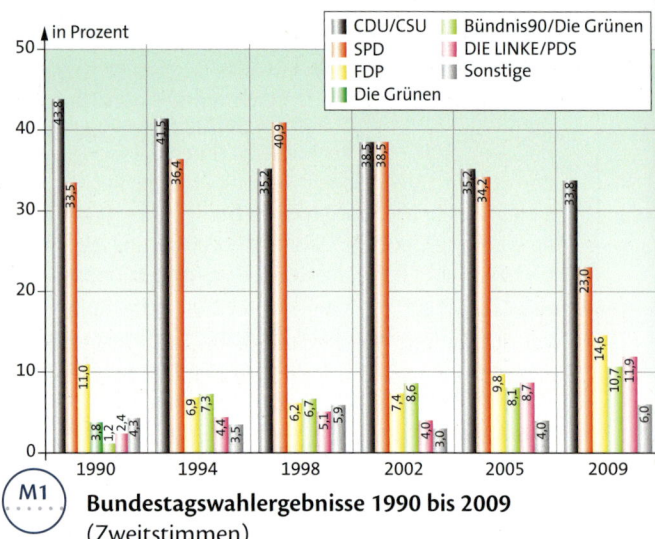

M1 **Bundestagswahlergebnisse 1990 bis 2009** (Zweitstimmen)

M2

Der verhüllte Reichstag 1995, Foto

Vorschlag für eine Gruppenarbeit

1 Themenvorschläge:

a) Wahlergebnisse und Regierungen 1990 bis 2013
b) die Außenpolitik der Regierung Schröder-Fischer
c) die Hartz-Gesetze
d) eine Frau im Kanzleramt: die Regierung Merkel
e) Rechtsextremismus: von den Brandanschlägen 1992 bis zu den NSU-Morden 2000 bis 2007

Zeitzeugen befragen

Geschichte aus erster Hand?

Zeugen der Vergangenheit können oft ein anschaulicheres Bild ihrer Erlebnisse zeichnen als schriftliche Quellen. Durch gezieltes Befragen von Zeitzeugen können wir Quellen „erzeugen", ein Verfahren, das Wissenschaftler „Oral History" nennen. Doch der Umgang mit Zeitzeugenberichten erfordert allgemeine historische Kenntnisse. Warum? Zeitzeugen können oder wollen sich oft nicht mehr an alles erinnern, oder sie vermischen ihre Erinnerung mit dem, was sie erst später erfahren haben. Unser Erinnerungsvermögen ist also keine objektive Quelle. Deshalb können wir aus der subjektiven Erfahrung einer Einzelperson nicht schließen, dass ihr Erleben typisch für die Zeit war.

 Motive für die Mitgliedschaft in der FDJ

Eine Untersuchung 1992 ergab folgende Ergebnisse:

1	Weil es für die schulische und berufliche Entwicklung nötig war.	76,0 %
2	Weil fast alle Mitglieder waren.	62,5 %
3	Weil ich keinen Ärger wollte.	59,9 %
4	Weil ich gern unter Gleichaltrigen war.	44,9 %
5	Weil hier eine interessante Freizeitgestaltung möglich war.	30,4 %
6	Weil die FDJ meine Interessen vertrat.	29,5 %
7	Weil interessante politische Diskussionen möglich waren.	20,6 %

Jugend 92. Jugendwerk der Deutschen Shell, Opladen, 1992, S. 63. Zit. nach Praxis Geschichte, H. 3, 2000, S. 26.

1 a) Führt eine Zeitzeugenbefragung mit Personen durch, die ihre Jugendzeit in den 1940er und 1950er Jahren erlebt haben. Versucht sowohl Zeitzeugen zu finden, die ihre Jugend im „Westen", als auch solche, die ihre Jugend im „Osten" verbracht haben. Nehmt die Arbeitsschritte und bei Zeitzeugen aus dem Osten M1 zu Hilfe.

b) Versucht bei euren Fragen auch allgemeinere Einschätzungen der Zeitzeugen zu erfahren, z. B. ob der Umbruch von 1989/90 eher als Wende, Zusammenbruch, Revolution oder Befreiung erlebt wurde.

Arbeitsschritte

1. Schritt: Befragung vorbereiten

– Thema der Befragung klären und einen inhaltlichen Überblick verschaffen (Schul-/Sachbücher, Internet).

– Zeitzeugen finden (Familie, Bekannte, über die Stadtverwaltung, im Stadtarchiv, bei Kirchen).

– Ort, Zeit und Ablauf des Gesprächs klären (mehrere Zeitzeugen gleichzeitig einladen?).

– Fragen vorbereiten. Entscheiden, ob eher offene Fragen („Bitte erzählen Sie uns etwas über …") gestellt oder nach einer festen Fragenanordnung vorgegangen werden soll.

2. Schritt: Befragung durchführen

– Für eine angenehme Atmosphäre sorgen, Begrüßung; Gesprächsleitung und Dauer der Befragung absprechen. Fotos (mit Einverständnis!) machen.

– Je nach Absprache und Vereinbarung Aufnahmegeräte starten und/oder Protokoll führen.

– Die Befragung von einer Kleingruppe durchführen lassen.

– Kurze Fragen stellen, nicht mehrere hintereinander.

– Reine Entscheidungsfragen (Ja- oder Nein-Antwort) möglichst vermeiden, damit differenziertere Antworten möglich sind (teils, teils; sowohl … als auch).

– Dank, Verabschiedung.

3. Schritt: Ergebnisse auswerten, bewerten, präsentieren und aufbewahren

– Eindrücke austauschen (Verständlichkeit, Glaubwürdigkeit)

– Informationen mit den bisherigen Kenntnissen vergleichen

– Stimmen Antworten und Hypothesen bzw. Fakten überein?

– Erkenntnisgewinn?

– Eigene Gesprächsführung kritisch bewerten.

– Auf Präsentation einigen (Text- und/oder Bilddokumentation, Ausstellung, Mappe).

– Interviews aufbewahren (Schul-, Stadtarchiv); Genehmigung (Autorisierung) der Zeitzeugen einholen.

Politische Parteien in Deutschland

 Wahlplakate der Parteien in der Bundesrepublik Deutschland und in der DDR. SED, SPD, CDU, FDP: 1949; Die Grünen: 1980; PDS: März 1990.

 Webcode: FG1110444-302

DDR	Bundesrepublik Deutschland				
Kommunistische Partei Deutschlands (KPD) 1945 **Sozialistische Einheitspartei Deutschlands (SED)** 1946 Zwangsvereinigung der SPD mit der KPD in der sowjetischen Besatzungszone; „Blockparteien"; 1985/89 Gründung von offiziell nicht zugelassenen oppositionellen Friedens-, Umwelt- und Menschenrechtsgruppen	**Christlich-Demokratische Union (CDU)** 1945 **Christlich-Soziale Union (CSU)** 1945 in Bayern	**Freie Demokratische Partei (FDP)** 1945	**Sozialdemokratische Partei (SPD)** 1945	**Die Grünen** 1980 **Bündnis 90** 1990 Zusammenschluss von Bürgerrechtsgruppen in der DDR **Bündnis 90/ Die Grünen** 1993 Vereinigung zu einer neuen Bundespartei	**SED-PDS** (Partei des Demokratischen Sozialismus) Dezember 1989; Umbenennungen: **PDS** Februar 1990; **Linkspartei** Juli 2005; **Die Linke** Juni 2007 nach Zusammenschluss mit der (westdeutschen) Wahlalternative Arbeit & soziale Gerechtigkeit (WASG)

M2 **Die wichtigsten Parteien in Deutschland seit 1945** (Jahresangabe: Gründung bzw. Wiedergründung; Umbenennung)

Die Parteien in den Verfassungen

M3

3A Aus dem Grundgesetz der Bundesrepublik Deutschland von 1949:

Artikel 21 (1) Die Parteien wirken bei der politischen Willensbildung des Volkes mit. Ihre Gründung ist frei. Ihre innere Ordnung muss demokratischen Grundsätzen entsprechen. Sie müssen über die
5 Herkunft und Verwendung ihrer Mittel sowie über ihr Vermögen öffentlich Rechenschaft geben.

3B Aus der Verfassung der DDR von 1974:

Artikel 1 Die DDR ist ein sozialistischer Staat der Arbeiter und Bauern. Sie ist die politische Organisation der Werktätigen in Stadt und Land unter Führung der Arbeiterklasse und ihrer marxistisch-
5 leninistischen Partei.

M3A und M3B zit. nach Wochenschau, 48. Jg., Nr. 6, 1997, Schwalbach (Wochenschau Verlag) S. 250 u. 252.

Fragen zur Analyse von Parteiprogrammen

– Um welchen Programmtyp handelt es sich (Wahl- bzw. Aktionsprogramm, Orientierungsprogramm, Grundsatzprogramm)?
– Welche inhaltlichen Schwerpunkte sind zu erkennen?
– Welche Ziele (kurz-, mittel-, langfristig) werden formuliert?
– Welche Werte sind erkennbar?
– Wie lauten die Leitbegriffe? Werden sie erläutert?
– Welche Zukunftsvorstellungen werden beschrieben?
– Sind Interessenstandpunkte erkennbar?
– Welche Themen bzw. Inhalte werden nicht erwähnt („Lückenanalyse")?
– Welche Wirkung soll vom Programm ausgehen?

Vorschlag für eine Gruppenarbeit

1 Analysiert M1 arbeitsteilig mithilfe der Methode „Politische Plakate untersuchen" (S. 64 f.). Berichtet.

2 Vergleicht anhand von M3 die Stellung der Parteien in der DDR und der Bundesrepublik Deutschland.

3 a) Recherchiert – ausgehend von M2 – zur Programmatik der Parteien in Deutschland. Zieht dazu den Kasten „Fragen zur Analyse von Parteiprogrammen" und die Hinweise bzw. Materialien im Webcode heran.
b) Entwerft zu jeder Partei ein Porträt und präsentiert es in der Klasse.

4 Erörtert gemeinsam, wie sich euer Bild von den Parteien im Laufe der Recherche-Arbeit verändert hat.

Jüdisches Leben in Deutschland seit 1945

Leben „im Land der Täter"?

Angesichts der Katastrophe der Shoa hätte 1945 kaum jemand für möglich gehalten, dass Überlebende dieses Massenverbrechens in Deutschland bleiben würden. Im Frühjahr 1945 wurden etwa 50 000 Jüdinnen und
5 Juden aus den Konzentrationslagern befreit, andere hatten der Verfolgung entfliehen können, hinzu kamen ehemalige Zwangsarbeiter oder Flüchtlinge aus Osteuropa. Alle diese überlebenden Opfer der NS-Herrschaft wurden als Displaced Persons (DPs) in Übergangsla-
10 gern untergebracht. Während die meisten in die USA oder nach Palästina auswandern wollten, entschlossen sich andere, in Deutschland zu bleiben. Die Zahl der jüdischen DPs betrug 1947 in den Westzonen 18 200, in der Bundesrepublik waren es 1952 noch 12 000. In der
15 1949 gegründeten DDR ließen sich vor allem jüdische Sozialisten und Kommunisten nieder. Die Auswanderung nach Palästina vor der Gründung des Staates Israel 1948 war besonders schwierig, da die damalige britische Verwaltung einen Einwanderungsstopp verhängt
20 hatte. 1947 kam das mit 4350 Flüchtlingen überladene Schiff Exodus 1947 im Hafen von Haifa an, die Briten schickten die Flüchtlinge wieder nach Europa, die meisten kamen nach Hamburg zurück.

Aufbruch und Wachstum der Gemeinden

Zusammen mit einer etwa gleich großen Zahl deutscher Juden, die die Shoa überlebt hatten, bildeten die vorwiegend aus Osteuropa stammenden Displaced Persons die Keimzelle für neue jüdische Gemeinden in
5 ganz Deutschland. 1950 entstand ihr Dachverband, der „Zentralrat der Juden in Deutschland".
In der DDR ging die Zahl der jüdischen Gemeindemitglieder wegen Überalterung kontinuierlich zurück von 3100 im Jahr 1945 auf 350 im Jahr 1990. In der Bundes-
10 republik verteilten sich 1990 etwa 30 000 Juden auf 90 Gemeinden. Seit 1989/90 konnten Juden aus der ehemaligen Sowjetunion nach Deutschland ausreisen dank eines mit der letzten, der demokratischen DDR-Regierung geschlossenen Abkommens, das bis 2004
15 etwa 200 000 Juden in Anspruch nahmen. Dies ermöglicht ein neues jüdisches Leben in Deutschland, stellt die jüdischen Gemeinden aber auch vor vielfältige Herausforderungen. Heute noch werden jüdische Friedhöfe und Gedenkstätten geschändet.

M1 1945: Bleiben oder Weggehen?

Aus einem Interview mit einem ehemaligen KZ-Häftling, der als Sohn jüdischer Eltern in Krakau geboren wurde und heute in München lebt (2001):
Die Befreiung aus dem KZ Dachau am 28. April 1945 habe ich nicht bewusst mitbekommen. Sehr krank und geschwächt lag ich danieder … Vom Lager aus machte ich meine ersten Ausflüge in die
5 nahe Stadt Dachau, um meine neu gewonnene Freiheit zu genießen … Mein Schwager und ich hielten es nicht lange in der Sammelunterkunft aus, wir suchten ein Zimmer in der Gegend und fanden schließlich eines … Das war Ende 1945. Auch bei
10 der Arbeitssuche hatte ich Glück. 1947 fand ich bei den Amerikanern eine Arbeit als Chauffeur. Mit den Deutschen war die Verständigung einfacher als mit den Amerikanern. Meine Muttersprache war Jiddisch, das mit dem Deutschen viele Ähnlichkeiten
15 hat … Mit der Zeit lernte ich auch Deutsche kennen, mit einigen von ihnen freundete ich mich sogar an. Viele meiner jüdischen Schicksalsgenossen wollten von den Deutschen nichts mehr wissen und wollten nichts wie weg nach Amerika oder
20 Palästina.
… Ich hatte keine großen Berührungsängste mit den Deutschen. Woher das kommt? Ich glaube erstens, weil es in meinem Heimatdorf in Polen keinen großen Unterschied machte, ob jemand Jude oder
25 Christ war. Die Juden und Christen in unserem Dorf gingen z. B. gemeinsam auf eine Schule. Zweitens habe ich in den KZs bei den SS-Leuten die Erfahrung gemacht, dass nicht jeder Deutsche von Grund auf schlecht ist. Einige haben mir sogar
30 geholfen.
Zit. nach Weggehen – Ankommen, hg. vom Schülerwettbewerb Deutsche Geschichte, Hamburg (Körber-Stiftung) 2002, S. 63.

M2 Synagogenweihe in Bayreuth 1952, Foto, Ausschnitt

M3 „Deutscher Jude oder jüdischer Deutscher"

Michael Wolffsohn, Geschichts- und Politikwissenschaftler, wurde 1947 als Sohn deutsch-jüdischer Emigranten in Tel Aviv geboren. Er lebt seit 1954 in der Bundesrepublik. In einem Interview im Juni 1999 sagte er:

Ich bin deutscher Jude oder jüdischer Deutscher … Beides gehört für mich unauflöslich zusammen … Im Vergleich zu Umfragen vor zwanzig Jahren haben sehr viel mehr Juden der dritten Generation
5 und ein Teil der zweiten gesagt, dass sie sich auch als Deutsche fühlen. Das war früher eine ganz kleine Minderheit … Die zweite, dritte und vierte Generation lebt nicht zwangsweise hier. Dass die Generation der unmittelbar Überlebenden den Weg nicht
10 gefunden hat, hat viele Gründe. Für die zweite oder dritte Generation gibt es keine Ausrede. Man kann, wenn man nicht nach Israel will, in andere Länder gehen. Es ist aber fraglich, ob in anderen westlichen Demokratien – von ehemaligen kommunistischen
15 Staaten ganz zu schweigen – die Lebensbedingungen für Juden besser sind … Man lebt relativ gut, nicht nur materiell, auch ideell. Die große Mehrheit der Deutschen meint es ernst mit der Vokabel „neues Deutschland", „liberales Deutschland".

Zit. nach Ingrid Wiltmann, Jüdisches Leben in Deutschland, Frankfurt a. M. (Suhrkamp TB) 1999, S. 222.

M4

Eingang der neuen Münchner Hauptsynagoge, Foto, 2006

M5 In der Heimat angekommen?

Der israelische Botschafter Shimon Stein äußerte sich anlässlich der Eröffnung des Gemeindezentrums und der Neuen Synagoge in München im November 2006 gegenüber der „Süddeutschen Zeitung" (SZ):

SZ: Herr Botschafter, welche Bedeutung hat die Eröffnung des Gemeindezentrums für jüdisches Leben in Deutschland?
Stein: Als Vertreter des Staates Israel freue ich mich
5 für die Juden, die beschlossen haben, in Deutschland zu bleiben, dass sie jetzt ein solches Zentrum haben werden. Es bietet ihnen die Möglichkeit, ihre jüdische Identität besser zu leben …
SZ: Das Gemeindezentrum ist derzeit das größte jüdische
10 *sche Projekt in Europa. Beschäftigt Sie vielleicht auch persönlich, dass Sie als Botschafter in diesem Land davon ein Zeitzeuge werden?*
Stein: Wissen Sie, ich vertrete einen zionistischen Staat. Dieser Staat hat das Ziel, allen Juden eine Hei-
15 mat anzubieten. Deshalb kann ich mich nicht a priori freuen, dass Juden entscheiden, woanders zu leben, anstatt nach Israel zu kommen. Aber natürlich bin ich Realist und tolerant genug, um zu akzeptieren, dass es die Entscheidung des Einzelnen ist, wo
20 er leben möchte. Und wenn … ich vor der Wahl stehe, ob ich das distanziert betrachte oder mich für diese Menschen freue, dann freue ich mich, dass sie sich hier ein Stück mehr entfalten können.
SZ: Leistet das jüdische Leben einen Beitrag für die
25 *Aussöhnung zwischen Israel und Deutschland?*
Stein: Das ist die Frage, ob die jüdischen Gemeinden eine Brückenfunktion zwischen Israel und ihren Ländern haben. Das ist ganz unterschiedlich. Im Falle der Gemeinden in den USA würde ich das
30 bejahen. Der Verständigungsprozess zwischen Israel und Deutschland aber findet statt zwischen allen Gruppen aus Gesellschaft und Politik, die sich dafür interessieren. Dazu gehören natürlich auch die jüdischen Gemeinden, ohne dass sie jedoch aus meiner
35 Sicht eine herausragende Rolle gespielt hätten.

Zit. nach Süddeutsche Zeitung, Beilage „Jüdisches Leben", 9. November 2006, S. 19.

---

1 **Partnerarbeit:** Erarbeitet anhand der Informationen auf dieser Doppelseite Motive und Erfahrungen von Juden, die in Deutschland geblieben sind bzw. nach 1945 zurückkehrten.
2 Erörtert in einer Gesprächsrunde eure Sichtweise der Beziehung zwischen Juden und Nichtjuden heute.
3 **Recherche:** Informiert euch bei einer jüdischen Gemeinde über ihre Aktivitäten (www.zentralratdjuden.de). Bereitet eine Expertenbefragung bzw. eine Exkursion vor.

Webcode: FG1110444-305

Geschichte als Konstruktion: Die Geschichte der Deutschen – Projekt

Titelseite des Spiegel special Geschichte, Nr. 1, 2007. Anstelle des Begriffs „Erfindung" wird in der Geschichtswissenschaft auch von Geschichte als „Konstruktion", aber auch von Geschichte als Dekonstruktion (dekonstruieren: zerlegen, auflösen) gesprochen.

1 **Gruppenarbeit/Recherche:** a) Wertet M1 unter der Fragestellung aus, wie hier Geschichte dargestellt wird. Achtet besonders auf Personen und Gegenstände. Zieht geeignete Methoden zur Analyse heran.
b) Stellt fest, wie der Autor von M2 die Darstellungen über die Geschichte der Germanen bzw. Deutschen beurteilt.
c) Analysiert M3: Stellt in genauen Schritten am Text dar, wie der Autor zur Formulierung „Erfindung der Nation" gelangt.

d) Verfasst eine Antwort auf das „historische Rätsel": Wer sind die Deutschen? Verwendet dabei die Begriffe Konstruktion, Erfindung, Nation, Nationalismus.

2 **Themenvorschläge für Projekte:**
a) eine Wandzeitung als Dekonstruktion zur „Geschichte der Deutschen" entwerfen
b) eine Geschichtszeitung zur „Erfindung der Deutschen" herstellen
c) eine Podiumsdiskussion gestalten: Europa als „Vaterland" der Deutschen?

„Erfundene Ahnen"

Der Historiker Georg Bönisch schrieb 2007:

Auch heute noch ist hierzulande die Überzeugung verwurzelt, Tacitus habe historisch korrekt von den Ursprüngen Deutschlands berichtet, mit einem Mann im Mittelpunkt, den er nur wenig

5 später in seinen „Annales" beschrieb: Arminius, der edle Recke, der für die vermeintliche Einheit seines vermeintlichen Volkes und für dessen vermeintliche Tugenden stand – Tapferkeit, Treue, Tüchtigkeit.

10 Unter Arminius' Befehl war im Jahre 9 nach Christi Geburt eine römische Armee mit wohl 20 000 Soldaten besiegt worden, die Quinctilius Varus angeführt hatte; das stimmt. Richtig ist auch, dass alsbald in Rom der greise Kaiser Augustus weh-

15 klagte: „Varus, gib die Legionen zurück!" Umstritten ist hingegen immer noch, wo denn diese Schlacht mit über 10 000 Toten stattfand. Es könnte im Teutoburger Wald gewesen sein. Oder am Kalkrieser Berg bei Osnabrück.

20 Ganz daneben liegt jedoch, was der Altertumsforscher Eduard Norden vor fast 100 Jahren über die „Germania" schrieb: dass sie nämlich „unserem Volke als Patengeschenk in die Wiege seiner vaterländischen Geschichte gelegt" worden sei.

25 Was Tacitus als Land zwischen „Rhein und Donau" verortete, ist ein „Konstrukt", sagt der Geschichtsforscher Michael Werner. „Ein Volk, das sich Germanen nannte", ergänzt dessen Kollege Walter Pohl, „hat es vielleicht nie gegeben." Und damit

30 können sie auch kaum die ersten Deutschen gewesen sein. Wo heute Deutschland liegt, gab es Friesen, Semnonen, Chatten, auch Sugambrer, Troboker, Vangionen oder Ubier – und Cherusker, deren Anführer zeitweilig eben Arminius war. Dass

35 Tacitus „Germanien" nicht kannte, ist längst historische Erkenntnis. Was er schrieb über dessen Bewohner, hatte er ganz offenbar … einem „Fundus ethnografischer Topoi"[1] entnommen, die seit den Griechen für die Beschreibung barbarischer Völker

40 üblich waren – und deshalb ohne jeden Beweiswert sind.

Georg Bönisch, Erfundene Ahnen, in: Spiegel special Geschichte, Nr. 1, 2007, S. 34.

....

[1] Bestand völkerkundlicher Gemeinplätze

Die „erfundene Nation"

Der Historiker Klaus Wiegrefe schrieb 2007:

Noch vor weniger als zwei Jahrhunderten konnten die meisten Deutschen wenig mit der Idee anfangen, sie sollten in einem gemeinsamen Staat leben … Die Menschen fühlten sich als Protestan-

5 ten oder Katholiken, Arbeiter oder Bauern, und sie sprachen von Bayern oder Hessen als meine „Nation", ohne dass jemand darin einen Missklang vernommen hätte …

Mit der deutschen Nationalbewegung Anfang des

10 19. Jahrhunderts begann die entscheidende Neudeutung. Es waren zunächst nur Schriftsteller, Journalisten, Theologen und Lehrer … Sie predigten den Leuten, es sei „die höchste Religion", das „Vaterland lieber zu haben als Herren und Fürsten,

15 als Väter und Mütter, als Weiber und Kinder" [der Dichter Ernst Moritz Arndt (1769–1860)] … Sie stifteten Identität, indem sie ein Geschichtsbild verbreiteten, das mit der realen Vergangenheit nur wenig zu tun hatte … In der Idee des National-

20 staats steckte erhebliche Sprengkraft. Die typisch deutsche Kleinstaaterei sollte ein Ende haben, der herrschende Adel von der politischen Bühne abtreten. Die Nationalisten … verlangten eine Demokratisierung des Landes. Es ist dieser Gestal-

25 tungsdrang, der „Anspruch auf politische Selbstbestimmung", der nach Auffassung des Nationalismusforschers Peter Alter aus einem Volk eine Nation macht … Am Ende des Jahrhunderts fühlten sich Menschen, die als Sachsen oder Würt-

30 temberger geboren waren, dieser Idee der deutschen Nation verpflichtet. Sie waren bereit, für diese Idee Opfer zu bringen, sogar zu sterben. Wissenschaftler sprechen in diesem Zusammenhang von einer „Erfindung" der Nation. Denn was

35 Fichte, Arndt und ihre Nachfolger verbreiteten, war ein konstruiertes Weltbild, zusammengesetzt aus Geschichtslegenden, Erwähltheitsglauben und der Vorstellung einer deutschen Mission. Erst dieses Weltbild, unterfüttert vom rasanten wirt-

40 schaftlichen Aufstieg des Kaiserreichs, brachte Bayern, Schwaben oder Hamburger dazu, sich primär als Deutsche zu verstehen.

Klaus Wiegrefe, Geburt einer Nation, in: Spiegel special Geschichte, Nr. 1, 2007, S. 8 f.

Deutschland – geteilt und vereint

Die Revolution in der DDR 1989/90

Das Ende der DDR kam für die meisten Menschen überraschend. Dennoch gab es Anzeichen für einen stetigen Niedergang des zweiten deutschen Staates im Laufe der 1980er Jahre.

5 Ausschlaggebend für das Ende der SED-Diktatur war jedoch nicht eine Ursache allein. Vielmehr können sowohl **innen- und wirtschaftspolitische** als auch **außenpolitische Ursachen für das Ende der SED-Herrschaft** gefunden werden.

Außenpolitische Faktoren der Revolution

Als frühe Zeichen für eine veränderte Lage der DDR können die **KSZE-Beschlüsse von 1975** (siehe S. 204) und die **Gründung der Gewerkschaft Solidarność in Polen 1980** gesehen werden. Beide Ereignisse trugen da-

5 zu bei, den Reformdruck auf die DDR zu erhöhen. Der Ruf nach mehr Freiheit und Zulassung von Gewerkschaften wirkte sich auch in der DDR aus.

Von großer Bedeutung wurden ab Mitte der 1980er Jahre die **Reformen in der Sowjetunion. Michail Gorbat-**

10 **schow** sprach sich 1986 dafür aus, dass jeder verbündete sozialistische Staat seinen eigenen Weg zur Bewältigung seiner Entwicklungsprobleme gehen könne. Damit hob er die sogenannte Breschnew-Doktrin (siehe S. 209 f.) von 1968 auf. Danach durfte jeder ver-

15 bündete Staat der Sowjetunion nur eine begrenzte Souveränität für sich beanspruchen.

Die **Politik Gorbatschows von Glasnost (Transparenz) und Perestroika (Umbau)** kann demnach als ein wichtiger Faktor gesehen werden, durch den der Untergang

20 der DDR beschleunigt wurde. Allerdings ist nicht zu klären, ob die DDR bei einer Reformpolitik im Sinne Gorbatschows weiter bestanden hätte.

Als im **Sommer 1989 die Grenze zwischen Ungarn und Österreich durchlässig** wurde, flüchteten tausende

25 DDR-Bürger in den Westen.

Berichte der Staatssicherheit nannten als wesentliche **Gründe für die Fluchtbewegung** u. a.: Unzufriedenheit und Verärgerung über die Versorgungslage, über Dienstleistungen und medizinische Standards sowie

30 über die eingeschränkte Reisefreiheit.

Innere Opposition und Fluchtbewegung

Die Unzufriedenheit großer Teile der DDR-Bevölkerung zeigte sich im Laufe des Jahres 1989 an der **steigenden Zahl von Ausreiseanträgen**. Als im Frühjahr 1989 öffentlich wurde, dass die **Ergebnisse der Kommunalwahl vom 7. Mai 1989 massiv gefälscht** worden

5 waren, steigerte das die Unzufriedenheit erheblich. Die übliche fast hundertprozentige Zustimmung bei früheren Wahlen wurde bei dieser Wahl öffentlich infrage gestellt. **Bürgerrechtsgruppen** hatten ihr Recht wahrgenommen, die Auszählungen zu beobachten und zu do-

10 kumentieren. Sie **konnten nachweisen, dass die Zahl der Gegenstimmen und Enthaltungen wesentlich größer war, als im veröffentlichten Wahlergebnis zugegeben wurde.** Oppositionelle Gruppen begannen sich zu organisieren, ohne eine offizielle Zulassung durchset-

15 zen zu können. Dass Widerstand gegen sozialistische Diktaturen lebensgefährlich war, zeigte sich an der blutigen **Niederschlagung des Studentenaufstandes in China am 4. Juni 1989. Die öffentliche Zustimmung führender SED-Machthaber zur sogenannten chinesi-**

20 **schen Lösung** erhöhte die Angst und das Misstrauen der Bevölkerung in der DDR gegenüber den Herrschenden der SED.

Zu einer fast noch größeren Bedrohung als die sich organisierende innere Opposition wurde die **Fluchtbewe-**

25 **gung aus der DDR.** Viele warteten nicht mehr auf eine Entscheidung über ihre Ausreiseanträge. Für die SED-Führung war die Ausreise illegal, hatte doch bisher niemand das Recht, ohne Genehmigung die DDR zu verlassen. Die Antragsteller wurden drangsaliert, be-

30 nachteiligt, die Ausreisenden beschimpft. Dass es sich vor allem um junge, gut ausgebildete DDR-Bürger handelte, erhöhte den Druck auf die Regierung.

Im Laufe des Spätsommers wuchsen Mut und Risikobereitschaft der DDR-Bürger, sich offen zur Opposition

35 zu bekennen. **Seit Anfang September 1989 wurden Organisationen gegründet, die offen grundlegende Reformen forderten,** wie das „Neue Forum", „Demokratie Jetzt", der „Demokratische Aufbruch" und die „Sozialdemokratische Partei in der DDR". Ihre Zulassung

40 wurde **vom Staat verweigert. Sie galten als „staatsfeindlich".**

Der Durchbruch zur friedlichen Revolution

Die bisherigen Machtmittel des Staates wie Bespitzelung, Verbote, Verhaftungen und Verurteilungen in Schnellverfahren konnten die angespannte Lage nicht mehr beruhigen.

Nachdem es im Umfeld der Feierlichkeiten zum **40. Jahrestag der DDR-Gründung** zu weiteren Demonstrationen gekommen war, sollte die bevorstehende **Montagsdemonstration in Leipzig am 9. Oktober 1989** gewaltsam aufgelöst werden. Panzer standen bereit, die Krankenhäuser bereiteten sich auf Verletzte vor. Durch Vermittlung prominenter Leipziger Bürger und besonnene Kräfte in der Leipziger SED-Bezirksleitung konnte ein gewaltsames Eingreifen der Staatsmacht verhindert werden. **70 000 Leipziger prägten mit ihrer Losung „Wir sind das Volk" das Bild einer friedlichen Revolution.**

Der Zerfall der SED-Macht

Die SED-Führung wich zurück. Die Zahl der Demonstrationen nahm im ganzen Land zu. Da auch die Fluchtwelle anhielt und die sowjetische Führung eine militärische Einmischung ablehnte, geriet die Führung um Erich Honecker weiter unter Druck. **Am 18. Oktober 1989 musste Honecker zurücktreten. Sein Nachfolger wurde Egon Krenz,** der als Leiter der Zentralen Wahlkommission die Fälschungen bei den Kommunalwahlen mitzuverantworten hatte. Die Hoffnung der Führung auf eine Beruhigung der Lage wurde enttäuscht. Die DDR-Führung geriet immer mehr in die Defensive. **Am 7./8. November 1989 trat die gesamte SED-Führung (Ministerrat und SED-Politbüro) zurück.**

Als am **9. November 1989** – in dieser Form wohl nicht gewollt – die Grenze geöffnet wurde, war eine weitere Phase des Machtzerfalls der SED erreicht. **Mit Hans Modrow wurde am 13. November ein SED-Reformer Ministerpräsident.**

Durch den **Fall der Mauer** traten die ursprünglichen Zielsetzungen der Oppositionsgruppen, den DDR-Sozialismus zu reformieren, in den Hintergrund. Nach vorn drängten die Kräfte, die in einer reformierten DDR keine Lösung sahen, sondern auf eine Vereinigung mit der Bundesrepublik setzten. Schon **im November traten bei den Demonstrationen in Leipzig Slogans auf wie „Deutschland einig Vaterland" und „Wir sind ein Volk".** Auf die zunehmenden Forderungen nach der deutschen Einheit reagierte Bundeskanzler Helmut Kohl am **28. November 1989** mit einem **10-Punkte-Programm,** das konföderative Strukturen vorsah und mittelfristig die deutsche Einheit.

Der Weg zur deutschen Einheit

Die Forderungen der Oppositionsbewegung nach politischer Einflussnahme wurden Ende November vom SED-Politbüro erfüllt: Es wurden **„Runde Tische"** eingerichtet, an denen **Vertreter der Oppositionsgruppen, aber auch der SED, der Blockparteien und der Massenorganisationen** saßen. **Die Runden Tische kontrollierten die Regierungsarbeit und stellten eigene Forderungen.** Als die Volkskammer am **1. Dezember 1989** den **Führungsanspruch der SED aus der Verfassung strich,** war ein weiterer Stein aus der SED-Macht herausgebrochen. Dazu trug auch die **Besetzung von Stasi-Gebäuden** bei, für die Bürger **Symbole der Unterdrückung durch die SED-Herrschaft.** Die **ersten freien Wahlen zur DDR-Volkskammer fanden am 18. März 1990** statt. **Es siegten die Parteien, die für eine schnelle Einheit eintraten.**

Mit verschiedenen Verträgen auf innerdeutscher und außenpolitischer Ebene wurde die deutsche Einheit vorbereitet – so mit dem **„Staatsvertrag zur Wirtschafts-, Währungs- und Sozialunion" (1. Juli 1990),** dem **„Einigungsvertrag" (31. August 1990)** und dem **„Zwei-plus-Vier-Vertrag" (12. September 1990).** Am **3. Oktober 1990 traten die neu gegründeten Länder der Bundesrepublik bei.** Bald wurde deutlich, dass das politisch und wirtschaftlich bankrotte DDR-System enorme finanzielle und wirtschaftliche **Folgelasten** nach sich zog. Auch mussten die **mentalen Folgen der deutschen Teilung** wie Vorurteile und feindbildähnliche Klischees auf beiden Seiten erst überwunden werden. Inzwischen blickt die **„3te Generation Ost"** auf die für sie selbstverständliche Einheit – mit ihren Fragen an die Eltern zur DDR-Geschichte. Die Frage, ob die **DDR ein Unrechtsstaat** war, wurde um 2009/2010, zwanzig Jahre nach Mauerfall und deutscher Einheit, öffentlich diskutiert. Die Regierungen unter den Bundeskanzlern Helmut Kohl (bis 1998), Gerhard Schröder (bis 2005) und Bundeskanzlerin Angela Merkel (seit 2005) standen vor neuen innen-, sozial- und wirtschaftspolitischen sowie außenpolitischen Herausforderungen.

Deutschland – geteilt und vereint

M1

Demonstration in Leipzig, Foto, 12. Februar 1990

Kommt die DM
bleiben wir
kommt sie nicht
geh'n wir zu ihr!

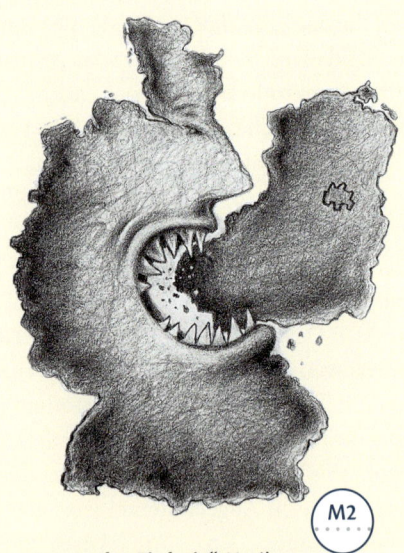

M2

„Deutsche Einheit", Karikatur
von Dietmar Dänecke, 1997

M3

Nach dem Mauerfall

Aus den Erinnerungen von Christel Dux (geboren 1948), 23. Februar 2000:

Am 10. November 1989 gingen die Kinder nicht in die Schule, sie gingen stattdessen in den Westen. Im Fernsehen konnte man sehen, wie sie mit ihren Mappen in Westberlin herumspazierten, viele Eltern
5 gingen mit der Familie rüber, Verwandte wurden besucht, schließlich wartete man darauf 28 Jahre. Niemand dachte damals an Schule oder Unterricht. Wer weiß, wo die Lehrer hingingen? Teresa kam am Abend und sagte zu mir: „Mutti,
10 morgen fahre ich mit Oma und Opa auch rüber." „Ich komme mit", sagte ich gleich. Teresa war eigentlich zu einer Feier eingeladen, die schon vor längerer Zeit geplant wurde. Aber die eingeladenen Gäste kamen nicht, ein paar Kollegen, die noch kamen, wa-
15 ren schon drüben, einkaufen. Dann wurde erzählt, am Montag würde die Mauer wieder geschlossen werden, dann müsse ein Visum eingereicht werden. Am 11. November 1989 fuhren wir dann mit meinen Eltern nach Kreuzberg. Menschenmassen über Men-
20 schenmassen zogen durch die Warschauer Straße zum Übergang Oberbaumbrücke. Wir wurden ohne Ausweiskontrolle durchgelassen, gingen zur nächsten Sparkasse und stellten uns an. Eigentlich wollte ich nur rüber, ich wollte nach all
25 den Jahren nur den Boden von Westberlin betreten, wollte Freiheit genießen, es war wunderbar, mir kamen die Tränen. Da nun aber niemand wusste, was nun wirklich wird, Teresa war, wie es hieß, „Geheimnisträger" als Facharbeiter für Datenverarbeitung,
30 durfte sie nun am Montag noch rüber oder nicht? So stellten wir uns notgedrungen in die lange Reihe der Wartenden, schließlich wollten wir uns die 100 DM Begrüßungsgeld nicht durch die Lappen gehen lassen.
35 Wir standen fünf Stunden an, bis wir dran waren, es war schon 14 Uhr. Mein Vater führte uns nach Neukölln, in ein Kaufhaus, dort sahen wir uns alles an ... Die Ungewissheit war doch ziemlich groß, an eine Vereinigung dachte damals kein Mensch.
www.dhm.de/lemo/forum/kollektives_gedaechtnis/015/index.html, Stand: 11.04.2010.

M4

**Deutsche Bundeskanzler/
Bundeskanzlerin,** Fotos

Überprüfe, was du kannst

Sachkompetenz

1 Kläre folgende Begriffe: Montagsdemonstrationen (S. 288), Fall der Mauer 9. 11. 1989 (S. 288 ff.), „Runde Tische" (S. 288 f.), Volkskammerwahl 1990 (S. 292 f.), Zwei-plus-Vier-Vertrag (S. 295), Tag der Deutschen Einheit (S. 295).

2 a) Formuliere die Bildaussage (M1).
b) Ordne die Situation in den historischen Zusammenhang in der DDR im Frühjahr 1990 ein.

3 a) Entschlüssele M2.
b) Nimm zur Aussage der Karikatur Stellung.

4 Nenne Schritte zur deutschen Einheit (S. 292–295).

Methodenkompetenz

5 Analysiere M3 mithilfe der Methode „Zeitzeugen befragen", Arbeitsschritt 3, S. 301.

Selbst- und Sozialkompetenz

6 Nimm zu folgender These Stellung: Die Unterschiedlichkeit der Wirtschaftssysteme hatte keinen nennenswerten Einfluss auf den Untergang der DDR.

7 Recherche/Gruppenarbeit:
a) Fertigt Kurzbiografien der in M4 abgebildeten Personen an.
b) Formuliert die wesentlichen politischen Schwierigkeiten und Leistungen aus den Regierungszeiten der Kanzler/Kanzlerin.
c) Stellt eure Ergebnisse in der Klasse vor.
d) Erörtert in einer gemeinsamen Diskussionsrunde Bezüge zwischen den Biografien und euren Kenntnissen aus den Kapiteln 9 und 10 (S. 232–245 und S. 246 bis 253, S. 272–275).

1989 ◄

2. Mai   Abbau des Grenzzaunes zwischen Ungarn und Österreich
11. September   Öffnung der ungarisch-österr. Grenze
30. September   Ausreise von DDR-Flüchtlingen aus den bundesdeutschen Botschaften in Prag, Warschau
6. bis 8. Oktober   Demonstrationen und gewalttätige Auseinandersetzungen mit DDR-Sicherheitsorganen
9. Oktober   Leipzig: friedlicher Verlauf der Montagsdemonstration
18. Oktober   Staats- und Parteichef Honecker (SED) muss zurücktreten; Nachfolger Egon Krenz (SED)
7./8. November   Ministerrat und SED-Politbüro treten zurück
9. November   Öffnung der DDR-Grenze

► **1990**
18. März
erste freie Wahlen zur DDR-Volkskammer
Juli bis September
Verträge zur deutschen Einheit
3. Oktober
Beitritt der neuen Länder zur Bundesrepublik;
Tag der Deutschen Einheit

| 1987 | 1988 | 1989 | 1990 | 1991 |

12. Die Welt seit 1990 – Herausforderungen und Chancen

Das Foto ist 2003 auf einer Friedensdemonstration in Berlin entstanden. Im Vordergrund: ein Ballon, der mit seiner Aufschrift „No War" an die vielleicht wichtigste internationale Frage unserer Gegenwart erinnert: Wie kann es eine Welt ohne Krieg geben? Im Mittelgrund: die „Siegessäule", errichtet zwischen 1864 und 1873 als Nationaldenkmal der Einigungskriege, die Preußen bis zur Reichseinheit 1871 führte. Der Ballon und die Siegessäule – beide symbolisieren auf ihre Weise, dass Krieg im 19. und 20. Jahrhundert immer gegenwärtig war. Bei der Suche nach Begrenzungen beider Jahrhunderte haben Historiker die Französische Revolution von 1789 als Beginn und das Ende des Kalten Krieges um 1990 als Schluss festgelegt. Beide Endpunkte bilden die Groß-Epoche. Als tiefster Einschnitt innerhalb beider Jahrhunderte wird der Erste Weltkrieg (1914–1918) gesehen. Weil beide Epochen unterschiedlich lang sind, spricht man vom „langen" 19. (von der Französischen Revolution 1789 bis zum Ersten Weltkrieg) und vom „kurzen" 20. Jahrhundert (vom Ersten Weltkrieg bis um 1990).

Folgende Fragen leiten dich durch das Kapitel:

– *Wie entwickelte sich die internationale Politik seit 1990?*
– *Welche Herausforderungen und Chancen sind in der Weltpolitik zu erkennen?*

1 a) Tauscht eure Kenntnisse über Umbrüche, Konflikte und Kriege im 19. und 20. Jahrhundert aus.
b) Begründet die Epocheneinteilung der Historiker.
2 Diskutiert gemeinsam, wie sich für euch die weltpolitische Situation in der Gegenwart darstellt.

Friedensdemonstration an der Berliner Siegessäule, Foto, 2003

Die Welt seit 1990 – Herausforderungen und Chancen

Am Ende dieses Kapitels kannst du

- Schritte zur Einigung Europas nach dem Zweiten Weltkrieg darstellen

- die Verträge von Maastricht und Lissabon in ihrer Bedeutung für die europäische Einigung bewerten

- die Organisation („Verfassung") der EU heute erläutern

- Grenzen der Erweiterung und Vertiefung der EU erörtern

- den Aufstieg Chinas zur Weltmacht darstellen

- Ursachen, Verlauf und gegenwärtigen Stand des Nahostkonflikts bewerten

- Merkmale und Formen des Terrorismus nennen

- **Methode** Ein WebQuest erstellen

- **Methode** Internet-Informationen bewerten

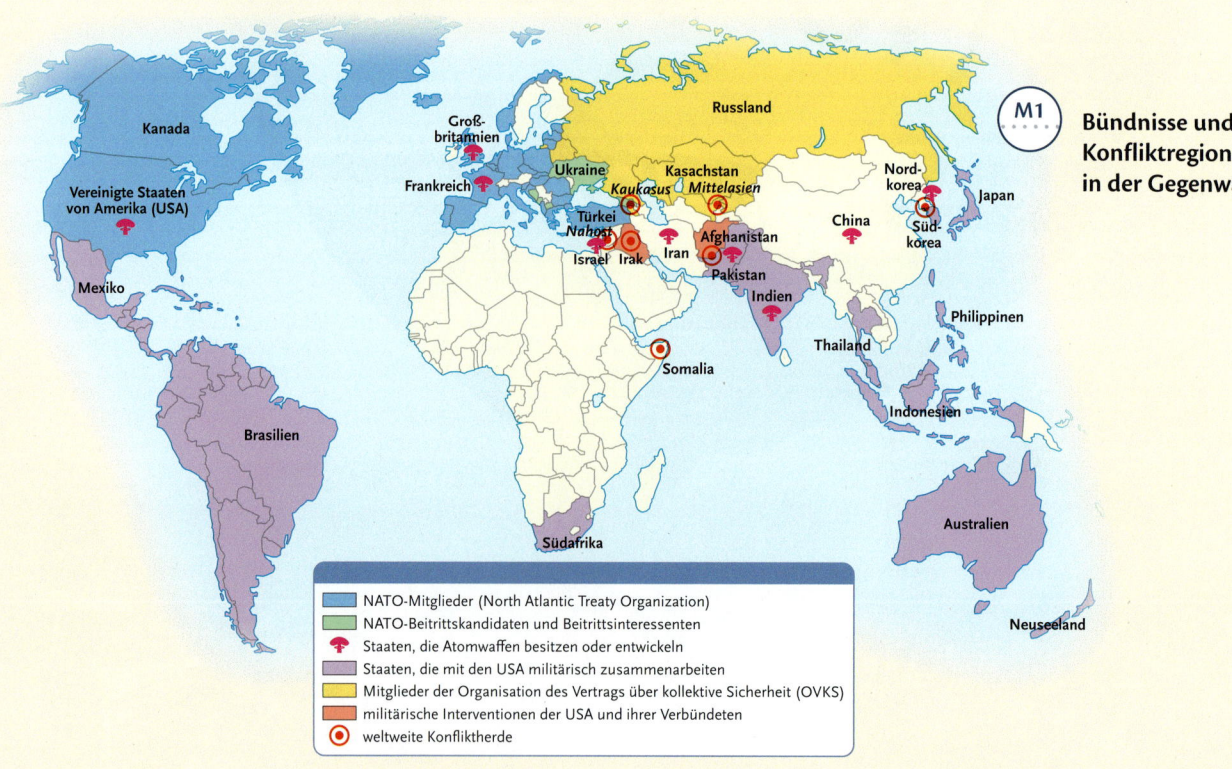

M1 Bündnisse und Konfliktregionen in der Gegenwart

Legende:
- NATO-Mitglieder (North Atlantic Treaty Organization)
- NATO-Beitrittskandidaten und Beitrittsinteressenten
- Staaten, die Atomwaffen besitzen oder entwickeln
- Staaten, die mit den USA militärisch zusammenarbeiten
- Mitglieder der Organisation des Vertrags über kollektive Sicherheit (OVKS)
- militärische Interventionen der USA und ihrer Verbündeten
- weltweite Konfliktherde

M2 **Bauprojekt „Mauer der Angst",** Karikatur von Rudolf Schuppler, 2013. Der Bulle symbolisiert den Anstieg, der Bär den Fall der Kurse an den Börsen.

M3 Jugendliche aus ganz Europa demonstrieren im Berliner Regierungsviertel gegen Jugendarbeitslosigkeit in ihrer Heimat, Foto, 3. Juli 2013

1 Erörtert in einer Gesprächsrunde, wie sich die Weltlage mit Blick auf Bündnisse und Konfliktregionen gegenwärtig darstellt. Zieht dazu M1 heran.

2 **Partnerarbeit:** a) Entschlüsselt die Karikatur M2. Zieht die Methode im Anhang heran.
b) Klärt, welche „Bausteine" noch aktuell sind.

3 **Recherche:** Informiere dich über den augenblicklichen Stand der Jugendarbeitslosigkeit in Europa. Berichte in der Klasse.

Die Einigung Europas – ein Längsschnitt

Der Europarat – eine beratende Versammlung

Nachdem die Gründung eines westdeutschen Staates realisiert war, unternahmen westeuropäische Politiker, vor allem französische, den ersten Versuch einer politischen Einigung Europas. Mit der Gründung des Europarats 1949 wollten sie die Weichen für eine politische Neuordnung Europas stellen. Da die meisten Mitgliedsstaaten jedoch nicht bereit waren, auf nationale Souveränitätsrechte zu verzichten, blieb der Europarat nur eine beratende Versammlung.

Der Weg zur wirtschaftlichen Einigung

Stärkere Impulse für Einigungsbestrebungen gingen im Nachkriegseuropa von wirtschaftlichen Faktoren aus: Die Vergabe der amerikanischen Hilfsgelder musste koordiniert werden. Damit ergab sich für die Staaten, die am sogenannten Marshallplan teilnahmen, die Notwendigkeit zusammenzuarbeiten. Deshalb wurde 1948 die Organization for European Economic Co-Operation (OEEC) eingerichtet, die den Einigungsprozess förderte: 1951 z. B. gründeten die Beneluxländer, Frankreich, Italien und die Bundesrepublik Deutschland die Europäische Gemeinschaft für Kohle und Stahl (EGKS). Unter der Aufsicht und Leitung einer internationalen Behörde wurde ein gemeinsamer Markt für Kohle, Eisenerz und Stahl geschaffen. Mit den Römischen Verträgen entstand 1957 die Europäische Wirtschaftsgemeinschaft (EWG), ab 1967 die Europäische Gemeinschaft (EG). Als „Motoren" der Einigung Westeuropas gelten der französische Außenminister Robert Schuman (1886–1963) und der deutsche Bundeskanzler Konrad Adenauer (1876–1967).

Auf dem Weg zur politischen Einigung

Während die Römischen Verträge die wirtschaftliche Integration vorantrieben, galt das nur bedingt für die politische Einigung. Zwar waren mit dem Europarat 1949 erste Grundprinzipien auf dem Weg zur politischen Einigung festgelegt worden, ein militärisches Bündnis schien jedoch im Zuge der Verschärfung des Ost-West-Konflikts dringlicher: Bereits 1948 hatten sich die Beneluxstaaten, Frankreich und Großbritannien im Brüsseler Vertrag zusammengeschlossen, der späteren Westeuropäischen Union (WEU).

Erst 1985 begann eine neue Phase der europäischen Integration: Mit dem Schengener Abkommen entfielen die Kontrollen an den Grenzen der beteiligten europäischen Staaten, die Außengrenzen wurden verstärkt. Praktisch umgesetzt wurden die Pläne einer Wirtschafts- und Währungsunion sowie einer politischen Zusammenarbeit erst mit dem Vertrag von Maastricht 1992. Er schrieb als Ziel sowohl die wirtschaftliche als auch die politische Union fest, die mit dem Vertrag von Lissabon (2009) weiterentwickelt werden soll.

Erweiterung und Vertiefung

Nachdem zwischen 1989 und 1991 die kommunistischen Regime in Osteuropa zusammengebrochen waren, konnten 2004 auch Polen, die Tschechoslowakei, Ungarn und die baltischen Staaten der EU beitreten. Die Beitrittsdynamik ist weiterhin ungebrochen; 2013 trat Kroatien bei. Angesichts der wirtschafts- und finanzpolitisch krisenhaften Entwicklung seit 2008 stellen sich vor allem zwei Fragen: Soll die EU weiter ausgedehnt werden? Und: In welchem Umfang können bzw. wollen die Mitgliedsstaaten Souveränitätsrechte abgeben, um die politische und wirtschaftlich-finanzpolitische Einigung Europas zu vertiefen?

Vorschlag für eine Gruppenarbeit

1 Erarbeitet die Informationen auf den Seiten 316 bis 319 als Gruppenpuzzle in fünf Gruppen. Zieht den Darstellungstext mit heran (Webcode).

Themenvorschläge:

a) Schritte zur wirtschaftlichen Einigung: „EGKS", „Römische Verträge" und „Binnenmarkt" (M1, M2, M3)

b) die „Verfassung" der EU und ihre Machtstruktur (M5)

c) Etappen der europäischen Einigung bis zur Gegenwart (Darstellungstext, M4, Grafik S. 333)

d) die Staatsschulden-Krise (M6, M7)

e) **Wahlaufgabe/Recherche:** Maßnahmen gegen die Staatsschuldenkrise

2 Ordnet in einer gemeinsamen Gesprächsrunde den gegenwärtigen Stand der Einigung Europas in die globale Bündnis- und Konfliktstruktur ein. Zieht die Karte S. 314 heran.

M1 Die Europäische Gemeinschaft für Kohle und Stahl (EGKS)

Die Präambel (Einleitung) des am 18. April 1951 ausgefertigten Vertrags führte die Vertreter der sechs beteiligten Staaten auf und nannte als deren Ziele:

In der Überzeugung, dass der Beitrag, den ein organisiertes und lebendiges Europa für die Zivilisation leisten kann, zur Aufrechterhaltung friedlicher Beziehungen unerlässlich ist,

5 in dem Bewusstsein, dass Europa nur durch konkrete Leistungen, die zunächst eine tatsächliche Verbundenheit schaffen, … aufgebaut werden kann,

in dem Bemühen, durch die Ausweitung ihrer

10 Grundproduktionen zur Hebung des Lebensstandards und zum Fortschritt der Werke des Friedens beizutragen,

entschlossen, an die Stelle der jahrhundertealten Rivalitäten einen Zusammenschluss ihrer wesent-

15 lichen Interessen zu setzen, durch die Errichtung einer wirtschaftlichen Gemeinschaft den ersten Grundstein für eine weitere und vertiefte Gemeinschaft unter Völkern zu legen, … und die institutionellen Grundlagen zu schaffen, die einem nun-

20 mehr allen gemeinsamen Schicksal die Richtung weisen können, haben [wir] beschlossen, eine Europäische Gemeinschaft für Kohle und Stahl zu gründen.

Zit. nach Europa-Recht, 11. Aufl., München (dtv) 1991, S. 164.

M3 Über die Wirtschaft nach Europa?

Auszug aus den Römischen Verträgen, mit denen 1957 die Europäische Wirtschaftsgemeinschaft (EWG) gegründet wurde:

Artikel 3: Die Tätigkeit der Gemeinschaft … umfasst:

a) die Abschaffung der Zölle und mengenmäßigen Beschränkungen bei der Ein- und Ausfuhr

5 von Waren sowie aller sonstigen Maßnahmen gleicher Wirkung zwischen den Mitgliedsstaaten;

b) die Einführung eines gemeinsamen Zolltarifs und einer gemeinsamen Handelspolitik gegenüber dritten Ländern;

10 c) die Einführung einer gemeinsamen Politik auf dem Gebiet der Landwirtschaft; …

e) die Einführung einer gemeinsamen Politik auf dem Gebiet des Verkehrs;

f) die Errichtung eines Systems, das den Wettbe-

15 werb innerhalb des Gemeinsamen Marktes vor Verfälschungen schützt; …

h) die Angleichung der innerstaatlichen Rechtsvorschriften, soweit dies für das ordnungsgemäße Funktionieren des Gemeinsamen Marktes erfor-

20 derlich ist;

i) die Schaffung eines Europäischen Sozialfonds, um die Beschäftigungsmöglichkeiten der Arbeitnehmer zu verbessern und zur Hebung der Lebenshaltung beizutragen.

Zit. nach Europa. Verträge und Gesetze, Bonn, 1972, S. 75 f.

Begriffe und Daten

1992 Vertrag von Maastricht

Im Februar 1992 unterzeichneten die zwölf Mitgliedsstaaten der Europäischen Gemeinschaft den „Vertrag über die Europäische Union" (EU-Vertrag). Vereinbart wurden: 1. Binnenmarkt, Zollunion, gemeinsame Agrarpolitik, Wirtschafts- und Währungsunion; 2. gemeinsame Außen- und Sicherheitspolitik; 3. Zusammenarbeit in der Innen- und Rechtspolitik.

2009 Vertrag von Lissabon

In Kraft getreten am 1. Dezember 2009. Er stärkt die Rechte des EU-Parlaments bei Gesetzgebung, Haushalt und internationalen Abkommen und die Rechte der Bürger (Möglichkeit der Bürgerinitiative). Das Prinzip der Einstimmigkeit wird ab 2014 weitgehend durch die qualifizierte Mehrheit abgelöst, um schnellere Entscheidungen zu ermöglichen.

Keine Grenzen im Europäischen Binnenmarkt

Für Menschen
- keine Grenzkontrollen
- Aufenthaltsfreiheit
- freie Arbeitsplatzwahl
- gegenseitige Anerkennung von Prüfungszeugnissen

Für Waren
- keine Grenzkontrollen
- Harmonisierung der Steuern und technischen Normen

Für Kapital
- freier Geld-, Kapital- und Zahlungsverkehr

Für Dienstleistungen
- Liberalisierung der Verkehrsmärkte (z.B. Güterkraftverkehr)
- freier Markt für Banken und Versicherungen
- Liberalisierung der Kommunikationsmärkte (z.B. Fernmeldewesen)

M2 Der Binnenmarkt der EU seit 1. Januar 1993

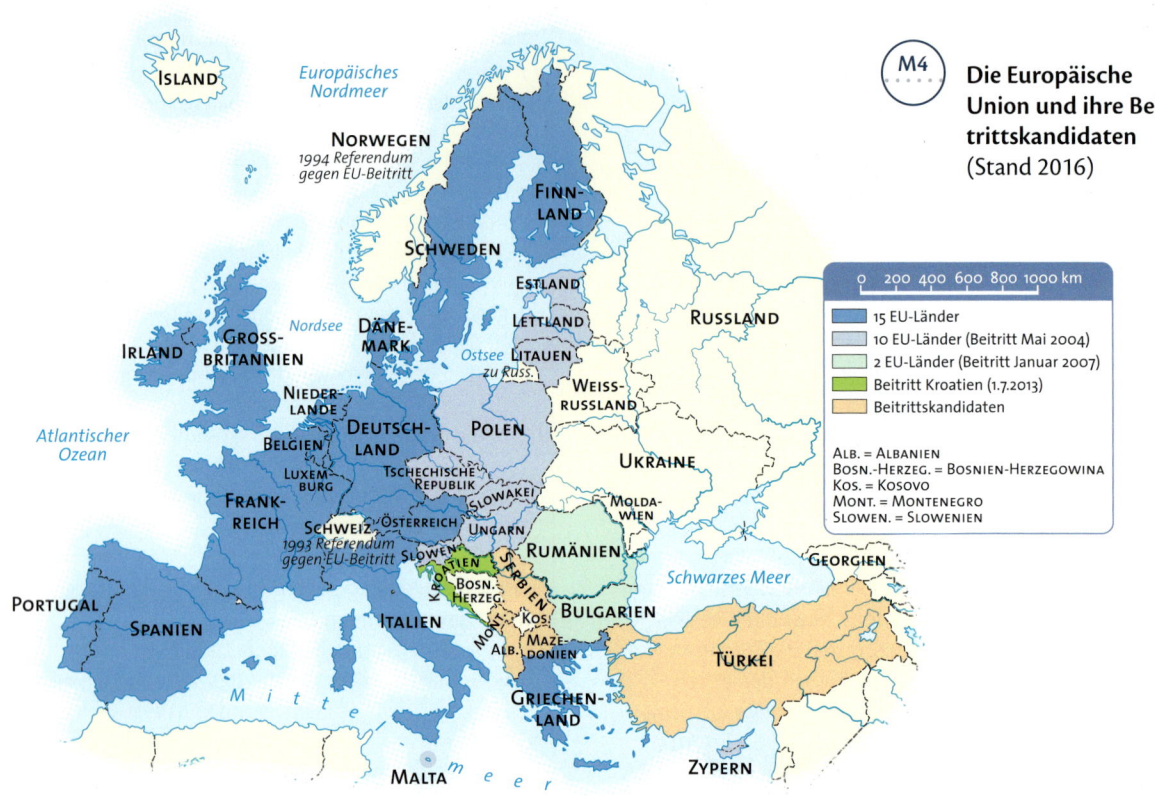

M4 Die Europäische Union und ihre Beitrittskandidaten (Stand 2016)

ISLAND

Europäisches Nordmeer

NORWEGEN
1994 Referendum gegen EU-Beitritt

FINN-LAND

SCHWEDEN

ESTLAND

Nordsee

DÄNE-MARK

LETTLAND

Ostsee

LITAUEN zu Russ.

RUSSLAND

IRLAND

GROSS-BRITANNIEN

NIEDER-LANDE

WEISS-RUSSLAND

Atlantischer Ozean

BELGIEN

DEUTSCH-LAND

POLEN

UKRAINE

LUXEM-BURG

TSCHECHISCHE REPUBLIK

SLOWAKEI

MOLDA-WIEN

FRANK-REICH

SCHWEIZ

ÖSTERREICH

UNGARN

1993 Referendum gegen EU-Beitritt

SLOWEN.

RUMÄNIEN

GEORGIEN

KROATIEN

SERBIEN

Schwarzes Meer

BOSN.-HERZEG.

PORTUGAL

SPANIEN

ITALIEN

MONT.

KOS.

BULGARIEN

ALB.

MAZE-DONIEN

TÜRKEI

GRIECHEN-LAND

MALTA

Mittelmeer

ZYPERN

0   200 400 600 800 1000 km

▮ 15 EU-Länder
▮ 10 EU-Länder (Beitritt Mai 2004)
▮ 2 EU-Länder (Beitritt Januar 2007)
▮ Beitritt Kroatien (1.7.2013)
▮ Beitrittskandidaten

ALB. = ALBANIEN
BOSN.-HERZEG. = BOSNIEN-HERZEGOWINA
KOS. = KOSOVO
MONT. = MONTENEGRO
SLOWEN. = SLOWENIEN

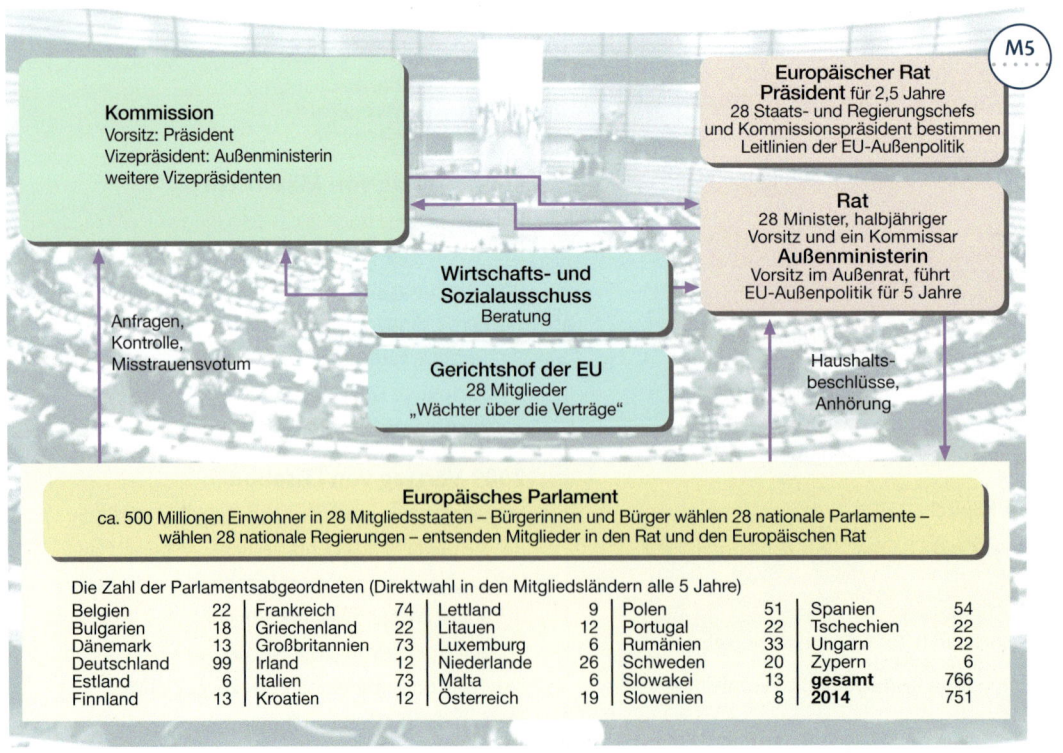

M5 Organe der Europäischen Union (EU) (Stand 2014)

Kommission
Vorsitz: Präsident
Vizepräsident: Außenministerin
weitere Vizepräsidenten

Europäischer Rat
Präsident für 2,5 Jahre
28 Staats- und Regierungschefs und Kommissionspräsident bestimmen Leitlinien der EU-Außenpolitik

Rat
28 Minister, halbjähriger Vorsitz und ein Kommissar
Außenministerin
Vorsitz im Außenrat, führt EU-Außenpolitik für 5 Jahre

Anfragen, Kontrolle, Misstrauensvotum

Wirtschafts- und Sozialausschuss
Beratung

Gerichtshof der EU
28 Mitglieder
„Wächter über die Verträge"

Haushalts-beschlüsse, Anhörung

Europäisches Parlament
ca. 500 Millionen Einwohner in 28 Mitgliedsstaaten – Bürgerinnen und Bürger wählen 28 nationale Parlamente – wählen 28 nationale Regierungen – entsenden Mitglieder in den Rat und den Europäischen Rat

Die Zahl der Parlamentsabgeordneten (Direktwahl in den Mitgliedsländern alle 5 Jahre)

Belgien	22	Frankreich	74	Lettland	9	Polen	51	Spanien	54
Bulgarien	18	Griechenland	22	Litauen	12	Portugal	22	Tschechien	22
Dänemark	13	Großbritannien	73	Luxemburg	6	Rumänien	33	Ungarn	22
Deutschland	99	Irland	12	Niederlande	26	Schweden	20	Zypern	6
Estland	6	Italien	73	Malta	6	Slowakei	13	**gesamt**	766
Finnland	13	Kroatien	12	Österreich	19	Slowenien	8	**2014**	751

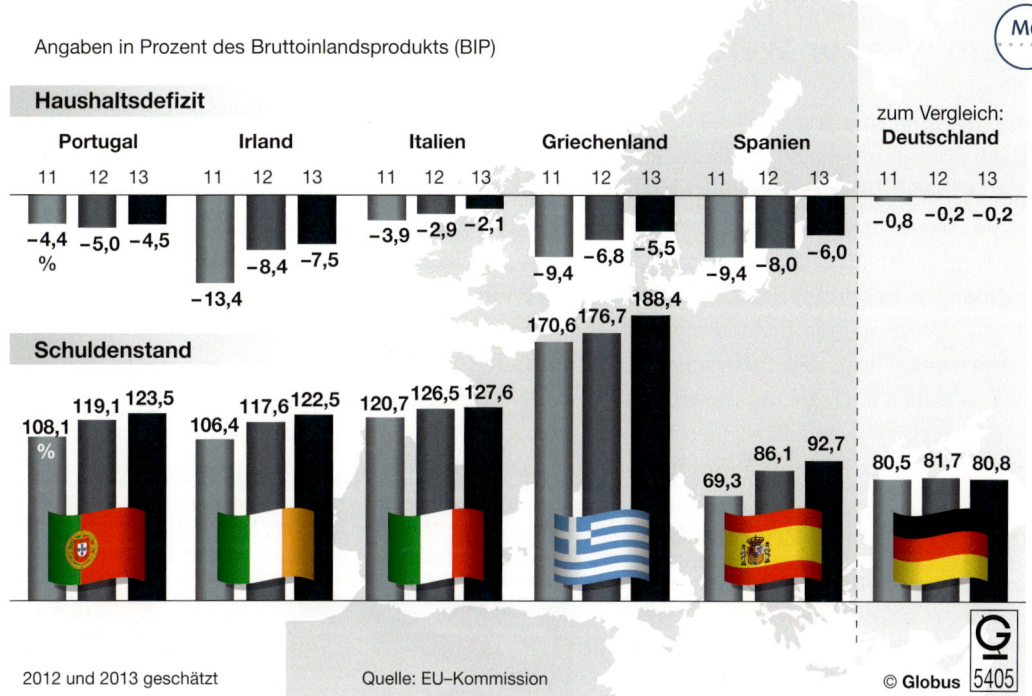

Angaben in Prozent des Bruttoinlandsprodukts (BIP)

M6 Sorgenkinder der Eurozone

Haushaltsdefizit

	Portugal			Irland			Italien			Griechenland			Spanien			zum Vergleich: Deutschland		
	11	12	13	11	12	13	11	12	13	11	12	13	11	12	13	11	12	13
	−4,4 %	−5,0	−4,5	−13,4	−8,4	−7,5	−3,9	−2,9	−2,1	−9,4	−6,8	−5,5	−9,4	−8,0	−6,0	−0,8	−0,2	−0,2

Schuldenstand

	Portugal			Irland			Italien			Griechenland			Spanien			Deutschland		
	108,1 %	119,1	123,5	106,4	117,6	122,5	120,7	126,5	127,6	170,6	176,7	188,4	69,3	86,1	92,7	80,5	81,7	80,8

2012 und 2013 geschätzt   Quelle: EU–Kommission

© **Globus** 5405

Die Staatsschuldenkrise in der Europäischen Union

M7

Olaf Leiße, Professor für Europäische Studien an der Friedrich-Schiller-Universität Jena, schrieb 2012:

Die eigentlichen Ursachen der gegenwärtigen Staatsschuldenkrise werden … unterschiedlich gedeutet. Die Immobilien- und die Bankenkrise war sicher Auslöser, wenn auch nicht Verursacher … In der Folge benötigten
5 die Staaten enorme finanzielle Mittel, um einzelne Banken zu rekapitalisieren und das gesamte Bankensystem zu stützen. Dennoch ist die Bankenkrise nur Teil des Problems. Die übermäßige Verschuldung der Staaten in den vergangenen Jahrzehnten seit der Wirtschaftskrise der
10 1970er Jahre ist offensichtlich an eine Grenze gestoßen … Zentral für die Erklärung der Schuldenkrise ist ein bislang in der öffentlichen Diskussion erst allmählich aufscheinender Aspekt. Die Ungleichheit der Wirtschaft in den Mitgliedsstaaten der Europäischen Union wurde
15 bislang kaum thematisiert. Die Währungsunion ließ nach außen das verführerische Bild einer harmonisch und gleichmäßig entwickelten Europäischen Union entstehen. Doch wurden die Gräben zwischen den Staaten noch vertieft. Die Länder des Südens kamen billig an
20 Geld und verschuldeten sich übermäßig. Notwendige Reformen wurden aufgeschoben. Gleichzeitig verteuerte der Euro die Exporte aus diesen Ländern. Die gegenwärtige Krise macht deutlich, dass die Europäische Union zwar über einen gemeinsamen Wirtschaftsraum ver-

25 fügt, aber trotz des bald 20-jährigen Bestehens des Binnenmarktes zu wenig gemeinsame Wirtschaftsstrukturen entwickelt worden sind. Dies hatte zur Folge, dass sich die Unterschiede zwischen wirtschaftlich erfolgreichen und weniger erfolgreichen Staaten und Regionen
30 eher vertiefen als angleichen.
Das Wohlstandsgefälle zwischen den Ländern und Regionen nimmt sichtbare Ausmaße an … Um der Perspektivlosigkeit in ihren Ländern zu entgehen, suchen die Arbeitssuchenden nach einem Berufsstart beispiels-
35 weise in Deutschland … Zwar ist Binnenmigration in Europa durchaus gewollt – Arbeitssuchenden steht im europäischen Binnenmarkt der gesamte Arbeitsmarkt offen –, aber die Zahlen weisen doch auf einen Missstand hin. Länder und Regionen, die am stärksten von
40 Abwanderung insbesondere junger, gut gebildeter Menschen betroffen sind (Brain Drain), geraten in eine Abwärtsspirale. Durch die Abwanderung verringert sich die Binnennachfrage, es gibt weniger wirtschaftliche Dynamik, das Angebot an Arbeitsplätzen nimmt ab.
45 Allgemeine Perspektivlosigkeit lässt die Geburtenquote sinken. Je höher die Arbeitslosigkeit, desto größer die Abwanderung. Die Folge ist eine so nicht beabsichtigte Zementierung der Ungleichheit in Europa.

Olaf Leiße, Die Schuldenkrise, in: Praxis Politik, H. 5, 2012, S. 5 f.

Webcode: FG1110444-319

China auf dem Weg zur Weltmacht

Entwicklungsland und Supermacht

Auf dem Weg in die Spitzengruppe der Welthandelsnationen hat sich das „neue China" zu einem aktiven und selbstbewussten Akteur in der Weltpolitik entwickelt. Für die Lösung internationaler Probleme ist China von zunehmender Bedeutung, z.B. bei den Atomgesprächen mit Nordkorea und der Lösung des Iran-Konflikts. Der wirtschaftliche und internationale Aufstieg Chinas führt jedoch auch zu Interessenkonflikten mit den bisherigen Großmächten, wie den USA und Japan. Um die für ein dauerhaftes Wirtschaftswachstum notwendigen Rohstoffressourcen zu sichern, intensiviert China seit einiger Zeit seine diplomatischen Anstrengungen im Nahen und Mittleren Osten, in Afrika und in Lateinamerika. Andererseits sind die Absatzmärkte Europa und USA für das Land von zentraler Bedeutung. Innenpolitisch kämpft die kommunistische Staats- und Parteiführung mit wachsenden Umweltbelastungen, hoher Arbeitslosigkeit, fehlender Altersversorgung und Demonstrationen gegen Korruption und Zwangsumsiedlungen. Ungelöst jedoch ist vor allem der grundsätzliche Konflikt zwischen Marktwirtschaft und bürokratisch-autoritärem Herrschaftssystem.

M1 **Mehrparteiensystem und Gewaltenteilung?**

Aus einem Interview des Magazins „Der Spiegel" mit dem chinesischen Staatspräsidenten Jiang Zemin, April 2002:

Spiegel: Müssen die wirtschaftlichen Umwälzungen nicht notwendigerweise auch Veränderungen im politischen System nach sich ziehen? …

Jiang Zemin: Wir haben bereits in der Vergangenheit viele Reformen verwirklicht. In Form und Inhalt entsprechen sie allerdings nicht immer den westlichen Vorstellungen.

Spiegel: Ist das Einparteiensystem wirklich unabdingbar für die Entwicklung Ihres Landes?

Jiang Zemin: Denken Sie daran, dass China mehr als 1,2 Milliarden Einwohner hat. Unser Land ist arm. Wir müssen geschlossen für Wohlstand kämpfen. Nur die KP ist in der Lage, das Volk dazu zu führen …

Spiegel: Sie haben sich stets gegen Mehrparteiensystem und Gewaltenteilung ausgesprochen. Brauchen Menschen, die relativ frei wirtschaften dürfen, nicht politische Rechte und unabhängige Gerichte?

Jiang Zemin: Die Welt zeichnet sich durch Vielfalt aus. Es hat sich doch längst gezeigt, dass es schnell zu sozialen Erschütterungen kommen kann, wenn Entwicklungsländer ohne Rücksicht auf die heimischen Bedingungen politische Systeme anderer Länder kopieren … Die Tatsache, dass in unserer Partei Diskussionen geführt werden, zeigt doch nur, wie demokratisch die KP ist.

Der Spiegel vom 8. März 2002, S. 159 ff.

M2 **Deutsche Autoproduktion in Nanjing,** Foto, 2011

M3 **Arbeitslose suchen auf einer Straße in Shenyang eine Stelle,** Foto, 2000. Sechs Millionen Arbeiter sind in den ersten fünf Monaten des Jahres 2000 von chinesischen Staatsbetrieben entlassen worden. Die Zahlungen von Arbeitslosengeld wurden verzögert.

„Elefant auf dem Fahrrad"

M4

Der Journalist Ulrich Baron schrieb 2006 im Rahmen einer Rezension des Buches „China. Der Aufstieg einer hungrigen Nation" des Briten James Kynge:

Kynge beschreibt Großmärkte in China, auf denen Kopien westlicher Markenprodukte für ein Zehntel des hiesigen Preises angeboten werden … Längst hätten internationale Konzerne sich Chinas Arbeitskraft zu-
5 nutze gemacht und verdienten am Preisgefälle kräftig mit … Stärker noch als das aufstrebende Indien beschäftigt das 1,3-Milliarden-Land China deshalb düstere Fantasien und ungezügelte Gewinnerwartungen im Westen … China gleiche, sage man in Peking, „einem
10 Elefanten auf einem Fahrrad. Wenn er langsamer wird, könnte er herunterfallen und ein Erdbeben auslösen." … Auch heute gebe es Faktoren, die Chinas Wachstum Grenzen setzen:
So stehen Chinas enormem Potenzial an Arbeitskraft
15 geringe Ressourcen an Land und Rohstoffen gegenüber. Bei einem Fünftel der Weltbevölkerung verfügt es über nur sieben Prozent der weltweit landwirtschaftlich nutzbaren Fläche. Wachstum bedeutet also zunehmende Importabhängigkeit … Seine Wirtschaft wird
20 noch staatlich gelenkt. Aktienkurse werden geschönt. Politik, Verwaltung und staatliche Syndikate agieren weitgehend unkontrolliert. Korruption, Produktpiraterie und illegale Enteignungen von privaten Investoren

sind wegen der Verflechtung von Politik und Justiz
25 kaum zu ahnden. In China wird auf einem Lohnniveau des 19. Jahrhunderts mit den Techniken des 21. produziert … [Chinas] rund 100 bis 150 Millionen „Wanderarbeiter" leben von Billiglöhnen ohne Kranken- und Rentenversicherung. Ökologische und soziale Folge-
30 kosten werden verdrängt, Umweltskandale vertuscht. Vor allem aber: Chinas Erfolge auf dem Billigpreissektor sind mit geringen Gewinnmargen erkauft. Es fehlt an gewinnträchtigen Markenartikeln und selbst entwickelten Produkten.
35 Diesen Bedenken steht bei Kynge eine Würdigung der persönlichen Leistung unzähliger Chinesen gegenüber, die sich nach dem Elend der Mao-Ära vielfach erst in ihrer zweiten Lebenshälfte private Sicherheit und Wohlstand erarbeitet haben … Denn da sei noch
40 ein Punkt: Nach Wachstumsschätzungen werde Chinas Wirtschaft zwar vor dem Jahr 2040 das Niveau der USA erreicht haben. Doch dies werde sich auf gut fünfmal so viele Menschen verteilen, von denen rund ein Drittel über sechzig Jahre alt sein werde. Fazit: „Es
45 kann also sein, dass China alt ist, bevor es reich wird."

Ulrich Baron, Elefant auf dem Fahrrad, in: „Die Welt" vom 15. Dezember 2006, S. 28. http://www.welt.de/print-welt/article 702630/ Chinas_wackelige_Zukunft.html

1 a) Analysiere M4.
   b) Erörtere, welche Argumente des Autors überzeugend bzw. nicht überzeugend sind. Begründe.
2 Bewerte, inwiefern M2 und M3 den gegenwärtigen Stand der ökonomischen und sozialen Entwicklung Chinas widerspiegeln könnten.
3 Setze dich mit den Aussagen Jiang Zemins (M1) auseinander. Achte auf seine Auffassung über Opposition und Demokratie.
4 **Recherche:** Erarbeitet in Gruppen einen Reiseplan mit Zielen in China, die den wirtschaftlichen und technischen Aufstieg im 20./21. Jahrhundert widerspiegeln. Informiert euch in einem Reiseführer, im Reisebüro und im Internet. Berichtet in der Klasse.
5 a) Entschlüssele M5. Ziehe den Darstellungstext heran.
   b) Formuliere schriftlich zusammenfassend die internationale Bedeutung Chinas in Politik und Wirtschaft.

M5

„Containment", Karikatur von Burkhard Mohr, 2006

Ein WebQuest erstellen – Geschichte aus dem Internet rekonstruieren

WebQuests im Geschichtsunterricht

Mithilfe der WebQuests wird das Internet als Informationsquelle genutzt. Dabei liegt der Schwerpunkt jedoch weniger bei der Suche nach Informationen. Vielmehr geht es darum, gewonnene Erkenntnisse zu nutzen, zu verarbeiten und weiterzuverwenden. WebQuests gehen von Fragen und Projektaufgaben aus, wie sie z. B. M1 und M2 aufwerfen. Sie können kurzfristig oder langfristig angelegt sein. Ein WebQuest eignet sich vor allem als Methode, ein Sachthema oder eine Fragestellung aufzuarbeiten und Ergebnisse zu formulieren. Besonders hilfreich sind WebQuests bei der Suche nach Antworten auf kontroverse Frage- und Problemstellungen, wie z. B. die Debatte um eine gemeinsame europäische Währung oder die künftige Rolle Chinas in der internationalen Politik und Wirtschaft.

Bei der Internetrecherche sollte immer auch nach Quellen und Literaturangaben gefragt werden. Im Idealfall vergleicht man die Ergebnisse der Onlinerecherchen mit der gedruckten Forschungsliteratur und den Primärquellen. Das erfordert jedoch einen größeren Zeitaufwand, der nur im Rahmen eines umfangreichen Projekts zur Verfügung stehen kann.

Marktwirtschaft und Sozialismus in China?

Bis zum Ende der 1970er Jahre gab es im kommunistischen China nur Staatsbetriebe in der Landwirtschaft und in der Industrie. Was und in welchen Mengen produziert werden sollte, war in Wirtschaftsplänen des Staates festgelegt. Reformer innerhalb der Kommunistischen Partei erkannten die Ineffektivität des planwirtschaftlichen Systems und drängten auf Veränderungen.

Seit den 1980er Jahren geht die Volksrepublik China einen Weg der Modernisierung des Landes: Die Planwirtschaft soll gelockert, die „Kräfte des Marktes" sollen gestärkt werden.

Die westlichen Demokratien beobachten diese Entwicklung mit Spannung: Kann es gelingen, eine marktwirtschaftliche Ordnung ohne Demokratie zu entwickeln? Lässt sich das Herrschaftsmonopol der Kommunistischen Partei Chinas auf Dauer aufrechterhalten? Welche Rolle werden Menschen- und Bürgerrechte künftig spielen?

Mit Begriffen wie „Staatskapitalismus" oder „sozialistische Marktwirtschaft" wird der Versuch unternommen, die Vorgänge in China zu beschreiben.

Arbeitsschritte

1. Schritt: Aufgabe stellen

Die Aufgabe kann als Arbeitsauftrag oder zu lösendes Problem formuliert werden. Dabei sollte bereits bedacht werden, wie das Ergebnis der Arbeit gestaltet werden kann.

2. Schritt: Ablauf organisieren und Informationsquellen auswerten

Die Aufgabe (Problemstellung) an die Arbeitsgruppen verteilen. Erste Zugänge zu Informationen (Webadressen) nennen. Auf Aktualität der Adressen achten, ggf. aktualisieren und weitere recherchieren. Zeitbedarf, Organisationshilfen und

Tipps absprechen. Fragen beachten: a) zum Urheber (Autor) der Informationen (Einzelperson, Institution, z. B. Universität), b) zur Position des Autors und c) zum Material (Datierung, fachwissenschaftlicher Anspruch an das Material, schlüssige Information, Quellenangaben, weiterführende Hinweise wie Literatur, Links).

3. Schritt: Präsentation

Die Ergebnisse können in verschiedenen Formen vorgestellt werden (mündlicher Vortrag: Spickzettel, Power-Point-Vortrag, Zusammenstellung der Ergebnisse in einem

Word-Dokument, Plakat, Rollenspiel, Ausstellung, Podiumsgespräch. Auf klare Strukturen in der Darstellung achten (Schriften, wenige Farben, Animationen; bei Bildern auf Urheberrechte achten).

4. Schritt: Bewertung/Fazit

Die Bewertung kann je nach Absprache zwischen den Gruppen oder (und) durch die Lehrkraft erfolgen, ggf. auch vor der Präsentation (Elemente als Hilfe für eine Bewertung siehe Kasten). Beim Fazit sollten die Ergebnisse präzise benannt und kritisch betrachtet werden – mit Anregungen zur Weiterarbeit.

Bewertung eines WebQuests

Fragen zur Bewertung der Leistungen

- Wie wurden die Aufgaben gelöst?   Nicht, lückenhaft, vollständig.

- Wie verlief der Bearbeitungsprozess?   Keine gelungene Zusammenarbeit; Organisation und Zusammenarbeit mithilfe der Lehrkraft; leichtere, selbst überwundene Schwierigkeiten; gute, problemlose Zusammenarbeit.

- Wie selbstständig wurde gearbeitet?   Beantworten der Frage nach Materialvorgabe; Erweiterung der Fragestellung; selbstständige Erweiterung der Materialien.

- Wie ist die Präsentation gelungen?   Mündliche Darstellung und Kommentierung; technische Ausführung; inhaltliche und sprachliche Qualität und Struktur; mediale Darstellung; Design; Layout.

M1

Chinesische Panzer gegen Studenten, Foto, 4. Juni 1989. Forderungen nach Freiheit und Demokratie mündeten 1989 in eine Studentenbewegung, die das Ende der Einparteien-Diktatur forderte. Soldaten der Armee beendeten am 4. Juni 1989 Demonstrationen und Hungerstreiks gegen unbewaffnete Zivilisten mit äußerster Brutalität. Es kam zum Massenmord mit einer hohen Zahl an Toten.

Vorschlag für eine Gruppenarbeit

Marktwirtschaft und Sozialismus in China?

Problemstellung:

Welche Konflikte ergeben sich aus dem Nebeneinander von Marktwirtschaft und sozialistischer Diktatur?

Aufgaben:

1 Welche politische Entwicklung nahm China nach dem Tode Mao Zedongs 1976?

2 Welche Ziele verfolgten die Nachfolger Maos in der Landwirtschaft und in der Industrie?

3 Welche sozialen Folgen hatte die wirtschaftliche Modernisierung?

4 Wie begründet die Kommunistische Partei Chinas die Aufrechterhaltung ihres Herrschaftsmonopols?

5 Wie ging bzw. geht die kommunistische Staatsführung mit nationalen Minderheiten um? (Beispiel Tibet)

6 Wie geht die chinesische Staatsführung mit dem Grundrecht der Meinungsfreiheit um? (Beispiel Internet)

7 a) Erörtert in einer gemeinsamen Gesprächsrunde Möglichkeiten und Probleme, Geschichte aus dem Internet zu rekonstruieren.
b) Vergleicht eure Erfahrungen mit euren Kenntnissen aus dem Umgang mit Fachbüchern.

M2

„Workers, Peasants, Soldiers and Coca Cola", Plakat von Wang Guangyi, 1992

Webcode: FG1110444-323

323

Israel und Palästina – zwei Staaten in einem Land?

Naher Osten – ferner Frieden?

Gegenwärtig ist kaum eine Region der Erde so spannungs- und konfliktgeladen wie der Nahe Osten. Hass und Angst, Starrsinn und Misstrauen bestimmen das Denken vieler Menschen und das Handeln der politisch
5 Verantwortlichen. In diesem Raum stoßen verschiedene Konfliktfelder aufeinander: religiöse, ethnische und nationale Ansprüche, aber auch Großmachtinteressen – allesamt seit Langem wie zu einem unauflösbaren Knoten miteinander verschlungen. Vereinfacht for-
10 muliert, geht es seit Beginn des 20. Jahrhunderts um das Lebensrecht zweier Gruppen in ein und demselben Raum, die sich als Völker oder Nationen verstehen.
Eine Heimat in Palästina finden – dieser Gedanke bestimmte das ganze 20. Jahrhundert hindurch einen
15 Konflikt, der Tausende von Juden und Arabern das Leben gekostet hat und der bis heute nicht beigelegt ist.
Seit Ende des 19. Jahrhunderts wanderten Juden, die vom Antisemitismus in den europäischen Staaten bedroht waren, in großer Zahl nach Palästina aus. Nach
20 der Idee ihres Vordenkers Theodor Herzl (1860–1904) wollten sie einen eigenen Staat im „Land ihrer Väter" gründen. Auf der anderen Seite gab es die Hoffnungen und Erwartungen der in Palästina lebenden arabischen Bevölkerung auf Unabhängigkeit und nationale Selbst-
25 bestimmung nach dem Zusammenbruch des Osmanischen Reiches 1920/22.

(M1) **Friedensdemonstration von Israelis und Palästinensern,** Foto, 1997. Über 50 000 Menschen demonstrierten für Frieden, für die Gründung eines Palästinenserstaates und die Nutzung Jerusalems als gemeinsame Hauptstadt.

Begriffe und Daten

Der Nahostkonflikt 1948/49–2013

1948/49 Die Gründung des Staates Israel löst den 1. Nahostkrieg aus.

1952 2. Nahostkrieg um den Suez-Kanal und Sinai.

1967 3. Nahostkrieg (Sechs-Tage-Krieg); Israel siegt über Ägypten, Syrien und Jordanien; Besetzung arabischer Gebiete durch Israel; der Kampf der Palästinenser um ihr Land beginnt.

1973 4. Nahostkrieg (Yom-Kippur*-Krieg): Ägypten und Syrien greifen Israel an;

1975 bis 1985 Bürgerkrieg im Libanon: Christlich-muslimische Kämpfe führen zum Eingreifen Syriens und Israels.

1979 Auf der Grundlage des Camp-David-Abkommens schließen Israel und Ägypten Frieden. Räumung des Sinai und Rückgabe an Ägypten.

1982 Angriff israelischer Truppen gegen Palästinenser im Libanon.

1987 Beginn der ersten „Intifada" (arab.: Abschüttelung): bewaffnete Auseinandersetzungen zwischen Palästinensern und israelischem Militär.

1994 Friedensschluss zwischen Israel und Jordanien.

1995 Osloer Abkommen: Autonomie der Palästinenser im Westjordanland und im Gazastreifen.

2000 Juli Israelisch-palästinensische Konferenz in Camp David scheitert; zweite „Intifada".

2003 USA, UNO, die EU und Russland legen Friedensplan vor; Ziel: Errichtung eines palästinensischen Staates; Israel beginnt mit Bau von Sperranlagen.

2005 Ende der Besetzung des Gazastreifens.

2006 Militäroffensive der israelischen Armee im Libanon und in Gaza.

2007 bis 2013 Nahostkonferenz in Annapolis; Ziel: Friedensvertrag bis Ende 2008; Spaltung der palästinensischen Gebiete in die Fatah-kontrollierte Westbank und den Hamas-kontrollierten Gazastreifen; erneute Offensive Israels im Gazastreifen nach Rakentenbeschuss der Hamas aus Gaza auf Israel; Palästina wird UNESCO-Mitglied; auf Vermittlung der USA kommen Vertreter Israels und Palästinas zu neuen Friedensgesprächen zusammen.

„Versetzt euch in unsere Lage"

M2

Schülerinnen einer deutsch-arabischen Schule in Ostjerusalem und junge Israelis schrieben sich gegenseitig Aufsätze in Briefform (um 1989):

2A *Die 17-jährige Lara an israelische Schüler:* Es gibt einiges, was wir gemeinsam haben, du und ich: Jeder von uns hat seine eigenen Träume, seine eigenen Wünsche und Erwartungen an die Zukunft. Dennoch –
5 uns trennen Welten.
Du hast alle Möglichkeiten, dir deine Wünsche zu erfüllen … Du hast einen Staat, eine Fahne, einen Pass … du hast deine Freiheit: Du hast ein Leben! … Ich habe kein Zuhause, keinen Staat, keine Freiheit … ich habe nichts
10 … Du lebst, aber lässt andere nicht leben. Du lernst, aber lässt andere nicht lernen. Du atmest reine Luft und erfüllst unsere Luft mit Tränengas und Giften … Die Welt bleibt stehen, sieht zu, wie wir sterben, wie unsere Tränen fließen, wie wir weinen. Helft uns doch,
15 versetzt euch in unsere Lage … Auch wir haben Rechte und wir haben das Recht zu kämpfen!

2B *Ella, auch 17 Jahre alt, antwortet darauf:* Auch ich bin deiner Meinung, es ist nicht richtig, dass ihr keinen Staat, keinen Ausweis, keine Fahne und keine Hymne haben dürft (obwohl eure Fahne und eure Hymne
5 bereits existieren). Doch was die geschlossenen Universitäten und Schulen betrifft, so möchte ich dir sagen, dass es bei euch vor der israelischen Besetzung gar keine Universitäten gab, und heute habt ihr sechs Universitäten. Außerdem ist der Ausbildungsstand an den
10 Grundschulen bei euch heute wesentlich höher als früher … Du schreibst von deinem Wunsch nach einem eigenen Staat, aber du sprichst nicht von deinem Wunsch nach Frieden und das wundert mich. Willst du denn einen Staat und keinen Frieden?

Roswitha Benda, „… dann werden die Steine schreien", München (Kindler) 1990, S. 153 f., S. 171 f.

Yitzhak Rabin

Rabin wurde am 1. März 1922 in Jerusalem geboren. 1940 bis 1967 war er Soldat und verteidigte 1948 als Mitglied der jüdischen Untergrundarmee Jerusalem gegen arabische Truppen. Nach dem Sechs-Tage-Krieg beendete er seine militärische Karriere und war bis 1973 Botschafter in Washington. 1974 wurde Rabin Arbeitsminister, im gleichen Jahr übernahm er das Amt des Ministerpräsidenten, von dem er aber zwei Jahre später zurücktrat. 1992 gewann er mit der Arbeiterpartei die Wahlen und wurde zum zweiten Mal Ministerpräsident. In dieser Funktion bemühte er sich um den Frieden mit den Palästinensern und erhielt dafür, gemeinsam mit Außenminister Shimon Peres und Palästinenserführer Yassir Arafat, 1994 den Friedensnobelpreis. Am 5. November 1995 wurde Rabin bei einer Friedensdemonstration von einem israelischen Extremisten erschossen.

Yassir Arafat

Yassir Arafat wurde 1929 in Jerusalem geboren. 1959 gründete er die Kampforganisation „Al Fatah", die seit 1965 vom Libanon aus einen Guerillakrieg gegen Israel führte. Arafat wurde 1969 Vorsitzender der PLO. In den folgenden Jahren erhielt die PLO international mehr Gewicht. Arafats Einstellung blieb unklar: Er verhandelte für den Frieden, machte sich aber zugleich terroristischer Aktivitäten verdächtig. 1988 rief Arafat den Staat Palästina aus. Weil er gleichzeitig das Existenzrecht Israels anerkannte und sich vom Terrorismus lossagte, waren die UNO und die USA zur Vermittlung bereit. Als deren Ergebnis wurde das Abkommen von Oslo formuliert. Den Aufbau eines unabhängigen Palästinenserstaates und einen friedlichen Ausgleich mit Israel hat Arafat nicht durchsetzen können. Er verstarb 2004.

M3A **Israel und Palästina 1948/49 bis 1967**

Map M3A labels:
LIBANON, SYRIEN, Mittelmeer, Akko, Haifa, Safed, Nazareth, Jenin, Nablus, Cis-Jordanien (1948/49–1967 Jordanien angegliedert), Tel Aviv, Jaffa, Jerusalem (geteilt), Bethlehem, Gaza (1948–1967 von Ägypten militärisch verwaltet), Hebron, Beersheba, ISRAEL, Al-Audsha (Neutrale Zone), Negev, Amman, JORDANIEN, Totes Meer, Irak 7000, Sinai (10.1956–3.1957 von Israel besetzt, Suezkrise), ÄGYPTEN, Elat, Akaba, Golf von Akaba

Zahlen: 100000, 75000, 280000, 70000, 190000, 7000

Legend:
1948/49 von Israel besetzte Gebiete
Waffenstillstandslinie 1948 (Grüne Linie)
UN-Teilungsplan 1947
Stadtgebiet von Jerusalem
palästinensische Flüchtlinge
7000

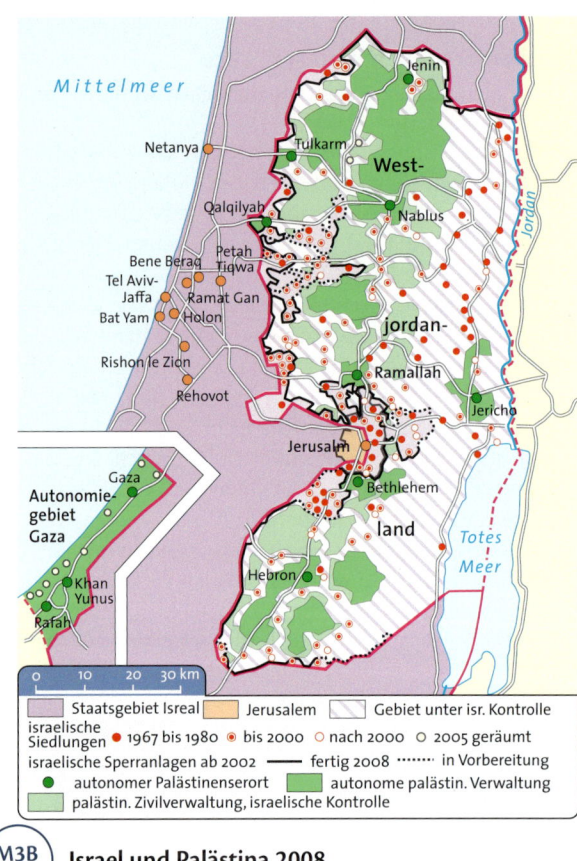

M3B **Israel und Palästina 2008**

Map M3B labels:
Mittelmeer, Jenin, Netanya, Tulkarm, West-, Qalqilyah, Nablus, Bene Beraq, Petah Tiqwa, Tel Aviv-Jaffa, Ramat Gan, Bat Yam, Holon, Rishon le Zion, Rehovot, jordan-, Ramallah, Jericho, Jerusalem, Bethlehem, land, Gaza, Autonomiegebiet Gaza, Khan Yunus, Rafah, Hebron, Totes Meer

Legend:
Staatsgebiet Israel | Jerusalem | Gebiet unter isr. Kontrolle
israelische Siedlungen · 1967 bis 1980 · bis 2000 ○ nach 2000 ○ 2005 geräumt
israelische Sperranlagen ab 2002 — fertig 2008 ······ in Vorbereitung
● autonomer Palästinensort | autonome palästin. Verwaltung
palästin. Zivilverwaltung, israelische Kontrolle

M4 **Israel unter Beschuss,** Foto, 2000

M5 **Gaza unter Beschuss,** Foto, 2000

Streitpunkte im Konflikt zwischen Israelis und Palästinensern (Stand 2013)

Grenzen

Die Palästinenser fordern den Rückzug Israels aus den besetzten Gebieten hinter die Grenzen von 1967. Das Westjordanland und Gaza sollen das Staatsgebiet eines unabhängigen Staates Palästina werden – mit Jerusalem als Hauptstadt.

Israel wäre bereit, sich aus mehr als 90 Prozent des Westjordanlandes zurückzuziehen. Als Entschädigung für die bei Israel verbleibenden großen Siedlungsblöcke bietet Israel eine Landentschädigung in der Wüste Negev, die an Gaza angrenzt.

Jerusalem

Ostjerusalem soll Hauptstadt des zu gründenden palästinensischen Staates werden. Der Tempelberg wird von Palästina kontrolliert, nur die Klagemauer steht unter israelischer Hoheit.

Israel will die Mehrheit der palästinensischen Viertel von Palästina verwalten lassen, die jüdischen Enklaven in Ostjerusalem sollen unter israelische Verwaltung kommen. Der Tempelberg wird, eventuell mit internationaler Beteiligung, von beiden Staaten kontrolliert.

Verbindung zwischen Gaza und dem Westjordanland

Die Palästinenser fordern einen Landweg zwischen den räumlich getrennten Gebieten Gazas und dem Westjordanland. Die Verbindung soll von Palästina verwaltet werden. Israel will Gaza und das Westjordanland durch Tunnel und hohe Brücken miteinander verbinden, die von Israel verwaltet und gesichert werden.

Rückkehrrecht der Flüchtlinge

Israel soll das Recht auf Rückkehr der palästinensischen Flüchtlinge anerkennen. Die Umsetzung des Rechts soll in einem zweiseitigen Abkommen ausgehandelt werden. Israel lehnt eine Rückkehr in israelisches Territorium ab.

Webcode: FG1110444-327

M6 ⬤ ⬤ ⬤ ⬤ ⬤

Feindbilder

Die Publizistin Alexandra Senfft schrieb 2010:

Das palästinensisch-israelische Verhältnis ist im Allgemeinen geprägt von tiefem Misstrauen, Ängsten, Feindbildern … sowie tiefer Missachtung.

Daniel Bar-Tal, Dozent an der Tel Aviv University,
5 sagt, dass Gesellschaften, die sich in unlösbaren Konflikten befinden, ein Repertoire an kollektiven Glaubenssätzen zur Formierung, Festigung und Aufrechterhaltung ihrer Identität entwickeln, um mit den alltäglichen Herausforderungen fertigzu-
10 werden. Es entstehe in der kollektiven Erinnerung eine Beschreibung der Vergangenheit, die nicht unbedingt wahr sein müsse, aber für die Gruppe nützlich sei. Diese Geschichte sei meist voller Vorurteile, selektiv und verzerrt, sie vernachlässige
15 Fakten und dichte andere hinzu, verändere den Ablauf von Ereignissen und interpretiere diese absichtlich neu. Erinnerungen über alte und neue Ereignisse vermischten sich und „beeinflussen maßgeblich aktuelle Haltungen, Wahrnehmungen
20 und Verhaltensweisen".

In einem Konflikt neigten Gruppen stark zu Selbstrechtfertigungen, Selbstglorifizierung und Selbstlob, so Bar-Tal, während sie gleichzeitig ihre Gegner moralisch, politisch und auch kulturell
25 delegitimierten [für unrechtmäßig erklären, abwerten]. Sie überhöhen die eigene Sache, was letztendlich dazu diene, Gewalt im Namen von Sicherheit und Gerechtigkeit zu rechtfertigen.

Alexandra Senfft, Wider die „Kultur des Konflikts": Palästinenser und Israelis im Dialog, in: Aus Politik und Zeitgeschichte, Nr. 9, 2010, S. 4.

Vorschlag für eine Gruppenarbeit

1 Erarbeitet die Seiten 324 bis 327 als Gruppenpuzzle:
a) Bewertet den Verlauf des Nahostkonflikts (Darstellungstext, Kasten S. 324, evtl. Webcode).
b) Erörtert, wie sich in den Lebensläufen Rabins und Arafats (S. 325) der Nahostkonflikts widerspiegelt.
c) Erarbeitet, welche Einstellungen in M2 erkennbar sind, und stellt einen Bezug zu M6 her.
d) Erarbeitet, welche Informationen zum Nahostkonflikt sich M3A und M3B entnehmen lassen.
e) Analysiert M1, M4 und M5 unter der Fragestellung nach Bildaussage und Wirkung der Fotos.

2 Diskutiert in einer gemeinsamen Gesprächsrunde die gegenwärtigen Streitpunkte im Nahostkonflikt.

Terrorismus

Historische Wurzeln des modernen Terrorismus

M1

Der Journalist Peter Orzechowski schrieb am 12. April 2002 in der Wochenzeitung „Das Parlament":

Der jüdische Historiker Josephus Flavius (37–97 n. Chr.) berichtet … von einer extremen Splittergruppe, den Sikariern, die sich auf Anschläge in den Städten spezialisiert hatten. Vornehmlich im Schutz feiernder Men-
5 schenmengen schlichen sie sich an ihre Opfer heran und erstachen sie mit einem kurzen Dolch (sica). Ihre Mord- und Brandserie richtete sich vor allem gegen jene Juden, die mit den römischen Besatzern zusammenarbeiteten. Flavius nennt die Sikarier Verbrecher eines
10 neuen Typs, den es bisher noch nicht gegeben habe. Heutige Wissenschaftler verlegen die „Geburt des Terrors als ein politisches Mittel" in eine spätere Zeitepoche … Der legendäre „Alte vom Berg" gründete Ende des 11. Jahrhunderts in Khorasam, einer Berg-
15 region an der persisch-afghanischen Grenze, einen Geheimorden: die Assassinen. Von ihren Bergfestungen verlegten sie 1092 ihren Aktionsschwerpunkt auf die Städte und ermordeten zahlreiche Fürsten …
In Europa taucht der Terrorismus erstmalig während
20 der Französischen Revolution auf. Das „Regime des Terrors" der Jahre 1793/94 war freilich kein Krieg der Untergrundgruppen, sondern ein Herrschaftsinstrument des neuen Staates …

Im 19. Jahrhundert bestimmte der Terror die Pläne
25 italienischer und irischer Patrioten in ihrem Kampf um die Unabhängigkeit ihrer Länder genauso wie die der Revolutionäre und Anarchisten[1] in ihrem Versuch, die Monarchien zu stürzen …
1878 gründeten russische Revolutionäre die Organisa-
30 tion „Narodnaja Wolja" (Volkswille). Ihr Ziel, die Bauern zu einem Aufstand zu mobilisieren, scheiterte zwar, aber ein Mordanschlag auf Zar Alexander II. im März 1881 gelang …
Zwischen den 80er Jahren des 19. Jahrhunderts und
35 dem ersten Jahrzehnt des 20. Jahrhunderts ereigneten sich zahllose Attentate auf Staatsmänner in Europa und Amerika. … Nach dem Ersten Weltkrieg … bildeten sich neben den linksextremen Gruppen auch nationalistische, rechtsextreme Terrororganisationen
40 heraus. Überall kämpften sie um territoriale Unabhängigkeit oder um einen Umsturz des politischen Systems. In Italien, Deutschland und Russland schufen Terrorgruppen öffentliche Unruhe, schürten Angst und Hass gegen Minderheiten und bestimmten mit
45 ihren Uniformen und Aufmärschen das Straßenbild.
Das Parlament vom 12./19. April 2002. Bearb. d. Verf.

....

[1] Anhänger der Idee, dass eine Gesellschaft ohne Staatsgewalt und gesetzlichen Zwang am besten funktioniert

Islamismus als Terrorismus

M2

Der Journalist Albrecht Metzger schrieb 2002:

Der Islamismus oder der politische Islam, wie er auch genannt wird, glaubt durch Rückgriff auf die Urquellen des Islams die Probleme der heutigen Zeit lösen zu können. Er verlangt von seinen Anhängern, aktiv auf die
5 Errichtung eines islamischen Staates hinzuarbeiten, in dem Gott und nicht der Mensch der Souverän ist. Wie dieser Staat genau aussehen soll, ist vielfach unklar. Klar ist jedoch, dass diese Bewegung totalitäre Ansätze hat. Grundsätzlich lehnt der politische Islam Pluralismus,
10 Individualismus und Demokratie ab. In seiner verblendeten Form läuft er Gefahr, in den Terrorismus abzugleiten – nämlich dann, wenn seine Anhänger glauben, die

Errichtung der göttlichen Ordnung verlange einen permanenten Dschihad[1], in dem die vermeintlichen
15 Feinde des Islams mit allen Mitteln bekämpft werden müssten. Der 11. September war die schreckliche Manifestation dieses verblendeten Islamismus.
Albrecht Metzger, Die vielen Gesichter des Islamismus, in: Aus Politik und Zeitgeschichte, Nr. 3/4 vom 18. Januar 2002, S. 8.

....

[1] Sichanstrengen, Sichbemühen für die Sache des Glaubens unter Einsatz von Besitz und Leben; umstrittene Bedeutung: Heiliger Krieg

Islamistische Fundamentalisten verbrennen eine amerikanische Fahne im pakistanisch-afghanischen Grenzgebiet, Foto, 23. September 2001

Terrorismus und Globalisierung

Der israelische Journalist Uri Avnery schrieb kurz nach den Terroranschlägen von New York und Washington (2001):

Das ist die Kehrseite der Globalisierung: Alle Probleme der Welt betreffen jeden in der Welt. Jeder Fall von Ungerechtigkeit, jeder Fall von Unterdrückung. Terrorismus, die Waffe der Schwachen,
5 kann leicht jeden Punkt der Erde erreichen. Jede Gesellschaft kann leicht anvisiert werden, und je weiter eine Gesellschaft entwickelt ist, umso gefährdeter ist sie. Immer weniger Menschen werden benötigt, um immer mehr Menschen Leid
10 zuzufügen …
Das ist die Realität des 21. Jahrhunderts, die diese Woche allen Ernstes begann. Sie muss zur Globalisierung aller Probleme und zur Globalisierung ihrer Lösungen führen. Nicht abstrakt, durch ein-
15 fältige Vereinbarungen der Vereinten Nationen, sondern durch die globale Bemühung, Konflikte beizulegen und Frieden zu erreichen, unter Beteiligung aller Nationen und der Vereinigten Staaten in einer führenden Rolle.
israel & palästina, Themenheft 65, Oktober 2001, S. 17 ff. Übers. von Marianne Weiß.

Terrorismus als „psychische Gewalt"

Der Politikwissenschaftler Herfried Münkler 2003:

Der internationale Terrorismus … nutzt die Gewaltanwendung nicht mehr ausschließlich und nicht mehr bevorzugt als Zugangsmittel zur Weltöffentlichkeit, um bestimmte Botschaften und
5 Nachrichten zu verbreiten. Anders als etwa die verschiedenen palästinensischen Gruppierungen Ende der 60er, Anfang der 70er Jahre, die durch spektakuläre Flugzeugentführungen ihre jeweiligen Ziele und Forderungen ins öffentliche Bе-
10 wusstsein rücken wollten, zielt die neue Form der terroristischen Gewalt unmittelbar auf die Wirtschaftskreisläufe der westlichen Welt sowie der ihr verbundenen Staaten, und sie setzt dabei – das kennzeichnet sie als terroristische Gewalt – statt
15 auf die physischen auf die psychischen Folgen der Gewalt. Sie ist zerstörerisch nicht dadurch, dass sie massive Schäden an der Infrastruktur der angegriffenen Länder, an Fabriken und Einkaufszentren, Steuerungs- und Transportsystemen anrichtet,
20 sondern indem sie Schrecken verbreitet und damit das hochsensible psychische Wirtschaftsgewebe moderner Gesellschaften zerreißt. Hier liegt der schwächste Punkt dieser Gesellschaften, und ausgerechnet er ist relativ leicht zu treffen.
Herfried Münkler, Die neuen Kriege, 4. Aufl., Reinbek (Rowohlt) 2003, S. 205.

Begriffe und Daten

Terrorismus

Der Begriff ist nicht eindeutig zu bestimmen. In der Fachliteratur werden drei Merkmale genannt: 1. Es muss Gewalt angewendet oder angedroht werden. 2. Wichtig sind die emotionalen Reaktionen und 3. die sozialen, politischen und wirtschaftlichen Wirkungen. Ziel: Veränderung der bekämpften Politik. Terrorismus kann von Einzelnen, Gruppen, aber auch von diktatorischen Staatsführungen ausgeübt werden.

1 Partnerarbeit:
a) Erarbeitet anhand der Materialien auf dieser Doppelseite Begriff, Formen und Wirkungen des Terrorismus.
b) Erörtert und notiert Möglichkeiten der Bekämpfung des Terrorismus. Belegt eure Ergebnisse mit Beispielen.

Webcode: FG1110444-329

Globale Herausforderungen: Energie – historisch und politisch gesehen

Energie hat Geschichte

Das Leben der Menschen hatte immer auch mit der Gewinnung und Nutzung von Energie zu tun, z. B. durch Wasser, Wind und Sonne. Seit der Industriellen Revolution gibt es neue Formen der Energieerzeugung,
5 bei denen fossile Brennstoffe wie Kohle, Erdöl und Erdgas verwendet werden, seit der Mitte des 20. Jahrhunderts auch die Atom-(Kern-)Energie. Lassen sich aus der Geschichte der Energiegewinnung Erkenntnisse für die Zukunft gewinnen?

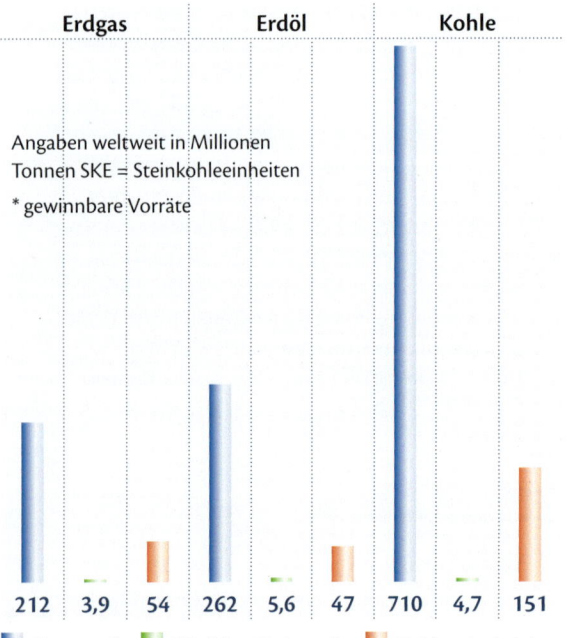

| Erdgas | | | Erdöl | | | Kohle | | |

Angaben weltweit in Millionen
Tonnen SKE = Steinkohleeinheiten

* gewinnbare Vorräte

| 212 | 3,9 | 54 | 262 | 5,6 | 47 | 710 | 4,7 | 151 |

■ Reserven*   ■ jährlicher Verbrauch   ■ Reichweite in Jahren

M1 Reichweite traditioneller Energieträger (Stand 2010)

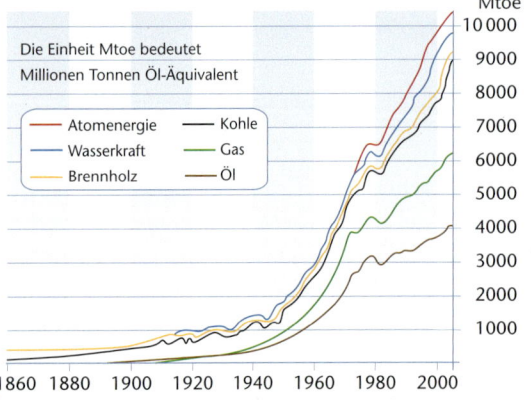

Die Einheit Mtoe bedeutet
Millionen Tonnen Öl-Äquivalent

— Atomenergie   — Kohle
— Wasserkraft   — Gas
— Brennholz   — Öl

M2 Entwicklung des Weltenergieverbrauchs 1860–2005

M3

Aufzug mit Windantrieb, kolorierter Holzschnitt, um 1510

Vorschlag für eine Gruppenarbeit/Recherche

1 Erarbeitet in arbeitsteiligen Gruppen unter historischen und politisch-wirtschaftlichen Fragestellungen die Problematik der Energiegewinnung. Zieht dazu M1 bis M3 und die Bände 1 und 2 von Forum Geschichte heran, dazu Lexika, Fachbücher und Internet. Stellt eure Ergebnisse vor.

Themenvorschläge:

a) Formen der Energiegewinnung 1. in der Vorgeschichte, 2. in der Antike, 3. im Mittelalter

b) die Energie-Revolution im 18./19. Jahrhundert

c) Atom-(Kern-)Energie – eine kurze Geschichte?

d) Bioenergie – Modell für die Zukunft?

e) Desertec: Strom aus Afrika?

2 Erörtert in einer gemeinsamen Gesprächsrunde, ob sich historische Erkenntnisse für die Lösung gegenwärtiger und künftiger Energieprobleme nutzen lassen.

Internet-Informationen bewerten: Umbruch in der arabischen Welt

Fragen an das Internet – Informationen prüfen

Die Internetrecherche bietet die Möglichkeit, den gegenwärtigen Stand aktueller Ereignisse oder Diskussionen zu ermitteln, wie z. B. über den gegenwärtigen Umbruch in der arabischen Welt. Voraussetzung dafür ist jedoch, geeignete Internetadressen und geeignete Informationen zu erhalten, die auch die historische Dimension des Ereignisses mit einbeziehen.

Demonstranten in Kairo fordern den Rücktritt des ägyptischen Staatspräsidenten Mursi, Foto, 27. Juni 2013

Arbeitsschritte

1. Schritt: Suchziel festlegen und Adressen bereitstellen

Formuliere das Suchziel nicht zu breit, wenn du über Suchmaschinen gehst (z. B. www.google.de) bzw. Metasuchmaschinen (z. B. www.metager.de). Bei konkreten Internetadressen ist es wichtig, nach weiterführenden Links zur gestellten Aufgabe zu suchen.

2. Schritt: Suche durchführen und Material auswählen

Grenze die Suchbegriffe ein. Kläre, wie du die Informationen sichern willst. Entscheide frühzeitig, welche Informationen du nicht festhalten willst, wenn z. B. Urheber (Autor) fehlen und es sich offensichtlich um anonyme oder nur scheinbar seriöse Informationen handelt. Achte auf polemische, propagandistische Begriffe, die eine sachliche Information erschweren.

3. Schritt: Material bewerten und auswerten

Sichte und bewerte das Material (Kasten oben). Nicht alle Fragen werden sich beantworten lassen.

4. Schritt: Ergebnisse formulieren und präsentieren

Die Ergebnisse der Recherche sollten in einem zusammenfassenden Text und – wenn möglich und sinnvoll – mit grafischen Elementen präsentiert werden.

1 Erörtert an M1 Fragen nach der Aussage, dem historischen Hintergrund und der Echtheit des Fotos.
2 **Partnerarbeit:** Führt anhand der Arbeitsschritte und der Fragen zur Bewertung von Internet-Informationen eine Recherche zum Stand des Umbruchs in der arabischen Welt durch (Webcode). Präsentiert eure Ergebnisse.

 Webcode: FG1110444-331

Die Welt seit 1990 – Herausforderungen und Chancen

Die europäische Einigung

Die Einigung (West-)Europas richtete sich nach dem Zweiten Weltkrieg vor allem darauf, einen neuen Krieg zu verhindern und den Nationalismus zu überwinden. Erste Schritte waren nach 1945 die **Gründung des Europarates (1949)** und – entscheidender – die Vereinigung von sechs westeuropäischen Staaten zur **Europäischen Gemeinschaft für Kohle und Stahl (EGKS) 1951**, die **1957** mit den „Römischen Verträgen" zur „**Europäischen Wirtschaftsgemeinschaft" (EWG)** weiterentwickelt wurde. Mit der **EKGS** wurde ein **gemeinsamer Markt für Kohle, Stahl und Eisenerz** geschaffen.

Die **EWG** setzte sich zur Aufgabe, den **Warenverkehr zwischen den Mitgliedsstaaten zu erweitern**, z. B. die Zölle abzuschaffen, und eine gemeinsame Handelspolitik gegenüber Drittländern zu entwickeln.

Als „**Motor" dieses frühen Einigungsprozesses** wird die **deutsch-französische Aussöhnung** gesehen.

In jüngster Zeit waren für Europa zwei Kooperationsverträge bedeutend:

a) **1992** der **Vertrag von Maastricht** über die Europäische Union (EU). Er schuf die Voraussetzungen für einen gemeinsamen Binnenmarkt, eine Zollunion, eine gemeinsame Agrar- und Wirtschaftspolitik und eine Währungsunion.

b) **2009** der **Vertrag von Lissabon.** Er sieht eine verfassungsähnliche Struktur für die EU vor, stärkt die Rechte des EU-Parlaments und der Bürger in den Mitgliedsstaaten (Möglichkeit von Bürgerinitiativen). Nach der **Erweiterung der EU um Staaten in Ost- und Südosteuropa** geht es gegenwärtig (Stand 2013) darum, die **Staatsschuldenkrise** in einigen Mitgliedsstaaten zu überwinden.

Die Einführung einer **gemeinsamen Währung (Euro)** zeigte sich zunächst als wichtiger und erfolgreicher Schritt in der europäischen Einigungsbewegung.

China auf dem Weg zur Weltmacht

China befindet sich seit seiner marktwirtschaftlichen Öffnung (siehe S. 320 f.) auf dem Weg zu einem **wirtschaftlich und politisch bedeutsamen Akteur in der Weltwirtschaft und Weltpolitik.** Auf der **Suche nach Rohstoffen** unternimmt das Land enorme Anstrengungen, um Einfluss im Mittleren und Nahen Osten, in Afrika und Lateinamerika zu gewinnen. Im Inneren muss sich die kommunistische Staats- und Parteiführung mit den Problemen der Umweltbelastung, hoher Arbeitslosigkeit, den Gegensätzen von Stadt und Land sowie Korruption und mangelnder demokratischer Mitwirkung der Bevölkerung auseinandersetzen. Ob sich **Marktwirtschaft** und **Einparteien-Herrschaft** dauerhaft vereinbaren lassen, ist eine offene Frage.

Israel und Palästina – der Nahostkonflikt

Der Beginn des Nahostkonflikts und der späteren kriegerischen Auseinandersetzungen zwischen Juden (Israelis) und Arabern wird markiert durch die **jüdische Einwanderung nach Palästina seit der Wende zum 20. Jahrhundert**. Weitere Faktoren vermischten sich zu einer bis heute unauflösbaren Gemengelage: die **Gründung des Staates Israel (1948)** nach dem Scheitern des Teilungsplans der UNO, die Flucht und Vertreibung großer Teile der arabischen Bevölkerung, die folgenden Nahostkriege mit den arabischen Nachbarn, die fehlende Bereitschaft der arabischen Seite zur Lösung der Flüchtlingsfrage, die gerechte Verteilung der Ressourcen des Landes (z. B. Wasser), die Herrschaft über die Stadt Jerusalem und nicht zuletzt die politischen Interessen der Großmächte im Nahen Osten.

Auf dem Weg zu einer neuen Weltordnung?

Nach dem **Ende der „Bipolarität"** in der Weltpolitik, der verringerten Rivalität zwischen den USA und der Sowjetunion (Russland), ist eine stabile neue Weltordnung bisher nicht zu erkennen. Deutlich wird jedoch der **politische und wirtschaftliche Aufstieg der Schwellenländer**, wie z. B. China, Indien und Brasilien. Gegenwärtig wird die Weltpolitik beeinflusst durch langwierige Konflikte **(Nahostkonflikt)** und durch global agierende **terroristische Gruppierungen**. Eine zunehmend wichtige Rolle spielen auch die durch die wirtschaftliche Globalisierung entstandenen Herausforderungen wie die **internationale Arbeitsteilung und Fragen gerechter Entlohnung**, die **Stabilität des Wirtschafts- und Finanzsystems** und der **Energieversorgung** für die Volkswirtschaften der einzelnen Staaten.

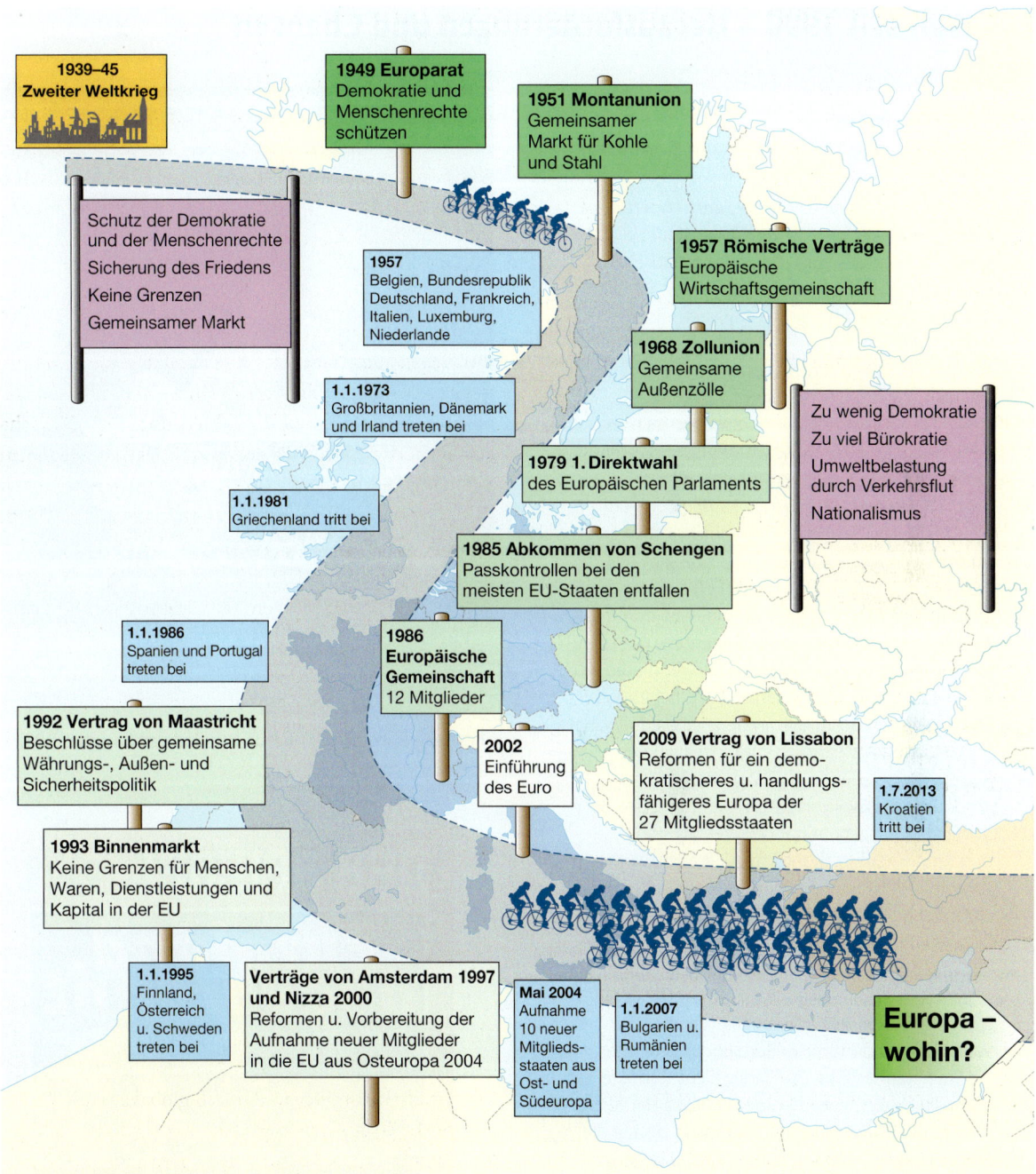

1939–45 Zweiter Weltkrieg

1949 Europarat
Demokratie und Menschenrechte schützen

1951 Montanunion
Gemeinsamer Markt für Kohle und Stahl

Schutz der Demokratie und der Menschenrechte

Sicherung des Friedens

Keine Grenzen

Gemeinsamer Markt

1957 Römische Verträge
Europäische Wirtschaftsgemeinschaft

1957
Belgien, Bundesrepublik Deutschland, Frankreich, Italien, Luxemburg, Niederlande

1968 Zollunion
Gemeinsame Außenzölle

1.1.1973
Großbritannien, Dänemark und Irland treten bei

Zu wenig Demokratie

Zu viel Bürokratie

Umweltbelastung durch Verkehrsflut

Nationalismus

1979 1. Direktwahl
des Europäischen Parlaments

1.1.1981
Griechenland tritt bei

1985 Abkommen von Schengen
Passkontrollen bei den meisten EU-Staaten entfallen

1.1.1986
Spanien und Portugal treten bei

1986 Europäische Gemeinschaft
12 Mitglieder

1992 Vertrag von Maastricht
Beschlüsse über gemeinsame Währungs-, Außen- und Sicherheitspolitik

2002
Einführung des Euro

2009 Vertrag von Lissabon
Reformen für ein demokratischeres u. handlungsfähigeres Europa der 27 Mitgliedsstaaten

1.7.2013
Kroatien tritt bei

1993 Binnenmarkt
Keine Grenzen für Menschen, Waren, Dienstleistungen und Kapital in der EU

1.1.1995
Finnland, Österreich u. Schweden treten bei

Verträge von Amsterdam 1997 und Nizza 2000
Reformen u. Vorbereitung der Aufnahme neuer Mitglieder in die EU aus Osteuropa 2004

Mai 2004
Aufnahme 10 neuer Mitgliedsstaaten aus Ost- und Südeuropa

1.1.2007
Bulgarien u. Rumänien treten bei

Europa – wohin?

Stationen der europäischen Einigung

Die Welt seit 1990 – Herausforderungen und Chancen

M1 Europa – wohin?

Der Journalist Hans-Georg Golz schrieb 2010:

Das Projekt der europäischen Einigung begann in den 1950er Jahren als Lehre aus Jahrhunderten der Kriege und unter dem Eindruck der schrecklichen Verwüstungen des vom nationalsozialistischen
5 Deutschland angezettelten Weltkrieges. Kürzlich brachte der luxemburgische Ministerpräsident Jean-Claude Juncker die Lehren der Geschichte auf den Punkt: „Wer an Europa zweifelt, wer an Europa verzweifelt, der sollte Soldatenfriedhöfe besu-
10 chen!" Der Frieden auf dem Kontinent sei nicht der Normalfall; allzu leicht werde das vergessen. Seit Ende 2009 ist der Vertrag von Lissabon in Kraft: ein weiterer Meilenstein zur Einigung Europas? Nach dem Scheitern des Verfassungsvertrags
15 und langwierigen Ratifizierungsprozessen stellt der Vertrag die Europäische Union (EU) auf eine neue institutionelle Grundlage – symbolisiert durch die Ämter eines Ständigen Ratspräsidenten und eines Hohen Vertreters für Außenpolitik. Mit diesen sollen
20 sich die EU in der globalisierten Welt behaupten. Die Grundrechtecharta ist in den Mitgliedsländern (mit wenigen Ausnahmen) nun einklagbares Recht. Die Stellung des Europäischen Parlaments gegenüber der Exekutive wurde gestärkt. Das Bun-
25 desverfassungsgericht hat den Vertrag von Lissabon für grundgesetzkonform erklärt und zugleich gefordert, den Deutschen Bundestag stärker in die europäische Rechtsetzung einzubinden. Das bislang ehrgeizigste Projekt der EU ist die Ein-
30 führung der Gemeinschaftswährung. Im Zuge der globalen Finanzkrise sind auch die Länder der Eurozone in schwere Wasser geraten; die hohe Staatsverschuldung vieler Euroländer gefährdet die Stabilität des Euro. Auf lange Sicht dürfte je-
35 doch die Distanz zwischen dem Europa der Bürgerinnen und Bürger und dem der Institutionen die größte Herausforderung für das europäische Projekt bleiben.

Hans-Georg Golz, in: Aus Politik und Zeitgeschichte, Nr. 18, 3. Mai 2010, S. 2 (Editorial).

M2
„Festung Europa", Karikatur von Borislav Sajtinac, 1992

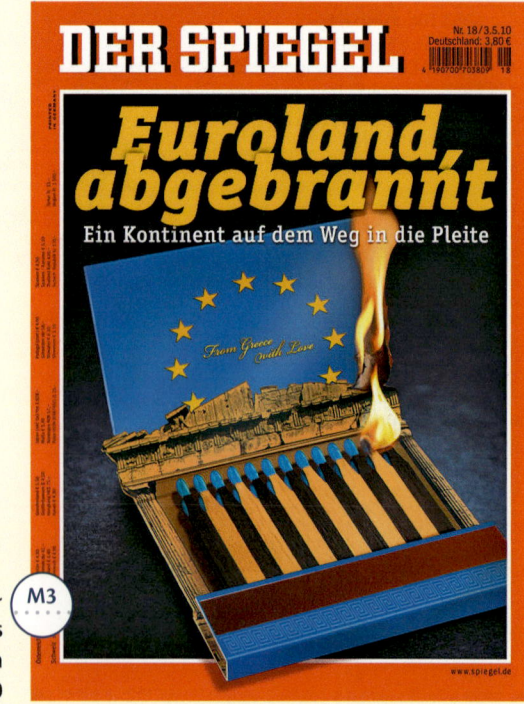

M3
Titelbild des Nachrichtenmagazins „Der Spiegel" vom 3. Mai 2010

Eine Lösung des Nahostkonflikts?

M4

Die israelische Historikerin Fania Oz Salzberger schrieb um 2010:

Es gibt eine Lösung für den israelisch-palästinen-sischen Konflikt. Sie hat mit Teilung von Land zu tun und der Abtrennung von Heimstätten. Sie sieht schmerzliche, aber denkbare Kompromisse
5 für beide Seiten vor: Jerusalem wird geteilt, die palästinensischen Flüchtlinge werden nicht in die Heimstätten ihrer Vorfahren zurückkehren und die jüdischen Siedlungen in der Westbank wer-den wie ihre Pendants im Gazastreifen aufgege-
10 ben oder gezwungen, für sich selbst zu sorgen. Eins steht für diese Lösung jetzt schon fest: Die Extremisten werden sie hassen. Die Gemäßigten hingegen werden sie akzeptieren, wenn auch zäh-neknirschend. Diese Art von Palästina wird die
15 beste Neuigkeit sein, die der Nahe Osten seit Lan-gem zu bieten hatte.

Fania Oz Salzberger. Zit. nach Gesellschaft für Auswärtige Politik, in: Praxis Politik, H. 2, 2010, S. 40.

M5

Demonstration in Hamburg-Harburg nach den An-schlägen vom 11. September 2001 in den USA, Foto

---

Überprüfe, was du kannst

Sachkompetenz

1 Partnerarbeit:
a) Legt eine Tabelle mit folgenden Themenspalten an: Europäische Einigung/Weltmacht China/Nahostkon-flikt/Terrorismus. Tragt jeweils „Schlüsselwörter" zu den Themen ein.
b) Stellt eure Ergebnisse gegenseitig vor.

2 Analysiere M2, M3 und M5 unter der Fragestellung, welche Aussageabsicht und Wirkung von den Abbil-dungen ausgehen könnten. Lies im Kapitel nach.

Methodenkompetenz

3 Erarbeitet ein WebQuest mithilfe der entsprechen-den Methode (S. 322 f.) zum Thema „Ursachen und Lösungsmöglichkeiten des Nahostkonflikts".

Selbst- und Sozialkompetenz

4 Analysiere M1 unter der Fragestellung, welche Chan-cen und Risiken die europäische Einigung bietet.
5 Beurteile die Position der Autorin in M4. Versuche dir dabei deine eigenen Beurteilungskriterien klarzuma-chen.
6 Gestaltet ein Partnerinterview zum Thema „Terroris-mus". Nehmt die Beispielfragen und die Seiten 328 f. zu Hilfe und formuliert weitere Fragen. Ein Partner beantwortet jeweils eine Frage. Die Paare bringen ihre Antworten ins Plenum ein, wo sie weiter besprochen bzw. geklärt werden. Beispielfragen:
a) Was ist Terrorismus?
b) Welche Folgen hatte der Anschlag vom 11. Septem-ber 2001?
c) Welche historischen Wurzeln hat der Terrorismus?
d) Welchen Zusammenhang gibt es zwischen Terroris-mus und Islamismus?

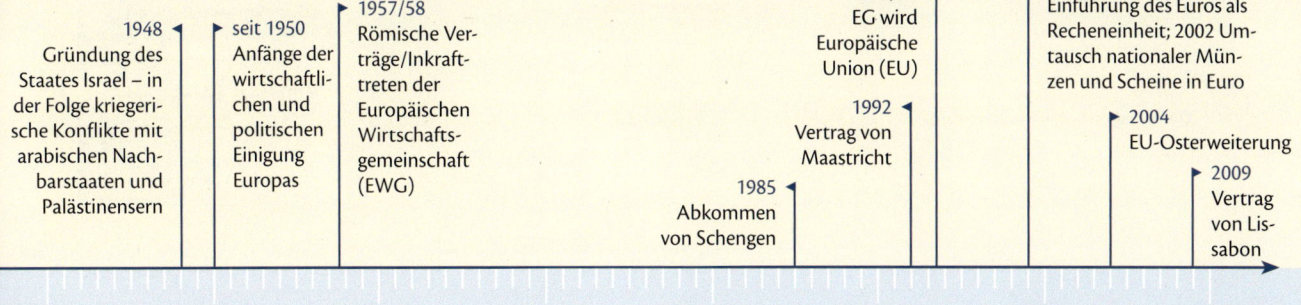

1948
Gründung des Staates Israel – in der Folge kriegeri-sche Konflikte mit arabischen Nach-barstaaten und Palästinensern

seit 1950
Anfänge der wirtschaftli-chen und politischen Einigung Europas

1957/58
Römische Ver-träge/Inkraft-treten der Europäischen Wirtschafts-gemeinschaft (EWG)

1985
Abkommen von Schengen

1993/94
EG wird Europäische Union (EU)

1992
Vertrag von Maastricht

1999
Einführung des Euros als Recheneinheit; 2002 Um-tausch nationaler Mün-zen und Scheine in Euro

2004
EU-Osterweiterung

2009
Vertrag von Lis-sabon

1940   1950   1960   1970   1980   1990   2000   2010

13. Migration im 19. und 20. Jahrhundert – ein Längsschnitt

Wissen • Beurteilen und Handeln • Methoden anwenden

Am Ende dieses Kapitels kannst du

- den Begriff „Migration" klären

- Ursachen (Faktoren) von Wanderungsbewegungen nennen und erläutern

- den Wandel Deutschlands vom Auswanderungs- zum Einwanderungsland im 19. Jahrhundert erklären

- Übereinstimmungen und Unterschiede historischer Migrationsbewegungen feststellen

- die Problematik illegaler Zuwanderung aus verschiedenen Perspektiven bewerten

Globale Migration: Auf der Suche nach Arbeit

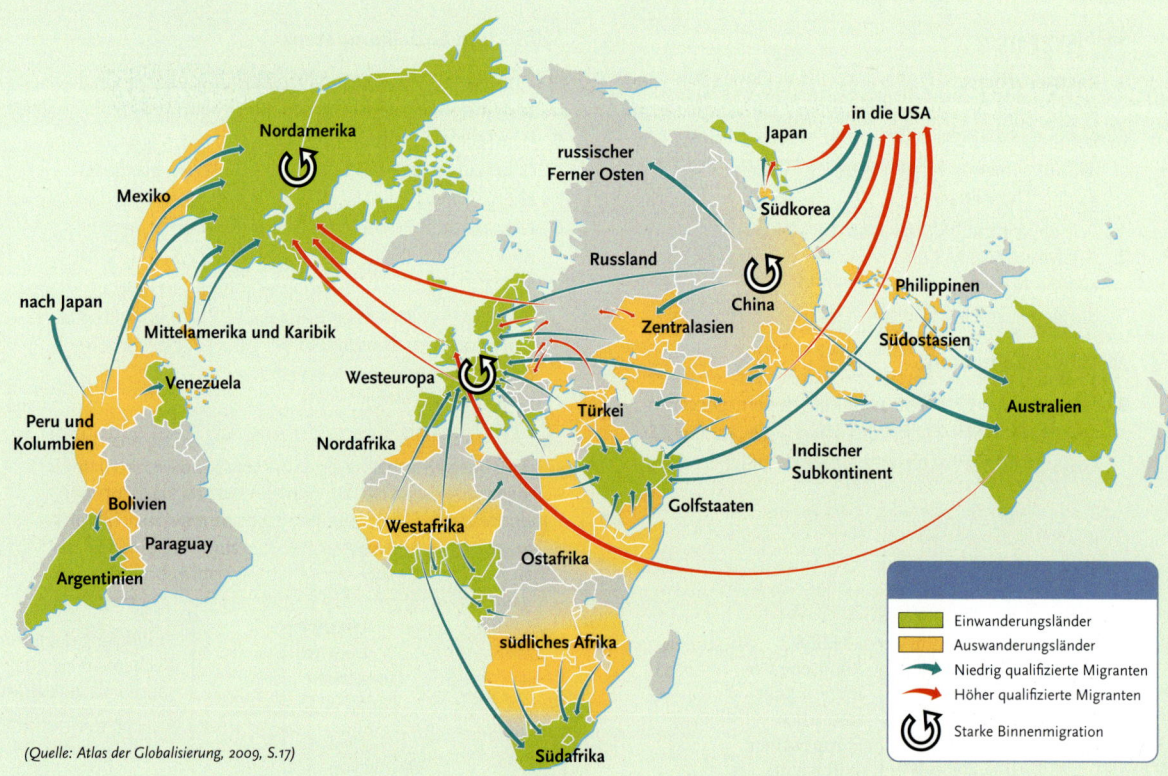

(Quelle: Atlas der Globalisierung, 2009, S.17)

Migration als Geschichte

Migration – ein neues Phänomen?

Migration ist kein einmaliges Ereignis in der Geschichte. In allen Epochen der Menschheitsgeschichte gab es freiwillige oder erzwungene Wanderungsbewegungen einzelner Menschen oder größerer Gruppen in andere Regionen oder Länder. Seit Beginn der Industriellen Revolution in Europa und der europäischen Siedlungskolonisation in Übersee ist räumliche Mobilität zu einem Kennzeichen moderner Gesellschaften geworden. Allerdings haben sich in den letzten zwei Jahrhunderten die Richtungen der Wanderungsströme verändert: Während im 19. und frühen 20. Jahrhundert mehr als 50 Millionen Europäer den Kontinent Richtung Übersee verließen, ist seitdem die Zuwanderung nach Europa größer als die Abwanderung. In Deutschland leben gegenwärtig etwa 17 Millionen Menschen mit Migrationshintergrund. Das sind circa 21 Prozent der Bevölkerung. Etwa neun Prozent sind Ausländer, d. h. sie haben nicht die deutsche Staatsbürgerschaft.

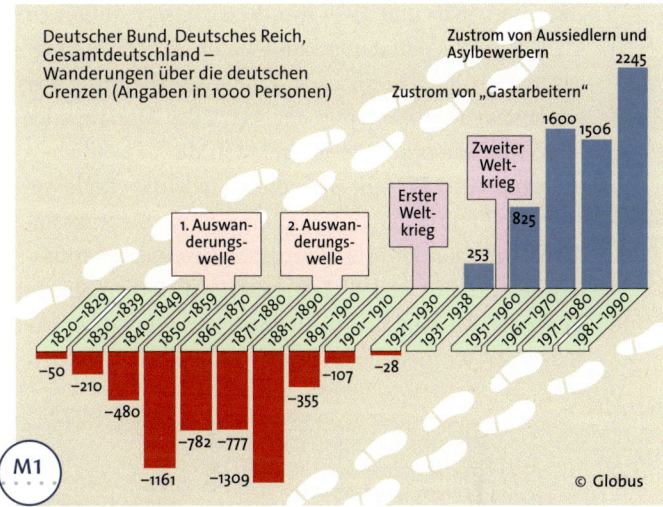

M1 Wanderungsbewegungen in Deutschland im 19. und 20. Jahrhundert

Begriffe und Daten

Migration

(von lat. migratio = Wanderung) Wanderungsbewegungen von Individuen und Gruppen mit einem ständigen oder vorübergehenden Wechsel des Wohnsitzes und des „Lebensmittelpunktes". Als Ursachen werden „Push"- und „Pull"-Faktoren (Druck- und Sogfaktoren) unterschieden. Erstere können Menschenrechtsverletzungen, Verfolgung von Minderheiten, Krieg, Bürgerkrieg, Armut, Arbeitslosigkeit und Umweltprobleme sein. Zu den Sogfaktoren zählen Hoffnungen auf ein besseres Leben mit Chancen auf Arbeit, Bildung und Ausbildung sowie auf persönliche Freiheiten wie politische und religiöse Rechte.

1 a) Stelle fest, wie sich die Migrationsströme in Europa im 19. und 20. Jahrhundert veränderten (Darstellungstext).
b) Benenne Herkunfts- und Zielregionen der globalen Migration (siehe Karte).

2 Formuliere Aussagen über die Wanderungsbewegungen in Deutschland (M1).

3 Analysiere M2. Fasse dein Ergebnis zusammen.

Webcode: FG1110444-337

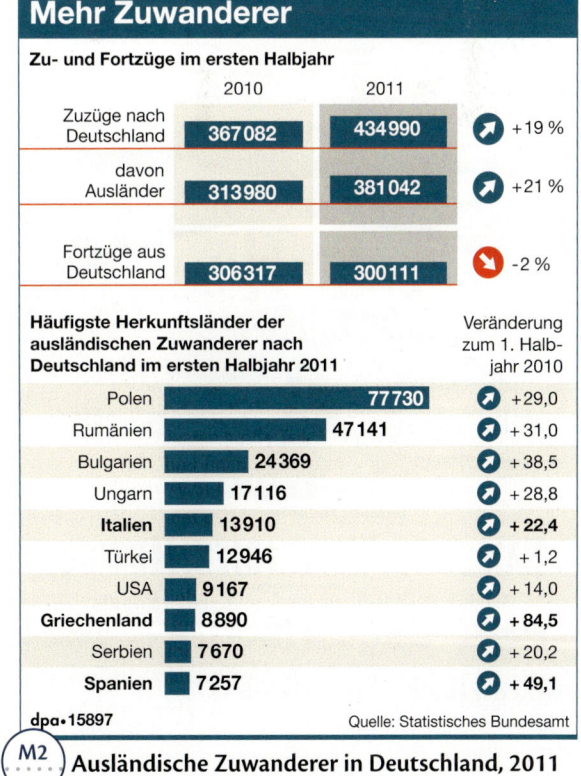

M2 Ausländische Zuwanderer in Deutschland, 2011

Auswanderung nach Amerika im 19. Jahrhundert

Auf dem Weg nach Amerika

Zwischen 1820 und 1890 wanderten fast 5 Millionen Menschen aus den deutschen Staaten in die Vereinigten Staaten von Amerika aus. Eine Auswanderung war ein langwieriger Vorgang, der sich über Monate oder Jahre hinziehen konnte. So spielten die persönlichen und familiären Entscheidungen eine wichtige Rolle wie auch die Entscheidung der Behörden, die die Auswanderwilligen aus der Staatsbürgerschaft entlassen mussten. Die Anfahrt zu den Hafenstädten dauerte mehrere Tage oder Wochen, und die Wartezeit im Hafen konnte sich über Wochen hinziehen. Die gefährliche Über-fahrt – bis zum Einsatz der Dampfschiffe nach 1850 noch mit Segelschiffen – konnte bis zu 100 Tage dauern. Krankheiten, Stürme, Schiffbruch und Proviantmangel setzten den Passagieren zu. 1827 kam ein Schiff, das mit 1200 Auswanderern in Europa gestartet war, mit nur 800 Passagieren in den USA an.

Als in den 1890er Jahren die Industrialisierung in Deutschland zunahm und die Anwerbung aus den USA nachließ, war Deutschland kein Auswanderungsland mehr.

M1

Plakat der HAPAG-Reederei nach 1871

Webcode: FG1110444-338

M2

Endlich in New York

Auszug aus einem Brieftagebuch einer Überfahrt auf einem Auswandersegler nach New York im Zwischendeck, 1837:

Endlich … landeten wir in New-York. Unbeschreiblich war unsere Freude, als wir das Schiff, ein Gefängniß voll Leiden und Schmerzen, für uns verließen und an's Land traten. Gegen Mittag wurden wir mit unseren Siebensachen hinüber auf ein großes 4eckiges Blockhaus geführt, um dort die Quarantaine fertig zu halten, und alle Koffer, alle Kisten wurden hier durchsucht, theils nach steuerbaren Sache, theils nach schmutziger Wäsche, die nicht nach New York eingeführt werden darf! – Wie wir nun so das Schiff verließen, wo wir 64 Tage darauf zugebracht hatten, als wir von den Matrosen, von den Steuerleuten Abschied nahmen. Es war uns beiden beinah wieder nicht recht und sogar die Matrosen nahmen ungern Abschied von uns! – Wie wir aber nun abstießen vom Schiff, brachten wir noch … ein donnerndes Hoch! und laut tönend wurde es dreimal von den Matrosen zurückgegeben! –

Daß sich doch auch der Mensch sogar an das gewöhnen kann, was ihm unangenehm war. Wir lagen nun hier wieder auf dem Quarantainekai ohne Betten, ohne Essen, ohne Alles die Nacht, man muss sich aber einrichten so gut es geht, und nicht die schlechteste Nacht habe ich auf den Dielen des Q. H. [= Quarantäne-Haus] zugebracht, obgleich es hartes Holz war, und ich weiches gewöhnt war!

Zit. nach Hans-Jürgen Pandel, Amerikaauswanderung im 19. Jh., in: Geschichte lernen, H. 33, 1993, S. 43.

M3

Bei Fleiß und Ausdauer zu etwas kommen

Johann Bauer schrieb am 10. Juni 1855 in einem Brief an seine Eltern in Deutschland:

Ich war so glücklich schon Nachmittags Beschäftigung zu finden, & obschon die Bedingungen nicht glänzend waren, nahm ich sie doch an, weil ich für den Augenblick nichts Besseres in Aussicht hatte …

5 Als ich 4 Tage meine Stelle bekleidet hatte, traf ich einen Farmer & da mir dieser weit bessere Bedingungen stellte, so … gings abermals 110 Meilen weiter ins Land. Ich war den ganzen Winter bei diesem Farmer …

10 Ich befinde mich gegenwärtig in einer Gegend, welche vor 21 Jahren noch ganz im Besitze der Indianer oder Wilden war. Noch vor wenigen Jahren traf man hier keine einzige Farm. Vor 4 oder 5 Jahren wurde hier das Land zum Verkauf ausgebo-

15 ten … Ein amerikanischer Dollar ist f. 2,30 [Gulden]. Ihr seht hieraus daß zu einem Anfange hier auch schon ziemlich Geld erforderlich ist, weil fast alles unbebaute Land in den Händen der Spekulanten ist & ehe ich bei einem Anfange einem sol-

20 chen Spekulanten den Beutel fülle lieber gehe ich noch 1000 Meilen weiter ins Innere. Es macht dieß mir nicht viel aus, denn in 6 bis 8 Jahren ist es dort gerade so wie Hier. Einer Reise von 1000 Meilen legt man hier nicht mehr Wichtigkeit bei als wenn

25 Ihr nach Carlsruhe geht. Aus obiger Darstellung könnt Ihr ersehen, welchen Aufschwung die Verhältnisse hier nehmen, & daß man bei Fleiß & Ausdauer noch eher zu was kommen kann als in D. Ich kenne hier Leute welche vor 4 bis 5 Jahren

30 keine 25 doll[ar] Vermögen besaßen & jetzt Leute von 2 bis 3000 Dollar sind. Ihr müßt Euch Amerika nicht als Wildniß oder lauter Hecken & Stauden & Berge darstellen. Man trifft manchmal Gegenden von 30 bis 50 Meilen lang & breit nichts als das

35 schönste fruchtbarste hügellichte Prarien oder Wiesenland; hinreichend mit Wasser versehen aber nicht immer hinreichend mit Holz.

Zit. nach Hans-Jürgen Pandel, Amerikaauswanderung im 19. Jh., in: Geschichte lernen, H. 33, 1993, S. 43.

M4

Amerika-Auswanderer auf dem Unterdeck des Auswandererschiffes „Samuel Hope, 1849

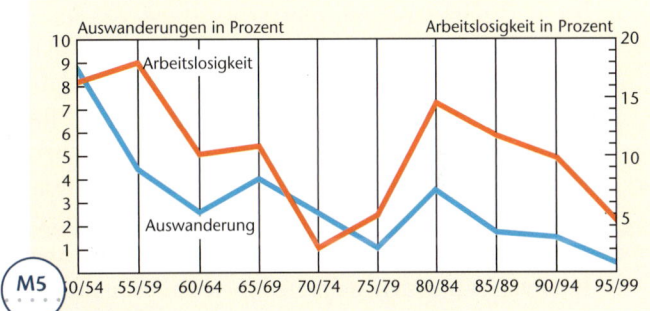

M5

Arbeitslosigkeit und Auswanderung in Deutschland 1850 bis 1900 (im Fünfjahres-Durchschnitt)

M6

Das Deutsche Auswandererhaus in Bremerhaven, Foto, 2012

1 a) Beschreibe M1.

 b) Setze M1 in einen Bezug zum Darstellungstext und zu M4.

2 **Partnerarbeit:** Analysiert M2 und M3 mithilfe der Methode „Schriftliche Quellen analysieren" (im Anhang).

3 Prüfe, ob sich in M5 Zusammenhänge zwischen Arbeitslosigkeit und Auswanderung finden lassen.

4 **Partnerarbeit:** Führt eine Internetrecherche über das Deutsche Auswandererhaus in Bremerhaven (www.dah-bremerhaven.de) durch (M6). Bearbeitet folgende Themen: 1. Ziele und Konzeption des Museums, 2. Stationen des Rundgangs, 3. Aufgabe des „Forum Migration", 4. museumspädagogische Angebote.

Polnische Arbeitswanderer im Ruhrgebiet vor dem Ersten Weltkrieg

Binnenwanderung als Einwanderung

Kuzorra, Szepan, Libuda, Abramczik und Schimanski – diese polnisch klingenden Namen sind heute vielen älteren Menschen noch vertraut. Sie kennen sie als Fußballspieler oder als Hauptfigur einer Krimiserie in der TV-Tatort-Reihe. Auch in heutigen Telefonbüchern der Ruhrgebietsstädte finden sich diese und ähnliche Namen in beachtlicher Anzahl. Sie verweisen auf die Zeit gegen Ende des 19. Jahrhunderts, als sich im Deutschen Kaiserreich die Massenauswanderung umkehrte und Deutschland zu einem „Arbeitseinfuhrland" wurde. Lebten 1861 in den preußischen Provinzen Rheinland und Westfalen 16 000 Polen, so waren es 1890 bereits 30 000. 1910 war ihre Zahl auf 300 000 angewachsen. Zusammen mit den Masuren, die in der Statistik nicht immer von den Polen getrennt wurden, lebten zu Beginn des Ersten Weltkrieges (1914) im Ruhrgebiet etwa 500 000 Menschen aus den östlichen preußischen Provinzen. Diese Binnenwanderung war zugleich eine Einwanderung, denn die aus den Agrargebieten im Osten in das Industrierevier an Rhein und Ruhr zugewanderten Menschen sprachen nicht nur eine andere Sprache, sie brachten auch ihre Religion und eigene kulturelle Traditionen mit.

M1 Fahne des St.-Barbara-Vereins in Gladbeck von 1903

M2 Vincentius Wawrzyniak aus Posen

Der Journalist Jörg Bartel schrieb 1989:

Was macht er nun, der Mann aus Posen? Viele Stunden hat er zwischen fremden Menschen, Koffern, Kisten, Körben und Kartons auf einer harten Holzbank gekauert, ein Eisenbahnkunde 4. Klasse. Jetzt steht er müde und mit hochgezogenen Schultern im Treiben des Essener Hauptbahnhofs, viele hundert Kilometer entfernt von der Handvoll Hütten, dem Zisterzienserkloster und dem stillen Dorfteich von Perkowo im Südwesten der Provinz Posen.

Vincentius Wawrzyniak ist nicht der Einzige, der an diesem Oktobertag 1898 im Ruhrgebiet ankommt. Jahre später wird er erfahren, dass er nur einer von etwa zwei Millionen Menschen war, die zwischen 1870 und 1914 die armen Agrargebiete im Osten Richtung Mitteldeutschland, Berlin, Ruhrgebiet, Amerika verließen, auf der Flucht vor dem Hunger, auf der Suche nach dem Lebensminimum, das für viele das Gleiche bedeutete wie das große Glück. Und Vincentius Wawrzyniak wird noch 1914 zu den 500 000 gehören, die polnisch sprechen in den Städten und Gemeinden in der Emscher-, Hellweg- und Vestzone, und die eigene Vereine, Banken, Parteien, Gewerkschaften und Gebete haben.

Doch jetzt schickt Vincentius erst mal einen Stoßseufzer in den rußigen Himmel, vielleicht sogar einen deutschen, denn daheim in Perkowo, wo die Eltern bei Herrschaften dienen und er selbst täglich 14, 15 Stunden bei wenig Lohn und vielen Prügeln als Landarbeiter knechten musste, hat er beide Sprachen gelernt ... Wie so viele Ostwanderer musste auch Vincentius Wawrzyniak erst einmal tief hinabsteigen, um das Vertrauen der „Einheimischen" zu gewinnen. Doch bei der Arbeit im „Pütt", hundert Meter unter Tage, ging die Entfremdung schneller voran als andernorts. In der zusammengewürfelten Gesellschaft der Kumpel, in der jeder auf den anderen angewiesen war, in der man Schulter an Schulter schuftete, schwitzte, Angst hatte, ... schmolz das Ruhrgebiet seine Volksgruppen zum „Ruhrvolk" zusammen ...

Zuwanderer aus Rybnik in Schlesien, Foto, um 1907

Polnische Schulklasse im Ruhrgebiet, Foto, um 1900

M2

Nach der Schicht brachte das Miteinander in den Zechenkolonien auch hartnäckigste Vorurteile
45 ins Wanken. In den anderthalbstöckigen Häusern, hastig hochgezogen und ebenso hastig vollgestopft, wohnten über die Hälfte aller Ruhrpolen, froh über die vergleichsweise billigen Mieten, großzügige Räume, Vorgärten und das Stück Land
50 hinterm Haus, auf dem sich Gemüse ziehen und sogar ein Schwein oder eine Ziege halten ließ, die berühmte „Bergmannskuh" …
Von der „Normalität", dem ruhrpolnischen Alltag, wissen wir wenig: Er dürfte dem der Ruhrdeut-
55 schen geglichen haben: Die Kinder lernten in denselben überfüllten Schulklassen. Die Eltern trugen, was zu sparen war, entweder zu einer deutschen oder polnischen Bank; nach der Schicht trafen sich die Männer in den Kneipen … Die Mütter,
60 anfangs noch in bunten heimatlichen Kopftüchern und Schürzen und sonntags in Tracht, stellten sich beim Schuster, Krämer, Bäcker „umme Ecke" in dieselbe Schlange oder strömten auf die Wochenmärkte zum Billigeinkauf …
65 Zu Ende erzählt sei zumindest, was wir heute von Vincentius Wawrzyniak, dem Mann aus Perkowo, wissen. Vincentius findet an jenem Oktobertag 1898 einen Kostplatz bei einer deutschen Familie in Altenessen, arbeitet hier zwei Jahre auf Zeche
70 Carl …, heiratet im Jahr 1900 Gertrud Heck, die Tochter des Hauses, zieht mit ihr nach Bottrop und zeugt neun Kinder. Von diesen neun wird keines mehr Polnisch sprechen; sie alle werden in deutsche Schulen gehen, die Jungs unter ihnen
75 werden Bergleute sein und in deutschen Vereinen Brieftauben züchten und Fußball bolzen …
Und der heute 44 Jahre alte Hans Wawrzyniak wird das völlig in Ordnung finden. Der Enkel … arbeitet heute als Diözesanreferent beim Essener
80 Caritas-Verband und betreut hier die deutschstämmigen Aussiedler und polnischen Flüchtlinge der 80er und 90er Jahre des 20. Jahrhunderts. Und wenn er wieder mit einem Caritas-Transport nach Warschau reist und abermals an der Passkontrolle
85 freundlich auf polnisch angesprochen wird, dann wird er bedauernd die Achseln zucken und sich vornehmen, viel mehr zu erfahren über seinen Großvater Vincentius und das Dorf Perkowo, unweit von Przemet.

Jörg Bartel, Die Geschichte des Vincentius Wawrzyniak, in: GEO special, Nr. 3, 1989, S. 70 ff.

1 „Binnenwanderung als Einwanderung". Kläre diese Formulierung anhand des Darstellungstextes.

2 Schildere, welche Eindrücke dir M1, M3 und M4 über die Einwanderer vermitteln.

3 **Partnerarbeit:** Analysiert M2 mithilfe folgender Fragen:
a) In welcher Lage befindet sich Vincentius Wawrzyniak bei seiner Ankunft?
b) Was ist über seine Herkunft zu erfahren?
c) Wie wird seine „Integration" in die neue Arbeits- und Lebenswelt beschrieben?
d) Wie verläuft sein weiteres Leben?
e) Was erfahren wir über seine Kinder und seinen Enkel?
f) Wie bewertet ihr die Darstellung des Autors Jörg Bartel?

Türkische Arbeitswanderer seit den 1960er Jahren

Arbeiten in Deutschland – auf Zeit?

Das starke Wirtschaftswachstum führte in der Bundesrepublik Deutschland in den 1950er Jahren zu einem steigenden Bedarf an Arbeitskräften. Deshalb schloss die Bundesregierung zwischen 1955 und 1968 mit
5 mehreren Staaten Anwerbeabkommen, 1961 auch mit der Türkei. Dort gab es wegen des starken Bevölkerungswachstums und wirtschaftlicher Krisen bei geringem Industrialisierungsgrad ein Überangebot an Arbeitskräften. In Westdeutschland dagegen verschärfte
10 der Mauerbau 1961 zusätzlich den Arbeitskräftemangel, weil nun die Bürgerinnen und Bürger aus der DDR als Arbeitskräfte fehlten. Bis Mitte der 1960er Jahre herrschte allgemein die Auffassung, dass die ausländischen Arbeitskräfte – die sogenannten Gastarbeiter –
15 nur vorübergehend in Deutschland arbeiten sollten. Bei der Anwerbung hatte niemand über Pläne für einen dauerhaften Aufenthalt in Deutschland nachgedacht. Es gab damals auch keine Auseinandersetzung mit ihrem Herkunftsland, ihren Traditionen und ihrer
20 Religion. Als es 1973 zur Ölkrise und der gefürchteten Rezession kam, erließ die Bundesregierung im selben Jahr einen Anwerbestopp.

M2

Die Wirkung des Anwerbestopps

1973, zur Zeit wirtschaftlicher Krise und steigender Arbeitslosigkeit, erließ die Bundesregierung einen Anwerbestopp für Ausländer aus Nicht-EG-Staaten. Die Folgen beschrieb der Sozialwissenschaftler und Politiker Daniel Cohn-Bendit 1992:

Die Rechnung ging … nicht auf, und zwar weil wieder der alte Fehler gemacht wurde: Man sah in den Ausländern Nur-Arbeitskräfte, deren anderweitige Existenz der Beachtung nicht wert war.
5 Und dafür kam nun prompt die Quittung: Während in dem genannten Zeitraum der Anteil der ausländischen Beschäftigten um etwa ein Viertel zurückging, nahm die Wohnbevölkerung … insgesamt aber sogar noch geringfügig zu … Was war
10 geschehen? … Ausländer aus Nicht-EG-Staaten sahen sich nun (und zwar gerade auch dann, wenn sie arbeitslos geworden waren) vor die Alternative gestellt, die es vorher nicht gegeben hatte: Entweder in die alte Heimat zurückkehren
15 in der Gewissheit, dass eine erneute Remigration in die Bundesrepublik unmöglich sein würde, oder aber zu bleiben und den Wunsch nach einem dauerhaften Aufenthalt in der Bundesrepublik durch den möglichst schnellen Nachzug der
20 Familie … zu unterstreichen.

Daniel Cohn-Bendit/Thomas Schmid, Heimat Babylon. Das Wagnis der multikulturellen Demokratie, Hamburg (Hoffmann u. Campe) 1992, S. 112 ff.

M1

Die türkische Familie Dagdeviren an einem Fenster ihrer Wohnung in München, Foto, Anfang der 1970er Jahre

M3

Muslimische Frau in Frankfurt am Main während der Fußballweltmeisterschaft im Juni 2010, Foto

Deutscher oder Türke?

M4

Aus einem Interview mit dem 23-jährigen Ayberk, der 1976 in Hamburg geboren wurde:

Meine Eltern sind 1961 hierhergekommen, drei Monate nachdem sie geheiratet haben. Ihr Plan war, zwei, drei Jahre hier zu arbeiten und dann wieder in die Türkei zu gehen. Das war ganz klar
5 deren vorgestecktes Ziel. Dann sind aus zwei, drei Jahren für meine Mutter mittlerweile 38 Jahre geworden und für meinen Vater 30 Jahre. Ich bin in Hamburg geboren. Mein Bruder auch, 1962, der ist aber in der Türkei groß geworden,
10 weil meine Mutter und mein Vater ja vorhatten, irgendwann zurückzukehren. Sie wollten, dass er quasi als Türke in der Türkei groß wird, sie dann zurückkommen und dort ihr Leben weiterführen. Da sich das über Jahre verzögert hat, ist mein Bru-
15 der in der Türkei ohne seine Eltern aufgewachsen bei der Großmutter ... Es war nicht der finanzielle Aspekt, der sie zurückgehalten hat, sondern – wenn sie irgendwann in die Türkei zurückkehren, bedeutet das automatisch ... ein Neuanfang für
20 sie ... Wahrscheinlich hat sie das abgeschreckt ... Mit der Türkei verbindet mich nur, dass der Großteil meiner Familie dort lebt, sonst nicht viel. Ich spreche natürlich die türkische Sprache und weiß, wie es in der Türkei aussieht. Aber es ist nicht mei-
25 ne Heimat, ganz sicher nicht ... Wenn ich vor die Wahl gestellt werde: „Was denn nun, bist du jetzt Deutscher oder Türke?", dann würde ich sagen: Ich bin Deutscher, weil ich hier aufgewachsen bin, hier die meiste Zeit verbracht habe und wahrschein-
30 lich auch hier alt werde und sterben werde.
Deutsche Shell (Hg.), Jugend 2000. 13. Shell Jugendstudie, Bd. 2., Opladen (Leske u. Budrich) 2000, S. 185 ff.

M6

Ein türkischstämmiger Polizeikommissar in Gelsenkirchen stellt die Personalien eines irakischen Asylbewerbers fest, Foto, 2007

1 Erarbeite anhand des Darstellungstextes, welche Faktoren zur Zuwanderung von „Gastarbeitern" führten. Verwende die Begriffe „Push"- und „Pull"-Faktoren (siehe Kasten S. 337).

2 Stelle fest, welche Wirkung der Anwerbestopp von 1973 hatte (M2).

3 a) Erarbeite, wie Ayberk (M4) seine Rolle in der deutschen Gesellschaft sieht.
b) Berichte über weitere Beispiele aus eigener Kenntnis.

4 Beschreibe mithilfe von M1, M3 und M6 die Situationen der dargestellten Einwanderer.

5 Analysiere M5. Achte auf politische Entscheidungen und wirtschaftliche Entwicklung.

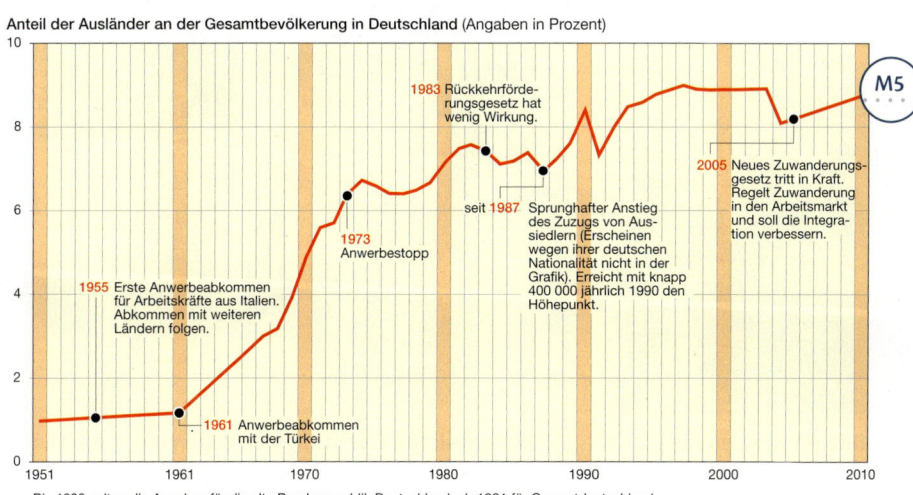

Anteil der Ausländer an der Gesamtbevölkerung in Deutschland (Angaben in Prozent)

1983 Rückkehrförderungsgesetz hat wenig Wirkung.

1973 Anwerbestopp

1955 Erste Anwerbeabkommen für Arbeitskräfte aus Italien. Abkommen mit weiteren Ländern folgen.

1961 Anwerbeabkommen mit der Türkei

seit **1987** Sprunghafter Anstieg des Zuzugs von Aussiedlern (Erscheinen wegen ihrer deutschen Nationalität nicht in der Grafik). Erreicht mit knapp 400 000 jährlich 1990 den Höhepunkt.

2005 Neues Zuwanderungsgesetz tritt in Kraft. Regelt Zuwanderung in den Arbeitsmarkt und soll die Integration verbessern.

M5

Entwicklung des Ausländeranteils an der Gesamtbevölkerung in Deutschland 1951–2010

Bis 1990 gelten die Angaben für die alte Bundesrepublik Deutschland, ab 1991 für Gesamtdeutschland. Die Angaben seit 2004 sind wegen einer Registerbereinigung mit früheren nicht direkt vergleichbar.

ZEIT-Grafik

343

„Boatpeople" und Vertragsarbeiter – Vietnamesen in Deutschland

Flucht vor der kommunistischen Diktatur

Als die nordvietnamesischen Truppen 1975 den südlichen Teil des Landes erobert hatten, der von den US-Amerikanern finanziell und militärisch unterstützt worden war, setzte die kommunistische Regierung
5 rigoros ein Enteignungs-, Umerziehungs- und Umsiedlungsprogramm durch. Diesen Repressalien entzogen sich Hunderttausende durch die Flucht. Sie verließen das Land auf zumeist seeuntüchtigen Booten und unter dramatischen Bedingungen über das Süd-
10 chinesische Meer. Oft mussten sie für die Flucht mit ihrem ganzen Vermögen bezahlen. Nach Schätzungen kamen 400 000 bis 500 000 Menschen ums Leben: Sie gingen mit den überfüllten Schiffen unter oder wurden von Piraten ausgeraubt und umgebracht. Etwa 36 000
15 dieser „boatpeople" genannten Flüchtlinge fanden bis Mitte der 1980er Jahre in der Bundesrepublik Deutschland Zuflucht. Besondere Verdienste erwarb sich dabei der deutsche Journalist Rupert Neudeck, der einen Frachter zum Hospitalschiff umbauen ließ. Mit der
20 „Cap Anamur" retteten er und seine Mitarbeiter mehr als 10 000 Flüchtlingen im Chinesischen Meer das Leben. Die in der Bundesrepublik Aufgenommenen wurden als politische Flüchtlinge anerkannt. Sie erhielten eine unbefristete Aufenthaltserlaubnis, Arbeitserlaubnis und Eingliederungshilfen. 25

Vertragsarbeitskräfte in der DDR

Die DDR holte Vietnamesen und Vietnamesinnen als Vertragsarbeiter ins Land. Wegen der Massenflucht nach Westen (3,4 Millionen bis zum Mauerbau 1961) fehlten der DDR-Wirtschaft Arbeitskräfte. In Abkommen mit anderen „Bruderstaaten" wie Polen, Ungarn, 5 Algerien, Angola, Kuba und Vietnam wurde die Beschäftigung der Arbeitskräfte geregelt. Ziel war ein befristetes Beschäftigungsverhältnis. Nach vier bis sieben Jahren wurden die Menschen wieder nach Hause geschickt. Untergebracht waren sie in streng kontrollier- 10 ten Wohnheimen, nach Geschlechtern getrennt und von der Bevölkerung isoliert. Ende der 1980er Jahre stellten vietnamesische Arbeitskräfte mit etwa 80 000 den größten Anteil der Vertragsarbeiter.

M1 Vietnamesische Flüchtlinge im Südchinesischen Meer, fotografiert vom deutschen Hilfsschiff „Cap Anamur", 1979

M2 Vietnamesische Flüchtlinge verlassen die „Cap Anamur" nach ihrer Ankunft in Hamburg, Foto, 1982

M3

Ehemalige Vertragsarbeiterin aus Vietnam, Foto, 1995. Die 29-jährige Nguyen Thi Huong lebt seit 1987 in der ehemaligen DDR und hat zwei Kinder. In ihrem Pass ist vermerkt, dass ihre Aufenthaltsgenehmigung erlischt, wenn sie in Deutschland Sozialleistungen in Anspruch nehmen will oder wenn ihr Mann, der in Vietnam arbeitslos ist, nach Deutschland zurückkehren möchte.

Identität

M4

Hoang Nguyen Duy, 20 Jahre alt, Student:
Manchmal wurde ich jetzt gefragt von Leuten, die ich neu kennen gelernt habe: Fühlst du dich mehr vietnamesisch oder deutsch? Dann ist bei mir ein kleiner innerer Konflikt ausgebrochen. Vom Äuße-
5 ren weißt du, dass du Vietnamese bist, aber vom Inneren her fühlt man sich eher deutsch. Bei den Leuten, die im kleinen Alter hergekommen sind und Werte von Vietnam und viele Sachen aus Deutschland mitbekommen haben, herrscht die-
10 ser gewisse Konflikt, dass man nicht sagen kann, ich bin jetzt 100 Prozent Vietnamese oder 100 Prozent deutsch. Ich denke, das ist eine Bereiche-rung, weil man beide Seiten kennt …
Zit. nach Uta Beth/Anja Tuckermann, „Heimat ist da, wo man verstanden wird". Junge VietnamesInnen in Deutsch-land, Berlin (Archiv der Jugendkulturen Verlag KG) 2008, S. 80.

Vietnamesen in der DDR

M5

Die Journalistin Renate Heusch-Lahl schrieb 2000:
Bis zum siebenten Monat hatte Phuong Kollath ihre Schwangerschaft geheim gehalten. Täglich ging sie ihrer Schichtarbeit als Köchin einer Groß-küche im Rostocker Überseehafen nach … Das
5 war 1987. Ein Kind zu bekommen, war für sie da-mals die einzige Möglichkeit, in der DDR bleiben zu dürfen. Sie hatte sich in einen Deutschen ver-liebt – und so etwas war weder bei den deut-schen noch bei den vietnamesischen Behörden
10 gern gesehen … Das bedeutete im Klartext: Wenn eine Vietnamesin schwanger wurde und nicht abtreiben wollte, wurde sie in ihre Heimat zurück-geschickt.
Der Hallenser Michael Feige stellt in seiner Unter-
15 suchung … fest, dass die Stasi alles versuchte, um engere Kontakte zwischen Deutschen und Viet-namesen zu unterbinden. Praktisch sei jeder der 60 000 Vietnamesen in der DDR bespitzelt wor-den … Phuong Kollath kämpfte jahrelang um die
20 Erlaubnis, in der DDR heiraten zu dürfen … Der Aufenthalt der Vertragsarbeiter war für vier Jahre vorgesehen. Anschließend sollten sie wieder zu-rück in ihre Heimat gehen … Das Ministerium für Staatssicherheit arbeitete eng mit dem viet-
25 namesischen Geheimdienst zusammen … Feige ist überzeugt, dass die eingeschränkten Kontakte zwischen Deutschen und Vietnamesen Neid und Hass und damit ausländerfeindliche Tendenzen bei den DDR-Bürgern begünstigt hätten. Phuong
30 Kollath hat dennoch viele gute Erinnerungen an jene Zeit. „Auch wenn wir oft als Außerirdische betrachtet wurden."
http://www.tagesspiegel.de/politik/vietnamesen-in-der-ddr-abtreibung-oder-ausweisung/185122.html. Stand: 20.05.2010.

1 Beschreibe und bewerte die Bedingungen,
   a) unter denen die „boatpeople" in die Bundesrepublik kamen,
   b) unter denen die Vertragsarbeitskräfte in die DDR geholt wurden (Darstellungstext, M1, M2, M5).
2 Zeige an M3 die persönlichen Schwierigkeiten, unter denen ehemalige Vertragsarbeitskräfte hier leben.
3 Stelle fest, wie Hoang seine Identität beschreibt (M4). Kennst du weitere (andere) Beispiele?
4 **Partnerarbeit:** Untersucht, wie sich an den „boat-people" und den Vertragsarbeitskräften Folgen des Kal-ten Krieges zeigen. Lest auf S. 183 ff. nach.

Illegale Migration

Leben „ohne Papiere"

Der Begriff „Illegale Migration" umschreibt nicht nur ein nationales oder europäisches, sondern ein weltweites Problem. Ein illegaler Migrant ist eine Person, die illegal (unerlaubt) in ein Land reist und sich dort auf-
5 hält. Bei einer scheinlegalen Migration werden falsche oder gefälschte Papiere für die Einreise verwendet. Staaten reagieren auf illegale Migration zumeist mit Abschiebung, Ausweisung oder Verhaftung.

Schwer zu durchschauen und zu beherrschen ist für
10 staatliche Behörden das Zusammenspiel von illegaler Migration und Kriminalität. Dabei geht es weniger um einzelne kriminelle Delikte als vielmehr um organisierte Kriminalität durch Schleuserbanden, um Menschenhandel, z. B. Frauenhandel (Zwang zur Prostitution,
15 Zwangsarbeit), um Drogenhandel und Waffenschmuggel.

Kirchliche Organisationen und Wohlfahrtsverbände weisen aus ethischen Gründen auf die schwierige Situation illegaler Migranten hin: Sie leben ohne sozia-
20 le und medizinische Absicherung und ohne Arbeitsschutz im Land. Ein Schulbesuch ist Kindern illegaler Zuwanderer wegen des „Entdeckungsrisikos" bisher legal nicht möglich. In der Debatte um illegale Migration stehen sich – vereinfacht formuliert – Repressions-
25 befürworter und Legalisierer gegenüber.

Schulbesuch für Kinder „Illegaler"?

Aus einer Pressemitteilung der Deutschen Presseagentur (dpa) vom 12. März 2010:
Die Bundesregierung plant, dass künftig Kinder illegaler Zuwanderer am Schulunterricht teilnehmen können, ohne Angst vor Entdeckung haben zu müssen. „Wir wollen den Kindern sowohl den
5 Besuch von Schulen als auch den von Kindergärten ermöglichen", sagte die Integrationsbeauftragte der Bundesregierung, Staatsministerin Maria Böhmer, der „Süddeutschen Zeitung". Das Aufenthaltsrecht soll dazu geändert werden. Bis-
10 her müssen Lehrer den Behörden melden, wenn sie erfahren, dass sich ein Kind ohne nötige Papiere im Land aufhält.
http://www.merkur-online.de/nachrichten/politik/schulbesuch-kinder-illegaler-zuwanderer-geplant-zr-669557.html, Stand 20.05.2010.

Demonstration in Berlin, Foto, 2013

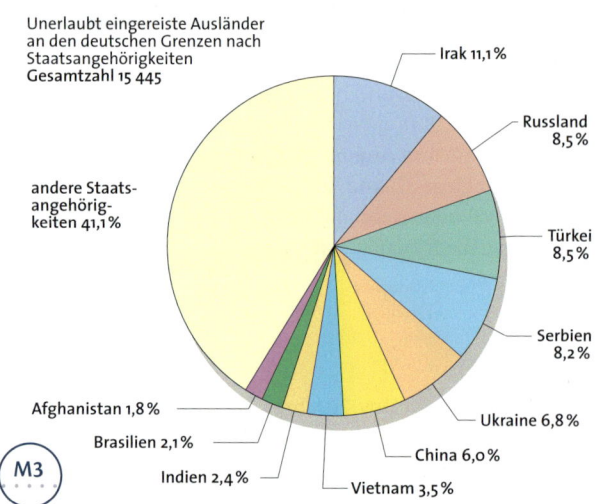

Unerlaubt eingereiste Ausländer an den deutschen Grenzen nach Staatsangehörigkeiten Gesamtzahl 15 445

Irak 11,1 %
Russland 8,5 %
Türkei 8,5 %
Serbien 8,2 %
Ukraine 6,8 %
China 6,0 %
Vietnam 3,5 %
Indien 2,4 %
Brasilien 2,1 %
Afghanistan 1,8 %
andere Staatsangehörigkeiten 41,1 %

Illegale Migration nach Deutschland, 2007

1 Organisiert eine Podiumsdiskussion zum Thema „Illegale Migration". Geht in drei Schritten vor: 1. Vorarbeit in Gruppen, 2. Diskussion vor der Klasse durchführen, 3. Positionen und Ergebnisse im gemeinsamen Gespräch festhalten. Geht von den Materialien auf dieser Seite aus. Zieht zur aktuellen Situation weitere Informationen aus dem Internet heran.

2 Gestaltet in Gruppen Rollenspiele (Szenen), in denen die unterschiedlichen Erwartungen und Positionen von legalen und illegalen Migranten, aufnehmender Gesellschaft, Wirtschaft und Staat thematisiert werden.

Migration im 19. und 20. Jahrhundert – ein Längsschnitt

Karikatur
von Jan Tomaschoff,
um 1999

Integrationsbereitschaft jugendlicher Migranten

M2

Der Bildungsforscher Heinz Reinders schrieb 2009:

Das derzeit größte Risiko stellt die nicht gelingende Integration von Migrantinnen und Migranten dar. Der Integrationsprozess bedarf Investitionen sowohl von Seiten der Migranten als auch von Seiten der Aufnah-
5 megesellschaft. Für Migrantinnen und Migranten stellt sich die Herausforderung einer gelingenden Balance zwischen Elementen der Herkunfts- und der Aufnahmekultur. Sprache und soziale Integration müssen hier als die wesentlichen Bausteine dieses Prozesses angese-
10 hen werden. Gerade bei jugendlichen Migranten zeichnet sich in diesen beiden Domänen eine erhebliche Integrationsbereitschaft und bereits faktisch realisierte Integration ab. Die Aufnahmegesellschaft muss ihnen ihrerseits ökonomische und soziale Chancen einräu-
15 men und die Integrationsbereitschaft auf diese Weise stützen und fördern. Investitionen in schulische Ausbildung, die Eröffnung besserer Chancen auf dem Arbeitsmarkt und deutlichere Signale sozialer Akzeptanz werden hier die wichtigsten Ansatzpunkte der Integra-
20 tionsförderung darstellen. Pauschalisierte Zuschreibungen an „die" Migranten, die Übergeneralisierung nur teilweise vorhandener geringer Integrationsbereitschaft und die Popularisierung von Kriminaliät unter Mirgranten sind dabei nicht förderlich.

Heinz Reinders, Integrationsbereitschaft jugendlicher Migranten – Vexierbilder und empirische Befundes, in: Aus Politik und Zeitgeschichte, hg. von der Bundeszentrale für politische Bildung, Bonn, Nr. 5 vom 26. Januar 2009, S. 23.

Überprüfe, was du kannst

Sachkompetenz

1 Kläre: Migration (S. 337).
2 Erkläre die historische Entwicklung: Deutschland – vom Auswanderungs- zum Einwanderungsland.
3 Unterscheide: „Interessen von Migranten" und „staatliche Migrationspolitik".

Methodenkompetenz

4 Analysiere M1 mithilfe der Methode „Karikaturen entschlüsseln" im Anhang.

5 Bearbeite M2 mithilfe der Methode „Einen Sachbuchtext erschließen" im Anhang.

Urteilskompetenz

6 Beurteile die folgende These: Migrationsbewegungen haben ausschließlich wirtschaftliche Ursachen.

Kommunikations- und Handlungskompetenz

7 Diskutiert: Wie können Migranten in die Gesellschaft integriert werden? Geht von M2 aus.

Informationen beschaffen

Orte erkunden

Texte, Bilder, Karten, Kunstwerke untersuchen

Informationen auswerten und darstellen

Informationen beschaffen

Methoden aus diesem Band:

Eine Bibliothek nutzen (Bd. 5/6)

1. Schritt: Besuch vereinbaren
Vereinbart eine Führung, in der ihr lernt, die Kataloge zu benutzen und die Ausleihe der Bücher vorzunehmen.

2. Schritt: Katalog benutzen
Der „Katalog" ist ein Verzeichnis, in dem alle Bücher der Bibliothek aufgezeichnet sind. Manchmal sind es noch Schubladen mit Karteikarten, in den meisten Bibliotheken jedoch Kataloge, die am Computer benutzt werden. Es gibt immer einen Autoren- und einen Schlagwortkatalog. Der Autorenkatalog hilft, wenn euch der Autor des Buches bekannt ist. Der Schlagwortkatalog erleichtert den Einstieg in ein Thema, z. B. die Geschichte von Jena.

3. Schritt: Informationen festhalten
Bücher müsst ihr nach einer bestimmten Zeit zurückgeben. Notizen aus den Büchern, Fotokopien, Skizzen usw. solltet ihr deshalb nach Stichwörtern ordnen und z. B. in eurer Geschichtsmappe sammeln.

Das Internet nutzen (Bd. 5/6)

1. Schritt: Suche durchführen

Du lässt zunächst eine Internet-Suchmaschine nach einem Stichwort suchen. Solche Suchmaschinen sind zum Beispiel Google (www.google.de) oder Yahoo (www.yahoo.com). Wenn du die Internetadresse eingibst, erscheint eine Startseite mit einem Suchfeld, in das du den Begriff schreibst, über den du dich informieren möchtest.

2. Schritt: Suchabsicht festlegen

Du erhältst mithilfe der Suchmaschine eine Auswahl von Internetadressen. Meist ist aber die Zahl der „Treffer" sehr hoch, sodass du zuerst einmal einen Überblick bekommen musst, wel-

che Internetseiten für dich Interessantes bieten.
Lies also zuerst die Überschriften und die Kurzerläuterungen in der Liste und überlege, welche Adressen für dich brauchbar sind.

3. Schritt: Ergebnisse ordnen

Wenn du entschieden hast, dass eine Webseite für dich interessant sein könnte, liest du dort die angebotenen Informationen. Achte dabei aber nicht nur auf die Bilder und Texte, sondern prüfe auch, wer die Seite verfasst hat. Handelt es sich um ein Unternehmen, das nur ein Produkt verkaufen will? Stehen die Informationen auf einer

privaten Homepage oder sind es Veröffentlichungen einer Gemeinde, einer staatlichen Einrichtung (z. B. Museum, Universität)?

4. Schritt: Informationen speichern

Wenn du über das Wissen, das du durch deine Internetsuche neu erworben hast, länger verfügen willst, musst du die Informationen in geeigneter Weise speichern: Du kannst z. B. auf deinem Computer die Adressen interessanter Webseiten als Favoriten sammeln, Texte und Bilder als Dateien speichern oder ausdrucken. Manchmal ist es auch sinnvoll, sich handschriftliche Notizen zu machen.

Orte erkunden

Methoden aus diesem Band:
Gefallenendenkmäler in Thüringen erkunden

S. 34

Eine Erkundung durchführen (Bd. 5/6)

1. Schritt: Erkundung vorbereiten

– Anschriften ermitteln und telefonisch oder persönlich Kontakt aufnehmen.
– Termin für den Besuch vereinbaren.
– Arbeitsmittel zusammenstellen (z. B. Fotoapparat, Kassettenrekorder, Notizblock).
– Fragen sammeln, ordnen und einen Fragebogen erstellen.
– Aufgaben verteilen.

2. Schritt: Erkundung durchführen

– Begrüßung und Vorstellen eurer Erkundungsziele.
– Alle notierten Fragen stellen.
– Antworten und weitere Beobachtungen notieren.
– Skizzen oder Fotos machen; eventuell Fotokopien erbitten.

3. Schritt: Antworten auswerten und Ergebnisse präsentieren

– Fragebogen (Antworten) in Gruppen auswerten.

– Ergebnisse dokumentieren, z. B. Antworten ordnen und – mit Fotos ergänzt – als Wandzeitung gestalten.
– Die Ergebnisse mit weiteren Bildern, Grafiken und Texten ergänzen und zu einem Beitrag für die Schülerzeitung oder die Lokalzeitung eures Wohnortes ausarbeiten.
– Tipp: Ein Exemplar an eure „Informationsquelle" (Museum, Archiv, „Heimatexperte") schicken!

Ein Museum besuchen (Bd. 5/6)

1. Schritt: Informationen beschaffen

Besorgt euch zunächst Informationsmaterial von der Verwaltung des Museums, das ihr besuchen möchtet.

2. Schritt: Organisation

Klärt, welcher Termin infrage kommt, und ermittelt Fahrzeiten und Fahrpreise der günstigsten Verkehrsmittel. Stellt vor der endgültigen Entscheidung fest, was die Fahrt wohl insgesamt kosten wird.

3. Schritt: Themen in der Schule vorbereiten

Sichtet das Informationsmaterial, entscheidet über die Arbeitsschwerpunk-

te, teilt euch in Gruppen ein. Jede Gruppe bereitet ein Teilthema vor und bearbeitet es im Museum. Hinweise auf Einzelthemen gibt der Kasten auf dieser Seite. Formuliert Einzelfragen, die ihr bearbeiten wollt. Bleibt aber auch offen für Unbekanntes.

4. Schritt: Orientierung und Entdeckungen im Museum

Verschafft euch vor Ort gemeinsam bei einem Rundgang einen ersten Überblick. Die einzelnen Gruppen können als Experten schon Informationen geben.

Anschließend gehen die Gruppen an die Arbeit: Notizen, Skizzen, Fotos (Video?) anfertigen, vielleicht auch ein Interview mit einem Museumsmitarbeiter.

5. Schritt: Befunde auswerten und dokumentieren

Wertet eure Arbeitsergebnisse in der Schule aus. Jede Gruppe berichtet. Entscheidet, wie ihr eure Ergebnisse dokumentieren wollt. Einige Anregungen: ein Exkursionsbuch anlegen, eine Wandzeitung erstellen, Spielszenen/Hörspiel produzieren, eine Reportage für die Schülerzeitung schreiben.

Texte, Bilder, Karten, Kunstwerke untersuchen

Methoden aus diesem Band:

Ein Bild als Quelle I (Bd. 5/6)

1. Schritt: Die Einzelheiten des Bildes erfassen

Beschreibe die Einzelheiten des Bildes, indem du folgende Fragen beantwortest:
– Welche Personen sind dargestellt?
– Wie sind sie gekleidet?
– Welche weiteren Gegenstände oder Tiere sind zu sehen?
– Wo befinden sich die Personen und Gegenstände?

2. Schritt: Die Zusammenhänge erklären

Überlege, in welcher Beziehung die abgebildeten Personen, Tiere oder Gegenstände zueinander stehen. Findest du Merkmale, die auf bestimmte Eigenschaften, Beruf, gesellschaftliche Stellung der dargestellten Personen hinweisen?

3. Schritt: Zusätzliche Informationen über das Bild heranziehen

In der Bildlegende findest du wichtige Hinweise. Sie gibt dir Auskunft darüber, wer wann für wen warum ein Bild gemalt hat. Manchmal hat das Bild auch einen Titel.
Weitere Fragen lassen sich oft durch eine zusätzliche Textquelle klären.

Ein Bild als Quelle II: Analyse und Vergleich (Bd. 7/8)

1. Schritt: Die Einzelheiten des Bildes erfassen

Analysiere jedes Bild zunächst einzeln. Ziehe ggf. die Arbeitsschritte „Ein Bild als Quelle I" (s. o.) heran. Notiere deine Ergebnisse zu den Bildern.
a) Zu Bildinhalt, Form und Aufbau des Bildes:
– Welchen Eindruck vermittelt das Bild?
– Welches Thema bzw. welcher Inhalt lässt sich erschließen?
– Welche Personen und Gegenstände sind zu sehen?
– Wo befinden sie sich?
– Wie ist das Bild aufgebaut?
– Welche Farben werden verwendet?
b) Zum Gegenstand und zur Geschichtlichkeit des Bildes:

– Welches Material und welche künstlerische Technik wurden verwendet?
– Für welchen Ort (Zweck) war das Bild bestimmt?
– Welchen Bezug zu Personen oder Ereignissen zeigt das Bild?
– Vermittelt das Bild einen realistischen, verklärenden oder verfälschenden Eindruck?
– Welche Wirkung könnte das Bild auf die Zeitgenossen gehabt haben?
c) Zur Aussage des Bildes:
– Was wollte der Künstler mit seiner Darstellung ausdrücken?
– Ergreift er mit seinem Werk Partei für eine bestimmte Person oder Auffassung?
– Lassen sich die Bildaussagen durch andere Quellen (Gegenstände, Texte, Bilder) bestätigen oder ergänzen bzw. korrigieren?

2. Schritt: Gemeinsamkeiten und Unterschiede der Bilder herausarbeiten

Notiere Übereinstimmungen und Unterschiede zu a) Bildinhalt, Form und Aufbau, b) Gegenstand und Geschichtlichkeit und c) zur Aussage der Bilder. Hilfreich ist eine tabellarische Übersicht.

3. Schritt: Gesamtaussage vergleichen

– Welche Gemeinsamkeiten in den Bildaussagen lassen sich erkennen?
– Worin unterscheiden sich die Aussagen der jeweiligen Bilder?
– Lassen sich die unterschiedlichen Aussagen erklären?

Karikaturen entschlüsseln (Bd. 7/8)

1. Schritt: Den ersten Eindruck festhalten

– Notiere, was dir bei der Betrachtung der Karikatur zuerst auffällt. Wie ist deine erste Reaktion?
– Sammle alle Ideen und Gedanken, die dir beim Betrachten der Karikatur einfallen.

2. Schritt: Die Einzelheiten beschreiben

– Welche Personen und Sachverhalte sind erkennbar? Achte auf Gesichts-

ausdruck, Körperhaltung, Kleidung und kennzeichnende Gegenstände. Welche Symbole werden verwendet? Achte auf einzelne Wörter und/oder die Bildunterschrift.

3. Schritt: Die Bedeutung klären

– Welche Bedeutung haben die Personen und Gegenstände? Auf welche Bildteile bezieht sich der Text? (Evtl. in einer Tabelle notieren.)

4. Schritt: Die Aussage der Karikatur formulieren

– Fasse in wenigen Sätzen zusammen: Auf welche Situation, auf welches Ereignis bezieht sich die Karikatur? Was sagt die Karikatur über das Thema aus? Wie beurteilt der Zeichner das Thema? Welche Wirkung könnte die Karikatur haben?

Mit Geschichtskarten arbeiten (Bd. 5/6)

1. Schritt: Das Thema einer Karte ermitteln und Fragen stellen

In der Regel haben Karten eine Überschrift, die das Thema der Karte angibt. Die Überschrift enthält fast immer eine Angabe über den dargestellten Zeitpunkt oder Zeitraum. Manche Karten zeigen zum Beispiel, wie die Landschaft ausgesehen hat, andere geben Auskunft über Städtegründungen, die Landwirtschaft oder die Bevölkerung eines Gebietes. Wenn du dich über das Thema und die Zeitangabe orientiert hast, stellst du Fragen, die du mit der Karte beantworten möchtest.

2. Schritt: Die Kartenlegende deuten

In der Kartenlegende werden alle Farben, Schattierungen und Zeichen er-

klärt, die auf der Karte zu sehen sind. Kartenlegenden sind nicht immer gleich ausführlich. Einige erklären sämtliche Kartenelemente, andere nur die Besonderheiten der gerade abgebildeten Karte.

3. Schritt: Den Maßstab feststellen

Wichtig für den Umgang mit Karten ist eine genaue Vorstellung von den dargestellten Entfernungen. Hier hilft die Maßstabsleiste weiter. Mit diesem Kartenelement kannst du zum Beispiel ermitteln, wie groß die Entfernung zwischen zwei Städten ist. Bei Geschichtskarten ist der Maßstab oft in Form einer Entfernungsleiste mit Kilometerangaben dargestellt.

4. Schritt: Die Aussagen der Karte zusammenfassen und die Fragen beantworten

Beschreibe die Zeichen und die Farbgebung der Karte. Damit erhältst du eine Vorstellung von den Bedingungen in dem abgebildeten Gebiet.
Stelle fest, wie die Geschichtskarte deine Fragen aus dem 1. Schritt beantwortet.

5. Schritt: Weitere Informationen beschaffen

Um beispielsweise genaueres Wissen über das Thema der Karte zu erhalten, kannst du dich in Reiseführern z. B. aus deiner Stadtbibliothek und im Internet informieren.

Historische Karten lesen und vergleichen (Bd. 7/8)

1. Schritt: Jede Karte einzeln erschließen

Untersuche jede Karte einzeln:
– Was ist das Thema der Karte (Inhalt, Raum und Zeit)?
– Welche Informationen gibt die Bildunterschrift?
– Ist die Karte genordet?
– Welches Gebiet ist dargestellt, wo ist z. B. Land oder Wasser?
– Welche Zeichen, Symbole, Farben sind zu erkennen? Was könnten sie bedeuten?
– Zu welchem Zweck könnte die Karte angefertigt worden sein; gab es z. B. Auftraggeber?

– Welche Gesamtaussage hat die Karte?
– Welche Fragen sind nur mithilfe weiterer Informationen zu beantworten?

2. Schritt: Gemeinsamkeiten und Unterschiede feststellen

– Vergleiche die Einzelheiten der beiden Karten, z. B. die Datierung, die Art der Darstellung, das Land-Wasser-Verhältnis, die Küstenverläufe, die Lage von Inseln.
– Vergleiche dann die Gesamtaussage beider Karten.

3. Schritt: Ergebnisse auswerten

– Gibt es Veränderungen (z. B. im geografischen Kenntnisstand)?
– Was bedeuten die Veränderungen für das Weltbild in der damaligen Zeit?
– Welche Folgen hatte der veränderte Kenntnisstand (z. B. für die Politik, für die Seefahrt, für die Wirtschaft, die Wissenschaft)?
– Welche weiteren Informationen über die Karten hinaus sind noch vorhanden (z. B. in Begleittexten zu den Karten, in Sachbüchern)?

Kunstwerke entschlüsseln (Bd. 5/6)

1. Schritt: Künstlerische Auswertung
– Was ist dargestellt? Aus welchem Material wurde das Kunstwerk geschaffen?
– Wie wirkt das Dargestellte auf mich? Warum gefällt es mir (nicht)? Was wirkt fremd, was kommt mir bekannt vor?

– Wie bildet der Künstler die Personen ab? Achte auf Einzelheiten des menschlichen Körpers und der abgebildeten Gegenstände.

2. Schritt: Historische Auswertung
– Wann, wo und für welchen Zweck ist das Kunstwerk entstanden? Beachte die Bildlegende.

– Welche Informationen vermittelt das Dargestellte über den Alltag der damaligen Zeit? Beachte z. B. die Kleidung, Frisur und Einrichtungsgegenstände.
– In welcher Beziehung stehen die dargestellten Personen zueinander?

Schriftliche Quellen analysieren I (Bd. 5/6)

1. Schritt: Aufbau und Inhalt des Textes
– Wovon berichtet der Text? Stelle „W-Fragen": Wer? Wo? Wann? Was?
– Notiere die unbekannten Wörter. Schlage ggf. im Lexikon nach.
– Wie ist der Text gegliedert (z. B. Absätze)? Suche bei längeren Texten nach treffenden Überschriften für die einzelnen Abschnitte.

– Wie lautet die Gesamtaussage des Textes?

2. Schritt: Verfasser/-in
– Welche Informationen besitzen wir über den/die Verfasser/-in?
– Hat der/die Verfasser/-in selbst erlebt, was er/sie aufgeschrieben hat?
– Ergreift er/sie Partei?

– Welche Absicht verfolgte der/die Verfasser/-in? Wollte er/sie etwas für die Nachwelt festhalten?
– Hat der Inhalt des Textes auch für die Gegenwart noch eine Bedeutung?

Schriftliche Quellen analysieren II (Bd. 7/8)

Geschichtlicher Hintergrund
– In welche geschichtliche Situation lässt sich die Quelle einordnen?
– Ist ein Vergleich mit anderen Quellen und Darstellungen möglich?
– Welche weiteren Informationen sind zum besseren Verständnis notwendig?

Autor
– Wer hat den Text verfasst?
– In welchem Verhältnis steht er zum Ereignis?
– Was konnte er wissen (nicht wissen)?
– Lässt sich ein bestimmter Standpunkt des Autors feststellen?

Textquelle
– Welche Quellenart liegt vor?
– Wie lautet die Datierung?
– Gibt es eine Überschrift (ein Thema)?
– Wie lässt sie sich gliedern?
– Was ist aus der Quelle zu erfahren?
– Wie lautet die Kernaussage?
– Lassen sich Schlüsselbegriffe finden?
– Werden die Aussagen begründet?
– Sind die Aussagen schlüssig/widersprüchlich?
– Ist die Quelle glaubwürdig?
– Für wen, in welcher Absicht wurde der Text verfasst?

Adressat
– An wen ist der Text gerichtet (Privatperson, Machthaber, Amt, Öffentlichkeit, Nachwelt)?
– In welchem Verhältnis steht der Adressat zum Autor?
– Könnte die Art des Adressaten Einfluss auf den Inhalt des Textes haben?

Fragestellung aus heutiger Sicht
– Auf welche Frage(n) suchen wir eine Antwort?
– Welches Wissen bringen wir in die Analyse und Beurteilung ein?
– Beeinflussen Faktoren unserer Zeit unser Urteil?

Einen Sachbuchtext erschließen (Bd. 5/6)

1. Schritt: Thema des Textes
– Worüber berichtet der Text? (a)
– Wie lässt sich das Thema kurz formulieren (Überschrift)? (b)

2. Schritt: Inhalt des Textes
– Welche unbekannten Wörter muss ich klären? (c)
– Welche Textstellen verstehe ich nicht? (d)

– Welche Schlüsselwörter enthält der Text? (e)
– Wie lautet die Kernaussage? (f)
– Welche Einzelinformationen liefert der Text? (g)

3. Schritt: Aufbau des Textes
– Wie lässt sich der Text gliedern? (h)
– Welche Überschriften lassen sich für die Abschnitte finden? (i)

– Wie können die Abschnitte in Stichworten zusammengefasst werden? (j)

4. Schritt: Inhalt zusammenfassen
– Wie kann der Inhalt knapp und treffend zusammengefasst werden? (k)

Politische Dichtung deuten und vergleichen (Bd. 7/8)

1. Schritt: Text in den historischen Kontext einordnen
– Welche biografischen Hinweise zum Dichter könnten wichtig sein?
– In welcher gesellschaftlichen Stellung befand sich der Autor?
– Wodurch ist die Entstehungszeit gekennzeichnet? (Frage nach wichtigen politischen Ereignissen.)

2. Schritt: Textinhalt erschließen
– In welche Sinneinheiten kann man den Text gliedern?

– Werden allgemeine Probleme oder Einzelheiten angesprochen?
– Welche historischen Hintergründe oder Einzelheiten müssen zum Verständnis geklärt werden?

3. Schritt: Politische Zielrichtungen und Absichten klären
– Gegen wen richten sich die einzelnen Aussagen?
– Mit welchen (sprachlichen) Mitteln wird der Gegner attackiert?

– Welche Wirkung soll von dem Text ausgehen? Welche Adressaten sind angesprochen?

4. Schritt: Versuch einer kritischen Textbewertung
– Handelt es sich um einen typischen Text der Zeit bzw. des Autors?
– Sind die kritischen Vorwürfe berechtigt?
– Weist der Text über die Probleme in seiner Zeit hinaus?

Eine Sachquelle untersuchen (Bd. 5/6)

1. Schritt: Die Sachquelle beschreiben
– Aus welchen Teilen (Elementen) besteht das Objekt?
– Wie sind sie miteinander verbunden?
– Aus welchen Materialien ist es hergestellt?
– Welchen Gesamteindruck macht das Objekt auf dich?

2. Schritt: Die Funktion der Sachquelle erkunden
– Wozu wurde das Objekt genutzt?
– Welche Hinweise ergeben sich aus ihm selbst?
– Welche Informationen liefert die Bildlegende (bzw. die Beschriftung im Museum)?
– Welche weiteren Informationen erhältst du (z. B. im Museum, aus Sachbüchern, Internet)?

3. Schritt: Die Sachquelle geschichtlich einordnen
– Welche Rückschlüsse lässt die Sachquelle zu, z. B. auf ihre Verbreitung und das Leben, Arbeiten, Wohnen der Menschen in jener Zeit?
– Wie ist sie zeitlich einzuordnen?
– Welche Bedeutung hat sie für die weitere Entwicklung, z. B. der Technik, Wirtschaft und Kunst?

Einen historischen Spielfilm analysieren (Bd. 7/8)

1. Schritt: Beobachtungshinweise klären

Was wird in der Szene dargestellt?
– Welche Personen treten auf?
– In welcher Beziehung stehen die Personen zueinander?
– In welcher Umgebung handeln die Personen?
– Welche Handlung wird durch die Abfolge der Bilder erzählt?
– Wie wird etwas dargestellt?
– Welche Position nimmt die Kamera ein (z. B. Nahaufnahme)?
– An welchen Stellen wird ein Schnitt (Unterbrechung einer Aufnahme) gemacht?
– Welche Musik wird eingesetzt?

2. Schritt: Beobachtungen zusammenfassen

Legt eine Tabelle an:

Bildebene	Sprache	Ton
– Handlungsort	– inhaltliche Aussagen der Personen	– Wirkung der Musik (z. B. untermalend, dramatisierend)
– Personen	– Sprechweise (z. B. aggressiv, fordernd, belehrend, eingeschüchtert, sachlich erzählend)	– Hervorhebung von Geräuschen (z. B. Prasseln eines Feuers)
– Geschehen		
– Kameraführung		
– Farbgebung		
– Licht		
– Schnitte		

3. Schritt: Vergleich mit historischen Quellen
– Wie verhält sich die Darstellung zu historisch belegten Quellen?
– Welche Ausschnitte werden gezeigt, welche werden ausgespart?
– Welche Mittel werden im Film eingesetzt, um Aufmerksamkeit und Spannung zu erregen?

Symbole und Gesten deuten (Bd. 7/8)

1. Schritt: Einzelne Elemente beschreiben

– Was ist dargestellt (Personen, Gegenstände)? In welchen Positionen (Haltungen), in welchen Bewegungen sind sie zu sehen?
– Wie lässt sich die Situation beschreiben?
– Was erscheint merkwürdig?

2. Schritt: Zusätzliche Informationen heranziehen

– Welche Hinweise gibt die Bildunterschrift?

– Welche Abbildungen gibt es, die Vergleichbares, Ähnliches zeigen? Welche Aussagen werden ihnen zugeschrieben?
– Welche Bedeutung würdest du der entsprechenden Geste, Gebärde, Handlung oder auch dem Gegenstand heute zuordnen?

3. Schritt: Bedeutung der Bildelemente entschlüsseln

– Welche Gegenstände oder Handlungen „sprechen für sich selbst", kannst du also ohne Probleme erschließen? Was „sagen" sie aus?

– Welche scheinen wichtig zu sein für die Aussage des Bildes? Woran erkennst du es?
– Inwiefern passen sie zu der Gesamtsituation oder wirken sie eher künstlich, aufgesetzt?

4. Schritt: Eine Gesamtdeutung formulieren

– Welche Einzelaussagen ergeben sich aus den Symbolen und Gesten?
– Welche Gesamtaussage lässt sich formulieren? Gibt es mehrere Deutungen?

Herrschaftssymbolik in der Architektur deuten (Bd. 7/8)

1. Schritt: Lage, Größe, Funktion und Baugeschichte

– Wo befindet sich das Bauwerk? Ist der Platz geschichtlich bedeutend? Was ist über die Funktion, die Bauzeit, Auftraggeber, Architekten und Künstler bekannt?

2. Schritt: Stilistik und Architektonik

– Welche Stilmittel (z. B. Baustile) und Formen wurden aufgenommen?

Gibt es historische Vorläufer? Gibt es Neuansätze, dominante Merkmale? Welche Materialien wurden verwendet?

3. Schritt: Ausdruck und Bedeutung des Bauwerks

– Was soll das Bauwerk ausdrücken a) aus der Sicht des heutigen Betrachters, b) aus der Sicht des damaligen Bauherrn?

– Zu welchem Zweck wurde das Bauwerk errichtet?
– Wie ist der Bauherr zur Herrschaft eingestellt?
– Welche Bedeutung hatte das Bauwerk damals, welche hat es heute?
– Welche Gesamtaussage zur Beziehung zwischen Architektur und Herrschaft lässt sich formulieren?

Historiengemälde deuten (Bd. 7/8)

1. Schritt: Das Bild beschreiben
– Welches Ereignis ist dargestellt?
– An welchem Ort spielt sich das Geschehen ab? Hat er eine symbolische Bedeutung?
– Welche Personen sind zu sehen? Welche stehen im Mittelpunkt?

2. Schritt: Die Entstehung des Bildes untersuchen
– Wer hat es gemalt?
– Wer hat es in Auftrag gegeben?
– Für welchen Zweck wurde es geschaffen?

– Welcher Zeitraum liegt zwischen dem Ereignis und der Entstehung des Bildes?
– Hat der Maler das Geschehen selbst miterlebt?

3. Schritt: Bild und Wirklichkeit vergleichen
– Suche nach Abbildungen (Fotos, Gemälde, Zeichnungen usw.), die das gleiche Ereignis zeigen.
– Ziehe gegebenenfalls schriftliche Informationen und Quellen heran.

4. Schritt: Die Aussage des Bildes erschließen
– Was wollte der Maler dem Betrachter zeigen? Berücksichtige, ob es Abweichungen zwischen Bild- und weiteren Quellenaussagen gibt.
– Welche Wirkung wollte der Künstler beim Publikum erreichen?
– Welche Informationen erhalten wir über das zentrale Thema des Bildes hinaus, die z. B. Aufschluss geben über politische, gesellschaftliche Verhältnisse oder über die Kultur (zur Zeit des dargestellten Ereignisses bzw. des Künstlers)?

Hypothesen formulieren und überprüfen (Bd. 7/8)

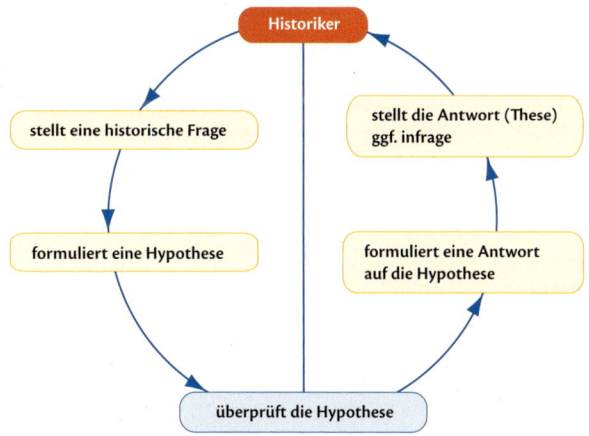

Einen erzählenden Text schreiben (Bd. 7/8)

1. Schritt: Einen geschichtlichen Erzählkern finden
– Ideen sammeln, Ablauf der Geschichte überlegen
– den Erzählkern daraufhin prüfen, ob er von einem ungewöhnlichen Ereignis oder einer auffälligen Person oder Personengruppe handelt
– klären, ob der Erzählkern wichtige Elemente enthält, z. B. was? (Ereignis), wo? (Ort, Schauplatz) und wer? (Personen, Figuren)

2. Schritt: Die Erzählung vorbereiten
– den Erzählkern in einem Netz von Ideen erweitern

– einen Erzählplan formulieren: Handlungsschritte notieren, Reihenfolge prüfen, Unwichtiges weglassen
– die Erzählperspektive wählen, z. B. Ich-Form

3. Schritt: Die Erzählung ausarbeiten
– einzelne Personen oder Gruppen auftreten lassen (personifizieren)
– Situationen und Ereignisse an einen bestimmten Ort oder an bestimmte Orte verlegen (lokalisieren)
– Spannung aufbauen (dramatisieren)
– unterschiedliche Meinungen, Positionen, Interessen darstellen

– historische Figuren, Ereignisse und Situationen sachgerecht darstellen und nicht verfälschen

4. Schritt: Die Erzählung beurteilen und überarbeiten
– Inhalt/Aufbau, Sprache/Sprachrichtigkeit und Erzählstil bewerten (Tabelle anlegen), z. B.: Ist die Überschrift passend gewählt? Ist die Handlung klar aufgebaut, verständlich, spannend? Ist die Wortwahl passend? Stimmen die geschichtlichen Elemente der Erzählung? Gibt es Übertreibungen?

Einen historischen Sachtext verfassen (Bd. 7/8)

1. Schritt: Themen finden
– Themen vereinbaren und Fragestellung(en) formulieren

2. Schritt: Material sammeln und auswerten
– Grundlage des Sachtextes: einzelne Materialien (z. B. Abbildung über ein Ereignis, aber auch andere Quellen und Sachtexte)
– Wichtige Informationen aus den Materialien festhalten (wörtliche Auszüge, Stichworte, Schaubild, Mindmap)

3. Schritt: Sachtext schreiben
– Adressaten beachten: Wer soll informiert werden? Aus welchem Grund?
– Bei Personen: vom Ganzen zu den Einzelheiten gehen; bei Vorgängen: Reihenfolge der Ereignisse beachten
– Inhaltlich bedenken: Informationen sachlich darstellen; keine überflüssigen Informationen; chronologische Reihenfolge beachten; keine persönlichen Bewertungen darstellen
– Sprachlich beachten: keine wörtliche Rede; Fachbegriffe verwenden;

kurze, klare Sätze; Sachtext gliedern; Zeitform: Präteritum/Plusquamperfekt

4. Schritt: Sachtext überarbeiten und bewerten
– Inhaltlich und sprachlich überprüfen: verständliche Wörter und Sätze; überflüssige Informationen; richtige gedankliche Reihenfolge
– Gegenlesen durch Schreibpartner

Texte aus historischen Jugendbüchern erarbeiten (Bd. 7/8)

1. Schritt: Den Text inhaltlich erschließen
– Wovon handelt der Text?
– Wer sind die Hauptpersonen? Vertreten sie bestimmte Berufs- oder Bevölkerungsgruppen oder gesellschaftlich wichtige Ämter?
– Handeln die Personen selbstständig oder führen sie Anweisungen aus?
– Wird das Geschehen aus Sicht der Hauptpersonen dargestellt oder kommen andere Sichtweisen dazu?

2. Schritt: Den historischen Hintergrund prüfen
– Wird die Handlung mit geschichtlichen Daten, Plätzen, Personen oder Ereignissen verbunden?

– Wird die Handlung in größere geschichtliche Zusammenhänge oder Entwicklungen eingebunden?

3. Schritt: Die Darstellungsweise kritisch hinterfragen
– Wird deutlich, welche Vorgeschichte ein Ereignis hat, aus welchen Motiven eine Person handelt, welche Ziele sie verfolgt?
– Wie werden Lebensformen erklärt und gewertet, die in jener Zeit ungewöhnlich waren?
– Sind die Erklärungen für andere Lebensformen überzeugend, können sie (von dir) überprüft werden?

4. Schritt: Die Nähe zu eigenen Erfahrungen messen
– Lassen sich Verbindungen herstellen zwischen den geschilderten Ereignissen und Situationen, die du selbst erlebt hast?
– Kannst du dich in die Personen hineinversetzen und überlegen, wie du in der entsprechenden Situation handeln würdest?
– Fordert der Text dich auf, dein eigenes Denken und Handeln kritisch zu überprüfen?
– Gibt der Text Anlass, sich mit aktuellen Themen auseinanderzusetzen?

Informationen auswerten und darstellen

Methoden aus diesem Band:

Mindmap (Bd. 5/6)

1. Schritt: Haupt- und Unterthemen
– Das Hauptthema (Hauptzweig) formulieren, z. B. Geschichte unserer Schule, und auf einem Blatt notieren. Verschiedene Hauptäste zeichnen und benennen, die in unterschiedliche Richtungen vom

Hauptthema ausgehen. Evtl. Farben (Symbole, Bilder) für Haupt- und Unteräste verwenden.
– Die Hauptthemen mit Unterthemen benennen und zu jedem Ast Informationen notieren.

2. Schritt: Auswertung
– Ergebnisse in Kurzvorträgen vorstellen (Tafel, Folie) und im Gespräch prüfen.
– Erklären, dass die Entwürfe ergänzbar sind.

Präsentation (Bd. 5/6)

1. Schritt: Thema, Ziel und Form klären
– Thema und Ziel des Vortrags formulieren.
– Beachten, für wen (welche Gruppe) präsentiert werden soll. Wie viel Zeit steht zur Verfügung?

2. Schritt: Vortrag vorbereiten
– Material sammeln, ordnen, Themenblöcke bilden.
– Gliederung: Einleitung, Hauptteil und Schluss.

3. Schritt: Aussagen visualisieren
– Die wichtigsten Aussagen deines Vortrags notieren, geeignetes Medium auswählen (z. B. Tafel, Plakat,

Overheadprojektor). Präsentation vorher üben.

4. Schritt: Präsentation durchführen
– Trage deinen Vortrag möglichst ruhig vor und halte Blickkontakt mit den Zuhörern.
– Gib deinem Publikum nach dem Vortrag Zeit für Fragen oder für eine Diskussion.

Geschichtsmappe/Portfolio (Bd. 5/6)

1. Schritt: Absprachen treffen
– Wie soll das Thema lauten? Welche Form wird gewählt? Wie soll die Bewertung erfolgen (z. B. durch euch selbst, Mitschüler/-innen, Lehrkraft).

2. Schritt: Portfolio erarbeiten
– Enthält das Portfolio z. B. Deckblatt, eigene Fragen zum Thema, eigene Texte, Arbeitsaufgaben und ein „Denkblatt" mit Erfahrungen und Ergebnissen? Welche Rückmeldungen gibt es?

3. Schritt: Portfolio auswerten
– Wie ist dein Gesamteindruck? Was ist im Einzelnen gelungen bzw. weniger oder nicht gelungen? Falls ihr einen Bewertungsbogen führt: Was lässt sich daraus für die Weiterführung eines Portfolios lernen?

Projektarbeit (Bd. 5/6)

1. Schritt: Vorbereitung
– Welche Unterthemen innerhalb des Rahmenthemas lassen sich finden?
– Welche Aufgaben und Ziele, z. B. als Leitfragen, können formuliert werden?
– Welche Gruppe übernimmt welches Unterthema?

2. Schritt: Durchführung
– Welche Fundorte (z. B. Bibliotheken, Museen, Archive) gibt es und wie sind sie erreichbar?
– Welche Materialien (gegenständliche, bildliche, schriftliche Quellen) lassen sich finden?
– Welche Hilfe können „Fachleute" (Bibliotheksangestellte, Museums-

mitarbeiter, Ortschronisten), aber auch eure Eltern und Großeltern geben?
– Wie soll der Zeit- und Arbeitsplan aussehen?
– Wie werden Materialien beschafft und geordnet?
– Sollen die Leitfragen überprüft und eventuell angepasst werden?
– Soll über den Zwischenstand der Arbeit berichtet werden?

3. Schritt: Auswertung und Präsentation
– Wie sollen die Ergebnisse der Auswertung festgehalten werden?
– Wie soll die Gliederung der Ergebnisse aussehen?

– In welcher Form sollen die Ergebnisse der Projektarbeit präsentiert werden (z. B. ein Artikel für eine Zeitung, eine Ausstellung, Wandzeitung, Referate, Videofilm, Hörspiel)?
– Wie sollen die Erkenntnisse aus der Projektarbeit in die Präsentation einbezogen werden? Zum Beispiel durch ein gemeinsam entwickeltes Bewertungsraster und Hinweise, wie die künftige Arbeit verbessert werden kann.

Perspektivwechsel – „Mit den Augen des anderen sehen" (Bd. 5/6)

1. Schritt: Die Perspektive feststellen
– Wie beschreibt und beurteilt der Verfasser das Ereignis (die Person, die Gruppe)?
– Welche Perspektive nimmt der Verfasser ein?
– Wie ist meine spontane Stellungnahme dazu?
– Verstehe ich die Perspektive des Verfassers?

2. Schritt: Die Perspektive des anderen übernehmen
– Welche Unterschiede ergeben sich durch die Perspektive der anderen Seite?
– Fällt es mir schwer, die andere Perspektive zu übernehmen? Warum?

3. Schritt: Einsichten aus der Perspektivübernahme festhalten und umsetzen
– Was habe ich aus der Perspektivübernahme über das Ereignis oder die Person gelernt?
– Wie lässt sich der Perspektivwechsel in anderer Form üben (z. B. Rollenspiel, Streitgespräch, Gerichtsverhandlung)?

Schaubilder verstehen (Bd. 5/6)

1. Schritt: Elemente der Abbildung erfassen
– Welche Fachbegriffe werden verwendet und sind zu klären?
– Welche Zeichen sind zu erschließen (z. B. Pfeile, Farben)?

2. Schritt: Den Aufbau untersuchen
– Wie ist das Schaubild zu lesen (z. B. von unten nach oben, von links nach rechts, von der Mitte)?

– Wo ist der beste „Einstieg" in die Beschreibung des Schaubildes?

3. Schritt: Den Inhalt erschließen und bewerten
– Welche Informationen geben die einzelnen Elemente zur Machtverteilung, z. B.: Wer kann mitbestimmen, wer nicht?
– Sind die Elemente gleichgestellt; gibt es ein „Oben" und „Unten"?

– Lassen sich Grundaussagen, „Stärken" und „Schwächen", z. B. der Verfassung, formulieren?

4. Schritt: Den historischen Zusammenhang einbeziehen
– Welche weiteren Informationen zur Einordnung und Bedeutung des Schaubildes sind notwendig?

Ein Verfassungsschema analysieren (Bd. 7/8)

1. Schritt: Einzelne Elemente der Abbildung erfassen
– Welche (Fach-)Begriffe werden genannt (z. B. Senat, Wahlmänner)?
– Welche Symbole sind zu erschließen (z. B. Farben, Pfeile)?

2. Schritt: Den Aufbau untersuchen
– Wie ist das Schaubild zu lesen: von unten nach oben, von links nach rechts – oder umgekehrt?
– Gibt es einen inhaltlich logischen „Einstieg"? Verändert sich die Aussage des Schemas für den Betrachter, je nachdem, welchen Zugang und Weg er wählt?

3. Schritt: Den Inhalt erschließen
– Welche Informationen enthält das Verfassungsschema?
– Gibt es Hilfen, um diese Informationen zu verstehen?
– Wird deutlich, wie die einzelnen Elemente der Verfassung in Beziehung zueinander stehen? Wer kann z. B. politisch (mit-)bestimmen und wie? Sind alle Elemente einander gleichgestellt oder gibt es z. B. ein „Oben" und „Unten" – mit welchen Konsequenzen?
– Was bleibt unklar bzw. ungenau, sodass weitere Recherchen notwendig sind?

4. Schritt: Die Aussagekraft bewerten
– Lassen sich anhand des Schemas die Grundprinzipien der Verfassung formulieren?
– Ist es möglich, aus dem Schema „Stärken" und „Schwächen" der Verfassung zu erkennen?

5. Schritt: Den historischen Zusammenhang einbeziehen
– Da ein Verfassungsschema keine Quelle, sondern deren wissenschaftliche Interpretation ist, muss es anhand von weiteren Materialien bzw. Informationen überprüft werden.

Statistiken auswerten und grafisch umsetzen (Bd. 7/8)

1. Schritt: Formale Analyse

– Zuerst muss nach der Echtheit des Zahlenmaterials und seiner korrekten „Überlieferung" gefragt werden. Im Unterricht wird – abgesehen von eigenen Archivarbeiten – meistens bereits bearbeitetes, d. h. ausgewähltes und gedrucktes Material vorgelegt. Deshalb kann sich die Analyse darauf beschränken, Vollständigkeit und erstes Verständnis der Daten in der Darstellung zu überprüfen.

2. Schritt: Inhaltliche Analyse

– Was ist Thema der Statistik?
– Wie ist sie aufgebaut?

– Was ist im Einzelnen dargestellt?
– Welche Aussagen lassen sich formulieren?
– Sind sie untereinander stimmig? (Durch Rundungen können sich Differenzen ergeben.)
– Lässt sich eine „Hauptaussage" finden?
– Bleiben Fragen offen?

3. Schritt: Historischer Zusammenhang

– Ausgehend vom Thema der Statistik erfolgt eine Einordnung in den geschichtlichen Zusammenhang.

– Gibt es einen Bezug zu anderen Informationen (Materialien)?
– Ergänzen oder widersprechen sie sich?
– Welche weiteren Informationen werden benötigt?

4. Schritt: Bewertung der Aussagekraft

– Ist der Ausschnitt der statistischen Daten zu gering?
– Wird der Sachverhalt zu stark vereinfacht, verzerrt oder vielleicht verfälscht?
– Ist die grafische Darstellung angemessen?

Werturteile erkennen und formulieren (Bd. 7/8)

1. Schritt: Klären, worauf sich das Urteil beziehen soll

– Welche Eigenschaften, Einstellungen oder Handlungen sollen beurteilt werden?
– Welche Fragestellung steht im Vordergrund, z. B.: Ist etwas gut oder böse? Ist es richtig oder falsch? Ist es gerecht oder ungerecht?

2. Schritt: Den Maßstab erkennen und offenlegen

– Zeigt das Werturteil erkennbares Wissen oder ist es unsachlich?
– Werden die Kriterien des Werturteils offengelegt?
– Von welchem Standpunkt aus wurde das Werturteil gefällt? Zum Beispiel aus religiöser oder moralischer Sicht; vom Standpunkt der Men-

schenrechte, der Verfassung (Grundgesetz) oder einer toleranten oder intoleranten Grundeinstellung?

3. Schritt: Das Werturteil formulieren und begründen

– Wurde vor der Formulierung Sachwissen berücksichtigt?
– Ist der Gegenstand des Werturteils genauer betracht worden?
– Wurden Werturteile aus der vergangenen Epoche beachtet?
– Könnte ich mir andere Wertungsmöglichkeiten vorstellen?
– Sprachliche Hilfe zur Formulierung von Werturteilen: Ich meine, dass … Nach meiner Meinung … Obwohl ich meine … verstehe ich auch … Meine Sicht ist … Ich verstehe nicht, dass …

4. Schritt: Die Werturteile vergleichen und beurteilen

– Welche Werturteile wurden von anderen formuliert?
– Sind die Argumente eventuell überzeugender als die eigenen?
– Aus welchen Gründen kann ich die anderen Werturteile akzeptieren bzw. warum nicht?
– Ist mir klar, dass auch Werturteile wie Sachurteile (historische Urteile) revidiert werden können, wenn ich andere Maßstäbe für die Urteilsbildung anlege?
– Was kann ich aus Werturteilen für mein eigenes Verhalten bzw. mein eigenes Leben lernen?

Im Lexikon werden Fremdwörter, historische Begriffe und Ereignisse erläutert, die in den Texten dieses Buches vorkommen und mit einem * versehen sind. Die Begriffe, die auf den Themenseiten in Kästen erklärt sind, haben einen Verweis auf die entsprechende Seite.

A

Achsenmächte war während des Zweiten Weltkrieges die Bezeichnung für das Deutsche Reich und seine Bündnispartner, insbesondere Italien und Japan.

Allegorie, bildliche Darstellung eines ganzen Gedankenganges.

Antisemitismus siehe S. 122

Arbeiter- und Soldatenräte, Vereinigung von Arbeitern und Soldaten, die ab dem 9. November 1918 in deutschen Fabriken und Kasernen die politische Macht übernahm. Mit dem Ende der Revolution lösten sich die Arbeiter- und Soldatenräte auf.

„Arisierung" siehe S. 125

Atlantik-Charta, am 14. August 1941 von dem britischen Premierminister Churchill und dem amerikanischen Präsidenten Roosevelt beschlossene Erklärung der gemeinsamen Kriegs- und Nachkriegspolitik, die zu einem Grunddokument der UNO wurde. Gefordert wurden u. a. Verzicht auf Gebietsgewinn, Anerkennung des Selbstbestimmungsrechts der Völker bezüglich der Regierungsform, territorialer Veränderungen, der Gleichberechtigung im Welthandel, der Freiheit der Meere und des Verzichts auf Waffengewalt.

B

Bauhaus siehe S. 78

Berlin-Blockade, Juni 1948 bis Mai 1949, Auslöser der Blockade war die Währungsreform in den Westzonen. Die Sowjetunion sperrte die Zonengrenzen, sodass Westberlin nur noch über einen Luftkorridor erreichbar war. Die Amerikaner versorgten die Bevölkerung durch eine Luftbrücke. Die Sowjetunion verfolgte mit der Blockade vor allem ein Ziel: Die Gründung eines westdeutschen Staates sollte verhindert werden. Doch die Gründung der Bundesrepublik wurde durch diese Maßnahme noch beschleunigt.

Bodenreform, Neuverteilung landwirtschaftlicher Flächen, entschädigungslose Enteignung des Großgrundbesitzes. Ihr folgte in den sozialistischen Staaten nach 1945 meist die Kollektivierung.

Bolschewiki/Bolschewismus, russ. für bolsche = mehr, auf dem Parteikongress von 1903 kam es bei der Frage der zukünftigen Organisation der Sozialdemokratischen Partei zur Spaltung. Eine knappe Minderheit (Menschewiki) trat für eine demokratisch organisierte Massenpartei ein und wollte verschiedene Formen der politischen Entwicklung zulassen. Die Mehrheit der Abgeordneten (Bolschewiki) entschied sich für den revolutionären Kurs Lenins. Danach musste eine revolutionäre Partei eine Kaderpartei sein, d. h. streng von oben nach unten gegliedert, mit dem Anspruch, dass ihre Mitglieder wichtige Posten in allen Massenorganisationen innehaben, um die verschiedenen gesellschaftlichen Gruppen (Arbeiter, Bauern, Jugend, Frauen usw.) auf den Weg zum Sozialismus zu führen. Innerhalb der russischen Arbeiterbewegung (Sozialrevolutionäre, Menschewiki, Bolschewiki u. a.) blieben die Vertreter des Bolschewismus allerdings in der Minderheit.

D

DDR-Parteien und Bürgerrechtsgruppen siehe S. 293

Demontage, Abbau von Industrie- oder Verkehrsanlagen durch Siegerstaaten in besiegten Ländern als Reparationsleistung, z. B. nach dem Ersten und Zweiten Weltkrieg in Deutschland.

Deportation, Zwangsverschleppung z. B. ausländischer Arbeitskräfte, auch politischer Gegner oder feindlicher Bevölkerungsgruppen, z. B. während des Nationalsozialismus.

Deutsche Außenpolitik 1922 bis 1929 siehe S. 74

Deutsche Außenpolitik 1933 bis 1938 siehe S. 139

Deutscher Bund, lockerer Zusammenschluss der deutschen Staaten. Es fehlte eine einheitliche Regierung und eine Verfassung. Zentrales Organ war die Bundesversammlung in Frankfurt (Gesandte aller Bundesstaaten), von der allerdings keine starke politische Wirksamkeit ausging.

„Drittes Reich" siehe S. 99

E

Ebert-Groener-Pakt, Vereinbarung zwischen Friedrich-Ebert (SPD-Vorsitzender und Mitglied des Rates der Volksbeauftragten) und General Wilhelm Groener (Chef der Obersten Heeresleitung) während der Novemberrevolution von 1918 für ein gemeinsames Vorgehen gegen linksradikale Gruppierungen.

Emanzipation, Befreiung aus einem Zustand der rechtlichen, politischen und/oder gesellschaftlichen Ungleichheit oder Abhängigkeit. In der Neuzeit wurde Emanzipation aus der Gleichheit aller Bürger vor dem Gesetz begründet und im 19. und 20. Jahrhundert auf die politische und soziale Gleichstellung aller Bürger ausgedehnt.

Entnazifizierung siehe S. 239

Entspannungspolitik siehe S. 205

Ermächtigungsgesetz 1933 siehe S. 101

Erster Weltkrieg 1914 bis 1918 siehe S. 33

Eugenik siehe S. 126

„Euthanasie" siehe S. 126

F

Flucht und Vertreibung siehe S. 163

Friedliche Revolution in der DDR siehe S. 295

G

Generalstreik, der Generalstreik ist die schärfste Form des Streiks. Durch Arbeitsniederlegung aller oder doch der meisten Arbeitnehmer wird das wirtschaftliche Leben eines Landes lahmgelegt. Dadurch wird der Streik zu einem wirkungsvollen politischen Druckmittel.

Ghetto, ital., abgeschlossenes Judenquartier; im Mittelalter zuerst 1179 in Italien, dann auch in einigen deutschen Städten; in der Zeit der Aufklärung abgeschafft, von den Nationalsozialisten wieder eingeführt, v. a. in den polnischen Gebieten.

Glasnost und Perestroika siehe S. 207

Gleichschaltung siehe S. 101

„Großer Sprung nach vorn" war die offizielle Bezeichnung für die Politik Chinas von 1958 bis 1960. Ziel war es, China zu einer wirtschaftlichen Großmacht zu entwickeln. Grundlage war die Überzeugung Mao Zedongs, dass eine Reihe von wirtschaftlichen Sprüngen das Bewusstsein der Bevölkerung für den Kommunismus stärken könne.

Grundeinstellungen des Rechtsextremismus siehe S. 169
Gründung der beiden deutschen Staaten 1949 siehe S. 242
Grundlagenvertrag (Grundvertrag) 1972 siehe S. 253
Guerillakrieg, span., kleiner Krieg, Kampf irregulärer einheimischer Truppen gegen eine Besatzungsmacht, eine feindliche Armee oder im Bürgerkrieg. In den Entwicklungsländern die vorherrschende Kampfform für die nationale und soziale Befreiung (China 1927 bis 1949, Vietnam 1946–1973, Kuba 1956–1959 u. a.).

H
Hitlerputsch 1923 siehe S. 69

I
Imperialismus siehe S. 13
Inflation siehe S. 71

J
Judenfeindliche Maßnahmen siehe S. 125 und 145

K
Kalter Krieg siehe S. 185
Kapitalismus, Wirtschaftsordnung, in der sich das Produktivkapital in den Händen von Privatpersonen bzw. -personengruppen befindet, d. h. der Kapitalisten und Unternehmer. Diesen stehen die Lohnarbeiter gegenüber. Der erwirtschaftete Gewinn geht wieder an den Unternehmer und führt zur Vermehrung des Produktivkapitals. Die wichtigsten wirtschaftlichen Entscheidungen werden in den Unternehmen im Hinblick auf den Markt und die zu erwirtschaftenden Gewinne getroffen, nicht aber vom Staat.
Kolchosen, durch Kollektivierung Zusammenschluss mehrerer Höfe oder Gemeinden zu gemeinsamer landwirtschaftlicher Bewirtschaftung unter vom Staat bestimmten Bedingungen in Bezug auf Arbeitsleistung, Produktion, Verwaltung usw.
Kolonialismus, Errichtung von Handelsstützpunkten und Siedlungskolonien in militärisch und politisch schwächeren Ländern (vor allem Asien, Afrika und Amerika) sowie die Inbesitznahme durch überlegene Staaten (insbesondere Europas) seit dem 16. Jahrhundert.
Konflikt zwischen Israelis und Palästinensern siehe S. 327
Koreakrieg 1950 bis 1953, 1948 überfielen Streitkräfte des kommunistischen Nordkorea den Süden. Die westliche Welt sah darin einen Beweis für die Aggressivität des kommunistischen Lagers, und der UN-Sicherheitsrat schickte unter amerikanischem Oberbefehl Truppen nach Südostasien. Sie eroberten Südkorea zurück. Nach Verhandlungen wurde die alte Grenze zwischen Nord- und Südkorea wieder bestätigt.
Kreisauer Kreis, eine Gruppe der Widerstandsbewegung im Dritten Reich, die nach dem Ort ihrer Zusammenkünfte auf dem Gut Kreisau (Schlesien) des Grafen von Moltke benannt wurde.
Krisenjahre 1920 bis 1923 siehe S. 71
Kuba-Krise 1961/62 siehe S. 197

L
LPG, seit 1952 in der DDR eingeleitete, seit 1960 erzwungene Zusammenfassung bäuerlicher Betriebe zu Großgenossenschaften.

M
„Machtergreifung" siehe S. 101
Mandat, von lat. mandare = beauftragen, als Mandat bezeichnet man einen Auftrag oder eine Ermächtigung, die jedoch keine genaue Handlungsanweisung beinhaltet.
Marktwirtschaft, soziale, soziale Wirtschaftsordnung, die ihrem Anspruch nach im Gegensatz zum frühliberalen (Laissez-faire-Kapitalismus) wie zum sozialistischen Wirtschaftssystem (Planwirtschaft, siehe dort) steht. Zu ihren wichtigsten Elementen gehören die Garantie und der Schutz des wirtschaftlichen Wettbewerbs, die soziale Abfederung negativer Auswirkungen marktwirtschaftlicher Prozesse (z. B. Arbeitslosigkeit) durch den Staat sowie die Verbreiterung des Privateigentums an Produktionsmitteln. Der Begriff entstand nach dem Zweiten Weltkrieg und wurde maßgeblich von Alfred Müller-Armack, einem engen Mitarbeiter Ludwig Erhards, geprägt.
Marshallplan, auf den US-Außenminister Marshall zurückgehendes amerikanisches Hilfsprogramm für Europa nach dem Zweiten Weltkrieg. Die Marshallplan-Hilfe war die Grundlage für die rasche wirtschaftliche Gesundung Westeuropas.
Massaker von Nanking, Kriegsverbrechen von Dezember 1937 bis Januar 1938 der japanischen Besatzer in der chinesischen Hauptstadt Nanking während des Zweiten Japanisch-Chinesischen Krieges. Dabei wurden mindestens 200.000 Zivilisten und Kriegsgefangene ermordet sowie rund 20.000 Mädchen und Frauen vergewaltigt.
Menschewiki, zahlenmäßig stärkerer Flügel der russischen Sozialdemokratischen Arbeiterpartei. Nach einer zufälligen Abstimmungsniederlage 1903 so benannt: Minderheitler, im Gegensatz zu den Bolschewiki (siehe dort). Endgültige Spaltung 1912.
Migration siehe S. 337
Mittelstand, soziale Gruppen einer Industriegesellschaft, die nicht zu den Kapitaleignern und ihren Führungskräften (Oberschicht) und nicht zur Arbeiterschaft (Unterschicht) gehören.
Münchner Abkommen/Appeasement siehe S. 139

N
Nahostkonflikt 1948/49 bis 2013 siehe S. 324
Nationalismus, übersteigertes, meist kämpferisches und mit Unduldsamkeit oder Überheblichkeit gegenüber anderen Völkern verbundenes Eintreten für das eigene Volk oder den eigenen Staat. Als Zeitalter des Nationalismus wird das 19. Jahrhundert wegen der Bildung zahlreicher Nationalstaaten bezeichnet.
Nationalsozialismus siehe S. 99
NATO siehe S. 191
NATO-Doppelbeschluss, 1. Angebot an den Warschauer Pakt, über eine beidseitige Begrenzung sowjetischer und US-amerikanischer atomarer Mittelstreckenraketen zu verhandeln. 2. Als „Nachrüstung" und Modernisierung kündigte er die Aufstellung einer neuen Generation atomwaffenfähiger US-amerikanischer Raketen und in Westeuropa an. Diese scheinbar gegensätzlichen Ansätze – Modernisierung und Rüstungskontrolle – sollten „parallel" verlaufen. Nach dem Scheitern der Verhandlungen wurden die Raketen 1983 aufgestellt. 1987 vereinbarten die USA und die Sowjetunion Rückzug, Vernichtung und Produktionsverbot aller Raketen mit mittlerer und kürzerer Reichweite in Europa.
Neue Ostpolitik siehe S. 253
New Deal siehe S. 49

Nürnberger Prozesse, Gerichtsverfahren, die 1945 bis 1949 vor dem Internationalen Militärtribunal in Nürnberg zur Ahndung von nationalsozialistischen Kriegsverbrechen durchgeführt wurden.

O

Oder-Neiße-Grenze, von Stettin entlang der Oder und der Görlitzer Neiße bis zur böhmischen Grenze verlaufend, auf der Jalta-Konferenz beraten, 1945 in Potsdam bis zur endgültigen Regelung durch einen Friedensvertrag von den Westmächten als vorläufige Westgrenze Polens zugestanden. Sie wurde 1950 von der DDR als endgültige Staatsgrenze anerkannt. 1970 verpflichtete sich die Bundesrepublik Deutschland im deutsch-polnischen Vertrag, sie als unantastbare Grenze zu achten. 1990 als Grenze zu Polen von Deutschland endgültig anerkannt.

P

Pariser Friedensverträge siehe S. 221
Parteien in der Weimarer Republik siehe S. 63
Planwirtschaft, zentrale, Wirtschaftsordnung, in der die ökonomischen Prozesse einer Volkswirtschaft, insbesondere die Produktion und die Verteilung von Gütern und Dienstleistungen, planmäßig und zentral gesteuert werden.
Politische Geschichte Thüringens nach 1945 siehe S. 237
Potsdamer Konferenz siehe S. 227
Präsidialkabinette siehe S. 85
Proletariat, von lat. proles = Nachkomme, im Römischen Reich Angehörige der unteren (rechtlosen) Schicht, deren Aufgabe es war, Nachkommen zu zeugen, z. B. für den Militärdienst. Im 19. Jahrhundert (nach Marx und Engels) die Klasse der Lohnarbeiter in einer auf dem Privateigentum an Produktionsmitteln (Fabriken, Maschinen usw.) begründeten industriellen Gesellschaft. Das Proletariat besaß keine Produktionsmittel und lebte vom Verkauf seiner Arbeitskraft.

R

Rassismus/Rassenlehre pseudowissenschaftliche Anwendung der biologischen Unterscheidungen von menschlichen Gruppen gleicher erblicher Merkmale (z. B. der Hautfarbe) auf das gesellschaftlich-politische Leben, wobei die Höher- bzw. Minderwertigkeit verschiedener „Rassen" unterstellt wird. Meist mit Verherrlichung der eigenen und teilweise aggressiver Ablehnung anderer „Rassen" verbunden, mit einem Höhepunkt im nationalsozialistischen Rassenwahn (Antisemitismus, siehe dort).
Rätesystem, Regierungssystem, bei dem die in Fabriken und Kasernen gewählten Vertreter der Arbeiter und Soldaten direkt regieren. Die übrige Bevölkerung ist nicht an der Regierung beteiligt, siehe Sowjet.
Reformpolitik in der UdSSR siehe S. 207
Reichsregierung, im Deutschen Reich 1919 bis 1945 das zentrale Organ der vollziehenden Gewalt.
Reparationen siehe S. 67
Revolutionäre Ereignisse 1918/19 siehe S. 59
Revisionismus, das Bemühen, bestehende Zustände durch Verhandlungen zu ändern. In der Weimarer Republik z. B. das Bestreben, die Regelungen des Versailler Vertrages für Deutschland abzumildern bzw. rückgängig zu machen.

RGW (Rat für gegenseitige Wirtschaftshilfe), Gegengründung der Sowjetunion gegen die OEEC. Seit 1950 war die DDR Mitglied, 1990 Selbstauflösung.
Russische Revolutionen siehe S. 45

S

SA, Sturmabteilung, die nach Errichtung der NS-Diktatur brutalen Terror auf die Bevölkerung ausübte. Diese nach italienischem Vorbild strukturierte politische Kampfgruppe war 1920 von der NSDAP zur Sicherung von Parteiveranstaltungen gegründet worden und rekrutierte ihre Mitglieder überwiegend aus Freikorps und Bürgerwehrverbänden. Nach 1921 wurde die SA zu einer paramilitärischen Organisation umgeformt und diente seitdem zur Terrorisierung politischer Gegner und Juden. Nach der Machtübernahme Hitlers wurden SA-Männer als Wachpersonal der ersten Konzentrationslager eingesetzt.
Shoa (Holocaust) siehe S. 145
Sowchosen, Staatsgüter, nach der Kollektivierung eingerichtete Spezialbetriebe der Landwirtschaft.
Sowjet, russ. für Rat, ursprünglich spontan gewählte Arbeitervertretungen, deren Ausschüsse die gesetzgebende und vollziehende Gewalt ausübten. Erstmalig in der russischen Revolution von 1905. Arbeiter-, Soldaten- und Bauernräte bildeten den wichtigsten Faktor in den beiden russischen Revolutionen von 1917, sanken dann aber zu Instrumenten der kommunistischen Parteiführung herab. Die staatliche Gewalt auf höchster, d. h. Landesebene wurde in der Sowjetunion offiziell bis zu ihrer Auflösung von dem aus zwei Kammern bestehenden Obersten Sowjet ausgeübt.
Sozialdarwinismus siehe S. 13
Sozialpolitische Reformen 1918 bis 1927 siehe S. 76
SS, Schutzstaffel, die unter der Leitung Heinrich Himmlers bis 1934 in die SA eingegliedert war. Die SS war 1925 zunächst zum Schutz Hitlers und anderer NSDAP-Funktionäre gebildet worden. 1934 übertrug Hitler ihr die alleinige Zuständigkeit für alle Konzentrationslager.
Stalin/Stalinismus siehe S. 45
Stasi, Bezeichnung der DDR-Bevölkerung für die Mitarbeiter des Ministeriums für Staatssicherheit (MfS), die große Teile der Bevölkerung bespitzelten und überwachten.
68er-Studentenbewegung in Deutschland siehe S. 273

T

Terrorismus siehe S. 329
„Totaler Krieg", Vernichtungskrieg, der sich auch gegen die Zivilbevölkerung des Feindes richtet. Dafür werden alle Kräfte und Mittel des gesamten Volkes mobilisiert.
Truman-Doktrin siehe S. 185

U

Umbruch in Osteuropa siehe S. 211
UNO siehe S. 193

V

VEB, volkseigener, sozialisierter, in Gemeineigentum überführter Betrieb in der SBZ bzw. DDR.

VEG, volkseigenes, sozialisiertes, in Gemeineigentum überführtes Gut in der SBZ bzw. DDR.

Verhältniswahlrecht, Wahlsystem, bei dem die Vergabe der Mandate auf die verschiedenen Parteien nach dem Verhältnis der abgegebenen Stimmen zueinander erfolgt (Gegensatz: Mehrheitswahlrecht; nur der Kandidat erhält einen Sitz, der im Wahlkreis die meisten Stimmen auf sich vereinigt). Einerseits erhalten durch ein Verhältniswahlrecht auch kleine Parteien die Möglichkeit, im Parlament vertreten zu sein, andererseits fördert es die Parteienzersplitterung. Das in der Weimarer Republik gültige Verhältniswahlrecht verschärfte die Zersplitterung noch dadurch, dass es auf Sperrklauseln verzichtete (heute z. B. die „Fünfprozentklausel").

Volksgerichtshof, Sondergericht der Nationalsozialisten für die Verurteilung politischer Gegner.

W

Weimarer Republik 1918 bis 1933, die erste deutsche Republik erhielt ihren Namen nach dem Tagungsort der Nationalversammlung.

Y

Yom Kippur, jüdischer Versöhnungstag, strengster Fasten- und Bußtag. Beginn des 4. Nahostkrieges 1973.

Lösungshilfen zu den Kompetenz-Checkseiten

Kapitel 1: Imperialismus und Erster Weltkrieg (S. 39)

1 Vergleiche die Seitenhinweise.
2 Beispielhafte Darstellung; Großbritannien: indirekte Herrschaft, z. B. in Ägypten; Russland: Unterwerfung der „Grenzvölker".
3 Kartenanalyse mithilfe der Arbeitsschritte.
4 Bearbeitung mithilfe der Arbeitsschritte.
5 Der Brief steht beispielhaft für das, was viele Angehörige von Soldaten in der Heimat angesichts des grausamen Krieges empfanden: Einsamkeit, Angst, Sehnsucht, Verzweiflung, Trauer und Hoffnungslosigkeit.
6 Analyse anhand der Arbeitsschritte zur „Bildanalyse" im Anhang, historisch nicht haltbare Aussage zur Auslösung des Krieges; Widersprüchlichkeit der Darstellung: Friedensbeteuerung in militärischer Uniform. Rechtfertigungsposition. Funktionalisierung des Religiösen und des Historischen („Vor Gott und der Geschichte").
7 a) eigene Entwürfe, b) Präsentation, c) und d) Recherche- und Gestaltungsaufgaben.

Kapitel 2: Neue weltpolitische Kräfteverhältnisse nach dem Ersten Weltkrieg (S. 53)

1 Vergleiche die Seitenhinweise.
2 Frühes Interesse an den Lehren von Karl Marx, Gründung des „Kampfbundes zur Befreiung der Arbeiterklasse", Verbannung, russische Sozialdemokratie, Anführer der Bolschewiki, treibende Kraft in der Oktoberrevolution zum Sturz der Zarenherrschaft.
3 USA zwischen 1913 und 1938 größte Wirtschaftsmacht; Deutschland trotz des verlorenen Krieges wichtigste europäische Industriemacht; Frankreich hat vorübergehend Anteile gewonnen; Großbritannien Anteile verloren; UdSSR 1926/29 noch nicht wieder auf Vorkriegsniveau des zaristischen Russlands, in den Folgejahren von der Weltwirtschaftskrise nicht betroffen, da unter Stalin die Industrialisierung angetrieben wurde; Japan verdoppelte Anteil an Industrieproduktion, allerdings insgesamt auf niedrigem Niveau.
4 Rechercheaufgabe.

Kapitel 3 Die Weimarer Republik 1918–1933: Chancen und Belastungen (S. 93)

1, 2 Vergleiche die Seitenhinweise.
3 Monarchisch-konservative Kräfte: „Dolchstoßlegende", „Erfüllungspolitiker" als Argumente gegen die demokratischen Parteien. Völkisch-antisemitische Demokratiekritik: Ablehnung des Parlamentarismus und der Parteiendemokratie als „undeutsch" und „widervölkisch"; verhindern die Einigkeit der „Volksgemeinschaft" und die „Einheit von Volk und Staat". „Neuer Nationalismus": Ziel ist das künftige „Reich" (das „Dritte Reich"); der „Nationalist" will „das Deutsche" retten; gegen die westliche Zivilisation gerichtet. Kommunistische Demokratiekritik: Kampf gegen „schwarz-rot-goldene Agenten/Reaktionäre" (= Demokraten der Weimarer Republik); „revolutionäres Proletariat" gegen „reaktionäre Bourgeoisie"; Massendemonstrationen gegen Wahlen („Stimmzettel").
4 Beginn der Bewegung in Erfurter Metall- und Rüstungsbetrieben und Garnison; Rolle von Gewerkschaft und Sozialdemokratie: Warnen vor gewaltsamem Umsturz, Plädoyer für

„legale" Umgestaltung; 8. November: Arbeiter der Maschinenfabrik Halgans und Gewehrfabrik streiken; zusammen mit anderen Arbeitern bilden sie einen Arbeiterrat, Garnison und Artillerieregiment bilden Soldatenrat und solidarisieren sich mit Arbeiterrat; Anfang Januar Gründung eines Erfurter KPD-Ortsvereins.
5 Analyse anhand der Arbeitsschritte.
6 Bearbeiten anhand der Arbeitsschritte.
7 a) Analyse anhand der Arbeitsschritte im Anhang.
b) Die Karte sollte den Eindruck einer „Verstümmelung" (Kartenüberschrift) Deutschlands vermitteln, wobei ihre Wirkung wohl entscheidend beeinflusst wurde durch die Art der Einbettung der Karte in den Zusammenhang des damaligen Unterrichts: z. B. Erster Weltkrieg, Kriegsniederlage, (mangelnde) Einsicht in die Verliererrolle Deutschlands, militärische und außenpolitische Schwäche (Legende: „Trug-Abstimmung" dürfte sich auf die nicht einwandfreie Abstimmung über Eupen und Malmedy – an Belgien gekommen – beziehen).
8 Autor vertritt positive Haltung gegenüber den Rechten, die das 19. Jh. den Juden gebracht hat; er sieht (1926) keinen Anlass zur Resignation und ruft die Juden dazu auf, etwaigen Widersachern mit Stärke entgegenzutreten.
9 Die These ist in ihrer starken Vereinfachung („ohne Demokraten") nicht zutreffend, gibt aber den Eindruck wieder, dass die Weimarer Republik – insbesondere in ihrer Endphase 1930 bis 1933 – immer weniger Unterstützung fand. Die starke Zunahme der antidemokratischen Kräfte (Nationalsozialisten, Kommunisten) und die vom Parlament nicht getragenen Regierungen Brüning, Papen und Schleicher stützen die These im Kern.
10 Diskussionsrunde.

Kapitel 4 Das nationalsozialistische Deutschland 1933–1939: Leben in der Diktatur (S. 133)

1 Vergleiche die Seitenhinweise.
2 a) Ernennung Hitlers durch den Reichspräsidenten von Hindenburg (30. Januar 1933) ohne Beteiligung des Parlaments; scheinbar bescheidene Vertretung der NSDAP in der Reichsregierung (zunächst nur drei Minister); Reichstagsbrand vom 27. Februar 1933 wurde von Hitler benutzt, durch eine Verordnung wichtige Grundrechte einzuschränken; Wahlen vom März 1933 unter Einschüchterung und Terror gegen Kommunisten und Sozialdemokraten; Ermächtigungsgesetz (23. März 1933): Gesetzgebung ohne den Reichstag. Methode der Einschüchterungen und Drohungen, der Verhaftung politischer Gegner; antidemokratisches Vorgehen.
b) Historiker: Scheinlegales Vorgehen Hitlers, nachdem bereits zwischen 1930 und 1933 die Grundsätze der parlamentarischen Demokratie verletzt wurden; Verletzung der Grund- und Menschenrechte unmittelbar mit dem Machtantritt ab Ende Januar 1933.
3 Vergleiche die Seitenhinweise.
4 Mit den „Nürnberger Gesetzen" (15. September 1935) stellten die Nationalsozialisten ihre antisemitische Ideologie auf eine juristische Grundlage: in der Folge signalisierten Schilder z. B. in Restaurants, Hotels, Geschäften oder auch an Ortseingängen,

dass Juden „nicht erwünscht" waren. Straßen und Plätze, die nach Juden benannt waren, wurden umbenannt, Parkbänke trugen Schilder mit der Aufschrift „nur für Arier".

5 a) Analyse anhand der Arbeitsschritte.
b) Scheinbar neutrale Information über die Kosten eines „Erbkranken"; Appell über die finanzielle Last zur Überlegung, ob sich diese Kosten nicht einsparen ließen: indirekte Aufforderung zur Euthanasie.

6 Die Aussage kann als geschickte Verschleierung der diktatorischen Absichten Hitlers und der NSDAP gesehen werden. Es geht Hitler nicht um verschiedene Auffassungen, um Diskussion und Beschlüsse durch Mehrheiten, sondern um das Recht der „Einzelpersönlichkeit", allein zu entscheiden, d. h. die Demokratie zu beseitigen.

7 Analyse mithilfe der Arbeitsschritte „Karikaturen entschlüsseln" im Anhang; Recherche zu den Biografien; Datierung der Zeichnung beachten; Rolle der Bürger- und Menschenrechte.

8 Die Bürger- und Menschenrechte fordern Grundsätze, wie sie auch in der ab 1933 formal noch geltenden Weimarer Reichsverfassung enthalten sind: Gleichheit vor dem Gesetz, Freiheit der Person; aus heutiger Sicht dazu, z. B. nach dem Grundgesetz: Recht auf Leben, körperliche Unverletzlichkeit, Unantastbarkeit der Würde des Menschen.

9 Rechercheaufgabe. Siehe M2.

Kapitel 5 Das nationalsozialistische Deutschland 1939 bis 1945: Vernichtungskrieg und Völkermord (S. 173)

1 Vergleiche die Seitenhinweise.

2 Öffentliche Friedensreden und interne Weisungen zur Kriegsvorbereitung; Rückzug aus internationalen Abkommen (Völkerbund, Abrüstungskonferenz), allgemeine Wehrpflicht, „Achse Berlin–Rom", „Anschluss" Österreichs, „Eingliederung" des Sudetenlandes (Münchner Abkommen); zunehmende Aggressivität der deutschen Außen- und Militärpolitik.

3 Ursachen liegen in der NS-Politik: Revision des Versailler Vertrages, territoriale Eroberungen im Osten, Streben nach einer Weltmachtrolle Deutschlands; Appeasementpolitik der westlichen Mächte förderte möglicherweise die Aggressivität der NS-Führung bis Anfang 1939. Verlauf: Zunächst erfolgreiche „Blitzkriege" (scheitern jedoch gegen England), zunehmende Unterstützung Großbritanniens durch die USA; Krieg gegen die Sowjetunion; Vernichtungs-, Weltanschauungs- und Beutekrieg; europaweite Deportation und Vernichtung der Juden, Verschleppung von Millionen Menschen nach Deutschland zur Zwangsarbeit; Scheitern der globalen Kriegsziele Hitlers, Kriegserklärung an die USA, Dezember 1941; „letzte Mobilisierung" ohne Erfolg, alliierte Bombenangriffe auf Rüstungszentren und Städte, große Fluchtbewegungen aus dem Osten; Krieg in Asien (Japan–USA; Atombombenabwürfe); Ergebnis: Mai 1945 bedingungslose Kapitulation Deutschlands; Opfer siehe M2, S. 158.

4 a) Analyse mithilfe der Arbeitsschritte „Karikaturen entschlüsseln" im Anhang. Vergleich: Datierungen der Karikaturen beachten; beide Darstellungen zeigen die blinde, willenlose Gefolgschaft von Menschen gegenüber dem Nationalsozialismus. Problem: Was erfolgte unter Zwang, was freiwillig?
b) Analyse anhand der Arbeitsschritte (S. 156 f.).
c) Analyse mithilfe der Arbeitsschritte im Anhang.

5 a) Ideologische Ziele und praktische Politik der NS-Machthaber zeigen unmittelbar seit 1933 die Diskriminierung, Ausgren-

zung, Entrechtung und Verfolgung der Juden in Deutschland und – als letzte Phase – deren Vernichtung.
b) Durch die Besetzung vieler europäischer Staaten im Zweiten Weltkrieg gelang es den Nationalsozialisten, Millionen Juden unter ihre Herrschaft zu bringen. Insofern erleichterte der Krieg die Pläne der NS-Führung zur Vernichtung der Juden (Ablenkung durch die Kriegsvorgänge; Möglichkeit, Vernichtungslager außerhalb der Reichsgrenzen einzurichten).

6 „Kälbermarsch" und „Das Verhängnis" betonen die Verführungskraft der NS-Ideologie und -Politik (Phase vor bzw. kurz nach der Machtübernahme, 1932, 1934). Die Darstellungen zeigen nicht die aktive Rolle großer Teile der Deutschen, die sich dem Regime anschlossen bzw. aktiv die NS-Politik unterstützten. Weitsichtig sind die Andeutungen über das Ende: M2: Kälber werden geschlachtet. M3: Der Zug der Massen endet im Grab.

7 Die These gibt die frühe Phase der Beurteilung dieser Vorgänge wieder, als auch von einer Kollektivschuld der Deutschen allgemein gesprochen wurde („Aufrechnung" von Krieg und Kriegsverbrechen gegen Vertreibung und Umsiedlung). Etwa 50 Jahre nach Kriegsende begann eine Debatte um das Leid, das Deutsche erlitten hatten, die weder an der Entfesselung des Krieges noch an Kriegsverbrechen beteiligt waren. Heute geht es nicht mehr um die Revision der Ergebnisse des Zweiten Weltkrieges und um gegenseitige Schuldzuweisungen, sondern eher um die kollektive (gemeinsame) oder private Verarbeitung der Erlebnisse und Erinnerungen, auch in Ländern wie Polen und Tschechien.

8 Podiumsdiskussion.

Kapitel 6 Herrschaftsformen in Europa im 19. und 20. Jahrhundert im Vergleich (S. 179)

1 a) 1875 Beschluss die Nationalversammlung über eine republikanisch-parlamentarische Staatsform mit Zwei-Kammer-Parlament (Abgeordnetenkammer und Senat), das gemeinsam einen Präsidenten wählt, mit starker Position gegenüber der Regierung; ab 1905 Trennung von Kirche und Staat
b) Konflikte im Sprach- und Schulbereich, da Sonderrechte von Minderheiten nicht berücksichtigt wurden; im späten 19. Jahrhundert Entwicklung von antiliberalen und antisemitischen Parteien; Sozialdemokraten forderten einen übernationalen Kurs mit einem „demokratischen Nationalitätenbundesstaat"; serbisch-österreichische Spannungen verschärfen sich nach 1900 – insbesondere durch die Ermordung des österreichischen Thronfolgers 1914 –, führen zum Ausbruch des Ersten Weltkrieges und zur Auflösung der Doppelmonarchie.
c) Noch 1829 waren große Teile der Bevölkerung wegen ihres Standes und ihrer finanziellen Situation von den Wahlen ausgeschlossen. 1. Wahlrechtsreform 1832: wachsender wirtschaftlicher Einfluss des Bürgertums: sieben Prozent aller Erwachsenen sind wahlberechtigt. 2. Wahlrechtsreform 1867: 16 Prozent aller Erwachsenen wahlberechtigt; 1883 28,5 Prozent wahlberechtigt, mit Einführung des allgemeinen Wahlrechts für Männer ab 21 und für Frauen über 30 wurden 74 Prozent aller Erwachsenen wahlberechtigt. Bis 1918 durften etwa 52 Prozent der Männer wählen; 1928 erhielten Frauen das gleiche Wahlrecht wie Männer. Parteiensystem mit liberalen und konservativen, nach 1900 auch sozialreformerischen Grundsätzen; Wahlergebnisse hatten Einfluss auf die Macht im Unterhaus: Partei mit den meisten Sitzen im Unterhaus stellte den Premi-

er, der wiederum die Minister berief, adliges Oberhaus verlor an Macht.

d) Nach 1918 waren konservative Kräfte unzufrieden wegen Kriegsausgangs, 1921 gründete Mussolini faschistische Partei (PNF) und wurde nach dem „Marsch auf Rom" 1922 zum Ministerpräsidenten ernannt. Folge: Terror, Gewalt, Aufhebung der Pressefreiheit, Verbot politischer Vereine; Gewerkschaften und Unternehmerverbände gerieten unter staatliche Aufsicht, 1929 manifestierten Wahlen mit Einheitslisten die Macht.

2 a) und b) Analyse mithilfe der Arbeitsschritte im Anhang.
3 Vergleich, siehe dazu auch Aufgabe 1.
4 Diskussion.

Kapitel 7 Kalter Krieg und Ost-West-Konflikt: Internationale Politik 1945–1990 (S. 217)

1 Vergleiche die Seitenhinweise.
2 UdSSR: Ausbau eines „Schutzgürtels" gegen die USA in Osteuropa rief Gegenreaktion der westlichen Siegermächte hervor; USA: Politik der „Eindämmung"; tiefere Ursache: Systemgegensätze zwischen westlichen Demokratien und kommunistischem Herrschaftssystem; die eine Seite unterstellte der anderen jeweils Streben nach Vorherrschaft weltweit. Abbau von Feindbildern und Vertrauensbildung führte zu Entspannungstendenzen seit den 1970er Jahren.
3 Wichtigste Funktionen: Weltfrieden erhalten, internationale Sicherheit schaffen, Streitigkeiten schlichten, Menschenrechte und Grundfreiheiten schützen.
4 Abschwächung der Konfrontation zwischen USA und UdSSR; Atomwaffensperrvertrag/Teststopp; Abkommen über atomare Rüstungsbegrenzung; Einbeziehen Chinas in die Weltpolitik; KSZE in Europa; Dritte Welt als „Kampfplatz" der Weltmächte; Rückschritte Anfang der 1980er Jahre: „Gleichgewicht des Schreckens".
5 Analyse mithilfe der Arbeitsschritte (S. 186 f.). USA: kein Erstangriff, Misstrauen gegenüber der sowjetischen Politik; UdSSR: Politik der friedlichen Koexistenz, Widerspruch Kapitalismus – Sozialismus bleibt, Krieg für Sieg des Sozialismus nicht nötig. Auf beiden Seiten ist Respekt vor der Gegenmacht erkennbar, Bemühen um Vermeidung eines „heißen Krieges".
6 Analyse mithilfe der Arbeitsschritte im Anhang.
7 Die These greift zu kurz: Die Differenzen und Spannungen waren bereits während des Zweiten Weltkrieges und danach vor der Gründung der beiden Bündnisse erkennbar; aus ideologischer Sicht schon mit dem Aufstieg der kommunistischen Sowjetunion nach 1917; unterschiedliche Herrschafts-, Gesellschafts- und Wirtschaftssysteme als tiefere Ursachen.
8 Mit dem Lenin-Denkmal Sturz des gesamten „Sowjetsystems" in Osteuropa; Scheitern des Versuchs, ein sozialistisch-kommunistisches System auf Dauer aufrechtzuerhalten, ohne die Mehrheit der Bevölkerungen hinter sich zu haben.
9 Gruppenarbeit: Recherche und Auswertung.

Kapitel 8 Konflikte und Konfliktlösungen: Europäische Friedensschlüsse im 19. und 20. Jahrhundert (S. 227)

1 a) Wiederherstellung der alten politischen und gesellschaftlichen Verhältnisse (Restauration); alte Herrschaftsansprüche bleiben bestehen (Legitimität); Zusammenschluss der Fürsten gegen Freiheitsrechte, Volkssouveränität und eine Verfassung (Solidarität).
b) Der Versailler Vertrag wurde in Deutschland weitgehend als

„Diktat" empfunden. Besonders die Gebietsabtretungen und Bevölkerungsverluste wirkten sich negativ aus und führten in Deutschland dazu, dass eine Revision der Verträge angestrebt wurde. Auch die positive Idee eines Völkerbundes erwies sich in der Praxis als gescheitert.
c) Versailles steht für bedeutende historische Ereignisse in den wechselvollen Beziehungen zwischen Frankreich und Deutschland: Versailles steht zum Beispiel für den Hof des absolut herrschenden König Ludwigs XIV. 1789 ging von dort die Französische Revolution aus, die auch Auswirkungen auf die deutsche Geschichte hatte.
Nach dem Sieg der deutschen über die französischen Armeen bedeutete die Gründung des Deutschen Reiches 1871 im Spiegelsaal von Versailles für Frankreich eine tiefe Demütigung. Die Friedenskonferenz von 1919 fand ohne das besiegte Deutschland und seine Verbündeten am selben Ort der Demütigung von 1871 statt.
d) Nach einem beispiellosen Vernichtungskrieg und dem Völkermord an Juden, Sinti und Roma hatte sich Deutschland aus dem Kreis der zivilisierten Völker ausgeschlossen. Die Staatsführer der alliierten Siegermächte trafen sich in Potsdam mit dem Ziel, sich über eine Nachkriegsordnung und das Vorgehen im besetzten Deutschland zu einigen. Im Vordergrund stand dabei, den Nationalsozialismus zu beseitigen.

2 a) Analyse mithilfe der Arbeitsschritte im Anhang.
b) und c) eigene Entwürfe.
3, 4 Die Konferenz von Potsdam markiert das Ende des Zweiten Weltkrieges in Europa und in gewisser Weise den Anfang des Kalten Krieges. Das Scheitern einer gemeinsamen Besatzungspolitik führte letztendlich zu der über 40 Jahre anhaltenden deutschen Teilung.

Kapitel 9 Deutschland nach 1945: Eine Nation – zwei Staaten (S. 257)

1 Vergleiche die Seitenhinweise.
2 M2: Hinweis auf die „Kollektivierung" der Landwirtschaft, Beseitigung des Privateigentums an landwirtschaftlicher Fläche; M4: Hinweis auf die „soziale Marktwirtschaft" mit Privateigentum an Produktionsmitteln bei sozialer Absicherung der in der Wirtschaft Tätigen. Zu „Markt" und Plan siehe S. 244 f. Entscheidend: unterschiedliche Positionen zum Eigentum an den Produktionsmitteln, die (wirtschaftliche) Freiheit des Einzelnen und Bedürfnisse der Konsumenten (freier Marktteilnehmer als Konsument, Angebot und Nachfrage oder Abhängigkeit von der Planvorgabe).
3 a) Analyse mithilfe der Arbeitsschritte im Anhang.
b) Föderalistische Verfassung, die die deutsche Einheit wiederherstellen kann, Schutz der Länderrechte, Zentralinstanz, Garantie der Rechte und Freiheiten des Einzelnen.
4 Analyse anhand der Arbeitsschritte. Verwendete Symbole beachten.
5 a) Sorge der westlichen Siegermächte vor einem ähnlichen Schicksal eines neuen (West-)Staates wie dem der Weimarer Republik, die durch die NS-Herrschaft zerstört wurde. („Wird Bonn Weimar?") Beobachtende Rolle der Sowjetunion.
b) Misstrauen der Siegermächte gegenüber der Fähigkeit der Deutschen zu einer dauerhaften Demokratiegründung erscheint angesichts der jüngsten Vergangenheit (1933–1945) durchaus berechtigt. Im Rückblick betrachtet wurden die bedeutenden demokratischen Traditionen aus der Zeit nach 1918

von den Alliierten zu skeptisch eingeschätzt. Historiker sprechen heute von einer gelungenen Demokratiegründung.

6 Durch die Aufteilung seit 1945 hatte Deutschland zunächst jede staatliche Souveränität verloren (Besatzungszonen). Die Staatsgründungen in West und Ost erfolgten auf Initiative der jeweiligen Besatzungsmächte und mit bestimmten Vorgaben, die zu jeweils unterschiedlichen politischen Systemen führten: im Westen parlamentarische Parteiendemokratie mit Aufbau von unten (Kommunen, Länder/Landtage, Bundestag; föderalistische Struktur); im Osten Errichtung einer scheinbar demokratischen Regierung unter Führung der Kommunistischen Partei (KPD bzw. SED; zentralistische Struktur).

7 Podiumsdiskussion auf der Grundlage der erarbeiteten Kenntnisse zu Thüringen nach 1945.

Kapitel 10 Leben im geteilten Deutschland – Lernen an Stationen (S. 277)

1 M1: Die berufstätige Mutter, die ihr Kind früh in die Krippe bzw. den Kindergarten gibt. M2: Traditionelle Rolle der Mutter und Hausfrau; in der Bundesrepublik bis 1990 stärker verbreitet als in der DDR. Abbildungen zeigen Typisierung, wie sie jeweils nicht auf die Bundesrepublik bzw. auf die DDR beschränkt war.

2 Wichtig waren Konsummöglichkeiten, Wohnen, Freizeit, Arbeit und Arbeitsbedingungen.

3 Aussagen formulieren.

4 DDR: Staatlich organisiert, geringer persönlicher Freiraum, Ausweichen in Subkulturen, schwierige familiäre Situationen (Meinungsfreiheit, Spitzel). Bundesrepublik: Keine staatliche Organisierung, Subkulturen als „Normalfall", internationale Einflüsse, Konflikt- und Gewaltpotenzial bei Massenveranstaltungen.

5 Analyse mithilfe der Arbeitsschritte und historischer Einordnung. Beachtenswert: Reflexion der Zeitzeugin über Verlauf der Bewegung: Problem – Aufbruchstimmung – Lösungsansätze – unerwartete Einflüsse – Ernüchterung/Enttäuschung.

6 Analyse mithilfe der Arbeitsschritte.

7 Analyse anhand der Arbeitsfragen. Beachtenswert: Regelverstoß als Argument? Welche Möglichkeiten bleiben, wenn der Eindruck entsteht, man werde nicht gehört bzw. man könne nichts ändern? In der Analyse der 68er-Bewegung wird in solchen Situationen die Gefahr des Umschlagens friedlichen Protests in Gewalt (gegen Sachen, später Personen) gesehen.

8 Stellungnahme. Mit heranziehen: S. 273, M5 und M6.

9 Recherche.

Kapitel 11 Deutschland – geteilt und vereint (S. 311)

1 Vergleiche die Seitenhinweise.

2 a) Willensbekundung der Demonstrierenden nach wirtschaftlicher Teilhabe am Wohlstand, den sie sich künftig erhofften. Die „DM" (Deutsche Mark der Bundesrepublik) als Symbol. Spaltung der DDR-Bevölkerung im Frühjahr 1990: Die einen wollten bleiben, um das System zu verbessern (z. B. „Sozialismus mit menschlichem Antlitz"), die anderen gingen in den Westen bzw. hatten Pläne zu gehen.
b) Situation Februar 1990 nach dem Mauerfall.

3 Analyse anhand der Arbeitsschritte „Karikaturen entschlüsseln" im Anhang.

4 Fall der Mauer war nicht zwingend der Weg zur deutschen Einheit; Versuch der SED, durch angekündigte Reformen Macht zu erhalten; Forderungen der Bürgerrechtsbewegungen nach Demokratisierung; Kohls 10-Punkte-Programm (Konföderation); Zuspitzung der Lage in der DDR im Winter 1989/90; „Runder

Tisch"; freie Wahlen am 18. März 1990; Zustimmung der Siegermächte; Verträge zur Herstellung der Einheit; 3. Oktober 1990: Einheit Deutschlands hergestellt.

5 Analyse mithilfe der Arbeitsschritte.

6 Neben der politischen Dimension (persönliche Freiheit, Grundrechte, Demokratie, Parteienvielfalt) spielt die wirtschaftliche Lage bei der Erklärung der Krise des DDR-Regimes eine bedeutende Rolle. Die krassen Unterschiede im Lebensstandard zwischen West und Ost waren für viele Menschen ein Motiv, das sozialistische System abzulehnen. Beachtet werden müssen dazu die außenpolitischen Bewegungen in Polen und der UdSSR.

7 Recherche/Gruppenarbeit.

Kapitel 12 Die Welt seit 1990 – Herausforderungen und Chancen (S. 335)

1 Partnerarbeit.

2 M2: 1992: Europa als Kartenhaus, Eindruck des Instabilen, Zerbrechlichen; M3: 2010: Finanzkrise in EU-Staaten (Griechenland), drohende Pleite „Eurolands" (der Euro-Staaten), Eindruck einer gefährlichen Krise; M5: 2001: Demonstration von muslimischen Bürgerinnen/Bürgern gegen aufkommenden Hass in der Folge des 11. September 2001, Eindruck eines Aufrufs zum friedlichen Verhalten.

3 Erstellen eines WebQuests.

4 Chancen: Politische Einheit, friedliches Miteinander nach Kriegen, Erweiterung der Rechte des EU-Parlaments, stärkere EU-Spitzenämter (Ständiger Ratspräsident, Hoher Vertreter für Außenpolitik), Grundrechtecharta, Gemeinschaftswährung; Risiken: Staatsverschuldung, Finanzkrise, Distanz zwischen Bürgerinnen/Bürgern und den Institutionen der EU.

5 Aus palästinensischer Sicht (wobei die Positionen der Fatah und der Hamas sich unterscheiden) wäre im Kern die Zweistaatlichkeit, die Teilung Jerusalems und die Aufgabe jüdischer Siedlungen in der Westbank kompromissfähig, nicht jedoch die Verweigerung des Rückkehrrechts der Flüchtlinge nach Israel. Radikale Position der Hamas: Raketenangriffe auf Israel von Gaza aus; bisher keine Anerkennung des Existenzrechts Israels, wodurch Kompromisse unmöglich werden. Eigene Beurteilungskriterien verdeutlichen.

6 Partnerinterview.

Kapitel 13 Migration im 19. und 20. Jahrhundert – ein Längsschnitt (S. 347)

1 Vergleiche den Seitenhinweis.

2 Auswanderung im 19. Jahrhundert vorwiegend als Arbeitsmigration. Mit der Industrialisierung wurden neue Arbeitsplätze geschaffen, die den Trend seit dem Ende des 19. Jahrhunderts umkehrten: Einwanderung von Arbeitskräften nach Deutschland (vor allem Binnenwanderung von Ost nach West, aus den Agrargebieten in die Industriegebiete).

3 Interessen von Migranten sind zumeist individuelle oder Gruppeninteressen, die nicht unbedingt im Einklang mit Zielen des aufnehmenden Staates stehen, z. B. in Fragen der sozialen Integration, der kulturellen Verträglichkeit, der sozialen Sicherung bei Arbeitslosigkeit, der Qualifikation für den Arbeitsmarkt, der Sicherheit für die Bürger.

4 Analyse mithilfe der Arbeitsschritte.

5 Bearbeiten mithilfe der Arbeitsschritte.

6 Einseitige These; siehe Kasten S. 337.

7 Diskussionsrunde.

Die mit einem * versehenen Begriffe
werden im Lexikon näher erklärt.

Umschlagbild (Vordergrund): Staatliche Galerie Moritzburg Halle, Landeskunstmuseum Sachsen-Anhalt/Foto: Klaus E. Göltz, Halle/© VG Bild-Kunst, Bonn 2013;

Umschlagbild (Hintergrund): Robert Nadolny, Berlin;

Vorsatz: Staatliche Galerie Moritzburg Halle, Landeskunstmuseum Sachsen-Anhalt/Foto: Klaus E. Göltz, Halle/© VG Bild-Kunst, Bonn 2013;

8/9: Wilhelm Stöckle, Beutelsbach;

9: Scherl/Süddeutsche Zeitung Photo;

11 M2: Karl Stehle, München; M3: bpk; M5: Wilhelm Stöckle, Beutelsbach;

14 M2: DHM, Berlin/© VG Bild-Kunst, Bonn 2013;

15 M2: picture-alliance/akg-images;

17 M3: ullstein bild;

19 M2: akg-images;

20 M1: akg-images;

22 M1: ullstein bild;

23 M3: Tate Gallery London; M4: picture-alliance/akg-images;

24 M1: Privatarchiv Hackfeld; M2: Historische Bildpostkarten – Universität Osnabrück – Sammlung Prof. Dr. Sabine Giesbrecht, www.bildpostkarten.uos.de;

25 M3/M4/M5/M6/M7: Historische Bildpostkarten – Universität Osnabrück – Sammlung Prof. Dr. Sabine Giesbrecht, www.bildpostkarten.uos.de;

26 M2: Bibliothek für Zeitgeschichte in der Württembergischen Landesbibliothek, Stuttgart;

27 M4: ullstein bild – Archiv Gerstenberg;

28 M1: picture-alliance/akg-images;

29 M2: akg-images;

30 M2: bpk/Alfredo Dagli Orti;

31 M3: akg-images/RIA Nowosti;

32 M6: akg-images/RIA Nowosti © VG Bild-Kunst, Bonn 2017;

33 M8: bpk/Kunstbibliothek, SMB;

34 M1: picture-alliance/Burkhard Juettner/vintage.de;

35 M2/M3/M4/M5: Falko Behr, Erfurt;

39 M4: Mary Evans Picture Library, London;

40: akg-images/Universal Images Grou;

41: Museum für Gestaltung, Zürich, Plakatsammlung;

44 M1: ullstein bild/Süddeutsche Zeitung Photo/Scherl;

45 M4: picture alliance/© CSU Archives/Everett Collection;

46 M1 o./u.: Süddeutsche Zeitung Photo;

47 M2: akg-images/RIA Nowosti;

49 M1: Getty Images/Time Life Pictures/Photo by Margeret Benske-White;

51 M4: bpk/Kunstbibliothek, SMB/Dietmar Katz/© VG Bild-Kunst, Bonn 2013;

54/55: bpk;

57 M2 (Wdh. Vorsatz): SPD/Archiv der sozialen Demokratie der Friedrich-Ebert-Stiftung; M3: akg-images;

58: Scherl/Süddeutsche Zeitung Photo; M1: ullstein bild;

60 M1: Stadtarchiv Erfurt;

61 M2: Stadtarchiv Erfurt;

64 M1: akg-images;

65 M2: DHM, Berlin; M3/M4/M5: Langewiesche-Brandt, Ebenhausen;

67 M5: DHM, Berlin;

68 M2: Langewiesche-Brandt, Ebenhausen;

70 M2: bpk;

72 M2: akg-images/© Estate of George Grosz, Princeton, N. J./ VG Bild-Kunst, Bonn 2013;

74 M1: akg-images;

76 M2: picture alliance/ZB/euroluftbild;

77 M4: ullstein bild;

78 M1: picture-alliance/ZB/© dpa – Report/Peter Endig; M2: akg-images/Bildarchiv Monheim; M3: picture-alliance/akg-images;

79 M3: akg-images/© VG Bild-Kunst, Bonn 2013;

80 M1: DHM, Berlin; M2: aus: Arno Herzig/Cay Redemacher, Die Geschichte der Juden in Deutschland, Ellert & Richter Verlag, Hamburg 2007; u.: picture-alliance/akg-images;

81 M3 l.: Bildarchiv Pisarek/akg-images; M3 2.v.l.: picture-alliance/akg-images; M3 3.v.l.: ullstein bild; M3 r.: picture-alliance/akg-images/Archiv K. Wagenbach;

82 M1: Scherl/Süddeutsche Zeitung Photo;

86 M2: bpk/© VG Bild-Kunst, Bonn 2013;

87 M4: Staatliche Graphische Sammlung, München/© VG Bild-Kunst, Bonn 2013;

88 M1: Deutsches Filminstitut, Frankfurt;

92 M1: bpk;

93 M3: Langewiesche-Brandt, Ebenhausen;

94/95: bpk;

97 M2: Agentur Schirner/DHM, Berlin; M3: © VG Bild-Kunst, Bonn 2013; M4: akg-images;

98 M1: ullstein bild;

99 M3: Scherl/Süddeutsche Zeitung Photo;

100 M5: ullstein bild – Archiv Gerstenberg;

104 M1: Archiv der Mühlhäuser Museen;

105 M3: Sammlung Dr. Steffen Raßloff;

107 M2: akg-images; M3: bpk/Kunstbibliothek, SMB/Dietmar Katz;

108 M1: bpk/Bayerische Staatsbibliothek/Heinrich Hoffmann;

109 M3: bpk;

110 M1: Langewiesche-Brandt, Ebenhausen;

112 M2: bpk/Bayerische Staatsbibliothek/Archiv Heinrich Hoffmann; M3: Bundesarchiv Koblenz, Plak 003-002-046;

113 M4: Universitätsstadt Marburg; M5: Thüringisches Staatsarchiv Altenburg, Bildersammlung, Nr. 5113;

114: bpk;

115 M4: Bundesarchiv Koblenz, RM 31/2410, fol. 492; M6: Langewiesche-Brandt, Ebenhausen

117 M3: ullstein bild; M4/M5: Dokumentationszentrum Prora; M6: picture-alliance/ZB/© dpa/Stefan Sauer;

118 M1: bpk; M2: Langewiesche-Brandt, Ebenhausen; M3: picture-alliance/akg-images;

119 M5: S. Fischer Verlag;

121: Sibylle Franz;

122 M1: Scherl/Süddeutsche Zeitung Photo;

123 M4: Stadtarchiv Wuppertal, Sammlung Schnöring;

124 M1: Stadtarchiv Schmalkalden, Gerhard Koczik;

125 M5: akg-images;

126 M1: bpk;

128 M1: Deutsches Institut für Filmkunde (DIF), Frankfurt am Main;

129 M4: Bundesarchiv Koblenz, Fotosammlung, Plak 003-015-018;

132 M2: bpk/Kurt Bosse; M3: DHM, Berlin;

134/135: picture-alliance/akg-images;

134: bpk;

136 M2: © The Heartfield Community of Heirs/VG Bild-Kunst, Bonn 2013;

137 M5: bpk/Kunstbibliothek, SMB; M6: picture-alliance/AP Photo;

139 M3: akg-images;

140 M1: Pressebilderdienst Kindermann;

143 M5: Bundesarchiv Koblenz, Bild 146-1970-043-30;

144 M1: DHM, Berlin/© VG Bild-Kunst, Bonn 2013; M2: Stadtarchiv Eisenach, 41.3., J 489;

146 M1: ullstein bild; M2: Mahn- und Gedenkstätte Ravensbrück;

148 M2: akg-images;

149 M4: Scherl/Süddeutsche Zeitung Photo;

150 M1 l.: bpk/Bayerische Staatsbibliothek/Archiv Heinrich Hoffmann, M1 2.v.l.: picture-alliance/akg-images; M1 3.v.l./M1 r.: ullstein bild;

152 M1: Scherl/Süddeutsche Zeitung Photo;

153 M1/M2: Staatsarchiv Bremen;

154 M2: bpk;

155 M3: National Archives, Washington; M4: picture-alliance/akg-images; M5: picture-alliance/newscom/Pvt. H. Miller; M6: bpk;

156 M1: akg-images; M2: bpk;

158 M1: bpk;

159 M3: Scherl/Süddeutsche Zeitung Photo; M4: Rue des Archives/Süddeutsche Zeitung Photo;

160 M1: akg-images;

161 M3/M5: Fritz Kühnlenz/Bildarchiv Handwerck;

162 M2: picture-alliance/dpa/© dpa – Bildarchiv/CTK_Photo;

163 M4: Stadtarchiv Kiel, 2.4 Nafzger; M5: Fred Ramage/Keystone/Getty Images;

166 M1: picture-alliance/dpa/© dpa/Marc Tirl; M2: picture-alliance/ZB/© dpa-Report; M3: Barbara Glasser;

167 M5: Falko Behr, Erfurt;

168 M2: picture-alliance/dpa/© dpa-Fotoreport; M3: picture-alliance/dpa/© dpa/Martin Schutt;

169 M5: picture-alliance/dpa/© dpa/bundeskriminalamt; M6: © Amadeu Antonio Stiftung

172 M3: akg-images/© VG Bild-Kunst, Bonn 2013;

173 M4: © VG Bild-Kunst, Bonn 2013;

174 M1: akg-images;

175 M1: picture-alliance/akg-images/Erich Lessing; M2: akg-images;

177 M1: akg-images;

178 M1: akg-images;

179 M1: picture-alliance/akg-images;

180/181: picture-alliance/dpa/© dpa – Bildarchiv/Horst Ossinger;

183 M2: aus: Josef Eberle, Im Trüben gefischt, Turmhaus Verlag, Stuttgart 1970;

189 M3/M4: Münchner Stadtmuseum, Sammlung Graphik/Plakat/Gemälde; M5: DHM, Inventarnr. R 93/853, GOS-Nr. RA002626;

Hier findest du Anregungen und Hilfen, wie du bei der Bearbeitung der Arbeitsaufträge historische Sachverhalte angemessen darstellen kannst.

Beschreiben/Darstellen eines Vorgangs

- Die Sprache ist knapp und sachlich. Die einzelnen Schritte werden in ihrer Reihenfolge genau wiedergegeben.
- Das Tempus ist bei Vorgängen in der Vergangenheit das Präteritum.

Sprachliche Hilfen
Präteritum:
z. B.
- Er trug ein Gewand aus Samt und saß auf einem Thron.
- Sie überlegten lange, bevor sie sich entschieden.

Konjunktionen:
Sie leiten einen Nebensatz ein, der
- einen Grund formuliert: weil; da; zumal
- eine Absicht formuliert: damit; auf dass
- eine Folge formuliert: sodass; so …, dass; als dass
- eine Art und Weise formuliert: indem; wie; (anders) als; ohne dass; als ob; je …, desto
- eine zeitliche Abfolge formuliert: als; während; nachdem; bevor; ehe; seitdem; sobald; wenn; bis

Berichten

- Beim Berichten gibt man Antworten auf die W-Fragen: Wer? Was? Wo? Wann? Wie? Warum? Welche Folgen?
- Man gibt nur Tatsachen wieder, keine Vermutungen.
- Tempus ist meist das Präteritum.
- Persönliche Berichte, die an einen bestimmten Adressaten gerichtet sind, können auch Eindrücke und Reaktionen einbeziehen.

Sprachliche Hilfen
Präteritum:
z. B.
- Ich zeichnete die Figur ab und übertrug den Text in meinen Hefter.
- Sie recherchierten in der Bibliothek und fanden mehrere Bücher über die Französische Revolution.

Konjunktionen:
Sie leiten einen Nebensatz ein, der
- einen Grund formuliert: weil; da; zumal
- eine Absicht formuliert: damit; auf dass
- eine Folge formuliert: sodass; so …, dass; als dass
- eine Art und Weise formuliert: indem; wie; (anders) als; ohne dass; als ob; je …, desto
- eine zeitliche Abfolge formuliert: als; während; nachdem; bevor; ehe; seitdem; sobald; wenn; bis

Eindrücke und Reaktionen schildern:
- Unser Eindruck war …
- Meiner Ansicht / Meinung nach …
- Es schien, als ob …
- Wir waren überrascht / verwundert / beeindruckt / enttäuscht …

OPERATOREN	ERLÄUTERUNGEN	BEISPIELE
Anforderungsbereich II (Reorganisation und Transfer: erschließen, einordnen, übertragen usw.)		
gegenüberstellen	wie skizzieren, aber zusätzlich argumentierend gewichten	– *Stelle* den Gründungsvorgang der Bundesrepublik Deutschland der Gründung der DDR *gegenüber* (Gründungen „von oben"; Frage der Souveränität; Wahlverfahren: freie Parteibildung – Vormacht einer Partei; föderativ – zentralistisch).
vergleichen I	Aussagen, Sachverhalte und Probleme erkennen und im einfachen Vergleich Übereinstimmungen und Unterschiede feststellen	– *Vergleiche* die beiden Wirtschaftsmodelle soziale Marktwirtschaft – zentrale Planwirtschaft (Grundbegriffe Markt, Plan; Eigentum an Produktionsmitteln: private Eigentümer – Staatseigentum; Planung und Kontrollen; Preisfestsetzung).
Anforderungsbereich III (Reflexion und Problemlösung: beurteilen, bewerten, Lösungen zeigen usw.)		
vergleichen[1] II	wie vergleichen I, dazu Ähnlichkeiten, Abweichungen usw. differenziert beurteilen	– *Vergleiche* die Gründungen der beiden deutschen Staaten (mögliche Vergleichskriterien: Besatzungssituation, politische Parteien, Verfassungen/Staatsmodelle, Aktion – Reaktion, Vorbilder: Sowjetsystem – Weimarer Republik, Rolle politischer Persönlichkeiten)
beurteilen	ein Sachurteil zu geschichtlichen Sachverhalten formulieren – ohne persönliches Werturteil	– *Beurteile* die alliierte Besatzungspolitik 1945–1948 (Probleme nach der Besetzung und Teilung; Verantwortung für das ganze Deutschland; dauerhafte Teilung?; Hilfsprogramme)
bewerten Stellung nehmen	wie beurteilen (s. o.), zusätzlich wird aber ein persönliches Werturteil formuliert	– *Bewerte* die 1968er-Bewegung (zunächst einsichtige Ziele: weniger Herrschaft und Hierarchie, mehr Beteiligung und Mitwirkung; in der Folge: Radikalisierung, Gewalt; persönliches Werturteil denkbar zwischen radikaler Kritik und unkritischer Zustimmung)
diskutieren sich auseinandersetzen	zu einer These oder einem Problem Argumente entwickeln und zu einer begründeten Bewertung gelangen	– *Diskutiert* in einer Gesprächsrunde die Frage, welche Erkenntnisse sich aus den Wanderungsbewegungen im 19. und 20. Jahrhundert für unsere Gegenwart gewinnen lassen (Begriff Migration: Motive, Ursachen, Push- und Pullfaktoren; aus Auswanderungsbewegung kann Einwanderung werden; Perspektiven: Individuum, Gruppe, Nationalitäten, Staat, Wirtschaft; Problem der Integration in die neue Gesellschaft, Illegalität). – *Setze* dich mit der These *auseinander*, der Untergang der DDR sei der Reformpolitik Gorbatschows zu verdanken (zutreffender Faktor, aber nicht allein entscheidend; längerfristig: Neue Ostpolitik der sozialliberalen Koalition [SPD-FDP-Regierung seit 1969, Entspannung in den Ost-West-Beziehungen]; kurzfristig: Reformen in der UdSSR, Reformverweigerung der DDR-Regierung, Massenflucht, Wahlfälschung, Bürgerbewegungen).
prüfen überprüfen	Aussagen wie Vermutungen, Behauptungen; Urteile daraufhin überprüfen, ob sie zutreffend oder einsichtig sind	– *Prüfe*, welche Funktion und Bedeutung den „Feindbildern" im Kalten Krieg zukam (Wirkung nicht allein durch Waffen usw., sondern durch das „Bild", das jede Seite vom Gegner hatte, Gefahr der Verfestigung, Verzerrung, Verfälschung, „Eigenleben").
erörtern[1]	zu einer These oder einem Problem Für-und-gegen- bzw. Sowohl-alsauch-Argumente finden und eine eigene Stellungnahme formulieren	– *Erörtere* die These, dass zu einer wirklichen Einigung Europas die einzelnen Mitgliedsstaaten ihre bisherige Macht an die europäischen Institutionen abgeben müssten (Teile der politischen Macht sind bereits übertragen; strittig: europäische Wirtschafts- und Finanzregierung, Stabilität des Euro, Erweiterung).

[1] verlangt auch Leistungen aus den Anforderungsbereichen I und II

Wiedergeben direkter Rede in indirekter Rede

Eine direkte Rede kann in der indirekten Rede wiedergegeben werden als:

– indirekte Rede im Konjunktiv: „Der Kaiser sagte, dass er die Steuern anheben werde, weil die Ausgaben höher seien als geplant."
– geraffte Redewiedergabe (der Inhalt wird in eigenen Worten zusammengefasst): „Der Kaiser wollte die Steuern anheben."
– Umschreibung (Paraphrase): „Nach Aussage des Kaisers werden die Steuern angehoben."
– dass-Satz im Indikativ oder Konjunktiv: „Der Kaiser teilte mit, dass er die Steuern anheben werde / wird."

Sprachliche Hilfen
Indikativ:
– Befehlen – Er schrie, dass er den Angriff befehlen werde.
– Raten – Er sagte, dass du ihm dazu rätst.
Konjunktiv:
– Befehlen – Er schrie, dass er den Angriff befehle.
– Raten – Er sagte, dass du ihm dazu rietest.

Erörtern einer These (Behauptung)

– Alle Gesichtspunkte, die wichtig erscheinen, notieren und sortieren.

Eine Erörterung besteht aus Einleitung, Haupt- und Schlussteil:

– Einleitung: Bedeutung der These aufzeigen.
– Hauptteil: Argumente in eine Reihenfolge bringen, sodass das stärkste am Ende steht.
– Schlussteil: Hier werden die Argumente abgewogen und ein eigenes Urteil gefällt. Man kann einen Ausblick auf künftige Fragen geben und auf offene hinweisen.

Sprachliche Hilfen
Argumentation:
Sie besteht aus zwei Teilen:
– These (Behauptung): „Unsere Vergangenheit geht uns alle an ..." und
– Argument (Begründung): „..., weil ihre Folgen bis heute nachwirken."
Konjunktionen:
Sie leiten einen Nebensatz ein, der
– eine Bedingung formuliert: wenn; falls; sofern; unter der Bedingung, dass
– einen Grund formuliert: weil; da; zumal
– eine Absicht formuliert: damit; auf dass
– eine Folge formuliert: sodass; so ..., dass; als dass
– eine Art und Weise formuliert: indem; wie; (anders) als; ohne dass; als ob; je ..., desto
– ein Zugeständnis formuliert: obwohl; obgleich; obschon; wenngleich; wenn auch
– einen Gegensatz formuliert: außer dass; wohingegen; während
– eine zeitliche Abfolge formuliert: als; während; nachdem; bevor; ehe; seitdem

Formulieren einer begründeten Stellungnahme

– Sich bewusst machen, an wen sich die Stellungnahme richtet (Adressat).
– Die eigene Meinung als These (Behauptung) in einem Satz formulieren.
– Argumente sammeln, die die These stützen.
– Die Argumente in eine Reihenfolge bringen, sodass das stärkste Argument am Ende steht.

Sprachliche Hilfen
Argumentation:
Sie besteht aus zwei Teilen:
– These (Behauptung): „Unsere Vergangenheit geht uns alle an ..." und
– Argument (Begründung): „..., weil ihre Folgen bis heute nachwirken."
Konjunktionen:
Sie leiten einen Nebensatz ein, der
– eine Bedingung formuliert: wenn; falls; sofern; unter der Bedingung, dass
– einen Grund formuliert: weil; da; zumal
– eine Absicht formuliert: damit; auf dass
– eine Folge formuliert: sodass; so ..., dass; als dass
– eine Art und Weise formuliert: indem; wie; (anders) als; ohne dass; als ob; je ..., desto
– ein Zugeständnis formuliert: obwohl; obgleich; obschon; wenngleich; wenn auch
– einen Gegensatz formuliert: außer dass; wohingegen; während
– eine zeitliche Abfolge formuliert: als; während; nachdem; bevor; ehe; seitdem; sobald; wenn; bis

Forum Geschichte

Band 9/10 wurde erarbeitet von:
Franz Hofmeier, Hans-Otto Regenhardt, Dr. Arnulf Siebeneicker, Claudia Tatsch, Ursula Winberger

Redaktion: Birgit Hackfeld
Bildassistenz: Svea Schade, Dagmar Schmidt
Grafik: Arnold & Domnick, Leipzig, Peter Herlitze, Berlin
Karten: Carlos Borrell, Berlin
Layout und technische Umsetzung: Arnold & Domnick, Leipzig
Umschlaggestaltung: Klein & Halm Grafikdesign, Berlin

Fachwissenschaftliche Beratung
Dr. Wolfgang Geiger, Frankfurt a. M.
Dr. Wolf Kaiser, Berlin
Dr. Ulrich Mählert, Berlin
Prof. Dr. Ina Ulrike Paul, Berlin/München

Didaktische Beratung
Steffi Hegedusch, Gera

Das Umschlagbild ist eine Collage. Es zeigt das Brandenburger Tor und den „Jahrhundertschritt", Bronzeplastik bemalt, von Wolfgang Mattheuer (1927–2004), 1984, 250 x 150 x 230 cm.

www.cornelsen.de

Die Webseiten Dritter, deren Internetadressen in diesem Lehrwerk angegeben sind, wurden vor Drucklegung sorgfältig geprüft. Der Verlag übernimmt keine Gewähr für die Aktualität und den Inhalt dieser Seiten oder solcher, die mit ihnen verlinkt sind.

1. Auflage, 2. Druck 2017

Alle Drucke dieser Auflage sind inhaltlich unverändert und können im Unterricht nebeneinander verwendet werden.

© 2014 Cornelsen Verlag, Berlin
© 2017 Cornelsen Verlag GmbH, Berlin

Druck und Bindung: Livonia Print, Riga

ISBN 978-3-06-111044-4

190 M2: Neil Jenney, Foto: F. Terpitz, Berlin;
192 M2: Fritz Behrendt;
196 M1: Keystone Pressedienst;
199 M2: Roland Schmid; M4: akg-images/AP;
200 M1: picture-alliance/dpa/© dpa – Bildarchiv/epa AFP;
201 M5: picture-alliance/dpa/© dpa – Bildarchiv/UPI; M6: picture-alliance/Keith Jones/Spectrum;
202 M1: Jupp Wolter/Haus der Geschichte, Bonn;
206: picture-alliance/dpa/© dpa – Fotoreport/Stephanie Pilick;
209 M2: picture-alliance/dpa/© dpa – Fotoreport/Lehtikuva Oy;
210 M3: LUFF (Rolf Henn), Hennweiler;
212: picture-alliance/SVEN SIMON;
216 M3: Interfoto;
217 M4: picture-alliance/dpa/© dpa – AFP;
219 M1: Archives Charmet/The Bridgeman Art Library;
220 M1: Arpad Schmidhammer;
222 M1/M2: akg-images;
223 M4: akg-images;
225 M2: ullstein bild;
227 M1: © Nachlass Felix Mussil;
228/229: akg-images;
231 M2: picture-alliance/akg-images; M3: © Wilhelm Busch – Deutsches Museum für Karikatur und Zeichenkunst (Hannover); M4: picture-alliance/© dpa-Report;
232 M1: Keystone Pressedienst; M2: ullstein bild; M3: © Henri Cartier-Bresson/Magnum Photos/Agentur Focus;
233 M4: akg-images/Tony Vaccaro; M5: Landesbildstelle Berlin;
235 M2: bpk;
236 M2: Thüringisches Hauptstaatsarchiv Weimar, Fotograf Ernst Schäfer, Kleinbildnegative;
237: Bundesarchiv Koblenz/Bild 146-1974-008-05;
238 M1: akg-images;
239 M4: akg-images;
242 M1: bpk/Herbert Hensky;
246 M1: Jürgens Ost- und Europa-Photo;
247 M4: akg-images/Gert Schütz;
248 M1: ullstein bild/Jung;
249 M5: Süddeutsche Zeitung Photo;
250 M1: picture-alliance/dpa/© dpa – Fotoreport; M2: Sven Simon/Süddeutsche Zeitung Photo;
251 M3: picture-alliance/dpa/© dpa – Bildarchiv;
252 M5: ullstein bild/dpa;
253 M9: © Nachlass Joseph Blaumeister;
256 M2: ullstein bild; M3: bpk/Kunstbibliothek, SMB/Dietmar Katz; M4: bpk/Dietmar Katz;
258 M1: Georg Schädl/Süddeutsche Zeitung Photo; M2: bpk/Günter Zint;
260 M1: picture-alliance;
261 M2: www.erich-rauschenbach.de; M3: Berthold Fischer/Süddeutsche Zeitung Photo: M4 l.: ullstein bild/NMS/Science Museum; M4 r.: akg-images/Erik Bohr; M5: Der Spiegel, Hamburg;
262 M1: aus: Heiß und kalt, Elefanten Press; M4: bpk/Hanns Hubmann;
263 M7: ullstein bild; M8: picture-alliance/akg-images;

264 M1: TV-yesterday;
265 M4: DHM, Berlin;
266 M1: Jürgens Ost- und Europa-Photo; M3: akg-images;
267 M5: Ostkreuz/Harald Hauswald; M7: Norbert Vogel;
268 M1: Neuwirth, Fritz/Süddeutsche Zeitung Photo; M2: Süddeutsche Zeitung Photo;
269 M3: Süddeutsche Zeitung Photo; M4: dpa/Süddeutsche Zeitung Photo; M6: Strub, Christine/Süddeutsche Zeitung Photo;
270 M1: J.H. Darchinger/Friedrich-Ebert-Stiftung;
271 M4: Stasi-Museum/ASTAK Foto: John Steer;
272 M1: Dietrich, Rudolf/Süddeutsche Zeitung Photo; M2: picture-alliance/dpa/© dpa – Fotoreport/DB; M3: akg-images;
274 M1: picture-alliance/dpa/© dpa – Bildarchiv; M2: picture-alliance/dpa/© dpa – Bildarchiv/Kai-Uwe Wärner; M3: picture-alliance/akg-images;
275 (Wdh. 311): picture-alliance/dpa/© dpa/Rainer Jensen;
276 M1: Brigitte Szirmai; M2: Fritz Neuwirth/Süddeutsche Zeitung Photo;
278/279: Pressefoto Paul Glaser, Berlin;
280 M1: © Wilhelm Busch – Deutsches Museum für Karikatur und Zeichenkunst (Hannover); M2: Fritz Wolf-Gesellschaft e.V., Osnabrück;
281 M3: picture-alliance/dpa/© dpa – Bildarchiv;
281 M4: © Martin Naumann/Militzke Verlag GmbH;
281 M5: Der Spiegel, Hamburg;
282 M1: Karl-Heinz Schoenfeld; M2: picture-alliance/© dpa-Report; M3: Roland Jahn/Stiftung Haus der Geschichte der Bundesrepublik Deutschland, Zeitgeschichtliches Forum Leipzig/Robert-Havemann-Gesellschaft e.V.; M4: © VG Bild-Kunst, Bonn 2013;
283 M5: picture-alliance/dpa/ap/Süddeutsche Zeitung Photo; M6: Robert-Havemann-Gesellschaft/Bernd Albrecht; M7: Archiv Bernd Lindner;
284 M10: aus: Bernd Lindner, Die demokratische Revolution in der DDR 1989/90, Bonn 2010;
285 M12: picture-alliance/dpa/© dpa – Fotoreport/Kemmether; M14: ullstein bild;
286 M1: picture-alliance/dpa/© dpa – Bildarchiv/Wolfgang Kluge;
287 M2/M3: BROADVIEW TV, Köln;
288 M1: Gerhard Gäbler, Leipzig; M2: Bundesarchiv, Koblenz/Presse- und Informationsamt der Bundesregierung/Lehnartz, Klaus/B 145 Bild-00047635;
289 M4: picture-alliance/ZB/© dpa – Report/Thomas Uhlemann;
290 M7: picture-alliance/dpa/© dpa – Report/Wolfgang Kumm;
291 M1: Schlossmuseum Arnstadt; M3: Marko Reinhard;
292 M2: picture-alliance/dpa/© dpa – Report/Heinz Wieseler;
293 M3: picture-alliance/dpa/© dpa – Bildarchiv/Wöstmann;
294 M8: Walter Hanel;
295 M9: picture-alliance/dpa/ap/Süddeutsche Zeitung Photo;

296 M1: mauritius images/Novarc;
297 M5: picture-alliance/© Globus Infografik;
300 M2: Pressefoto Paul Glaser, Berlin;
302 M1 o.l.: ullstein bild; M1 o.m.: Institut für Zeitungsforschung, Dortmund; M1 o.r.: © PUNCTUM/Bertram Kober; M1 u.l.: Archiv der sozialen Demokratie der Friedrich-Ebert-Stiftung; M1 u.m.: Bundesarchiv Koblenz, Plak 006-016-004, Grafik Werkstatt Bielefeld; M1 u.r.: Bundesarchiv Koblenz, Plak 102-009-042;
304 M2: ullstein bild;
305 M4: picture-alliance/dpa/© dpa – Report/DB Ralf Succo;
306 M1: Der Spiegel, Hamburg;
310 M1: ullstein bild; M2: Zeichnung: Dietmar Dänecke/DIE ZEIT;
311 M4 o.l.: Bundesbildstelle, Berlin; M4 o.2.v.l.: picture-alliance/dpa/© dpa – Bildarchiv/Popp; M4 o.3.v.l.: ullstein bild/BPA; M4 o.r.: Bundesbildstelle, Berlin/Engelbert Reineke; M4 u.l.(Wdh. 275): picture-alliance/dpa/© dpa/Rainer Jensen; M4 u.2.v.l.: picture-alliance/dpa/© dpa; M4 u.3.v.l.: picture-alliance/dpa/© dpa/Peer Grimm; M4 u.r.: picture-alliance/dpa/© dpa;
312/313: Langrock/Zenit/laif;
315 M2: picture-alliance/dieKLEINERT.de/Rudolf Schuppler; M3: picture-alliance/dpa/© dpa/Kay Nietfeld;
319 M6: picture-alliance/© dpa-infografik;
320 M2: picture-alliance/dpa/© dpa/Heiko Lossie; M3: picture-alliance/dpa/© dpa – Fotoreport/epa afp Goh;
321 M5: Burkhard Mohr;
323 M1: picture-alliance/dpa/© dpa-Fotoreport/AFP; M2: Wang Guangyi;
324 M1: picture-alliance/dpa/© dpa;
325 l.: picture-alliance/dpa; r.: picture-alliance/dpa;
326 M4: picture-alliance/dpa/© dpa; M5: picture-alliance/dpa/© dpa;
329 M3: picture-alliance/dpa;
330 M3: bpk;
331 M1: picture-alliance/landov/AHMED ASAD/APAIMAGES;
334 M2: Borislaw Sajtinac/© VG Bild-Kunst, Bonn 2013; M3: Der Spiegel, Hamburg;
335 M5: picture-alliance/dpa/© dpa-Fotoreport;
337 M1/M2: picture-alliance/© dpa-infografik;
338 M1: akg-images;
339 M4: bpk/Dietmar Katz; M6: picture-alliance/Bildagentur Huber/Szyszka;
340 M1: Bund der Polen in Deutschland (Bochum);
341 M3: K. Golomb, Bottrop; M4: www.deutsche-und-polen.de, http://www.deutsche-und-polen.de/ereignisse/ereignis_jsp/key=bambrzy_posen_1720.html;
342 M1: Manfred Vollmer/Süddeutsche Zeitung Photo; M3: picture-alliance/dpa/© dpa/Boris Roessler;
343 M6: Das Fotoarchiv/Yavuz Arslan;
344 M1: ullstein bild/Klijn; M2: ullstein bild – Poly-Press;
345 M3: picture-alliance/dpa/© dpa – Bildarchiv/Wolfgang Thieme;
346 M2: picture-alliance/dpa/© dpa/Jörg Carstensen;
347 M1: Jan Tomaschoff.